三穗年鉴 2017

Sansui Nianjian

三穗县地方志办公室 编

方志出版社

图书在版编目(CIP)数据

三穗年鉴. 2017 / 三穗县地方志办公室编. —北京：方志出版社，2018. 1
ISBN 978－7－5144－3012－7

Ⅰ. ①三… Ⅱ. ①三… Ⅲ. ①三穗县—2017—年鉴 Ⅳ. ①Z527. 34
中国版本图书馆CIP数据核字(2018)第048125号

三穗年鉴(2017)

编　　者：三穗县地方志办公室
责任编辑：王海荣

出 版 人：冀祥德
出 版 者：方志出版社
地址　北京市朝阳区潘家园东里9号(国家方志馆4层)
邮编　100021
网址　http://www.fzph.org
发　　行：方志出版社发行中心
电话　(010) 67110500
经　　销：各地新华书店
印　　刷：重庆中汉古籍印刷有限公司

开　　本：889×1194　　1 / 16
印　　张：22.25
字　　数：570千
版　　次：2018年1月第1版　　2018年1月第1次印刷
印　　数：001～500册

ISBN　978－7－5144－3012－7　　定价：298.00元

三穗年鉴编辑委员会（2017）

主　　任：付乐欣

副 主 任：姜继德　衮政豪　尹海波　王国斌

委　　员：王元根　刘福乾　王碧生　龙荣森　吴才勋
潘年坤　张绪金　杨政军　张绪文　邓文斌
刘洪斌　罗来冰　杨　斌　刘光宇　韩景保
胡世猛　杨　强　吴德县

《三穗年鉴（2017）》编辑人员

主　　编：龙荣森

编　　辑：龙荣森　龙秀乾　王建平　吴恒毅　王承勋

编　　务：姜金香　吴　涛　郑倩倩　杨　淇

校　　对：龙荣森　吴恒毅　王承勋　杨　萍

封面摄影：田　健

《三穗年鉴（2017）》撰稿人

（按目录顺序排列）

龙荣森	龙红阳	唐　毓	杨　宇	厉荣辉	王治忠
唐立福	王竞米	龙秀乾	舒秀一	周规友	苏俊任
欧入嫦	张秀进	潘盛金	王玉杰	田广香	罗　兴
邰昌广	粟厚登	吴才明	吴文学	吴征卓	吴长江
吕胜超	姚茂国	姚元根	袁仕渊	杨汉忠	吴付林
黄锡坤	葛贵生	杨　丽	王　艳	张吉权	万兴文
黄少芬	张　快	马　可	邰胜辉	柳文龙	黄俊敏
邹光学	龙胜泉	杨政富	黄明亮	袁安刚	黄坤香
李国燕	刘丁铭	吴开元	杨文玉	周乐坤	周　洪
袁达宣	杨升群	龙崇忠	龙再洲	熊俊华	龙作礼
姜程美	杨光焜	杨代禄	姚碧琼	杨婷婷	杨世祥
王思东	谢玉明	张　羽	罗国军	万明忠	欧阳章勇
唐映强	杨荣凯	刘太亮	张仁清	王承鹏	杨宗柳
甘兴华	万文通	杨胜权	杨　桓	孙文平	杨光学
欧胜峰	游灿金	吴遵德	杨顺琼	王文德	姜　钦
张思思	王在成	罗国华	杨昭才	王玲娟	杨　琴
杨政州	杨　丹	潘　林	杨廷忠	何　勇	杨仕忠
万兴文	耿秀福	欧忠海	吴开忠	杨轶翔	龙汉国
吴燕菊	何龙刚	李高刚	杨　俊	向雪琴	杨　燎
肖开珍	欧阳可林	李彦瑶	赵云友	吴尊平	欧阳志林
郑茂川	吴其涛	张美珺			

编辑说明

一、《三穗年鉴》以马克思列宁主义、毛泽东思想、邓小平理论、“三个代表”重要思想、科学发展观、习近平新时代中国特色社会主义思想为指导，坚持辩证唯物主义和历史唯物主义的立场、观点和方法。

二、《三穗年鉴》全面记述三穗县政治、经济、文化和社会等各行业基本情况，为党委、政府制订计划、决策提供资料信息，为各行业规划发展提供有价值资料，为全县人民了解三穗、建设三穗提供便捷资料。

三、《三穗年鉴》于2012年创刊，每年出版一卷，本年鉴为第6卷。

四、《三穗年鉴（2017）》资料收集时限为2016年1月1日至12月31日。

五、《三穗年鉴（2017）》设特辑、大事记、县概况、政党政权、群众团体、军事政法、综合政务、经济管理、农业、工业贸易、城建环保、交通邮电、财税金融、文化教育、卫生、乡镇概况、人物共17个栏目。

六、《三穗年鉴（2017）》条目内容大部分来源于单位指定专人撰稿，部分来源于单位2016年工作总结，部分条目是县地方志办公室平时收集的单位稿件。概况中数据以统计局统计数为准。各单位条目中涉及的数据均以本单位提供的为准，未加改动。

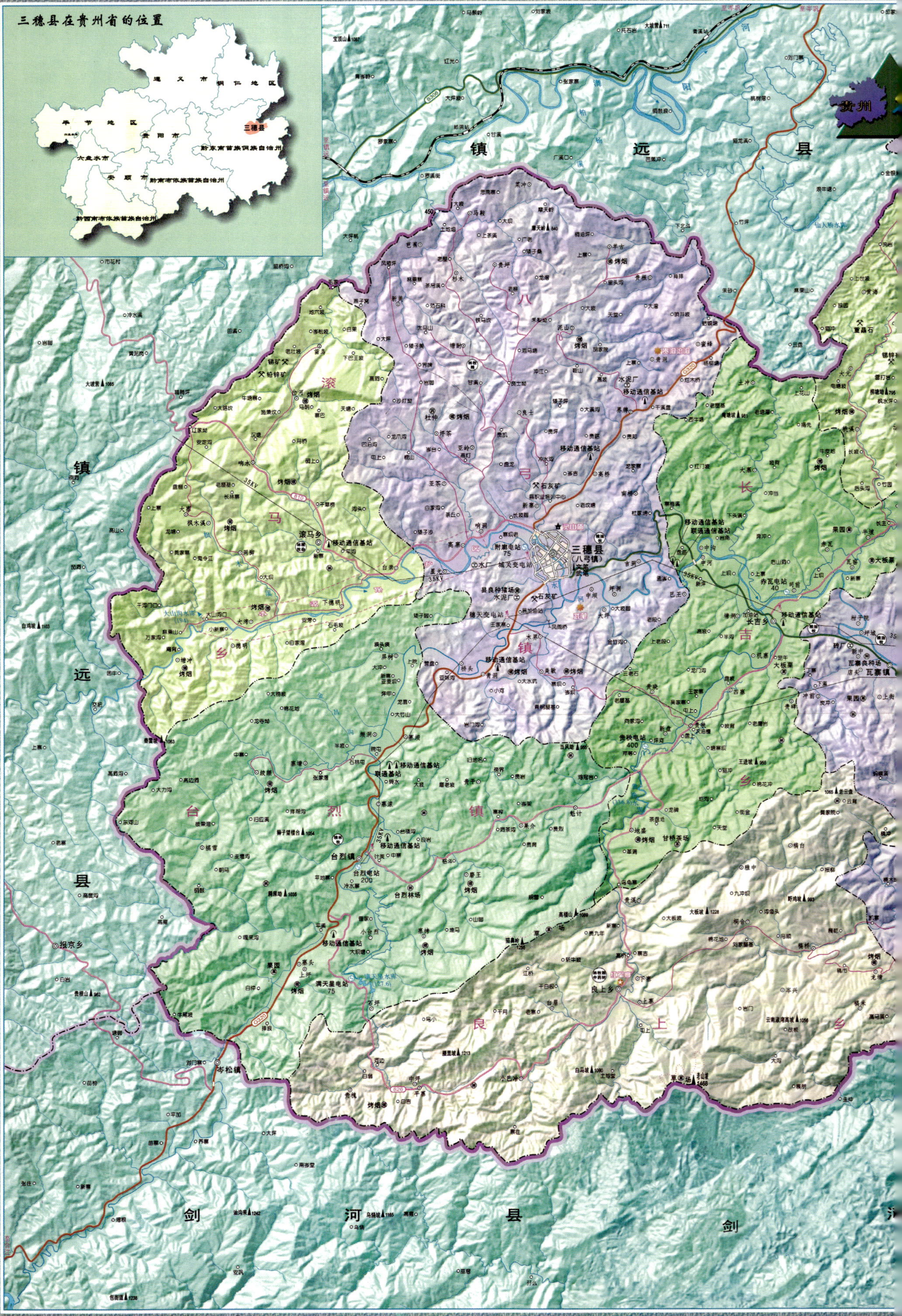

资料由三穗县国土资源局组织协调提供　审图号：黔S(2002)031号
贵州省第三测绘院编制
二〇〇四年十二月

三穗县地图
内部用图
湖南省
天柱县
剑河县
桐林镇
款场乡
三穗县城区图
图例
县级行政中心驻地
乡、镇政府驻地
行政村
村寨
省界
县界
乡、镇界
复线铁路及车站
国道及编码
省道及编码
县道及桥梁
乡道
水库及库容（万立方米）
河流、泉、伏流河
水电站装机容量（千瓦）
变电站及输电线
水源保护区界
草场范围界
工厂、林场、草场等
矿产、旅游景点
重要历史事件纪念地
移动通信基站
主要山峰
最高点、最低点
比例尺
1：60 000
图上1厘米等于实地0.6千米
国家测绘局
贵州省国土资源厅

7月4日，全国政协民族和宗教委员会副主任正福（右二）到颇洞生态农业旅游扶贫示范园调研
（县政府办 供稿）

1月21日，省委常委、宣传部部长张广智（前左二）到三穗调研　（龙兴伟 摄）

4月7日，省人民政府副省长慕德贵（前中）率领2016年全省第一次项目建设现场观摩团到颇洞生态农业旅游扶贫示范园区开展观摩活动。（县政府办 供稿）

1月13日，省人民政府副省长何力（中）到滚马乡卫生院调研基层卫生工作（滚马乡 供稿）

6月15日，省政协副主席蒙启良（前中）到三穗经济开发区调研　　（县政府办 供稿）

6月24日，省政协副主席陈海峰（前右三）率省政协主席会议考察团到颇洞生态农业旅游扶贫示范园视察
（县政府办 供稿）

6月15日，中国红十字总会副会长郭长江（左一）、王海京（左二）率“助力扶贫攻坚——博爱家园”现场会观摩团150余人到颇洞生态农业旅游扶贫示范园观摩　（陶立芳 摄）

5月8日，青海省人大常委会副主任邓本太（右六）到三穗调研　（县人大办 供稿）

8月9日，州委书记李飞跃（前中）率由州发改、工信、财政、国土、交通等部门负责人组成的全州工业园区项目建设观摩团到三穗观摩工业园区项目建设情况　（龙兴伟 摄）

3月14日，2016年全州扶贫项目现场观摩会议观摩团到三穗县生态农业旅游扶贫示范园区示范站观摩　（县政府办 供稿）

4月11日，全州招商引资项目现场观摩会走进三穗　　（县政府办 供稿）

11月11日，县委书记黄瑜到款场乡调研　　（县委办 供稿）

10月9日，县长付乐欣到基层调研扶贫工作并走访慰问百岁老人吴老竹　　（吴子勇 摄）

5月11日，县人大常委会主任龙义立（右一）到长吉乡大寨村走访贫困户向啟顺。

（县人大办 供稿）

3月15日，县政协主席杨胜林（左一）到八弓镇吉洞村吉洞二组吴其兵家走访慰问。

（县政协办 供稿）

5月12日，县委副书记吴永萍（右五）到“党社联建”示范点指导基地建设工作

（县委办 供稿）

2月24日，三穗经济开发区工委副书记罗国炳（左一）率班子成员到玉鼎陶瓷有限公司调研
（开发区办公室 供稿）

12月14日，县委副书记姜继德（左一）到八弓镇调研指导精准扶贫和村级集体经济发展情况 （县委办 供稿）

1月28日，州委政法委副书记，县委常委、政法委书记侯美嘉（中）到滚马乡进行精准扶贫工作调研 （邹光学 摄）

5月17日，县委常委、纪委书记姜继德（左一）到良上镇走访贫困户 （陆兰 摄）

▶ 4月9日，县委常委、常务副县长龙青松（右三）到八弓镇合作社基地调研

（八弓镇 供稿）

▶ 5月19日，县委常委、宣传部部长衮政豪（右二）到款场乡走访慰问贫困户

（县委宣传部 供稿）

5月5日，县委常委、组织部部长龙滨（前右三）陪同开阳县考察团到八弓镇“党社联建”示范点交流（八弓镇 供稿）

◄ 12月17日，县委常委、组织部部长石宏敏（右二）到八弓镇界牌村调研党建工作（县委组织部 供稿）

► 12月26日，县委常委、政法委书记黄置民（左一）走访慰问困难群众（邹光学 摄）

12月8日，县委常委、县纪委书记龚小华（左二）到良上镇督查扶贫攻坚工作

（县纪委 供稿）

11月30日，县委常委尹海波（右三）陪同省司法厅厅长吴跃（右二）到雪洞镇调研省际边界联防联调工作

（杨能利 摄）

5月16日，黔东南州农民工入会和服务工作现场推进会在三穗经济开发区返乡创业园召开　（龙义宏 摄）

12月26日“中国聚宝盆·大美黔东南”暨“黔东门户·生态三穗”三穗县走进杭州市旅游宣传暨招商推荐活动举行　（县投促局 供稿）

10月27日，县人大常委会在长吉乡大头菜专业合作社举行县人大代表“创业带富工程”示范项目授牌表彰仪式　（县人大办 供稿）

5月28日，三穗县惠商商会成立举行大会文艺表演　　（县工商联 供稿）

颇洞国家AAA级旅游景区一角　　（县委宣传部 供稿）

◄ 4月8日，雪洞镇洞阳村向贫困户发放竹鼠　　（雪洞镇 供稿）

► 2016年投入使用的三穗县老年养护院
（县住建局 供稿）

2016年桐林镇圣婆文化旅游节祭祀大典举行　　（桐林镇 供稿）

4月9日，最美中国行·健康中国人全国百城百万国际市民徒步大会暨国际市民体育联盟首届大美黔东南国际徒步嘉年华（三穗站）活动举行 （吴子勇 摄）

9月30日，八弓镇界牌景区自行车骑行活动开幕式举行 （八弓镇 供稿）

10月18日，中国共产党三穗县第十二次代表大会开幕

12月5日，三穗县第十七届人民代表大会第一次会议开幕
（县人大办 供稿）

12月4日，中国人民政治协商会议第九届三穗县委员会第一次会议开幕　　（县政协办 供稿）

目　　录

特　　辑

大　事　记

县　概　况

政党政权

群众团体

军事　政法

综合政务

经济管理

农　业

工业贸易

城建环保

交通邮电

财税金融

文化教育

卫　生

乡镇概况

人　　物

索　　引

特　　　　辑

中共三穗县委第十一届委员会工作报告

（摘要）

（2016年10月18日在中共三穗县第十二次代表大会上）

县委书记　黄　瑜

中国共产党三穗县第十二次代表大会，是我县全面开启“十三五”跨越发展新征程，全力打赢脱贫攻坚战，实现同步小康的关键时期召开的一次重要会议。大会的主题是：全面贯彻落实习近平总书记系列重要讲话精神，统筹推进“五位一体”总体布局和“四个全面”战略布局，贯彻创新、协调、绿色、开放、共享五大发展理念，牢牢守住发展和生态两条底线，动员和带领全县广大党员和干部群众，不忘初心、继续前进，为全面建成小康社会而努力奋斗，携手谱写守底线、走新路、奔小康的三穗新篇章。

一、回顾过去五年，硕果累累，我们倍感欣慰

过去的五年，是我县发展过程中极不平凡的五年，是我县应对重大挑战、经受重大考验、取得重大成就的五年。五年来，我们认真学习贯彻习近平总书记系列重要讲话精神，在省委、省政府和州委、州政府的坚强领导下，锐意进取，扎实工作，超额完成了县第十一次党代会及“十二五”规划确定的各项目标任务，实现了全县经济社会持续健康发展。多项工作分别获得国家或省级荣誉，先后获得了全国科技进步县、全国科普示范县、全国计划生育优质服务先进单位、全省农村劳动力转移就业工作示范县、全省招商引资项目推进实施优良十佳县、全省招商引资政府服务环境十佳县、2015年度全省平安建设示范县、省级创业孵化示范基地、省级卫生县城等荣誉称号。

这五年，我们始终坚持发展第一要务不动摇，综合经济实力迈上了新台阶。积极适应新常态，把握新机遇，统筹做好加快发展的各项工作。2015年全县地区生产总值完成35.33亿元，是“十一五”期末的2.7倍，年均增长17.3%。50万元以上固定资产投资完成50.79亿元，是“十一五”期末的7.7倍，年均增长50.3%。规模以上工业增加值完成7.15亿元，是“十一五”期末的5.4倍，年均增长20.8%，增速由“十一五”期末的全州第14位提升到“十二五”期末的第1位。一般公共预算收入完成3.24

亿元，是“十一五”期末的4.4倍，年均增长34.7%；一般公共预算支出完成14.41亿元，净增近8亿元，年均增长17.5%。金融机构存贷款余额实现65.56亿元，同比增长30.7%。城镇居民、农村居民人均可支配收入分别达22931元、6933元，同比增长10.9%和12.4%，2015年增速分别排全州的第1位和第2位。2016年上半年，在全省47个非经济强县的综合测评中排第5位，全州13个非经济强县排第1位。全面建成小康社会的步伐明显加快，2015年全县小康实现程度预计达90.2%。

这五年，我们始终聚焦精准扶贫工作不懈怠，脱贫攻坚取得了新突破。坚持以脱贫攻坚统揽经济社会发展全局，精准化调度，项目化落实，整县“减贫摘帽”工作于2013年通过省级考核验收，实现3个贫困乡镇“减贫摘帽”，贫困人口由2011年的9.01万人减少到4.19万人，减少贫困人口4.82万人，贫困发生率从46.32%降至21.01%，减少25.31个百分点。易地扶贫搬迁工作成效显著，“十二五”期间，共搬迁安置1194户4503人。精准扶贫工作顺利通过国务院扶贫办组织的第三方评估，评估组给予了“精准识别准确率、精准退出准确率和因村因户帮扶满意度相对较高”的评价。

这五年，我们始终扭住结构调整任务不放松，产业发展呈现了新格局。三次产业结构实现较大转变，由“十一五”期末的22.9：26.9：50.2调整为“十二五”期末的20.4：27.5：52.1。贵州三穗经济开发区建设从无到有、从小到大，面积由2011年的1.02平方公里扩建至4平方公里，并成功申报为省级经济开发区。工业总产值从9.19亿元增加到26.52亿元，工业门类由13类增加到16类，规模企业从14家增加到29家，市场主体由2961户增加到7416户，产业集聚效应明显增强。积极探索特色农业发展新模式，粮经比从60：40调整到40：60，成功打造3个省级农业示范园，农民专业合作社从18家增加到238家。第三产业快速崛起，服务业增加值达18.41亿元，是“十一五”期末的2.79倍，年均增长18.5%，服务业对经济的贡献率达到70.5%。旅游产业迅猛发展，五年累计接待游客305万人次，旅游总收入达16.38亿元，三穗县（颇洞）生态农业旅游扶贫示范园成功申报为国家AAA级旅游景区。

这五年，我们始终抓住统筹城乡发展不松劲，城乡建设展现了新面貌。坚持以人为本，推进新型城镇化，县城常住人口由“十一五”期末的4万人增加到6.6万人，县城建成区由“十一五”期末的5.8平方公里拓展到10平方公里，城镇化率由“十一五”期末的25.8%提高到现在的41.43%，提高15.63个百分点，初步形成了老城区、高铁新区、经济开发区“三区联动”的新型城镇化格局。坚持尊重群众意愿和“一事一议”原则，有效推进82个“四在农家·美丽乡村”建设，实现村级道路硬化全覆盖，农村生产生活条件大幅提升。生态文明建设加快推进，森林覆盖率达60.64%，成功创建2个省级生态乡镇、5个省级生态村。

这五年，我们始终狠抓扩大有效投资不减力，基础设施实现了新跨越。坚持把以交通和水利为重点的基础设施建设作为改善经济社会发展的重大举措，全县公路通车里程达1450公里，新增106公里，其中高速公路新增44.6公里，覆盖全县6个乡镇，覆盖率达66.7%，建制村通沥青（水泥）路比重达76.7%、通车率达93%。特别是沪昆客运专线三穗站、三黎高速建成通车，三施高速、三穗至镇远快速通道的开工建设和公交车的投入使用，以及三穗通用机场的规划建设，三穗的综合立体交通运输体系初步形成。先后完成6座病险水库除险加固，建成中型水库1座，塘冲水库即将下闸蓄水，有效解决工程性和生活性饮水问题。移动通信4G网络实现全县集镇全覆盖。农村水、电、路、信等基础设施明显改善。

这五年，我们始终坚持全面深化改革不停步，开放带动获得了新成果。先后深入推进党建改革、行政体制改革、农村产权制度改革、养老体制改革、水利改革、公车改革、殡葬改革等，探索出“党社联建”“惠民1+1工程”等改革经验。不断提升对外开放水平，全县累计引进项目137个，招商引资到位资金213.8亿元，是“十一五”期末5.81亿元的36.8倍。新增出口资质企业5家，出口创汇7014万美元，引进港资企业1家，实际利用外资和出口创汇从无到有，实现了历史性的突破。

这五年，我们始终坚持保障改善民生不含糊，人民福祉实现了新提升。切实把保障和改善民生作为各项工作的出发点和落脚点，财政用于民生支出累计达42.35亿元，占公共财政预算支出的72.43%，年均增长19%。教育事业持续发展，学前三年毛入园率、九年义务教育巩固率、高中阶段毛入学率均比“十一五”期末提高10个百分点以上，县民族高级中学升级为省级二类示范性高中。教育质量有较大提升，2016年高考实现了历史性突破，一本重点上线人数突破100人大关，二本上线人数突破600人大关。医疗服务水平不断提升，县人民医院、县中医医院通过二甲评审，每千人医疗床位数由“十一五”期末的1.4张增加到3.9张。城镇居民最低生活保障标准由260元/人·月提高到484元/人·月，农村居民最低生活保障标准由1360元/人·年提高到3060元/人·年，敬老院床位由50张增加到450张。五年累计完成棚户区改造4300户，建成保障性住房6192套，实施危房改造22194户，新增城镇就业1.81万人、农村劳动力转移就业2.06万人。

这五年，我们始终坚持推进依法治县不停顿，民主法治呈现了新局面。积极支持人大依法履行职权、政协依章参政议政，努力为人大、政协开展工作创造良好条件，民主政治建设全面推进。坚持依法行政，推行政府权力清单、责任清单制度，共下放县级经济行政管理权限106项到台烈镇，取消行政审批事项61项。深入开展“法律八进”“三项教育”活动，顺利完成“六五”普法工作，遵法学法守法用法的氛围更加浓厚。大力推进公正司法，支持法院、检察院依法独立行使审判权和检察权，司法公信力进一步提升。群众满意度不断提高，2015年全县群众安全感达97.8%，位列全省第33位、全州第6位。巩固和壮大最广泛的统一战线，双拥、民族、宗教、外事等工作取得新成绩，工会、共青团、妇联、文联、残联等团体的桥梁作用进一步增强。县工商联荣获全国、全省县级“五好”工商联荣誉称号，全县同舟共济、共谋发展的良好政治局面已经形成。

这五年，我们始终坚持全面从严治党不松懈，党的建设取得了新成效。全面从严管党治党，深入开展党的群众路线教育实践活动、“三严三实”专题教育、“两学一做”学习教育，积极培育和践行社会主义核心价值观，理论创新工作取得新成效，精神文明建设取得长足进步，外宣工作成效明显，全县文化生活水平进一步提高。围绕抓基层打基础，“十二五”以来，累计投入1.01亿元用于基层党建工作，先后创建9个省级、12个州级、194个县级“五好”基层党组织，累计消除空壳村65个，创建55个“党社联建”村，探索出一条“支部带实体、强村带弱村、能人带群众”的“三带”党建扶贫模式，2015年全县基层党建获得全州党建工作考核一等奖。全面落实党风廉政建设主体责任和监督责任，扎实开展“铸廉和铸勤行动”，深入推进党风廉政建设和反腐败工作，五年来共立党政纪案件226件247人，移送司法机关9人，追缴违纪资金1555万元，挽回经济损失2700万余元，营造了风清气正的政治生态环境。

“十二五”时期，县委高度重视自身建设，始终坚持用习近平总书记系列重要讲话精神武装头脑、指导实践、推动工作，做到学在深处、谋在新处、干在实处。严格遵守党章，密切联系群众，带头廉洁自律，认真执行民主集中制，充分发挥县委总揽全局、协调各方的作用，为全县各级党组织和广大党员干部作出了表率，营造了思想上同心同德、目标上同心同向、行动上同心同行的良好氛围。

“十二五”时期是三穗改革开放以来经济实力提升最大、缩小差距最明显的五年，是三穗产业结构调整最优、园区建设最快的五年，是三穗城镇化推进最佳、基础设施变化最大的五年，是三穗发展活力最足、人居环境改善最显著的五年，是三穗社会协调发展最好、人民群众得实惠最多的五年。回顾“十二五”以来的工作，最值得珍惜的是，我们坚持一张蓝图绘到底，坚持科学发展不动摇，确立了“工业强县、城镇带县、商贸活县”主战略，明确了“一城两中心三基地”的发展目标，探索出符合三穗实际的新路，为三穗加快发展指明了方向。最让人欣慰的是，面对经济增长、脱贫攻坚、党的建设等繁重的工作任务，全县上下紧紧凝聚在县委周围，只争朝夕、苦干实干，为建设平安幸福三穗甘心奉献、无怨无悔。特别是县四大班子领导凝心聚力，团结带领全县广大干部群众攻坚克难、奋勇拼搏，形成了政通人和、风清气正、心齐劲足的大好局面，尤为可贵、值得珍惜。最令人振奋的是，通过五年的奋勇拼搏、持续发力，三穗攒足发展后劲，已经站在加速崛起、后发赶超的新起点上。我们坚信，只要按照既定的决策部署，咬定目标不放松，埋头苦干不懈怠，未来的美好蓝图一定会变为现实，三穗经济社会的发展成就必将更加辉煌！

五年的奋力拼搏换来了三穗前所未有的变化，展现了更加美好的发展前景，也给予我们很多启示：一是必须坚决同中央、省、州保持高度一致，坚决拥护党中央的决定，始终在思想上政治上行动上同以习近平同志为总书记的党中央保持高度一致，坚定不移地贯彻中央、省委和州委的重大决策部署。二是必须坚持把加快发展作为第一要务，始终把项目投资作为拉动经济增长的主要抓手，把守住发展和生态两条底线作为各项工作的根本遵循，强化增比进位、包保责任等工作机制，凝聚发展合力和动力。三是必须坚定不移地贯彻主基调主战略，坚持“赶”与“转”并举，把“加速发展、加快转型、奋力赶超、推动跨越”和“工业强县、城镇带县、商贸活县”作为全县的思想自觉和行动自觉，层层压实责任，创造了前所未有的发展速度。四是必须把切实改善民生作为根本出发点和落脚点，坚持发展为了人民、发展依靠人民、发展成果由人民共享，全力抓实抓细抓好脱贫攻坚第一民生工程，千方百计解决好与人民群众切身利益相关的问题，开创了前所未有的共享发展局面。五是必须把牢牢抓好党建作为最大政绩，坚决落实党要管党、从严治党，全面推进党的思想、组织、作风、廉政和制度建设，不断提升党的建设科学化水平，促进党的创造力、凝聚力、战斗力不断增强。

站在新的历史起点上，我们也清醒地认识到全县经济社会发展还存在诸多困难和问题：一是经济发展仍需加速。经济总量小，人均水平低，经济发展方式粗放，脱贫攻坚的质量、效益和精准度有待提升，全面同步小康的任务依然艰巨。二是产业结构仍需优化。工业经济规模小、主导产业带动作用不强，产业层次低、链条短，农业产业化水平较低，第三产业发展后劲仍显不足。三是民生保障仍需提高。民生需求财力保障不足，就学、就医等基础设施和公共服务还有薄弱环节，补足“短板”的任务依然艰巨。四是党风政风仍需改进。一些党员干部能力和素质不高，不同程度存在着不作为、慢作为、乱作为、为政不廉等问题，提升能力、转变作风、惩治和预防腐败的任务依然繁重。面对以上问题，我们必须在下步工作中励精图治、全力攻坚，确保全县经济社会持续向好发展。

二、展望未来五年，目标明确，我们满怀信心

今后五年，是我们加速发展、缩小差距的黄金期，是全面脱贫、同步小康的决战决胜期，是大投入、大建设、大发展、大跨越的关键期。环顾国内，国家实施脱贫攻坚战略和新一轮西部大开发战略，为我县精准扶贫有效脱贫带来绝佳良机；特别是党中央、国务院高度关心重视贵州，给予重大支持，先后设立了国家生态文明试验区、国家大数据（贵州）综合试验区、贵州内陆开放型经济试验区，必将为我县加快发展注入强大动力；省、州对县域经济发展实行分类指导和支持，加上高铁经济时代的到来，为我县发展创造了新的历史机遇。审视自身，经过“十二五”时期持续快速发展，工业化、城镇化进入加速发展阶段，基础条件日益改善，发展环境不断优化，交通区位红利、生态红利、政策红利、改革红利正在叠加释放。特别是州委、州政府将强力推进黔东片区集群发展，这为三穗加速提升服务功能，打造黔东中心城市核心区，借势用势乘势而上创造了有利条件。

综合判断，“十三五”时期，我县贫困落后是主要矛盾、加快发展是根本任务的基本县情没有变，既要“赶”又要“转”更要“调”的任务没有变，总体发展趋势向好的势头没有变。虽然我县面临更为复杂的宏观环境，但机遇大于挑战，发展仍处于大有作为的重要战略机遇期。我们必须增强机遇意识、战略意识、责任意识、忧患意识，倍加珍惜加快发展的好势头，倍加珍惜团结和谐的好局面，倍加珍惜干事创业的好状态，奋发图强，励精图治，肩负起加速发展、脱贫攻坚、同步小康的历史使命。

今后五年的总体要求是：坚持以习近平总书记系列重要讲话，特别是视察贵州重要讲话精神为指引，按照守底线、走新路、奔小康的要求，统筹推进“五位一体”总体布局和“四个全面”战略布局，贯彻落实五大发展新理念，守住发展和生态两条底线，用好民族文化和生态环境两个宝贝，以脱贫攻坚统揽经济社会发展全局，坚持加速发展、加快转型、奋力赶超、推动跨越主基调，以“打造黔东中心城市核心区”为建设目标，深入推进“工业强县、城镇带县、商贸活县”主战略，切实抓好大扶贫、大数据、大健康战略行动，以小县要办大旅游的决心，全力做好山地农业和山地旅游两篇文章，着力建成农文旅一体化示范区，确保与全省、全州同步全面建成小康社会。

今后五年的奋斗目标是：实现一个跨越、确保两个提前、补齐三块短板、争当四个示范，加快建设实力、潜力、动力、魅力三穗。

实现“一个跨越”，加快建设实力三穗。经济总量实现跨越发展，地区生产总值年均增长14%以上；500万元以上固定资产投资年均增长20%以上；规模工业增加值年均增长15%以上；一般公共预算收入年均增长10%以上；社会消费品零售总额年均增长12%以上；城镇、农村居民人均可支配收入年均分别增长12%和14%以上；城镇登记失业率控制在4.2%以内；民营经济比重提高到60%以上；节能减排控制在州下达计划范围内。

确保“两个提前”，加快建设潜力三穗。一是确保提前到2018年实现全面脱贫。退出国家级贫困县，现行标准下4.19万农村贫困人口全部脱贫，款场、良上2个贫困乡镇摘帽，85个贫困村全部出列。二是确保提前到2018年实现全面小康社会。人均GDP达31400元以上，顺利通过贵州省同步小康达标认定。

补齐“三块短板”，加快建设动力三穗。一

是补齐基础设施短板。持续推动基础设施建设向农村延伸，突出抓好国省干道、县乡村道及通组通寨道路、农村安全饮水工程、农村生活垃圾处理等项目建设，解决好基础设施“最后一公里”问题。二是补齐教育医疗事业短板。继续深化教育综合改革，加大教育投入，加快完善城乡教育基础设施，推进义务教育均衡发展，全面提升教育质量和人口素质。加快完善公共卫生服务体系，加强基层卫生服务能力建设，提升基层卫生服务水平，推动基本公共卫生服务均等化。三是补齐旅游发展短板。力争到2020年建成黔东旅游集散中心，将邛水休闲文化旅游度假区打造成AAAAA级景区，三穗县（颇洞）生态农业旅游扶贫示范园、界牌乡村旅游示范区打造成AAAA级景区，贵秧乡村旅游生态园、木良北侗乡村旅游区、岩门沟民间信仰朝觐地打造成AAA级景区，实现接待游客400万人次以上，旅游综合收入实现40亿元以上的发展目标。

争当“四个示范”，加快建设魅力三穗。一是在发展高铁经济上作示范。坚持高起点规划、高标准实施、高效率推进高铁站区“百亿级”城市综合体建设，辐射和服务黔东片区。二是在统筹城乡上作示范。坚持产城互动、城乡一体、宜居宜业发展思路，推进城乡基础设施一体化、产业布局一体化、城乡改革一体化，逐步实现城乡统筹协调发展。三是在党建扶贫上作示范。全力打造“党社联建”升级版，走出一条具有三穗特色的“融合发展·抱团脱贫”之路，力争打造成为全省乃至全国的“党建扶贫”样板县。四是在农文旅一体化上作示范。突出“农耕、生态、乡愁”，按照“农业景观化、景观生态化、生态效益化”思路，大力发展休闲、观光、农耕、体验等产业，力争将三穗县（颇洞）生态农业旅游扶贫示范园打造成为省内外知名的生态农业旅游扶贫示范园区，把三穗打造成为农文旅一体化示范区。

三、奋战未来五年，抓住关键，我们奋勇前进

围绕总体发展要求和目标，我们要集全民之智、举全县之力，全力以赴抓好以下八个方面的工作。

第一，全力以赴抓脱贫战贫困，加快同步小康步伐。把脱贫攻坚作为“十三五”期间头等大事和第一民生工程，努力把三穗打造成为“黔东统筹城乡脱贫奔小康示范区”。一是精准落实扶贫政策。聚焦全县4.19万贫困人口，精准抓好全县“1+10+9+6”脱贫攻坚政策落地落实，想方设法解决好“扶持谁、谁来扶、怎么扶、怎么退”四个问题，既帮扶贫困户摆脱贫困，又支持非贫困户增加收入，促进群众抱团发展、共同致富。二是全力攻坚扶贫重点。深入推进“城市资源带、龙头企业带、就业创业带”的“三带”扶贫模式，逐步发展生态畜牧、蔬菜等产业，强化创业扶持、技能培训和社会服务，实现“造血式”扶贫，确保产业和就业脱贫2.3万人。突出打好易地扶贫搬迁“当头炮”，加快推进“惠民1+1”保障房、易地扶贫搬迁安置项目建设，合理开发公益性和经营性岗位，实现“搬得出、稳得住、能致富”，确保两年内完成1.8万人的搬迁任务。三是从严落实扶贫责任。紧紧扭住“党委主责、政府主抓、干部主帮、基层主推、社会主扶”五个关键环节，加强组织领导，强化工作保障，坚决贯彻“贫困乡镇党政正职不脱贫不调整、不摘帽不调离”的纪律要求，对完不成脱贫任务、搞“数字脱贫”的进行严肃问责。

第二，全力以赴抓产业提质效，增强县域经济实力。坚持产业引领，加快打造三穗产业升级版，提升县域经济实力。一是加快现代工业转型升级。以推动经济开发区转型升级为目标，加快壮大针织服装、轻工制造、食品加工等传统产业，有序推进大健康产业园、创业孵化园和农民工创业园的开发建设，推动轻工产业集群，延长产业链、供给链、价值链，努力把三穗建设成为黔东轻工产业城，力争实现工业总产值突破100亿元、规上企业突破100户和工业投资突破100亿元“三个100”目标。二是打造现代农业升级版。围绕创建以坝区为代表的山地特色高效农业示范区，依托全县1个万亩大坝和2个5000亩坝区，大力发展三穗鸭、稻田养鱼、商品蔬菜、精品水果等特色优势产业，重点加快提升3个省级农业示范园。加快培育一批专业大户、农民专业合作社、农业产业化龙头企业等经营主体。实施有机农业壮大工程，建立健全“三品一标”管理机制，培育无公害农产品、绿色食品、有机产品地理标志，力争到2020年把我县创建成为全国有机农业示范县。三是加速提升现代服务业。坚持调整和壮大服务业，大力发展金融服务、信息服务、现代商务、商贸物流等生产性服务业，全面发展健康养老、休闲娱乐、餐饮住宿等高品质的生活性服务业。重点推进邛水休闲文化旅游度假区、黔东养老综合服务中心、黔东商贸物流综合交易市场建设，力争把三穗打造成为“黔东现代服务业集聚区”。四是突出抓好文创产业园建设。充分利用民族文化、红色文化、农耕文化、特色食品文化的内涵和独特魅力，深入挖掘和打造“一禾三穗”“将军故里”“麻鸭之乡”“竹编之乡”等人文资源品牌，创建文化创意产业园，文化产业产值占GDP的比重达5%以上。

第三，全力以赴抓项目扩投资，夯实经济发展基础。致力实现“项目突破，经济突围，面貌突变”目标，切实发挥项目投资拉动作用。一是进一步加强项目谋划。按照“投资有回报、产品有市场、企业有利润、员工有收入、政府有税收、环境有改善”的要求，围绕“十三五”规划和省州重大决策部署，积极对接国家和省州重大工程包，加大跑省跑部力度，确保项目库储备项目达8000个以上、总投资3000亿元以上。二是进一步抓实项目实施。围绕基础设施、产业发展、城乡建设、园区建设四大板块，重点推进总投资720亿元的“黔东高铁新区百亿级城市综合体、黔东康养医一体化产业示范园、旅游富民工程、农村环境整治工程、黔东精品农业富民工程、水生态治理工程、易地扶贫搬迁工程、黔东现代服务中心、老城区综合改造提升工程、黔东半小时经济圈路网建设”十大标志性工程项目包建设，形成“十三五”新的投资引爆点，促进县域经济持续健康发展。三是进一步强化要素保障。继续落实重大项目县级领导联系和绩效考核机制，强化对项目建设的组织协调和跟踪问效，抓好土地利用总体规划调整完善和用地报件工作，确保项目落地推进。以国投、城投、园投、旅投等公司为平台，积极采用PPP模式等多种方式进行项目融资，拓宽项目融资渠道，优化金融资源配置，有效解决项目资金短缺问题。

第四，全力以赴抓改革促创新，激活发展内生动力。加快推进全面深化改革，着力提高对外开放水平，深入推进大众创业、万众创新。一是深化重点领域改革。坚持问题导向，重点抓好供给侧结构性改革、农村产权制度改革、村级集体经济改革、水利改革、城乡建设用地增减挂钩等重点改革任务，着力破解制约经济社会发展难题。二是提升对外开放水平。抢抓国家“一带一路”和高铁经济带开放开发重大战略机遇，大力实施开放带动战略，用好杭州市江干区、深圳华侨城集团对口帮扶资源，加强与黔中经济区、长株潭经济区、长三角、珠三角等重点区域交流合作，拓宽对外开放通道，引进一批国内优强企业，加快提高开放型经济发展水平。三是增强创新发展能力。加快开放载体和平台建设，积极鼓励和扶持返乡农民工、大中专毕业生等返乡创业群体，带动人才、项目持续回归。建立科技创新激励机制，鼓励、引导企业加大研发投入，增强企业自主创新能力，提升产品和品牌竞争力，创造更多的“三穗经验”和“三穗模式”。

第五，全力以赴抓城镇美乡村，改善人居生活环境。坚持产城互动、城乡一体、宜居宜业发展思路，以高铁新区和经济开发区为主战场，小城镇为联结点，美丽乡村为覆盖面，统筹推进城乡协调可持续发展，力争2020年建成城乡统筹发展示范区，全县常住人口城镇化率提高到50%以上。一是推动“三区联动”发展。继续实施老城区、高铁新区、开发区“三区联动”战略，重点加快推进高铁新区交通、金融、商贸、旅游、公共服务五大功能建设，促进新区要素进一步聚集，全力打造好“高铁新城”。围绕开发区提质升级，完善经济开发区配套功能，实施好“雁归兴穗”行动计划和“三回工程”，推动产业集聚集群集约发展。围绕稳步解决旧城改造和城中村问题，按照产城景的要求，抓好城区绿化、美化、亮化工程，进一步改善县城主城区人居环境。二是提升集镇建设水平。加快特色小城镇建设步伐，以旅游景点、商贸集散、移民安置为重点，加快台烈特色小城镇建设，稳步推进滚马乡集镇整体搬迁和桐林、瓦寨万人集镇建设，积极完善集镇防洪、供水等基础设施，提高集镇承载能力，推进农民就地城镇化。三是抓好美丽乡村建设。以“四在农家·美丽乡村”六项行动计划为抓手，重点实施“十村示范、百村推进”工程，推动基础设施向农村延伸，将全县所有村按普及村、提升村、示范村、精品村四个梯次建设，努力实现“村村通客运、组组通公路、村寨路面硬化”目标。

第六，全力以赴抓旅游促发展，构建全域旅游格局。立足三穗、服务省州，高标准制定旅游发展规划，以全域旅游带动全域经济。一是找准旅游发展定位。围绕打造独具“农耕、生态、乡愁”民族文化特色旅游目的地，按照“一年见成效、三年有突破、五年大发展”的目标，加快推进“一塑两园”建设，重点开发打造“高铁新区→下德明→颇洞→寨头”观光旅游、“八弓→长吉→瓦寨→桐林→款场”生态体验旅游两条旅游精品线路，努力形成以生态休闲度假、观光农业、民族风情为核心，以乡村旅游为支撑，以高铁、高速旅游通道为纽带的发展格局。二是增强旅游发展后劲。大力实施好“星级酒店建设工程、旅游商场建设工程、旅游交通服务工程、‘一塑两园’建设工程、旅游服务中心建设工程、导游培训提升工程、快速通道建设工程、有机食品基地建设工程”等“八大工程”，健全完善旅游基础设施，积极搭建旅游发展平台，补齐补足发展短板，切实增强旅游产业发展活力。三是提升旅游发展水平。围绕做活“旅游+”，抓实“旅游+农业”，以打造3个省级农业示范园为切入点，把农业园区做成生态体验农业景区。抓实“旅游+城镇”，按照一城一景的要求，加快推进高铁新区和邛水休闲文化旅游度假区建设。抓实“旅游+工业”，推进地方特色文化与旅游商品生产有机融合，大力发展竹编、食品加工等产业，力争把园区建成景区、工厂建成景点、产品开发成商品。

第七，全力以赴抓生态守底线，推进生态文明建设。守住发展和生态两条底线，让三穗“天更蓝、地更洁、山更绿、水更清”。一是要在加强生态建设上出实招。深入开展“绿色三穗”三年行动和“绿色发展创新区”创建活动，加快推动绿色发展，大力建设生态文明，重点推进天然林保护、退耕还林、城镇园林绿化、水生态治理等重大生态工程，确保森林覆盖率稳定在62%以上，县城建成区绿化率达45%以上。二是要在强化生态治理上下功夫。大力实施“青山、蓝天、碧水、净土”四大工程，持续保持县城空气环境质量指数年优良天数达95%以上，确保城乡生活垃圾无害化处理率达90%以上，城镇污水处理率达90%以上。

严格落实环境保护“六个一律”和森林保护“六个严禁”，以“零容忍”态度严厉打击生态环境违法行为，杜绝引进污染企业、杜绝上马污染项目。三是要在发展生态产业上见实效。牢固树立低碳经济、循环经济、绿色经济理念，推动工业生态化改造，大力发展生态高效农业、生态服务业和低碳旅游业。加快低碳城市建设，实施全民节能行动计划，深入开展绿色生活行动，推进资源节约型、环境友好型社会建设，真正做到“大美三穗，拒绝污染”。

第八，全力以赴抓民生促和谐，增进人民群众福祉。坚持把保障和改善民生作为“十三五”时期补短板的重大领域，推进公共服务能力达到全国平均水平。一是围绕完善基础设施建设惠民生。加快推进高铁新区路网、三穗至镇远两路口、三穗至镇远青溪快速通道、G320国道三穗至剑河岑松和S310省道瓦寨至三穗段等交通路网建设，加快高铁新区综合客运枢纽站建设，实现铁路与公路“零换乘”，着力构建以三穗为中心的“半小时交通圈”。加快推进金昌沟水库、白剑坡水库等重点水利设施建设，从根本上改善工程性缺水问题。二是围绕扎实推进社会事业谋福祉。围绕“教育强县”目标，全面深化教育综合改革，基本普及15年教育，有效提升办学水平和教育质量，力争2020年前基本建成黔东区域教育高地。扎实有序推进公立医院综合改革，全面提升公共卫生、妇幼保健和医疗服务水平，完成县人民医院、县中医医院二甲复审，重点规划建设好黔东（三穗）三级中医医院，积极争取县人民医院三级医院建设项目落地建设。坚持和完善计划生育服务管理措施，全面实施二孩政策，促进人口与经济社会协调发展。三是围绕加强社会综合治理促和谐。深入开展信访维稳工作，充分发挥群众工作中心作用，及时排查化解矛盾纠纷，确保“小事不出村，大事不出乡镇，难事不出县，矛盾不上交”。深入推进“平安三穗”建设，加大对道路交通、地质灾害、公共消防等重点行业领域的安全监管，切实维护社会稳定大局，不断提升人民群众的安全感、满意度。

四、决胜未来五年，强化保障，我们众志成城

“十三五”时期发展目标已经确定，能不能把目标变为现实，关键取决于党员干部的实干担当，取决于全县人民的团结奋斗。我们要进一步加强和改进党的领导，切实提高各级领导干部的执政能力，确保全面完成“十三五”各项目标任务。

第一，突出思想政治建设，激发同步小康源动力。始终把思想政治建设作为加快发展动力之源，进一步提升党员干部的思想政治水平。一是要坚定理想信念。全面加强学习型、创新型、服务型党组织建设，继续把学习贯彻习近平总书记系列重要讲话，特别是视察贵州重要讲话精神作为政治任务，深入开展“两学一做”学习教育，持续巩固拓展党的群众路线教育实践活动和“三严三实”专题教育成果，进一步强化政治意识、大局意识、核心意识、看齐意识，增强跨越发展的信心和决心。二是要提升道德修养。培育和践行社会主义核心价值观，大力弘扬中华传统美德，深化拓展“明礼知耻·崇德向善”等主题活动，发挥好“道德讲堂”作用，加强社会公德、职业道德、官品官德、家庭美德和个人品德教育，推进精神文明创建活动，引导广大党员干部群众讲道德、遵道德、守道德，追求高尚的道德理想，让三穗和谐有序、充满活力。三是要强化思想解放。持之以恒地推进解放思想大讨论活动，引导广大党员干部在新的起点上进一步理清思路、找准方向，正确看待当前我县发展的差距和潜力，善于打破传统思维定式，勇于跳出三穗看三穗，从全省、全州战略大局谋划工作，找准问题、精准施策，以思想大解放来推动工作的大开展。

第二，突出基层组织建设，增强同步小康向心力。着力强化基层基础，充分发挥基层组织的战斗堡垒作用和党员先锋模范作用。一是巩固夯实基层党组织建设。严格落实基层党建工作责任制，建立健全书记抓基层党建问题清单、任务清单、责任清单，确保基层党建工作责任落到实处。进一步健全完善村和社区干部报酬合理增长机制，逐年提高村（社区）干部报酬。关心和爱护基层，加大对基层的投入力度，推动各级各部门人往基层走、钱往基层投、政策向基层倾斜。二是统筹抓好“三支队伍”建设。选好配强基层党组织书记，统筹抓好乡镇党委书记、村支部书记和农村致富带头人“三支队伍”建设，扎实做好党员发展工作，从源头上解决村级组织“后继乏人”、村组干老化等问题。三是不断壮大村级集体经济。围绕“一年全覆盖、三年全脱贫、同步奔小康、双超有数量”目标，全面推广和提升“党社联建”“党建三带”和“五融五帮”工作，坚持“让利于民”原则，将公共资源的开发利用作为发展壮大村级集体经济的重要途径，进一步拓宽村级经济增收渠道，全面消除空壳村，增强村级集体经济实力和基层党组织的“向心力”。

第三，突出党的作风建设，提升同步小康执行力。党员干部工作作风的好坏，直接关系到党的形象和事业的成败。一要坚定不移转作风。按照“三严三实”的要求，继续抓好中央“八项规定”的落实，加大监督检查力度，坚持不懈反对“四风”，持续不断改进作风，提高做好群众工作的能力，主动深入基层为民办实事、解难题，密切党群干群关系，以良好党风带动政风民风。二要敢于担当干事业。建立健全“容错纠错机制”，为敢担当、善作为的领导干部撑腰鼓劲。深入推进“铸勤行动”，坚决治理“为官不为、为官乱为、为官慢为”，进一步激发干事创业热情，强化敢于担当的意识，使敢担当、善作为在干部队伍中蔚然成风。三要雷厉风行抓落实。发扬“马上就办”的工作作风，坚持“办就办好”的工作标准，下大力解决庸、懒、散、慢、浮等问题。全面推行服务承诺、岗位责任、限时办结等制度，以开局就是决战、起步就是冲刺的精神状态，及时精准地把中央、省委、州委和县委的部署和决定落到实处。

第四，突出党风廉政建设，树立同步小康公信力。党风廉政建设，是广大干部群众始终关注的重大政治问题，从严治党才能取信于民、赢得人心。一要扛起从严治党之责。坚持党要管党，从严治党，切实履行管党治党主体责任和监督责任，把责任扛在肩上、放在心上、抓在手上、落实在行动上，认真落实“两个责任清单”，层层传导责任压力，推动全面从严治党向基层延伸。二要绷紧清正廉洁之弦。始终把严守政治纪律和政治规矩放在首要位置，严格执行《中国共产党廉洁自律准则》《中国共产党纪律处分条例》和《中国共产党问责条例》，切实增强党纪党规意识，牢牢守住做人、处事、用权、交友底线，永葆共产党人清正廉洁的政治本色。三要高举严惩腐败之剑。用好监督执纪“四种形态”，对党员干部苗头性、倾向性问题，综合运用批评教育、组织处理、纪律处分等多种方式，对症下药、精准治疗。深入推进“铸廉行动”，坚决查处顶风违纪案件，重点查处民生领域腐败案件，持续保持惩治腐败的高压态势，坚定不移把党风廉政建设和反腐败斗争引向深入。

第五，突出干部队伍建设，提高同步小康战斗力。始终坚持建设高素质领导班子和干部队伍，为全面建成小康社会提供坚强的组织保证。一是树立鲜明用人导向。认真贯彻《党政领导干部选拔任用工作条例》，按照好干部“五条标准”，把好选人用人关，严防“带病提拔、带病上岗”。全面落实中央关于推进领导干部能上能下的规定，健全干部能上能下的体制机制，树立能者上、庸者下、劣者汰的用人导向，真正把想干事、能干事、干成事、不出事的干部用起来。二是从严从实管理干部。进一步严格规范党内政治生活，严格落实“三会一课”、主题党日、警示教育等活动，不断提升党内政治生活的政治性、原则性、战斗性。充分发挥绩效考核、函询、诫勉谈话等作用，让干部思想紧起来、行动快起来、作风严起来，真正做到让有为者有位、不为者无位、乱为者失位。三是提升干部能力素质。高度重视干部教育培训工作，坚持缺什么补什么，干什么学什么，继续加大干部交流培养和挂职锻炼力度。采取“走出去”和“引进来”等方式，把优秀年轻干部和业务骨干推荐到省州、园区、扶贫一线去学习锻炼，不断提升干部的工作能力和业务水平。

第六，突出发展环境建设，增进同步小康凝聚力。实践证明，比发展就是比环境，抓发展必须抓环境。一是全力营造风清气正的政治环境。支持县人大及其常委会依法履行监督权、重大事项决定权和人事任免权。完善民主监督机制，支持县政协依章履行政治协商、民主监督、参政议政职能。巩固和发展最广泛的爱国统一战线，充分调动民主党派、工商联、无党派人士和群团组织推动经济社会发展的积极性和主动性。深入开展民族团结进步宣传教育，促进各民族共同团结奋斗、共同繁荣发展。加强全民国防教育和后备力量建设，做好“双拥”共建工作，巩固和发展军政军民团结。二是全力营造公平正义的法治环境。进一步加强对法治建设和政法工作的统一领导和统筹协调，把党领导立法、保证执法、支持司法、强化普法、带头守法落到实处。积极推进依法行政，加强法治政府建设，不断提高运用法治思维和法治方式化解矛盾、维护稳定的能力和水平，教育引导广大群众自觉守法、遇事找法、解决问题靠法。扎实推进司法体制改革，提升司法公信力，让公平正义看得见、摸得着，不断提升人民群众的获得感。三是全力营造干事创业的舆论环境。坚持党管宣传、党管意识形态，加强正面宣传，注重总结提炼我县经济社会发展中的好经验、好做法，并谋划和安排好宣传活动，进一步讲出三穗好故事，传播三穗好声音，展示三穗好形象。要加强各类宣传思想文化阵地建设和管理，建立健全管理有效的责任落实机制和舆情处置机制，做到主动发声、及时发声，凝聚同步小康正能量。

扬帆风正好，壮志绘宏图。实现“十三五”时期奋斗目标，前景光明美好，任务繁重艰巨，全县各级党组织和广大党员干部要更加紧密地团结在以习近平同志为核心的党中央周围，在省委、省政府和州委、州政府的坚强领导下，万众一心，锐意进取，苦干实干，为坚决打赢脱贫攻坚战、实现同步小康而努力奋斗！

三穗县人大常委会工作报告
（摘要）

（2016年12月6日在县第十七届人民代表大会第一次会议上）
县人大常委会主任　龙义立

五年工作的回顾

县十六届人大常委会任期的五年，是我县应对重大挑战、经受重大考验、取得重大成就的五年，也是我县民主法治建设全面推进的五年。五年来，在县委的领导下，常委会坚持以邓小平理论、“三个代表”重要思想、科学发展观为指导，全面贯彻党的十八大和十八届三中、四中、五中、六中全会精神，深入学习贯彻习近平总书记系列重要讲话精神，围绕全县工作大局，紧随经济社会发展进程，依法行使职权，创新监督方式支持工作，落实代表建议促进工作，审议重大事项推动工作，开创了人大工作新局面。五年来，共召开县人民代表大会5次、常委会会议34次、主任会议81次，开展法律、法规执法检查5项，配合省、州人大常委会开展法律、法规执法检查30项，听取和审议“一府两院”专项工作报告47项，作出重大事项决议、决定19项，决定任免国家机关工作人员171人次，有效发挥了地方国家权力机关的职能作用，为推进依法治县进程、促进我县经济社会全面进步做出了积极的贡献。

一、深入推进监督工作，着力推动经济社会发展

常委会认真贯彻实施监督法，按照“围绕中心、服务大局、突出重点、讲求实效”的工作思路，改进监督方式，加大监督力度，增强监督实效，推动“一府两院”依法行政和公正司法。

（一）加强经济运行监督。常委会高度重视对我县经济运行的监督，每年依法定期审查和批准县本级财政决算、预算调整，听取和审议计划、预算的执行情况报告以及财政审计工作报告，针对计划和预算执行中存在的问题提出审议意见，督促政府及其有关部门改进工作。常委会根据经济发展情况有重点地开展监督，听取和审议了我县工业经济发展情况的报告，提出以经济开发区为依托，加大产业培育力度，重点扶持和引进市场前景好、发展潜力大、带动能力强的工业企业，发挥龙头带动作用，使其成为强力支撑工业经济的主力军；落实好招商引资相关政策，扎实推进“三回工程”（人才回归、资金回流、创业回乡），广纳招商资源；搭建融资平台，以项目建设促进投资增长，努力破解工业发展的瓶颈制约。在听取和审议县“十二五”规划纲要实施报告中，提出县人民政府要加大项目建设力度，稳固农业基础，大力发展民生事业，加强生态环境保护，促进经济社会协调发展，确保规划纲要确定的各项目标任务完成。县人民政府采取强力措施，加大投融资力度，确保了我县经济持续健康发展。

（二）加强“三农”工作监督。常委会围绕近年来中央一号文件精神和县委的工作部署，开展对“三农”工作的监督。听取和审议了县人民政府关于农田水利基础设施建设、农业产业化发展、扶贫攻坚等专项工作报告，提出要落实好扶贫攻坚的各项政策，加大对农村基础设施建设，统筹城乡发展，改善农村生产生活环境，促进特色产业健康发展、农民收入稳定增长。常委会还组织州、县人大代表实地视察扶贫产业、水利基础设施建设等项目，要求代表积极为扶贫攻坚、美丽乡村建设工作献计献力。

（三）加强民生事业监督。常委会十分重视教育工作，三年分别听取了县人民政府关于学前教育、提高教育教学质量、义务教育均衡发展专项工作报告，提出要把教育摆在优先发展的战略地位，把准黔东中心城市核心区建设的战略机遇期，实施教育的高标准规划、高起点建设、高速度发展，让三穗教育跻身强县行列，并向黔东教育高地目标迈进。为全面落实保障性住房政策，常委会听取了易地扶贫移民搬迁工作情况报告，提出相关部门要加快推进保障性住房开工建设步伐，加强监管，有效地解决无房户、低收入家庭的住房问题。常委会还听取和审议了城乡居民基本养老保险、农村合作医疗、民政养老服务体系建设等专项工作报告，针对存在的问题，提出了审议意见，推动了有关工作的顺利开展。

（四）加强司法工作监督。常委会开展了安全生产法、档案法、黔东南州农村消防条例等5部法律、法规实施情况的执法检查。特别针对我县部分单位对《中华人民共和国档案法》的贯彻实施认识不到位，重业务工作轻档案管理，重眼前工作轻史料管理，个别单位甚至多年不抓档案整理，尤其是全县并村后，档案资料的收集整理成为一个突出问题，常委会审议提出政府及其部门要本着“为历史负责、为现实服务、为未来着想”的高度，通过法律宣传教育，增强各单位和乡镇负责人的法治意识，要依法治档，强化监管，加大投入，促进档案工作的标准化、规范化。县人民政府高度重视，加大行政执法检查力度，把档案工作纳入年度目标考核，推动了档案工作新的发展。2013年县档案局成为我州首次成功创建国家二级综合档案馆，2015年获得全省社会主义新农村建设档案工作示范县称号。

加强普法工作的监督，常委会听取和审议了“六五”普法工作情况报告，促进司法部门深化“法律八进”活动，扎实推进“六五”普法规划的有效实施，为全面推进法治建设营造了良好的环境。常委会听取和审议了县人民法院审判工作、县人民检察院监督工作情况报告，督促县人民法院、县人民检察院坚持司法为民、完善审判和监督工作机制，加强司法队伍素质和能力建设，规范审判管理制度，提高诉讼效率和审判质量，提升司法公信力，推进司法公正，更好地发挥保障社会公平正义、维护社会和谐稳定的作用。

认真抓好信访工作，坚持常委会领导信访接待日制度，做好信访案件的受理、交办、转办和督办工作。五年来，受理来信来访78件，办结率达90%。

（五）扎实开展部门工作评议和专题询问。工作评议、专题询问是人大常委会拓展监督渠道、创新监督工作的新方式。为了促进“一府两院”进一步转变工作作风、提高工作效率，确保宪法、法律、法规和县委、县政府决策部署、人大常委会决议决定的贯彻实施，根据《三穗县人民代表大会常务委员会监督工作评议办法》，对县林业局、财政局、人社局、民政局等11个单位进行工作评议。通过开展工作评议，进一步增强了单位干部职工的事业心、责任感和紧迫感，提升了部门的执行力、创造力和公信力。

常委会针对群众普遍关注的食品安全问题，在充分调研的基础上，汇集了10个方面的问题开展专题询问，县人民政府和相关工作部门作出了诚恳的答询，取得了良好的效果，对促进食品安全监督管理，维护人民群众的切身利益起到了积极的作用。

调查研究是人大常委会履行职权的重要形式，也是强化监督职能的前提。常委会每年都围绕县委、县政府的重要部署重点工作，拟定专题调研计划，开展专题调研，为县委、县政府决策提建议当参谋。《关于提高教育教学质量的调研报告》《关于精准扶贫脱贫工作的调研报告》《关于三穗鸭产业建设融入大扶贫战略的思考》等调研文章，为县委、县政府推动工作起到积极的作用。

二、立足全局讨论决定重大事项，依法做好人事任免工作

讨论、决定本行政区域内的重大事项，是宪法和法律赋予地方人大及其常委会的一项重要职权，是人民当家做主、管理国家和社会事务的直接体现。常委会坚持把推动发展作为人大工作的第一要务，围绕全县经济社会发展中带有全局性、根本性、长远性的问题，认真行使重大事项决定权。五年来，常委会审议了县人民政府提请的《贵州三穗经济开发区总体规划》《四在农家美丽乡村建设项目》《三穗县客运枢纽站建设PPP项目》《三穗塘冲水库至县城河道治理工程项目》《长吉乡良上乡撤乡设镇》等19个重大事项议案，作出19项决议决定，为维护改革发展稳定大局，促进科学发展和社会和谐，发挥了重要作用。

常委会始终坚持党管干部与人大依法任免干部相统一的原则，对“一府两院”提请任命的干部人选，严格实行任前法律知识考试、履职发言、投票表决、向宪法宣誓和任后工作监督等，认真行使任免权。五年来，常委会依法任命国家机关工作人员114人次、免去国家机关工作人员57人次、接受国家机关工作人员辞去职务8人次，接受代表辞职22人。

三、突出主体地位，着力发挥人大代表作用

人大代表是国家权力机关组成人员。

常委会不断加强和改进代表工作，全力支持和保障代表依法履职，充分发挥代表参与管理国家和社会事务的作用。

（一）加强代表学习培训。针对代表履职意识不强，整体作用发挥不够的情况，常委会将代表培训列入每年度人大工作的重要内容，采取理论与实践、学习与研讨、培训与观摩结合的方式，通过专题培训、以会代训、联系回访和座谈交流等多种形式，有计划、分层次、多渠道地开展代表的学习培训，不断增强代表履职的责任意识，代表的综合素质和履职能力得到逐步提升。五年来，组织培训人大代表620余人次。

（二）认真督办代表意见建议工作。常委会坚持把督办代表意见建议与推动有关工作结合起来，采取人大常委会正副主任重点督办、政府领导领衔办、工委跟踪办、部门联合办，“面对面”让承办单位与代表征求建议办理情况满意度，“背靠背”让督办单位与代表进行建议办理情况满意度测评，使代表意见建议办理工作取得了实实在在的效果。《关于尽快修建城关一小校园门口道路的建议》《关于尽快开通城市公交的建议》《关于改进农村社会养老保险金收缴、发放工作服务的建议》等一批群众反映集中、社会关注度高的意见建议得到有效解决。县十六届人大召开的五次会议期间，共收到代表提出的意见建议404件，已办理落实135件，列入计划安排234件，暂不能解决的35件，办理结果为满意376件，基本满意28件。

（三）认真组织代表开展闭会期间活动。通过邀请代表列席常委会会议，组织代表开展专题调研、视察、旁听法院庭审、代表述职评议、建立“代表联系选民活动室”等方式，不断充实代表活动内容，调动代表履职积极性，充分发挥代表的作用。落实常委会组成人员联系代表、代表联系选民“双联系”制度。五年来，开展代表小组活动13次，代表列席常委会会议136人次，参加常委会组织的专题调研、执法检查等工作300余人次。

（四）开展“脱贫攻坚——人大代表在行动”主题活动。为充分发挥各级人大代表的优势和作用，调动各方力量积极投身大扶贫战略行动，县委转发了《县人大常委会党组关于开展“脱贫攻坚——人大代表在行动”主题活动实施意见》。主题活动本着“全员参与，尽力而为，力求实效”的原则，各级人大代表按照实施意见的要求积极参与。全县170余名州、县人大代表联系帮扶贫困户360户1100余人，领办创办扶贫产业项目120余个，带动贫困户800余户2400余人。通过主题活动的开展，把党的脱贫攻坚政策、惠民政策传送到千家万户，激发贫困户脱贫攻坚的内生动力，为打赢精准扶贫精准脱贫的攻坚战凝心聚力、传递正能量。同时开展优秀人大代表、人大代表“创业带富工程”示范户评选活动。五年中对40名优秀人大代表、5名人大代表“创业带富”示范项目予以表彰和授牌。

四、依法完成县乡人大换届选举工作

在县委的高度重视和领导下，县人大常委会科学谋划、周密部署、精心组织，及时制定县乡人大换届选举工作实施方案，作出有关决定，召开全县县乡人大换届选举工作动员会和选举工作骨干培训会，加强换届选举工作检查指导力度，把好各个环节工作，听取各乡镇工作进展情况汇报，强调各乡镇选举委员会要深入细致地组织做好选民登记、提名推荐初步代表候选人、协商确定正式代表候选人、投票选举等环节的工作。严格执行换届纪律“九严禁”，确保县乡人大换届选举工作依法有序、风清气正。11月上旬顺利选举产生了新一届县乡两级人大代表646名（其中县人大代表164名、乡镇人大代表482名）。全县9个乡镇于11月底胜利召开了新一届人民代表大会第一次会议，依法选举产生了新一届乡镇人大、政府领导班子，圆满完成了乡镇人大换届选举工作任务。

五、切实加强常委会自身建设，努力提高依法履职能力和水平

常委会坚持把加强自身建设摆在重要位置，切实加强思想、组织、作风和廉政建设，努力提升工作能力和水平。

（一）加强思想政治建设，增强四大意识。常委会始终把加强思想政治建设摆在首位，坚持党组学习和常委会“周一学”制度，扎实开展党的群众路线教育实践活动、“三严三实”专题教育和“两学一做”学习教育，认真学习贯彻党的十八大和十八届三中、四中、五中、六中全会精神，深入学习贯彻习近平总书记系列重要讲话精神，学习贯彻中央、省委、州委、县委关于加强县乡人大工作和建设的意见精神，切实增强政治意识、大局意识、核心意识和看齐意识，坚决在思想上政治上行动上同以习近平同志为核心的党中央保持高度一致。

（二）加强作风建设，增强为民意识。通过开展宗旨教育、先进先辈教育、铸廉铸勤等活动，使党员干部认识到作风建设的极端重要性，明白“履职为谁”，牢固树立群众观念，忠实践行党的群众路线。坚持把发展作为第一要务，通过工作监督和法律监督，促进加快发展、依法发展。落实好走访代表、联系选民、专题调研、平时调研工作，坚持深入实际、深入基层、深入群众进行调查研究，广泛倾听民声、了解民情、集中民智，使人大工作更加贴近民心、民意、民生。

（三）加强党风廉政建设，增强勤政廉政意识。严格落实党风廉政建设责任制，认真学习贯彻《中国共产党廉洁自律准则》《中国共产党纪律处分条例》等党内法规，严守党的政治纪律和政治规矩，持之以恒落实中央“八项规定”精神。制定《人大常委会党组工作规则》，明确主体责任清单，签订党风廉政责任书和承诺书，层层压实责任。通过“铸廉”和“铸勤”行动，深化警示教育，筑牢勤政廉政意识。

（四）加强制度建设，增强规矩意识。常委会修改完善了《三穗县人大常委会监督工作评议办法》《三穗县人大常委会听取和审议一府两院专项工作报告的规定》《三穗县人大机关公务接待管理办法》《财务管理制度》《廉洁自律制度》等26项管理办法和规定，以制度规范工作，强化纪律意识和规矩意识。

（五）加强乡镇人大工作指导。制定了《中共三穗县人大常委会党组关于乡镇人大工作的指导意见》，明确乡镇人大工作职责、任务和要求。使乡镇人大工作逐步规范。落实常委会领导联系指导乡镇人大工作，组织乡镇人大干部参加各级人大常委会举办的学习培训，邀请乡镇人大主席列席常委会会议和参加常委会组织开展的执法检查、专题调研、视察等，不断提高乡镇人大工作整体水平。

六、积极参与全县中心工作，服务经济社会发展

在监督中参与，在参与中支持，在支持中作为，是人大工作的基本遵循。按照县委、县政府推动工作要求，县人大常委会组成人员积极投身脱贫攻坚、项目建设、信访维稳等中心工作。受党委领导、与发展同向，下基层工作、尽职责所能，驻村帮扶、亲力亲为，助推发展、聚力齐心，为我县经济社会发展夺取新成绩、迈向新台阶做出积极贡献。

五年来的工作实践，使我们深切体会到，要认真履行好宪法和法律赋予的职责：一是坚持党的领导，确保履职方向。坚持党的领导是我们做好各项工作的根本保证，任何时候都决不能有丝毫的含糊和动摇。五年来，我们始终把人大工作置于党的领导之下，无论是监督、决定、任免，还是代表工作、自身建设，都紧紧围绕县委的决策部署来开展和推进。坚持重大事项、重要工作向县委请示报告制度，严格按照法定程序办理，确保党的主张通过法定程序成为全县人民的意志，切实把党的思想领导、政治领导和组织领导贯穿于人大工作的全过程。　二是围绕中心力促发展，把握履职要务。人大与“一府两院”职责不同，目标同向。人大工作要准确把握省情、州情、县情，突出工作重点，通过依法履职和开创性的工作，促进经济持续健康发展和社会和谐稳定。五年来，我们始终自觉把人大工作放在全县改革发展稳定大局中来谋划，无论是听取和审议政府专项工作报告，还是组织人大代表视察重点项目建设，总目标就是奋力推进县委提出的“一城两中心三基地”发展战略的深入实施，为加快平安宜居宜游三穗建设而努力。三是维护人民群众根本利益，践行履职宗旨。人大及其常委会由人民按照法定程序选举产生，对人民负责、受人民监督。衡量人大工作的成效，关键要看群众的意愿是否得到充分反映，群众的权益是否得到较好实现，群众的困难是否得到有效解决。五年来，我们坚持群众路线，始终把实现好、维护好、发展好最广大人民群众根本利益作为人大工作的出发点和落脚点，高度关注民生问题，把群众最关心和社会最关注的教育、医疗卫生、社会保障、食品安全、司法公正等方面的热点难点作为人大监督的重点，积极作为，努力使发展成果更多更好地惠及人民群众。四是改革创新与时俱进，善谋履职方法。全面深化改革、全面依法治国不断向前推进，社会主义民主法治建设不断迈出新步伐，这给新时期新形势下人大工作提出了新的任务和要求。人大工作既要严格依法按程序办事，也要改革创新、与时俱进，顺应新形势的发展要求和人民的期望，充分体现时代精神和时代特征。五年来，我们坚持用新理念谋划工作、用新方法强化工作的落实，努力找准各个时期人大工作与经济建设、政治建设、文化建设、社会建设和生态文明建设的最佳结合点和切入点，不断增强人大工作实效。

过去五年工作实践，我们清醒地认识到，在加快发展的新形势新要求下，如何更好地运用监督工作的方式、方法，增强监督实效，还有待进一步的积极探索和改进；组织代表开展活动的内容和形式还需进一步拓展；服务经济建设、化解社会矛盾、促进社会和谐的作用发挥还有待加强；加强自身建设，提升工作能力还要坚持常抓不懈。这些问题，我们将在今后的工作中认真研究，努力改进。

对今后工作的建议

今后五年，是我县加速发展、全面脱贫、同步小康的决战决胜期，是大投入、大建设、大发展、大跨越的关键期。县第十二次党代会明确提出今后五年的奋斗目标是：实现一个跨越、确保两个提前、补齐三块短板、争当四个示范，加快建设实力、潜力、动力、魅力三穗。新一届人大常委会正处在更高起点上推进三穗科学发展、跨越发展。今后五年的总体要求是：坚持以习近平总书记系列重要讲话，特别是视察贵州重要讲话精神为指引，按照守底线、走新路、奔小康的要求，全面践行“创新、协调、绿色、开放、共享”五大发展理念，按照县第十二次党代会确定的目标任务，坚持党的领导、人民当家做主、依法治国有机统一，依法行使职权，全力助推“打造黔东中心城市核心区”建设，不断开创人大工作新局面，为加快建设实力、潜力、动力、魅力新三穗，确保实现全面建成小康社会做出贡献。

围绕中心，突出重点，全力推进经济社会持续发展。贫困落后是主要矛盾，加快发展是根本任务，新一届人大常委会要紧紧围绕县第十二次党代会提出的奋斗目标、工作要求，拟定工作计划，履职尽责，为推动我县转型发展、持续发展、跨越发展而努力。要把脱贫攻坚、产业建设、项目投资、改革创新、美丽乡村建设、旅游发展、生态建设、民生改善、促进依法行政和公正司法等作为监督重点，选准议题，精深调研，认真审议，提出推动科学发展的意见建议，全力推进经济社会持续健康发展。

完善制度，规范程序，依法行使好决定权和任免权。修改完善县人大常委会讨论决定重大事项的实施办法，进一步规范讨论决定重大事项的程序和步骤，促进讨论决定重大事项的科学性、规范性。及时对我县改革发展稳定的重大规划、重大民生问题等重大事项进行讨论，依法作出决议、决定。坚持党管干部的原则和依法任免国家机关工作人员的有机统一，依法做好人事任免工作。实施宪法宣誓，激励和教育公职人员切实忠于宪法、遵守宪法和维护宪法。

夯实基础，强化服务，充分发挥代表作用。搭建代表履职平台，拓展代表活动的内容和方式，积极为代表履职提供优质高效的服务保障。改进代表议案建议的提出和督办工作。完善代表建议督办落实机制，选择综合性强、涉及面广、问题反映比较集中的代表建议，由常委会领导牵头带领相关委室进行重点督办。坚持常委会组成人员联系代表、代表联系选民“双联系”工作。每年举办一至两期代表专题学习培训班，着力提升代表依法履职能力。邀请人大代表参加常委会的工作视察、专题调研、执法检查和列席常委会会议，努力为代表依法行使职权、密切联系群众、参与常委会工作创造条件，更好地发挥代表参与管理国家和社会事务的作用。

转变作风，求真务实，不断加强自身建设。坚持把党的思想建设摆在首位，认真学习贯彻党的十八届三中、四中、五中、六中全会和习近平总书记系列重要讲话精神，特别是视察贵州重要讲话精神，认真贯彻落实中央、省委、州委关于加强县乡人大工作和建设的意见精神、县第十二次党代会精神，持续深入开展“两学一做”学习教育，巩固拓展党的群众路线教育和“三严三实”专题教育成果，不断增强政治意识、大局意识、核心意识和看齐意识，始终保持人大工作正确的政治方向。认真落实党风廉政建设主体责任，严格执行中央“八项规定”。整治“四风”，厉行节约，严控“三公”经费。深入开展调查研究，保持与人民群众的密切联系，自觉接受人民群众的监督。加强对乡镇人大工作的指导。改进人大宣传工作，加强常委会机关建设，努力建设一支学习型、服务型、创新型的机关干部队伍。

各位代表，法律赋予的使命光荣艰巨，人民寄予的期待殷切厚重，让我们更加紧密地团结在以习近平同志为核心的党中央周围，在县委的统一领导下，把发展的眼光放得更远，把奋斗的脚步踩得更实，更好地发挥地方权力机关的职能作用，积极推进民主法治建设，不忘初心，继续前进，与全县人民一道，为全面完成“十三五”规划，夺取全面建成小康社会的伟大胜利，加快建设实力、潜力、动力、魅力新三穗而努力奋斗！

三穗县人民政府工作报告

（摘要）

（2016年12月5日在县第十七届人民代表大会第一次会议上）

县长 付乐欣

一、本届政府工作回顾

县十六届人大一次会议以来的五年，是三穗发展过程中极不平凡的五年。在县委的坚强领导下，在县人大、县政协的监督支持下，我们紧紧围绕构建“一城两中心三基地”目标，深入推进工业强县、城镇带县、商贸活县主战略，积极适应新常态，主动引领新常态，努力克服经济下行不利影响，攻坚克难，奋力争先，圆满完成本届政府任期各项工作任务，走出了一条具有时代特点、区域特征、三穗特色的发展路子，全县经济社会步入跨越发展新阶段。

重发展，综合实力大幅提升。坚持发展第一要务，经济增速连续五年保持两位数增长，主要经济指标翻了一番以上，经济总量和人均生产总值实现赶超进位的历史性突破。2016年上半年，在全省47个非经济强县的综合测评中排名第5位，全州13个非经济强县排名第1位。初步预测，2016年地区生产总值将突破40亿元大关，达到40.81亿元，是2011年的2.5倍，年均增长16.5%。财政总收入迈上5亿元台阶，达到5.05亿元，是2011年的2.8倍，年均增长22.4%。一般公共预算收入确保完成县人大通过的年度目标3.6亿元，是2011年的2.8倍，年均增长23.1%。全社会固定资产投资由19.2亿元提高到104.1亿元，是2011年的5.4倍，年均增长40.2%。社会消费品零售总额由7.36亿元提高到14.11亿元，是2011年的1.9倍，年均增长13.9%。金融机构存贷款余额实现75.47亿元，是2011年的2.4倍，年均增长21.4%。城镇、农村居民人均可支配收入分别达到25293元和7793元，小康实现程度达90%。

强统揽，脱贫攻坚扎实推进。坚持以脱贫攻坚统揽经济社会发展全局，全县建成扶贫产业基地7个，合作社238家，全面消除集体经济“空壳村”。共争取到上级财政扶贫资金2.07亿元，整合资金6.3亿元，实施扶贫项目248个。2016年易地扶贫搬迁5099人，已全部按户抽签分房，部分群众装修入住。实现整县和3个乡镇按省级标准“减贫摘帽”，贫困人口由2011年的9.01万人减少到4.19万人，累计减贫4.82万人，贫困发生率由2011年的46.32%下降到21.01%。顺利通过国务院扶贫办组织的第三方评估，获得了“精准识别准确率、精准退出准确率和因村因户帮扶满意度相对较高”的评价。创新建立“城市资源带、龙头企业带、创业就业带”和“支部带实体、强村带弱村、能人带群众”两个“三带”扶贫模式，走出了一条“融合发展·抱团脱贫”的新路子，凝聚了全民决战决胜贫困的正能量，传递了三穗蹄疾步稳的好声音。

转方式，经济结构优化升级。注重可持续发展，严格控制高污染、高耗能产业准入，积极推进节能与综合利用项目，万元GDP能耗五年降低16.28%。致力优农业、强工业、兴三产，构建现代产业体系，三次产业结构调整到18.9：26.5：54.6。推动农业升级，整合投入涉农资金3亿元，建成3个省级农业示范园，三穗鸭产业园跻身贵州省农业科技园区，培育州级以上龙头企业18家，粮经比优化为40:60，农业增加值由2011年的3.21亿元增长到7.72亿元。实施工业突围，建成三穗省级经济开发区，配建标准厂房30余万平方米，引进中国针织百强企业鼎盛服饰、联创管业和陶老者食品等63家企业入驻发展，培育规上企业30家，初步形成以针织服装、轻工制造、食品加工为主导的产业体系，预计实现规模以上工业增加值8.33亿元，是2011年的3.7倍。经济开发区被评为“全省首批农民工创业示范园”“省级创业孵化示范基地”。激活三产潜能，壮大市场主体，培育规上服务业企业17家，个体工商户和私营企业分别增加到6594户、1129家，民营经济占GDP比重达到55.6%。发展旅游经济，颇洞生态农业体验园成功创建为国家AAA级旅游景区，八弓界牌、桐林木良等乡村旅游蓬勃发展，累计实现旅游综合收入22.48亿元。培育电商业态，建成网店181家，实现上行产品销售2500余万元，县电子商务产业园、黔森源生态生活馆、颇洞村电商综合服务站分别被评为2016年度全州“十佳示范产业园”“十佳示范网店”“十佳示范服务站”，电商经济正在成为跨越发展新业态。

抓建管，城乡面貌明显改善。坚持规划引领，统筹推进城乡和谐共荣，全县常住人口城镇化率预计达43.98%，比2011年提高13.88个百分点。“三区联动”协调发展，县城建成区拓展到10平方公里，比2011年增加4.2平方公里，常住人口提升到6.6万人，比2011年增加2.6万人。累计完成城镇建设投资172.36亿元，建成5条共10公里城市主干道，实施县城道路“白改黑”25公里，新增商品房110万平方米，配售“惠民1+1”等各类保障房17682套，建成5000平方米世纪豪庭综合农贸市场，新改扩建城市广场11万平方米，城市品位和人居环境进一步提升。完成长吉、良上撤乡建镇，台烈和滚马特色小城镇、桐林和瓦寨万人集镇建设加快推进。投入“四在农家·美丽乡村”六项行动计划资金15.03亿元，有效推动82个示范村建设，改造危房2.2万户，生态移民4503人，乡村面貌焕然一新。

推项目，发展基础有效夯实。聚焦交通、水利等重点领域，建成一批打基础、利长远、惠民生的重大项目。“三黎”高速建成通车，启动“三施”高速和美敏落地互通及其连接线建设，开通4条公交线路，全县新增公路798公里，通车总里程达1450公里，行政村通畅率达95%，村村通水泥硬化路进程处于全州领先水平。塘冲水库大坝工程竣工，启动实施白剑坡、金昌沟水库建设，完成6座病险水库除险加固，建成农村安全饮水工程点118处，累计解决10万农村群众饮水安全问题。推进农业综合开发，改造中低产田0.8万亩，建设高标准农田1.7万亩。推动生态绿色发展，完成营造林7.7万亩、新一轮退耕还林2.5万亩，森林覆盖率提高到60.64%，成功创建2个省级生态乡镇、5个省级生态村。建成5座变电站。行政村移动广电宽带网络实现全覆盖。特别是随着沪昆高铁三穗站开通运营和塘冲水库的建成，圆了几代三穗人建铁路、通火车，修水库、富水源的梦想，为我县进入高铁时代，打造黔东中心城市核心区奠定了坚实基础。

聚动能，改革创新持续深化。坚持问题导向深化改革创新，增强经济发展动能。围绕“三去一降一补”供给侧结构性改革，累计取消行政审批事项240项，兑现购房补贴430余万元，免征18项行政事业性收费。稳步推进“营改增”、商事制度、殡葬制度、农村集体产权制度、医疗卫生等改革。深化农村“三变”改革，“党社联建”发展模式得到省、州认可，并在全州推广。组建城投、城开、扶开等5家融资平台公司，累计融资62.86亿元。扩大开放，引进招商引资项目155个，到位资金237.2亿元，实际利用外资和出口创汇从无到有，引进港资企业1家，培育出口资质企业5家，获评“全省招商引资项目推进实施优良十佳县”。加强创新驱动，培育省级科技型企业45家，累计申请专利233件，授权218件，综合科技进步水平指数达45%，获得了“全国科技进步县”“全国科普示范县”荣誉称号。

补短板，民生事业长足进步。连续五年实施民生计划，集中力量办成了城乡低保提标、新建第三中学等一批民生实事，并解决了县城防洪、集镇供水等系列难题，民生总投入48.58亿元，占公共财政总支出的74.2%，年均增长15.3%。教育质量和办学水平持续提升，新建和改扩建中小学24所，幼儿园31所，义务教育通过省级初步均衡评估验收。教育精准脱贫、乡村教师生活补助、寄宿制学校营养改善计划等政策全部落实，学校安保、宿管员、食堂工勤人员配备实现全覆盖。医疗卫生“两大突破”工程成效明显，县医院、县中医医院通过二级甲等评审，新农合平均住院报销比例提高到68%；“三重医疗保障”水平从90%提高到93%；实现乡镇卫生院标准化建设、县级以上公立医院远程医疗、新农合大病保险、乡村医生、农村中小学校医、乡镇卫生院执业医生“六个全覆盖”。“全国计划生育优质服务先进县”成果继续巩固，人口自然增长率控制在5.85‰以内；二孩政策全面落实；成功创建国家级、省级卫生乡镇各2个。县文化馆、档案馆跻身国家二级馆行列，荣获“全省社会主义新农村建设档案工作示范县”称号；民族文化传承、保护和发展进一步加强，成功申报省级非物质文化遗产项目、省级文物保护单位各2个，建成“大跃进”遗存博物馆，款场乡和寨头村分获“侗族款文化之乡”“中国苗族第一村”称誉，雅中村被列入中国传统村落名录，46处民间信仰场所实现规范化管理；完成98个村“广电云”村村通、7个乡镇和80个村农民体育健身工程。累计新增城镇就业1.2万人，转移劳动力就业2.2万人，城镇登记失业率控制在4.2%以内。城镇、农村低保标准分别提高到484元/月、3060元/年，分别比2011年提高224元和1700元。按“135”标准落实三穗户籍80周岁以上老年人高龄津贴，惠及高龄老人3600余人。全面落实三穗户籍人口人身安全“一元保”。“平安三穗”建设纵深推进，安全生产“红线”意识和“底线”思维不断强化，群众安全感和满意度稳定在省州中上水平。创新特殊人群管理，建成全州规模最大、功能最完整的康复救治中心，社会治理能力和水平稳步提升，2015年度被评为“全省平安建设示范县”。妇女儿童、青少年、关心下一代和老龄、残疾人等事业取得新进展，民族、宗教、外侨、国防、人防、应急、史志、供销、新闻和气象等工作实现新发展。

严管理，政府效能不断增强。严格政府权力运行过程管理，建设服务型、法治型、效能型和廉洁型政府。扎实开展“党的群众路线教育实践活动”“三严三实”专题教育和“两学一做”学习教育，严格执行重大事项集体研究决策，制定出台《重大决策程序规定》《政府工作规则》等制度，公布政府权责清单，政府职能加快转变。县政务服务中心建成投入使用，行政权力事项应进必进，累计办理各类事项124万件，办结率100%，办事效率平均提速50%以上，政府效能持续提升，获得“全省政府服务环境十佳县”荣誉称号。坚持依法行政，推进全民守法，“法治三穗”建设稳步推进，“六五”普法通过国家验收。认真贯彻执行县委的各项决策部署，自觉接受县人大的法律监督、工作监督和县政协的民主监督，累计办理人大代表意见建议404件、政协委员提案478件、列席人员建议案5件，办复率100%。认真落实中央、省、州和县委作风建设各项规定，严格执行换届纪律“九严禁”，深入开展“铸廉”和“铸勤”行动，严肃政风政纪，严格行政问责，共立政纪案71件处分78人，移送司法机关7人。完成行政机关公车改革。“三公”经费压缩20%。加强土地招拍挂、建设工程招投标、国有资产管理等重点领域和关键环节监管。进一步发挥审计监督作用，累计核减工程项目资金3.21亿元，资金节约率13.1%。为民、务实、清廉的政府新形象进一步提升。

五年的实践充分证明，我县始终坚持以脱贫攻坚统揽经济社会发展全局，坚持加快发展这一基本取向，坚定不移实施工业强县、城镇带县、商贸活县主战略是完全正确、十分有效的。五年的成就告诉我们，三穗是一片充满希望和活力的热土，只要我们把准县情、吃透上情，辩证施策、精准发力，完全可以消除贫困、创造佳绩，共筑美好未来。五年的发展启示我们，站在新的起点上推进全面小康社会建设，必须坚持发展第一要务，牢牢守住发展和生态两条底线，用好大扶贫、大数据、大健康三大战略抓手，坚持以人为本、民生至上，团结依靠全县各族人民，同心同德，克难奋进，坚决打赢科学治贫、精准扶贫、有效脱贫这场输不起的攻坚战，以最大的发展红利赢得群众的信赖和拥护。

在肯定成绩的同时，我们也清醒地看到存在的困难和问题。经济总量小，人均水平低，脱贫攻坚的任务和难度还比较大；工业经济规模小，农业产业化水平低，主导产业带动作用不强；在工业化、城镇化进程中，土地、融资、规划、人才等要素制约还不同程度存在；民生需求财力保障不足，就学、就医等基础设施和公共服务还有薄弱环节；政府职能转变还有差距，一些干部责任意识、为民意识、法律意识还不够强，思想观念、工作方法、工作作风、能力素质与新形势新任务要求不相适应。这些问题，我们将高度重视，认真对待，采取有效措施加以解决。

二、今后五年工作打算

今后五年，是三穗加速发展的关键时期，是决战脱贫攻坚和全面小康的决胜阶段。面对经济发展进入速度变化、结构优化、动力转换的新常态，面对全省各县市竞相发展的新形势，我们实施“十三五”规划，实现县第十二次党代会确定的各项目标任务，必须充分发挥集聚优势，奋力攻坚，加快发展。从我县自身情况看，既担负着赶、转、改的繁重任务，也面临许多发展机遇和有利条件：一是贵州东部集群发展创新区的规划实施，黔东一体化建设的加速推进，以及高铁新区、三施高速、三穗至镇远城市快速通道等重大项目的加快建设，将使三穗独特的区位优势更加凸显，形成要素加速集聚的新优势。二是我县加速发展的基础正在逐步夯实，经济开发区、农业园区初具规模，随着轻工制造、现代农业和文化旅游等特色产业加速壮大，承接中东部省份加工贸易产业转移条件越来越明显，将使三穗在产业转型升级大潮中赢得先机，形成经济多元增长的新优势。三是州委、州政府赋予三穗“黔东中心城市核心区、黔东农文旅一体化示范区、黔东城乡统筹发展示范区”的发展定位，将使三穗在改革创新方面获得更大空间，形成发展动能加快转换的新优势。四是我县近年来投资环境不断优化，政府职能转变和管理创新步伐加快，特别是广大干部群众发展愿望愈发强烈，人心思变、人心思干，将为全县经济社会发展提供更加有力的保障，形成政府效能提升的新优势。我们一定要树立强烈的机遇意识、责任意识、创新意识和发展意识，理直气壮抓发展，聚精会神抓经济，积极应对挑战，奋力攻坚克难，把拥有的后发优势加速转化为新的发展优势，全力谱写三穗改革发展新篇章！

做好新一届政府工作的总体要求是：以贯彻落实习近平总书记系列重要讲话，特别是视察贵州重要讲话精神为指引，按照守底线、走新路、奔小康的要求，统筹推进“五位一体”总体布局和“四个全面”战略布局，贯彻落实五大新发展理念，守住发展和生态两条底线，用好民族文化和生态环境两个宝贝，以脱贫攻坚统揽经济社会发展全局，坚持加速发展、加快转型、奋力赶超、推动跨越主基调，深入推进工业强县、城镇带县、商贸活县主战略，切实抓好大扶贫、大数据、大健康战略行动，以小县要办大旅游的决心，全力做好山地农业和山地旅游两篇文章，着力建成农文旅一体化示范区，把三穗打造成为黔东中心城市核心区，确保与全省全州同步全面建成小康社会。

今后五年，全县经济社会发展的主要奋斗目标是：实现经济总量跨越发展，确保提前到2018年全面脱贫和全面建成小康社会，补齐基础设施、教育医疗事业、旅游发展“三块短板”，争当发展高铁经济、统筹城乡发展、党建扶贫和农文旅一体化“四个示范”。具体是：到2018年，现行标准下4.19万贫困人口全部脱贫，85个贫困村出列；到2021年，地区生产总值年均增长14%以上；500万元以上固定资产投资年均增长20%以上；社会消费品零售总额年均增长12%以上；一般公共预算收入年均增长10%左右；规模以上工业增加值年均增长15%以上；城镇、农村居民人均可支配收入年均分别增长12%和14%以上；城镇累计新增就业1.8万人以上，登记失业率控制在4.2%以内；民营经济比重提高到60%以上；节能减排控制在州下达计划范围内。

为实现上述目标，我们将重点做好以下八个方面的工作：

（一）奋力脱贫攻坚，全面建成小康社会。始终把脱贫攻坚作为本届政府必须完成的硬任务来抓，深入实施大扶贫战略行动，按照“六个精准”和“五个一批”要求，扎实推进“1+10+9+6”配套政策落实，深化“融合发展·抱团脱贫”模式，力争易地扶贫搬迁、产业发展、社会兜底、教育脱贫、生态富民、创业就业、金融扶持等方面取得实实在在的成效，使所有扶贫对象稳步实现“不愁吃、不愁穿，义务教育、基本医疗和住房有保障”的目标，确保每年稳定脱贫1万人以上，到2018年底，全县贫困发生率降至3%以下，现行标准下农村贫困人口全部脱贫，提前两年实现全面建成小康社会目标。把巩固脱贫攻坚成果、提高持续发展能力作为一项重要任务来抓，整合资金优先扶持贫困村的公路交通、扶贫产业、公共服务、安全饮水、林业生态等领域，为贫困村、贫困群众创造更好的持续发展条件和环境，努力补齐贫困村基础设施建设短板。通过综合施策，确保实现贫困群众“应扶尽扶、应保尽保”，绝不让一户贫困户、一个贫困群众在全面小康路上掉队，奋力书写脱贫致富奔小康的时代荣光。

（二）聚力项目建设，夯实经济发展基础。坚持大企业引领、大项目带动，突出抓好有效投资，确保固定资产投资保持较高增速，形成对经济增长稳定持久的支撑。以“十三五”规划为统领，准确把握国家产业政策和投资导向，集中力量做深做细重大项目前期工作，超前谋划一批交通、水利、能源、信息、社会事业等重大基础设施建设项目，确保完成总投资3000亿元的项目动态储备工作。围绕实施“十大标志性工程”和实现720亿元以上投资目标，举全县之力推进高铁新区、经济开发区、农业示范园区、国家AAAAA级旅游景区、城市综合体、示范小城镇等重大发展承载平台建设，实现大产业、大项目、大要素集聚发展。围绕构建黔东半小时经济圈，重点推进高铁新区路网、三穗至施秉高速公路、三穗至镇远城市快速通道和S310线瓦寨至三穗段改造等交通路网建设，加快建设黔东（三穗）综合客运枢纽站和通用机场，力争三穗至镇远、岑巩等城际轻轨纳入省州铁路规划，全面提升综合运输服务水平，全县公路里程达到1800公里以上，到2021年基本建成以高铁、高速为引领的现代综合交通运输体系，进一步提升三穗作为黔东综合交通枢纽的地位。全面加快现代水利体系建设，继续规划建设蓄水、引水和提水等一批骨干水利工程，到2021年新建扩建骨干水源工程32座，新增有效灌溉面积11万亩，全面解决农村饮水安全问题和工程性缺水问题。不断完善电力基础设施，建设35千伏良上变电站和输变配电线路，扩建台烈、长吉变电站二期工程，全面提升供电可靠性和电压合格率。进一步加强通信基础设施建设，推进“三网融合”，实现4G、宽带、数字电视网络村组全覆盖。深入实施大数据战略行动，以大数据引领经济转型升级，引进一批大数据企业，努力把我县建成黔东中心城市大数据区域中心。

（三）大力转型升级，构建特色产业体系。坚持以创新驱动、转型升级为路径，加快构建以新型工业为主体、现代服务业为动力、特色农业为基础的绿色产业体系，为全面提升综合经济实力提供强有力的产业支撑。围绕“三个100”目标，集中力量建设大园区、发展大产业、培育大企业、构建大服务，推动工业规模、质量、效益上台阶。大力发展大数据、大健康产业，加快经济开发区提质升级，积极推动针织服装、食品加工等轻工制造产业集群，重点培育一批年产值亿元以上骨干企业。到2021年，力争入园投产企业达到100家，解决就业1.2万人以上，轻工型企业占园区企业总数90%以上，高新技术产业增加值占GDP比重达12%以上，力争建成“黔东轻工产业城”。按照“农业景观化、景观生态化、生态效益化”的思路，坚持产业化引领，依托农业园区和产业基地，进一步优化农业产业发展布局，大力培植一批农业龙头企业和农民专业合作组织，培育一批无公害农产品、绿色食品、有机产品地理标志，建成一批适度规模化、标准化、专业化和特色化的优质农产品生产基地，力争把三穗创建为全国有机农业示范县。到2021年全县粮食产量达到6万吨，农业总产值近17亿元，种植业集约化水平提高到70%以上，三穗鸭饲养量保持在1000万羽以上。围绕建设“黔东旅游集散中心”，全力做好“旅游+”文章，积极打造红色文化、农耕文化、麻鸭美食文化“三张名片”，加快建设“一塑两园”，充分展示“农耕、生态、乡愁”民族文化特色，着力构建“一城一区一环三线”旅游总体布局，推动旅游业跨区域、跨城乡、跨产业融合，力争到2021年建成1个AAAAA级景区和2个AAAA级景区，旅游业综合收入56亿元以上，实现旅游业井喷式增长。抢抓市场倒逼经济转型机遇，以黔东（三穗）商贸物流园建设为重点，发展壮大现代物流业，打造黔东现代服务业集聚区。以引导需求、创造供给为出发点，加快推动金融服务、健康养老、体育休闲、电子商务等新兴服务业发展，实现服务业增加值年均增长17%以上。

（四）着力统筹推进，提高城乡建设水平。坚持一体化引领，积极顺应全州“建设贵州东部集群发展创新区和黔东中心城市核心区”战略定位，大力实施以人为核心的新型城镇化建设。到2021年，县城建成区面积扩大到15平方公里以上，常住人口城镇化率提高到50%以上。按照“以产兴城、以城促产、以人立城、城景互动”发展思路，以高铁新区和经济开发区为主战场，美丽乡村为覆盖面，着力打造宜居宜业宜商宜游的黔东中心城市核心区。加快完善城市功能，统筹推进“三区联动”协调发展，重点加快推进高铁新区、经济开发区建设，着力完善综合交通、旅游集散、商贸物流、金融中心、公共服务等配套功能建设，增强要素吸附能力，推动产业集群与新型城镇化互动融合，力争在区域合作中实现领先发展，努力把高铁新区打造成为黔东重要门户窗口和新的经济增长极。以创建省级文明城市为抓手，完善老城区基础设施，继续实施绿化、美化、亮化工程，不断加强城市精细化、智能化管理水平，提升城市品位和形象。到2021年，力争县城绿化覆盖率达45%以上，人均公共绿地面积达7平方米。加强和创新城市环境综合秩序治理，推进城市管理执法体制改革，加大环卫基础设施建设和交通秩序管理力度，全面提升城区整洁度和群众满意度。持续推进特色小城镇和“美丽乡村”建设步伐，全面实施扶贫解困、产业提升、旧村改造、环境整治和文化传承“五大行动”，提高集镇综合承载能力，实现“美丽乡村”全覆盖。

（五）致力生态建设，推进绿色低碳发展。牢固树立绿水青山就是金山银山理念，把生态环境保护放在更加突出的位置，贯穿经济社会发展全过程，着力发展绿色产业，筑牢绿色屏障，践行绿色生活，共建绿色家园。强化生态保护治理，深入推进“绿色三穗”建设行动计划，加强森林资源保护，加快构建生态廊道，实施造林绿化工程，加强低质低效林改造，扩大生态公益林面积，到2021年，完成各类营造林、封山育林8万亩以上，坡耕地生态治理6.9万亩以上，森林蓄积量达595万立方米，森林覆盖率稳定在62%以上。加强环保设施建设，实行最严格的环境保护制度，合理开发和有效利用各类资源，全面提升区域环境质量，实现经济开发区和城镇生活污水、垃圾处理设施全覆盖。力争到2021年，城乡生活垃圾无害化处理率和城镇污水处理率分别达95%和90%，矿山生态恢复治理达100%。大力发展绿色经济，加快培育有技术含量、就业容量、环境质量的绿色产业，促进大生态与大扶贫、大数据、大健康、大旅游融合发展，构建独具三穗特色的绿色产业体系。强化农村环境综合整治，加大农业面源污染防治，努力营造优美宜居生活环境。积极倡导节约低碳、绿色文明的生活方式和消费模式，形成人与自然和谐发展的新格局，实现百姓富与生态美的有机统一，让三穗“天更蓝、地更洁、山更绿、水更清”。

（六）借力改革创新，激发内生发展动力。全面落实中央和省、州全面深化改革任务，深入推进各项改革，提高开放型经济水平，促进全方位创新发展，不断激发经济增长的内生动力。深化供给侧结构性改革，全力抓好“三去一降一补”工作，努力将政策红利转化为发展优势。突出问题导向，全面深化行政审批、财税金融、商事制度、教育文化、医疗卫生、社会保障、农村产权等重点领域和关键环节的改革，进一步增强发展活力。强化创新支撑引领，全力打造电子商务、返乡创业、商贸物流等集创新创业、产业孵化和公共服务于一体的综合平台。积极支持国投、城投等融资平台转型发展、做大做强。加快技术、专利和标准化推广应用，力争到2021年综合科技进步水平指数达55%以上。鼓励科技人才自主创业、成功人士回归创业、务工人员返乡创业。完善人才引进和激励机制，建立人才引进“绿色通道”，优先引进符合我县产业发展和产业升级方向、用人单位急需的专业技术和高级管理人才。始终把招商引资作为推动经济发展的强力引擎，完善招商引资机制，压实招商引资责任，营造招商引资氛围，构建“亲”“清”新型政商关系，力争在“雁归兴穗”和“三回工程”上取得新突破。积极扩大与成渝经济圈、长株潭、长三角、珠三角等地区的交流合作，着力引进一批投资额度大、科技含量高、带动能力强的重大产业项目落户。力争每年引进亿元以上项目5个，招商引资实际到位资金年均增长10%以上，到2021年总量超过300亿元。积极培育和扶持外贸出口企业，切实提高经济发展的外向度。

（七）倾力民生保障，持续增进民生福祉。全面强化民生保障，一般公共预算支出民生占比保持在65%以上。实施全民参保计划，实现法定人员社会保险全覆盖。继续提高城乡低保保障水平和城乡居民基础养老金标准，提升优抚对象抚恤和生活补助标准。完善最低工资标准调整机制，落实养老保险制度改革措施。始终把教育摆在优先发展的战略地位，围绕建设“黔东区域教育高地”目标，大力实施教育质量提升工程，扎实推进特色品牌学校建设，培育一批在全省有名、全州有位、教学有为的名师名校，促进全县教育优质、均衡、特色发展；全面完成薄弱学校改造和标准化建设，提升中小学办学水平，创建国家义务教育基本均衡县；扎实推进幼儿园规范化建设，实现2000人以上行政村公办幼儿园全覆盖，到2018年全面化解入园难、入园贵和大班额、大校额问题。加快建设健康三穗，不断提升公共卫生服务能力，全面推进县级公立医院综合改革，实施“医疗卫生服务能力三年提升计划”，提高全县区域性医疗信息化水平；建成黔东（三穗）三级中医医院、黔东（三穗）标准化疾病预防控制中心和120急救中心，力争县医院创建为黔东区域性三级综合医院；健全县乡村三级卫生网络，完善“三重医疗保障”水平，在省内外实现新农合“一站式”即时结报，积极创建“全国中医药基层先进县”。全面落实好二孩政策，促进人口长期均衡发展。实施食品安全战略，加强食品安全治理和保障。大力繁荣文化事业，提高公共文化服务水平，深入广泛开展全民健身活动，丰富群众精神文化生活。加强社会治理，健全完善信息化、立体化社会治安防控体系，深化“平安三穗”建设。抓好“七五”普法工作，积极推进公共法律服务体系建设。提高突发事件应急处置能力，确保人民安宁、社会安定。毫不松懈抓好安全生产，坚持“党政同责、一岗双责、失责追责”的原则，认真执行安全生产考核“一票否决制”，确保安全生产形势持续稳定。

（八）积力自身建设，打造廉洁高效政府。坚持“法治、创新、廉洁、为民”理念，切实加强政府自身建设，努力开创政府工作新局面。以加快政府职能转变为核心，推进治理体系和治理能力现代化，牢固树立法治意识，强化权力运行监督和制约，自觉运用法治思维和法治方式履行职责。严格执行政府决策程序，提高依法决策水平，推进依法行政。自觉接受县人大法律监督和县政协民主监督，认真办理人大代表建议、政协委员提案。加强与民主党派的沟通，主动听取意见。强化审计监督，重视社会和舆论监督，让权力在阳光下运行。深化行政审批制度改革，推进县乡村三级政务服务体系和网上办事大厅建设，完善公共资源交易服务体系，切实增强行政效能。健全重点工作督查制度和考核奖惩制度，推动各项工作高效落实。建立完善容错纠错机制，给改革创新者撑腰鼓劲，让广大干部愿干事、敢干事、干成事。认真落实党风廉政建设主体责任，严格执行中央“八项规定”和国务院“约法三章”，坚决惩治腐败，持续狠刹“四风”，厉行勤俭节约，严控“三公”经费，严格干部管理，增强政府执行力和公信力，努力为人民群众提供优质高效的服务。

三、2017年主要工作

2017年是新一届政府的开局之年，能否开好头、起好步至关重要。我们的主要预期目标是：减少贫困人口1万人以上、10个贫困村出列，小康实现程度达91%左右；地区生产总值增长14%以上；500万元以上固定资产投资增长20%以上；规模以上工业增加值增长15%以上；一般公共预算收入增长10%左右；社会消费品零售总额增长12%以上；城镇、农村人均可支配收入分别增长12%和14%以上；城镇登记失业率控制在4.2%以内；节能减排控制在州下达计划范围内。重点抓好以下八个方面工作：

（一）聚焦脱贫强“三农”。始终坚持把脱贫攻坚作为头等大事和第一民生工程，围绕全年脱贫1万人以上的目标任务，加快推进农村交通、水利、电力、通信等建设，全方位改善贫困村、贫困户生产生活基础条件。突出抓好易地扶贫搬迁，加快推进将军府、开发区安置项目建设，完成贫困户搬迁6700人。启动首批52个扶贫试点村建设，实施扶贫项目1171个，完成总投资10亿元。深入推进“城市资源带、龙头企业带、创业就业带”扶贫模式，实施城市资源带经营项目13个，总投资5050万元，带动1500人以上贫困人口脱贫；通过龙头企业带建成商品蔬菜、精品水果、稻鱼工程等4个扶贫产业基地，解决贫困人口就业1000人以上；推动创业就业带，完成易地扶贫搬迁对象户至少一户一人就业创业培训，确保贫困村青壮年劳动力培训率达到100%，切实让贫困劳动力充分就业，促进全县贫困人口尽快脱贫。积极整合金融扶贫和社会帮扶资金投入扶贫开发，力争实现年内授信资金40亿元、到位资金30亿元以上，确保完成“特惠贷”贷款2亿元以上。深化与对口、定点帮扶我县的地区和单位交流合作，搭建扶贫开发帮扶平台，推动更多资金、项目、企业、信息和人才助力我县脱贫攻坚。

（二）全力以赴抓投资。以项目投资作为稳增长的重要抓手，打好亿元项目建设攻坚战，全年推进重点建设项目31个，总投资173亿元以上。精心谋划和储备一批符合国家导向、投资效益好、经济推动作用大的高端制造、全域旅游、电子商务、健康养生、民生保障等项目，动态保持项目储备总投资1500亿元以上，力争全年争取中央和省项目资金1亿元以上。加快建设三穗至镇远、三穗至青溪两条城际快速通道，建成黔东（三穗）综合客运枢纽站、三黎高速美敏互通及其连接线，力争实施雪洞界牌至长吉公路大修工程，启动建设S310线瓦寨至三穗段改造工程，实施农村基础设施扶贫通组公路工程项目，新建13公里县城南部环线。加快金昌沟、白剑坡水库等骨干水源工程建设，建成19处农村饮水安全巩固提升工程，完成2017年度中央财政小型农田水利设施建设项目，新增有效灌溉面积1万亩，启动实施塘冲水库至县城河道治理工程，加快实施滚马大湾改善农村人居环境项目。以国投、园投、城投、城开、旅投等公司为平台，积极推行PPP模式等多种方式进行项目融资。加强与金融部门对接，争取专项建设基金项目支持，有效解决项目资金短缺问题。

（三）统筹城乡提品位。加快建设高铁新区，强力推进黔东（三穗）移民第一村、“一禾三穗”主题广场等项目建设，力争黔东高铁新区商旅服务中心、黔东（三穗）医养一体产业园、高铁新区地下综合管廊及路网等项目开工建设，促进新区要素加速聚集，增强城市辐射带动能力。加快旧城改造提升，着力推进海绵城市建设，完成县城东片区道路“白改黑”和县城供水二期工程，加快建设城市绿道、慢行系统、社会停车场等设施，完成棚户区改造500户，持续改善县城主城区人居环境。深入推进“文明在行动·满意在三穗”和“两违”整治工作，推动城镇面貌和环境明显提升。加快推进台烈特色小城镇和桐林、瓦寨万人集镇建设，同步抓好长吉、雪洞、滚马、良上、款场等乡镇道路、供水、防汛等基础设施建设，加快新型城镇化进程。深入实施“四在农家·美丽乡村”六项行动计划，力争年内全县“美丽乡村”创建覆盖率达到90%以上，完成农村危房改造1900户，不断改善农村生产生活环境。

（四）依托园区聚产业。深入实施工业强县战略，围绕打造“百亿级”经济开发区，加快推进物流园和食品园开发建设，启动实施中坝至美敏道路工程和10万平方米标准厂房新建工程。推动鼎盛服饰二期、闽台产业园二期、电商产业园、联创管业改扩建等项目建成投产达产，新增规模以上企业2家。持续提升返乡创业园质量，引进返乡企业2家以上。积极培育上市企业。加快提升台烈、瓦寨、长吉3个省级农业示范园建设水平，新增州级以上龙头企业3家，启动有机示范县创建工作，完成绿色农产品认证2个，取得有机农产品认证证书2张。大力发展三穗鸭产业，启动有机鸭产品认证工作。深化拓展“党社联建”模式，推动农文旅融合发展，新增农村专业合作社20家以上。抓好黔东（三穗）经纬国际汽车商贸城、黔东（三穗）商贸物流园等专业市场建设，规划建设一批专业街区，扶持发展小微企业120户以上，推动服务业水平总体提升。依托电子商务县级运行中心、农村电商示范站等载体，打造电子商务融合创新平台，力争新增一批电商企业，交易额达到5000万元，实现建制村电子商务综合服务和物流配套服务全覆盖。

（五）挖掘潜力壮旅游。加快编制《三穗县旅游总体规划》《三穗县旅游集散服务综合体总体策划》等14个旅游发展规划。启动实施“穗文化”标志雕塑、“鸭园”“穗园”和邛水河休闲度假区等项目建设。加快建设颇洞“农文旅一体化”和界牌“五融五帮”脱贫示范村，力争年内将颇洞景区建成国家AAAA级景区，界牌景区建成全省乡村旅游扶贫示范区。全面提升接待能力，力争年内启动1家四星级旅游主题酒店建设，新增酒店、旅馆、农家乐等20家，特色旅游商品购物店1家，建设游客服务中心2个。围绕农文旅一体化发展，将全县所有村按普及村、提升村、示范村、精品村四个梯次打造，力争创建乡村旅游示范点5个以上。加大项目包装，强化旅游招商，广泛开展旅游宣传暨招商推介活动，加强与华侨城集团对接合作，引进1家战略投资合作者，全年培育5家成长性较好的中小型旅游企业。

（六）绿色发展优环境。深入实施“绿色三穗”建设三年行动计划和新一轮退耕还林工程，完成植树造林和封山育林总面积5.9万亩以上，森林覆盖率提高到61.24%。深入开展生态文明示范县创建活动，新增创建省级生态乡镇1个、生态村2个。加快建设生活垃圾发电项目和完善城镇生活垃圾收运系统工程，建成台烈镇污水处理厂1座，开工建设乡镇污水处理厂5座。切实抓好环境治理工作，保持县城环境空气质量优良率达95%以上、集中式饮用水源地水质达标率为100%。抓好工业节能减排，严格企业入园制度，完善工业园区污水管网建设，引导、督促企业大力实施节能技改，打造生态绿色园区。实施全民节能行动计划，组织开展绿色机关、绿色校园、绿色企业、绿色景区等创建活动，促进全社会形成绿色低碳的生活方式。

（七）改革开放增活力。全力推进供给侧结构性改革，积极落实“三去一降一补”五大任务，不断提高经济增长质量和效益。持续加强简政放权、行政审批制度改革，全面实施权责清单制度，深化“放管服”改革，进一步理顺政府、市场、社会之间关系。加大确权勘界工作力度，确保年内完成农村土地承包经营权确权登记颁证工作。深化农村“三变”改革，创新土地流转机制，盘活农村土地资产。统筹推进教育、医疗、水务等其他领域改革，推进社会各项事业全面协调发展。深入实施“走出去、请进来”工程，积极推进领导带头招商、小分队招商、以商招商、专题招商、驻点招商、网络招商，力争全年引进项目40个以上，到位资金60亿元以上。大力实施“招才引智”工程，深化与省内外高校、科研机构的交流合作，采取合作研究、高薪聘请、技术参与等多种形式，引进项目策划、电子商务、旅游发展、医疗卫生等领域高端人才，力争全年引进接收人才50名以上，为推动三穗经济转型升级提供技术支撑和智力支持。

（八）强化民生促和谐。完善社会保障体系。全面落实就业和再就业政策，确保新增城镇就业3300人以上、转移农村劳动力4800人以上；加快推进农村低保制度与扶贫开发政策有效衔接，确保城低保月补助标准提高到532元，农低保年补助标准提高到3528元，保障困难群众基本生活。统筹发展社会事业。扎实推进中小学标准化建设，加快建设第四中学、第三小学等31个新建项目和8个改造项目，提升学校办学水平，确保义务教育基本均衡发展通过国家评估认定。持续提升县民族高中办学能力，努力提高高考上线率和升学率，实现省级二类示范性高中复核验收目标。加快推进黔东（三穗）三级中医医院整体搬迁建设，促进县级公立医院服务能力达到三级标准，启动二级甲等妇幼保健机构创建工作；进一步完善农村医疗卫生服务网络，实现乡镇卫生院数字化门诊和中医馆建设全覆盖。建成三穗档案馆新馆，加快建设黔东片区开放性体育场、农村文化活动场所、“广电云”村村通和户户用等工程。继续做好民族传统文化保护、挖掘和传承工作。深入推进“法治三穗”和“平安三穗”建设，加大“七五”普法宣传力度，加快构建公共法律服务体系。加快推进“天网工程”二期建设，不断完善信息化、立体化治安防控体系，严防和严打各类违法犯罪。加强特殊人群服务管理，强力推进禁毒重点整治工作，进一步提升人民群众安全感、满意度。全面落实安全生产责任制，不断完善应急管理体系，维护社会大局和谐稳定。与此同时，做好国防教育、国防动员、人民防空、征兵和双拥优抚工作，支持武警、消防部队能力建设，增进军政军民团结。统筹抓好妇女儿童、工会、残联、共青团、老干老龄和关心下一代等工作，促进邮政通信、外事侨务、民族、宗教、史志、供销、新闻、科协、气象、档案等社会事业全面进步。

面对发展新要求、群众新期盼，我们将认真贯彻落实党的十八届六中全会和省委十一届八次全会精神，锲而不舍，驰而不息，更加自觉抓好政府自身建设。坚持依法行政、科学施政，提升政府决策能力；坚持求真务实、勤政高效，提升政府执行能力；坚持心系群众、情系基层，提升政府服务能力；坚持治政从严、行为规范，提升政府自律能力。全力打造服务、法治、高效、廉洁政府，努力做到为人民服务、对人民负责、受人民监督、让人民满意。

新的征程已经开启，我们面临的任务艰巨繁重，肩负的使命重大光荣。让我们在县委的坚强领导下，在县人大、县政协的监督支持下，以更加昂扬的斗志、更加创新的精神、更加务实的作风，团结拼搏，锐意进取，为建设实力、潜力和魅力新三穗，与全国全省同步建成小康社会而努力奋斗！

政协第八届三穗县委员会常务委员会工作报告

（摘要）

（2016年12月4日在政协第九届三穗县委员会第一次会议上）

县政协副主席　罗世平

过去五年工作回顾

过去五年，是我县发展变化最大的五年，也是人民政协事业不断发展、开拓创新的五年。五年来，县政协常委会在中共三穗县委的坚强领导下，高举爱国主义、社会主义旗帜，坚持团结和民主两大主题，深入学习贯彻党的十八大和十八届三中、四中、五中、六中全会精神以及习近平总书记系列重要讲话精神，紧紧围绕全县经济社会发展大局和县委、县政府中心工作，认真履行政治协商、民主监督、参政议政职能，充分发挥协调关系、汇聚力量、建言献策、服务大局的作用，为开创人民政协事业新局面，促进我县经济社会快速发展做出了积极贡献！

一、强化学习，统一思想，夯实履职基础

政协常委会坚持把加强思想理论建设摆在各项工作的首位，不断提高政治鉴别能力，坚定政治立场，筑牢团结奋斗的共同思想政治基础。

加强政治理论学习。组织全体政协委员和政协机关干部深入学习党的十八大和十八届三中、四中、五中、六中全会精神，学习习近平总书记系列重要讲话精神和关于人民政协工作的重要论述，学习中央和各级政协工作会议精神，不断深化对中国特色社会主义制度的理论认识，切实增强了与以习近平同志为核心的党中央保持高度一致的思想自觉、政治自觉和行动自觉。认真学习贯彻县十二次党代会精神，及时将县委的决策部署贯彻到政协工作的各个方面，始终做到与县委在思想上同心、目标上同向、工作上同步。

扎实开展专题教育。认真落实全面从严治党的各项要求。突出问题导向，扎实开展了党的群众路线教育实践活动、“三严三实”专题教育和“两学一做”学习教育，深入查找“四风”等方面存在的问题，狠抓整改落实。五年来，共组织政协机关集中学习54次、专题学习研讨18次，发放征求意见函（表）200多份，广泛征求各方意见和建议，及时回应，认真整改。组织召开政协党组专题民主生活会，严肃认真地开展批评和自我批评，牢固树立了政治意识、大局意识、核心意识、看齐意识。

狠抓党风廉政建设。县政协党组认真履行党风廉政建设主体责任，组织党员干部学习《中国共产党章程》《中国共产党廉洁自律准则》《中国共产党纪律处分条例》《中国共产党问责条例》《中国共产党党内监督条例》和《新形势下党内政治生活的若干准则》等。政协班子成员之间、党员领导干部之间以谈学习感受、谈工作得失、谈勤政廉政为主要内容，深入交心谈心100多人次，党员干部政治纪律和政治规矩得到进一步强化。先后完善和制定了

《县政协党组议事规则》《县政协贯彻落实中央“八项规定”实施意见》《县政协公务接待管理规定》等相关制度，抓好执行落实，切实发挥制度管人、管事作用。

二、围绕中心，服务大局，推进协商民主

认真贯彻落实县委决策部署，紧扣全县改革和经济社会发展中的重大问题，积极开展协商民主实践，大力推进协商成果转化和运用，彰显协商民主生命力。

广集民智，多层协商，政治协商渠道更加广泛。坚持“三在前，三在先”原则，组织委员深入开展协商议政活动，做到视察调研深入有序，咨政建言民主广泛，协商立论科学严谨。一是围绕大局开展全面协商。全体会议期间，委员们围绕改革难点、发展重点、民生要点踊跃发言，共商改革发展大计。分别就产业结构调整、教育调优提质、城镇公共基础设施建设、乡村旅游发展、精准扶贫民生改善等坦诚建言。提出的“加快农村土地流转，提高农业产业化水平”“整合教学资源，着力办好县民族高级中学”“开发利用万亩竹海及溶洞群资源，加快八弓镇界牌片区乡村旅游发展”“选准项目，扎实推进产业扶贫”等意见建议在实际工作中被采纳运用。二是紧扣中心工作开展专题协商。政协常委会精心选题，深入调研，先后就“惠民1+1”工程建设、森林执法“六严禁”、易地扶贫搬迁、学前教育及小学教育发展等热点难点问题进行协商讨论，议政建言。提出的“采取对策消化商品住房存量”“积极稳妥推进易地扶贫搬迁，确保群众搬得出、稳得住、能致富”“解放思想，拓宽思路，结合县情，及时破解城关小学大班额问题”等意见建议，受到重视，有的已转化为工作措施予以落实。三是主席会议重点协商。主席会议按照“议题针对性、协商灵活性、建议操作性”原则，就高铁新区规划建设、生态农业发展、村级集体经济发展、城镇环境卫生等充分协商讨论，分别提出“立足黔东中心城市定位，大视野、大思路、大手笔，高起点、高品位谋划高铁新区建设，打造城镇建设新亮点、经济发展新引擎”“按照‘园区景区化，景园一体化’规划建设颇洞现代生态农业示范园”“发展壮大村级专业合作组织，破解‘空壳村’问题”“创新环卫管理模式，实行市场化运作，企业化管理”等建议。政协常委会还充分运用对口协商、界别协商、提案办理协商等，增加协商密度，提高协商成效，构建程序合理、环节完整的协商民主体系，推进协商民主广泛多层制度化发展。

广辟途径，主动参与，民主监督机制更加完善。坚持把民主监督作为发展社会主义民主政治的重要途径，积极畅通民意表达渠道，保障委员行使民主监督权利，扩大群众有序政治参与。一是多形式开展督查督办工作。县政协主要领导带队，就黔东片区中医院选址建设、乡村旅游富民工程等重点建设项目作实地督查指导，推动工作。政协班子成员积极参与全县重点项目建设，群策群力，协调推进项目实施；对所联系部门、乡镇的精准扶贫、信访维稳、安全生产等作调研指导，促进工作有效开展。政协常委会对县政府每年提出的十件民生实事十分关注，坚持在监督中支持、在支持中监督，协同推进民生实事办理落实。以“写提案为民代言，办提案为民谋利”为导向，着力在办好提案上下功夫。由县政协领导牵头，组织县委、县政府督查室、县政府法制办和县政协提案法制委员会跟踪督促检查提案办理，有效提高提案办理质量。五年来，向各单位各部门交办提案478件，办复率达100%，有效促进了一些工作的落实，较好地发挥了提案工作的民主监督作用。二是多层面开展视察调研。主席会议视察县第三中学建设及教育教学工作情况，十分关注学校师资紧缺、活动场地不足等问题，积极协调，促进问题解决。政协常委专题视察塘冲水库施工建设情况，要求加快塘冲水库建设进度，积极协调解决影响施工进度方面的问题。由分管副主席带队，人资环委及部分委员深入砂石场、建筑工地、农贸市场和乡镇视察环境卫生治理情况，提出“标本兼治、源头治理”等建议，相关部门予以采纳落实，对城区环境卫生治理起到了促进作用。三是积极参与行风监督。在县委、县政府的重视下，先后推荐委员80多人次参加全县重点工作满意度测评；组织政协委员参加法院、交通、发改等部门听证会100多人次；推荐政协委员担任司法机关和政府相关部门的特邀监督员，参与相关部门对县属执法单位、窗口服务部门开展民主评议工作。委员们坦诚建言，为提高服务意识，促进行风转变，推进机关效能建设发挥了积极作用。

深入调研，献策出力，参政议政成果更加显著。五年来，政协常委会坚持把参政议政作为推动科学发展的重要途径，立足全县经济社会发展大局，精选课题，深入调研，据实建言。一是紧紧围绕县委、县政府中心工作开展调研。由分管主席带队，以各专委会为依托，组织委员对殡葬制度改革工作、民营企业发展、农村公路建设管理、民族民间文化保护、易地扶贫搬迁等进行调查研究，形成了《改革丧葬陋习，树立殡葬新风》《加大小微企业扶持力度，促推民营经济快速发展》《加强农村公路建设管护，加快同步小康建设进程》《打好易地扶贫搬迁“当头炮”，坚决打赢脱贫攻坚战》等调研报告，提出“尽快出台殡葬改革惠民政策，及时回应群众关切”“建立有效融资平台，扶持小微企业发展”“与时俱进，建设适应新型城镇化发展的道路交通网络”等意见建议，为县委、县政府提供决策参考。二是抓住发展大事建言立论。主席会议就州委、州政府《关于加快建设具有山地民族特色的新型城镇化的决定（征求意见函）》进行协商讨论，提出尽快启动三穗至黔东工业园区、三穗至镇远古城快速通道建设，推进黔东片区一体化发展；依托高铁及交通区位优势，加快三穗“一城两中心三基地”建设等建议。三是积极参与全县中心工作。按照县委的统一部署，政协班子成员积极投身经济社会建设第一线，参与全县重点项目建设和目标责任组工作，协助项目组长做好工作推进。在创建全国“五好”工商联、加快美丽乡村建设、推进易地扶贫搬迁等工作中发挥了积极作用。

三、以人为本，关注民生，促进社会和谐

政协常委会始终坚持把群众利益放在第一位置，把群众呼声作为第一信号，把群众满意当成第一追求，集聚民智，反映民情，维护民利，解决民困，力促民生事业不断发展。

提案工作聚焦民生。五年来，立案办复的478件委员提案中，反映民生诉求的提案达70%以上，内容涵盖医疗卫生、环境保护、食品安全、教育文化、社会养老、交通保畅、精准扶贫等各个方面。政协常委会通过强化提案办理来回应民生诉求，把一批群众关注度高、涉及面广的提案列为重点提案，由政协主席、副主席领衔督办。如《关于加强我县学前教育工作的提案》，由一名副主席带队就我县幼儿园建设及师资配备情况进行调查了解，推动采取民办公助，加大资金投入，小学教师转岗与社会公开招聘相结合等一系列措施，有效改善了幼儿园办学条件。同时与上级政协联系汇报，邀请到省学前教育专家为我县幼儿教师进行保育教育业务培训，启发了思维，转变了观念，提升了业务水平。

社情民意反映民生。进一步畅通民意表达渠道，积极反映社情民意。在党的群众路线教育实践活动中，政协班子成员广泛听取群众意见，了解民情民意，为民解难。良上镇巴冶村群众反映的饮水难题，政协领导深入调研，协调落实了该村人畜饮水工程项目。八弓镇菜冲村、羊古村和镇远县黄连村通村公路用地纠纷，县政协主要领导深入了解情况，协调资金解决占地补偿问题。班子成员积极参加县级领导接访活动，听取群众意见，了解群众诉求，全力做好思想疏导，理顺情绪，化解矛盾工作。日常工作中，注重收集反映带有全局性、苗头性和倾向性的社情民意。针对部分群众反映的林木商贩少办证多砍伐，侵害群众利益；城关一小进校道路狭窄，影响师生出行；酒席过多，加重居民生活负担等问题，五年来共组织编发《社情民意》80期240条信息，其中“群众林权利益亟待保护”“群众期盼及时兑现妇女小额贴息贷款利息”“基层干部盼望尽快落实职级与职务并行政策”等信息得到党政领导重视或签批，促使一些问题有效解决。

扶贫济困改善民生。认真学习贯彻习近平总书记视察贵州时的重要讲话及中央、省、州、县扶贫开发大会精神，主动参与脱贫攻坚各项工作。八届一次会议以来，以“二月春风进农家”为活动主题，积极开展“政策法规进农家、科技扶贫进农家、资助帮困进农家”系列惠民活动。一是解决贫困山区交通问题。协调机关部门，对八弓镇羊古、界牌、贵洞、贵根等通村公路实施硬化工程；为良上镇上寨村、桐林镇坦洞村实施路桥建设工程。二是开展访贫帮困活动。班子成员多次深入联系乡村开展遍访工作，核查贫困情况，分析致贫原因，研究脱贫办法，切实解决实际困难。走访贫困党员、贫困学生、计生户等弱势群体，送去慰问金和物资。三是开展帮村驻村工作。按照县委、县政府安排，县政协先后选派5名干部，联系驻帮良上镇上寨村，八弓镇南桥村、界牌村。深入走访贫困户，宣传政策法规，了解村情民意，帮助制定村级经济发展规划，为帮扶村协调扶贫项目，解决办公经费和特困家庭住房难题。四是关注贫困群众医疗健康。组织县中医院与有关乡镇联合开展“爱心健康进农家”义诊活动，深入滚马、响水、吉洞、贵晓等村开展义诊，检查诊治2000余人。2016年，县政协与农工民主党贵州省委、州政协协调联系，邀请由首都医科大学附属北京同仁医院、“共铸中国心”基金会等共同主办的“第九届健康边疆行·儿童先天性心脏病暨唇腭裂筛查义诊”走进三穗，将我县9名先天性心脏病患儿送到北京作免费治疗，圆梦健康。五是协调发挥县工商联作用。与县工商联积极引导非公企业人士参与光彩事业和千企帮千村活动。目前已协调49家非公企业深入到49个贫困村开展扶贫济困及捐资助学。

四、突出主题，发挥优势，彰显政协特点

政协常委会积极做好协调关系、联谊交流、团结各界的工作，合作共事基础更加广泛。

广泛联谊，助推发展。加强与上级政协、兄弟县（市）政协的联系交流，向他们介绍三穗发展优势、招商政策、投资环境和历史文化，加深了解、增进友谊、共谋发展。热情接待重庆璧山、湖南新化和遵义市、铜仁市等地政协到我县学习交流，赢得肯定和好评。组织部分政协常委、委员到黔南、黔西南、六盘水、贵阳、安顺、毕节等地，就生态建设、环境保护；城乡统筹、三化同步；美丽乡村、四在农家；现代物流、电子商务；精准扶贫、改善民生；深化改革、同步小康等进行学习考察，形成《高位谋划，奋力突破，推进乡村旅游发展》等考察报告。协助州政协调研组就新型农村合作医疗、新型农业经营主体培育、人口老龄化与养老工作、山地特色农业和山地旅游业姊妹篇推进情况等搞好视察调研，积极反映我县发展中的困难和问题，争取上级领导的帮助和支持。加强与非公经济人士、党外人士、政协老干部的联系，关心他们的工作和生活，向他们通报相关政策及工作情况。关注三穗籍在外创业人士，引导他们回乡创业，带动发展。

文史征编，成效显著。高度重视对三穗文化的挖掘、传承和保护。认真贯彻“存史、资政、团结、育人”方针，坚持“亲历、亲见、亲闻”原则，深入挖掘整理，广泛征集文史资料，于2012年创办《三穗文史》刊物，目前已编辑出版《三穗文史》18期，刊发史料文章300多篇。编辑出版了集存史资政、文化传承、文学欣赏、旅游推介于一体的《三穗诗词选》《三穗百年影踪》《三穗对联集成》3部专辑，有效挖掘了三穗历史文化，对增添我县文化魅力、打造对外形象、助推文化旅游发展具有重要作用，得到社会各界关注和赞誉。积极为州政协组织编撰的《黔东南人物·明清卷》《百年珍影》和《黔东南旅游故事》，提供史料，撰写文稿，得到认可和好评。

强化宣传，扩大影响。利用报刊、电视台及相关网站等宣传媒体，广泛宣传政协活动，传播政协文化，展现委员风采，为履行政协职能营造了良好的舆论氛围。五年来，向各级报刊、杂志及网络媒体发送各类新闻信息300多条，被《贵州政协报》采用86条，其中《政治协商有为，民主监督有力，参政议政有效》《心系发展，情牵民生，务实履职》《散落“珍珠”串成美丽“项链”——三穗政协助力文化建设发展工作纪实》等5篇文章刊发于头版头条；一些信息分别被《贵州日报》《黔东南日报》《三穗报》等采用。在党的群众路线教育实践活动中，开展的“二月春风进农家”系列惠民活动经黔东南电视台、三穗电视台报道，产生了积极的社会影响，传递了助民解困的正能量。撰写的《党政给力、政协尽力、各界助力》的交流材料，在2013年全州政协工作经验交流会中引起共鸣，得到与会同行认同和好评。组织旅游局、宣传部、文广局等部门对八弓镇贵根村游鱼洞先后进行多次探险考察，发现了宝贵的溶洞旅游资源。撰写的散文《二探游鱼洞》被《贵州政协报》《三穗报》全文刊发。我县溶洞资源引起了社会的广泛关注，为推动八弓镇界牌村乡村旅游发展做了积极有益的工作。

五、加强管理，转变作风，强化自身建设

以加强自身建设为抓手，内强素质、外树形象，着力推动政协工作制度化、规范化、程序化建设。

加强委员服务管理工作。通过开展表彰活动，调动委员履职的积极性。五年来，评选表彰了一批优秀政协委员、优秀社情民意信息员、优秀提案和提案承办先进单位，营造了干事创业的良好氛围。组织政协委员参加国家及省、州政协组织的相关学习培训54人次；组织全体委员参加了人民政协基本理论知识讲座，集中学习了习近平总书记在庆祝中国共产党成立95周年、庆祝人民政协成立65周年大会上的讲话精神；在政协八届历次常委会上，认真组织学习了政治理论、政协业务、统一战线等知识；根据《中华人民政治协商会议章程》有关规定，对因工作变动无法正常履职的委员、连续两次无故缺席重要会议的委员予以免去委员职务，解决了委员只进不出、当委员不履职的问题。通过不断加强对委员的服务和管理，全体委员建言立论水平得到不断提高，“懂政协，会协商，善议政”的委员队伍基本形成。

加强机关干部队伍建设。在深入开展党的群众路线教育实践活动、“三严三实”专题教育、“两学一做”学习教育以及铸廉、铸勤行动中，班子成员以身作则，以上率下，从严从实开展学习，严肃认真查摆问题，强化整改落实，促进作风转变。政协机关团结协作、求真务实、履职为民的意识进一步增强，工作效率明显改善，服务质量有了很大的提高，为委员履行职能搭建了良好服务平台。积极选派政协机关年轻干部到省政协举办的地方政协机关干部培训班学习，提升素质，拓展思维，增强业务能力。通过努力，机关干部整体素质得到全面加强，服务工作水平大幅提升。

强化工作管理制度建设。五年来，先后制定了“发挥界别作用的意见”“加强宣传工作的意见”“反映社情民意的意见”“主席联系工商经济界人士工作制度”“委员联系界别群众工作制度”“委员管理试行办法”（“三意见两制度一办法”）；修改完善了政协全委会议规则、常委会议规则、主席会议规则、专委会通则、委员视察简则，建立了政协机关考勤、财务、公车、接待等规章制度，有效推进了政协工作规范化、制度化、程序化。

回顾和总结过去的履职实践，我们深刻体会到，推进人民政协事业健康发展，必须牢固树立政治意识，高举爱国主义和社会主义两面旗帜，坚持中国共产党的领导，不断夯实团结奋斗的共同思想政治基础，确保人民政协事业发展的正确方向；必须把服务发展作为履行职能的第一要务，要始终坚持围绕中心、服务大局，在助推发展中彰显价值，发挥作用；必须牢固树立群众观念，始终把维护和实现好人民群众根本利益作为一切工作的出发点和落脚点，把群众关注作为履职的主攻方向，深入了解民情，服务民生改善，切实做到人民政协为人民；必须牢牢把握团结和民主两大主题，在沟通协商中增进共识，在合作共事中凝聚人心，最大限度地调动一切积极因素，团结一切可以团结的力量，永葆人民政协的蓬勃生机与旺盛活力；必须大力弘扬务实创新精神，准确把握和适应经济社会发展新常态，推进人民政协理论创新、制度创新、机制创新，努力使政协工作体现时代性、把握规律性、富于创造性。这些宝贵经验的取得来之不易，需要我们倍加珍惜，并在今后工作实践中长期坚持，推动政协工作不断向前发展。

回顾和总结过去的实践，我们清醒地看到，工作中还存在一些不足，主要表现在：政治协商的规范化水平有待进一步提高，民主监督的力度有待进一步增强，参政议政的广泛性有待进一步拓展，政协自身建设有待进一步加强。对这些不足，我们高度重视，将在今后的工作中努力加以改进和解决。

今后五年工作的建议

今后五年，是脱贫攻坚、同步小康的决胜期，也是我县加速发展的关键期。县政协工作的总体要求是：坚持以邓小平理论、“三个代表”重要思想、科学发展观为指导，在中共三穗县委的领导下，全面贯彻落实党的十八大，十八届三中、四中、五中、六中全会精神和习近平总书记系列重要讲话精神，高扬爱国主义、社会主义两面旗帜，突出团结、民主两大主题，围绕县十二次党代会确立的“实现一个跨越、确保两个提前、补齐三块短板、争当四个示范，加快建设实力、潜力、动力、魅力三穗”的奋斗目标，不断夯实团结奋斗的共同思想政治基础，不断提升议政建言能力，不断提高工作科学化水平，切实做到“懂政协、会协商、善议政，守纪律、讲规矩、重品行”，为打赢脱贫攻坚战，全面建成小康社会，不断开创政协工作新局面贡献智慧和力量。

一、适应新常态，把握正确方向

政协机关和全体委员，要深入学习贯彻党的十八届六中全会精神和习近平总书记系列重要讲话精神，特别是视察贵州时的重要讲话精神。认真贯彻落实十八大以来中共中央和国家领导人对政协工作的一系列新要求、新部署，牢牢把握正确的政治方向，保持坚定政治定力，全面推进从严治党。全体政协委员要牢固树立政治意识、大局意识、核心意识、看齐意识，切实从思想上、政治上、行动上同以习近平同志为核心的党中央保持高度一致，做到与县委、县政府同频共振，确保人民政协事业沿着正确的政治方向继续前进。

二、聚焦新部署，助推改革发展

要按照“五位一体”总部署和“四个全面”战略布局，牢固树立“五大发展理念”，紧扣县十二次党代会提出的奋斗目标，认真履行职能，扎实开展工作，为推动我县转型发展谋长远之计，献务实之策。要围绕脱贫民生工程，在精准落实扶贫政策措施，促进群众增收致富，全面同步小康上建言献策；要围绕产业转型升级，提质增效，在构建特色产业服务体系上建言献策；要围绕项目投资，在谋划交通、水利、能源、信息、社会事业等基础设施建设项目，实施“十大标志性工程”，构建黔东半小时经济圈上建言献策；要围绕改革创新，在财税金融、商事制度、文化教育、医疗卫生、农村产权等重点领域改革上建言献策；要围绕城乡建设，在打造黔东中心城市核心区、统筹推进“三区联动”发展、“四在农家·美丽乡村”建设上建言献策；要围绕旅游发展，在旅游交通服务、生态农业体验、特色文化挖掘上建言献策。

三、顺应新期待，服务民生改善

坚持以人民为中心，高度关注民生，把实现好、维护好、发展好最广大人民群众的根本利益作为政协工作的出发点和落脚点，把改善民生作为政协履行职能的重要内容，为解决就业、就医、就学和社会保障、道路交通等人民群众最关心、最直接、最现实的利益问题资政建言、献计出力。要围绕惠民利民政策落实、重大民生工程建设和精准扶贫等问题，深入开展专项视察、专题调研活动，助力民生改善。要充分发挥人民政协联系面广，位置超脱的优势，推动利益协调机制、诉求表达机制、矛盾调处机制、权益保障机制的健全和完善。主动做好惠民政策宣传解读工作，传递好声音，传播正能量，积极理顺情绪、化解矛盾、维护稳定。组织政协委员深入基层、深入群众，真诚倾听群众呼声，真实反映群众愿望，真情关心群众疾苦，加强对保障民生、改善民生问题的民主监督，促进社会公平正义。

四、开拓新境界，凝聚各方力量

要积极发挥政协优势，按照长期共存、互相监督、肝胆相照、荣辱与共的方针，坚持民主协商、平等议事、求同存异、体谅包容的原则，不断丰富和拓展全体委员、人民团体、社会各界参政议政的形式与内容、广度与深度，为实现“十三五”奋斗目标，减少阻力、增强动力、形成合力。要进一步强化合作共事意识，不断巩固中国共产党领导的多党合作的良好政治局面。要进一步加强同非公经济组织、企业代表人士的联系，引导他们继续投身助学扶贫等光彩事业。要进一步开展好联谊沟通和扩大对外交流活动，有计划地组织委员“走出去”，赴先进发达地区考察学习的同时，积极宣传三穗人文历史、发展优势，把发展理念先进，实力强、效益好、愿投资的企业“引进来”，助力我县经济社会快速发展。

五、树立新形象，提升履职水平

政协机关和全体政协委员，要认真学习《中国人民政治协商会议章程》，中共中央《关于加强社会主义协商民主建设的意见》《关于加强和改进人大代表、政协委员有关工作的通知》等重要文件，深入学习习近平总书记在庆祝人民政协成立65周年大会上的重要讲话精神，切实增强履职能力，提高协商民主实效。要进一步加强委员学习培训和履职管理，不断提升委员的政治把握能力、调查研究能力、联系群众能力、合作共事能力。要积极为委员履行职能，提升形象创造条件，切实发挥好委员在政协工作中的主体作用、界别群众中的代表作用以及本职工作中的带头作用。要全面加强对《关于新形势下党内政治生活的若干准则》《中国共产党党内监督条例》的学习理解，不断增强廉洁自律意识，恪守政治纪律和政治规矩，进一步贯彻落实好中央“八项规定”。要切实加强政协机关干部队伍建设，不断提高服务水平，建设一支廉洁、务实、高效的政协干部队伍，进一步树立政协良好形象。

各位委员、同志们，新形势赋予新使命，新起点开启新征程。让我们紧密团结在以习近平同志为核心的党中央周围，高举中国特色社会主义伟大旗帜，在中共三穗县委的坚强领导下，不忘初心，继续前进，努力开创政协工作新局面，为打赢脱贫攻坚战，全面建成小康社会做出新的更大贡献！

三穗县人民法院工作报告

（摘要）

（2016年12月6日在县第十七届人民代表大会第一次会议上）

代理院长 季立松

过去五年主要工作

2012年以来，三穗县人民法院在县委的领导、县人大及其常委会的监督、县政府的支持、政协和社会各界民主监督以及上级法院监督指导下，全面贯彻党的十八大、十八届三中、四中、五中及六中全会精神，深入学习贯彻习近平总书记系列重要讲话精神，认真贯彻县十六届人大历次会议决议，忠实履行宪法和法律赋予的职责，坚持司法为民公正司法工作主线，加强法院队伍建设和党风廉政建设，不断提高审判执行质量和效率。

一、以审判执行工作为核心，扎实履行审判职责

五年来，共受理各类案件5344件，审（执）结4952件，全部在审限内结案。

依法打击刑事犯罪，促进“平安三穗”建设。受理刑事案件742件，审结721件1009人，结案率97.16%。其中，十年以上有期徒刑40人，五年以上十年以下有期徒刑57人，三年以上五年以下有期徒刑146人，三年以下有期徒刑、管制、拘役及单处罚金750人，免予刑事处罚14人，作出强制医疗决定1人，宣告无罪1人。始终坚持严厉打击犯罪的高压态势，充分运用刑罚手段，打击严重危害公共安全、妨害社会管理秩序、侵犯公民人身权利、民主权利、财产权利犯罪，审结此类案件653件863人；依法严惩贪污贿赂、渎职侵权等职务犯罪，审结此类案件29件34人；审理未成年人刑事犯罪案件53件60人。严惩群众反映强烈的危害食品药品安全犯罪，依法审结唐某某、余某某生产、销售有毒、有害食品案，切实保障人民群众食品安全。积极贯彻落实贵州省委关于森林保护“六个严禁”，守住生态底线，严厉打击各类破坏森林资源违法犯罪，审结马某某、杨某某等破坏森林资源类案件90件135人。贯彻“绿色”发展理念，对此类案件采取补植复绿、及时补救的措施，保护生态平衡。在刑事审判过程中，落实宽严相济刑事政策，对罪行轻微、社会危害不大或具有法定从轻、减轻情节的，依法予以从宽处理，免予刑事处罚14人，宣告缓刑164人。做到宽严相济，罚当其罪，打击和孤立极少数，教育、感化和挽救大多数，促进社会稳定。

强化民事审判职能，促进“和谐三穗”建设。受理民商事案件3639件，审结3421件，结案标的13296.63万元。依法审理买卖、借款、劳动争议等合同纠纷案件1094件；妥善审理婚姻家庭、赡养、继承纠纷案件1963件；审理财产损害赔偿、宅基地、相邻关系等权属、侵权纠纷案件582件。针对民事审判涉及范围广、案件数量大、增长速度快、新型案件多等特点，坚持适用“能调则调、当判则判、调判结合”原则解决纠纷，促进家庭和睦，增进邻里团结，化解社会矛盾。在所审结案件中以调解和撤诉方式结案2451件，占结案总数75.72%。强化法律的指引、规范、调整功能，制裁民事违法行为，依法保护合法的民事权益，维护公平竞争的市场交易秩序，促进经济、社会平稳发展。切实服务民生，认真梳理涉案农村的土地山林承包、流转、边界、用水争议，解决农民工合同争议、劳动报酬纠纷，对企业生产经营提供法律咨询服务，为我县生产经营提供有效司法保障。

妥善化解行政争议，促进“法治三穗”建设。受理行政案件211件（其中凯里61件、台江48件、剑河29件、三穗39件、岑巩25件、黎平9件），审结200件，结案率94.78%。2013年5月以来，我院作为行政诉讼案件相对集中管辖法院之一，先后管辖台江、剑河、岑巩、三穗、黎平、凯里6县（市）一审行政诉讼案件。在行政审判工作中，积极探索解决行政争议新途径、新措施。一是采取“审前沟通、审中协调、审后疏导”工作模式，经协调促成原告与行政机关和解撤诉33件，占已结案件16.17%。二是维护公民、法人和其他组织合法权益，有效监督行政机关依法行政。审结案件中依法判决行政机关履行法定职责、行政奖励合同、确认行政行为违法、撤销行政行为共91件，行政机关败诉率44.6%，切实维护人民群众合法权益。三是支持行政机关依法行政。受理、审查行政非诉执行案件103件，准予执行70件，裁定准予撤诉33件（其中自动履行9件），结案率100%。四是主动建言献策，加强与行政机关沟通协调。坚持“服务大局、司法为民”理念，向行政机关发出司法建议40余份，充分发挥行政审判监督行政机关依法行政的职能作用。

完善执行工作机制，促进“诚信三穗”建设。不断加强执行工作，努力实现生效裁判文书确定的合法权益，受理执行案件649件，执结507件3617.66万元，执行标的到位率77.45%。按照省、州法院统一部署，积极开展“反规避执行”“涉民生案件执行”“整治消极执行行为”等专项活动，完成执行信息化建设，建成执行指挥中心、全国法院网络执行查控系统，实现执行现场全程监控和指挥，对被执行人的银行存款进行网上查询、冻结和划拨，办结183件438万元，进一步攻克了“执行难”问题。对140余名失信被执行人（俗称“老赖”）采取信用惩戒措施，限制他们乘坐飞机、高铁、列车卧铺、轮船二等以上舱位及在星级宾馆、酒店高消费和购买非经营必须车辆等。通过公布失信被执行人员名单，促使20余名被执行人主动履行义务，震慑效果明显，有效缓解了执行难问题。

加强审判监督管理，促进司法公平公正。强化审判监督管理，以司法公正为目标，着力提升审判质效。细化各部门考核标准，完善办案流程监督，实施办案进度管控，从源头上防止超审限。开展案件质量、庭审质量、裁判文书质量评查，加强疑难案件研讨，强化案例指导，统一裁判尺度，提升办案质量。推进审判流程、裁判文书、执行信息三大司法公开平台建设，生效裁判文书上网974份，应上网裁判文书上网率100%。

二、践行司法为民，推进便民诉讼

全面落实立案登记制。加强诉讼服务中心建设，完善诉讼服务功能，实现与全省诉讼服务网及“12368”诉讼服务热线对接，采取多项措施落实立案登记制，积极推进网上立案、预约立案、邮寄送达立案等多元化立案方式，化解立案难。加大法治宣传力度，公开立案流程、立案条件、立案文书、诉讼指南，认真做好诉讼风险提示和法律释明工作，切实为群众提供便利服务，增强群众对法院立案工作的理解和认同。加强立案流程内部监管，坚决防止有案不立、拖延立案、干扰立案等违法行为。

加强涉诉信访预防和化解工作。坚持多措并举，标本兼治，有效抑制涉诉信访数量反弹。共受理来信来访500余件（次）。对遗留的信访案件，积极与相关单位及部门协调，多次约谈当事人，并实时向党委、政府及上级法院汇报进展情况，成功化解上级法院交办的信访案件6件。建成远程视频接访系统，实现上下级法院互联互通、网上接访，提高办访效率和质量，将矛盾解决在基层，化解在初始状态。

积极开展司法救助工作，彰显人文关怀。认真落实司法救助制度，对涉及城乡贫困居民、下岗职工、老弱病残等社会弱势群体，实施司法救助。依法指定辩护律师52人次，依法缓、减、免诉讼费916件92.53万元，让经济确有困难的群众打得起官司，维护其合法权益。

三、推进司法公开，全力服务百姓

加强基础及信息化建设，实现审判执行体系现代化。结合全省信息化建设工作要求。五年来，我院先后建成诉讼服务中心、法警体能技能训练场、羁押通道及羁押室、科技法庭、远程视频接访室、执行“总对总”与“点对点”查控室、执行指挥中心并投入使用，实现科技法庭全覆盖、所有案件审理过程同步录音录像，让信息化服务人民群众、服务审判执行、服务司法管理。

推进司法公开，打造阳光司法。依托省法院公众服务平台、州法院苗乡侗寨天平网等媒体全面公开工作流程、办案程序、案件审判等司法信息，满足不同群体对司法公开的需求。推进法院官方网站、微博、微信公众号建设，适时发布法院重大审判信息，回应群众诉求。加大庭审公开力度，符合条件的案件全部公开审理。加强生效裁判文书上网工作，接受当事人和社会公众监督，发挥裁判文书宣传法律知识、引领社会风尚、规范公众行为、树立正确导向的功能，传递法治正能量。开展公众开放日、观摩庭审等活动18次，邀请人大代表、政协委员、基层群众、学校师生等走进法院、走近法官，零距离感受法院工作。

四、推进司法改革，增强司法公信

推进审判权运行机制改革。按照“让审理者裁判、裁判者负责”的要求，制定《关于健全审判权运行机制完善审判责任制改革的实施意见》，推行司法权力和司法责任清单。完善审判委员会工作机制，强化审判指导职能。完善审判管理权、审判监督权运行机制，确保审判权在有效监督下依法公正高效行使。

推进员额制法官遴选及审判团队构建工作。根据全国司法体制改革要求，我院于2016年8月开展首批员额制法官遴选工作，通过考试、考核、答辩程序，经省法院法官遴选委员会遴选出15名员额制法官，并完成7个审判团队的初步构建工作。

推进人民陪审员制度改革，促进司法民主。根据上级法院要求，推进人民陪审员改革工作，扩大参审范围，让更多基层群众直接参加审判活动，使人民陪审员队伍成为推动法治建设有生力量。在有效解决法院审判活动案多人少困难的同时，强化对审判活动的民主监督作用，让人民参与司法，监督司法。五年来人民陪审员共参审案件1129件。

五、延伸审判职能，参与社会管理

积极参与“法治三穗”建设，努力为全县经济社会发展提供司法保障和服务。紧紧围绕县委的决策和部署，加强对优化经济结构、加快城镇建设、推进扶贫攻坚等方面的司法保障。依法平等保护各类市场主体合法权益，妥善审理在经济结构调整、招商引资过程中引发的各类案件，促进经济健康发展。加强驻村帮扶工作，共派出驻村干部9人次。全院干警走访贫困户1100余户次，慰问困难群众2000余人，送去慰问金5.3万元，为帮扶村解决帮扶资金6

万余元。

加强对人民调解工作的指导，联合司法、乡镇等共同推进社区矫正、帮教管理和人民调解工作，促进平安三穗建设。积极开展法官“进乡村、进社区、进学校、进企业”活动，共开展各类法制宣传30余次，发放宣传画册、资料16000余份。

六、加强自身建设，打造过硬队伍

坚持以党建带队建，加强司法能力建设。扎实开展党的群众路线教育实践活动、“三严三实”专题教育以及“两学一做”等系列专题教育活动，加强法院党建工作，抓好思想政治建设，强化干警理想信念教育，坚定法治信仰，做到对党忠诚、个人干净、敢于担当。健全和完善各类管理制度，依靠制度管人、管事、管权、管案，使队伍管理走上制度化、规范化轨道。

加强司法作风和反腐倡廉建设。认真落实党风廉政建设主体责任和监督责任。坚持以案为镜，警钟长鸣，加强司法廉洁教育，提高干警廉洁自律自觉性。认真开展“铸廉行动”“铸勤行动”和廉洁司法集中教育活动，健全完善“六个一”（即坚持一日一提醒、坚持一日一学习、坚持一季一检查、坚持半年一分析、坚持一年一讲座、坚持每年一述评）、“五子经”（即个人照镜子自律、同事扯袖子提醒、领导拍膀子告诫、组织亮牌子警示、家属拔珠子算账）等保廉促廉措施，增强广大干警政治定力和法治思维，树立公平公正司法理念。

加强精神文明建设，提升司法队伍形象。以凝聚法院干警思想形成共同价值追求、树立法治信仰、推动工作发展为目标，全面深化法院文化建设。挖掘和培育一批道德高尚，爱岗敬业、公道正派的优秀法官干警，形成树先进、学先进、促先进、争先进的法院文化氛围。

七、坚持党的领导，自觉接受监督

始终旗帜鲜明地坚持党的领导，认真贯彻党的路线方针政策，坚决执行党委的决定、决议，坚持重点工作、重要问题、重大事项及时主动向县委请示汇报。

自觉接受县人大及其常委会的监督，主动向人大常委会报告工作，认真抓好审议意见的落实，认真办理人大代表意见、建议，主动邀请人大代表和政协委员旁听重大案件庭审与执行，积极配合县人大开展的各项审议、评议活动。

自觉接受政协民主监督，完善联系机制，主动向政协、各民主党派、工商联、无党派人士通报法院工作，听取意见建议并认真研究处理，提高接受民主监督工作质效。

自觉接受检察机关法律监督，认真办理检察机关检察建议。

自觉接受社会各界监督，依法保障律师执业权利，发挥律师在促进司法公正中的积极作用。认真听取司法监督员、当事人和新闻媒体的意见建议，提升工作水平。

过去五年法院工作虽然取得了一定成绩，但还存在一些问题和不足：一是审判执行的法律效果和社会效果还不能完全统一，与人民群众的期待和要求还有距离。二是整体队伍综合素质有待进一步提高。三是信息化应用和推广还不够全面深入，与上级法院对司法公开的要求还有一定差距。四是审判管理机制有待进一步完善，案多人少矛盾相对突出，干警长期处于超负荷工作状态等。对此，我院将高度重视，采取措施，逐步解决。

今后五年工作任务

今后五年，三穗法院将全面贯彻党的十八大和十八届历次全会精神，坚决执行中央、省、州、县委和上级法院的决策部署，认真落实本次大会决议，全面加强审判执行工作，为推进法治三穗建设以及全面建成小康社会提供强有力的司法保障。

一、坚持司法为民、公正司法，全面推进审判执行工作

依法履行审判职能，加强审判执行工作，最大限度地实现公正与效率。一是提高审判质量和审判效率，提升司法公信。二是着力优化配置资源、强化审判管理监督。三是不断探索新的纠纷解决渠道，注重与相关职能部门协调，充分发挥人民调解、仲裁、行政裁决、行政复议等非诉纠纷解决机制的分流作用，促进矛盾纠纷的多元化解。四是向执行难全面宣战，公开承诺提高执行信息化水平，规范执行行为，强化执行措施，加强信用惩戒，让失信被执行人寸步难行，用两年时间基本解决执行难。

二、加强法院队伍建设，打造务实的司法工作理念

强化理想信念教育，始终保持政治坚定，推动司法人员分类管理和法官、书记员职务序列改革，面对案件数量激增、审理难度加大、司法体制改革纵深推进的新形势，及时更新管理理念，提前做好准备。扎实开展各类教育活动，从严管理队伍，持之以恒加强党风廉政和司法作风建设，建设一支让党放心、让人民满意的过硬队伍。培养法官牢固树立大局意识、政治意识、核心意识、看齐意识，坚持以严谨客观的态度公正办理每一个案件，自觉提升自身业务素质和工作能力。

三、以公开促公正，构建阳光司法机制

坚持“公开是常态，不公开是例外”原则，全面提升信息化应用水平，重点抓好裁判文书上网工作，确保符合公开条件的生效裁判文书100%上网公布。完善“三大平台”建设，积极构建开放、动态、透明、便民的阳光司法机制。主动适应信息化时代人民群众对司法公开的要求，更加注重利用微博、微信等新媒体工具，畅通公开渠道、拓宽公开范围，积极主动回应群众关切。

四、积极前进，做好司法改革工作

继续开展司法体制改革，积极服务法治三穗建设，全面推进法院工作。探索独任法官、合议庭、审判委员会的办案责任，做到“权责统一”。建立合理的审判管理机制和绩效考核机制，提高审判质量和审判效率。对司改过程中发现的新问题和难点，及时向县委和上级法院汇报，确保司法体制改革顺利推进。

五、践行司法为民，为脱贫攻坚提供司法保障和服务

统一思想，提高认识，坚决把思想和行动统一到中央、省、州、县委的决策部署上来，充分认识推进脱贫攻坚的重大意义，加强脱贫攻坚的司法需求分析研判，强化司法应对，践行创新、协调、绿色、开放、共享发展理念，坚持司法为民公正司法，为坚决打赢脱贫攻坚战、实现“两个确保”目标提供有力司法保障和优质服务。

各位代表，“秉公司法服务百姓，精准办案仰仗民心”，习近平总书记提出的“努力让人民群众在每一个司法案件中都感受到公平正义”，既是对我们工作的期望，更是对我们的鞭策。执掌正义天平的审判机关重任在肩，必须敢于担当。新的五年，我院将以积极有为的新姿态，主动适应和服务三穗经济社会发展新常态，坚决贯彻执行本次大会决议，努力实现法院工作新跨越，为建设平安三穗、法治三穗、和谐三穗、诚信三穗做出新的更大的贡献！

三穗县人民检察院工作报告

（摘要）

（2016年12月6日在县第十七届人民代表大会第一次会议上）

检察长　潘　涛

过去五年工作回顾

过去五年，我院在县委和上级检察机关的正确领导下，在县人大及其常委会的有力监督下，在县政府大力支持和县政协民主监督下，全面贯彻党的十八大和十八届三中、四中、五中、六中全会精神，深入学习贯彻习近平总书记系列重要讲话精神，以“让党满意、让人民满意”为目标，忠实履行检察职责，服务经济发展更加自觉、支持生态文明建设更加主动、保障社会民生更加有力、强化法律监督更加有效。大力推进自身建设，积极争取各方支持，各项检察工作取得了新进展。

一、积极回应人民群众平安需求，紧紧围绕平安三穗建设履职尽责

坚持把维护社会稳定放在首位，积极投入打击整治专项斗争，严厉打击严重暴力等刑事犯罪，积极配合有关部门建立健全社会治安防控体系，全力化解矛盾纠纷和信访维稳问题，不断提升人民群众安全感和满意度。

全力参与专项活动，依法打击各类刑事犯罪。积极参与平安三穗建设大会战，深入开展“打黑除恶”“雷霆行动”“社会治安整治”等专项工作，全力维护社会大局稳定。五年来，共受理提请审查批准逮捕案件550件830人，经审查依法批准逮捕487件710人，不批准逮捕63件120人；受理移送审查起诉各类刑事案件781件1163人，经审查依法提起公诉741件1068人，不起诉10件22人，移送州检察院27件67人，侦查机关撤回3件6人。无错捕错诉和涉检上访案件，无违法违纪和办案安全事故。

突出效果抓重点，依法惩处侵害民生的犯罪。加强与县法院、公安等部门的配合力度，依法打击严重影响群众安全感的“两抢一盗”等多发性侵财犯罪和故意伤害等严重暴力犯罪及毒品犯罪和赌博犯罪。五年来，共批准逮捕“两抢一盗”多发性侵财犯罪252人，故意杀人犯罪5人，故意伤害犯罪40人，强奸犯罪51人，毒品犯罪208人，开设赌场犯罪21人。

推进规范市场秩序，服务经济健康发展。坚持发挥检察职能服务经济发展，紧紧围绕平等保护各类市场主体当好企业的“保护者”。五年来，共批准逮捕破坏社会主义市场经济秩序犯罪嫌疑人17人，提起公诉22人。与80余家企业召开“检察长·董事长”两长座谈会4次，为企业解决困难事项6件，提供法律服务23次，制定出台我院《保障和促进非公有制经济健康发展的三十条措施》，强化对非公有制企业及其从业人员合法权益的保障，为民营经济发展保驾护航。

强化社会管理创新，构建和谐稳定环境。

积极探索检察机关参与社会管理创新工作机制，认真落实检察长接访包案处理制度，积极开展涉检信访、矛盾纠纷排查化解等工作。五年来，共受理群众来信来访107件，均做到直接答复或分流处理，无重特大信访案件发生；受理司法救助案件7件，发放救助金8.54万元。积极开展“走千户农家、访民生民情、送法律服务、化解矛盾纠纷”和“民生资金领域警示教育巡展”活动，共走访9个乡镇90个行政村800户3000余人，收到建议和意见120余条，发放宣传资料2万余份，播放警示教育宣传片27次，接受法律咨询600人次，化解矛盾纠纷42件。有序推进“法治进校园”巡讲活动5批次，为8000余名中小学生上法治教育课。同时，狠抓帮扶工作，给帮扶村解决实际困难48件，解决、协调帮扶资金180余万元，为群众办实事、解难事，打通服务群众“最后一公里”。

二、坚决贯彻全面从严治党要求，紧紧围绕反腐倡廉建设依法查办和预防职务犯罪

加大查办职务犯罪案件力度。认真落实中央及各级党委关于反腐败斗争的决策部署，坚持“老虎”“苍蝇”一起打，惩治预防两手抓。五年来，共立案查办贪污贿赂、渎职侵权等职务犯罪案件32件37人，通过办案共为国家挽回经济损失600余万元。其中大案28件34人，大案率87.5%。查办了州教育局原副局长王某某，县教育督导室原主任杨某某、县交通局原局长张某某等一系列有影响的贪污贿赂案件，查处科级以上干部12人（其中副处级1人，正科级8人，副科级3人），重点查办了教育、医疗、扶贫、工程建设等民生领域的职务犯罪，为我县营造清正廉洁的政务环境发挥了积极作用。

深入推进职务犯罪预防工作。坚持个案预防与行业预防相结合，帮助发案单位建章立制32个，并通过举办法制讲座、组织观看警示教育专题片等方式，提高干部群众廉洁意识。五年来，共设立民生资金领域法律服务基地1个，检察联络室2个，法律服务岗90个，聘请110名驻村“第一书记”和驻村干部为民生资金保护专项工作检察联络员，发展预防职务犯罪宣传志愿者110人，介入重点民生工程项目10个，为国家8个多亿项目资金安全提供了司法保障。开展行贿犯罪档案查询2212次，开展警示教育和预防宣传310场次，撰写预防年度综合报告5份，得到县领导批示肯定15次，开展预防调查23件，职务犯罪案例剖析32件，提出预防检察建议34份，预防职务犯罪力度逐年加强。

三、牢记维护社会公平正义的核心价值追求，紧紧围绕强化人权司法保障统筹推进诉讼监督工作

严格执行修改后刑事诉讼法和刑事诉讼规则，稳步开展立案监督、侦查活动监督、刑事审判监督，努力让人民群众在每一起司法案件中都感受到公平正义。

强化刑事立案监督和侦查活动监督。依法监督侦查机关立案12件，监督撤案6件，建议行政机关移送涉嫌犯罪线索6件，公安机关均已立案。在侦查活动中，提前介入引导侦查案件20余件次，纠正漏捕5人，纠正遗漏同案犯7人，纠正遗漏起诉罪行23起，发出纠正违法通知书25件次，均得到纠正。

强化审判活动监督。忠实履行法律监督职责，积极探索创新监督模式和方法。五年来，共提出量刑建议861人，法院采纳780人，法院采纳率在90.59%以上。立案审查各类民事、行政申诉案件5件，办理民事执行监督案件9件。

强化刑罚执行和监管活动监督。履行监所检察职能，对刑罚执行机关提请的6名服刑人员减刑、假释、暂予监外执行材料进行审查；对看守所存在安全隐患和社区矫正机关在刑罚执行过程中存在的问题共发出书面检察建议38份，均得到采纳；办理羁押必要性审查案件4件4人，向办案部门提出书面变更强制措施检察建议4份，均得到采纳；联合看守所开展安全大检查30次。

四、坚持以开展专项工作为抓手，着力打造三穗检察工作新形象

坚决贯彻中央、省委、州委、县委和上级检察机关决策部署，自觉把检察工作摆到经济社会发展全局中谋划和推进，紧紧围绕县委、县政府工作大局，抓好检察工作。2014年以来先后开展督促起诉追收国家资金、生态·环境保护检察、民生资金保护等专项工作，促进了全县经济社会健康发展。

开展督促起诉专项行动，保护国有资产安全。在县委的领导下，积极开展督促起诉追收国有资金专项行动。2014年开展专项行动以来，在国有土地、环境保护、森林资源、人防建设、城市建设等重点领域、重点行业办理督促起诉案件55件，共追回国有资金1.1647亿元，发挥了督促起诉在保护国有资产、促进项目落地、预防职务犯罪、促进依法行政等方面的积极作用，切实维护社会公共利益和有效防止国有资产的流失。

开展生态环境保护专项检察行动，助推“绿色三穗”建设。为贯彻落实好习近平总书记关于牢牢守住发展和生态两条底线，既要金山银山又要绿水青山的要求，我院积极开展生态·环境保护专项行动。2015年开展专项行动以来，共立案查办工信、林业等领域职务犯罪案件9人，批准逮捕盗伐、滥伐、非法采矿、污染环境等破坏生态环境资源犯罪案件26人，依法提起公诉76人，建议行政机关移送涉嫌犯罪案件4人，监督立案13人，书面纠正违法2件次，依法追捕3人，有效遏制了破坏生态环境资源犯罪高发、多发势头。加强受损生态的司法修复，守住天蓝、山青、水清、地洁的生态底线。与相关部门联合建立“补植复绿”基地，落实“补植复绿”检察建议112份，补植13万余株，复绿770亩。

开展民生资金保护专项工作，助力三穗打赢脱贫攻坚战。2016年，我院按照上级检察机关的统一安排部署，开展民生资金保护专项工作，严打危害民生违法犯罪，服务我县脱贫攻坚工作。共立案查办涉及民生资金领域职务犯罪案件8件8人，通过办案为国家挽回直接经济损失468.6万元，批准逮捕民生领域刑事犯罪案件105人，起诉128人；积极介入3个重点民生项目开展专项预防，为国家3亿民生项目资金安全提供司法保障。设立民生资金保护检察联络室2个，派出驻室检察干警4名，聘请乡镇、村级检察联络员90名，发展民生预防志愿者110名。会同县发改、扶贫、移民等民生资金监管部门，推动民生资金信息公开21项，有力推动惠民扶贫资金在阳光下运行。

五、围绕提升司法公信力，蹄疾步稳推进司法体制改革

根据省委和上级检察机关的统一部署，抓紧抓好司法体制改革任务落实，切实提升司法公信力。以检察人员分类管理和健全司法责任制为重点，按照“择优入额、清单授权、扁平增效、全程留痕、终身负责”的原则有序推进司法体制改革。在省检察官遴选委员会的统一部署下，经过考核、考试和答辩完成我院首批13名员额制检察官遴选工作。按职能职责配置推进内设机构改革，由司改前17个内设部门初步组建5个业务部门和3个综合部门。按办案需要业务部门下设办案组，由主任检察官或独任检察官带领检察官助理办案。同时，通过清单授权，依法赋予检察官办案决定权，改变以往“三级层报审批”的办案模式，实现“检察长——检察官”的扁平化管理模式，突出检察官的办案主体地位，落实司法责任制。对检察官权限进行划分，建立检察官履职的全程监督，全程留痕，终身负责机制。

六、狠抓司法规范化建设，努力提高检察公信力

根据上级检察机关的安排部署，积极开展

规范司法行为专项整治活动，彻底查找和根治自身在司法办案过程中的不规范、不严谨行为。2015年开展规范司法行为专项整治活动以来，通过“自己查、开门谈、上级点”的方法查找司法不规范问题；对查找出的问题明确了责任人、制定了整改措施、规定了整改完成时限；对30余项工作制度进行清理，建立9项长效工作机制，有力推动了公正司法、严格执法。

积极抓案件质量评查常态化，推进执法规范化。案管办成立以来，共评查案件513件，根据评查结果进行了督促整改。同时，将评查结果记入办案干警执法档案，作为绩效考评和级别晋升考核的内容和依据。通过开展专项整治工作和常态化案件质量评查，检察干警的司法理念进一步转变、司法作风进一步提升、司法行为进一步规范、检察公信力进一步提高。

七、自觉接受外部监督，确保检察权在阳光下运行

主动接受监督。依法接受人大监督和自觉接受政协民主监督。五年来，共走访各级人大代表、政协委员486人次，主动向县人大及常委会汇报工作53次、邀请人大代表和政协委员视察检察工作12次。我院向县人大常委会专题汇报了诉讼监督、职务犯罪预防、生态环境保护等业务工作。同时，重视发挥人民监督员、特约检察员的作用，主动接受社会各界监督。

深化检务公开。依法规范开展检务公开工作，依托“人民检察院案件信息公开网”及时公开案件程序性信息640条，法律文书311份，重要案件信息28条。加大检察工作宣传力度，撰写检察信息被《检察日报》《贵州日报》《法制生活报》等主流新闻媒体采用600余条，通过“两微一端”、今日头条等新媒体平台发布检察信息800余条，以公开促公正、以透明保廉洁，让检察权在阳光下运行。

八、坚决贯彻从严治检要求，紧紧围绕“五个过硬”推进高素质检察队伍建设

大力实施检察干警素质能力提升工程和检察骨干队伍建设工程。将队伍建设与扎实开展党的群众路线教育实践活动、规范司法行为专项整治活动、“三严三实”专题教育、“两学一做”学习教育和“三强三铁”主题教育活动结合起来，按照“五个过硬”的要求，推进队伍整体素质不断提高。

落实从严治党，从严治检主体责任。严格执行党风廉政建设责任制，确保检察队伍忠诚、为民、公正、廉洁。开展“铸廉行动”“铸勤行动”等主题活动，促进党风廉政建设。坚持把纪律作风建设摆在突出位置，大力创导“当日事当日毕”“谁主管谁负责”的工作理念，采取完善制度、检务督察、督办令等措施加强作风建设。五年来，共完善各项制度36项，开展检务督查101次，下发督办通知64次。

狠抓学习培训，强化队伍建设。强化思想教育和岗位练兵，不断提高干警政治素质和执法能力。五年来，共选派参加上级举办的各类业务培训700余人次，输送检察干警到清华大学、国家检察官学院等专项培训45期70余人次，配合县组织人事部门提拔任用正科级岗位干部4人、副科级岗位干部12人，提请县人大任命检察员6名，遴选4名基层公务员进院工作，招聘检辅人员10名，有力促进了检察官专业化职业化。

创先争优，主动作为。五年来，先后荣获“贵州省检察院建设‘4+1’工程建设示范院”“全省基层检察院‘4+1’工程模范院”称号、“全省文明单位”、全州“五好基层党组织”等16项集体荣誉。同时，涌现出“全国检察机关计划财务装备工作先进工作者” 1人、荣获省检察院评定“二等功”1人、被省院评为B类检察业务骨干1人、全州检察机关“十佳检察官”1人、被州检察院评为C类检察业务骨干5人等一批先进个人，为干警施展才华提供舞台，搭建平台，激发干警干事创业的激情，努力打造一支忠诚、干净、担当的检察队伍。

强化检务保障，服务检察工作。紧紧围绕检察工作重心，强化服务意识。五年来，争取到年度财政预算经费302万元，中央转移支付资金到位954万元，国家项目资金到位876万元，完成办案业务用房建设，严格落实公务接待和“三公经费”管理以及公（警）车辆管理等制度。推进涉密检察内网建设、运用和管理，为检察工作的顺利开展提供司法保障。

回顾过去的五年，我们也清醒地认识到，检察工作仍存在一些问题和不足：一是服务大局的意识和效果有待进一步增强；二是人少案多矛盾依然突出；三是运用科技手段加强执法办案的措施仍需进一步完善；四是检察队伍职业化专业化有待增强。对此，我们将高度重视，聚焦重点难点，采取有力措施加以解决。

今后五年的工作思路

今后五年是实现全面同步小康的攻坚期，全力服务“打造黔东中心城市核心区”的建设目标，深入推进“工业强县、城镇带县、商贸活县”主战略。作为检察机关，我们既要看到做好检察工作的有利条件，坚定信心、赢得主动，也要正确认识前进道路上的困难和挑战，迎难而上。

今后五年的总体思路是：深入学习贯彻习近平总书记系列重要讲话精神，牢固树立“五大发展理念”，紧紧围绕“五位一体”总体布局和“四个全面”战略布局，牢牢把握“三个强化”总要求，以执法办案为中心，以深化司法改革为动力，忠实履行宪法法律赋予的职责，切实维护社会大局稳定、促进社会公平正义、保障人民安居乐业，为建设平安三穗、法治三穗、美丽三穗，为全面建成小康社会提供更为有力的司法保障。

一、更加主动服务保障经济发展，营造良好法治环境

深入贯彻落实县委第十二次党代会和县十七届人代会第一次会议精神，深刻认识“五大发展理念”对检察工作提出的新要求，紧紧围绕五大战略机遇，依法严厉打击危害社会治安、公共安全犯罪、多发性侵财犯罪、生态环境保护、食品药品安全犯罪、“黄、赌、毒”犯罪、强包强揽工程、强占各类市场的黑恶势力犯罪，努力为全县经济社会又好又快发展提供坚实的司法保障。

二、更加坚决惩治预防职务犯罪，促进形成良好政治生态

坚持依法反腐、用法防腐，不断加大惩防力度，保持反腐高压态势，促进营造风清气正的政治生态。重点查办党的十八大后不收敛不收手，问题反映线索集中的领导干部职务犯罪和发生在群众身边、侵害群众利益的职务犯罪。充分运用释法说理和新媒体等手段，不断提升预防职务犯罪工作的质量和效果。

三、更加注重法律监督质效，全力维护社会公平正义

全面履行批捕、起诉、监督等职能，进一步加大法律监督工作力度。坚决查处和纠正有案不立、有罪不究，违法插手经济纠纷，违法立案，贪赃枉法，徇私舞弊，侵犯诉讼参与人的诉讼权利等违法犯罪行为。改进和创新监督方式、监督机制，对人民群众反映强烈的司法不公、执法不严等突出问题进行重点监督，推动监督工作深入开展。

四、更加扎实推进各项检察改革，促进体制机制创新

全面推开以完善检察官办案责任制为核心的四项改革工作，深入推进诉讼制度改革，优化司法资源配置，努力实现公正与效率的统一。主动向党委报告改革进展情况，加强与组织、人事、财政等部门的联系沟通，依靠党委领导和各方支持推动改革任务的落实。

五、更加严格加强检察队伍建设，着力提高整体素质

深入学习贯彻党的十八届六中全会精神，以更严的标准和更实的措施，加强领导班子和队伍建设，形成全面从严治检新机制，切实强化担当职责使命，推动全面从严治检更严更紧。巩固和深化“两学一做”学习教育成果，开展政治纪律和政治规矩教育，不断提高思想政治素质、业务能力水平和职业道德水准，努力建设一支能打硬仗的高素质检察队伍。

各位代表，新的五年，我院决心在县委和上级检察机关的坚强领导下，坚决落实本次会议决议要求，更加自觉接受人大监督、民主监督和社会监督，牢固树立政治意识、大局意识、核心意识、看齐意识，紧密团结在以习近平总书记为核心的党中央周围，坚持以习近平总书记系列重要讲话精神为指引，加强和改进各项检察工作，坚持不忘初心、继续前进，努力为全县打赢脱贫攻坚战、全面建成小康社会做出新的更大的贡献！

（本栏目编辑：龙荣森）

大 事 记

1月

1日　“镇远号”旅游高铁专列首发仪式在三穗高铁站前广场举行。

5日至7日　中国人民政治协商会议第八届三穗县委员会第五次会议在县行政中心县委、县政府办公楼七楼会议室召开。

6日至8日　三穗县第十六届人民代表大会第五次会议在县文化馆召开。

8日　三穗县电子商务启动大会暨县级运营中心开业仪式在县电子商务运营服务中心（三穗经济开发区电商产业园）举行。

13日至14日　省人民政府副省长何力率省政府副秘书长潘小林、省民政厅副厅长张惠明、省卫生计生委副主任龚仲明、省体育局副局长肖俊、省扶贫办副巡视员罗有铭等一行9人深入滚马乡开展遍访贫困户工作，并就医疗卫生工作开展专题调研。州委书记李飞跃、州长冯仕文、副州长刘晓春、县委书记黄瑜、县长付乐欣等州县领导陪同调研。

20日　全县2015年度乡（镇）和县直党（工）委书记抓党建工作述职评议会议在县行政中心县委、县政府办公楼四楼2号会议室召开。

21日　省委常委、省委宣传部长张广智到三穗调研，州委书记李飞跃，州委常委、州委秘书长耿生茂陪同。

22日　三穗县2016年第一期月末干部论坛——学思党内法规践悟准则条例专题讲座在县行政中心县委、县政府办公楼七楼会议室举行，州纪委常委、正县级纪检监察员胡素滦受邀到会讲课。

29日　州委副书记杨昌鹏一行到三穗调研。

2月

1日　中共三穗县委常委班子“三严三实”专题民主生活会在县委办五楼会议室召开，黄瑜主持会议。州委常委、州人民政府副州长姜学东到会指导。

4日　省委政法委副书记温杰一行到三穗县开展安全稳定风险防控专项督导检查工作并在县委办四楼会议室召开汇报会，州政法委副书记侯美嘉陪同并参加汇报会。

19日　黄瑜在县行政中心县委、县政府办公楼四楼2号会议室主持召开中共三穗县委“三严三实”专题教育情况通报会议。

25日　三穗县暨2016年第二期月末干部论坛开讲，县人大常委会主任龙义立以“三穗鸭”为案例，生动地对三穗特色产业与“大扶贫”战略的探索进行专题讲座。

3月

1日　中国共产党三穗县第十一届纪律检查委员会第六次全体会议在县行政中心召开。会上，县委副书记、县长付乐欣就党风廉政建设和反腐败工作作重要讲话。会议讨论了付乐欣的讲话，并通过了全会工作报告和全会决议。

3日　省移民局总会计师李静仁带领省易地扶贫搬迁工程建设指挥部督导组到三穗县就易地扶贫搬迁工作推进情况进行督导检查。

9日　州委副书记、州人民政府州长冯仕文一行到三穗检查企业开工和复工生产情况。冯仕文详细询问贵州省玉鼎陶瓷实业有限公司产品的制作工艺、企业发展状况后，看望了企业内返乡创业大学生，同时对开发区职工食堂经营情况进行调研。

14日　州委书记李飞跃，州委副书记、州人民政府州长冯仕文率2016年全州扶贫项目现场观摩会议观摩团到三穗县生态农业旅游扶贫示范园区、三穗县村级电商服务示范站观摩。

16日　全县各乡镇党委书记或乡（镇）长、分管党建工作的副书记或组织员，90个行政村党支部书记、村委会主任等一行200余人汇聚颇洞村，实地观摩生态农业旅游扶贫示范园区。通过现场观摩、推进会形式，详细阐释颇洞村“党社联建”暨“农文旅”一体化助推脱贫攻坚成功经验。

是日　省总工会党组成员、副主席杨再春率全省总工会区域性行业性组织建设观摩团一行60余人到三穗经济开发区工会联合会观摩指导工作，观摩团实地参观三穗经济开发区职工活动中心、工会联合会组织建设情况，现场听取开发区工会联合会相关人员汇报和讲解。

3月20日　黔东片区项目协作推进会在我县召开，州发改委主任龙丛主持会议，州直有关部门负责人，相关区域性项目责任单位负责人，各县分管副县长，发改局长等参加会议。

21日至23日　中共中央办公厅调研室局长孟曙初一行到三穗县调研。

23日　州委书记李飞跃，州委副书记、州人民政府州长冯仕文一行到三穗生态农业旅游扶贫示范园、三穗高铁站新区等项目点调研。

24日　县委召开2016年第四次常委会议。付乐欣主持，吴永萍、罗国炳、侯美嘉、姜继德、龙青松、衮政豪、龙滨参加。

25日至26日　省社科联党委副书记王黎明一行到三穗县调研指导农商银行金融精准扶贫工作。

4月

7日　省委常委、副省长慕德贵率2016年全省第一次项目建设现场观摩团到颇洞生态农业旅游扶贫示范园观摩。县领导付乐欣、吴永萍、侯美嘉、姜继德、龙青松、衮政豪、龙滨等陪同观摩。

9日　“2016最美中国行·健康中国人”全国百城百万国际市民徒步大会暨国际市民体育联盟首届大美黔东南国际徒步旅游嘉年华（三穗站）活动在县将军广场举行，来自三穗县直各党政机关、各乡镇、各人民团体、政法军警、省州驻三穗单位、三穗县民族高级中学、三穗县第二中学、三穗县第三中学等共计1万余人参加徒步活动。

是日　省委书记、省人大常委会主任陈敏尔在黔东南州委书记李飞跃，州委副书记、州人民政府州长冯仕文，州委秘书长耿生茂的陪同下，到三穗县考察开国上将杨至成将军故居和纪念馆。

16日　三穗县邀请国家旅游局AAAAA景区评审专家、AAAA景区评审组组长，北京大学、中国人民大学、中央党校特聘教授原群为100余名干部讲授《论旅游在扶贫攻坚中的效应》的专题讲座。原群用生动鲜活的事例对三穗万山之尊圣德山、岩门沟最牛土地爷、贵洞神仙集结地、北侗款文化、杨至成故居等旅游文化资源进行全方位、立体式的解析，提出“一个集散地、一廊二翼十三星”的三穗县旅游发展整体规划思路。

20日　贵州省水利厅副巡视员董存波一行到三穗县生态农业旅游扶贫示范园进行调研。

22日　贵州省人民政府《关于同意三穗县长吉乡、良上乡撤乡设镇的批复》（黔府函〔2016〕122号）同意撤销长吉乡、良上乡建制，分别设置长吉镇、良上镇，撤乡设镇后行政区域和政府驻地不变。

是日　全县同步小康驻村工作2015年总结和2016年动员部署暨培训会议在县行政中心县委、县政府办公楼七楼会议室召开。

是日　三穗县召开民营企业“千企帮千村”精准扶贫行动动员大会。各乡镇、县直有关部门分管领导，县工商联直属商（协）会负责人，参与协议签约的帮扶企业家代表和受帮扶贫困村代表负责人共计90余人参加会议。会上，宣读了《三穗县民营企业“千企帮千村”精准扶贫行动实施方案》和《三穗县民营企业“千企帮千村”精准扶贫行动倡议书》，民营企业代表和受帮扶村代表作了发言，部分民营企业与受帮扶村现场签署结对帮扶协议。

25日　三穗县“铸勤行动”动员会议在县行政中心县委、县政府办公楼七楼会议室召开，会议宣读了《中共三穗县委三穗县人民政府关于在全县开展“铸勤行动”的实施方案》。

26日　全县“三变”改革工作启动会议在县行政中心县委、县政府办公楼七楼会议室召开，会议贯彻落实中央、省委、州委关于“三变”改革工作的有关精神，号召全县广大干部群众认真学习“三变”，积极参与“三变”，树立“穷则变、变则通、通则达、达则畅”与“发展就是王道”理念，全力推动“三变”改革工作落地生根、开花结果。

是日　全县2016年“文明在行动·满意在三穗”活动暨“多彩贵州文明行动”工作推进会议召开，县长付乐欣出席会议并讲话。

是日　全县2016年“文明在行动·满意在贵州”活动暨多彩贵州文明行动工作推进会议在县行政中心县委、县政府办公楼七楼会议室召开。会议回顾了2015年多彩贵州文明行动工作开展情况，表彰了2015年度多彩贵州文明行动工作先进单位、乡镇，对2016年“文明在行动·满意在三穗”活动暨多彩贵州文明行动工作作安排部署。

是日　三穗县规范城乡操办酒席工作会议在县行政中心召开。会上宣读了《三穗县关于规范城乡操办酒席的实施意见》，从2016年5月1日起，凡在县辖区内操办的酒席和三穗县辖区内的所有公民（含生活和居住在县域范围内的外县籍人员）除结婚酒、丧事酒以外的酒席一律视为违规办酒。

5月

5日　全县“两学一做”学习教育专题党课在县文化馆举行，付乐欣主持，黄瑜出席并讲课。

是日　全县换届工作会议在县文化馆多功能会议室召开，标志着县乡村三级换届工作正式启动。

8日　青海省人大常委会党组副书记、副主任邓本太一行7人到三穗调研。

11日　省委组织部副部长、省委党建办主任潘荣一行3人到三穗调研基层党建工作。调研组一行到台烈镇颇洞村，详细了解“党社联建”“联合党总支”及班子队伍建设、阵地建设等基层党组织建设情况。

18日　省人大常委会副主任、省总工会主席袁周一行到台烈镇颇洞生态农业旅游扶贫示范园调研，袁周对“党社联建”农文旅一体化发展助推脱贫攻坚工作给予充分肯定。

22日　省发改委副主任、省移民局副局长张杰和州人民政府副州长吴坦一行到三穗县检查指导易地扶贫搬迁工作。

20日　国家宗教局四司司长戴晨京一行到三穗调研民间信仰事务治理工作，戴晨京一行先后到新寨观音阁、岩门沟等县级民间信仰示范点调研民间信仰事务治理工作开展情况。

是日　杭州市卫计委副主任周智林带领杭州师范大学附属医院专家团队到县人民医院指导工作并进行座谈。州卫计委主任黄祥友、副县长石宏敏、县政协副主席罗世平陪同。

26日　县委2016年第六次常委会议在县委办五楼会议室召开。黄瑜主持，付乐欣、吴永萍、罗国炳、姜继德、龙青松、衮政豪、龙滨参加。

28日　三穗县惠商商会第一届会员代表大会暨成立大会在将军府会展中心举行。出席成立大会的还有县工商联直属商（协）会、县直各相关单位负责人和各民营企业家代表等70余人；会员代表大会选举产生三穗县惠商商会第一届理事会组成人员，并由理事会选举产生第一届会长、常务副会长、副会长、秘书长和监事长，贵州远航光电有限公司董事长当选为商会第一届会长。

30日　省军区参谋长洪晓荣率全省“四新”建设现场会观摩团到颇洞生态农业旅游扶贫示范园观摩。

6月

1日　省民宗委主任吴军一行在副州长肖明龙、州民宗委党组书记张义兵陪同下到三穗县调研特色小城镇和特色民族村寨建设工作。县委书记黄瑜、副县长刘永禄等领导及县民宗局、县移民局、县规划局、县旅游服务中心等相关部门负责人陪同调研。

是日　“党的声音进万家，总书记话儿记心上”集中宣传活动在县将军纪念广场举行。

2日　省委政法委副书记、省禁毒委副主任王伟一行到三穗督导检查禁毒工作，对全县禁毒工作所取得的成绩表示肯定。

6日　州人民政府副州长陈应勇、州政协副主席李正相率州观摩团到三穗经济开发区观摩贵州鼎盛服饰有限公司及贵州省玉鼎陶瓷实业有限责任公司。

7日　省卫计委主任王忠、副主任龚仲明一行到良上镇调研基层卫生计生工作开展情况。

15日　中国红十字会“助力扶贫攻坚——博爱家园”现场会观摩团150余人到颇洞生态农业旅游扶贫示范园观摩，“博爱家园”项目赢得国际红十字运动、红十字总会、各省（直辖市、自治区）红十字会等观摩领导和代表的肯定和一致好评。

是日　省政协副主席蒙启良在省民宗委副主任徐飞的陪同下，深入颇洞生态农业旅游扶贫示范园、邛水民族文化旅游示范小镇、经济开发区等地开展调研，详细了解 “党社联建”发展模式、农业旅游产业发展、脱贫攻坚、农村电商发展等工作开展情况。调研中，蒙启良对颇洞村“党社联建”助推农文旅一体化发展给予充分肯定，并对贫困群众增收致富、邛水民族文化旅游示范小镇建设和招商引资提出具体建议。

22日　黔东南州2016年6月份重大项目集中开工仪式在三穗县商贸物流综合市场隆重举行。州领导李飞跃、张定超、唐斌、邓锦光及县领导黄瑜、付乐欣等出席开工仪式，仪式由副州长陈应勇主持。全州15个县市在各县开工点项目现场同步举行项目集中开工。

24日　省政协副主席陈海峰、陈敏率省政协主席视察团到颇洞生态农业旅游扶贫示范园开展视察工作，通过听取介绍和实地查看，视察团对颇洞生态农业旅游扶贫示范园的打造和发展给予充分肯定。

24日　中共三穗县委理论中心组“两学一做”学习教育第二次专题讨论会议在县行政中心县委、县政府办公楼四楼2号会议室召开。县委书记黄瑜主持会议。

是日　中央组织部人才工作局五处副处长沈乐鸣、中国人才杂志社副主编刘晓燕在省委组织部人才处主任科员冯俊、州人才办主任刘进昌，县委常委、组织部长龙滨等陪同下，深入三穗县长吉乡贵秧小学开展“两学一做”服务基层捐助活动。

28日　省环保厅督察组一行8人在省环保厅纪检组长黄勇的带队下，到三穗县开展督查工作。州环保局总工程师孙建琴，县委副书记、经济开发区工委副书记罗国炳，县委常委、县政府常务副县长龙青松，县经济开发区管委会副主任罗会学，县环保局领导陪同检查。

30日　三穗县庆祝中国共产党成立95周年暨“七·一”表彰大会在县行政中心县委、县政府办公楼七楼会议室召开，县长付乐欣出席并主持会议。

7月

4日　全国政协民族和宗教委员会副主任、原贵州省政协主席王正福到颇洞生态农业旅游扶贫示范园调研。

6日　“‘沧桑巨变60年·苗乡侗寨喜开颜’全国百名名嘴走进黔东南”集中采访活动走进三穗，参观杨至成将军纪念馆、颇洞生态农业旅游扶贫示范园。

13日　省地质环境监测院副院长张建江一行到三穗县对汛期地质灾害防治工作进行督导检查。

18日　三穗县2016年第一批易地扶贫搬迁入住仪式在县文化馆举行。来全县9个乡镇的第一批易地扶贫搬迁的682户，通过抓阄方式获取新房。县委副书记、县长付乐欣，县人民政府副县长刘永禄、杨检，县政协副主席龙强出席分房活动。

20日　贵州省十二届全国人大代表视察团到颇洞生态农业旅游扶贫示范园、玉鼎陶瓷有限责任公司、鼎盛服饰有限责任公司、敬老院、经济开发区易地扶贫搬迁安置点、寨坝易地扶贫搬迁安置点等地视察。

是日　根据省水利厅、省财政厅《关于开展第六、七批中央财政农田水利设施建设项目县2016年度项目考核的通知》（黔水灌溉[2017]27号）要求，省第二考核组组长庞先明一行3人，在州水务局相关负责人的陪同下，对我县2016年中央财政农田水利设施建设项目县工程进行检查验收，经过认真对照考评细则，三穗县2016年中央财政农田水利设施建设项目县工程最终得分83.4分，顺利通过省级考核验收。

8月

3日　黄瑜在县委办五楼会议室主持召开县委2016年第九次常委会议，付乐欣、吴永萍、罗国炳、姜继德、龙青松、衮政豪、龙滨、吴鑫金出席。

6日　州委书记李飞跃，州委副书记、州人民政府州长冯仕文一行到界牌村旅游扶贫项目点、2017年易地扶贫搬迁安置点、2016年易地扶贫搬迁安置点、黔东（三穗）商贸物流园等地调研指导项目推进建设情况。

是日　民革中央社会服务部部长边旭光率

民革中央脱贫攻坚民主监督工作小组到三穗调研脱贫攻坚工作。

9日　州委书记李飞跃率全州工业园区项目建设观摩团到三穗观摩工业园区项目建设情况，观摩贵州华盛电子有限公司、贵州台歌科技电子有限公司、贵州鼎盛服饰有限公司等企业之后，李飞跃对三穗工业园区项目建设工作呈现出的良好势头给予肯定。

14日　黄瑜在县行政中心县委、县政府办公楼七楼会议室主持召开中共三穗县第十一届委员会第七次全体（扩大）会议，付乐欣、吴永萍、罗国炳、姜继德、龙青松、衮政豪、龙滨、吴鑫金参加。

18日　全州同步小康示范建设观摩会暨小康业务培训会在三穗县台烈镇颇洞村村委办公楼四楼会议室召开。

19日　州委常委、凯里军分区司令员蒋先和到三穗县检查指导工作。

22日　黄瑜在县行政中心县委、县政府办公楼四楼2号会议室主持召开县委理论中心组“两学一做”学习教育第三次专题讨论会。

是日　黄瑜主持召开县委第十一届委员会2016年第十次常委会，付乐欣、吴永萍、罗国炳、姜继德、龙青松、龙滨、吴鑫金参加。

29日　州委统战部常务副部长杨鹏率全州统战工作“看听学比评”现场观摩团60余人走进颇洞村。参观颇洞村玫瑰庄园、苗木花卉基地、蓝莓园、规划展示厅、村委会、爱心协会、电商服务站等业态。

9月

6日　广东省红十字会副会长、秘书长甘萍一行，到三穗县考察交流“博爱家园”建设工作。贵州省红十字会赈济救护部调研员刘劲勇，黔东南州红十字会党组书记、常务副会长王翔，副会长胡世清，县人民政府副县长石宏敏等陪同考察。考察中，考察团一行现场参观了颇洞村“博爱家园”项目建设情况，询问了解工作运行情况和方式方法，对颇洞村“博爱家园”工作给予较高评价，并表示要“好好学习、好好研究、好好领悟”，借鉴贵州模式，弘扬博爱精神。

7日　黄瑜在县委办五楼会议室主持召开三穗县委2016年第十一次常委会，付乐欣、吴永萍、姜继德、龙青松、衮政豪、龙滨参加。

13日　黄瑜在县委办五楼会议室主持召开县委2016年第十二次常委会，付乐欣、吴永萍、罗国炳、姜继德、龙青松、衮政豪、龙滨、吴鑫金参加。

9月22至23日　省政府副秘书长、省统计局局长任湘生在省统计局相关人员陪同下到三穗就经济社会发展和统计工作开展情况进行调研。州委常委、常务副州长张定超，州政府副秘书长杨锦春；县领导付乐欣、罗国炳、龙青松、杨检、王国斌等陪同调研。

23日　国家农业发展银行党委委员、副行长鲍建安一行到三穗调研指导脱贫攻坚相关工作。

26日　黄瑜在县委办五楼会议室主持召开县委2016年第十三次常委会，付乐欣、罗国炳、吴永萍、姜继德、龙青松、衮政豪、吴鑫金参加。

30日　黄瑜在县行政中心县委、县政府办公楼四楼2号会议室主持召开县四大班子联席会和常委会，付乐欣、吴永萍、姜继德、龙青松、衮政豪、吴鑫金、石宏敏、黄置民、龚小华、尹海波参加。

10月

10日　黄瑜在县委办五楼会议室主持召开

县委2016年第十四次常委会，付乐欣、吴永萍、姜继德、龙青松、衮政豪、吴鑫金、石宏敏、黄置民、龚小华、尹海波出席。

11日　三穗县中心敬老院被省民政厅评定为2015年度全省18所四星级敬老院之一，是黔东南州唯一一所被评定为四星级的敬老院。

12日　州委常委、州委组织部长马磊一行调研指导三穗县换届相关工作，并在县委办五楼会议室参加座谈会。

是日　黔东（三穗）综合客运枢纽站项目开工仪式在三穗高铁站旁隆重举行，项目建成后可使三穗实现快铁、客运车、公交车、出租车等交通工具无缝隙衔接达到零距离换乘。县委书记黄瑜出席仪式并宣布项目开工，县人大常委会主任龙义立、县政协副主席罗世平，省交建集团公司副总经理左康旭、省桥梁建设集团公司总经济师胡云江出席仪式。仪式由县委副书记、县长付乐欣主持。

17日至19日　中国共产党三穗县第十二次代表大会在县文化馆召开。州委常委、州委组织部长马磊到会指导，269名党代表和103名列席人员参加大会，县委书记黄瑜向大会作题为《不忘初心继续前进为全面建成小康社会而努力奋斗》的工作报告。大会还听取了中共三穗县第十一届纪律检查委员会的工作报告。大会选举产生中共三穗县第十二届委员会和中共三穗县第十二届纪律检查委员会，并通过《关于中共三穗县第十一届委员会工作报告的决议》和《关于中共三穗县纪律检查委员会工作报告的决议》。黄瑜、付乐欣、姜继德、龙青松、衮政豪、石宏敏、黄置民、龚小华、尹海波、杨用华当选县委常委，黄瑜任县委书记，付乐欣、姜继德任县委副书记，龚小华任县纪委书记。

25日至26日　副省长何力到三穗调研经济社会发展、脱贫攻坚工作。通过对高铁新区、滚马乡、雪洞镇等实地调研，强调脱贫攻坚事关全面小康大局，要牢固树立机遇意识，抢抓发展，补齐短板，用足用好各类扶贫脱贫政策，找准路子，强化举措，扎实推进脱贫攻坚纵深进展。

28日　在州委常委、州委秘书长耿生茂，县领导姜继德、衮政豪等陪同下，纪念红军长征胜利80周年——长征论坛“重走长征路”体验团走进三穗。参加体验活动的领导、专家、学者、老一辈无产阶级革命家后代代表及老红军及亲属代表等一行，到杨至成将军纪念馆，全面细致了解杨至成将军为军队后勤事业做出的卓越贡献。

11月

8日　中国民主促进会三穗县支部委员会正式成立。

10日　水利部稽查组专家实地查看三穗县塘冲水库大坝、溢洪道等。

11日　三穗县首个国家AAA级旅游景区正式挂牌落户颇洞农业体验园区。

18日　省政府督查组张戈、欧杰、黄涛一行3人在州农委石建东等陪同下，到三穗县指导督查农村土地承包经营权确权登记颁证工作，县委办、县政府办及直相关部门负责人参与座谈。

23日至24日　华侨城集团公司行政管理部总监王友来一行，到三穗县查看帮扶项目建设实施情况，县领导姜继德、龙青松、衮政豪、杨作明陪同检查或出席座谈会。

12月

4日至7日　中国人民政治协商会议第九届三穗县委员会第一次会议在县委政府七楼会议室召开。县政协副主席罗世平做县政协第八届委员会常务委员会工作报告。选举产生县政协第九届委员会。常务委员会，龙义立任主席，罗国炳、罗世平、曾祥煜、吴峻、杨长荣、杨精豪、邰秀玲任副主席。

5日至8日，三穗县第十七届人民代表大会第一次会议在县文化馆召开。付乐欣做县政府工作报告，吴永萍做县人大常委会工作报告。大会选举产生县人大第十七届常务委员会，吴永萍任主任，杨德英、易尚银、杨作明、肖梅红、周承康、吴祖辉任副主任；选举付乐欣为县长，龙青松、王国斌、杨昌祥、姜昌明、张克伟、王思红为副县长；选举季立松为县人民法院院长，潘涛为县人民检察院检察长。

12日至13日　以省人民政府督学、贵州省水利电力职院院长陈海梁为组长的省验收组一行到三穗就“普十五”暨“两项督导”工作进行考核验收。州教育局副局长谢志军，县领导黄瑜、付乐欣、吴永萍、龙义立、衮政豪、杨作明、杨昌祥、吴峻等参加汇报会或陪同检查验收。

18日　由省扶贫开发工作组成员潘彩雪、彭璨、张良勇组成的评估组到三穗开展为期一天的精准扶贫成效评估。州扶贫办党组成员、总经济师吴厚道及该县人大常委会主任吴永萍等县领导分组陪同评估。

28日　县委书记黄瑜主持召开县四大班子联席（扩大）会议，强调三穗的事业靠大家努力，三穗的发展靠大家实干，三穗的形象靠大家维护，要身怀感情肩挑责任带着追求，大力推进三穗经济社会跨越发展。

28日　全县扶贫开发工作会议在县委、县政府办公楼四楼2号会议室召开。县领导付乐欣、杨用华、易尚银、吴祖辉、姜昌明、罗国炳、杨精豪等出席会议，会议由县委副书记姜继德主持。县扶贫开发领导小组成员单位及九乡镇主要领导、分管领导参加会议。

是年　全省“文明在行动·满意在贵州”活动暨“多彩贵州文明行动”综合考核，三穗县在全省49个二类县市中排名第四，综合成绩位居全州第一。

（撰稿：龙秀乾　吴恒毅　编辑：龙荣森）

县 概 况

地理概况

【建置沿革】 宋大观元年（1107年），始置邛水县，属思州。宣和四年（1122年），废为堡。绍兴二年（1132年），复设邛水县，属思州安抚司。元至元十六年（1279年），改邛水县为安定县。至元二十年（1283年），复名邛水县，另置晓隘、泸洞、赤溪等7处长官司。明洪武五年（1372年），废泸洞、赤溪等长官司，分置团罗、得民、晓隘、披带、邛水五长官司，属思州宣慰司。洪武二十年（1387年），并四司，设邛水一十五洞蛮夷长官司，司治荡洞（今长吉乡司前村），邛水司编户二里，上里十一洞，下里十洞，还有“边方七十二寨”，包括今三穗县境大部分地区。永乐十二年（1414年）三月，将邛水司改属镇远府。正统九年（1444年），邛水司置颇洞等16堡。天顺元年（1457年），邛水司复置颇洞、岑娄、八弓、得民4堡。万历三十年（1602年），梁（良）上、巴野（冶）归属镇远府。清雍正十年（1732年），置邛水县丞，属镇远县，县丞署治八弓汛望月坡（今教育局前）。

民国2年（1913年）8月，将邛水属之桂丹、圭仲划给剑河，将青溪县的南屯，镇远县的响水，剑河县的台烈、顺安（今顺洞），思县城（即岑巩）的大小河（即今桐林镇大部分地区）等地拨归邛水，在原邛水县丞基础上设置邛水县，设8个团分局，属黔东（镇远）道。12年（1923年），邛水县直属贵州省公署。15年（1926年）6月，邛水县易名灵山县，废团分局，设八弓、德民、台烈、长吉、瓦寨、雪洞、桐林、款场8个区。17年（1928年）4月，因上年“秋收丰稔，一禾三穗”，灵山县改名三穗县。24年（1935年）三穗县属镇远专署，设8区，辖51乡14镇，另置巴冶特别乡。27年（1938年）4月，撤原8个区新建八弓、德明、长吉、桐林4个区，辖17联保。28年（1939年）2月，将剑河县属南京堡划归三穗县报京管辖，全县调整为八弓、长吉、桐林3介区，辖16联保，89保。30年（1941年）12月，报京、冽洞拨归镇远县，撤销联保建制，建立八弓镇、德明乡、台烈乡、长吉乡、瓦寨乡、桐林乡，辖80保。

1949年11月7日，三穗解放，由铜仁地委派员接管，将原6乡1镇改建7个区，其下保甲编制未动。12月下旬，正式明确三穗县属镇远专署；撤销台烈区，并入八弓区。1950年4月，撤销雪洞区，并入桐林区。同年冬，废除保甲编制，建立村农民协会；德民区并入八弓区，瓦寨区并入长吉区；全县设有3区7乡（镇）80村，八弓区辖八弓镇、德明乡、台烈乡、长吉区辖长吉乡、瓦寨乡，桐林区辖桐林乡、雪洞乡。1951年夏秋进行土地改革，健全乡村基层政权，全县设3区，6乡1镇，87村。1953年1月，撤大乡建小乡，长吉区迁瓦寨，改称瓦寨区；全县设3区，34乡（镇）。

1956年7月，三穗县属黔东南苗族侗族自治州。1957年2月，撤区联乡建立城关、滚马、台烈、寨头、瓦寨、长吉、稿桥、新场、等溪、雪洞10个基层委员会。1958年1月，撤销基层委员会，恢复区、乡。同年8月，撤区、乡和93个高级农业生产合作社，建立政社合一的跃进（驻城关）、团结（驻台烈）、幸福（驻滚马）、乐园（驻长吉）、五星（驻瓦寨）、先锋（驻新场）、灯塔（驻雪洞）7个人民公社，辖31个管理区。1959年1月，三穗、岑巩并入镇远县，撤销原7个公社，建三穗、瓦寨、桐林3个公社，辖32个管理区。同年9月，将响水的盘山大队和德明的高山、困牛划归镇远的洌洞公社。1961年6月，将3个公社改为八弓、瓦寨、桐林3个区，辖13个公社。

1962年6月1日，恢复三穗县建置，仍属黔东南苗族侗族自治州。1963年5月，将13个公社划小为29个公社。1968年，将八弓区改称东风区。同年12月，撤区并社，共建东风、滚马、台烈、长吉、瓦寨、稿桥、桐林、等溪、雪洞9个公社。1970年，建立东风、瓦寨、桐林、台烈4个区办事组，撤销大公社，恢复原29个公社（镇）。1984年3月，实行体制改革，公社改称乡，大队改称村；八弓镇升格为区级镇；全县设八弓、瓦寨、桐林、台烈4区及八弓（区级）镇，27个乡（镇），157个村，1个居民委员会。

1992年1月，撤区建镇并乡，撤销八弓区、瓦寨区、桐林区、台烈区和原28个乡（镇），合并建立八弓镇、台烈镇、瓦寨镇、桐林镇、雪洞镇、长吉乡、滚马乡、款场乡、良上乡。2016年4月撤销长吉乡、良上乡，建立长吉镇、良上镇。

2016年，全县辖7镇2乡，159个村，5个居民社区，总面积1035.8平方公里。县人民政府驻八弓，距州府凯里87公里，距省府贵阳247公里。

【人口民族】 2016年，三穗县户籍人口228704人，比上年增长1.93%。其中城镇人口81913人，占户籍人口35.82%；乡村人口146791人，占户籍人口64.18%。人口出生率13.79‰，死亡率5.95‰，自然增长率7.84‰。

全县少数民族户籍人口计153785人，占户籍人口62.24%。其中侗族100381人，占户籍人口43.89%；苗族50155人，占户籍人口21.3%；其他少数民族3249人，占户籍人口1.42%。

【自然环境】 地理位置 三穗县地处北纬26°47′~27°04′，东经108°32′~109°04′之间，东北与湖南省新晃侗族自治县毗邻，东南、西南与天柱、剑河两县接壤，北与镇远县相连。

气候 属亚热带湿润季风气候，其特点为四季分明，雨热同季，光照充足，无霜期长，冬无严寒，夏无酷暑。多年平均气温15.5℃，1月平均气温3.6℃，极端最低气温－13.1℃；7月平均气温25.2℃，极端最高气温38.6℃。平均气温年较差8.2℃。生长期年平均237天，无霜期年平均281天，最长310天，最短270天。县境年均降水量1147.7毫米，东部多于西部，南部多于北部。北部坪茶、泥山等村年降水量在1100毫米以下，中部长吉、瓦寨等乡镇降水量在1100~1200毫米之间；南部稿桥、顺洞等村和东部款场乡降水量在1200~1300毫米之间。

水文 县境河流属长江流域洞庭水沅江上游的一部分。河流分为两支汇入沅江，其一流入舞水（舞阳河）后再流入沅江的有苗鸟河、泥山河、八弓镇境内的14条小溪沟，流域面积87.6平方公里，占全县总面积8.44%；其二流入清水江后再流入沅江的有邛水河、款场河、寨头河，流域面积950.4平方公里，占全县总面积的91.56%。流域面积在20平方公里或主河道在10公里以上的河流有16条，长323公里；另有溪沟162条，长453公里。河流溪沟总长776公里。

土壤 全县土壤有水稻土、黄壤、黄红壤、紫色土、黄棕壤、黑色石灰土、潮泥土7个土类、6个亚类、67个土属，27个土种，分属7个土纲。其中水稻土面积110600亩，占土地总面积7.10%；黄壤面积1368986亩，占土地总面积87.92%；红壤面积34670亩，占土地面积2.23%；紫色土面积28183亩，占土地总面积的1.81%；黄棕壤面积2971亩，占土地总面积的0.19%；黑色石灰土面积11350亩，占土地总面积的0.72%；潮沙土面积240亩，占土地总面积0.02%。

【矿产资源】 县境沿盘山背斜，三穗向斜及烧巴背斜轴部及断裂带上，常有铅、锌、铜矿分布，此外还有磷（钒）、铁、锰及重晶石矿分布。

【水力资源】 县境多年平均径流深为550毫米，径流量5.71亿立方米。平均年径流深603毫米，总量为6.27亿立方米。

【植物资源】 县境地处中亚热带常绿阔叶林以北亚热带常绿、落叶阔叶林混交林渐替地带性植被。

野生植物 森林属种有43科，90种，其中杉科3种、松科2种、柏科3种、樟科4种、蔷薇科13种、蝶形科3种、壳斗科7种、大戟科2种、茶科2种。其中属国家一级保护的树种有水杉、银杏；属二级保护的有香果树、杜仲、秃杉等。

野生动物 野生动物有400多种，其中属国家一级保护动物有穿山甲、水獭和锦鸡，属三级保护动物有大鲵（娃娃鱼）。

【旅游资源】 县境自然风光绚丽，文物古迹较多，民族风情独特，旅游资源较丰富。主要风景区有贵洞、大山沟、寨头苗寨；重点名胜古迹有永灵山甘霖寺、贞寿坊、邛水司城遗址、圣德山；重要风景点有文武笔塔、司前笔架山、平坝十里峡谷 、老山坡等。

（撰稿：龙荣森　编辑：杨萍）

经济社会发展

【概述】 2016年，全县地区生产总值416542万元，比上年增长14.9%。其中第一产业增加值81298万元，增长6.2%；第二产业增加值11647万元，增长15.8%；第三产业增加值223598万元，增长17.6%。

全县地区生产总值中，第一产业增加值、第二产业增加值、第三产业增加值占地区生产总值的比重，分别为19.5%、27.96%、53.7%。全县人均地区生产总值26753元，比上年增长15.1%。

【农业】 全县农林牧渔服务业总产值134705万元，增长6.4%。其中农业、林业、牧业、渔业、农林牧渔服务业务产值为74529万元、14590万元、38850万元、2708万元和4028万元，分别比上年增长7.7%、5.7%、4.0%、8.3%和8.2%。

全年粮食种植面积13315公顷，比上年增长2.3%；油料种植面积2977公顷，增长2.2%；蔬菜种植面积6632公顷，增长23.8%。粮食总产量55507吨，增长2.8%；油料3675吨，增长12.5%；蔬菜140352吨，增长32.6%。

全县全年肉类总产量13190吨，比上年下降18.0%。牛出栏6012头，比上年下降3.3%。生猪出栏109316头，比上年下降14.3%。羊出栏18989只，比上年下降5.5%。

【工业】 全县全部工业实现增加值69882万元，比上年增长14.9%，其中规模以上工业实现增加值增长14.9%。

鲜冷藏肉完成0.99万吨，增长1.0%。家具完成23.86万件，增长8.7%。小型拖拉机完成2073台，增长7.5%。服装完成724.41万件，增长186.2%。

【建筑业】 全县规模以上工业企业产销率达99.8%，比上年增长0.75个百分点。规模以上工业企业主营业务收入303597万元，增长15.2%。实现利税11823万元。

全县具有资质以上等级的总承包和专业承包建筑企业6家，完成产值52558万元，比上年增长24.2%。实现增加值41765万元，比上年增长17.4%，占全县生产总值的10.0%。

【固定资产】 全年500万元以上固定资产投资较快增长，500万元以上固定资产完成投资430788万元（不含跨区县项目），增长22.4%。

全县房地产开发投资完成86387万元，比上年增长15.1%。销售面积150026平方米，比上年增长23.09%。

【交通邮电】 全县交通运输、仓储和邮政业增加值实现28791万元，增长10.2%。全社会公路货物周转量63920万吨公里，增长45.3%；公路旅客周转量125640万人公里，增长16.0%。

全县邮政业务总量1746万元，增长10.9%；电信业务总量31207万元，增长67.4%。

【国内贸易】 全年全社会消费品零售总额141225万元，比上年增长13.5%。全社会消费品销售额490880万元，比上年增长17.1%，分行业看，批发业209533万元，增长16.1%；零售业231339万元，增长18.0%；住宿业3834万元，增长17.9%；餐饮业46174万元，增长17.0%。

【财政金融】 全年全县财政总收入50967万元，增长2.03%。其中一般公共预算收入36320万元，增长8.0%。一般公共预算收入中，税收收入22292万元，占61.4%，增长18.0%；非税收入14028万元，占38.6%，增长4.8%。

一般公共预算支出158720万元，增长6.5%。其中一般公共服务支出30003万元，教育支出36768万元，社会保障和就业支出12914万元，医疗卫生支出25375万元，节能环保支出1874万元。

年末金融机构各项存款余额466464万元，比年初增加54206万元。其中个人存款余额303238万元，比年初增加34707万元。各项贷款余额239794万元，比年初增加83161万元。其中中长期贷款余额162421万元，短期贷款余额77373万元。全年保费收入5886万元，比上年增长18.6%。

【教育科技】 全县共有各级各类学校125所，其中中等职业学校2所，普通中学7所，普通小学35所，小学教学点14个，幼儿园67所。在校学生40266人，其中职业中学2516人，普通中学11704人，小学17479人，幼儿园在园8567人。教职员工2735人，其中专任教师2248人。

全年积极组织申报“首乌茶系列产品产业化”和“三穗鸭地理标志产品产业化促进工程”2个知识产权项目。全年指导企业申报专利101件，其中发明专利38件，实用新型20件，外观设计43件。授权专利55件，其中发明专利1件，实用新型14件，外观设计40件。

【文化卫生】 全年举办三穗县2016年春节联欢晚会、寨头“二月二”、木良“三月三”、良上“六月六”“圣婆文化节”“款文化节”等系列文化活动赛事。大力组织优秀文艺骨干深入单位、学校、社区、村寨进行文艺培训和辅导，共培训和辅导基层文艺队伍20余次，培训和辅导基层业余文艺骨干500人次。积极组织社会合唱爱好者开办了中老年初级合唱班，辅导学员30余人，其次还常年开办少儿舞蹈培训班，舞蹈班学员人数达百余人。全年面向机关、学校、村开展送图书活动5次，赠送图书15000册。建立沪昆高铁三穗站图书阅览点、县医院图书阅览点和政务中心图书阅览点。杨至成将军纪念馆接待各类参观人数9.8万余人次，三穗县大跃进遗存博物馆接待各类参观人数5.7万余人次，杨至成故居接待各类参观人数2500余人次。

组织开展“三·八”国际劳动妇女节“巾帼杯”篮球比赛活动，2016年“凯宏·城市花园杯”中国象棋、围棋选拔赛，“2016最美中国行·健康中国人”全国百城百万国际市民徒步大会暨国际市民体育联盟首届大美黔东南国际徒步旅游嘉年华活动，主办三穗县2016年“农商银行杯”足球赛暨州第九届少数民族运动会选拔赛等各类体育赛事活动。

全县拥有各类医疗卫生机构207个，其中医院4个，卫生院9个，社区卫生服务中心1个，妇幼保健院1个，村卫生室154个，诊所36个。全县实有卫生机构床位1221张，卫生工作人员1494人，其中执业医师316人，执业助理医112人，注册护士440人，药剂人员43人，其他人员295人。

【人民生活】 全年农村居民可支配收入7723元，比上年增长11.4%；城镇居民人均可支配收入25155元，比上年增长9.7%。年末住户存款余额303238万元，增长12.9%。

全县参加城镇职工养老保险的6483人，征缴城镇职工养老保险基金4993万元；参加失业保险2406人，征缴失业保险基金193万元；参加城乡居民社会养老保险107235人；全县职工医保参保8913人；生育保险6351人；工伤保险8761人。新农合参合人数达到199750人，参合率100%，筹集基金10187.25万元。全年政府发放城镇低保救助资金674.16万元；发放农村低保救助资金4189.64万元。

（撰稿：龙荣森　编辑：吴恒毅）

政党政权

中共三穗县委

【概述】2016年，中共三穗县委坚持用中共十八大和中共十八届三中、四中、五中、六中全会精神和习近平总书记系列重要讲话精神武装头脑、指导实践、推动工作，围绕同步全面建成小康社会的奋斗目标和打造“黔东中心城市核心区”的战略定位，凝聚共识，精准发力，真抓实干，各项经济社会发展指标实现增比进位。

扎实开展“两学一做”学习教育。制定下发“两学一做”学习教育实施方案，组建“两学一做”协调小组，建立常态化督导队伍，每月深入各乡镇及各支部开展督导，倒逼“两学一做”学习教育持续深入。县委常委会坚持第一时间学、原原本本学、结合实践学、领导带头学，坚持以上率下，县委常委带头作“两学一做”专题辅导报告，参加所在支部讨论，到联系村上党课。依托“月末干部论坛”“三会一课”“四上讲堂”等载体开展“两学一做”学习教育专题培训，开展领导送学、演讲竞赛、手抄党章巡展等系列活动。坚持把学与工作结合起来，特别是与脱贫攻坚相结合，做到“学到深处、谋在新处、抓在真处、干在实处”，全力推动政策落地、部署落实，把“两学一做”学习教育成果体现到经济社会发展和干部队伍建设成效上来。同时，开展在职党员到社区报到“奉献社区、服务群众”活动，引导党员干部立足岗位争当合格党员，全年共协调解决资金1157.08万元，协调项目181个，办实事好事2366件。

广泛凝聚团结奋进发展合力。全力支持统一战线全面参与县域经济社会发展建设，民主党派、工商联、党外知识分子服务发展成效显著，民族和谐、宗教和顺，外事侨务等工作有序开展。2016年被州委统战部列入全州“看听学比评”现场观摩会四个观摩点之一。群团组织坚决贯彻党的路线方针政策，围绕中心，服务大局，发挥各自职能优势，在促进改革发展、维护和谐稳定、服务群众和维护群众利益等方面取得明显成效。切实关心支持部队建设，促进军民深度融合、共同发展，国防教育、人防交通战备、征兵工作、民兵预备役和双拥工作成效明显。积极支持县人大及其常委会依法履行监督权、重大事项决定权、人事任免权职权和县政协充分发挥政治协商、民主监督、参政议政三大职能，保证人大政协依法履职。

加速推进全面依法治县进程。大力推进严格执法，进一步健全完善执法责任制、执法公示制、执法评议考核制等制度，加强执法监督力度，规范执法行为，确保行政执法活动公正、公开、透明、高效。大力推进公正司法，支持法院、检察院依法独立行使审判权和检察权，全年共受理各类案件1287件，比2015年同期增长10.57%，审（执）结883件，结案率68.61%。始终保持打击职务犯罪的高压态势，共立案查办贪污贿赂、渎职侵权等职务犯罪案件8件8人，为国家挽回经济损失220余万元。大力推进全民守法，健全社会普法教育机制，深入开展"法律八进"活动，认真组织学法用法考试，全县公职人员、企事业单位人员参考率达100%。扎实开展"七五"普法工作，大力推进"法治文化广场"建设，全县共创建4个法治建设示范乡镇、9所法治建设示范学校和11个民主法治建设示范村。

经济发展后劲增强。围绕省州决策部署，紧扣主基调主战略，积极适应新常态，把握新机遇，统筹做好稳增长、促改革、调结构、惠民生、防风险各项工作，奋力开创经济社会发展新局面。全县实现地区生产总值41.65亿元，同比增长14.9%；完成500万元以上固定资产投资43.08亿元，同比增长22.4%；社会消费品零售总额完成14.12亿元，同比增长13.5%；一般公共预算收入完成3.6亿元，增长8%；金融机构存贷款余额实现79.29亿元，增长20.9%；城镇、农村居民人均可支配收入分别达到25155元和7723元，同比增长9.7%和11.4%。增比进位综合测评排全省县域第二方阵第八位、全州县域第二方阵第一位。

脱贫攻坚有效推进。始终把脱贫攻坚作为头等大事和第一民生工程，建立"党委主责、政府主抓、干部主帮、基层主推、社会主扶"的大扶贫格局。2016年顺利实现2191户9008人贫困人口的减贫任务，全面完成款场乡、良上镇两个贫困乡镇"减贫摘帽"向省申请验收，实现9个贫困村出列，贫困发生率由2015年的21.03%下降到16.7%。以重点村为主战场，以改善贫困群众生产生活条件为突破口，以实施水、电、路等基础设施建设和易地扶贫搬迁为重点，聚焦"两有户、两因户、两无户、两缺户"，落实"五个一批"，坚持"六个精准"和"六个到村到户"，出台"1+10+9+6"等政策文件，精准识别对象、精准实施项目、精准对象退出。打好易地扶贫搬迁"当头炮"，全年完成5099人的搬迁任务。全年累计投入各类扶贫资金9300万元，实施94个产业扶贫项目，覆盖85个贫困村3.95万贫困人口。注册资金2亿元成立扶贫开发公司，统筹全县扶贫融资工作。坚持因地制宜，分类施策，探索两个"三带"扶贫模式，通过实施"城市资源带、龙头企业带、就业创业带"和"支部带实体、强村带弱村、能人带群众"的"三带"模式，有效解决城镇原有贫困户、搬迁进城贫困户和农村贫困户实现抱团脱贫。

城乡面貌不断改善。坚持以"三区联动"发展和"美丽乡村"建设为抓手，统筹城乡一体加快发展。推动"三区联动"协调发展。高铁新城开工建设黔东（三穗）综合客运枢纽站、黔东（三穗）移民第一村，建成高铁站前广场一期工程、医养产业园一期工程、防洪堤等一批城镇化建设基础项目；启动三黎高速美敏互通建设，完成开发区汽配机械产业园标准厂房及其附属设施23000平方米；老城区启动黔东（三穗）商贸物流园建设，新陆国际、凯宏城市花园、建材城等房开项目稳步推进。高铁新城、经济开发区、老城区"三区联动"的新型城镇化格局初步形成，城市规划区面积扩容至48平方公里，城镇人口提升到7万人，全县镇化率达43.98%。推动"美丽乡村"加快建设。投入资金1.55亿元，完成台烈、滚马示范小城镇配套项目；完成长吉、良上撤乡设镇工作；投入资金3.3亿元，建成小康寨、小康水、小康电、小康房、小康路及小康讯项目529个，打造6个特色示范村寨，培育发展76个亮点村，台烈镇被纳入全州2016年度"四在农家·美丽乡村"小康寨建设项目重点示范乡镇，推进工作有序进行。

发展基础不断夯实。坚持把项目投资作为稳增长的重要抓手，把思想和行动统一到抓住重点项目就是抓经济社会发展的定位上来。强化项目谋划，围绕重点民生、重点领域、重大工程等，2016年共谋划省州县重点项目28个，总投资243.2亿元，其中亿元以上项目24个、占85.7%，总投资242亿元。强化项目实施，开工建设“三施”高速，推进三穗至镇远、三穗至青溪快速通道、S310线瓦寨至三穗段项目建设，开通3条城市公交线路，建成通村水泥路86.9公里；塘冲水库工程大坝竣工，金昌沟水库、白剑坡水库建设有序推进。强化项目融资，注重解决项目建设资金筹措难题，依托国投、城投、园投等6家投资公司，不断提升承贷能力，全年融资贷款45亿元。

发展动力不断增强。着力加大改革力度，累计取消行政许可、非行政许可、行政服务事项28项，下放县级经济社会管理权限106项至行政管理体制改革试点乡镇；出台《三穗县购房补贴发放办法》，积极化解房地产库存；落实小微企业贷款“三个不低于”政策，加大“助保贷”“特惠贷”“贵园信贷通”“贵工贷”推进工作，各项贷款同比增长33.7%，扶持小微企业120户，同比增长39.6%。稳步推进农村“三变”“营改增”、殡葬制度、县级公立医院综合改革。着力提升开放水平，围绕城镇开发、产业发展、公共服务积极开展招商引资，共签约省外境内项目35个，合同引资55.55亿元，完成到位资金60.03亿元，较上年同期增长5.82%，新增项目履约率和开工率均达100%。着力增强创新活力，不断提高科技创新能力，申请专利98件，授权34件，全年综合科技进步水平指数达50.5%。

绿色经济不断壮大。坚守生态底线、减排红线，严格控制高污染、高耗能产业准入，实施节能与综合利用重点项目2个，全县万元GDP能耗下降2.69%，节能减排控制在州下达计划范围内。坚持生态优先、绿色发展，完成营造林2.04万亩、新一轮退耕还林2.54万亩、义务植树50万株，森林覆盖率提高到60.94%。扎实推进水、气、渣治理，实施13个农村环境综合整治项目、8个水污染防治监测能力项目建设，出境断面水质达标率、全县集中式饮用水源地水质达标率、县城空气优良率均达100%，城乡生活垃圾无害化处理率和城镇污水处理率均居全州前列，完成台烈镇国家级生态乡镇创建申报工作。

产业转型不断加快。坚持致力于优农业、强工业、兴三产，全力推进“三化同步”发展，三次产业结构比为19.5∶26.8∶53.7。工业经济稳步发展，全年规模工业增加值实现8.4亿元，同比增长15%，针织服装、轻工制造、食品加工等主导产业聚集加快形成，新增规模企业5家，总量达32家。农业产业健康发展，加快推进颇洞生态农业旅游扶贫示范园、长吉精品水果农业示范园、三穗鸭产业示范园3个省级农业示范园建设，三穗鸭产业知名品牌创建示范区通过省级验收，农业“接二连三”步伐不断加快，新增州级龙头企业2家、专业合作社61家、无公害农产品2个，全年农业增加值实现8.1亿元，增长6.2%。第三产业快速发展，大力培育市场主体，新增入库企业3家，在库规模以上服务业企业累计达14家；着力推动旅游业发展，重点打造界牌“五融五帮”旅游扶贫景区、邛水休闲文化旅游度假区和推动颇洞生态农业体验园升级，颇洞园区成功创建国家AAA级旅游景区；加快推动电商与物流产业发展，县级电商运营中心正式运营，建成电商网店563家，实现上线产品销售2500万元，发展快递公司达19家、货运物流公司达9家，全年实现增加值22.36亿元，增长17.6%。

人民福祉全面提高。始终把增进民生福祉作为工作的出发点和落脚点，坚持每年办实办好一批民生实事。全年民生支出289亿元，占一般公共预算支出的72.7%。出台《三穗县义务教育均衡发展实施办法》和《三穗县教育布局调整规划》，完成撤点并校工作，实现义务教育均衡发展，大力实施教育“9+3”计划和“4+2”突破工程，实施职教实训基地、第四中学、第三小学、第二幼儿园建设。发放教育资助资金3473.23万元，受惠学生超过5万人次。全面实施卫生“两大突破工程”，实现乡镇卫生院标准化建设、县级以上公立医院远程医疗、新农合大病保险、乡村医生、农村中小学校医、乡镇卫生院执业医生“六个全覆盖”，新农合平均住院报销比例提高到68%，“三重医疗保障”水平提高到93%，全国计划生育优质服务先进县成果得以继续巩固，人口自然增长率控制在5.85‰以内，二孩政策全面落实。继续实行“三馆一站”免费开放，正式启动黔东体育综合体项目建设，建成土法造纸生态体验馆，成功参加州庆60周年文艺会演活动，在全州第九届运动会上获得29枚奖牌，创历史最佳成绩。城低保月补助标准提高到532元/人，农低保年补助标准提高到3528元/人，城乡居民最低生活保障标准增幅达17.27%，按照“135”标准全面实施三穗县户籍80周岁以上老年人高龄津贴。

选好干部配强班子。扎实做好换届工作，严肃换届“九严禁”要求，从严把好干部入口关，严明工作纪律，确保换届风清气正，圆满完成县、乡、村换届工作，选举出新一届的县、乡、村领导班子成员。强化培训提素质，采取“走出去”和“请进来”的方式，积极开展干部调训、中青班、“月末干部论坛”等各类培训班19批次、培训7819人次。从严管理改作风，制定出台《三穗县党员干部约谈办法》，对党员干部的苗头性、倾向性问题早发现、早处置，及时进行约谈、诫勉、教育，防止小问题演变成大问题、小错酿成大错，全年共约谈1894人次，其中，预防提醒谈话1817人，询问警示约谈12人，纠错诫勉约谈37人，问责处分约谈28人。

夯实党的执政基础。制定出台《党委（党组）落实党建工作主体责任实施办法（试行）》，实行党建工作“倒逼机制”，采取“一月一调度、一季一督察、半年一总结、一年一考评”措施，对履行职责不到位，工作推进严重滞后，责任范围内基层党组织涣散、造成不良影响和严重后果的，严格追究领导班子特别是党组织书记的责任。大力实施“基层基础大巩固”工程，投入超过6000万元资金用于基层党建工作，精心选派316名第一书记和驻村干部到64个贫困村开展帮扶工作，累计走访群众3.6万余人，解决问题困难1347个，协调项目资金2641.2万元。持续扩大“党社联建”覆盖面，全县“党社联建”示范村增加至55个，建立合作社（协会、公司、家庭农场）370个，吸纳合作社成员1.7万人，辐射带动贫困群众1.8万人，注册资金4.685亿元，年产值9925.8万元。着力壮大村级集体经济，深入推广“党社联建”“党支部＋合作社（协会、公司）＋村集体”“惠民1＋1”“五融五帮”等融合抱团发展模式不断壮大村级集体经济，全面消除46个村集体经济“空壳”村，实现90个中心村全面“脱壳”。

营造风清气正政治生态环境。持续开展铸廉行动，探索建立“1＋2＋3”办案机制，即1个县纪检监察室指导2个县纪工委联系3个乡镇纪委。全年共立党政纪案件66件67人，收缴违纪资金380.23万元，挽回经济损失921.54万元。扎实推进铸勤行动，全县共下达规定任务645条，个性式任务共2402条，涉及岗位405个，责任人713人。强化主体责任和监督责任有效落实，对履行主体责任不到位的13个党组织、26名党员干部和履行监督责任不到位的7名纪检干部进行问责。驰而不息纠“四风”，开展上下班工作纪律、干部走读、公车私用等明察暗访，共开展大型督察4次，出动177人次，检查乡镇部门352个次，酒店等场所11家次，查处违反中央“八项规定”精神和“四风”问题案件14件，处理14人。抓民生案件查办，大力拓展民生监督，深化推进“民生铸廉”，全年民生领域共立党政纪案件43件，处分45人，涉案金额387.65万元，移送司法1人。

（撰稿：龙红阳　编辑：龙荣森）

【陈敏尔到三穗考察】 4月10日，省委书记、省人大常委会主任陈敏尔到三穗县参观考察开国上将杨至成将军故居和纪念馆，并听取三穗县县委、县政府汇报脱贫攻坚工作。

陈敏尔在听取三穗县委副书记、县长付乐欣脱贫攻坚工作汇报后，对三穗因地制宜打赢脱贫攻坚战给予充分肯定。在杨至成将军故居和纪念馆考察中，陈敏尔驻足感叹：“杨至成将军不愧是我军的‘后勤之父’。现在再看纪念馆和事迹展，重温历史，仍很感动、很受教育、很受震撼。”他强调，要牢记党的光辉历史，大力弘扬党的优良传统，加大杨至成将军事迹的宣传力度，讲好红色故事，传承红色基因，为脱贫攻坚提供精神动力。

【张广智到三穗调研】 1月21日，省委常委、省委宣传部长张广智就“四在农家·美丽乡村”建设情况和精神文明创建工作到三穗实地调研。张广智在台烈镇颇洞村参观了现代生态农业园展示厅和钢架大棚蔬菜基地，称赞颇洞村科学合理的发展方向：“实实在在的服务，让村民的主人翁意识增强了，积极性也就更强了。”同时强调：要围绕大扶贫、大数据两大战略行动，创新宣传方式，丰富宣传内容，构筑精神高地，为“守底线、走新路、奔小康”汇聚起强大正能量，让百姓实实在在享受到精神文明创建带来的成果。

在三穗经济开发区，张广智参观了电子商务服务中心和鼎盛服饰有限公司，针对企业文化塑造提出：“企业要像校园一样，有文化环境。通过悬挂文明或励志的宣传标语，营造积极向上的氛围。”在县政务服务中心，着重了解文化类窗口的进驻和运行管理情况，要求该中心继续完善运行机制，实现人员重组、职能调整以及资源配套，切实为群众排忧解难。张广智还到三穗高铁新区工地，详细询问新区总体规划、文化设施建设等情况，并就新区的文化建设提出指导意见。

【中共三穗县第十二次代表大会召开】 10月18日至20日，中国共产党三穗县第十二次代表大会在三穗县城召开。大会的主要议题是：回顾总结县第十一次党代会以来的工作，明确之后五年经济社会发展的指导思想、总体要求、奋斗目标；选举产生新一届县委和县纪委领导班子。来自全县各条战线的269名党员代表和103名列席人员参加大会，委副书记、县长付乐欣主持会议。州委常委、州委组织部长马磊到会指导。

县委书记黄瑜向大会作题为《不忘初心继续前进为全面建成小康社会而努力奋斗》的工作报告。会议选举出中共三穗县第十八届委员会和纪律检查委员会，县委十二届一次全会选举黄瑜为书记，付乐欣、姜继德为副书记，龙青松、衮政豪、石宏敏、黄置民、龚小华、尹海波、杨用华为常务委员；县纪委十二届一次全会选举龚小华为书记，副书记2人，常务委员4人。

【款场乡党建扶贫见实效】 2016年，三穗县款场乡党建扶贫推出“三道加法”。“帮扶+考核”强引领。把5个村划分为33个网格，为每村配备5名专职扶贫干部，并整合5个帮扶单位及乡村组干工作力量147人，实行领导包片联村抓指导、扶贫干部包村联组抓帮扶、乡村组干包组联户抓服务的“三包三联三抓”帮扶责任制。

"党建+扶贫"促脱贫。构架"四站一室"党建服务体系，采取"选、配、派"等方式，选出4名服务站工作员、配齐4名党建工作室人员，派出一名班子成员、一名第一书记任指导员，推行党员为民服务代表制度、依托便民服务站、村民小组代办点等服务网络，让贫困户在家门口享受到便捷服务。

"输血+造血"重实效。注重输血治贫与造血脱贫并举，邀请工信、就业、农技、畜牧等部门技术人员，举办电子商务、特色产业、种植养殖等培训班12期，轮训村组干部和贫困户1300多人次，同时通过专家带能人、能人带农户，培训各类土专家、田秀才130人。建成油茶、软籽石榴种植基地2个，发展稻田养鱼、黑毛猪、辣椒等特色种养殖业14个，组建专业合作社22个，实现减贫245户1000人。

【颇洞合作社年终分红330万元】 2月6日，台烈镇颇洞村举行2015年农峰蔬果种植专业合作社的年终分红大会，近千人参加。颇洞村按照"党支部+合作社+基地+农户"的发展形式助推村级经济发展，走出一条黔东南州村级经济发展的"党社联建"新型路子，开创了"党社联建"的三穗模式。2015年，颇洞村积极发展村级经济，不断拓展发展思路。按照合作社章程，经合作社股民会议决定，在留足8%的村集体公益管理基金和12%的滚动发展资金后，剩下的80%创利收益按村民入股比例进行现金分红，共计330余万元作为分红金。

农峰蔬果种植专业合作社已流转土地600多亩，发展以精品果蔬、畜禽养殖和苗木花卉等为支柱的特色产业。建有蔬菜、苗木、花卉、蓝莓、葡萄等基地500亩，建有年出栏生猪1000头养殖场及家禽、水产养殖基地100亩。2015年通过扩大村民入股合作社300多户，总计户数达到585户，入股资金计1094.811万元，全村入股村民占总人口的58%，通过加强管理，扩大经营规模，实现创利382.1万元。

（撰稿：龙荣森 编辑：王承勋）

【县委印发的主要文件】 《中共三穗县委关于制定三穗县国民经济和社会发展第十三个五年规划的建议》（穗党发〔2016〕1号）、《中共三穗县委三穗县人民政府关于坚决打赢扶贫攻坚战确保同步全面建成小康社会的实施意见》（穗党发〔2016〕2号）、《中共三穗县委转发〈中共三穗县人大常委会党组关于开展"脱贫攻坚——人大代表在行动"主题活动的实施意见〉的通知》（穗党发〔2016〕3号）、《中共三穗县委关于乡镇换届工作方案》（穗党发〔2016〕4号）、《中共三穗县委关于表彰全县优秀共产党员、优秀党务工作者和先进基层党组织的决定》（穗党发〔2016〕5号）、《中共三穗县委印发〈三穗县关于进一步加强机关党组建设的实施方案〉的通知》（穗党发〔2016〕6号）、《中共三穗县委转发〈中共三穗县人大常委会党组关于做好县乡人民代表大会换届选举工作的意见〉的通知》（穗党发〔2016〕7号）、《中共三穗县委印发〈关于进一步支持人民检察院依法独立公正行使检察权的意见〉的通知》（穗党发〔2016〕9号）、《中共三穗县委关于印发〈三穗县党风廉政建设主体责任和监督责任清单（试行）〉的通知》（穗党发〔2016〕10号）、《中共三穗县委关于认真学习宣传党的十八届六中全会精神的通知》（穗党发〔2016〕11号）、《中共三穗县委关于成立三穗县第十七届人民代表大会第一次会议临时党组织的决定》（穗党发〔2016〕12号）、《中共三穗县委关于成立政协第九届三穗县委员会第一次会议临时党组织的决定》（穗党发〔2016〕13号）、《中共三穗县委三穗县人民政府关于表彰见义勇为先进个人的决定》（穗党发〔2016〕14号）。

《中共三穗县委关于成立三穗县扶贫开发办

公室党组的通知》（穗党通〔2016〕1号）、《中共三穗县委三穗县人民政府关于印发〈三穗县委常委包乡镇及县级领导和部门包村、包户工作职责〉的通知》（穗党通〔2016〕3号）、《中共三穗县委三穗县人民政府关于印发〈三穗县贯彻落实大扶贫战略行动坚决打赢脱贫攻坚战工作责任分解方案〉的通知》（穗党通〔2016〕6号）、《中共三穗县委三穗县人民政府关于印发〈三穗县落实中共中央国务院关于打赢脱贫攻坚战的决定责任分工方案〉的通知》（穗党通〔2016〕7号）、《中共三穗县委三穗县人民政府关于印发〈三穗县落实中共贵州省委贵州省人民政府关于落实大扶贫战略行动坚决打赢脱贫攻坚战的意见责任分工方案〉的通知》（穗党通〔2016〕8号）、《中共三穗县委关于做好中国共产党三穗县第十二次代表大会代表选举工作的通知》（穗党通〔2016〕13号）、《中共三穗县委关于设立部门单位党组的通知》（穗党通〔2016〕14号）、《中共三穗县委关于做好推选出席黔东南州第十次党代表大会代表候选人初步人选的通知》（穗党通〔2016〕16号）、《中共三穗县委三穗县人民政府关于成立县法治宣传教育工作领导小组的通知》（穗党通〔2016〕17号）、《中共三穗县委关于第十二届委员会常委同志工作分工的通知》（穗党通〔2016〕18号）、《中共三穗县委关于成立中共三穗县气象局党组的通知》（穗党通〔2016〕19号）、《中共三穗县委关于出席中国共产党贵州省第十二次代表大会代表候选人初步人选推荐工作的通知》（穗党通〔2016〕21号）、《中共三穗县委关于出席党的十九大代表候选人初步人选推荐工作的通知》（穗党通〔2016〕22号）。

【县委办公室印发的重要文件】 《中共三穗县委办公室三穗县人民政府办公室关于印发〈三穗县农村土地承包经营权确权登记颁证工作推进方案〉的通知》（穗党办发〔2016〕1号）、《中共三穗县委办公室三穗县人民政府办公室关于印发〈三穗县2016年易地扶贫搬迁工程实施方案〉的通知》（穗党办发〔2016〕2号）、《中共三穗县委办公室三穗县人民政府办公室印发〈关于进一步加强督促检查抓好工作落实的实施方案〉的通知》（穗党办发〔2016〕4号）、《中共三穗县委办公室关于印发〈党委（党组）意识形态工作责任制实施办法〉的通知》（穗党办发〔2016〕5号）、《中共三穗县委办公室三穗县人民政府办公室关于印发〈三穗县县域信访管理新模式创建工作实施方案〉的通知》（穗党办发〔2016〕7号）、《中共三穗县委办公室三穗县人民政府办公室关于印发〈三穗县禁毒工作责任追究实施细则〉的通知》（穗党办发〔2016〕8号）、《中共三穗县委办公室关于印发〈三穗县关心下一代工作委员会2016年工作要点〉的通知》（穗党办发〔2016〕11号）、《中共三穗县委办公室三穗县人民政府办公室印发《三穗县关于规范城乡操办酒席的实施意见》的通知》（穗党办发〔2016〕12号）、《中共三穗县委办公室三穗县人民政府办公室关于印发〈三穗县2016年多彩贵州文明行动实施方案〉的通知》（穗党办发〔2016〕13号）、《中共三穗县委办公室三穗县人民政府办公室关于印发〈三穗县2016年多彩贵州文明行动专项督查考核办法〉的通知》（穗党办发〔2016〕14号）、《中共三穗县委办公室关于转发〈中共三穗县委宣传部2016年宣传思想文化工作要点〉的通知》（穗党办发〔2016〕15号）、《中共三穗县委办公室三穗县人民政府办公室关于印发〈三穗县“铸勤行动”实施方案〉的通知》（穗党办发〔2016〕17号）、《中共三穗县委办公室三穗县人民政府办公室关于印发〈三穗县农村“三变”改革工作实施方案〉的通知》（穗党办发〔2016〕18号）、《中共三穗县委办公室三穗县人民政府办公室关于印发〈三穗县生态环境保护“党政同责”和“一岗双责”责任制〉的通知》（穗党办发〔2016〕19号)、《关于成立县乡换届工作领导小组办公室的通知》(穗党办发〔2016〕20号)、《中共三穗县委办公室关于印发〈三穗县庆祝中国共产党成立95周年系列活动方案〉的通知》(穗党办发〔2016〕21号)、《中共三穗县委办公室三穗县人民政府办公室关于印发〈三穗县禁毒工作三年行动计划〉的通知》(穗党办发〔2016〕22号)、《中共三穗县委办公室关于印发〈三穗县乡镇纪委书记、专职副书记、县纪委派驻纪检组长(副科级专职纪检员)提名考察办法(试行)〉的通知》(穗党办发〔2016〕23号)、《中共三穗县委办公室三穗县人民政府办公室关于印发〈三穗县县域经济监测分析工作联席会议制度〉的通知》(穗党办发〔2016〕24号)、《中共三穗县委办公室三穗县人民政府办公室关于印发〈三穗县维护社会稳定工作党政领导干部严肃问责暂行办法〉的通知》(穗党办发〔2016〕25号)、《中共三穗县委办公室关于印发〈三穗县党员干部约谈办法〉的通知》(穗党办发〔2016〕27号)、《中共三穗县委办公室三穗县人民政府办公室关于印发〈三穗县人民政府基本普及十五年教育工作方案〉的通知》(穗党办发〔2016〕29号)、《中共三穗县委办公室三穗县人民政府办公室关于印发〈三穗县基本普及十五年教育暨教育两项督导评估工作监督和问责机制实施意见〉的通知》(穗党办发〔2016〕30号)、《中共三穗县委办公室关于启用长吉镇、良上镇党委、纪律检查委员印章的通知》(穗党办发〔2016〕31号)、《中共三穗县委办公室三穗县人民政府办公室印发〈关于深入推进农村社区建设工作的实施方案〉的通知》(穗党办发〔2016〕32号)、《中共三穗县委办公室关于印发〈中共三穗县委常委会贯彻执行民主集中制“八个必须”〉和〈三穗县党员领导干部党内政治生活“八个决不允许”〉的通知》(穗党办发〔2016〕34号)、《中共三穗县委办公室三穗县人民政府办公室关于印发〈三穗县精准扶贫产业直补项目实施意见〉的通知》(穗党办发〔2016〕35号)、《中共三穗县委办公室三穗县人民政府办公室印发〈关于加强和改进新形势下全县档案工作的意见〉的通知》(穗党办发〔2016〕36号)、《中共三穗县委办公室关于更换中共良上镇纪律检查委员会印章的通知》(穗党办发〔2016〕37号)、《中共三穗县委办公室三穗县人民政府办公室关于印发〈三穗县民生资金管理使用联席会议制度〉的通知》(穗党办发〔2016〕38号)。

《中共三穗县委办公室对〈省委巡视组关于向三穗县委反馈巡视整改专项检查的意见〉进行责任分解的通知》(穗党办通〔2016〕1号)、《中共三穗县委办公室三穗县人民政府办公室关于调整部分领导、部门精准扶贫帮扶联系乡镇、村工作的补充通知》(穗党办通〔2016〕4号)、《中共三穗县委办公室三穗县人民政府办公室关于对何力副省长赴三穗扶贫调研座谈会明确事项任务进行责任分解通知》(穗党办通〔2016〕5号)、《中共三穗县委办公室三穗县人民政府办公室关于调整部分领导精准扶贫帮扶联系乡镇、村工作的补充通知》(穗党办通〔2016〕7号)、《中共三穗县委办公室关于调整县委密码工作领导小组成员的通知》(穗党办通〔2016〕8号)、《中共三穗县委办公室三穗县人民政府办公室关于调整县机构编制委员会成员的通知》(穗党办通〔2016〕11号)、《中共三穗县委办公室三穗县人民政府办公室关于印发〈贯彻落实省委书记陈敏尔在三穗县调研时的重要指示精神责任分解方案〉的通知》(穗党办通〔2016〕16号)、《中共三穗县委办公室关于抓紧落实电子政务内网接入运行准备工作的通知》(穗党办通〔2016〕17号)、《中共三穗县委办公室三穗县人民政府办公室关于调整县事业单位公开招聘工作人员领导小组成员的通知》(穗党办通〔2016〕19号)、《中共三穗县委办公室三穗县人民政府办公室关于印发〈三穗县环境保护综合督查问题整改方案〉的通知》（穗党办通〔2016〕20号）、《中共三穗县委办公室三穗县人民政府办公室关于印发〈三穗县脱贫攻坚宣传工作方案〉的通知》（穗党办通〔2016〕23号）、《中共三穗县委办公室三穗县人民政府办公室关于转发〈省人民政府同意三穗县长吉乡良上乡撤乡设镇的批复〉的通知》（穗党办通〔2016〕25号）、《中共三穗县委办公室三穗县人民政府办公室关于印发〈贯彻落实黔党发〔2015〕22号和黔委厅字〔2015〕90号文件责任分解方案〉的通知》（穗党办通〔2016〕26号）、《中共三穗县委办公室关于印发〈中共三穗县委党校（三穗县行政学校）主要职责、内设机构和人员编制规定〉的通知》（穗党办通〔2016〕27号）、《中共三穗县委办公室三穗县人民政府办公室关于印发〈三穗县农村义务教育学生营养改善计划大宗食品原材料统一采购配送实施方案（试行）〉的通知》（穗党办通〔2016〕32号）、《中共三穗县委办公室三穗县人民政府办公室关于对何力副省长赴三穗扶贫调研座谈会明确事项任务进行责任分解通知》（穗党办通〔2016〕34号）、《中共三穗县委办公室三穗县人民政府办公室关于印发〈三穗县“民生铸廉”专项整治工作方案〉的通知》（穗党办通〔2016〕35号）、《中共三穗县委办公室关于调整县委常委和县人大常委会、县政协党组书记包乡镇各项工作的通知》（穗党办通〔2016〕36号）、《中共三穗县委办公室三穗县人民政府办公室关于明确2016年单位及领导干部计划生育“三结合”帮扶任务的通知》（穗党办通〔2016〕37号）、《中共三穗县委办公室关于印发〈中国共产党三穗县第十二次代表大会上工作报告目标任务责任分解方案〉的通知》（穗党办通〔2016〕40号）。

（撰稿：杨宇　编辑：龙荣森）

督促与检查

【概述】 县委、县政府督查室核定行政编制3名；工勤编制1名；领导职数：主任1名，副主任1名；内设综合股，股长1名；年末在岗人数8人，正科级督查员4人。2016年，紧紧围绕县委、县政府的中心工作，强力推动各项重点工作高效落实，为“打造黔东中心城市核心区”的建设目标提供坚强有力的督查保障。通过真查实督，将督查结果撰写成《督查通报》《督查专报》《督查与调研》《督促与检查》共20余期供领导做决策参考。

【重点建设项目督查】 2016年，三穗县列入省、州、县重点建设项目共28个，总投资246亿元，年度计划投资42.5亿元。采取月调度，季督查的方式督查项目的推进情况，根据进度撰写《关于对三穗县2016年20个重点建设项目进展情况的督查报告》《三穗县2016年省、州、县重点建设项目推进情况督查通报》2个督查专报，以此督促各项目的牵头部门、责任部门加大工作力度、加快工作步伐、助推项目开工建设，通过增加投资，推动全县经济社会发展。

【重要决策和重要部署督查】 针对扶贫工作对各阶段的工作重心，于1月、4月、6月开展3次实地督查，并将各阶段进展情况存在的问题和下步工作建议以督查通报形式向县领导汇报，有力地推进了脱贫攻坚工作的开展。根据《三穗县农村土地承包经营权确权登记颁证工作推进方案》时序进度安排，在县确权办的配合下，3月、4月、8月、10月分别对全县9个乡镇的农村土地承包经营权确权登记颁证工作进行督查，督促乡镇加大工作力度，确保如期完成该项工作。按照《三穗县“铸勤行动”实施方案》工作内容和方法步骤，由督查室牵头，联合县纪委、纪工委组成督查组，开展督查工作。通过督查，各部门制定自己的“铸勤任务”，开设公开栏晾晒自己的任务，达到提振精神、提高本领、提升效率、创优服务、提档进位的工作目标。开展“两学一做”学习教育督查。按季度分阶段进行督查，对各单位的开展情况进行动态评价，分别评为好、较好、一般、差4个等次，评价结果作为年终考核、奖惩的重要依据。开展村级集体经济“空壳村”脱壳工作督查。各乡镇、各相关单位高度重视村级集体经济发展工作，制定脱壳方案，建立“空壳村”村级集体经济发展项目库，采取各种措施发展村级集体经济，全县46个“空壳村”全部脱壳。

【关键时（节）信访维稳督查】 全国“两会”、省“两会”、州“两会”、G20峰会、中共十八届六中全会等重要时间节点，开展信访维稳工作督查。督查乡镇接访、下访、办访工作，源头包保稳控工作，重点人员和重点群体的排查、化解、包保、矛盾纠纷和信访问题“七个一”包案化解等落实情况。通过督查，督促各乡镇、部门采取措施及时对矛盾纠纷排查和化解。

【督查调研】 选择易地扶贫搬迁典型工作作为调研课题，进行解剖式督查调研，撰写调研报告《关于三穗县易地扶贫搬迁工程建设的思考》，报告总结工作取得的成绩，剖析工作开展中存在的困难，并提出意见和建议。

（撰稿：厉荣辉　编辑：龙荣森）

政策研究

【概述】 县委政研室（县委改革办）设有5个编制，其中县委政研室主任1名、县委政研室副主任1名、县委改革办专职副主任1名，县委全面深化改革领导小组办公室、归口管理县全面小康社会建设办公室，年末在职干部职工4人。县委政研室的主要工作内容是根据县委的指示，起草、参与起草或协同组织有关部门共同起草、修改县委有关重要文件、文稿，根据全县经济社会发展需要，组织部门调研力量对经济、政治、科技、文化、党建等方面的重大问题进行调查研究，提出意见和建议，供县委决策；完成上级党委政策研究室和县委交办的其他工作；负责制定阶段性和年度全面深化改革工作要点；组织开展全面深化改革重大问题的政策研究；协调督促有关方面落实领导小组的决定事项、工作部署和要求；适时对相关改革组织成效评估；收集汇总有关改革问题的信息资料；加强与省、州改革办的联系汇报，争取上级改革办的支持指导。

【县委重要文稿文件起草】 起草《中共三穗县十一届委员会常务委员会2016年工作要点》《中共三穗县委全面深化改革领导小组2016年工作要点》并进行责任分解；起草《中共三穗县委关于进一步加强和改进新形势下党委政研工作的实施意见》《关于实行县委政策研究室等“四办合一”组建党委大政研机构方案》《关于进一步加强人大工作和建设的实施意见》《关于支持三穗县打造黔东中心城市核心区加快发展的实施意见》《三穗县打造好“黔东旅游服务中心”“黔东高铁经济第一站、第一城”“国内知名农耕文化旅游目的地——中国穗都”战略定位建议方案》等重要文件。完成《关于中共三穗县委政策研究室机构和人员编制相关事项的请示》《三穗县大健康工作推进情况汇报》《三穗县大数据战略行动情况汇报》《三穗县“三变”改革暨“五融五帮”工作推进情况汇报》《三穗县关于贯彻落实〈州委常委会2016年工作要点〉的情况汇报》《州第十次党代会报告起草调研工作的情况汇报》《三穗县民间信仰事务治理工作情况汇报》等情况汇报。

【基层调研】 深入县直部门和乡镇对农村经济发展模式、村级集体经济等相关内容进行实地调研，形成《三穗县“党社联建”发展模式探讨》《三穗县农民专业合作社发展现状调查》《三穗县农民专业合作社抱团脱贫模式探讨》《三穗县乡镇200万元以下项目实施情况调研》等专题调研报告，其中《三穗县农民专业合作社抱团脱贫模式探讨》被州《调研与研究》采用并推广，并获得州二类成果奖。全年编辑《三穗政研》4期，收录《三穗县“十三五”时期交通需求调查研究》《建设三穗博物馆群的实践与思考》《规范农村建房建设美丽乡村》《三穗县投融资平台建设和融资工作调查与研究》《桐林镇打造“德山圣水”乡村旅游品牌的思考》《三穗县闲置土地情况调研报告》《三穗县殡葬改革调查报告》《政府和社会资本合作机制建设的调研报告》《三穗县招商引资工作现状与对策》等有关全县经济社会发展的调研报告10余篇。

【参加全州“三项基本技能”竞赛活动】 参与中共黔东南州委政研室主办的“党委政研系统三项基本技能竞赛活动”，荣获计算机操作一等奖、公文写作三等奖。

【统筹推进全面深化改革】 针对2016年全面深化改革工作进行调研，制定《三穗县2016年全面深化改革工作计划》，调整充实全面深化改革领导小组和全面依法治县领导小组成员，并明确各改革专题组组长和牵头单位责任；先后组织召开7次会议专题研究改革和依法治县相关工作，明确三穗“改什么”“怎么改”的问题，使深化改革和依法治县工作目标更具体，针对性更强。下发《关于进一步加强三穗县全面深化改革和全面依法治县信息台账报送工作的通知》，对深化改革和依法治县事项实行动态管理。全年共启动改革事项65项，完成64项，其中殡葬系列改革按规划于2016年全部完成；启动依法治县事项64项，完成64项。稳步推进“营改增”、商事制度、殡葬制度、农村集体产权制度、医疗卫生等改革。深化农村“三变”改革，组建城投、城开、扶开等5家融资平台公司，累计融资62.86亿元。扩大开发，引进招商引资项目155个，到位资金237.2亿元。实际利用外资和出口创汇从无到有，引进港资企业1家，培育出口资质企业5家，获评“全省招商引资项目推进实施优良十佳县”。加强创新驱动，培育省级科技型企业45家，累计申请专利233件，授权218件，综合科技进步水平指数达45%，获得“全国科技进步县”“全国科普示范县”等殊荣。向省州上报《三穗县委改革信息》117期，《三穗县创新构建农村和城市两个“三带”大扶贫格局》等典型经验被《贵州改革情况交流》（2016年第138期）刊发，并被纳入全省2016年优秀改革案例候选名单，获得中共黔东南州委书记李飞跃重要批示：“既要总结好，更要推广好，全州特别是三穗县要下功夫抓好推广工作，见到更大成效。”“党社联建促三变”典型经验作为全州唯一改革案例编入《贵州农村“三变”改革导则》，2016年度获全省改革信息工作优秀信息员殊荣；向中共黔东南州委改革办报送月改革推进情况12期；完成《中共三穗县委全面深化改革上半年工作情况自查报告》《三穗县改革试点情况报告》《三穗县关于贯彻落实全省发展村级集体经济推进大会精神的情况汇报》《三穗县2016年全面深化改革工作总结》《三穗县全面深化改革机构设置及运行情况汇报》等工作情况汇报。

（撰稿：王治忠　编辑：龙荣森）

保密工作

【概述】 县保密局为归口中共三穗县委办公室管理的副科级单位，设3个编制，其中行政编制1名，事业编制2名，领导职数：局长1名，年末在职干部3名。

召开县委保密委全会议，学习贯彻全国、全省、全州保密工作会议精神，研究部署2016年全县保密工作。制定和下发《中共三穗县委保密委员会2016年工作要点》，对网络保密管理、涉密人员管理、保密培训教育、保密执法检查、涉密载体管理、保密机构建设、保密制度建设等方面工作进行统筹安排，确保工作有序开展。

全年开展常规检查3批次50个单位，开展专项检查1批次12个单位。检查人员在检查中认真履职，对存在的问题敢于较真、敢于碰硬，提出一系列的整改意见和建议，要求受检单位限期整改。对问题突出的单位，以分析成因、共同探讨的方式加强教育引导，防止问题反弹。

【考务保密】 加强对高考试卷的保密，按照省、州要求，对县教育局高考试卷保密室进行检查，配合县教育局制定实施高考保密工作方案，开展高考保密教育培训，督促考务人员履行保密义务，派出专人对高考试卷清点、押运、保管、值班守护等环节进行保密监管。做好全县事业单位招考保密工作，配合县人力资源和社会保障局，5月中旬，完成招考试卷押送、监管等保密服务。

【保密宣传】 落实保密法治宣传教育，普及保密法治知识。结合全县法治宣传月活动，利用赶集天到乡镇宣传保密法治，发放资料1200份。狠抓《保密工作》订阅和学刊用刊工作，促进理论成果转化，全年征订133份。依法履职，做好保密服务指导。根据要求，认真对县委组织部、县纪委涉密信息系统分级保护建设项目进行审验，并完成对该项目的密级确认。

（撰稿：唐立福 编辑：龙荣森）

小康建设

【概述】 根据《关于设立三穗县全面小康社会建设办公室的通知》（穗机编〔2013〕7号），设立三穗县全面小康社会建设办公室，为县委政研室管理的股级事业机构，核定事业编制6名，领导职数：主任1名，副主任1名；根据《关于调整小康办机构规格的通知》（穗机编〔2014〕12号），县全面小康办为县委政研室管理副乡级事业机构，其主要职责是编制全县小康创建活动总体实施方案和年度推进计划，开展小康创建相关重点课题的调查研究，配合省、州完成相关调研工作。根据领导小组研究意见起草相关政策文件，统筹协调落实领导小组安排的各项工作，做好创建活动信息收发及档案管理工作，负责完成县委和领导小组交办的其他事项；根据《关于增加三穗县全面小康社会建设办公室事业编制的通知》（穗编发〔2016〕36号），增加三穗县全面小康办事业编制6名，县全面小康办由原来的6名增加到12名。

制定《关于进一步做好同步小康创建工作的通知》《三穗县2016年同步小康创建工作要点》《三穗县2016年小康统计监测报告》等指导性文件，按要求向州小康办报送县域经济发展分析报告及相关材料，收集县直28个小康指标部门各个季度的小康指标监测数据，送县统计监测组（县统计局）测算出小康实现程度，为县委、县政府决策提供参谋服务。

全年上报信息简报105期，被州采用44期，被省采用4期，在黔东南州2016年度考核中排全州第五名，2016年全县全面小康实现程度达91.8%。

【示范创建】 全县第一批同步小康示范点有11个，分别为瓦寨镇、长吉乡、瓦寨镇调洞村、台烈镇颇洞村、良上乡良上村、款场乡等溪村、滚马乡响水村、长吉乡长吉村、八弓镇吉洞村、雪洞镇界牌村、桐林镇鹿洞村，在总结和推广创建经验基础上，积极打造第二批同步小康创建示范点11个，其中示范乡镇2个，分别是台烈镇和桐林镇，示范村9个，分别是八弓镇界牌村、台烈镇台烈村、瓦寨镇观音阁村、桐林镇木良村、雪洞镇桃元村、长吉乡机寨村、滚马乡枫木溪村、良上乡上寨村、款场乡良地村。计划投资9300.36万元，建设项目126个。

（撰稿：王竞米　编辑：龙荣森）

地方史志

【概述】 中共三穗县委党史研究室（三穗县人民政府地方志办公室）为县委办公室管理的正乡级事业机构。主要职责是：贯彻落实中央、省委、州委和县委关于党史工作的方针、意见，编制全县党史工作规划和年度工作计划并组织实施；征集、编写出版地方党史及其他专题党史资料书籍，收集整理重要口述历史资料、重要党史人物回忆录；做好党史宣传教育工作，为红色旅游开发提供成果，审核有关布展、陈列、解说词内容；协助有关部门指导红色文化教育基地、爱国主义教育基地建设及有关展览、纪念设施建设；推动党史成果转化，开展党史教育、革命传统教育和爱国主义教育，为加强党的建设和社会主义精神文明建设服务；协助有关部门审核涉及党史重大题材及有关党史人物工作和生活情况的公开出版物及影视作品；根据国家相关法规和省、州、县人民政府关于地方志发展规划，编制全县地方志工作规划和年度工作计划并组织实施；负责主持《三穗县志》《三穗年鉴》及三穗县情丛书的编纂和旧志整理；负责指导审查乡镇志、部门志、企事业志、专业志、村志等工作；负责组织、指导地方史料和地情丛书的编纂、审定、出版工作；负责开展县情调研，网上发布县情信息和地方志文献；完成县委、县人民政府和州委党史研究室、州地方志办公室交办的相关工作。核定事业编制8名，领导职数：主任1名，副主任2名。内设方志股、党史股2个机构，股级职数2名。2016年在编4人，其中2人借调其他岗位。

2016年5月，按州党研室要求，启动《中共三穗县委执政纪要·2016》编写，同时，继续启动2015、2016《三穗年鉴》编纂工作。

【党史工作】 完成《中共黔东南党委执政纪要》三穗县相关内容。完成《中共三穗县委执政纪要·2015》编写工作，全书计60万字，全面反映三穗县委一年来党的建设以及带领全县各族人民在社会、经济、文化等方面取得的成就，已交付印刷出版。编写《三穗解放和剿匪纪实》一书，全书约21万字，已交付印刷出版。指导县委办公室完成2015年党史工作，完成《中共三穗县委重大活动纪实》《中共三穗县委重要会议纪实》《三穗县委常委调研材料汇编》等5部专辑约100万字。10月28日，与相关单位配合成功主办纪念红军长征胜利80周年——长征论坛“重走长征路”体验活动，使参加此次活动的领导、专家、学者、老一辈无产阶级革命家后代代表和老红军及亲属代表等一行到三穗杨至成将军纪念馆，领略一生戎马的将军风采。

【地方志编纂】 志书编纂方面。按省地方志专家评审意见，继续补充完善《三穗县志(1991—2010)》相关资料，为志书出版做准备；完成《颇洞村志》编审以及出版相关工作，同时指导编纂《寨头村志》《德明村志》，并承担相关章节的编纂任务。年鉴工作方面。按要求完成2016年《贵州年鉴》《黔东南年鉴》三穗县内容的编写报送；启动2015年、2016年《三穗年鉴》编纂工作，完成稿件60余万字，其中《三穗年鉴（2016）》约45万字，已送州志办审定待出版；同时继续补充完善2012年、2013年、2014年《三穗年鉴》内容。

（撰稿：龙秀乾　编辑：龙荣森）

机关事务管理

【概述】 三穗县机关事务管理局于2007年5月经县委、县政府批准正式成立，为正乡级事业单位，独立核算。核定事业编制13名，工勤编制2名，领导职数：局长1名，副局长2名。2016年末，实有人数10人，在编人数共9人，其中局长1名、副局长2名、纪检组长1名、工作人员6名。

三穗县机关事务管理局内设机构共6个，分别是办公室、业务股、接待科、财务股、公共机构节能管理股、公务车辆综合保障服务中心。

【公务接待】 全年承担接待任务86次2189人次（含随行人员），其中省部级接待10次279人，地厅级（含副地厅级）接待任务42次742人，协助其他部门接待19次760人，县委、县政府安排的其他接待15次408人次。行政中心会议服务共计137次（其中大型会议服务21次）。2016年公务接待费支出340927.37元，同比下降47.41%。完成“镇远号”旅游高铁专列首发仪式、“A6102”任务、全州观摩会、全国红十字观摩会、全州工业项目观摩会、重走长征路、三穗县第十二次党代会等大型活动后勤保障工作。

【物业管理】 落实《三穗县2016年度消防安全责任书》，修订细化应急预案，强化应急演练，妥善处置涉及信访等原因引起的群体性事件；加强保安队伍管理，组织保安人员续签劳动合同并进行岗位培训，认真组织学习《公益性岗位人员工作守则》《考勤制度》《保安工作职责》《保安值班制度》等规章制度和法规，全面提升保安队伍业务水平；加强巡查检查，发现安全隐患及时排除整改，做好消防安全管理信息系统的管理维护；加强对水、电设施的更换更新，做好园林绿化、消防安全、安全保卫、卫生保洁等方面的管理保障工作，为县四大班子提供后勤服务，确保行政中心安全高效运转。2016年共投入物业管理资金45.93万元，其中门窗维修及材料资金3.2万元，变压器更换及维修费3.82万元，投入园林绿化经费10.5万元，投入卫生保洁、安全保卫经费6.61万元，中央空调保养费15万元，电梯年检及维保费2.75万元，职工活动中心电视费1.25万元，化粪池清理费0.8万元，保安管理费2万元，各类维修材料经费4.3万元。

【机关节能降耗工作】 第二十六个全国节能宣传周期间，围绕“节能领跑、绿色发展”的主题，宣传《党政机关例行节约反对浪费条例》和《公共机构节能条例》，活动期间共接待群众咨询180余人次，发放宣传资料1200余份。2016年6月14日“全国低碳日”当天以“绿色发展，低碳创新”为主题开展能源紧缺体验活动，行政中心空调停开一天，电梯各停开两部；加强节能巡逻管理，杜绝“长明灯”“长流水”等浪费现象；完成全县384家公共机构能源资源消耗状况实现网上填报统计。

【基层组织建设】 根据人事变动及时调整支部委员分工，明确工作职责，支部共有党员9人（局干部共9名，未发展新党员）；狠抓活动开展，增强组织凝聚力。组织开展党的群众路线教育实践活动以及组织全体党员赴杨至成将军纪念馆参观学习等活动，增强全体党员理想信念、宗旨意识和光荣感、使命感。狠抓党风廉政和干部作风建设，增强党员干部拒腐防变的能力。落实党风廉政责任制、中央“八项规定”、省委“十项规定”、州委“十二项规定”和县委“十项规定”，筑牢党员干部违规违纪防线，做到清廉从政、务实为民。

【精神文明建设】 坚持理论学习，突出“基本道德规范”着力“道德”建设，抓好诚信教育和诚信建设，调动干部职工的学习积极性和主动性，使全局干部职工政治思想、职业道德等有了提高；领导带头做表率，开展“爱我三穗全民义务大行动”活动，确保行政中心办公环境整洁、舒适。坚持人口与计划生育工作不放松，严格落实计划生育目标责任管理制度，确保计生覆盖面和计生知识普及率达100%。加大报纸杂志订阅力度，扩展干部职工学习资源。2016年被三穗县党报党刊发行领导小组评为党报党刊发行工作“先进单位”。

【驻村帮扶】 抓住机遇，多方沟通协调，吸收整合各界力量和资源，做好包村工作。协调县交通局投资137万元，实施新寨经贵坪组至冲江公路硬化项目，道路长2公里、宽4.5米，受益2000余群众，解决群众“出行难”的问题；抓好精准扶贫帮扶工作，局班子成员及机关干部深入新寨村8次，走访慰问困难群众110余人次，投入资金5400元，解决群众实际困难。扎实指导新寨村开展好“两学一做”主题教育活动，班子成员深入该村上专题党课4次，支持“两学一做”活动经费1500元；“七一”期间，组织全局党员干部与新寨村党支部全体党员共庆党的95岁生日，与村党员交心谈心，投入资金1400元，走访慰问田兴林等7名困难老党员；完善村内各种规章制度建设，协助八弓镇新寨村两委做好村务公开工作；协助做好该村计划生育工作，围绕计生工作“双诚信、双承诺”，计生“三结合”，做好人口与计划生育宣传教育、人口管理等工作，转变群众的生育观念，提升人口素质，投入帮扶资金3000元；做好农民群众的科技、法律等知识培训，到村开展培训4期，培训190余人次；帮助新寨村订阅报刊杂志，制作宣传栏1块、宣传标语4条，投入资金2300余元。

【队伍建设】 2016年末，三穗县机关事务管理局领导班子成员共4人。贯彻落实民主集中制原则，局重大事项，一律由局班子集体讨论决定，必要时要经全体干部会讨论通过执行。

机构编制调整。经2016年6月13日县编委会研究，同意机关事务管理局增设内设机构“公务车辆综合保障服务中心”。增加职责，承担县级机关单位的公务出行、公务接待及县级大型活动用车服务，负责车辆的管理、维修保养、调度，驾驶员的管理和安全培训等工作。增加机关事务管理局事业编制2名，增编后，机关事务管理局事业编制为13名。增加股级领导职数1名（穗编〔2016〕19号）。

岗位设置。经2016年7月18日编办主任会议研究，同意三穗县机关事务管理局岗位设置为管理岗位11名，工勤技能岗位2名，岗位总量为13名（穗编发〔2016〕63号）。

学习培训。按照中央、省、市、县关于“两学一做”学习教育的主要精神，组织全体党员干部学习县委《关于在全县党员中开展“学党章党规、学系列讲话，做合格党员”学习教育实施方案》，明确“两学一做”的总体要求、学习教育内容、主要措施等重要内容。明确每月的第一个星期一为集中学习宣传日，按时开展好“两学一做”学习教育活动，以“两学一做”的总体要求指导各项工作的开展；组织全局干部职工参加各级各类学习培训，提高综合能力素质。2016年，共举办用电安全、消防安全、反恐处突应急、公共机构节能等学习培训班5场次，参加培训人员160余人次。

廉政建设。2016年，落实党风廉政责任制，按照党风廉政建设和反腐败工作总体要求，狠抓党风廉政教育和宣传工作，层层签订党风廉政建设工作责任书，加强干部管理，确保清正廉洁，全年未出现干部违纪违法现象。

【基础设施建设和固定资产】 机关事务管理局办公用房设在县行政中心县委政府楼一楼进门右侧，有办公室7间，面积130平方米。

交通及办公设备。三穗县机关事务管理局共有公务车21辆，其中16辆根据《州人民政府办公室关于印发黔东南州机关公务用车制度改革总体方案和黔东南州州级机关公务用车制度改革实施方案的通知》（黔东南府办发〔2016〕9号）和《关于三穗县公务用车制度改革总体方案的批复》（黔东南车改〔2015〕7号）文件精神，纳入公务车辆综合保障服务中心进行管理。原有公务车5辆，其中接待公务车3辆（分别是17座考斯特中巴车1辆，12座上海汇众商务车1辆，尼桑车1辆），一般公务用车1辆（车型为上海大众斯柯达），工具车1辆（车型为长城皮卡）。台式电脑14台，其中局办公室4台，局长办公室1台，副局长办公室1台，纪检组长办公室2台，局接待科2台，局财务股2台，局业务股2台，传真机1台，打印机10台，一体复印机2台；照相机2台；档案柜13个，办公桌椅10张。

（撰稿：舒秀一　编辑：龙荣森）

纪检监察

【概述】 三穗县纪委、监察局现有行政编制15名，事业编制9名，工勤编3名，在编人数26人，其中女5人，少数民族20人，大专以上学历25人。内设办公室、干部室（纪检干部监督室）、宣传教育法规室、党风政风监督室、案件监督管理室、信访室、纪检监察一室、纪检监察二室、纪检监察三室、案件审理室、非公有制经济投诉中心、预防腐败协调指导中心。

2016年12月县编委设立中共三穗县委巡察工作办公室，内设综合室、巡察室。核定行政编制7名（领导职数设主任1名，副主任2名。内设机构领导职数2名），在编人数4人。

【纪律建设】 县纪委常委会牢固树立“四个意识”，坚决维护党中央权威和党的集中统一领导。坚持以政治纪律为纲加强纪律建设，加强对党的路线方针政策，中央、省委、州委和县委重大决策部署贯彻执行情况的监督检查，纠正和查处上有政策、下有对策，有令不行、有禁不止等违反政治纪律的行为。县第十二次党代会顺利召开，选举产生新一届县纪委领导班子，对今后五年党的纪律检查工作进行系统、具体的安排部署。

【作风建设】 把落实中央“八项规定”和省州县各项规定精神作为严肃的政治问题来抓，采取常规检查与专项检查相结合、明查与暗访相结合、预防教育与打击相结合等方式，聚焦公款旅游、公款吃喝、公车私用、滥发津补贴、私设“小金库”、上班工作纪律等突出问题，紧盯重要时间节点，坚持节前短信、媒体警示，节日检查、节后处理通报曝光，共发送廉政短信200余条，提醒党员干部32000余人次；检查乡镇部门453个次，共查处“四风”案件14件，处理14人，实名通报10期51人，并对被通报人员单位的相关负责人进行约谈。同时，制定关于换届纪律信访举报快查快结制度，加强换届风气督察，共开展督察19次，电话抽查580人次，未发现违反换届纪律的情况。

【惩贪肃腐】 落实“零容忍”要求，发挥“三支队伍”作用，促进纪律审查工作由“分散作战”向“合力攻坚”转变，办案数量和质量得到提升。全县纪检监察机关共受理各类信访举报142件，立党政纪案件66件67人，与去年同比增长37.5%，涉及正科级干部20人，一般干部20人，其他27人，移送司法机关1人，收缴违纪资金380.23万元，挽回经济损失921.54万元。完善全县反腐败领导体制和工作机制，整合检察、公安、审计等部门力量，发挥反腐协调小组作用，为查办严重违纪案件打下基础。

【民生铸廉工作】 围绕落实好、监管好各项民生政策目标，组织全县纪检监察队伍开展农村安全饮水工程、新农合资金、“一事一议”等多项涉及民生领域的专项检查，做到发现一起，查处一起，推动脱贫攻坚政策落地有声。抓好“民生资金云”大数据平台建设，将三穗27家涉农单位125个项目资金10.17亿元和30项补贴资金58.35亿元纳入系统平台进行监管。全县共查处民生领域案件43件，处分45人，涉案金额280万元，移送司法1人。

【铸勤行动】 推进“定任务、晒实绩、查真假、评成效、用成果”五个环节，将全县405个岗位参与到纳入“铸勤行动”，把645个计划式任务和2402个个性式任务纳入“铸勤云”监管，采取随时查、月督查、季巡查方式，对任务完成进度、完成质量及亮晒情况真假实行常态化跟踪检查，纠正问题50余个。突出向服务群众服务企业推诿扯皮、在岗不办事、有法不依、执法不严、不假外出和违规停薪留职“吃空饷”、抽调从事专项工作“玩失踪”的“五不勤”人员开刀，12名干部被提醒谈话，2个单位被通报批评。

【队伍建设】 通过各种培训、轮训、挂职、外出交流学习等方式，加大对纪检干部“三支队伍”的教育和管理，倒逼纪检干部进一步学习业务、提高素养、增强本领、锤炼作风。提拔纪检干部15名，同级交流纪检干部13名。共开展纪检业务培训600余人次，选派4名干部到省外进行培训，2名年轻干部到州纪委挂职锻炼，定期抽调部门监察室负责人、乡镇纪检干部到县纪委监察局轮训学习。每查办重大案件，都抽派相关人员全程参与实战锻炼，加强纪检干部队伍的监督管理防止“灯下黑”。

【驻村帮扶】 根据帮扶村良上镇贵槐村的实际，研究制定精准扶贫工作规划和年度工作计划。签订驻村帮扶承诺书和脱贫攻坚责任状，按照“年度工作计划”和驻村帮扶承诺书内容扎实开展定点帮扶各项工作。研究村级集体经济发展模式，组织单位干部与贫困户的“脱贫精准”。为支持帮扶村贵槐村脱贫摘帽，结合部门资源，向上为帮扶村争取到项目3个，涉及资金33万元，其中2016年7月县纪委协调县发改局争取到以工代赈项目“三穗县良上乡巴冶村到贵槐村公路硬化维修”22万元，支持所帮扶村贵槐村社会事业发展。委局26名干部职工与该村54户257贫困人口建立结对帮扶，建立完善结对帮扶档案。组织单位干部职工开展结对帮扶工作，按“不脱贫不脱钩”的要求开展“一对一”帮扶工作。每季度定期到帮扶村开展精准扶贫入户走访工作，精准记录贫困户收入情况，详细了解贫困户的现实问题和需求，了解他们现实的生产生活情况，研究制定帮扶计划和帮扶措施，在入户过程中宣传党的方针政策。在结对帮扶工作中，帮扶干部为贫困户送去食用油45公斤、大米225公斤，单位落实帮扶资金1.99万元，其中，单位全体干部通过开展“捐资助学”活动资助贵槐村4名贫困户大学生8800元。

选派1名干部蹲点驻村，与群众同吃同住同劳动。干部驻村期间不再承担原单位工作任务，选派单位还安排专项工作经费按55元/人/天的标准据实发放生活补助，购买人身意外保险，上半年组织驻村干部进行体检，确保驻村干部真帮实带、真蹲实驻，做好驻村帮扶工作。县纪委监察局不定期进驻帮扶村进行调查摸底和开展工作，掌握帮扶村基本情况，多次深入扶贫联系村同老百姓一道进入田间地头查民情，解民困，树立“身在基层、心系群众”的基层服务意识，树立县纪委党员干部的良好形象，全面完成结对帮扶工作任务。全年由单位领导带队到帮扶村调研指导工作共21人次，帮助解决困难问题5个，支持贵槐村3万元资金，帮助壮大村集体经济收入。

（撰稿：周规友　编辑：龙荣森）

组织工作

【概述】 中共三穗县委组织部内设办公室、干部股、干部教育监督股、信息股4个股室，归口管理县委党建办、县远程教育办、县考评办、县公选办、县非社工委。编制26个，其中行政编制9名（含工勤1名），事业编制17名，年末在职在编干部职工17人，其中女干部2人。2016年，三穗县以“围绕脱贫抓党建、抓好党建促脱贫”为总思路，盯紧脱贫攻坚目标任务，始终将党的建设作为助推精准脱贫、同步小康的“新引擎”，探索党建扶贫新思路、新路径，形成大党建、大服务、大扶贫的良好格局。其中党建工作获一等次第一名，为三穗科学发展、后发赶超、同步小康提供坚强的组织保障。

【“两学一做”学习教育工作】 全县共有267个党组织，其中党委10个、党工委3个、党总支5个、党支部249个，有中共党员8560人。为扎实推进“两学一做”学习教育，围绕“五个能否”开展“两学一做”学习教育专题讨论4次，县委以上率下带动347个基层党组织（党支部）开展专题讨论747次，县级党员领导干部讲党课92人次，各党（工）委书记讲党课886人次。围绕陈敏尔书记4月10日在三穗调研时的指示要求，突出打造好开国上将、农耕文化、三穗麻鸭“三张名片”和“一塑两园”，在推进“党社联建”抱团脱贫和“农文旅”融合发展上下功夫，发挥颇洞联合党总支作用，推进“支部带实体、强村带弱村、能人带群众”的“三带”模式，走出一条“融合发展、抱团脱贫”的富民强村之路。全县由党支部引领组建的合作社达78个，辐射带动群众近9000人，其中发展较好的12个“党社联建”合作社盈利总额达583.6万元。建立“一月一督导”的工作机制，采取电话查、驻点查、跟踪查、考试查“四查”方式，对全县农村、机关、学校、园区、非公等领域“两学一做”学习教育进行督导。开展“1+X”（“1”即党建工作，“X”即“两学一做”学习教育、农村电商等）督导，把“两学一做”学习教育融入全县大党建工作，由县委、县政府督查室牵头，与扶贫攻坚、软弱涣散党组织整顿等一并督导检查，全面了解基层党组织学习教育成效，及时发现“两学一做”学习教育中的亮点和薄弱点。截至2016年，共开展督导工作5次，召开调度会3次，各党委（党组）书记下基层调研指导269次，参加所在支部学习讨论180次。

【干部选配】 坚持“好干部”标准，认真做好干部选拔任用工作，全年共调整干部任免292人次，提拔干部52人，其中正科级22人，副科级30人，交流干部71人。完成9名公务员录用和23名领导干部职级晋升工作；完成全县乡科级领导班子和571名乡科级领导干部年度考核工作；完成全县590名县管干部的领导干部个人有关事项报告填报录入；完成全县4家管档单位1301卷档案审核。开展干部调训、“月末干部论坛”等各类培训班43批次、培训8819人次。建立从严治吏的“三绩管理”机制，典型做法先后得到《中国组织人事报》等中央、省、州各级主流媒体宣传报道。

【夯实基础】 县委主要领导先后组织召开8次专题会议研究党建工作，带头为党员干部上专题党课4次。县委与9个乡镇党委书记签订抓党建工作目标责任书。县财政投入6000万元基层党建工作经费，比2015年翻了两番。设立9个乡镇党建工作站，配齐配强18名党务干部。村“三大员”每月报酬由2012年的800元提高到最低1660元，最高可享受乡镇副科级干部经济待遇，其中2016年有7名优秀村干部享受此政策。中心村运转经费最低达到1.7万元，最高达到3万元，社区公共服务运行经费为每个社区每年5万元。完成10个软弱涣散基层党组织（9个村、1个社区）整顿工作，完成率达100%。全年发展党员214名，排查出联党员4人；全县在册党员8779人，49名共产党员分别获得省州县“优秀共产党员”称号，30个基层党组织分别获得省州县“先进基层党组织”表彰。重点对《中国共产党地方委员会工作条例》和《中国共产党党组工作条例（试行）》开展专题学习，全面完成清理规范党组工作任务。

【党建扶贫】 推进“双脱”工程，采取“党支部+合作社（协会、公司）+村集体”“惠民1+1”等方式，完成46个空壳村脱壳、651名贫困党员脱贫任务，村级集体经济均超3万元，最高的村达213万元。选派316名第一书记和驻村干部，走访群众3.6万人，解决问题困难1347个，协调项目127个，协调项目资金2641.2万元。抓实“两新”组织工作。全县共有非公企业216个、社会组织25家，党组织覆盖率分别为65%和100%；选派114名党建指导员，引导96家非公企业和社会组织参与到脱贫攻坚工作中来，走访慰问困难群众500余人次，累计投入各类帮扶物资达700余万元。抓实“四民行动”计划。实施“四民”行动计划，培育“金种子”1918个，带动群众6000余人；整治安全隐患2115起，治理完成率100%；化解各类矛盾纠纷和信访问题502件，化解率96.53%。

【人才工作】 大高层次人才引进力度。有计划、分批次引进急需紧缺人才21人、金融人才3人、旅游人才2人。做实人才资源统计工作，2015年度全县人才综合发展指数为67，全州排名第六，全省第二方阵排名第九，人才资源总量16680人，全县每万人人才资源数增长达10%以上。做全人才服务保障基础。全年三穗被授予州管专家1人、州级拔尖人才3人，推荐1名专家竞选“2016年甲秀之光”访问学者。

【县乡换届】 成立县委书记任组长的县乡换届工作领导小组及县委常委任组长的5个干部考察组，统筹推进县乡换届工作。采取县级干部率先学、科级干部全面学、组工干部和换届工作员反复系统学“三轮学习”模式，累计开展学习培训95期4517人次。采取“实地调研+直面接触+综合研判”三次比对方式，了解和掌握优秀人选450人。审查干部档案1301份，抽查全县583名乡科级领导干部个人有关事项报告，完成203名正科级领导干部个人有关事项报告录入管理系统工作。省州换届风气督查组和州换届指导组到三穗开展指导工作7次，重点对县党代会、县人代会、县政协会、乡镇党代会和人代会会议期间的换届风气工作进行重点督查，组织提名人员均顺利当选。出台《关于加强换届风气监督确保换届风清气正的工作方案》，县委书记率先垂范开展谈心谈话76人次，县委、纪检、组织人事部门人员累计开展谈心谈话95批5098人次。73个县直部门、9个乡镇党委向县委做出承诺并签订严守换届纪律承诺书6096份。向各乡镇和县直部门领导干部发送换届纪律宣传资料6000份，累计观看《镜鉴》《警钟》观看学习6096人次。县委派出换届风气督查组累计到9乡镇开展巡回督查54次，换届纪律知晓率和换届风气评价满意度均实现两个100%。

【党建创新】 推进“党社联建”升级工程。围绕“一年见成效、三年全脱贫、全面奔小康、双超有数量”的党建扶贫目标，着力打造“党社联建”升级版，推行“支部带实体、强村带弱村、能人带群众”的“党建三带”模式，集中打造55个“党社联建”示范村，建立农村经济组织（合作社、协会、公司）370个，实现90个中心村全覆盖，带动群众17000余人，注册资金4.685亿元，年产值达9925.8万元。比如，台烈镇颇洞村通过“党建三带”模式实现集体经济积累213万元，带动380户2800人有效脱贫。滚马乡推广“一社一亭”模式，新增专业合作社7个，辐射带动1000余户贫困户4000余人户均增收2800元；长吉镇烧巴村康源生态养殖专业合作社带动86户贫困户人均增收超过600元；桐林镇木良村采取“党支部+旅游协会+旅游发展公司”模式，带动53户贫困户人均增收超过800元。创新推进“城市三带”脱贫工程。创新推进“城市资源带、龙头企业带、就业创业带”的“三带”扶贫模式，把社会停车场、洗车场、加油站等“稳赚不赔”的城市公共资源整合到经营企业，让贫困户参股分红，带动贫困户脱贫。全县依托“城市三带”工程共经营项目13个，总投资5000余万元，其中贫困户入股379户，入股资金1694.5万元，并提供城市协管、园林绿化、小区物业管理、建筑务工等贫困户就业岗位1200余个。探索推进“五融五帮”试点工程。以八弓镇界牌村为试点，探索推进“五融五帮”抱团脱贫模式，由村两委牵头成立宏宇种植专业合作社和贵州三穗贵洞旅游发展有限公司，募集入股资金486万元，田土入股300余亩（折合资金800余万元），覆盖全村所有农户。全年接待游客达3.5万人次，实现村级集体经济收入12万元，带动150余人稳定就业、43户贫困户189人有效脱贫。集中推进“双脱”致富工程。制定《三穗县2016年村级集体经济“空壳村”脱壳工作实施方案》，与各乡镇、县直各部门签订“双脱”工程责任书，采取“政府+村集体”“合作社（协会、公司）+村集体”等模式，明确45个试点村，投入各级财政资金4000万元发展村级集体经济，全县90个中心村村级集体经济均超过3万元，最高的村达213万元。长吉镇通过探索“双带双好”党建扶贫模式，新增党社联建合作社11家，覆盖全镇所有“空壳村”和80%贫困户，组建涉农经济合作组织45个，辐射带动2400余户农户抱团发展，解决就业1800余人。以“贫困党员+帮扶主体”“贫困党员+经济实体”“贫困党员+就业培训”等为载体，通过发展生产、转移就业、社会保障兜底等方式，实现651名贫困党员全部脱贫。桐林镇推行“联一扶二帮三”的班子成员结对帮扶贫困党员机制实现38名贫困党员全部脱贫，帮助发展产业5个，落实帮扶资金1.8万元。款场乡将全乡划分为33个网格，将网格内贫困党员的脱贫责任细化到网格长及包（驻）村干部、村组干身上，实现64名贫困党员脱贫。印发《关于开展党建创新工作的实施方案》，涌现出“党社联建”

“党建三带”“三绩管理”“五融五帮”“一社一亭”等亮点品牌，得到省、州领导的充分肯定，尤其是“党建三带”工作得到省委书记陈敏尔的肯定性批示。其中，“三绩管理”获得《中国组织人事报》报道，“党社联建”“党建三带”多次获《贵州日报》《贵州民族报》《黔东南日报》报道，“一社一亭”等先后获《黔东南日报》报道，打造了一批叫得响、有成效、可推广的党建创新品牌。

【干部培育】 建立县委统一领导、组织部门牵头抓总、成员单位各司其职、相关部门密切配合的人才管理机制，压实人才工作责任。同时，县财政匹配划拨1000万元以上人才专项资金，及时调整充实县人才工作领导小组成员，全县各乡镇、各相关部门至少有1人从事人才工作。开展精准扶贫、特色产业、乡村旅游教育培训等各类人才培训班次12期13683人次。从省选派2名科技副职、州选派3名科技特派员、从县农业、林业、水务等涉农部门选派81名农业辅导员组成9个“三农”服务团，赴9个乡镇进行业务技术指导。借助浙江杭州对口帮扶三穗契机，选派两批党政人才23名到江干区挂职锻炼。发展企业经营管理人才152人，专业技术人才105人，技能人才620人。通过开展“七小行动”，帮助广大就业困难人员、高校毕业生就业。完成省委组织部对全县非公企业和社会组织工作督查工作。

【自身建设】 开展“四铁四讲四提四创四亮”活动15场次，着力提升组工干部综合能力。积极开展“每周学习例会”“工作推动落实月”、警示教育等主题活动，围绕中共十八届六中全会、省委十一届全会、州委十届全会等撰写学习心得240余篇。加大基层党建工作和组织工作宣传力度，编写《组工信息》88期、《组工简讯》48期，被省州县三级组织内刊累计采用164篇，排名全州第三名。组织工作新闻稿件被中央、省、州、县报刊采用202篇，其中《中国组织人事报》2篇、《贵州日报》和《贵州民族报》等省级报刊63篇、《黔东南日报》68篇。监测网络舆情8900条，编发影响力文章320篇，被省级以上媒体采用300篇。

（撰稿：苏俊任　编辑：龙荣森）

离退休干部工作

【概述】 中共三穗县委离退休干部工作局内设县老部活动中心、县关工委办公室2个股室，行政编制3名，事业编制3名，工勤编制1名，实有人数9名，其中女4人，男5人，少数民族9人；有退休干部8人。

【学习贯彻落实《关于进一步加强和改进离退休干部工作的意见》】 4月13日，局长王碧生组织全体干部职工学习中组部负责人就《关于进一步加强和改进离退休干部工作的意见》（以下简称意见）回答记者提问，并要求全体干部职工要认真领会《意见》精神实质。推动《意见》的落实。

【离退休干部为党的事业增添正能量活动】 鼓励和支持老同志助力同步小康。组织引导150位居住在同步小康驻村工作组所在地的“五老”（老党员、老干部、老战士、老模范、老教师）人员就近就地与76个同步小康驻村工作组结对帮扶，在同步小康建设中争当“五大员”（争当“助理员”发余热，争当“宣传员”强素质，争当“服务员”助民乐，争当“调解员”促和谐，争当“指导员”领发展）。“五老”人员帮助驻村工作组深入村寨开展工作400余次，参与矛盾纠纷调解12次，发放各类政策宣传资料20000余份，帮助群众做好事实事近300件。

鼓励引导老同志围绕“展示阳光心态、体验美好生活、畅谈发展变化”主题开展为党的事业增添正能量活动。2016年6月22日，组织12名老干部代表参加县“我看从严治党新气象”座谈会，鼓励老同志关注“共产党员”微信、易信公众号，组建网宣员队伍，在主流媒体网站发声，组织老同志和信息员积极传播正能量。继续为关工委开展工作提供条件、搞好服务，引导“五老”在弘扬党的优良传统和关心教育下一代、助力同步小康等方面增添正能量。

【离退休干部思想政治工作和党组织建设】 2016年6月16日，组织50余名离退休干部开展“两学一做”学习教育专题讲座。7月1日，县委老干部党校在县委离退局二楼会议室举办科级退休干部党员学习培训班，各乡镇各单位科级退休干部党员共50余名人参加学习培训。在全县开展离退休干部党员参加党组织活动情况专题调研，广泛听取广大离退休干部党员的意见及建议，形成调研报告，上报州委离退局。

【创新和完善离退休干部服务管理工作】 从离退休干部队伍结构发生显著变化的实际出发，在继续做好离休干部服务的同时，提供更多个性化、亲情化服务，每月为他们送学送资料上门等。抓好离退休干部政治待遇的落实。坚持和完善离退休干部政治待遇各项制度，保证离退休干部按规定参加政治学习、阅读文件、听报告、就近就地参观学习、参加重要会议和重大活动。县委办、县政府办印发《关于调整县老干部工作领导小组成员的通知》《关于调整县级领导干部联系离休干部、副县级实职退休干部的通知》，落实好老干部的政治待遇和生活待遇。新春佳节，县委书记黄瑜、县人大常委会主任龙义立、县委副书记吴永萍等县领导在相关部门负责人的陪同下，深入离退休干部家中开展春节期间“送温暖”走访慰问活动，给他们送去节日慰问金、年货大礼包和对新年的美好祝愿。9月份，组织县离休干部、享受副县级以上待遇的退休干部、高级知识分子50余人到台烈镇颇洞村现代生态农业示范园区参观考察学习。9月29日，三穗县2016年离退休干部老年节座谈暨经济社会运行情况通报会在台烈镇颇洞农庄会议室召开。县委常委、县人民政府常务副县长龙青松出席会议并通报情况。继续加强离退休干部学习活动阵地建设。依托老干部活动中心、县老年大学等，开展积极健康的文娱活动。10月9日，以“脱贫攻坚我参与，同心共筑中国梦”为主题，成功举办2016年欢度老年节广场舞大赛活动。举办老年书画展，扬中华民族优秀传统文化。州委离退局、晚晴杂志社编印的《喜看建州60周年》李光厚撰写的《喜看自治州民族教育的辉煌》、邹荣明撰写的《一条凝聚了几代人心血的路》、杨桦的诗歌《纪念建州六十年》、杨精禹的《黔东南春光》、龙建平的摄影作品《情歌悠悠组图》、杨通富的摄影作品《三穗晨韵》获得登载。合理利用离退休干部特殊困难帮扶资金（5万元），对特困离退休干部及遗孀进行帮扶。9月，三穗县委离退局干部深入离退休干部及遗孀家中开展特殊困难帮扶工作问卷调查。

【竭力为老干部办实事做好事解难事】 新春佳节之际，县委离退局干部赶赴余庆、凯里、玉屏、三穗等离退休干部及遗孀家中开展春节期间“送温暖”走访慰问活动，共走访慰问离休干部13户，副县级以上退休干部33户（含享受待遇），高级知识分子35户，离退休干部遗孀45户，送去年货大礼包72份、节日慰问金6万余元。4月三穗县委离退局干部一行3人，赴浙江省磐安县走访原县商业局党组书记易地安置的离休干部陈郁文。与县广电网络公司开展“关爱离退休干部”优质服务活动。坚持定期和不定期走访老干部，看望生病住院的老干部。8月，县委常委、组织部部长龙滨，到省人民医院看望生病住院的退休干部田茂良。全年走访看望生病住院的老干部26人次，为去世老干部送葬5人次。重视老干部的来信来访工作。全年全县离退休干部无来信来访情况，实现老干部“零上访”目标。

【自身建设】 按照县委、县政府“铸勤行动”的部署和要求，对活动开展进行全面安排部署，制定工作方案，成立“铸勤行动”领导小组。开展“两学一做”学习教育活动，严守党的政治纪律和政治规矩，争做合格党员，为助推三穗县同步小康做贡献。

【挂村帮扶】 到雪洞镇平关村开展与贫困户结对帮扶活动，先后走访13户贫困户，与村干部进行座谈交流，了解13户贫困户的家庭状况、贫困原因和群众急需解决的困难问题并有针对性地提出具体的帮扶措施。深入雪洞镇平关村遍访贫困户暨开展计生“双诚信、双承诺”帮扶活动。为该村送去3000元计生“双诚信、双承诺”帮扶资金。“六一”儿童节三穗县委离退局对5名贫困户留守儿童进行看望慰问，为他们送去书包、文具等慰问品。7月1日，与雪洞镇平关村联合开展庆祝建党95周年联谊活动。全年帮扶平关村累计资金共15000元。

（撰稿：欧入嫦　编辑：龙荣森）

非公企业和社会组织管理

【概述】 2016年，中共三穗县委非公有制组织工作委员会在职人员4人，设书记1名，企业和社会副书记3名（兼职2名），主要负责全县非公有制企业和社会组织党建工作的综合协调、政策指导、监督检查等工作。2016年，杨荣荣任中共三穗县委非公有制经济组织工委书记，刘永辉、李大国、杨永文任副书记。

强化组织保障。将非公企业和社会组织党建工作从制度保障、人力保障、资金保障等各个方面与其他领域党建工作同安排同部署、同安排、同调度、同落实、同考核。工委书记与县委签订三穗县2016年基层党建工作目标责任书，把“软任务”变成“硬指标”。定期调度工作推进情况，在全县党建季度工作例会上，工委书记4次作工作专题汇报。按照工委运转经费不少于10万元、支部活动经费2000~5000元的标准，县级财政预算并下拨24.1万元工作经费，保障工委及基层党组织活动的正常运转。

强化工作职责。落实工委书记抓党建工作责任制，先后组织召开9次工委会议，专题研究部署非公企业和社会组织党建工作，深入企业和社会组织指导工作18次，为党员职工、企业出资人、社会组织负责人上专题党课3次。按照《工委成员分片联系指导工作制度》，4名工委委员共深入非公企业和社会组织开展指导帮扶工作68人次，帮助解决困难问题66项，提出工作建议意见12条。深入县级领导定点联系与相关部门对口联系工作制度，调整非公企业和社会组织县级领导联系点，各县级领导干部共深入企业、社会组织走访调研、指导工作205人次，帮助解决困难问题46项。各联企部门帮助企业推进重大项目32项，解决实际问题170余项。选派120名党建指导员（联络员）到企业或社会组织开展联系帮扶工作。

强化工作目标。按照省、州的工作统一部署，结合三穗非公企业和社会组织特点与实际，研究部署三穗县2016年非公企业和社会组织党建重点工作。围绕县委“围绕脱贫抓党建、抓好党建促脱贫”的总思路，坚持抓有效覆盖、抓队伍建设、抓作用发挥、抓制度完善，以领导联系服务、“双千双助”、党员“1+2”互助联系服务内容，明确17项重点工作任务，制定并下发《中共三穗县委非公有制企业和社会组织工作委员会2016年工作要点》，明确责任单位、工作目标与工作完成时限。

围绕“九项”重点任务，按照“一月一学习、一季一研讨”学习教育安排，采取小型、灵活、业余、实效的方式，开展“七小行动”，力推党组织及广大党员在“两学一做”学习教育中学做并举。

将《中国共产党章程》《条例》《准则》与系列讲话等内容，纳入“三会一课三教”日常学习教育；将习近平总书记“七一”讲话贯穿“两学一做”学习教育全过程，围绕“不忘初心、继续前进”8个方面要求进行学习讨论；以邓迎香、杨波、潘学军、刘善平等人先进事迹为学习标杆，围绕“四讲四有、五个先锋、四做”标准，强化党组织与党员的与自我提升。通过专题培训、专题党课、理论宣讲等多种形式，培训党员、职工1205余人次。组织82名党组织书记参加全州、全县“两学一做”学习教育专题培训，邀请省、州、县理论宣讲团、领导专家到县经济开发区、非公企业和社会组织开展集中宣讲6次，上专题党课15次。同时，通过“线上线下”“分散集中”、现场互动等灵活、业余的学习方式，在攻克工学矛盾的同时，提高学习研讨实效，形成“线上互通、线下互动”的学习氛围，不断提升党员参与学习活动的积极性。创新学习教育标准套餐、自助点餐、特色加餐的“三餐”模式，围绕“两学一做”学习教育的“规定动作”，由党员自主推荐和选择学习内容，支部提供资料、安排学习时间，满足党员的个性化需求。

以集中开展非公企业和社会组织党建摸底排查工作为契机，理顺党员组织关系，找准工作结症、难点，按照“一支部一对策”的方式采取有效措施进行整改。针对班子和党员队伍党性意识淡薄、组织活动开展不正常等问题，通过“三会一课”日常教育、座谈讨论、主题学习日等多种方式，强化党组织与党员宗旨意识、党性意识和服务意识。针对党组织书记能力不足、班子不团结等问题，通过谈心谈话、强化培训、支部换届等方式，增强党组织书记责任意识与履职能力，促进班子团结，活动以来，对5个班子不团结的党组织书记、支委成员进行谈心谈话，3个支部进行换届，从县直部门下派2名党组织书记。针对党组活动缺乏吸引力，作用发挥不明显等问题，通过设立党员示范岗、责任区等活动，从多个层面开展党建工作，丰富组织生活，增强党组织对党员职工的吸引力，引导党员职工立足敢为做贡献，推进非公企业和社会组织健康发展。

开展“七小行动”，引导党组织及党员在工作一线学做并举。活动以来，送书入企入社830本，宣讲到企到社238次，工委领导到联系点开展指导和服务86次，与县委宣传部对接，为全县非公企业和社会组织党组织统一订阅《三穗报》，通过党建指导员、邮递员直接将报纸送到基层党组织。开展各类“小服务”600余次，帮助定制“两学一做”学习教育笔记本327本；举办各类“小课堂”324次；开展各类“小研讨”245次；举办各类“小竞赛”活动146场次；基层党组织以及党员作出各类“小承诺”136项；党组织以及党员提“小建议”151条，65条被企业采纳；党组织以及党员做“小奉献”312次。

将党组织集中组建“百日攻坚”行动作为提升“两个覆盖”、夯实组织基础、提升组织活力的重要抓手。以园区为重点，紧盯农村专业合作社、商业街区、小微企业等党建薄弱领域，分类施策，统筹推进。

组织召开全县非公企业和社会组织党组织集中组建“百日攻坚”行动部署会议与工作推进会议。根据实际制定《三穗县非公企业和社会组织党组织集中组建“百日攻坚”工作方案》，拟定工作计划、根据要求，对全县非公企业党组织覆盖率32%目标进行调整。2016年，全县非公企业党组织覆盖率为65.4%、社会组织党组织覆盖率为100%。按照上下联动、“属地+归口”的工作原则，将工作责任落细、落小、落实。形成由县委组织部（非公企业和社会组织工委）牵头抓总，协调与指导，乡镇、经济开发区、相关部门直接负责的工作机制。按照“五个清”要求（经营运行情况清、职工队伍情况清、党员队伍情况清、建立党组织情况清、出资人情况清），进企入会逐户排查，对排查出正常生产运行的216家非公企业、25家社会组织，分类建立台账。

将园区作为集中组建“百日攻坚”重点区域。采取“一企一策”工作措施，精准发力，优化组织设置。针对联合党组织中具备单独组建条件的，全部单独组建，不断增强党建工作活力，对有1~2名党员，暂时没有条件组建党组织的，通过联合、挂靠的方式，实现组织的覆盖。对新成立的党组织，明确专人上门辅导，确保党组织工作平稳起步。采用“1+1”“1+N”的方式，从经济开发区选派19名优秀党员干部到36家企业担任党建工作指导员（联络员），在做好排查摸底的同时，帮助企业解决实实在在的困难和问题。

针对商业街区、专业市场等小微企业、个体工商户集聚区，探索“商街”党建工作模式联合建立党组织，如三穗县东门南路商业街党支部，联合10家有党员的小微企业（个体工商户）建立区域性党组织。针对农村专业合作社、行业协会等非公企业和社会组织党建薄弱点。对规模较大，有一定党员数量，社员（会员）较多的专业合作社或行业协会，采取单独组建为主，以强化党组织的政治引领作用，如长吉大头菜专业合作社党支部；发挥村级党组织兜底作用，依托“党社联建”，通过联合组建、挂靠组建等多种途径，建立党组织。针对重点行业、重点领域专业性（行业性）强的非公企业和社会组织，充分发挥行业（业务）主管部门的作用，通过部门带建、行业统建、挂靠组建等多种方式，建立行业性党组织。全县教育行业（教育协会、民办中学、私立幼儿园）在教育部门的指导与引导下，实现行业性党组织全覆盖。

在企业党员职工集中居住、生活、娱乐的地方，整合部门资源，通过建立党群服务中心的方式，为企业、党员职工搭建综合服务平台，提升党建工作吸引力。如三穗经济开发区企业党群服务中心，通过资源整合，完成了集党群活动室、图书室、健身房、娱乐室为一体总面积达400平方米的党群综合服务平台建设；优化100余平方米的党群活动室建设；在原有图书及电子阅览设备的基础上，协调增添500册价值1.5万元的图书；并建设完成30米的红色走廊文化。同时，通过建立党建QQ群、微信群，信息直通车等方式，对园区党员流动情况、党员发展情况进行动态管理，及时掌握各企业党建工作情况。党群服务中心建成以来，共集中举办各类学习培训4次，为企业提供开放式服务12次，接待党员群众2306次。

深入推进党员“1+2”互助联系服务活动，332名非公企业和社会组织党员与生产、技术骨干、困难职工结成帮扶联系对子，帮助政治理论学习、提升工作业务能力、解决实际问题。根据三穗非公企业和社会组织实际，扩大“1”的带动服因子，采取党员“1+ N”模式，拓展党员联系服务面。如三穗县小红帽幼儿园，在开展好“1+2”联系服务的同时，深化推展1名党员联系1名幼儿教师、1名困难学生、1名留守儿童的“1+3”联系服务活动；三穗客运公司，在开展好“1+2”互助联系服务的同时，还制定1名支委成员联系1条客运专线，1名党员联系1名驾驶员，1名女乘务员联系监督1名男驾驶员工作制度，使党员的困难面前、关键面前、群众面前站得出来。

深化拓展“双千双助”活动，引导企业参与全县脱贫攻坚行动，主动参与“千企帮千村”精准扶贫行动。在全县“千企帮千村”精准扶贫行动动员大会上，25家民营企业和1家社会组织现场与帮扶村签订帮扶协议。各企业累计投入各类帮扶资金（物资）达700万元。三穗县惠商商会6家会员企业与8家贫困户结成帮扶对子；先后4次组织会员企业，深入贫困中小学开展教育扶贫工作，捐赠衣物、学习用品等2000余件（套），捐赠物资累计达12.8万元。三穗经济开发区企业联合党支部所辖9家企业，定向为贫困户、移民搬迁户提供就业岗位300个，帮助119户贫困户脱贫。

【非公党建工作】 搞好三穗非公企业和社会组织百日攻坚“两个覆盖”工作，完成目标任务；在非公企业和社会组织中开展“两学一做”工作。

（撰稿：张秀进　编辑：龙荣森）

宣传工作

【概述】 根据《中共三穗县委办公室关于印发中共三穗县委办公室等21个部门主要职责内设机构和人员编制规定的通知》（穗党办发〔2014〕29号）文件，三穗县委宣传部设3个内设机构：宣传部办公室、精神文明建设指导委员会办公室、宣传理论股。核定行政编制6名，工勤编制1名；领导职数：部长1名，副部长2名（其中1名兼文明办主任），文明办专职副主任1名（高配副乡级），股级2名。实有人数7人。2016年在全县年度目标考核中获得A类部门单位一等奖。

三穗县对外宣传办公室加挂县政府新闻办公室牌子，为县委宣传部所属副乡级事业机构。三穗县文化体制改革和文化产业发展办公室，为县委宣传部管理股级事业机构。三穗县互联网信息办公室，为县委宣传部所属财政全额预算管理的股级公益一类事业单位。2016年6月，成立三穗县社会科学界联合会，归口县委宣传部管理。

【理论宣传】 “四级联动”深化“三堂一坛”理论宣讲模式。规范县、乡、村、社区四级宣讲主体的工作职责和任务要求，深化“三堂一坛”理论宣讲模式，结合“两学一做”学习教育及脱贫攻坚等内容开展理论宣讲。宣讲形式采取“因地制宜”“因材施教”的宣讲模式，进乡村、进社区、进学校、进工地设立微课堂，播放微视频，传播正能量；组织开展各级各类“理论走基层·惠民好声音”等宣讲活动共计300余场，参加听课15000余人。同时，充分利用全县180个道德讲堂、“领导干部上讲堂”、月末干部论坛等载体，积极将“明礼知耻·崇德向善”主题活动融入其中，共组织宣讲1100余场次，听众达30000余人次。

【外宣工作】 对全县涌现出来的工作亮点、典型经验、发展势态等进行策划报道。制定对外宣传工作计划，明确外宣目标及任务；明确月、季宣传主题，将州委宣传部下发的近期宣传工作重点发到对外宣传工作群；与高端媒体做好对接，邀请他们深入三穗拍摄、采写深度稿件；明确《黔东南报》“一禾三穗”版每期宣传主题，安排分配到各乡镇及各部门进行组稿；探索采取“纸媒-、互联网+”（“纸媒-”即减掉长篇累赘空话套话的长篇大论，以短小轻快的消息通讯赢得中央及省、州纸质报刊上稿率；“互联网+”即充分利用互联网快捷和海量的优势，在新闻网站、微信微博、手机客户端等新兴媒体推出深度图文报道）方式，凝聚宣传正能量，唱响三穗发展主旋律。把握新时代读者及受众的接受方式和媒体发展趋势，探索利用“纸媒-、互联网+”的宣传工作方式，做好舆论引导工作，唱响三穗发展主旋律。在与高端媒体互动中，邀请中央电视台到三穗拍摄了两个专题，一个是《给桥过的节日》，另一个是《美味乡土之苗家的社饭》。两个专题分别于4月19日、5月11日在中央电视台军事农业频道播出。邀请贵州日报社记者到三穗采写党社联建扶贫新模式，文稿《党社联建奔富路 村民“三变”享红利》登载于2016年5月8日《贵州日报》头版头条；《“三带”带出新气象 小康路上步更坚》登载于12月21日《贵州日报》头版；12月22日《贵州日报》又整版特刊《三穗“黔东要塞”百业兴》。2016年，三穗在国家级以上纸质及电视广播媒体上稿30篇（条、幅），专题3个；在省级纸质及电视广播媒体上稿521篇（条、幅）；在州级纸质及电视广播媒体上稿535篇（条、幅）；上挂省级网络21000余条；组稿出刊《黔东南日报（三穗版）》24期；印刷出版《三穗报》55期。

【精神文明及多彩贵州文明行动】 2016年通过州级文明县城复查，成功创建1个文明单位（高速路政执法大队），道德讲堂开展1067期，村级综合文化服务中心示范点建设4个（八弓镇吉洞村、良上镇上寨村、台烈镇破洞村、长吉镇贵秧中心村），乡村学生少年宫建设1所（长吉镇贵秧中心小学），推荐身边好人60人，推荐身边好人线索1600余条。在“多彩贵州文明行动”方面，在省文明委2016年“文明在行动·满意在贵州”暨“多彩贵州文明行动”综合考核结果中，获得全省二类县第四名。全州考核获得二类县第一名。

以道德讲堂、宣传部长上讲堂、月末干部论坛等为宣讲平台，开展“六进”活动，将社会主义核心价值观宣传进机关、社区、学校、农村、企业和家庭；利用县电视台、《三穗报》等媒体宣传报道“最美三穗人”“道德模范”“身边好人”等先进典型模范，以榜样的力量带动培育和践行核心价值；利用将军广场、主要街道、各大超市、宾馆、出租车、公交车显示屏等媒介，设立社会主义核心价值观、文明礼仪等宣传广告牌，加大覆盖面，营造浓厚氛围。

以台烈镇颇洞村作为重点建设主线，依托该村省级AAA景区及其省级生态示范园的先决条件，投入50万元资金用于村头正能量、星级文明户、道德讲堂、积德榜、乡贤榜、家训家风的收集、村规民约的修订等文化阵地建设；投入1000余万元资金完善基础设施建设，安装太阳能路灯140盏，完成通组公路硬化2500米，人行步道硬化3000米，新建灌溉渠1500米，拦河坝90米，新增绿化带1400米，建成荷花池1个、休闲凉亭1个。分别在八弓镇吉洞村、良上镇上寨村、台烈镇破洞村、长吉镇贵秧中心村建成4个村级综合文化服务中心示范点。

以道德讲堂、宣传部长上讲堂为平台，着力从抓基础，强化队伍建设；重引领，抓好示范带动：县委书记、县委常委，宣传部长、副部长分别带头上讲堂授课；邀请贵州省著名演员、国家二级编导、贵州电视台开心帮钟幺爷扮演者、贵州省文明办特聘孔学堂十大德师之一、贵州谦德传统文化公益传播中心理事长、贵州省文化厅创作中心钟中老师为大家授课，做好示范引领。各乡镇、各部门、各单位党政领导干部也积极参与到上讲堂活动中来；各企业名人、创业成功人士、专家、学者、村主任、乡贤、道德模范、致富能手等积极响应，加入宣传洪流，形成生动的大宣讲局面。全县道德总堂开展活动14场，全县各乡镇、各单位各部门累计开展宣传部长上讲堂1100余场。

加强未成年人思想道德建设，结合三穗实际制定实施《未成年人思想道德建设工作考评方案》，健全有力的工作长效机制，健全完善学校、家庭、社会“三位一体”网络，重点抓好学校德育、校外活动场所示范点、农村未成年人活动场所示范点。动员社会各方面力量共同参与未成年人思想道德建设，开展“祖国好·家乡美”系列活动；整合各方面力量共同推进，不断提升活动效果和影响力，引导未成年人在活动中自我教育、自我提升，明礼知耻、崇德向善、见贤思齐，做一个有道德的人。加快乡村少年宫学校建设，共建有6所乡村少年宫学校，为城第关一小学、滚马中心小学争取项目资金40万元。

抓好志愿者服务工作。2016年，三穗志愿者服务开展了“青春暖夕阳，关爱促和谐”敬老院慰问孤寡老人、“暖冬行动”温暖返乡农民工回家的路便民志愿服务活动、“绿色贵州三年行动”植树活动、“3·5学雷锋青春一起SHOW”学雷锋活动、“青春护航”安全禁毒宣传教育六进活动、“G20峰会”期间为乘坐高铁和自驾游到三穗探访游玩的杭州市民提供旅游咨询、路线指引、便民服务等志愿服务项目、第二届“中国传统村落·黔东南峰会”志愿服务活动。

“三创一满意”活动、“多彩贵州文明行动”成效突出。2016年，“多彩贵州文明行动”工作有效推进，把各部门、各单位和9个乡镇分类进行考核，把乡镇的环卫设施建设与管理，主干道、背街小巷、公路沿线自然村寨、河道等区域纳入考核实地查看范围。农村环境卫生整治实现常态化。组织村民参加村寨环境卫生集中整治行动，培养人民群众文明的生产生活习惯，革除乱扔乱倒陋习，打造“百姓富、生态美、人文美”的社会主义新农村。实现制度和传统文明结合。

农村环境卫生整治，把9个乡镇的53个行政村纳入整治督察考核范围，在乡村广泛开展环境卫生整治行动，着力整治公路沿线和村寨乱堆乱倒现象，建立健全“村收集、乡转运、县处理”的垃圾收运系统或就地使用中小型焚烧炉进行焚烧的长效处理机制，收集、清理和销毁乡村街道、河道等垃圾。组织村民参加村寨环境卫生集中整治行动，培养人民群众文明的生产生活习惯，革除乱扔乱倒陋习，打造“百姓富、生态美、人文美”的社会主义新农村。把在工作推进中群众公认、达成共识的做法，写进“村规民约”，与“村民自治”“联保”制度相结合，促进了农村环境卫生整治常态化。

【文化产业工作】 开展调查统计，为全面建成小康社会提供可靠的监测数据。在3月初及时召开“文化产业数据调查统计”工作部署大会，对所有涉及文化产业相关部门的调查统计业务人员进行“文化产业数据统计监测工作”业务知识培训，协调市监局、民政局等相关职能部门为调查统计补办证工作开设“便捷通道”，确保调查统计工作顺利进行。开展调查统计工作过程中，县文产办、县统计局共同牵头，3次召开调度会，督促、指导调查统计业务人员加快工作进度，把好摸底、清查、统计、录入、审核、上报等各个环节关。经过努力，实现三穗2015年“文化产业增加值占GDP比重”经省认定为4.6，完成同步小康目标（≥4）进程100%，全省第二方阵第五位，全州第三位，全州第二方阵第二位。

借5月中旬第十一届中国（深圳）国际文化产业博览交易会在深圳会展中心举办之机，根据州、省安排，三穗积极组队参与。博览会上，三穗与会人员认真参观、积极交流，学习了解先进地区在文化品牌打造、文化产品开发中将文化与创意融合、文化与科技融合、文化与旅游融合的发展特色和成功经验。

定期深入企业开展调研，积极帮助企业谋发展。县文产办坚持每月一次深入企业开展调研，及时了解企业生产状况以及遇到的难题，帮助企业申请省、州文化产业专项资金，推荐企业申报示范基地、参评优秀企业和参加各类展销活动等，助推企业扩大发展。

（撰稿：潘盛金　编辑：龙荣森）

统战工作

【概述】 中共三穗县委统战部（含台办、党外人士服务中心）核定编制6名，其中行政编制3名，事业编制3名，实有在职干部职工7人，其中部长由县委副书记兼任，不占编，副部长2人（分别兼任对台办主任、工商联党组书记），少数民族6人，中共党员7人。归口管理对台工作办公室（设主任、副主任各1名）。

成立由县委副书记、县委统战部长任组长的工作领导小组，积极筹备2016年《三穗知联》刊物出版工作，共收集知联会员稿件22件，完成三穗统战形象宣传片、制作宣传展板等工作，推进全州上半年“看听学比评”活动开展。加强2016年全州“看听学比评”现场观摩会各项工作的领导并整合各部门资金400多万元，对甘霖寺、岩门沟民间信仰场所、惠商商会、颇洞美丽乡村等观摩点加大基础设施建设投入力度。8月29日，在全州统战系统“看听学比评”现场观摩会上，三穗县统战工作的成功做法和亮点得到观摩会领导和同志好评。加强民族宗教工作，全县共投入100万元加强甘霖寺诗廊、道路、绿化等工作，积极推进提升民间信仰事务治理工作。加强美丽乡村建设工作，投入500多万元建设颇洞文化长廊、文化活动中心、风雨桥等，推进美丽颇洞村寨建设。

【作风建设】 采取每星期组织干部认真开展“两学一做”活动，即学习习近平总书记系列重要讲话精神，学习党章党规，同时参与“手抄党章100天活动”，巩固学习成果。加强学习贯彻《中国共产党统一战线工作条例（试行）》和全国、全省、全州、全县统战工作会议精神，理清思路，熟悉法规政策，提高理论武装头脑，全体统战干部统战思维进一步提高，统战执行力得到增强。开展铸勤行动，保障全县统战系统干事创业实绩，加强党风廉政建设，推进机关作风建设。

【海外及港澳台统战工作】 重视“三胞”工作，2016年1月21日至25日，县委领导分别走访慰问“三胞”，送去党和政府的温暖，共走访慰问“三胞”亲属42户（人），送去慰问金13200元。召开统战茶话会。2月5日县委召开茶话会，县委副书记、县委统战部部长吴永萍，县委常委、常务副县长龙青松，县人大、县政协等四大班子领导出席会议，无党派代表、非公有制经济、民族宗教、工青妇等各界别人士共80人参会，共话三穗发展，统一全县各界别发展共识。加强“三胞”普查工作，2016年1月26日完成“三胞”人员普查工作，全县共有“三胞”167人，其中台湾同胞34人，涉台婚姻35人，涉港婚姻81人，涉外婚姻15人，涉澳婚姻2人，已定居43人。

【全县统战工作会议】 3月17日，三穗县组织、宣传暨统战工作会议召开。县委各常委、各乡镇、县直各部门负责人150余人参会，会上传达了省、州统战工作会议精神，通报了2015年全县统战工作开展情况；县委副书记、县委统战部部长吴永萍就如何做好2016年统战工作作讲话。

【“千企帮千村”精准扶贫】 组织开展“千企帮千村”精准扶贫行动，4月22日，县委召开“千企帮千村”精准扶贫行动动员大会，县委副书记、县委统战部长吴永萍，县委常委、常务副县长龙青松、县政协副主席、工商联主席吴峻等领导出席会议，共有26个民营企业与24个村结对帮扶，其中贫困村13个，企业积极与相应的贫困村或贫困户签订精准扶贫责任书，提高民营企业参加脱贫攻坚的积极性主动性。积极开展扶贫攻坚、脱贫攻坚工作，深入长吉乡大寨村开展遍访贫困户和扶贫帮困工作。协调各种项目资金120多万元，修建村两委办公楼，修建垃圾池10个，扶持种养大户4户，使全村贫困户减少到47户123人。

【知联会工作】 做好对党外知识分子联谊会的政治引领和思想沟通工作。5月17日，召开党外知识分子联谊会会长会议；5月27日，县委统战部组织知联会会员深入传统村落——雅中村开展送医送法送教活动，发放书画笔、纸、文具盒46套，引导学生从小树立良好学习兴趣。知联义诊组为雅中病患者义务检查血压、B超、心电图16例；知联会副会长、中医院院长吴必智带领义诊人员上门为95岁老人吴秀和检查血压、心电图测试。知联义务法律服务组为群众解答土地权属纠纷、林权纠纷法律知识，发放宣传资料86份。知联会员热情主动服务、答疑解惑，迎得广大群众信任，纷纷主动与知联会员互相留电话、加入微信，建立长期帮扶热线。

【信息及宣传】 以开展“两学一做”学习教育活动为契机，组织干部职工深入学习习近平总书记的系列重要讲话和《中国共产党统一战线工作条例（试行）》，开展政治理论和业务知识的学习活动，提高思想认识，保证工作实效性。强化统战宣传工作，2016年，共编发信息简报111期，被州级以上媒体采用13篇，县级媒体采用20篇，撰写调研报告及理论文章13篇，被县级媒体采用7篇，开展各类法律、法规宣传活动5次，发放宣传资料1500余份；于8月底前完成三穗县统一战线官方网站建设、微信公众号、统战干部交流群、党外代表人士交流群、非党干部交流群等信息网络的建设。

【经济统战持续助力发展】 完成惠商商会注册登记工作，商会会员达63家。5月28日下午，三穗县惠商商会在将军府会议中心二楼召开成立大会，来自黔东南州工商联、州工信委、州商务局等领导，松桃、玉屏、锦屏、天柱、镇远、黄平、剑河等周边县市工商界、嘉宾以及县直部门和人民团体，共400多名代表参加会议。开展“走访台企、助推发展”活动。4月，组织深入台企——瑞蛙皮具有限公司调查研究，形成《关于新形势下扶持台商企业的建议》调研报告，为台企解决问题和困难2个。加强民进支部筹建工作，县委于4月正式批复同意筹建黔东南民进州委三穗县支部。经过筹备，11月8日，民进黔东南州委三穗县支部正式成立。

【政协工商联换届圆满完成】 组织机关干部和党外干部学习中央和省委、州委、县委的换届工作政策规定和纪律要求，制定政协、工商联换届工作方案，与机关干部和党外副科级以上领导干部签订换届纪律承诺书，教育引导党外干部遵守换届纪律要求，全面完成县政协委员和工商联执委人选的推荐考察和换届工作。

（撰稿：王玉杰　编辑：龙荣森）

机构编制

【概述】 三穗县机构编制委员会办公室，是三穗县机构编制委员会的常设办事机构，既是县委的工作机构，又是县人民政府的工作机构。行政编制5名，工勤编制1名。领导职数：主任1名、副主任2名，专职纪检员1名（副科级）。实有在职人员6人，其中大专以上5人，少数民族5人。内设综合股和业务股2个内设机构。下设三穗县事业单位登记管理局，正乡级行政机构。行政编制2名，领导职数：局长1名，副局长1名。实有在职人员2人，其中女性2人，大专以上2人，少数民族2人。内设执法监督股；三穗县政务公益域名和信息管理办公室，为财政全额预算管理的副乡级公益一类事业单位。事业编制6名，领导职数：主任1名，副主任2名。实有在职人员3人。其中女性2人，大专以上3人。

2016年事业单位登记管理工作在全州排名第二。

【编制清理】 全县共有行政机构94个（正处级1个，正科级62个，副科级20个，股级11个）。其中县直机关83个（正科52个，副科20个，股级11个），乡镇9个（正科）。全县行政编制574名（其中乡镇236名，县直338名），实有行政人员536人（其中乡镇行政人员198人，县直行政人员338人）；乡镇空编38名。政法专项编制278名，实有政法人员268人，空编10名。事业编制4378名（含群团34名、开发区45名），实有事业人员3549人，空编829名。机关工勤编制76名，实有机关工勤102人，超编26人。2016年度从县外调入48人，调出县外47人，事业单位招录147人，高层次人才和急需紧缺人才引进75人，其他进人25人。调剂使用编制69名。2016年度，共召开编委会3次，研究机构编制事项47项，其中机构设立18项、更名5项、撤销1项、其他23项。

【创新管理】 按照《县直部门及乡镇权力清单和责任清单编制工作方案》文件要求，共清理出非试点乡镇人民政府行政权责清单61项，其中行政许可5项，行政处罚8项，行政强制2项，行政给付1项，行政检查1项，行政确认3项，行政裁决1项，其他行政权力40项；改革试点乡镇人民政府行政权责清单130项，其中行政许可5项，行政处罚77项，行政强制2项，行政给付1项，行政检查1项，行政确认3项，行政裁决1项，其他行政权力40项。在三穗县政府网进行公布，乡镇行政权责清单实行动态管理，将根据法律、法规立、改、废并对国家、省简政放权情况及时调整完善。

【市场监管体制改革】 理顺市场监管体制。三穗县市场监督管理局不再加挂三穗县食品药品监督管理局、三穗县工商行政管理局、三穗县质量技术监督局牌子，由三穗县市场监督管理局对全县食品药品、工商行政管理、质量技术监督实施统一的监督管理。整合执法机构，推进综合执法。撤销三穗县经济检查大队、三穗县质量技术监督稽查大队、三穗县食品药品稽查大队。组建三穗县市场监督管理综合执法大队，为三穗县市场监督管理局所属财政全额预算管理的副乡级公益一类事业单位。内设办公室、执法室、举报投诉处理室和八弓、台烈、瓦寨、桐林4个执法中队。整合技术资源，建立综合性的检验检测机构。撤销三穗县质量技术检验检测中心、三穗县食品药品检测检验中心。组建三穗县市场监督管理检验检测中心，为三穗县市场监督管理局所属财政全额预算管理的副乡级公益一类事业单位。内设办公室、食品药品实验室、计量检定测试室、认证服务室、材料测试室。建立市场监督管理投诉举报机构。设立三穗县市场监督管理投诉举报中心，为三穗县市场监督管理局所属财政全额预算管理的副乡级公益一类事业单位。

【规范网上名称管理】 全县机关事业单位中文域名到期446个，其中因机构撤销或更名注销33个，本年度应续费413个，新增注册19个。10月底，已完成续费注册432个，续费注册率为100%。根据上级文件精神，本年度机关事业单位中文域名续费及注册全部纳入财政统一支付。

【“云上编制”试点】 9月30日召开全县“云上编制”试点动员大会及“云上编制”系统

管理业务培训会。截至10月31日，全县478个行政事业单位，已全面完成“三定”、权责清单等录入及审核工作。

【事业单位登记管理】 全县事业单位法人登记158户，应参加法人年度报告公示的单位156户，已全部办理年度报告公示，公示率100%，合格率100%。年度报告公示期间办理变更登记25户，注销登记2户，换发赋有统一社会信用代码的法人证书152份，事业单位法人年度报告公示以及法人统一社会信用代码赋码工作3月初全部完成。4月28日正式启动党政群机关的统一社会信用代码赋码换证工作，12月底完成全县55个党政群机关初领换发统一社会信用代码赋码工作。

【县级公立医院法人治理结构建设】 2016年1月，三穗县人民政府成立“三穗县县级公立医院管理委员会”，县常务副县长任主任，分管副县长任副主任，相关涉及单位为成员单位。4月10日，三穗县分类推进事业单位改革工作领导小组印发《三穗县县级公立医院法人治理结构建设工作实施方案》（穗事改发〔2016〕1号）。2016年7月成立三穗县县级公立医院法人治理结构建设工作领导小组，领导小组办公室设在三穗县编制办。

【“两学一做”学习教育活动】 制定“两学一做”活动方案和学习计划，组织全体机关开展学习教育。组织专题学习。采取个人自学、集中培训、专题辅导、集体研讨等形式学习党章党规，学习习近平总书记系列重要讲话，在“学系列讲话”中坚定信心，增强干事创业本领。开展支部书记讲党课。围绕“学党章党规、学系列讲话，做合格党员”这一主题，在各单位和所联系村给党员干部讲党课。观看两部警示教育片。组织党员干部集中观看《镜鉴》等反腐倡廉教育片，进一步筑牢防线，提高拒腐防变能力。举办专题讨论会。围绕“五个能否”和“七一”讲话主题组织一场专题讨论会，结合自己思想工作实际进行全面剖析，认真检查反思自己有无理想信念动摇的问题。

【驻村帮扶】 选派县事业单位登记管理局副局长田维柳参加到驻村队伍中。抓好帮扶村脱贫攻坚工作，协助村两委做到村情清楚、贫困户精准。帮助联系村理清发展思路，调整农业产业结构，壮大原有村级养殖专业合作社规模，引导全村贫困户入股加入合作社。协调9.5万元资金帮助小台烈村级经济发展，推动各项工作和政策的落实。开展贫困走访和慰问工作。

（撰稿：田广香　罗兴　编辑：龙荣森）

直属机关党务

【概述】 中共三穗县直属机关工委设有书记室、副书记室、工委纪委办公室、目标考核办公室。人员编制5人，其中行政编制3人，事业编制2人，设书记1人，副书记（兼纪委书记）1人，秘书1人，县目标考核办公室（股级事业单位参公管理）2人。2016年有党的基层委员会3个（县法院、县检察院、民族高级中学）、党总支3个（国税局、第三中学、第二中学），党支部92个，其中行政支部55个，事业支部27个（含学校支部7个），国有企业支部5个，集体企业支部4个，离退休支部15个，共有党员2023名。

【“两学一做”学习教育活动】 4月27日，县直属机关工委制定和下发《三穗县直属机关工委关于开展“两学一做”活动工作方案》，并制定学习计划，成立“两学一做”学习教育活动领导小组。加强理论学习，把学习贯彻《廉政准则》《纪律处分条例》当作重要任务抓紧抓实，为各支部发放学习读本4500本，发放党章11000本（含乡镇），发动党员写出“两学一做”学习心得，积极参加县委宣传部开展的征文大赛活动。

【重走长征路，弘扬红色文化】 各支部结合自身条件，组织党员干部到杨至成将军纪念馆、良上红军亭开展“红色教育”主题实践活动，追忆革命先烈的战斗历程，不忘初心，重温入党誓词，缅怀先烈丰功伟绩，继承先烈革命遗志，提高广大党员的爱国主义思想，在构建和谐社会，推动全县经济社会又好又快发展中更好地发挥先锋模范作用。

【争先创优活动】 2016年4月28日，三穗县直属机关工委转发《关于做好全省、全州、全县优秀共产党党员、优秀党务工作者、先进基层组织推荐工作的通知》，要求各基层组织认真做好评选推荐工作，表彰先进，鞭策进，激励广大党员干部努力做好争先创优工作。

【铸勤行动】 为贯彻执行州委《关于在全州开展“铸勤行动”的决定》，2016年5月10日，三穗县直属机关工委制发“铸勤行动”实话方案，要求广大党员做到思想铸勤提高精神；能力铸勤，提高本领；效率铸勤，提升速度；创优铸勤，提增服务；争先铸勤，提档进位。要求各基层党组织认真执行。

【入党积极分子培训和发展】 4月28日至30日，举办入党积极分子培训班，根据“控制总量、优化结构、提高质量、发挥作用”的要求，2016年度县直属机关共发展党员45名（超计划13名），其中男27名，占60%，女18名，占40%。

【党费收缴】 抓好党费缴纳工作，根据党章规定，实行“党费日”，进一步规范党员党费交纳。2016年县直属机关工委下属有92个党支部（其中退休支部15个），有党员2023名，共缴纳党费852527元。

【帮扶解困】 全年县直属机关工委给赤瓦村送去人口计生“双诚信、双承诺”工作专项帮扶资金3000元，党建帮扶经费5000元，老年文体活动经费1000元，帮扶联系村困难户8户，发放帮扶资金2400元；帮扶长吉乡烧巴村2000元，雪洞镇平关村2000元。做好帮扶村长吉乡赤瓦村“两防”宣传工作。2016年在帮扶村共张贴大小宣传标语60幅，发放宣传资料600余份。

【年度目标考核】 对县直属93个部门（单位）、18个重点建设项目、9个乡镇年度工作开展情况进行集中检查和综合评定，按时完成全县年度工作目标考核任务，按要求向县目标考核领导小组递交考核工作情况报告，客观公正地反映各系统、各部门相关工作开展情况，为县委、县政府安排部署下年度相应工作提供了翔实可靠的依据。

（撰稿：邰昌广　编辑：龙荣森）

信访工作

【概述】 县信访局核定行政编制5名，事业编制7名，行政工勤编制1名，领导职数2名，在职11人。2016年，实现全年重大活动和敏感时期信访工作“六零”目标，全年未发生到州上省群访和到京非访。

全年省联席办交办信访件33件，已全部化解办结，化解办结率100%；省联席办交办的6件信访积案，已全部化解办结，化解办结率

100%；州级领导包案督办23件，已全部化解办结，化解办结率100%。

共收到上级转交来信13件，已全部化解办结；书记省长群众直通交流台4件，已全部化解办结；网上投诉件1件，已化解办结；州长信箱6件，已全部化解办结；书记县长群众直通交流台7件，全部化解办结。

全县共排查各类矛盾纠纷和信访问题372件，化解356件，化解率95.70%。县四大班子领导共接待来访群众243批次749人次。开展领导带案下访活动，通过领导接访办访、带案下访化解一大批疑难问题。

【“一节两会”期间重大矛盾纠纷包案化解稳控会议】 1月18日，召开专题会议，安排部署“一节两会”期间全县重大矛盾纠纷排查包案化解稳控工作。会议由州政法委副书记、县委常委、县政法委书记侯美嘉主持。会议传达了省州会议精神，宣读“一节两会”期间三穗工作方案，组织学习信访联席会议制度，各乡镇、各部门主要负责人汇报重大矛盾纠纷排查和信访问题包案化解情况；讨论“一节两会”期间包案化解及责任分解工作方案。与会领导对各单位提出工作要求，确保“一节两会”期间全面社会稳定。

【信访积案化解安排】 5月13日，全省化解信访积案集中攻坚工作再安排再部署再推进电视电话会议召开，根据省会议通报情况和主要精神，要求各乡镇、县直各有关部门（单位）认真开展好信访积案排查化解工作，各部门（单位）和乡镇之间要针对信访积案搞好协作，实行无缝对接，确保化解工作落实到位。

【生态文明贵阳国际论坛年会期间信访维稳工作会议】 7月5日，召开生态文明贵阳国际论坛2016年年会期间信访维稳工作部署会议，会议要求各乡镇、各部门（单位）明确工作目标，加强源头治理，加大排查化解工作力度；强化包保稳控，杜绝非访事件发生；强化领导干部接访下访工作；强化情报信息及值班备勤工作；加强保障，确保圆满完成工作任务。

【召开G20峰会期间维稳信访工作安排部署会议】 8月24日，三穗县G20峰会期间信访维稳工作安排部署会议召开。会议传达了G20峰会期间全省信访维稳安保工作电视电话会议精神，通报三穗信访工作情况及安排部署G20峰会期间全县信访工作；各部门主要负责人汇报了重大矛盾纠纷排查和信访问题包案化解情况。县委常委、县纪委书记姜继德要求确保突发事件科学处理。

【州信访局督查信访工作】 9月2日，州信访局副局长王旭楠到三穗督导工作，督查期间王旭楠对三穗维稳信访工作和省州交办件、信访积案相关档案工作给予了充分肯定；同时针对档案材料存在问题提出相关整改意见。

【阳光信访信息系统建设应用培训会】 9月2日，召开三穗县阳光信访信息系统建设应用培训会议。邀请江苏楚淮公司周东林工程师和州信访局接访科副科长潘勇分别对阳光信访信息系统的管理维护、业务操作、系统信访事项的受理办理等相关工作作详细讲解。通过详细的讲解和实际操作，让各参训部门（单位）工作人员能够熟练掌握阳光信访信息系统的操作和运作，提高各职能部门（单位）信访工作人员规范应用、依法办事的能力和水平，从而为全面做好阳光信访工作奠定了基础。

（撰稿：粟厚登　编辑：龙荣森）

党校教育

【概述】 中共三穗县委党校（行政学校）为县委直属并参照公务员法管理的事业单位，2016年有编制15名，在编在岗8名。领导班子成员4名（校长由县委常委、组织部部长兼任），专任教师4名。其中大学本科毕业7名，中共党员8名。专任教师中高级职称2名，中级职称3名。内设办公室、教务处、科研信息处、总务处4个科室。2016年度主要围绕聚心主业主课，聚焦教育教学，聚力干部培训，聚情科研资政，驻村帮扶等开展工作。

【干部教育】 贯彻落实《党校工作条例》和省州县干部教育培训精神，紧紧围绕“哪里有产业，哪里就有培训；哪里有党组织，哪里就有党校的存在”这一凝聚三穗党校人心血的干部培训理论思路，创新培训方式。充分依托县、乡党校，制就“五创模式”，即针对式、需求式、联合式、输送式、延伸式五种干部培训模式，在立体空间交叉培训上下功夫，为推动三穗经济后发赶超、社会全面进步提供人力支撑。

共开展主体班培训11期669人。其中村（社区）支部书记培训班2期95人，村主任培训班2期90人，中青年培训班1期50人，新任乡科级领导干部和副科级领导干部培训班2期100人，“雨露计划、贫困村致富带头人”培训班1期119人，村级文书培训班2期103人，电子商务培训班1期112人。短期培训班8期792人，其中三穗县“党社联建”暨“农文旅”一体化推进培训班2期226人，中共十八届五中全会精神专题轮训班1期90人，全县“两学一做”学习教育骨干人员、第一书记、驻村干部（党员）、村主任（党员）专题培训班2期218人，县第十二次党代表培训258人。与县委组织部共同开展干部月末论坛9期2272人。全年共开展干部培训28期，共计培训干部3733人次。

【科研】 科研工作牢牢坚持“两服务”（科研为教学服务、为县委及县政府决策服务）方向，紧紧围绕重大现实问题和热点难点问题进行调研，鼓励教师通过联合申报县州省科研课题，形成合纵连横的科研协作局面，带动科研整体水平的提高。全年已结题县级课题《三穗县“精准扶贫”策略分析》《“党社联建”模式及其创新发展》2个；州级课题《“党社联建”富民强基工程研究》《关于三穗旅游资源的调查及发展》《三穗县“精准扶贫”策略分析》3个；省级课题《贵州省农村基层党组织建设的经济支撑——以三穗县为例》。《贵州干部教育报》《黔东南党校论坛》《黔东南日报》《三穗报》以及省州党校网站和三穗县人民政府网站发表论文、调研报告及简报共计38篇。全年完成2期《三穗党校》校刊编辑出版发行工作。同时提交3篇理论文章，积极参加党校系统学术研讨、交流活动。

【驻村帮扶】 选派2人到八弓镇贵坪村开展同步小康驻村工作，制定驻村帮扶工作计划，重点抓好精准扶贫、精准脱贫，对该村贫困户进行建档立卡，努力推进同步小康建设各项目标任务。与村委班子多次下村走访，坚持问政于民、问计于民、问需于民，了解群众所思所想，了解当前村民迫切需要解决的热点难点问题，并积极帮助解决实际问题，帮助村民办实事好事，多次走访贫困户、低保户、留守儿童、空巢老人。帮助村委理清发展思路，抓产业发展，积极提供信息、技术支持，提高脱贫致富能力。宣传中共十八届五中、六中全会和省委十一届六次全会精神及省州扶贫工作会议精神，宣传各项支农惠农政策，宣传种植、养殖知识和技能，宣传社会公德、公民道德、村规民约，宣传防火减灾、防洪防汛及交通安全等知识。学校领导班子多次到贵坪村指导工作，与该村村委多次召开座谈会，为该村的发展出谋划策，到群众中去访贫问苦，宣传合作医疗、低保等惠农政策。

2016年，在资助该村发展上，资助办公资金10000元；协调县交通局和新农办为村上修建两条通组公路，投入资金120万元；协调县交通局投入10万元修护栏；投入资金6800余万元为村办公楼修升旗台和公示栏；为该村2016年考起大学的学生送去资金共1300元；积极开展访贫问苦，共为46户困难家庭送去精准扶贫帮扶资金13800元；修建寨门支助1000元；为村办公楼装修和添设备支助3100元；一年来共投入帮扶资金3.6万元。

（撰稿：吴才明　编辑：龙荣森）

三穗县人大常委会

【概述】 三穗县人大常委会内设办公室、财政经济工委、内务司法和民族工委、教科文卫工委、农业农村与环境资源保护工委、选举任免联络工委。在岗干部职工24人，其中领导职数14人，中共党员20人。

2016年，县人大常委会按照县委工作部署，对事关全局的重大事项和人民群众普遍关注的问题，依法履行各项监督职能，适时作出决议、决定。听取和审议三穗县2016年上半年国民经济和社会发展计划执行情况的报告、三穗县2016年上半年财政预算执行情况的报告、关于2015年财政预算执行和其他财政收支审计工作情况报告，审查并批准了2015年财政决算。听取审议县人民政府关于禁毒、义务教育均衡发展、易地扶贫搬迁等工作情况报告。常委会先后作出“关于同意设立三穗县贵银平滑基金的决议”“关于同意向贵州银行申请贷款融资的决议”“关于同意《三穗县客运枢纽站建设PPP项目初步实施方案》的决议”“关于批准回购资金纳入预算的决定”“关于县乡人民代表大会代表选举日的决定”“关于设立县乡人大换届选举委员会及办公室的决定”“关于同意将三穗县（黔东片区）开放性体育场建设项目政府购买服务资金纳入财政预算的决定”“关于同意将三穗县第四中学建设项目政府购买服务资金纳入财政预算的决定”等决议、决定。

县人大常委会坚持党管干部、充分发扬民主和严格依法办事相统一原则，严格按照组织法、监督法的相关规定，认真行使任免权。全年任免国家机关工作人员31人次，其中任命17人次，免职14人次；接受国家机关工作人员辞去职务4人次。任命的人员按程序进行了法律知识考试、任职发言、向宪法宣誓。

【常委会第二十九次会议】 3月2日，县十六届人大常委会第二十九次会议召开。县人大常委会主任龙义立，副主任杨德英、易尚银、杨昌平、杨胜明、杨作明、肖梅红，县人大常委会组成人员共19人出席会议。常务副县长龙青松，县法院院长杨彬，县检察院检察长潘涛，县政府办、县法院办、县检察院办等相关单位负责人，各乡镇人大主席列席会议。会议由县人大常委会主任龙义立主持，听取和审议县人民政府作提请审议的《县人民政府关于提请免职的议案》《三穗县人大常委会2016年工作要点（草案）》《三穗县人大常委会2016年监督工作计划（草案）》；会议表决通过《三穗县人大常委会2016年工作要点（草案）》《三穗县人大常委会2016年监督工作计划（草案）》；会议经过无记名投票表决，任命石宏敏为县人民政府副县长，任命李春华为县人大常委会教科文卫工作委员会主任；免去冉发竹县人大常委会教科文卫工作委员会主任职务。

【常委会第三十次会议】 4月21日，县十六届人大常委会第三十次会议召开。县人大常委会主任龙义立，副主任易尚银、杨作明、肖梅红及县人大常委会组成人员共13人出席会议。副县长黄朝银，县法院院长杨彬，县检察院检察长潘涛，县政府办、县公安局、县禁毒办等相关单位负责人，各乡镇人大主席，3名县人大代表列席会议。会议由县人大常委会副主任易尚银、杨作明主持，听取和审议《三穗县禁毒工作情况报告》《三穗县人民检察院关于生态环境保护专项行动工作情况报告》，经票决两个报告均获通过；经无记名投票表决，任命王思红为县发展和改革局局长，杨维为县法院审判员，廖思珍为县法院行政审判庭副庭长，谢永艳为县法院立案庭副庭长，李天林为县法院刑事审判庭副庭长，邰睿为县法院民事审判庭副庭长；免去李天林县法院瓦寨人民法庭副庭长职务，彭云县法院审判员职务。接受王思红、冉发竹辞去县第十六届人民代表大会常务委员会委员职务。

【常委会第三十一次会议】 6月29日，县十六届人大常委会第三十一次会议召开。县人大常委会主任龙义立，副主任易尚银、杨昌平、杨作明、肖梅红以及委员共15人出席会议。县委常委、常务副县长龙青松，县法院院长杨彬，县检察院检察长潘涛，县政府办、县财政局、县审计局、县民政局、县水务局、县工信局等单位负责人，各乡镇人大主席及3位县人大代表列席会议。会议由县人大常委会副主任易尚银、杨昌平主持。会议听取和审议《县人民政府关于提请审议〈三穗贵银平滑基金设立方案〉等议案》和县人民检察院提请人事任免事项。会议表决通过了《县人民政府关于提请审议〈三穗贵银平滑基金设立方案〉等议案》；并对县人民检察院提请任命的人员进行票决，任命吴芝玉为县检察院检察委员会委员，杨芳为县检察院检察员。会议对县水务局、县民政局、县工信局3个部门工作进行评议，县水务局获优秀等次，县民政局、县工信局获满意等次。

【常委会第三十二次会议】 9月12日，县十六届人大常委会第三十二次会议召开，县人大常委会主任龙义立、副主任杨德英、杨作明、肖梅红及常委组成人员出席会议。县委常委、常务副县长龙青松、县法院院长杨彬、县检察院检察长潘涛及相关议题单位负责人列席会议。会议由县人大常委会副主任杨德英、杨作明主持。会议听取审议并表决通过了《三穗县2016年上半年国民经济和社会发展计划执行情况的报告》《三穗县2016年上半年财政预算执行情况的报告》《三穗县义务教育均衡发展工作推进情况报告》《关于县十六届人大五次会议代表建议、批评和意见办理情况的报告》《三穗县县乡人民代表大会换届选举工作方案（草案）》《三穗县人民代表大会常务委员会关于成立县乡人大换届选举委员会及办公室的决定（草案）》《三穗县人民代表大会常务委员会关于县乡人民代表大会选举日的决定（草案）》和“一府两院”提请的人事任免事项。决定免去刘永禄县人民政府副县长职务，杨用华县农业局局长职务；任命卫小平挂任县人民政府副县长。

【常委会第三十三次会议】 10月14日，县十六届人大常委会第三十三次会议召开。县人大常委会主任龙义立，副主任杨德英、易尚银、杨昌平、杨作明、肖梅红及县人大常委会组成人员共16人出席会议。县委常委、常务副县长龙青松，县法院副院长张光琴，县检察院检察长潘涛，县政府办、财政局、审计局、县扶贫办、县移民局等单位负责人，各乡镇人大主席列席会议。会议由县人大常委会副主任易尚银主持。会议听取和审议了《关于三穗县易地扶贫搬迁工作情况报告》《关于2015年财政决算（草案）情况报告》《关于2015年财政预算执行和其他财政收支审计工作情况报告》和县人常委会主任会议、“一府两院”拟提请人事任免事项。经过票决，通过《关于三穗县易地扶贫搬迁工作情况报告》。会议经无记名投票表决，任命季立松为县法院审判员、审判委员会委员、副院长、代理院长；免去杨彬县法院审判员、审判委员会委员、院长职务；免去石宏敏、黄朝银、杨检县人民政府副县长职务。

【常委会第三十四次会议】 11月18日，县十六届人大常委会第三十四次会议召开。县人大常委会主任龙义立，副主任杨德英、易尚银、杨昌平、杨作明、肖梅红及县人大常委会组成人员共16人出席会议。会议由县人大常委会主任龙义立主持。会议听取和审议了《三穗县十七届人大一次会议人大常委会工作报告（稿）》《三穗县十七届人大一次会议议程（草案）》《关于三穗县第十七届人民代表大会代表资格审查情况报告》、审查《三穗县十七届人大一次会议县人民政府工作报告（稿）》《三穗县十七届人大一次会议县人民法院工作报告（稿）》《三穗县十七届人大一次会议县人民检察院工作报告（稿）》。会议经无记名投票表决，通过了《三穗县十七届人大一次会议人大常委会工作报告（稿）》《三穗县十七届人大一次会议议程（草案）》《关于三穗县第十七届人民代表大会代表资格审情况报告》。

【县第十七届人民代表大会第一次会议】 12月5日至8日，三穗县第十七届人民代表大会第一次会议在县文化馆召开。大会审议并通过了《三穗县人民政府工作报告》《三穗人大常委会工作报告》等6个报告，审查并通过了各项议案，对事关全县改革发展稳定大局和人民群众切身利益的重要问题，提出了许多宝贵的意见和建议。会议选举吴永萍为县第十七届人大常委会主任，杨作明、杨德英、肖梅红、吴祖辉、易尚银、周承康为县第十七届人大常委会副主任，万开发、龙颖、伍云、刘福乾、李功策、李春华、杨丽、杨国桦、杨政宇、杨政庭、肖昌勇、吴远武、吴富才、吴德刚、张美权、陈守松、姚本奎、唐梅、黄勇、章德良、彭施萍、潘年进为县第十七届人大常委会委员；付乐欣为县人民政府县长，王国斌、王思红、龙青松、杨昌祥、张克伟、姜昌明为县人民政府副县长；季立松为县人民法院院长；潘涛为县人民检察院检察长。选举肖明龙、万金荣、王红梅、王承林、邓文斌、龙青松、田维英、付乐欣、杨再培、吴世刚、吴永萍、吴发东、张啟辉、陈可权、郑桂芳、黄瑜、梁承祥、覃玉刚、粟芳为黔东南州第十四届人民代表大会代表。

【工作评议】 县人大常委会根据人大代表的建议和部门实际开展了对县民政局、县水务局、县工业信息化和商务局的工作评议。通过票决，县水务局被评定为优秀等次，县民政局、县工业信息化和商务局被评定为满意等次。

【议案办理】 在县十六届人大五次会议期间，大会议案组共收到代表提出的议案、建议、批评和意见60件。大会闭会后，选任联工委按照《三穗县人民代表大会代表建议、批评和意见的办理规定》，及时对会议期间代表提出的建议进行了归类整理，经县人大常委会主任会议审核后，并及时与县政府办召开建议交办会，将60件建议交53个部门和有关乡（镇）办理。各承办单位已将建议全部办理完毕并答复代表，办复率达100%。已办理落实42件，落实率达70%，满意率达98%。进一步落实人大常委会组成人员联系代表、代表联系选民“双联系”制度，明确联系内容、方式、要求。常委会组成人员共走访联系代表150余人次，收集意见建议40余条，解决实际问题30件次。

（撰稿：吴文学　编辑：龙荣森）

三穗县人民政府

【概述】完成年初预定的各项目标任务，关键领域和重点环节取得突破性进展，全县经济社会发展呈现稳中有进、稳中提质的良好态势。

经济快速增长。全年实现地区生产总值41.65亿元，增长14.9%；完成500万元以上固定资产投资43.08亿元，增长22.4%；社会消费品零售总额完成14.12亿元，增长13.5%；一般公共预算收入完成3.63亿元，增长8%；金融机构存贷款余额实现79.29亿元，增长21%；城镇、农村居民人均可支配收入分别完成25155元和7723元，增长12.0%和15.0%。小康实现程度达91.8%。上半年增比进位综合测评排全省47个非经济强县第五位，全州第一位。

项目投资建设。围绕重点民生、重点领域、重大工程等，共谋划省州县重点项目28个，总投资243.2亿元，其中亿元以上项目24个、占85.7%，总投资242亿元。投资120亿元实施交通、水利重点项目8个，开工建设“三施”高速，推进三穗至镇远、三穗至青溪快速通道、S310线瓦寨至三穗段项目建设，开通3条城市公交线路，建成通村水泥路86.9公里；塘冲水库年底下闸蓄水，金昌沟水库、白剑坡水库建设有序推进。台烈镇被纳入全州2016年度“四在农家·美丽乡村”小康寨建设项目重点示范乡镇。依托国投、城投、园投等6家投资公司，不断提升承贷能力，全年融资贷款26.4亿元。

产业结构调整。坚持把培育主导产业与发展现代农业、工业、服务业紧密结合，三次产业结构比为19.5：26.8：53.7。工业经济提质明显，全年规模工业增加值实现8.33亿元，同比增长14.9%，针织服装、轻工制造、食品加工等主导产业聚集加快形成，新增规模企业4家，总量达30家，全年规模工业增加值实现8.4亿元，同比增长15%。农业产业健康发展，加快推进3个省级现代高效农业示范园建设，新增州级龙头企业2家、专业合作社61家、无公害农产品2个。全年农业增加值实现6.85亿元，增长8.5%。第三产业扩面升级，大力培育市场主体，新增入库企业3家，在库规模以上服务业企业累计达14家；打造界牌“五融五帮”旅游扶贫景区、邛水休闲文化旅游度假区和推动颇洞生态农业体验园升级，颇洞园区成功创建国家AAA级旅游景区；县级电商运营中心正式运营，建成电商网店563家，实现上行产品销售2500万元，发展快递公司达19家、货运物流公司达9家。全年服务业增加值预计完成22.05亿元，增长18.7%。

城乡面貌改观。坚持以“三区联动”发展和“美丽乡村”建设为抓手，统筹城乡一体加快发展。“三区联动”协调发展，高铁新城开工建设黔东（三穗）综合客运枢纽站、黔东（三穗）移民第一村，建成高铁站前广场一期工程、医养产业园一期工程、防洪堤等一批城镇化建设基础项目；启动三黎高速美敏互通建设，完成开发区汽配机械产业园标准厂房及其附属设施23000平方米；老城区启动黔东（三穗）商贸物流园建设，新陆国际、凯宏城市花园、建材城等房开项目稳步推进，新增商品住房17.1万平方米，配售惠民“1+1”保障房1407套，新建5000平方米综合农贸市场。高铁新城、经济开发区、老城区“三区联动”的新型城镇化格局初步形成，城镇人口提升到7万人，县城建成区拓展到10平方公里，全县城镇化率达43.98%。“美丽乡村”建设加快，投入资金1.55亿元，完成台烈、滚马示范小城镇配套项目4个，在建项目6个；完成长吉、良上撤乡设镇工作；投入资金3.3亿元，建成小康寨、小康水、小康电、小康房、小康路及小康讯项目529个，打造6个特色示范村寨，培育发展76个亮点村，农村生产生活条件明显改善。

深化改革开放。围绕“三去一降一补”供给侧结构性改革，累计取消行政许可、非行政许可、行政服务事项28项，下放县级经济社会管理权限106项至行政管理体制改革试点乡镇；出台《三穗县购房补贴发放办法》，积极化解房地产库存，全年兑现购房补贴430万元。认真落实小微企业贷款“三个不低于”政策，加大“助保贷”“特惠贷”“贵园信贷通”“贵工贷”推进工作，各项贷款同比增长33.7%，扶持小微企业120户，同比增长39.6%。稳步推进“营改增”、殡葬制度、县级公立医院综合改革。深化农村“三变”改革，深入推广“党社联建”发展模式，稳步推进“五融五帮”，不断壮大村级集体经济，年底消除农村集体经济“空壳村”44个，实现90个中心村全面“脱壳”。围绕城镇开发、产业发展、公共服务积极开展招商引资，共完成签约项目35个，合同引资55.55亿元，省外项目到位资金66.03亿元，同比增长94.49%，新增项目履约率和开工率均达100%，全年完成到位资金63.03亿元。申请专利98件，授权5件，综合科技进步水平指数达50.5%。

生态文明建设。坚守生态底线、减排红线，严格控制高污染、高耗能产业准入，实施节能与综合利用重点项目2个，全县万元GDP能耗下降2.69%，节能减排控制在州下达计划范围内。深入实施绿色贵州建设三年行动计划和新一轮退耕还林工程，完成营造林2.04万亩、新一轮退耕还林2.54万亩、义务植树50万株，森林覆盖率提高到60.94%。扎实推进水、气、渣治理，实施13个农村环境综合整治项目、8个水污染防治监测能力项目建设，出境断面水质达标率、全县集中式饮用水源地水质达标率、县城空气优良率均达100%，城乡生活垃圾无害化处理率和城镇污水处理率均居全州前列，完成台烈镇国家级生态乡镇创建申报工作。

民生事业发展。始终把保障和改善民生作为政府工作的出发点和落脚点，坚持每年办实办好一批民生实事。全年民生支出12.3亿元，占一般公共预算支出的77.3%。教育事业优先发展，大力实施教育“9+3”计划和“4+2”突破工程，实施职教实训基地、第四中学、第三小学、第二幼儿园建设；发放教育资助资金3473.23万元，受惠学生超过5万人次；2016年高考实现历史性突破，本科上线619人。卫生计生长足进步，全面实施卫生“两大突破工程”，县妇幼保健院综合楼主体完工，年底完成八弓、款场卫生院改扩建项目，县医院、中医医院群众满意度分别达95.85%、98.2%。全国计划生育优质服务先进县成果得以继续巩固，人口自然增长率控制在5.85‰以内。文体事业蓬勃发展，继续实行“三馆一站”免费开放，正式启动黔东体育综合体项目建设，建成土法造纸生态体验馆，成功参加州庆60周年文艺会演活动，在全州第九届运动会上获得29枚奖牌（9金11银9铜），创历史最佳成绩。社会保障不断加强，城镇低保标准提高到484元/人/月，农村低保标准提高到3060元/人/年，城乡居民最低生活保障标准增幅达17.27%；城镇新增就业2860人，转移农业劳动力就业4606人，城镇登记失业率控制在4.2%以内。平安创建深入推进，严厉打击各类犯罪，强化安全生产“一岗双责”，群众满意度达97.8%，分别排名全省第三十三位和全州第六位。

行政效能提升。坚持把建设效能型、服务型和廉洁型政府作为政府的重要工作，政府自身建设不断加强。扎实开展“两学一做”学习教育，制定出台《三穗县人民政府工作规则》《重大决策程序规定》《三穗县人民政府会议制度》，严格执行重大事项集体研究决策，行政行为更加规范。认真贯彻执行县委的各项决策部署，自觉接受县人大的法律监督、工作监督和县政协的民主监督，办理人大代表建议60件和政协委员提案91件，办复率100%。严格执行廉洁自律准则和纪律处分条例，认真落实中央、省、州和县委作风建设各项规定，深入开展“铸勤行动”“铸廉行动”，严防“四风”反弹，“三公经费”压缩20%。严格执行重大决策程序各项规定，加强土地招拍挂、建设工程招投标、国有资产管理等重点领域和关键环节监管，进一步发挥审计监督作用，全年实现核减工程项目资金8679万元，资金节约率达13.8%。严格落实换届纪律“九严禁”，启动新一届村（居）民委员会换届工作。

（撰稿：吴征卓　编辑：龙荣森）

【旅游规划工作座谈会】 5月23日，召开三穗县旅游规划工作座谈会。北京江山多娇规划院院长原群教授对三穗县旅游规划创意、总体定位、精品项目、十大产业发展等作了详细报告。

县委书记黄瑜在会强调，三穗旅游资源丰富，民族文化厚重，在规划中多考察多挖掘，最大化用好旅游资源优势，突出旅游特色，打造出旅游产品差异化，精心设计一条旅游精品路线；要高起点、高标准、高水平编制旅游产业发展总体规划，确保规划的前瞻性、指导性和可操作性；要以超前的眼光，从未来旅游发展的趋势、方向、目标等层面入手，把每一个景区、每一个景点、每一个项目、每一条线路，都打造成为亮点工程、精品工程。

【“黔东门户·生态三穗”旅游宣传招商推介活动在成都举行】 7月26日，由成都市人民政府、黔东南州人民政府主办，三穗县委、三穗县人民政府、黔东南州旅发委承办，成都市武侯区工商联、成都市民营旅行社协会举办的，以“中国聚宝盆·大美黔东南”暨“黔东门户·生态三穗”为主题的“2016黔东南州旅游宣传招商推介活动”在成都举行。在此次活动中，黔东南州及三穗县通过自身的旅游资源和优势产业开展旅游宣传暨招商推介会，并与成都市相关协会、企业围绕文化创意、旅游休闲、旅游服务、电子商务物流等产业进行针对性的项目对接和洽谈，以突出重点、突出特色、突出实效为特点，有效激发双方美好的合作愿景。

旅游推介会上，州委副书记、州长冯仕文，成都市旅游局副局长杨齐英先后致辞。副州长、州旅游发展委员会主任肖明龙主持推介会，州旅游发展委员会副主任王建华作黔东南州旅游推介，州投资促进局局长龙安跃作黔东南州产业项目推介，三穗县委书记黄瑜作三穗旅游资源宣传暨产业项目推介。会议邀请成都市86家旅行社及投资商，与黔东南州及三穗县进行深度交流，就下一步的广泛合作达成共识。此次活动共有两地17家媒体到场进行宣传报道。

【“普十五”暨“两项督导”工作通过省政府验收】 12月12日至13日，以省人民政府督学、贵州省水利电力职院院长陈海梁为组长的省验收组一行到三穗县就“普十五”暨“两项督导”工作进行考核验收。

验收组召开汇报会听取县长付乐欣就全县教育工作的情况汇报，并质询涉教部门履行教育工作职责情况。随后验收组分为巡视组、资料组、实地组深入到八弓镇、长吉镇、台烈镇、滚马乡等24所中小学校、幼儿园及中等职业学校，对全县学校建设和管理、教育经费投入和使用、师资力量配备、控辍保学工作、实验设备配备使用、县乡党政领导帮助学校解决困难、校园周边环境整治等教育工作进行全面评估。同时对基本普及十五年教育工作、县人民政府教育工作履职情况及县级党政主要领导履行教育工作情况职责进行评估。

【苏宁易购进驻三穗助推电子商务发展】 3月26日，苏宁云商集团股份有限公司将农村电商的触角延伸至三穗，集销售、物流、售后、客服等功能为一体的苏宁易购直营服务站在三穗县成功亮相。

苏宁易购是苏宁云商集团股份有限公司旗下新一代B2C网上购物平台，是商务部公布的“电子商务示范企业”之一。位于三穗县东门南路“虹雨广告”门店左侧的苏宁易购三穗直营服务站，虽然经营面积仅120平方米，但店内既有实体商品出样，又重点打造二维码、平板电脑、视频演示等虚拟出样，融合销售、物流、售后、客服、金融、生活服务等功能。在“互联网+农业”的大背景下，农村电商是苏宁互联网零售的战略组成部分之一，未来苏宁将进一步加强与三穗县合作，利用该公司成熟的电子网络平台，助推三穗农特产品上线，让“穗货”插上苏宁O2O的翅膀飞向全国各地。

【97万余元为困难群众“参合”买单】 2016年，三穗县为城乡低保户、农村五保户、重点优抚对象等困难群众代缴个人参合金97.431万元，资助23408名困难群众参加2017年度新型农村合作医疗。此次资助参合的对象为城乡低保户、重点优抚对象、孤儿、农村五保、20世纪60年代精简退职老职工、重性精神病人、城市三无人员。城乡低保户按每人每年30元标准缴纳，其余对象按每人每年120元标准缴纳。共资助城乡低保户20385人61.155万元，农村五保户911人10.932万元，城市三无人员55人0.66万元，孤儿28人0.336万元，60年代精简退职老职工176人2.112万元，重性精神病人555人6.66万元，重点优抚对象1298人15.576万元。

【“文明在行动·满意在贵州”考核排名全州第一】 2016年度全省“文明在行动·满意在贵州”活动暨“多彩贵州文明行动”综合考核成绩出炉公布，三穗县在全省49个二类县市综合考核排名第四，取得历史上最好成绩。综合成绩位居全州第一。

三穗县高度重视“文明在行动·满意在贵州”活动暨“多彩贵州文明行动”工作，结合实际紧紧围绕“吃住行游购娱”全产业链，采取多方措施有力推进“文明在行动·满意在贵州”活动暨“多彩贵州文明行动”，县城公厕、停车场、农贸市场建设实现较好进展，城乡环境卫生得到大力改善，精神文明建设得以有序推进。

【瓦寨镇“三大产业”促进农民增收】 2016年，三穗县瓦寨镇狠抓“菜篮子”、稻田养鱼、三穗鸭养殖三大产业。“菜篮子”工程。积极抓好蔬菜产业，全镇种植蔬菜面积达4200余亩，已有800余亩商品蔬菜上市，主要为芹菜、白菜、莴笋等，产量超2000吨；芹菜、白菜、豇豆、西葫芦、莴笋、西红柿、黄瓜等种植面积1000余亩；西瓜、香瓜等经济瓜果种植200余亩。蔬菜种植总收入1800万余元，同比增速20%。稻田养鱼产业。全镇稻田养鱼面积4200亩，示范面积200亩，完成目标任务的210%。发放价值33.8万元的小规格鱼苗80万尾，大规格鱼苗2吨，稻鱼产量105余吨，产值500万余元。三穗鸭产业。充分利用现代高效农业示范园区——贵州省三穗鸭观音阁养殖区，着力抓三穗鸭养殖，印好瓦寨“名片”。通过大力宣传、动员三穗鸭养殖，全镇三穗鸭存栏80000余羽，年出栏50万余羽。其中蛋鸭存栏20000余羽，年产鸭蛋400万枚，实现全镇人均鸭养殖增收530余元。

【贵医大赴三穗县开展医疗扶贫关爱活动】 由贵州医科大学党委书记林昌虎率领有关领导、专家人员组成的医疗扶贫慰问专家团到三穗县款场乡，开展以“医疗扶贫”“医疗关爱”

为主题的扶贫慰问暨大型义诊活动。

在款场乡中心小学举行了贵州医科大学赴三穗县“医疗扶贫”“医疗关爱”药品捐赠仪式，林昌虎代表学校把12箱药品赠送给款场乡中心卫生院。专家团一行分别到款场村、兴隆村走访慰问贫困户。有13名副高以上职称医疗专家为村民进行义诊和发放药品，共诊断220人，免费发放药品价值6900余元。向村卫生室捐赠常见疾病药品价值12200余元。

【商贸物流综合市场建设项目开工】 6月22日，三穗县商贸物流综合市场建设项目正式开工建设。三穗县商贸物流综合市场建设项目总投资4.5亿元。位于三穗县城新陆大道与将军路交叉口，紧邻沪昆高速路出入口，距县城主城区300米、三穗县高铁站2公里。该项目总投资4.5亿元，占地规模128亩，建筑面积18.7万平方米，由商住区、物流园和商贸批发交易区三大功能区域组成。项目建成后可为地方财政提供1.2亿元收入，提供就业岗位2000个。

【各乡镇签订易地扶贫搬迁“军令状”】 2月3日，三穗县召开易地扶贫搬迁工作会议，对易地扶贫搬迁工作进行再安排再部署。各乡镇现场与县政府签订易地移民搬迁“工作责任状”，决心打赢2016年易地扶贫搬迁第一仗。三穗县2012年至2020年搬迁任务为13216人，2012年至2015年已完成易地扶贫搬迁4503人。2016年，州政府下达三穗县搬迁规模为4898人，分两批实施，第一批搬迁2898人，第二批搬迁2000人。

【三穗入选贵州省千村集体经济发展试点县】 2016年，三穗县入选贵州省2016年“千村集体经济发展工程”试点县后，有30个行政村获得3000万元的专项资金支持。县里把发展壮大村级集体经济作为农业农村工作的重要内容，通过实施农业综合开发、美丽乡村建设、农业园区建设等基础设施建设及金种子带富计划、产业扶贫等项目，创新推出“党支部+合作社+农户”的“党社联建”模式，村级集体经济逐步发展壮大。全县村级集体经济年收入达2万元以上的中心村有44个。

（撰稿：龙荣森）

【政府常务会议】 1月19日，县长付乐欣主持召开县十六届人民政府第四十七次常务会议。经研究，会议确定：原则同意《三穗县人民政府与贵州中建伟业项目建设合作框架协议》，由县政府办按程序报县委审定。原则同意启动三黎高速美敏互通连接线工程建设。明确县交通局为项目业主单位，县财政局负责筹措资金，各相关部门要密切配合，严格按照基本建设程序开展工作，确保工程项目顺利实施。由黄朝银副县长负责召集相关部门召开专题会议，进一步细化和完善协议，形成实施方案报县政府研究。由黄朝银副县长负责召集相关部门召开专题会议讨论，并根据专题会议意见进一步完善投资协议文本，送县法制办做好合法性审查后按程序报批。原则同意成立三穗县扶贫开发投资有限责任公司和三穗县城市开发投资有限公司。由县国资局、县金融办负责配合拟定成立两家公司的实施方案，报县政府办审定后按程序提交县委审定。原则同意《三穗县农村土地承包经营权确权登记颁证工作实施方案》，由县政府办负责拟定《三穗县农村土地承包经营权确权登记颁证工作领导小组》文件，一并下发执行。由杨检副县长牵头，做好三穗农村土地承包经营权确权登记颁证工作推进会议的筹备工作。原则同意将三穗农村土地承包经营权确权登记颁证工作纳入县委、县政府年度目标考核体系。由县农业局、县国土局负责拟定考核内容、标准及实施细则报县政府审定。由县财政局负责将此项工作经费足额纳入

2016年财政预算；由县农业局牵头，县委组织部和县老干局协助组织一批既有相关工作经验，又有群众工作基础的团队负责抓好此项工作。原则同意三穗开发区《关于请求解决开发区部分企业相关问题的请示》提出的意见建议。由龙青松常务副县长负责指导开发区妥善处理企业提出的相关要求和存在的问题，确保稳定推进。原则同意县国投公司《关于新陆大道绿化施工的请示》。由县国投公司负责按程序组织实施。采购过程中，要拓宽询价范围，确保采购价格保持在合理区间。原则同意县国投公司《关于新陆大道路灯工程施工的请示》。由县国投公司结合县城路灯规划实际，按程序组织实施。批准执行2015年第二次城规委会议审查通过的重点项目，由县城规委按会议研究意见组织实施。县国土局和县住建局负责对涉及的规划变更等事项严格按程序报批备案。原则同意县公安局《关于请求提高交警协管员工资待遇的请示》，将县交警大队道路交通协管员工资从原来的1000元/人/月提高到2100元/人/月，从2016年1月1日起执行。原则同意县城管大队《关于提高城市管理协管员工资的请示》，将县城管大队城市管理协管员工资由原来的1360元/人/月（含绩效工资）提高到2100元/人/月（含绩效工资），从2016年1月1日起执行。原则同意县城管大队《关于增加环卫工人工资的请示》，将三穗环卫工人工资由原来的1200元/人/月提高到1450元/人/月，从2016年1月1日起执行。原则同意县人社局《关于乡镇机关事业单位工作人员实行乡镇工作补贴的的请示》。补贴标准为：在乡镇工作不满10年的，每人每月补贴200元；在乡镇工作满10年不满20年的，每人每月补贴260元；在乡镇工作满20年不满30年的，每人每月补贴320元；在乡镇工作满30年及以上的，每人每月补贴380元。乡镇工作补贴从2015年1月1日起执行。原则同意县文体广电局《关于请求全额返还县广播电视台广告费的请示》。由县财政局负责将三穗2011年至2015年的电视广告收入经费全额返还县广播电视台。为确保县广播电视台工作运转正常，原则同意将2016年的电视广告收入经费全额返还县广播电视台，由县文体广电局负责监督县广播电视台经费使用情况，确保严格执行财经纪律。

2月15日，县长付乐欣主持召开县十六届人民政府第四十八次常务会议。研究县政府班子分工，安排部署经济工作。会议听取了县发改、统计、财政、工信、投资促进、经济开发区等重点经济指标部门关于2016年首季“开门红”工作的情况汇报，对一季度和全年经济工作进行了安排部署。

3月1日，受付乐欣县长委托，常务副县长龙青松主持召开县十六届人民政府第四十九次常务会议。经研究，会议确定：原则同意县纪委《关于请求解决桐林、长吉等五个民生监督组谈话室建设资金的请示》，全县乡镇民生监督组谈话室分两批次建设完成，2016年首批建设桐林、长吉、八弓、台烈、雪洞五个民生监督谈话室作为试点。首批试点建设资金由县监察局本着节约实用原则，进一步优化方案报县财政列入年度预算，并严格按程序组织实施。县财政局负责资金核拨。原则同意县纪委《关于请求解决“三员合一”后村级纪检员工资报酬的请示》，将全县95个行政村（社区）“三员合一”后村级纪检员工资按1200元/人/月标准。预算核拨到各乡镇，从2016年3月份起执行。由县委组织部、县监察局、县安监局等相关单位做好人员审核把关，研究制定对“三员合一”人员的考核、管理、退出等机制规定，并严格考核管理。原则同意县新农办《关于申请采购2016年度“四在农家·美丽乡村”小康寨示范村项目和2016年度村级公益事业一事一议财政奖补项目所需建设物资的请示》，严格按政府采购程序和工程报建程序组织实施，县财政、审计、住建等相关部门协助县新农办落实好询价、招投标等工作。原则同意县民政局《关于采购三穗县第二次全国地名普查外包服务的请示》，由县民政局根据会议研究意见，进一步修改完善普查外包方案，以全州已开展外包工作县的协议均价作为拦标，按程序组织实施。同意县人社局《关于请求拨付调整企业军转干部生活困难补助的请示》，对企业退休军转干部每人每月调整增加生活困难补助200元，从2015年1月起执行。原则同意费锡良、杨卫、吴鹃、杨胜刚、曾武刚、廖光菊、蒋忠霖、何红兰、石庆玲等9人工作调动申请。原则同意县烟办《关于呈报三穗县2016年烤烟生产工作安排意见的请示》，由县烟办负责工作落实，所需资金列入年度预算。

3月24日，县长付乐欣主持召开县十六届人民政府第五十次常务会议。经研究，会议确定：原则同意设立三穗县惠民担保有限责任公司，由县金融办牵头组建并做好风险评估工作。原则同意《2016年三穗县公安机关社会化聘用应急处突特战队员的工作实施方案》，根据《关于研究全州政法及维稳和公安涉及政府工作事项专题会议纪要》（黔东南府专议〔2015〕70号）文件精神，采取社会化聘用方式招聘88名应急处突特战队员，聘用人员工资标准基本参照公安机关工勤人员工资标准执行（具体执行标准按公安机关最后签订的聘用合同为准）。由县人社局配合县公安局做好人员招聘工作，确保各招聘环节公平、公正、公开。原则同意《三穗县精准扶贫“特惠贷”实施方案》，由县扶贫办牵头，商县财政局、县金融办、人行三穗支行和三穗农商银行等相关单位统筹抓好精准扶贫“特惠贷”落实，并做好风险规避工作。原则同意三穗扶贫开发公司和城市开发公司章程及运行方案。由县国资局牵头迅速启动三穗扶贫开发公司和城市开发公司工作，为三穗扶贫开发和城市建设工作搭建良好的融资平台。原则同意《三穗县加快推进乡村卫生服务一体化管理的实施方案》和《三穗县乡村医生参加企业职工养老保险工作实施方案》，由县政府办负责审核把关，按程序行文下发执行。原则同意县检察院分批次配备检察辅助工作人员20名（第一批次同意配备10人左右），工资标准按2100元/月/人加上五险一金标准（五险一金标准以县人社局和县工积金管理部的核算结果为准）执行，人头经费参照县公安局招聘协勤人员的相关标准执行。原则同意《三穗县水务局主要职责内设机构和人员编制规定》，按程序提交县编委会审定后行文下发执行。同意黄燕云、张青森、姚陆三、杨代禄、张灵智、周小凯、孙春燕、杨文章、曾凡寿、田应琼、兰思维、邰政豪、尚美蓉、杨文娟、杨雅茜、吴远梽、粟周伟、万明生、杨春红、龙汉国、杨珊、姜银平、彭凌武、邰书锋、吴开鹏、李晓姣、龙春燕、许娟、杨代斌、王国荣、李春琼、杨庭玉、王新鲜、杨万增、李俊、刘治芬36人工作调动申请。同意启动在县城区设置城市形象宣传语工作。由刘永禄副县长牵头，县住建局负责做好项目选址和询价工作，本着“美观大方、体现特色、价格适中、经久耐用”原则实施城市形象宣传语设置。原则同意《台烈镇示范小城镇2014和2015年专项资金使用方案》，由台烈镇负责实施好示范小城镇建设项目，并规范小城镇专项资金的使用和管理，提高资金使用效率，确保资金安全。原则同意兑现2015年度社会治安综合治理（平安建设）考评奖和2015年度全县卫生计生考核表彰奖励。由县政府分管领导牵头，会同县目标考核办，对各部门2016年考核办法进行全面修订，确保各项考核奖励办法符合上级政策。

4月25日，县长付乐欣在县政府五楼会议室主持召开县十六届人民政府第五十一次常务会议。经研究，会议确定：根据4月12日三穗经济开发区召开会议《关于研究贵州联创管业有限公司等5个项目投资协议的会议纪要》（穗开管议〔2016〕5号）和4月18日县政府召开的专题会议《关于研究三穗县联创管业有限公司等五家企业入驻三穗经济开发区相关事宜的会议纪要》（穗府议〔2016〕14号）议定事项，原则通过《三穗联创管业有限公司投资协议书》《三穗县康鼎和洗涤消毒服务中心投资协议书》《电子商务产业合作共建协议》《思南江云绿色食品有限公司投资协议》《欣兴食品厂投资协议》五个投资协议文本，由经济开发区根据会议研究意见和建议修改完善后按程序组织实施。各职能部门要配合三穗经济开发区做好五家企业的投资落地相关工作：县规划局要配合做好五家企业的规划选址工作，并提出《规划选址意见书》报县城规委会议研究。县环保局要配合做好五家企业的环评工作，并提出《环评意见书》报县政府研究，特别是两家食品企业，要注重与周边环境的和谐统一。对于租用开发区土地的企业，县国土局要找准相关文件依据，核实基准地价，对于需购买开发区土地的企业，待县城规委会议批复五家企业《规划选址意见书》后，要迅速按程序依法出让选中地块使用权。由县投促局牵头，各单位、各部门要全力配合做好三穗招商服务工作，夯实三穗招商环境。原则通过《三穗县生活垃圾发电项目投资合作框架协议》文本。县生活垃圾发电项目工作领导小组要高度重视风险评估、选址论证和环评等基础工作，要强化论证，扎实开展前期工作，争取广大干部群众支持，坚决不留安全隐患和社会矛盾风险；县环保局根据会议研究的意见建议对文本进行修改完善后做好相关工作的对接和组织实施。原则通过《三穗县穗民城市综合体市政广场项目投资开发合作协议》文本，由县住建局根据会议研究意见负责修改完善后按基本建设程序执行。

5月16日，县长付乐欣在县政府五楼会议室主持召开县十六届人民政府第五十二次常务会议。经研究，会议确定：原则同意《三穗县食品安全三年行动计划（2016—2018）》。由县食安办根据会议研究意见修改完善按程序送审后下发执行。各乡镇、各部门要统一思想，提高认识，高度重视并做好三穗食品安全工作。县委、县政府督查室要把此项工作纳入重要督察内容，定期进行督察。原则同意《关于要求划转部分国有资产到县城市开发公司、县扶贫开发公司和县旅游开发公司的请示》，请龙青松常务副县长召集相关部门及时完善相关手续，按程序划拨。清穗污水处理厂暂缓划拨到县城市开发公司。请县林业局结合上级林业部门的工作安排和文件要求，及时提出三穗国有林场划拨方案报县政府研究，确保三穗资产划拨工作顺利推进。原则同意4月27日县车改领导小组《关于公务用车制度改革相关事宜的会议纪要》议定的关于《三穗县公务用车车辆处置工作方案》《三穗县机关公务用车制度改革司勤人员安置实施方案》和《三穗县机关公务用车服务平台搭建方案》，由县车改办根据政策规定按程序办理。县机关事务管理局负责做好车辆维修和车库建设经费预算送县车改办审查，由县车改办形成请示报告报县政府研究。由县车改办会同县机关事务管理局搭建机关公务用车服务平台，尽快投入试运行，并及时监测运行情况适时加以改进完善。车补按州批复三穗方案人员范围和标准，从2016年1月1日起执行。原则同意《贵州省雷山县益明食品有限公司食品加工生产项目投资协议》文本。由县国土局牵头，县规划局配合做好企业厂房选址工作；县环保局负责指导企业办理环评相关手续；经济开发区负责拟定企业配套基础设施具体项目和建设规模意见书报县政府研究后启动建设。原则同意县人社局《关于要求调整〈省州开发公益性岗位最低岗位补贴标准〉的请示》。调整标准按三类地区最低工资标准1400元/人/月，从2015年10月1日起执行。同时补发县环卫工人2015年10月至12月增加部分工资。原则同意《三穗县行政事业单位培训费管理办法》，按程序报县委常委会审定。原则同意县金融办《关于设立〈三穗贵银平滑基金相关事宜〉的请示》，由县金融办按程序提交县人大常委会审议后，报县委常委会议审定。原则同意按照县委、县政府2015年研究的政策予以兑现奖励。由县财政局根据县教科局目前办公经费运转困难状况，追加办公经费45万元。

6月16日，县长付乐欣在县政府五楼会议室主持召开县十六届人民政府第五十三次常务会议。经研究，会议确定：原则同意2016年第一次城规委会议审查通过的七个议题方案的审查意见，即：（1）对第四中学规划设计方案的审查意见；（2）对城关第二幼儿园、第三小学、职业教育培训中心规划方案的审查意见；（3）对三穗县综合客运枢纽站规划设计方案的审查意见；（4）对三穗县世纪豪庭小区规划设计方案的审查意见；（5）对县工商服务综合楼建筑外观修改方案的审查意见；（6）对县农村商业银行综合楼地下停车场人防工程方案的审查意见；（7）对县基督教活动场所选址的审查意见。由县城规委按会议研究意见进行完善后按程序组织实施。县国土局和县住建局要围绕会议研究意见，对涉及的规划变更等事项严格按程序报批备案。原则通过三穗县2016年财政预算安排情况报告，县财政局根据会议研究提出的修改意见进行整理完善，按程序提交县委常委会审定。原则同意《三穗县继续实施和修改的规范性文件目录》，并按程序做好发布工作，接受社会监督；由县法制办牵头，继续做好三穗规范性文件的清理和修改工作。原则同意《三穗县殡葬改革推进工作方案》。县民政局根据会议研究的意见建议进行修改完善，按程序开展工作。由王国斌副县长牵头，县民政局负责，县殡葬改革领导小组成员单位积极配合，拟定工作总体推进方案，领导小组通过“一事一议”方式专题研究解决工作推进过程中遇到的问题和困难。举全县之力，推动殡葬改革工作。加大宣传力度，通过多渠道、多方式进行全方位宣传报道，使殡葬改革工作在广大干部群众当中入脑入心，成为大家的自觉行动；加大执法队伍建设；加快配套基础设施建设。原则同意《三穗县公车改革封存车辆公开拍卖方案》，由县车改办牵头按程序依法做好车辆公开拍卖工作。原则通过《三穗县事业单位工作人员未满服务年限调离本县支付经济补偿金的暂行办法》（以下简称《暂行办法》），县人社局根据会议提出的意见建议和参照周边县市情况对《暂行办法》进行修改完善，按程序组织实施。原则通过《三穗县多彩贵州“广电云”村村通、户户用工程实施方案》，县文体广电局负责做好工程验收工作。原则通过《三穗县邛水民族文化旅游示范小镇房屋拆迁补偿安置方案》，县城建指挥部根据搬迁户的实际情况对规划设计进行微调优化，尽量使工作开展具有可操作性。征拆工作要找好依据，一定要合法合规。原则同意《关于请求审查土地收购储备款协议的请示》和《关于要求审查借款合同的请示》，县国土局根据会议提出的意见建议进行修改完善后，按程序组织实施。原则同意《关于请求审查〈三穗县客运枢纽站示范工程PPP项目初步实施方案〉〈财政承受能力评价报告〉〈物有所值评价〉的请示》，县交通局根据会议提出的意见建议进行修改完善，按程序提交县委常委会审定。原则同意《三穗县禁毒工作三年行动计划》，根据会议研究意见和建议进行修改完善后，按程序行文下发执行；要切实加强对禁毒工作的人、财、物保障，以“6·26”国际禁毒日为契机，加大对禁毒工作的宣传力度，努力营造“禁绝毒品、人人有责”的强大舆论声势。原则通过了监察局提交的相关事宜（穗监呈〔2016〕23号、24号、25号、26号、27号、28号文件）。原则同意建立三穗县农业产业发展专项资金，并纳入年度财政预算；县农业局要切实加强农业产业发展各项工作，加快推进三穗农业产业化发展步伐。原则同意《三穗产业（工业）园区建设投资有限责任公司关于拟向贵州银行贷款的请示》，根据会上提出的意见建议修改完善，后按程序报县人大常委会议审议和县委常委会议审定。原则同意《关于拟向贵州股权金融资产交易中心融资的请示》，根据会上提出的意见建议修改完善，后按程序报县人大常委会议审议和县委常委会议审定。原则同意按政策对简玉必、吴德显、潘盛华、王诚敏、万光辉、万兆云、袁有平、杨云培、吴政江、李明江、龙文会、陈泽玉12名符合条件的原乡镇（公社）老放映人员进行生活困难补助，时间从2015年1月起开始执行。原则同意县公安局将协勤人员办公执勤费用纳入财政预算。100名特战队员和22名交警工勤人员16000元/年/人，248名协警人员（其中142名特巡警队员、46名交警协管员、10名开发区分局协警、50名农村警务助理）5000元/年/人，时间从2016年1月起执行。

7月20日，县长付乐欣在县政府五楼会议室主持召开县十六届人民政府第五十四次常务会议。经研究，会议确定：原则同意县级城乡低保匹配资金用于城乡医疗救助支出，并严格按照年初财政预算范围内的546万元进行调剂，调整不足部分可在年底向县人大报告同意后按程序追加。由王国斌牵头，县民政局负责，参照《黔东南州城乡医疗救助办法（试行）》，结合三穗工作实际迅速草拟《三穗县城乡医疗救助办法（试行）》报县政府研究。原则同意《三穗县2016年度符合政府安排工作条件退役士兵安置方案》，由县民政局牵头，县编委办、县人社局配合做好三穗符合政府安排工作条件退役士兵的安置工作。同意《县人民政府关于研究长吉乡卫生院业务楼建设项目及部分村卫生室建设项目调整事宜的会议纪要》（穗府议〔2016〕37号）研究的意见，将长吉中乡心卫生院项目调整至瓦寨镇中心卫生院建设。瓦寨镇要抓紧启动项目前期工作，及时开展工程建设；县发改局、县卫计局要配合做好项目建设相关手续的完善工作。长吉乡要深入群众做好项目调整解释工作，及时了解和解决群众的问题和困难，消除社会不稳定因素。原则同意县财政局在合法合规前提下帮助县城开公司增加现金流量，尽快提升授信等级，增强融资能力；由县财政局牵头，县法制办等部门配合，召开会议研究后提出三穗临聘人员及设施维护等服务项目纳入市场化运作可行性方案报县政府研究。原则同意县劳动能力鉴定委员会2016年7月8日鉴定会议的鉴定结果，对鉴定为因病不能坚持正常工作的72人和完全丧失工作（劳动）能力的10人办理提前退休，退休费待遇从2016年8月1日起执行。原则同意《关于要求协议转让部分资产给县城开公司的请示》，由县国投公司负责依法按程序办理资产转让或划拨相关手续。原则同意《关于实施三穗县禁毒教育基地的请示》。由刘永禄牵头审核把关，县规划局负责配合县公安局做好禁毒教育基地的规划设计工作，并充分借鉴周边县市好的做法，尽量节约建设资金。由县财政局负责筹措建设资金，县教科局根据规划布局支持和配合县公安局做好禁毒教育基地的建设和管理工作。

8月18日，受付乐欣县长委托，常务副县长龙青松在县政府五楼会议室主持召开县十六届人民政府第五十五次常务会议。经研究，会议确定：原则同意《关于要求对塘冲水库至县城河道治理工程项目进行融资实施的请示》，三穗县城市开发投资有限责任公司（以下简称“城开公司”）作为三穗县塘冲水库至县城河道治理工程项目承接主体，并组织实施该项目，负责本项目资本金的筹集、建设、经营和管理；由县政府办根据会议研究意见和建议修改完善后按程序报县人大常委会议审议和县委常委会议审定。由县城开公司与县人民政府签订购买服务协议，采取政府购买服务模式运作该项目，并由县财政局将该项目纳入调整后的政府购买服务指导性目录范围。同意县城开公司以政府购买服务协议申请银行贷款5亿元，贷款期限20年（建设期3年），担保贷款方式。具体融资金额、期限、担保方案及购买服务款以贷款银行最终审批结果为准。该项目建设完工移交后，由县财政局负责分年度支付购买服务资金，用于项目融资的银行本息和承建单位服务费，并根据县人大决议分年度做出预算安排，按与银行约定的时间及时拨补到位。由县财政局负责筹集该项目所需资本金1.6亿元，纳入地方政府财政预算管理，并统筹作好资金预算安排，确保该项目资本金与贷款资金同比例到位。因物价上涨或其他因素导致项目总投资增加，增加部分资金由县财政局据实安排补足。一是同意县城开公司用其名下国有资产为该项目贷款本息提供抵押担保。同意三穗县国有资产投资经营有限责任公司为该项目贷款本息提供连带责任保证担保。同意用《购买服务协议》项下购买款为该项目贷款本息提供质押担保。相关部门要高度重视，加强协作，密切配合，及时办理项目建设所需相关手续，规范使用项目建设资金，确保项目顺利实施和规范管理。

8月22日，县长付乐欣在县政府五楼会议室主持召开县十六届人民政府第五十六次常务会议。经研究，会议确定：原则通过三穗县商业综合体、经纬国际汽车商贸物流城工作领导小组专题会议研究形成的三个会议纪要提出的意见建议[《关于研究三穗县经纬国际汽车商贸物流城项目推进的会议纪要》（穗府议〔2016〕48号）、《关于研究商业综合体相关事宜的会议纪要》（项目纪要〔2016〕1号）、《关于研究三穗县经纬国际汽车商贸物流城项目推进的会议纪要》（项目纪要〔2016〕2号）。由县住建局牵头，县委办、县政府办、县国土、县投促等部门配合，根据此次会议要求草拟《三穗县商业综合体经纬国际汽车商贸物流城项目推进情况汇报》，送三穗县商业综合体、经纬国际汽车商贸物流城项目领导小组审核把关后提交县委常委会研究审定。原则同意将界牌村乡村旅游发展列为旅游扶贫“五融五帮”示范点；围绕今年国庆节正式对外营业时间节点，由县财政局负责筹集资金，帮助解决界牌村乡村旅游基础设施、服务设施建设启动资金860万元（在2016年8月19日已借款200万元的基础上再筹集财政资金660万元补足860万元）；由八弓镇根据会议研究的意见建议，修改完善相关请求事项后按程序提交县委常委会审定。围绕旅游扶贫“五融五帮”示范点定位，要做好以下工作：抓好规划，由县旅游服务中心尽快与北京江山多娇规划院对接，及时拿出规划文本报县四大班子联席会议审定；抓紧好产业，由林业、农业等部门围绕界牌村景点打造做好专项规划，在原有基础上进行调研、谋划和深化；抓好项目落实，县发改局负责根据相关政策，结合围绕县里的决策部署和界牌村实际做好项目包装工作；由县委组织部牵头，县扶贫办配合从机制体制上搭建好党建和扶贫平台建设；县住建局、县规划局和县新农办配合八弓镇建设好景区房屋风貌整治工作；八弓镇作为实施主体，负责统筹协调好各项工作的推进。原则同意以下73人工作调动申请。县内调动6人（杨琴、田茂荣、邰昌广、宋梅、王玉杰、潘年志）；外县调入50人，其中调入县直部门27人（郑雪梅、吴灵远、罗隆翔、赵惠祥、杨政辉、杨婷婷、吴海燕、李桃、周翔、潘正兴、欧阳奕、章平、龙兴宇、陈启珍、吴钦兰、田敏、张大锋、王文娟、曾宪波、张作颖、任达军、罗远洁、唐敏、欧芸敏、谢隆敏、杨莉、潘仁竹），调入乡镇23人（吴军军、邹光溥、张海英、杨廷馨、杨武端、周承武、刘光兰、杨敏、罗家芹、易永珍、唐旭洁、李必菲、王芳蓉、田仁祥、曾丽洁、郑茂宣、杨秋惠、杨玉成、杨锦、杨通祥、罗隆贤、杨通洪、王燕霞）；调出外县17人，其中县直部门调出7人（汪健、刘官民、张学王、杨令、李春琼、袁旸、黄生敏），乡镇调出10人（龙婧、王国飞、雷安琪、张寿峰、杨婧、袁燕玲、钱莉、吴春梅、龙文燕、龙明亮）。由县人社局牵头、县编办配合对干部调任工作进行调研，按照“人岗相适、人尽其用”的原则做好全县调出调入工作，注意动态平衡，并拟定切实可行的干部调动机制，为县委、县政府培养人才当好参谋。原则同意《三穗县2016年高校毕业生就业见习工作方案》，由县人社局牵头，各用人单位配合按程序组织实施。原则同意《关于黔东南苗族侗族自治州三穗高铁新城地下综合管廊项目的PPP合作协议》文本，按程序提交县委常委会研究审定。原则同意使用新的土地分等定级和基准地价标准，由县国土局严格按程序进行公示后按新的标准执行。原则同意由县国土局依法对三穗经济开发区部分（美敏村）国有建设用地（宗地编号为〔2016〕-03号，面积33412.94平方米）使用权进行出让。原则同意《关于与国家开发银行省分行合作统筹整合使用三穗财政涉农资金实施建档立卡贫困村基础设施融资的请示》，按程序提交县委常委会研究审定和县人大常委会议审议。原则同意《三穗县“十三五”脱贫攻坚规划》，由县发改局牵头，各相关职能部门配合根据会议研究意见建议修改完善，报县委常委会议审定通过后组织实施。原则同意《三穗县乡村医生管理办法（试行）》，由县政府办按程序行文下发执行。原则同意《进一步加强社会抚养费征收管理和使用工作的通知》；由县卫计局牵头，县财政、审计等部门配合，根据会议研究意见、建议修改完善后组织实施。原则同意《三穗县农村义务教育学生营养改善计划大宗食品原材料统一采购配送实施方案》，由县教科局负责组织实施，确保三穗农村义务教育学生食品安全、营养丰富。原则同意《三穗县农村中小学校医配置实施方案》，由县教科局牵头，县卫计、财政等部门配合，按照会议研究意见建议对方案文本进行修改完善后组织实施。原则同意《关于要求新增120吨成品粮储备的请示》和《关于要求新加274吨（稻谷）县级储备粮的请示》，由县工信局负责做好三穗粮食储备、轮换和日常管理工作。原则同意《关于要求批复〈三穗县村级电子商务综合服务站建设实施方案〉的请示》，由县工信局结合三穗电子商务综合服务站现有状况，参照周边县市情况进行调研，形成调研报告后报县委、县政府研处推进工作。原则同意《关于向北京江山多娇规划院支付三穗县旅游总体规划和相关景区规划设计费提交县政府常务会研究的请示》，按程序提交县委常委会研究。原则同意《关于要求支取邛水河生态旅游休闲度假区项目征地费用的请示》，由县旅游投资公司为资金承接实施主体，按程序报县委常委会议审定。原则通过《关于要求划拨X830线新寨沟至老车站段改造工程款的请示》，县财政局负责筹集资金据实拨付。原则同意《关于调整机关事业单位艰苦边远地区津贴标准的请示》，从2016年9月开始执行，并补发2015年1月至2016年8月共20个月边远津补贴。原则同意《关于请求拨付服务业发展引导资金用于扶持三穗县商贸物流综合市场建设项目的请示》；由县投促局、县发改局配合县住建局负责做好与企业的对接工作，完善相关手续，报县委审定同意后，县财政局负责筹集资金予以拨付。原则同意《三穗县购房补贴发放实施办法》，由县政府办按程序行文下发执行。原则同意《关于要求解决县城空气自动监测站备用自动监测设备购置经费的请示》，县财政局负责筹措资金予以拨付。原则同意《关于请求拨付用于三穗县2017—2018年开发区易地扶贫搬迁安置点建设项目耕地占用税的请示》，县财政局负责筹措资金予以拨付。原则同意《关于请求拨付〈三穗县近期建设规划〉等4个规划编制费用的请示》，由县财政局根据工作进度情况予以拨付。

9月6日，县长付乐欣在县政府五楼会议室主持召开县十六届人民政府第五十七次常务会议。经研究，会议确定：原则通过《关于调整县人民政府领导同志工作分工（讨论稿）》，由县政府办行文报送县委、县人大常委会、县政协班子领导和下发各乡镇各部门。各位班子成员要在工作上通力合作，要讲政治、讲大局，一心一意谋发展，聚心聚力抓建设；讲团结、讲协作，班子成员之间要团结一致，互相推进工作；讲程序、讲规矩，各位班子成员在工作中一定要强化程序，依规办事。原则通过《县人民政府工作规则》和《县人民政府会议制度》。县政府办负责收集省州、县委下发的相关制度在政府常务会上适时组织学习。原则同意《关于要求配备审判辅助工作人员的请示》。同意县人民法院通过招聘配备审判辅助工作人员20名。招聘分两批进行，第一批招聘10名。原则通过《关于加快教育事业改革和发展的决定》（以下简称《决定》）。由王国斌副县长牵头，组织召开专题会议，集思广益，充分征求县人大、政协意见，将《决定》再次进行细化完善后按程序报县委常委会议审定。原则同意《关于呈请人民政府研究申报2016—2017年高层次和急需紧缺人才需求计划的请示》（以下简称需求计划），县政府办负责配合县人社局将《需求计划》核对修改完善后，按程序报县委常委会议审定。各乡镇、各部门和县人事部门要高度重视人才的引进和培养工作，在工作上相互协调沟通，立足长远，为三穗经济社会发展提供更好的服务。原则同意由县国土局依法对高寨村高铁新区一号（宗地编号为〔2016〕-04号，面积18577.45平方米）、二号（宗地编号为〔2016〕-05号，面积6561.71平方米）、三号（宗地编号为〔2016〕-06号，面积8239.48平方米）、四号（宗地编号为〔2016〕-07号，面积10086.12平方米）、五号（宗地编号为〔2016〕-08号，面积17741.83平方米）、六号（宗地编号为〔2016〕-09号，面积14853.72平方米）、七号（宗地编号为〔2016〕-10号，面积8724.16平方米）、八号（宗地编号为〔2016〕-11号，面积13947.77平方米）、九号（宗地编号为〔2016〕-12号，面积18649.13平方米）、十号（宗地编号为〔2016〕-13号，面积8909.10平方米）、十一号（宗地编号为〔2016〕-14号，面积6939.38平方米）、十二号（宗地编号为〔2016〕-15号，面积10847.45平方米）、十三号（宗地编号为〔2016〕-16号，面积6265.01平方米）13宗国有建设用地使用权进行出让。由黄朝银副县长牵头，县禁毒办具体负责，各乡镇、各部门密切配合打好毒品阻击战。高度重视。当前，全县禁毒警示通报整治工作已进入关键时期，各乡镇、各部门要始终站在讲政治、讲大局的高度，牢固树立长期作战思想，强力推进下一阶段的整治工作。强化措施。继续深入开展禁毒宣传工作，不断提高禁毒知晓率；进一步加大吸贩毒打击力度，确保按时完成全年缉毒执法任务；加快基础设施建设步伐，确保9月底前全面完成社区戒毒社区康复服务站建设，力争国庆节前三穗禁毒教育基地投入使用。加快推进“无毒害”创建、毒品预防示范校创建工作，按时完成上级下达的各项任务。强化督导检查。县禁毒办要加强对各乡镇、各有关部门督导检查，对在规定时间内未完成禁毒目标的要严厉问责，确保禁毒工作责任落到实处。原则通过《关于三穗县第四中学建设项目拟向贵阳银行融资的请示》和《关于黔东片区体育综合体建设项目拟向贵阳银行融资的请示》，由县政府办按程序报县委常委会议审批后，提交县人大常委会议审议。同意解决国开行支持三穗农村基础设施建设项目融资工作经费伍拾万元整（500000.00元），由县扶开公司按程序完善好相关工作。原则同意《关于要求解决购置城镇园林绿化设备资金的请示》，由县财政局负责按采购金额据实拨付。

9月26日，县长付乐欣在县政府五楼会议室主持召开县十六届人民政府第五十八次常务会议。经研究，会议确定：原则通过《县人民政府领导班子成员部分工作调整建议方案》，由县政府办行文报送县委、县人大常委会、县政协班子领导和下发各乡镇各部门。原则同意《关于预发2016年度全县工作目标绩效管理考核奖及离退休人员生活补贴实施方案的请示》，由县政府办负责，县财政局和县机关工委配合，根据会议研究意见修改完善后按程序提交县委常委会审定。县机关工委负责细化工作目标绩效管理考核内容和标准，认真核实2016年度全县工作目标绩效管理考核奖金发放人员范围。县财政局负责2016年度全县工作目标绩效管理考核奖金的筹集和标准的把关，确保奖金发放合法合规。原则同意《关于明确贵州闽台投资有限公司参与竞买三穗经济开发区（美敏村）部分国有建设用地使用权有关问题的请示》，由县政府办按程序提交县委常委会审定。原则同意拨付沪昆高铁三穗站站前广场及地下工程项目工程款1500万元，由县政府办按程序提交县委常委会审定。原则同意《三穗县非行政体制改革试点乡镇人民政府权力清单和责任清单（草案）》，由县法制办按程序予以公布。各乡镇要熟悉情况，加大对广大人民群众的宣传力度，提高人民群众对试点改革工作的知晓力。原则同意《关于请求拨付三穗县新穗小区公共租赁住房项目无负压供水设备费用的请示》，由县财政局负责筹集资金按合同约定的30%进行拨付。原则同意《关于请求拨付三穗县新穗小区公共租赁住房项目二标段工程进度款的请示》，由县财政局负责筹集资金进行拨付。原则同意《关于请求拨付高田、木界小区公共租赁住房建设项目工程设计费的请示》，由县财政局负责筹集资金进行拨付。原则同意《关于提高保障性安居工程租赁补贴标准的请示》，将三穗的保障性安居工程租赁补贴发放标准调整为人均4元/月/平方米，每户住房保障面积为15平方米/人不变，从2016年7月1日起执行。

10月10日，县长付乐欣在县政府五楼会议室主持召开县十六届人民政府第五十九次常务会议。经研究，会议确定：原则同意《三穗县第十届村（居）委会换届选举工作实施方案》，由县民政局根据会议研究意见修改完善后提交县委常委会审定。原则同意《三穗县80周岁以上老年人高龄津贴实施方案》，高龄津贴发放标准为：80~89周岁100元/月/人，90~99周岁300元/月/人，100周岁及以上500元/月/人。从10月1日起执行，县财政局负责筹集资金按时拨付，县老龄办负责组织实施。原则同意《关于成立八弓镇等九个乡镇扶贫开发投资有限责任公司的请示》，各乡镇要配齐配足扶贫开发投资有限责任公司管理人员，并在县扶贫开发投资有限责任公司的指导下对公司进行有效管理。原则同意《关于请求拨付第一季度购房补贴启动款的请示》，由县财政局按程序予以拨付。原则同意《关于请求召集相关单位议定三穗县县城供水二期拦标价的请示》，县审计、监察等部门共同把好关，按8个点下浮。县水务局要加大工作推进力度，确保县城供水二期工程及早建成投入使用。原则同意《关于调整机关事业单位退休人员基本养老金的请示》和《关于机关事业单位工作人员基本养老金及职业年金社会化发放的请示》，由县人社局负责抓好相关工作的落实。原则同意《三穗县扶持微型企业发展实施方案》和《三穗县扶持微型企业发展工作评审办法》，由县市场监管局负责按上级政策和文件精神并结合三穗实际组织实施。由县工信和商务局、县市场监管局牵头，县人社、扶贫等相关部门配合，于10月底总结好三穗近几年微型企业扶持发展情况报县政府研究。

10月28日，县长付乐欣在县政府五楼会议室主持召开县十六届人民政府第六十次常务会议。经研究，会议确定：原则同意《县教科局〈关于省人民政府督导室对三穗“普十五”和“两项督评”经费整改方案〉》。所需经费由县财政局抓紧筹集，严格按政策及时拨付到位。需要纳入年度预算的经费，由县财政局按要求做好年度预算安排。原则同意《关于要求对扣留车辆进行报废的请示》和《关于要求报废县委办（贵H17666）车辆的请示》，由县国资局按程序进行报废处理。原则同意《关于请求划拨部分国有资产到县扶贫开发投资有限责任公司的请示》，由县国资局与县扶开公司对接，做好相关资产划拨工作。原则同意成立三穗县旅游投资开发有限公司、三穗县惠民市政有限责任公司（原三穗县精诚市政有限责任公司）和三穗县林业生态开发有限责任公司，并按程序报县委常委会议审批。原则同意《关于将三穗“新普十五”教育集群项目拟向贵州银行融资的请示》，按程序报县委常委会议审批后，提交县人大常委会议审议。原则同意《关于三穗县城市开发投资有限公司竞买高铁新区部分国有土地的专题会议纪要》，由县城投公司、城开公司以及相关部门配合，按程序完善相关借款手续，并建立好借款台账。县城开公司要严格按照借款期限归还借款。原则同意《关于要求用国有房屋作为贷款抵押承诺的请示》，由县国资局按程序完善相关抵押手续，确保程序合法合规。原则同意对城镇土地使用税地段划分标准进行调整。具体调整标准事宜由龙青松常务副县长牵头，召集各乡镇、各相关部门召开专题会议根据区域实际情况进行深入研究讨论。县地税局根据专题会议研究意见草拟《三穗县城镇土地使用税地段划分标准调整方案》报县政府审批。原则同意《关于拨付贵州闽台投资有限公司奖励扶持资金的请示》，由县财政局按照协议审核拨付。原则同意《关于要求拨付2015年度农村危房改造剩余补助资金的请示》和《关于要求匹配2016年度农村危房改造补助资金的请示》，由县财政局负责筹集资金审核拨付。县新农办负责做好资金发放和监督管理等工作。原则同意《关于请求拨付三穗县高铁站前横路道路工程上级补助专项资金的请示》，由县财政局负责筹集资金审核拨付。原则同意《关于拨付政务大楼一、二楼装修工程项目款的请示》和《关于拨付政务大楼配电工程款的请示》，由县财政局负责筹集资金审核拨付。原则同意《关于要求提高县农村公路局临聘养护人员月工资标准并将增加部分一并列入财政预算的请示》，将现有15名养护工人工资及社保从2017年起全部纳入县级年度财政预算，并将县农村公路管理局现有的10名普通养护工人工资从1200元/月/人提高到1400元/月/人、5名特种设备作业养护工人工资从1500元/月/人提高到1700元/月/人，从2016年10月1日起执行。县农村公路局要严格做好养护工作的管理和考核工作。

11月25日，县长付乐欣在县政府五楼会议室主持召开县十六届人民政府第六十一次常务会议。审议《政府工作报告（送审稿）》《三穗县2016年国民经济和社会发展计划执行情况和2017年国民经济社会发展（草案）的报告（送审稿）》和《三穗县2016年财政预算执行情况和2017年财政预算（草案）的报告（送审稿）》，经研究，会议确定：原则同意《政府工作报告（送审稿）》《三穗县2016年国民经济和社会发展计划执行情况和2017年国民经济社会发展（草案）的报告（送审稿）》和《三穗县2016年财政预算执行情况和2017年财政预算（草案）的报告（送审稿）》文本，分别由县政府办、县发改局、县财政局根据会议提出的意见和建议对以上三个文本进一步修改完善，按程序提交县委审定。原则同意《三穗县2016年精准扶贫产业直补项目实施方案》，由县扶贫办根据会议研究意见和建议作进一步修改完善，按程序提交县委审定；原则同意《关于加快财政扶贫资金项目实施及备案工作的实施方案》，由县扶贫办根据会议研究意见和建议作进一步修改完善，按程序组织实施。各乡镇要高度重视，加大工作力度，确保三穗财政扶贫资金报账率年底达到年初既定目标。县扶贫办积极与省扶贫办对接极贫乡镇、村等相关融资帮扶政策，并充分学习和借鉴已实施地区的成功经验，草拟《融资工作方案》报县政府研究。原则同意《三穗县公安机关社会化聘用“一村一警务助理”实施方案》，再次招聘警务助理50名，由县公安局负责组织实施，县人社局、县财政局配合做好人员招聘、工资待遇审核把关等工作。“一村一警务助理”待遇是：工资1600元/人/月、岗位执勤津贴280元/人/月、各加班补贴480元/人/月，工伤保险、社会养老保险、失业保险费用按有关规定缴纳，个人保险缴费部分由个人承担。原则同意《关于要求出让高铁新区国有资产（土地）的请示》，由县城开公司商县城投公司按程序做好土地转让相关工作。原则同意《关于三穗县2016年度第一批次工业用地需缴纳报件经费的请示》和《关于三穗县2016年度第三批次城镇建设用地需缴纳报件经费的请示》，按程序提交县委审定。原则同意《关于用农村人居环境村寨建设项目（大湾村）资本金支付该项目贷款利息及管理费的请示》，县扶开公司按程序完善好相关手续。原则同意《关于提高全县中小学幼儿园食堂工人工资标准的请示》《关于请求聘请中小学幼儿园安保人员的请示》《关于请求聘请寄宿制中小学宿管员的请示》《关于要求划拨资金购买三穗县中小学、幼儿园教育设备的请示》《关于请求将收回我局存量资金用于支付项目建设款项的请示》《关于请求解决城关第三小学、中等职业技术学校校舍建设及购置设备项目、第二幼儿园征地补偿款的请示》。《关于要求划拨资金购买三穗县中小学、幼儿园教育设备的请示》按程序提交县委审定。

12月8日，县长付乐欣在县政府五楼会议室主持召开县十七届人民政府第一次常务会议。经研究，会议确定：原则同意《关于县人民政府领导同志工作分工的通知（送审稿）》（以下简称《通知》），由县政府办结合省、州政府领导同志工作分工对《通知》进行修改完善后下发执行。原则同意把台烈镇老卫生院划拨为台烈敬老院，由县国资局按程序办理好资产划拨手续。原则同意《三穗县县级储备粮管理暂行办法》，由县政府办按程序印发执行。原则同意《三穗县严重精神障碍患者监护人申领看护管理奖励补助实施办法（试行）（送审稿）》，由县政府办按程序行文下发执行，以后的补助标准根据上级文件调整变化贯彻执行。原则同意《三穗县台烈、瓦寨镇政府专职消防队建设实施方案（送审稿）》，专职消防队员分批次进行招聘，分别为：台烈镇5人、瓦寨镇4人；县人社局配合好县消防大队按程序做好招聘工作，《招聘方案》中增加“在同等条件下，建档立卡贫困户优先聘用”条件；由张克伟牵头，召集县人社、公安、消防等部门召开会议专题对社会治安、农村消防、一村一警务等各方面使用情况进行研究，依照择优使用、资源整合的原则，提出切实可行实施方案报县政府研究。原则同意《关于恳请解决消防大（中）队营房建设经费的请示》，资金来源用原消防大队营房进行置换，县财政局负责组织实施筹集资金；由张克伟牵头，召集县发改、财政、国土、审计、规划、国资等部门专题研究消防大（中）队营房建设相关事宜，形成工作推进方案报县政府研究。原则同意《关于政府采购三穗县新穗小区公租房10/0.4千伏配电工程的请示》，按程序纳入政府采购，并予以资金保障。原则同意《关于请求研究全额返还房屋转让手续费的请示》，将房屋转让手续费全额返还县信诚房地产交易中心。原则同意《关于请求解决易地扶贫搬迁县城安置点（经济开发区）项目征地费用的请示》，按程序提交县委常委会议审定。原则同意拨付政务大楼三至十一楼装修工程款和门厅钢结构工程款共60万元。原则同意《关于向贵州银行申请三穗县中医医院建设项目投放资金的请示》，由县园投公司负责做好向贵州银行申请投放资金相关工作。原则同意《关于三穗县2016年度第一批次城镇用地需缴纳报件经费的请示》和《关于三穗县2016年度第二批次城镇用地需缴纳报件经费的请示》，按程序提交县委常委会议审定。原则同意《关于拨付2016年地方公益林森林生态效益补偿基金县级配套资金的请示》《关于要求县财政返还2013年及以前年度财政资金的请示》，由县财政局按程序审核拨付；原则同意《关于要求解决三穗县武装部旁生态停车场及门口绿化建设项目资金的请示》按程序提交县委常委会议审定。原则同意《关于要求拨付工业园区公租房配套基础设施工程款的请示》和《关于三穗县工业园区公租房配套基础设施配电工程采购款的请示》，由县财政局审核拨付。原则同意《关于核拨行政中心大楼监控、停车场蓝牙系统安装经费的请示》，由县财政局审核拨付。原则同意《关于县人民医院购置医疗设备、整体规划消毒供应室、原业务用房进行改造装修的请示》和《关于县中医医院采购腹腔镜、核磁共振等设备及提升医疗服务能力完善三级中医医院建设的请示》，按程序报县委常委会议审定；县卫计局督促县人民医院和县中医医院两家医疗机构在采购程序上，结合工作实际，划分标段进行招标，降低采购成本，严肃财经纪律，确保采购资金安全；由姜昌明和杨昌祥统筹抓好各部门扶贫资金的使用、将有利润空间的创收项目纳入大扶贫平台，帮助更多贫困人口实现脱贫。原则同意《关于请求拨付阳光信访信息系统建设所需经费的请示》，由县财政局负责筹集资金审核拨付。原则通过《关于申请三穗县城市建设投资有限公司为项目融资提供担保的请示》《关于要求解决三穗县界牌村乡村旅游扶贫示范区（一期）建设项目资金的请示》和《关于要求解决三穗县界牌村乡村旅游扶贫示范区（一期）建设项目还本付息资金有关问题的请示》，按程序报县委常委会议审定和县人大常委会议审议；县财政局、县扶开公司等相关部门负责做好资金的监管工作。

（撰稿：吴长江　吕胜超　编辑：龙荣森）

【县政府专题会议】 1月12日，为落实省委巡视专项检查组对三穗巡视整改情况专项检查反馈意见，常务副县长龙青松主持召开会议，专题对所涉及牵头问题进行讨论研究并作整改安排部署，县委办、县委组织部、县委政法委、县发改局、县教科局、县财政局、县卫计局、县统计局、县政务中心、八弓镇、台烈镇、桐林镇、款场乡等问题涉及部门、乡镇负责人参加会议。

是日，县人民政府副县长刘永禄主持召开会议，县委办、县财政局、县国土局、县住建局、县审计局、县城建指挥部、县城投公司、八弓镇政府等相关部门负责人参会，会议专题研究使用三穗县2014年棚户区改造建设项目贷款资金支付其他建设项目工程费用的相关事宜。

1月27日，县人民政府常务副县长龙青松组织县工信和商务局、县财政局、县住建局、县法制办等相关单位负责人召开会议，专题研究财政借款清收工作相关事宜，县法院院长杨彬、三穗经济开发区管委会副主任王道航应邀参加会议。

1月29日，县人民政府副县长王国斌召集发改、民政、财政、审计、监察、人行有关负责人员召开会议，专题研究支付殡仪馆原承租商购置设备资金利息的相关事宜。

1月27日上午，受县人民政府付乐欣县长委托，常务副县长龙青松在政府五楼会议室召集县国土局、林业局、财政局、农业局、住建局、水务局、审计局、监察局及9个乡镇负责人召开会议，副县长刘永禄、杨检参加会议，会议专题研究三穗历年来实施未通过备案土地开发项目开发前地类认定事宜。

1月29日上午，为了及时解决第二中学至高寨新区和水务局至高寨新区道路建设项目工程款及县财政统筹安排该项专款的相关事宜，县人民政府常务副县长龙青松组织财政、移民、国资、住建等部门主要负责人在县政府办五楼会议室召开专题会议，副县长刘永禄、杨检出席会议。

2月16日，县人民政府副县长王国斌带领财政、发改、交通、国土、民政、水务、文广、民宗、新农办、桐林镇等部门、单位主要负责人到桐林镇木良村调研乡村旅游发展，并在木良村旅游公司会议室召开专题会议支持木良村发展乡村旅游业。

2月23日，县人民政府副县长杨检委托县政府办召集县水务、发改、移民、住建、国土、交通、林业、农业、台烈、八弓、滚马、长吉、瓦寨及州水投公司相关负责人在县政府五楼会议室召开会议，专题研究关于调整三穗县塘冲水库建设规模的相关事宜。

3月3日下午，县人民政府副县长杨检委托县政府办召集县监察、县发改、县财政、县审计、县住建、县水务、县自来水公司有关人员和瓦寨镇党政负责人，在县政府三楼会议室召开会议，专题研究将瓦寨集镇供水工程与瓦寨镇抗旱应急水源建设工程实施的相关事宜。

3月16日，县人民政府常务副县长龙青松组织县财政、移民、国资、住建、审计等部门负责人在县政府办五楼会议室召开会议，专题研究第二中学至高寨新区和水务局至高寨新区道路建设相关债务问题。

3月17日，县人民政府常务副县长龙青松组织县发改、民政、住建、农业、水务、文体广电、旅游、金融办、开发区、八弓镇、滚马乡等相关部门和乡镇负责人在县政府办五楼会议室召开会议，专题研究三穗已获批专项建设基金项目推进以及2016年计划申报基金项目相关事宜。

3月21日，县人民政府常务副县长龙青松组织县财政、监察、审计、新农办、台烈镇等相关部门和乡镇负责人在办公室召开会议，专题研究推进台烈镇农文旅一体化产业扶贫项目建设相关事宜。

3月30日，县人民政府副县长黄朝银在县政府三楼会议室主持召开会议，专题研究三穗县综合客运枢纽站建设项目设计工作相关事宜，县发改局、财政局、审计局、住建局、交通局、八弓镇负责人参加会议。

3月30日，县人民政府副县长黄朝银在县政府三楼会议室主持召开会议，专题研究三黎高速美敏互通连接线建设工程相关事宜，县委副书记、三穗经济开发区工委副书记罗国炳、县人大常委会副主任肖梅红、县法院院长杨彬、三穗经济开发区管委会副主任王道航、县人武部政委吴鑫金、县“两高”指挥部副指挥长黄孝东出席会议，县发改局、财政局、国土局、住建局、交通局、审计局、环保局、第三纪工委、“两高”指挥部、三穗经济开发区规划建设局、八弓镇等相关部门、乡镇负责人参加会议。

4月15日上午，县人民政府副县长石宏敏在政府五楼会议室主持召开会议，县财政局、监察局、审计局、卫计局、合医局等部门负责人参会，会议专题研究核拨贵医二附院（原“四一八”医院）新农合资金的相关事宜。

4月18日上午，县人民政府副县长石宏敏在政府五楼会议室主持召开会议，常务副县长龙青松、三穗经济开发区管委会副主任罗会学出席，县财政局、国土局、住建局、环保局、工信和商务局、投促局、市监局、法制办、卫生监督局、鸭产办及三穗经济开发区相关部门等负责人参会，会议专题研究三穗县联创管业有限公司等五家企业入驻三穗经济开发区相关事宜。

4月19日上午，县人民政府副县长刘永禄在县政府五楼会议室主持召开会议，县发改局、财政局、国土局、住建局、审计局、环保局、桐林镇、瓦寨镇、雪洞镇、良上乡、城投公司等部门负责人参会。会议专题研究了永灵小区公共租赁住房配套基础设施建设项目相关事宜。

4月20日，县人民政府常务副县长龙青松组织县发改局、工信和商务局、住建局、财政局、金融办、投促局、移民局、国税局、地税局、城投公司、园投公司、扶贫公司、城开公司等相关单位负责人召开会议，专题研究三穗当前项目建设、财税金融等相关工作。

4月21日，县人民政府副县长刘永禄召集县国土、住建、交通、城投公司、“两高”指挥部、“两违”办、八弓镇等单位负责人在县政府五楼会议室召开会议，专题研究三黎高速美敏互通匝道及连接线征拆和“两违”处理等相关事宜，副县长黄朝银参加会议。

4月21日，县人民政府常务副县长龙青松率县发改局、县工信和商务局、县环保局、县住建局、县投促局等相关部门负责人和八弓镇相关负责人员到三穗开发区汽配园以及县商贸物流综合市场项目建设现场开展服务企业调研活动，详细了解企业在项目建设以及生产营业过程中遇到的困难和问题，并召开会议进行专题研究帮助解决。

4月25日，县人民政府常务副县长龙青松召集发改、财政、人社、国土、住建、审计、投促、国资、城建指挥部等部门主要负责人在政府五楼会议室专题研究三穗县经纬国际汽车商贸物流城项目推进的相关事宜。县委副书记、三穗经济开发区管委会副书记罗国炳，人大常委会副主任易尚银，县人民政府副县长刘永禄，政协副主席罗世平出席会议。

5月4日上午，副县长石宏敏在政府五楼会议室主持召开会议，专题研究《三穗县食品安全三年行动计划（2016—2018年）（征求意见稿）》相关事宜。

5月4日下午，县人民政府副县长石宏敏在政府五楼会议室主持召开会议，专题研究服务企业解决企业困难促进企业持续健康发展相关事宜。

5月11日，县人民政府常务副县长龙青松组织县发改、工信、财政、农业、统计、金融办等部门负责人在县行政中心四楼办公室召开会议，会议听取了部分经济指标相关情况及统计入库工作情况，并对下步经济指标调度和专项建设基金项目申报及推进相关事宜进行了安排部署。

5月17日，县人民政府常务副县长龙青松率县财政局、县住建局、县交通局、县农业局、县文体广电局、县旅游服务中心、县新农办等相关部门负责人到良上乡雅中传统村的调研，并召开座谈会议讨论研究雅中传统村落保护及建设相关事宜，县委常委、县纪委书记姜继德，县政协副主席吴应文出席会议，良上乡、永兴村以及驻村帮扶单位相关负责人参加会议。

5月18日，县人民政府副县长刘永禄在政府五楼会议室主持召开会议，县财政、审计、发改、住建及城投公司相关部门负责人参会，会议专题研究三穗县新穗小区公租房配套基础设施建设项目相关事宜。

5月27日，县人民政府副县长刘永禄召集县财政、国土、住建、审计、国资、移民、城投公司、八弓镇等单位负责人在宣传部会议室召开会议，专题研究移民搬迁工程和新陆大道下穿等相关事宜，副县长杨检参加会议。

5月24日，县人民政府县长付乐欣在县政府四楼二号会议室主持召开会议，专题研究全县旅游产业发展规划编制工作。

6月15日，县人民政府副县长黄朝银主持召开会议，专题研究三穗县综合客运枢纽站建设项目《初步实施方案》《物有所值评价》《财政承受能力评价报告》。县政府办、发改局、监察局、财政局、住建局、交通局、水务局、审计局、环保局、法制办、金融办、八弓镇等相关部门、乡镇负责人参加会议。

6月24日，县人民政府常务副县长龙青松组织县财政局、县住建局、县国土局、县国资局、县审计局、县监察局、县扶贫办、县国税局、县地税局、县国投公司、县城投公司、县城开公司、县扶开公司、三穗农商行、八弓镇等部门和乡镇负责人在县政府办五楼会议室召开会议，专题研究县国资局提出的处置国有资产助推精准脱贫工作相关事宜。

6月27日，县人民政府副县长石宏敏主持召开会议，专题研究社会抚养费征收管理和使用，长吉卫生院业务楼建设项目及部分村卫生室建设项目调整相关事宜。

6月 28 日，县人民政府县人民政府副县长王国斌主持召开会议，专题研究县审计局提出的三穗县陆寨坳红砖厂等3户关闭企业资金分配使用方案与上报方案不符合未及时兑现安置职工补偿资金问题。

7月15日，县人民政府常务副县长龙青松组织县财政局、扶贫办、金融办、人行、农商行、扶贫开发公司等部门和乡镇负责人召开会议，听取“特惠贷”工作推进情况汇报，并对下步工作进行了安排部署。

7月22日，县人民政府副县长刘永禄主持召开会议，县发改、监察、财政、住建、水务、审计、国资、经济开发区规划建设局等部门负责人参会，专题研究三穗县城污水处理二期工程管网施工相关事宜。

7月29日，县人民政府常务副县长龙青松主持召开会议，专题研究争取国开行农村基础设施建设融资贷款相关事宜。

8月2日，县人民政府副县长石宏敏主持召开会议，专题研究《三穗县农村中小学校医配置实施方案（草案）》《三穗县乡村医生管理办法（试行）》相关事宜。

8月10日，县人民政府副县长王国斌召集县发改、民政、财政、卫计、国资、环保、国土、规划等项目建设领导小组成员单位会议，专题讨论和研究老城至高铁新区河道（下游段）治理工程建设等相关事宜。

8月17日，县人民政府常务副县长龙青松召集县发改、财政、住建、国资、农业、林业、水务、交通、新农办、环保、扶贫、金融办、扶贫开发公司等部门及九乡镇负责人会议，听取关于与国开行对接农村基础设施建设融资工作相关对接、准备和推进情况，并就推进与国开行农村基础设施建设融资贷款落地落实相关事宜进行了专题研究。

8月24日，县人民政府常务副县长龙青松召集县发改、财政、住建、国资、农业、林业、水务、交通、新农办、文体广电、环保、扶贫、旅游、审计、监察、金融办、扶开公司、城开公司等部门及滚马乡负责人会议，听取县新农办关于三穗县改善农村人居环境建设项目前期工作相关对接、准备和推进情况，就推进该项目建设相关事宜进行了专题讨论研究。

8月31日，县人民政府副县长黄朝银组织三穗县综合客运枢纽站PPP项目工作领导小组会议，县人大副主任杨德英、副县长石宏敏、县政协副主席杨长荣出席会议，县发改局、监察局、财政局、国土局、住建局、交通局、水务局、审计局、环保局、国资局、法制办、金融办、城开公司、银监办、八弓镇政府等负责人参加会议，永明项目管理有限公司、北京大岳咨询有限责任公司等单位受邀参会。会议专题对三穗县综合客运枢纽站PPP项目招标文件内容进行审议。

9月14日，县人民政府副县长石宏敏主持召开会议，专题研究《三穗县扶持微型企业发展实施方案》《三穗县扶持微型企业发展工作评审办法》和《三穗县招商引资公务接待实施细则（试行）》相关事宜。

9月19日，县人民政府副县长王国斌召集县发改局、县住建局、县国土局、县水务局、县城开公司等部门负责人会议，专题研究塘冲水库至县城河道治理工程分期实施事宜。

9月20日，县人民政府副县长王国斌召集县监察局、县财政局、县卫计局、县教科局、县民政局、县文体广电局、县国土局、县住建局、县环保局、县金融办等相关部门负责人会议，专题研究县中医医院、县第四中学、黔东片区开放性体育场和黔东养老服务中心等项目融资贷款相关事宜。

9月27日，县人民政府副县长黄朝银组织三穗县综合客运枢纽站PPP项目工作领导小组会议，专题对三穗县综合客运枢纽站PPP项目社会稳定风险评估报告内容进行审议。

10月11日，县人民政府常务副县长龙青松组织县政府办、县检察院、县第三纪工委、县监察局、县财政局、县审计局、县交通局等部门负责人召开会议，专题研究农村公路建设配套资金相关事宜。

10月13日，县人民政府副县长王国斌组织县国土、规划、供电等部门负责人召开会议，对变电站建设工程办理不动产权证书相关事项进行专题讨论和研究。

10月21日，县人民政府常务副县长龙青松在县政府五楼会议室召集县财政、国土、国资、监察、审计、法制办、城投、城开等部门负责人召开会议，专题研究三穗县城市开发投资有限公司竞买高铁新区部分国有土地相关事宜。

10月28日，召开县十六届人民政府第六十次常务会议，专题研究县教育和科技局《关于三穗县31所学校教育设备购置及公立幼儿园建设项目纳入政府购买服务等事项的请示》。10月29日，副县长王国斌召集县工信和商务局、县信访局、县住建局、县人社局相关负责人会议进行专题讨论和研究。

11月2日，县人民政府县长付乐欣主持召开会议，会议传达全州民生资金监管工作电视电话会议精神，研究全县民生资金监管工作相关事宜。

11月11日，县人民政府常务副县长龙青松召集县财政、审计、扶贫办、国资、金融办、城开公司、扶贫开发公司等部门负责人会议，专题研究县扶贫开发公司使用“特惠贷”资金入股“城市资源带”助推脱贫攻坚项目建设相关事宜。

11月29日，县人民政府副县长王国斌召集县发改、财政、教科、市监、卫计、农业、审计等部门负责人会议，县委常委、宣传部长衮政豪，县人大副主任杨作明出席会议，就确定三穗县农村义务教育学生营养改善计划大宗食品原材料供货单位等事项进行专题研究。

12月8日，县人民政府常务副县长龙青松组织县财政、国土、环保、住建、林业、投促、城管及八弓镇、桐林镇等部门负责人召开会议，县委常委、宣传部部长衮政豪，副县长张克伟、王思红，县政协副主席罗世平，三穗开发区管委会副主任罗会学等出席会议，以贯彻落实《州人民政府关于加快推进三穗县生活垃圾设施建设运行的督办通知》文件要求，结合三穗实际，就如何加快推进三穗县生活垃圾设施建设运行相关问题进行讨论研究。

12月15日，县人民政府副县长王国斌组织召开三穗县中央预算内投资项目建设调度会议，传达冯仕文州长在省发改委《关于督促落实国务院大督查2016年中央预算内投资项目整改工作的函》上的批示精神及全州中央预算内投资项目建设督查工作情况，通报三穗县中央和省预算内投资项目建设情况。进一步加强项目建设力度，做好迎接国家、省、州相关督查工作。

12月16日，县人民政府常务副县长龙青松组织县文明办、县公安局、县国土局、县环保局、县住建局、县文体广电局、县安监局、县市场监管局、县交警大队、县城管大队、县运管局和八弓镇等单位负责人召开会议，专题研究三穗创建省级文明卫生县城有关事宜。

12月20日，县人民政府常务副县长龙青松召集县发改、财政、监察、住建、国土、交通、水务、文广、审计、国资和八弓镇、滚马乡等部门负责人会议，专题对中国五冶集团公司设计的三穗高铁新区地下综合管廊PPP项目规划方案进行初审。县人大副主任易尚银，副县长王国斌、杨昌祥、王思红，县政协副主席杨长荣出席会议。

12月23日，县人民政府常务副县长龙青松主持召开会议，专题对中团巷农业局宿舍楼拆迁安置、景怡院十号地块规划调整和清穗污水处理厂融资款拨付相关事宜进行研究。县人大副主任杨德英，县政协副主席杨长荣、杨精豪出席会议。

（撰稿：吕胜超　编辑：龙荣森）

法制工作

【概述】 年初印发《2016年政府法制工作要点》，明确全年重点工作，研究存在的问题和工作措施，确保依法行政各项工作落到实处。全县25个单位280人合法持有贵州省行政执法证。全年共审定政府各类合同158份；清理公示规范性文件41件，其中继续有效的规范性文件21件，组织修订的规范性文件15件，宣布失效的规范性文件1件，废止的规范性文件6件。

组织审核行政管理体制改革试点乡镇执法人员7人参加全省试点乡镇行政执法岗位培训。办理人大代表建议60件，政协委员提案91件，办复率、满意率均为100%。抽查6个部门共10份案卷，全部合法规范。

【行政权力清理审核】 公布《三穗县行政管理体制改革试点乡镇权力清单和责任清单》事项130项、《三穗县非行政管理体制改革试点乡镇权力清单和责任清单》事项61项。分两批下放公示县级社会经济管理权限106项至行政管理体制改革试点乡镇台烈镇。

【行政复议和行政调解】 行政复议案件5件，办结5件，结案率100%。接到应诉案件9件，结案7件，其中1件判决撤销行政行为、1件确认违法，均由政府负责人或部门负责人出庭应诉。共调处各类民事纠纷272件，调解率达100%，调解成功率达95%。

（撰稿：姚茂国　编辑：龙荣森）

应急管理

【概述】 全年各类突发事件的发生次数以及造成的死亡人数总体上呈现相对平稳的态势。自然灾害共造成60807人受灾，直接经济损失1592.3万元，因灾生活困难需救助人口18799人。共发生各类安全事故8起（均为道路交通事故），死亡7人，经济损失7.62万元。未发生较大以上安全生产事故及环境污染和生态破坏事件。全年无疫情暴发流行及饮用水污染等公共卫生事件发生，未发生群体性事件。

【防范和处置非法集资】 制定《三穗县集中整治非法集资专项行动工作方案》《三穗县2016年防范和处置非法集资宣传教育工作方案》《三穗县2016年开展涉嫌非法集资广告资讯信息排查清理活动实施方案》等，统筹调度各处非成员单位开展各项工作。全年开展2次集中宣传活动，利用各乡镇开展综治宣传，共出动车辆50余辆，摆放宣传展板50余块，累计发放宣传资料15000份，悬挂横幅100余条，解答群众咨询10000余次，受宣传教育的群众有50000余人。全年未发生非法集资案件。

（撰稿：姚元根　编辑：龙荣森）

外事侨务及港、澳、台事务

【概述】 全县共有港澳台同胞152人，亲属421人，其中列入扶贫系统建档立卡贫困15户42人；有华侨15人，侨眷51人，其中列入扶贫系统建档立卡贫困1户4人。为加大对困难归侨眷的扶贫救助力度，做到精准扶贫、精准脱贫，确保贫困归侨侨眷与全国同步脱贫，与扶贫办及九乡镇对接，对符合条件的纳入申报范围，共向上级部门申报扶贫开发项目9个，涉及贫困侨眷16户，申报金额25.1万元。

完善因公出国（境）管理制度和措施。严格执行逐级审核审批制度，严把因公出国（境）审核关，防止弄虚作假、公款旅游和违反外事纪律现象的发生。全年共办理因公出国（境）手续4批4人次。

加强侨眷联系沟通。逢春节、端午节、中秋节等传统节日，会同台办、教育、扶贫等部门深入乡镇开展走访慰问活动，送去党委、政府的祝福和关怀。全年共走访慰问侨胞侨眷12户，发放慰问金2400元。开展各类文化娱乐活动，为侨民、侨属搭建认识、了解、热爱党和政府的桥梁。

开展法律宣传活动。利用“三八”国际妇女节、综治宣传月、禁毒宣传日等活动，会同台办、公安等部门开展外事侨务法律法规宣传。全年共发放《中华人民共和国归侨侨眷权益保护法》《侨法知识问答》《中华人民共和国护照法》《中华人民共和国公民出境入境管理法》等外事侨务法律法规宣传资料共5000余份，咨询800余人次。

【外事接待】 与公安、国安等部门配合，做好外籍人员到三穗参观考察接待和服务工作。根据来宾背景和需求，结合三穗实际，安排接待（陪护）方案、向来宾全方位介绍三穗经济社会发展情况。全年共接待3批5人次。

【制定因公出访计划】 及时下发通知，要求各乡镇、有关部门严格按照有关规定报送出访计划，坚决不允许因人找事，安排照顾性和无实质内容的一般性出访。通过收集、汇总、审核，因公出访拟安排2个团组，在3月、8月分别赴中国香港、法国开展招商引资和民族文化交流及城镇建设。

【外语翻译人才调查统计】 组织人员对全县具有全日制普通高校外语专业本科及以上学历的人员进行摸底调查统计，建立三穗县外语翻译人才库。全县具有全日制普通高校外语专业本科及以上学历的人员30人，其中男生6人，女生24人；本科29人，研究生1人；年龄在24~30岁之间17人，31~40岁之间12人，40岁以上1人。英语专业28人，日语专业1人，泰语专业1人。从事教育教学24人，乡镇政府干部2人，其他单位4人。

（撰稿：袁仕渊　编辑：龙荣森）

政协三穗县委员会

【概述】 县政协机关内设政协办公室、提案法制委员会、经济科技委员会、人口与资源环境委员会、文教卫与社会联谊委员会（兼智力支边办公室）、文史与学习委员会。办公室下设机关服务中心。县政协机关编制17人，在职25人，其中女5人，大专以上文化23人。

2016年，县政协高举爱国主义、社会主义旗帜，围绕团结和民主两大主题，深入学习贯彻中共十八大和中共十八届四中、五中、六中全会精神以及习近平总书记系列重要讲话精神，紧紧围绕全县经济社会发展大局和县委、县政府中心工作，认真履行政治协商、民主监督、参政议政职能，充分发挥协调关系、汇聚力量、建言献策、服务大局的作用，为促进三穗经济社会跨越发展做了大量工作。

关注生态文明建设、教育发展、精准脱贫等工作。将森林执法"六个严禁"、学前教育和小学教育、易地移民搬迁实施情况分别作为八届县政协第二十八、二十九、三十次常委会会议议题，由一名副主席带队，以人资委、文教卫与社联委、经科委分别牵头组成调研组，深入乡镇、有关部门和学校以及项目点实地调研，形成专题报告，开展专题协商，提出意见建议，推动工作落实。主席会议围绕农村道路交通安全、"6个100万"工程、邛水民族文化示范旅游小镇等内容，开展专题视察，听取县人民政府财政预算、食品卫生监督执法、禁毒工作和人民法院审判工作情况通报。组织委员集中视察了八弓镇界牌村"五融五帮"乡村旅游示范点、黔东（三穗）养老服务中心、县第四中学建设项目等。由人资环委、提案法制委、文教卫与社联委、经科委分别就生活垃圾发电、颇洞生态农业休闲体验园、黔东（三穗）中医医院、金昌沟水库等项目建设情况，组织委员开展分组视察活动。

八届五次会议期间收到委员撰写提案91件，办结率100%，满意率98%。关注社会热点、难点问题，编发社情民意12期36条，报送县委政府领导参阅。重视民族文化传承保护，编辑出版《三穗文史》4期，刊载史料文章12万余字，收集近200位作者1400余副对联，编辑出版《三穗对联集成》一书。

开展驻村帮扶工作，办好民生实事。选派两名政治素质好、业务能力强的科级干部，驻村帮扶八弓镇界牌村，协调部门单位资助该村改善办公条件、基础设施经费10万余元。争取农工民主党贵州省委、州政协支持，由中华民族团结进步协会医药卫生委员会、首都医科大学北京同仁医院、"共铸中国心"基金会共同发起的"第九届健康边疆行·儿童先天性心脏病"筛查义诊活动走进三穗，帮助9名先天性心脏病儿童患者赴京治疗，圆梦健康。春节、"七一"、教师节等期间，还深入帮扶村和联系学校开展送温暖活动，慰问困难群众、计生"三结合"户、孤寡老人、留守儿童、教师等。

【八届五次会议】 1月5日至7日，政协三穗县第八届委员会第五次全体会议在县行政中心举行。会议审议并同意主席杨胜林代表政协第八届三穗县委员会常务委员会所作的《工作报告》和副主席吴应文代表政协第八届三穗县委员会常务委员会所作的《提案工作情况报告》，表彰优秀委员提案10件和6个提案承办先进单位。

【九届一次会议】 12月4日至7日，政协第九届三穗县委员会第一次全体会议在县行政中心举行。会议审议并同意副主席罗世平代表政协第八届三穗县委员会常务委员会所作的工作报告和副主席曾祥煜代表政协第八届三穗县委员会常务委员会所作的《提案工作情况报告》，会议选举龙义立为政协第九届三穗县委员会主席，选举罗国炳、罗世平、曾祥煜、吴峻、杨长荣、杨精豪、邰秀珍为政协第九届三穗县委员会副主席，选举王碧生为政协第九届三穗县委员会秘书长，王堂先、邓政文等18人为政协第九届三穗县委员会常务委员。

【委员视察】 围绕精准脱贫、项目建设、乡村旅游发展等议题，组织开展委员集中视察、分组视察和主席会议专题视察活动，先后视察八弓镇界牌村“五融五帮”乡村旅游示范点、颇洞生态农业休闲体验园、黔东（三穗）中医医院、金昌沟水库、黔东（三穗）养老服务中心、县第四中学建设情况，撰写调研报告5篇，供县委政府和部门工作参阅。

【专题调研】 精选课题，关注民生，以生态文明建设、教育发展、精准脱贫为重点，分别由一名副主席带队，由相关专委会牵头，深入乡村、学校和项目建设工地实地调研，召开座谈会听取意见、建议，撰写调研报告3篇，提出意见建议12条，推动工作的落实。

【提案工作】 八届五次会议期间，共征集委员提案91件，立案91件，内容涵盖医疗卫生、环境保护、食品安全、教育文化、社会养老、交通保畅、精准扶贫等各个方面，关注民生诉求的提案达70%以上。通过强化提案办理回应民生诉求，把一批群众关注度高、涉及面广的提案列为重点提案，由政协主席、副主席领衔督办。在提案办理中，按照党政领导领办和政协主席、副主席督办重点提案制度，加强提案办理协调工作，适时召开委员座谈会6次，推进提案跟踪督办工作制度化、常态化，有效提升提案办理质量，办复率达100%，满意率98%以上，委员提案在促进全县经济社会发展中的积极作用得到较好发挥。

【彭世平到杨家大院考察】 5月26日，州政协副主席彭世平带领州政协文史委等单位负责人到滚马乡德明杨家大院考察古民居保护情况。县政协副主席吴峻陪同。

【杨政宇调研医疗服务能力建设】 6月29日，州政协副主席杨政宇就医疗服务能力建设情况，率队到县人民医院、县中医医院调研，并召开座谈会听取相关部门情况介绍。县政协副主席杨长荣陪同调研并参加座谈。

【龙黔清到瓦寨调研】 9月12日，州政协副主席龙黔清率队到瓦寨小学调研校医配置、食堂管理工作，并实地考察柑子院村蔬菜基地。县政协副主席吴峻陪同调研。

【健康边疆行义诊活动】 5月20日至21日，经农工民主党贵州省委、黔东南州工委和州政协联系，由中华民族团结进步协会医药卫生委员会、首都医科大学北京同仁医院、“共铸中国心”基金会共同发起的“第九届健康边疆行·儿童先天性心脏病”筛查义诊活动在县医院举行。经同仁医院专家筛查，6月2日，八弓、滚马、长吉、桐林、良上五乡镇9名先天性心脏病患儿，在家人陪护下赴北京同仁医院治疗，圆梦健康。县政协主席杨胜林、副主席吴峻参加筛查义诊活动。

（撰稿：杨汉忠　编辑：龙荣森）

贵州三穗经济开发区

【概述】 2016年，三穗经济开发区始终按照“区城一体，产城互动，联动发展”的思路，紧紧围绕黔东创新创业基地、黔东产业承接基地、黔东大健康产业示范基地“三大基地”的战略定位，以服务企业和完善平台为重点，狠抓招商引资，推动各项工作取得了新成效。2016年，全区完成工业总产值20.8亿元，同比增长20.1%。

中共贵州三穗经济开发区工作委员会、贵州三穗经济开发区管理委员会为黔东南州委、州人民政府正县级派出机构，核定行政编制10

名（在三穗县行政编制总额内调剂解决）、事业编制38名，列入三穗县财政全额预算管理。领导职数：工委会书记1名（由三穗县委书记兼任），副书记1名（正县长级），管委会主任1名（由三穗县县长兼任），常务副主任1名（正县长级），副主任2名，纪工委书记1名。内设党政办公室、组织人力资源局、经济发展局、财政局、招商投资促进局、规划建设局、社会事业发展局、商务物流管理局8个正科级机构，科级领导职数20名。2016年12月底，三穗经济开发区工委、管委会在编在岗干部43人，其中专职副主任2人，内设机构科级领导20人、一般干部21人。派驻机构国土分局3人，其中国土分局副局长2人，执法大队大队长1人；派驻机构公安分局13人，其中政委1人，局长1人，副局长1人，协警10人。

【基础设施建设】 完成六合门业公司路段的道路硬化及建材与制造产业园的污水管网二期工程建设，启动实施三黎高速开发区匝道出口建设，盘活建材与制造产业园空置土地200余亩。推动汽配机械产业园区4#、5#、6#标准厂房及附属设施工程全面建成，做好轻工创业园二期标准厂房的图纸变更，加强与黔东南州消防大队对接消防验收工作。清理腾退未高效利用标准厂房5000余平方米，合理利用标准厂房综合服务楼3000余平方米。推动集食宿、购物、娱乐于一体的10000平方米标准厂房配套设施楼建成并投入使用，该设施楼可同时容纳1000余人就餐、800余人住宿，内设有600余平方米的员工活动中心供员工业余娱乐休闲。

【产业项目建设】 新促成思南江云绿色食品和黔山贵宝两家食品企业建成投产；扶持陶老者食品，并帮助其打造贵州省著名品牌；推动老张家土特产食品公司建设二期工程；提升改造穗丰酒业。推进鼎盛服饰二期工程建成投产，积极协助服装企业尽力摆脱经济下行压力和市场低迷所带来的冲击。推动联创管业改扩建、台歌电子科技、康鼎和洗涤等项目入驻，轻工制造企业数量已占到园区落户企业的50%以上。以轻工创业园标准厂房综合服务楼为平台，引进了杭州顶立、易邦医疗器械、易邦物流等商贸服务型企业入驻。

【招商引资工作】 以形成大企业“顶天立地”、小企业“铺天盖地”的发展格局为目标，采取上门、定点、亲情和专题推介等招商方式，针对重点客商、重点项目实行专人招商，针对外出务工成功人士重点打亲情牌，提高招商引资成功率。2016年，开发区组织招商小分队分赴广东、浙江、江苏等地拜访外出成功人士22次，围绕主导产业重点项目上门开展招商13次，多次带队到浙江江干区驻办事处开展招商工作，全年共有贵州台歌电子科技有限公司、三穗县康鼎和洗涤消毒服务中心、三穗县鸭乡生态食品有限公司、易邦医疗器械有限公司、顶立企业管理咨询有限公司5个项目落户开发区，其中建成投产4个，到位资金1.09亿元。

【园区建设投资有限公司项目融资】 以打造黔东中心城市核心区的战略目标为指导，2016年园区建设投资有限公司向贵州银行和贵阳银行申请贷款融资5.275亿元，用于黔东片区开放性体育场、黔东（三穗）养老服务中心和三穗县中医医院项目建设，全年落实项目贷款资金1亿元。

【园区企业服务】 按照《三穗经济开发区标准厂房管理办法》落实企业免租政策，免收入驻标准厂房企业租金50余万元；协助企业招聘培训工人400余人，为16家企业开展环评工作，采取先租后让的方式向2家企业供地；组织召开有县委、县政府主要领导及县各职能部门负责人同时参加的企业座谈会，成立由开发区工委副书记任组长、各职能部门负责人任成员的领导小组抓落实，县委、县政府主要领导督促落实有关问题12起，专门领导小组抓落实事项8件；强化安全生产责任落到实处，共查出隐患67起，治理完成59起，治理率88.1%，实现工业企业零事故；遵守巡警大队的各项规章制度，在开发区辖区内实行24小时全天候巡逻。

【党群工作】 结合“两学一做”学习教育，狠抓“三会一课”制度落实，通过“线上线下”“分散集中”、现场互动等灵活、业余的学习方式，利用微信群、QQ群发布学习内容56条次，线下互动交流学习心得12次，组织开展重温入党誓词、现场专题党课、专题研讨、走访慰问困难党员等活动12次。邀请省、州、县宣讲团、领导、专家到支部开展理论宣讲、上党课、政策解读等活动4次，培训党员、企业出资人、职工200余人次。以深入开展“七小活动”为载体，通过党员佩戴党徽、一句话承诺、设立党员示范岗、党员责任区、党员先锋岗、我为企业献一策等方式，立足企业实际，引导党员在各个工作岗位发挥带头示范作用，推动企业增产增效。开展非公有制企业和社会组织党组织集中组建“百日攻坚”行动，加大非公经济组织组建力度，新建了鼎盛服饰党支部、华盛电子党支部、星球混凝土联合党支部3个非公经济党组织，为非公企业选派28名党建工作指导员，发展企业党员6人。

【党风廉政建设】 学习贯彻党风廉政建设有关规定，切实落实主体责任和第一责任人责任，坚持把党风廉政建设责任制纳入考核目标管理，贯穿于工作始终，推动廉洁从政成为开发区党员干部的共同价值取向。落实全面从严治党“1+3”制度体系，严格执行三重一大、公务接待、公务用车等管理制度，强化对人财物等重点环节、重点部位的规范管理，自觉接受监督。带头执行廉洁自律各项规定，认真践行“三严三实”要求，严格执行领导干部重大事项报告制度，立标杆，做表率，营造开发区干事创业、风清气正的良好氛围。加强宣传教育，通过专题培训、收看廉政警示片等形式，开展反腐倡廉教育活动，加大教育力度，增强领导干部廉洁自律意识。

【精准扶贫】 坚持把精准扶贫作为当前的一项政治任务来抓，参与三穗县大扶贫战略行动，向基层派驻5名党员干部担任驻村干部和第一书记。三穗经济开发区工委领导带头深入贫困村户走访调研，制定帮扶措施，共走访贫困户886次，其中慰问贫困户105户，发放慰问金21000元。发挥党组织的政治引领作用，引导企业开展“千企帮千村”“双千双助”等活动，履行社会职责，主动参与脱贫攻坚行动，通过资金、信息、就业等帮扶措施，为贫困村定向提供就业岗位187个，走访慰问困难群众24户，捐赠资金1.2万元；通过集中助学月活动，为贫困山村小学捐赠衣服400余套，为45名贫困学生现场捐赠资金2.25万元，为贫困大学生捐赠资金10万元。

【县招商引资暨企业座谈会在经济开发区召开】 1月21日，三穗县招商引资暨企业座谈会在经济开发区七楼会议室举行。来自三穗县各企业代表、三穗籍在外成功人士、县直各相关部门负责人等近200人汇聚一堂共谋三穗经济发展方略，共商三穗经济发展大计。县领导黄瑜、罗国炳、龙青松等出席会议。会议由县委副书记、县人民政府县长付乐欣主持。

【第一次工会会员暨职工代表大会】 3月7日，按照省总工会有关指示精神，贵州三穗经济开发区第一次工会会员暨职工代表大会在三穗经济开发区召开。共有参会代表48名，州总工会副主席王树英、开发区工委常务副书记罗国炳出席会议并讲话。会议选举产生了工会联合会第一届委员会，委员17名，肖梅红（女）当选主席，郑茂华、周庆辉、龙义宏、秦湘红（女）、舒丹（女）当选副主席；选举产生经费审查委员会、委员5名，女职工委员会、委员5名，劳动争议调解委员会、委员5名。

【省总工会观摩团到园区观摩】 3月16日，贵州省总工会党组成员、副主席杨再春率全省总工会区域性行业性组织建设观摩团一行60余人到三穗经济开发区工会联合会观摩指导，黔东南州人大常委会副主任、党组成员、州总工会主席莫章海，三穗县委副书记、开发区工委常务副书记罗国炳等领导陪同观摩。

【全州招商引资项目现场观摩会走进三穗】 4月11日，全州招商引资项目现场观摩团走进三穗，到三穗经济开发区贵州鼎盛服饰有限公司、贵州联创管业有限公司进行观摩。三穗县政府副县长石宏敏、三穗经济开发区管委会副主任罗会学陪同观摩。

【省委宣讲组走进三穗开发区】 5月12日，贵州省委讲师团综合教研室主任、副教授周矩，贵州省委讲师团远程教育处处长陆开友到贵州三穗经济开发区开展“两学一做”学习教育科学理论上讲堂宣讲活动。县委副书记、开发区工委常务副书记罗国炳，开发区管委会副主任罗会学，开发区各企业负责人及管委会全体干部参加学习。

【黔东南州农民工入会和服务工作现场推进会】 5月16日，黔东南州农民工入会和服务工作现场推进会在三穗经济开发区返乡创业园召开，黔东南州总工会党组书记、常务副主席吴能福，州总工会副主席钟方远、张永文，县委副书记、统战部部长吴永萍，县委副书记、开发区工委常务副书记罗国炳等领导出席会议，全州17县市、凯里经济开发区、各县园区工会负责人及三穗县农民工等1000余人参加会议。会上，吴永萍致辞，张永文宣读《黔东南州总工会2016年开展“农民工入会集中行动”实施方案》，吴能福讲话。丹寨县、凯里经济开发区、三穗经济开发区、贵州鼎盛服饰有限公司和台烈镇五个单位工会组织负责人作交流发言。

【全州工业园区建设观摩团走进三穗经济开发区】 6月6日，黔东南州人民政府副州长陈应勇、州政协副主席李正相率州观摩团到三穗经济开发区观摩贵州鼎盛服饰有限公司及贵州省玉鼎陶瓷实业有限责任公司。三穗县领导黄瑜、龙青松、王国斌、吴峻及三穗经济开发区管委会副主任王道航、罗会学等陪同观摩。

【获省工信发展专项资金300万元】 7月27日，贵州省财政厅、贵州省经济和信息化委员会联合印发《关于下达2016年贵州省工业和信息化发展专项资金计划（工业园区）的通知》（黔财工〔2016〕50号），贵州三穗经济开发区（工业园区）获得2016年贵州省工业和信息化发展专项资金300万元，主要用于支持三穗经济开发区（工业园区）农民工返乡创业园基础及配套设施建设项目的融资贷款贴息。

【李飞跃率队观摩开发区项目建设】 8月9日，黔东南州委书记李飞跃率州发改、工信、财政、国土、交通等部门负责人组成的全州工业园区项目建设观摩团到三穗观摩三穗经济开发区项目建设情况。州领导耿生茂、樊炳清、吴坦、袁尚勇等陪同观摩。分别观摩贵州华盛电子有限公司、贵州台歌科技电子有限公司、贵州鼎盛服饰有限公司。

【敖鸿到三穗园区调研】 8月13日，贵州省经济和信息化委员会党组成员、副主任敖鸿、黔东南州工信委主任李光坤、副主任石庆光等一行到三穗工业园区调研。在三穗经济开发区工委副书记罗国炳、管委会副主任罗会学的陪同下，一行深入三穗工业园区鼎盛服饰、华盛电子、玉鼎陶瓷等企业生产一线，详细了解企业生产经营情况及生产发展过程遇到的困难问题。

【获省商务发展专项资金105万元】 10月24日，贵州省财政厅印发《关于下达2016年省商务发展资金——开放型经济发展专项资金（第六批）的通知》（黔财工〔2016〕102号），下达发展资金指标997万元专项用于贵州省12个重点开发区引进的省外和境外重大招商引资项目补助，其中三穗经济开发区贵州鼎盛服饰有限公司年产3500万米高档纺织品生产、印染及后整理加工项目获得该项专项补助资金105万元。

（撰稿：吴付林　编辑：龙荣森）

群众团体

工商联

【概述】 县工商业联合会内设会员部、经济部，下设股级事业机构三穗县经济协作中心，共有编制5名，实有职工7人，其中女职工2人，中共党员6人，大专以上学历7人，少数民族5人。下辖商协17个，其中乡镇商会9个，异地商会1个，行业协会7个；共有会员1337个，其中企业会员318个，个人会员1002个，团体会员17个。

全年共向州工商联、县委办、政府办信息中心、县文明办等相关单位报送各类信息简报43期，其中被县政府网采用7期，州工商联采用1期，三穗县电视台采用2期。

推荐会员企业参加各类表彰评比活动。三穗县贵珍工艺制品有限责任公司、三穗县宏远开发有限责任公司入选贵州省科技型种子企业，贵州六合门业有限公司入选贵州省科技型小巨人企业。

【思想政治教育和能力提升工程】 开展以“守法诚信”为重点的非公经济人士理想信念教育实践活动。将习近平总书记3月4日下午在全国政协十二届四次会议民建、工商联界委员联组讨论会上重要讲话精神，通过微信分享和座谈交流等方式，传达给全县非公经济人士。全年共组织10名企业负责人参加了省工商联举办的“优秀企业家成长计划”培训班为重点的各类学习培训。5月31日，组织贵州远航光电、贵州鼎盛服饰、三穗县东鑫纸业等20家非公企业负责人，在县检察院参加了三穗县服务和保障非公有制经济健康发展“两长（检察长、董事长）”座谈会，就搭建检企合作平台，强化法律监督，运用法律手段，保护企业合法利益等进行座谈。

【常规性重要会议】 2月5日，组织20余名非公经济代表人士参加了三穗县各族各界2016年迎春座谈会。6月29日和11月16日，分别召开了县工商联七届九次、十次常委会，县工商联七届全体常委、基层商会负责人和部分非公经济代表人士参加会议。

【会员发展和基层商会建设】 全年共发展会员20个，其中个人会员3个，企业会员16个，团体会员1个。5月28日，三穗县惠商商会第一届会员代表大会暨成立大会在县城将军府会展中心召开，州工商联、州工信委、州商务局有关领导，县四大班子分管联系领导，铜仁市松桃、玉屏及州五个兄弟县工商联领导，县直有关单位负责人，县工商联直属商（协）会负责人和部分民营企业家代表共70余人出席会议。会议选举产生了三穗县惠商商会第一届理事会组成人员，并由理事会选举产生第一届会长、常务副会长、副会长、秘书长和监事长，贵州远航光电有限公司董事长唐荣福当选为商会第一届会长。县委副书记、县委统战部部长吴永萍代表县四大班子向商会的成立表示热烈祝贺。成立大会后，商会下属8家会员企业还与贵阳大富南集团达成战略合作意向。

【服务非公经济】 通过移动短信平台、微信群等发送各类学习培训、政策信息10余次，500余条，帮助民营企业知晓政策、了解政策、用好政策。配合县人社局等部门在县城佳誉广场开展民营企业招聘周现场招聘活动。发挥自身优势，参与各项招商引资和经贸活动。组织70余家非公企业进行产品展销活动，实现销售收入64万元，签订销售合同意向金额达1388万元。7月中旬，主动联系成都市武侯区工商联，对三穗县赴成都市开展旅游宣传暨招商引资推介活动给予协助。10月，推荐三穗保源服饰等6家民营企业参加“2016中国·贵州内陆开放型经济试验区跨境投资贸易洽谈会”，有效促进了企业的生产发展。走访企业，做好帮企工作。全年共5次走访非公企业63家，帮助协调解决企业在生产经营中遇到的困难和问题。如三穗县惠商商会《关于建立本地企业产品展示厅的申请》和《关于惠商商会成立赞助缺口资金的申请》等都得到相关县领导的高度重视并协调解决。做好千里山生态食品有限公司、贵州联创管业、贵州金利服饰3家中小微企业的监测工作，及时掌握和上报全县中小微企业生产经营情况。

【调查研究和建言献策】 完成《三穗县乡镇商会领导班子建设情况调查报告》《新形势下做好年轻一代非公经济人士思想政治工作的调研报告》《三穗县民营企业参与农村电子商务发展的调研报告》3篇调研文章和《关于在非公有制企业（社会经济组织）建立住房公积金制度的建议》团体提案1件，并报送县政协、县委政研室、州工商联和相关部门。

【光彩事业】 全县广大非公经济人士牢记“致富思源，富而思进”的宗旨，投入资金总计60余万元，为社会公益事业和光彩事业办好事、实事。

【千企帮千村】 落实全国“万企帮万村”精准扶贫行动会议精神，会同县委统战部、县扶贫办组织实施三穗县民营企业“千企帮千村”精准扶贫行动，拟定工作方案，并于4月22日及时召开全县动员会，5月11日和7月8日召开2次工作推进会，引导和动员26家民营企业结对帮扶24个贫困村，通过产业扶贫、就业扶贫、捐赠扶贫等模式开展帮扶工作。民营企业共投入产业资金2368万元，捐款捐物61.28万元，出谋划策12条，组织培训629人次，解决就业人员888人，其中解决建档立卡贫困人口就业160多人，实现农民增收116.5多万元，其中建档立卡贫困人口总收入达54万元。

【驻村帮扶】 投入经费3万余元，支助挂钩帮扶的八弓镇坪茶村的村办公设施、道路建设及慰问困难党员、贫困户等。组织干部深入所帮扶贫困户家中开展精准扶贫工作，完成各项帮扶任务。

【商会交流】 4月14日，锦屏县政协副主席、工商联主席王万松考察团一行5人，到三穗考察县级“五好”工商联建设工作。5月10日，贵阳市黔东南商会一行4人在常务副会长向华的带领下，到三穗考察商会建设和招商引资工作。5月19日，四川省成都市武侯区工商联考察团一行24人，到三穗考察非公有制经济发展、项目建设和商会组织建设，参观杨至成将军纪念馆、高铁新区规划和项目建设情况，并与三穗县工商联签订友好工商联（商会）关系。

【县级工商联换届】 按照省、州有关要求，及时拟定《三穗县工商联（民间商会）换届工作方案》，抓好非公经济代表人士综合评价等前期工作，提出县工商联第八届领导班子建议人选报县委审批。12月19日，三穗县工商联（民间商会）第八次会员代表大会在县行政中心召开，会议选举产生了三穗县工商联（民间商会）第八届领导班子和领导机构，共选举产生执委47名，常委19名，邰秀珍当选为主席（会长），田代炳当选为常务副主席（副会长），黄锡坤当选为专职副主席（副会长兼秘书长），田发清、吴海军、郑桂芳、杨政宇、李平书、彭凯斐、吴昌华、张启福8位非公经济代表人士当选为兼职副主席，吴琼、杨存粮、龙荣华、吴开贵、肖高寿、陈和林、谢德玲、徐梅8位非公经济代表人士当选为兼职副会长。

（撰稿：黄锡坤　编辑：王建平）

总工会

【概述】 2016年，三穗县总工会职工编制数7人，实有在岗职工8人，领导职数1正2副，内设办室、困难职工帮扶中心。2016年获县绩效考核二等奖、州总目标考核二等。组织县本级工会干部职工学习26次、举办基层工会干部培训2期、培训工会干部122人，深入企业、帮扶村开展学习宣传党和国家方针政策3次，获县委表彰优秀共产党员1人。

【建功立业竞赛行动】 组织指导企业开展岗位炼兵技术大比武、“五比一创”“五小”“金点子” 等各类建功立业劳动竞赛33场次，提合理化建议320件、争创“工人先锋号”1个，金利服饰有限公司吴琼获省总“五一劳动奖状”，县卫计系统获全州基层岗位练兵和技能竞赛团体优秀组织奖，粟珍、李媛缓、李金燕三位职工获个人三等奖，玉鼎陶瓷公司王光国、五福手套厂欧修明、八弓镇宏宇种植专业合作社熊国友等9人获评省总工会返乡农民工“创业之星”，3人获评“黔东南工匠”“金牌工人”，完成县人民医院、城关第二小学、颇洞农业生态示范园劳模创新工作室建设。

【和谐劳动关系创建行动】 推荐申报县农商行为省级劳动关系和谐企业，并指导帮助企业建立健全推行工资集体合同、工资集体协商、劳动安全卫生专项合同、女职工特殊权益保护专项合同、职代会和厂务公开制度工作，全县企业集体合同建制率95%、工资集体协商建制率95%、事业单位及国企业职代会建制率100%、非公企业职代会建制率90.19%、事业单位及国企业厂务公开建制率100%、非公企业厂务公开建制率90.19 %。

【职工素质提升行动】 组织开展“明礼知耻·崇德向善在企业”主题宣传教育活动、劳模上讲堂、职工与农民工技能培训、职工书屋建设、“创建学习型组织，争做知识型职工”各类学习读书、网上学习、知识竞赛和各类职工文体活动。2016年，全县各基层工会举办各类主题宣传教育等活动32场次，参加职工3600人。

【维权帮扶行动】 按照工会维权帮扶工作要求，以全州农民工入会和服务工作现场推进会在三穗工业园区召开为契机，认真履行职责，做好新形势下农民工维权帮扶和服务工作。春节期间，走访慰问困难职工农民工50人，发放慰问金5万元，“六一”慰问留守儿童117人，金秋助学资助困难职工子女20人，发放助学金5.8万元、生活救助109人、发放救助金

14.1万元，完成精准扶贫工会干部结对帮扶农村留儿童70人、入户调查户外信息采集225户、回访12户，发放慰问金2万元，配合人社劳动监察部门依法追欠农民工工资和劳动用工检查工作4人次、就业招聘活动3场次，促进实现就业620人，帮助远航光电公司申报返乡农民工创业贴息6万元，春节期间分别在高铁站、汽车站设立返乡农民工服务点2个、为返乡农民工服务110人次、安排往届高校农村毕业生就业3人。

【建设美丽黔东南行动】 全县各基层工会广泛参与节能环保知识宣传教育，利用全国低碳宣传日、世界环境日等开展宣传教育活动3场、组织职工参与节能减排竞赛活动3800人、参加“绿色贵州建设三年行动计划”植树造林活动职工5000人次、参加“多彩贵州文明行动”和美丽乡村建设职工农民工7000人次。

【自身建设行动】 以“铸廉铸勤”为抓手，改进思想和工作作风，继续落实定点联系基层制度，为职工群众服务，树立工会良好形象。坚持“党建带动工建、工建服务党建”推进以工业园区新增非公企业和乡镇工会规范化建设为重点的工会组建工作，2016年完成乡镇工会规范化建设6个、非公企业2个、“一县一特”区域性工会组织1个、新建非公企业工会2家，指导基层换届选9个、发展会员5052人、农民工入会3800人。走出机关、走进企业、走进职工，充分发挥团队作用。深入基层认真倾听职工群众呼声，了解职工群众诉求，使工会工作更贴近基层、贴近职工，更符合职工意愿，成为“职工之家”，工会干部成为党政认可、职工群众信赖的“娘家人”。

【创新工作亮点】 坚持以突出“两大服务”全力推进农民工入会和服务职工工作。把农民工入会工作纳入重要议事议程，多次召开专题会议，研究制定实施方案，成立以党组书记、常务副主席为组长的领导小组，安排部署农民工入会工作，为农民工入会工作提供组织保障。了解掌握农民工分布和现状，深入县内48家企业、农业园区和9个乡镇，走访调查农民工入会情况，掌握农民工加入工会的愿望与诉求，帮助指导开展农民工入会工作。以全州工会农民工集中入会和服务职工现场推进会为契机，在巩固扩大经济开发区职工活动中心影响力的同时，印发《中华人民共和国工会法》《给农民工的一封信》《农民工维权手册》《农民工就业培训手册》《三穗经济开发区招聘岗位表》《农民工入会的十大好处》等系列宣传资料。2016年，农民工入会3800人，占年度农民工入会任务的136%，圆满完成农民工入会工作。积极主动抓维权。联合人社局，广泛开展企业工资集体协商工作，建立了劳动关系三方协商会议制度，共同研究工资拖欠、建立预防和处理劳资矛盾、提高全县最低工资标准等问题的办法和措施，积极维护农民工权益。2016年，全县企业集体合同建制率95%、工资集体协商建制率95%、公企业职代会建制率90.19%、公企业厂务公开建制率90 %。开展帮扶救助活动，在全县从业的困难农民工与城市困难职工享受同等救助待遇，一并纳入帮扶救助范围，定期走访慰问困难农民工家庭，了解农民工生产生活状况。通过开展春送岗位、夏送清凉、金秋助学、冬送温暖和免费举办职工、农民工技术技能培训班，免费为职工、农民工寻找就业岗位，免费为农民工提供法律援助等各种服务工作。5月16日，全州农民工入会和服务工作现场推进会在三穗工业园区召开；5月18日，省人大常委会副主任、省总工会主席袁周到颇洞生态农业园区开展调研工作，对工会阵地建设和农民工入会及服务职工工作给予高度评价和肯定。

（撰稿：葛贵生　编辑：王建平）

共青团

【概述】 团县委共有编制数4名，其中领导职数1正1副，少先队总辅导员1名（副乡长级），股级职数1名。2016年，在岗大学生西部计划志愿者16名。

共青团三穗县委紧紧围绕“凝聚青年、服务大局、当好桥梁、从严治团”四维工作格局，狠抓思想引领、脱贫攻坚、志愿服务、组织覆盖、服务青少年等工作，在教育引导青少年、关心帮助青少年、广泛联系青少年等方面取得了成效。

【宣传工作】 利用“青年之声”互动社交平台、“1+100”团干部联系青年平台、团县委微博、“青春三穗”微信公众号、微信群、QQ群等新媒体，掌握青少年思想引导的网络主动权，“青春三穗”微信公众号发布讯息46期，101篇，点击率超过2万人次，微博平台发布信息400余条。组建三穗共青团网络智库，将5名青年人才纳入智库建设。加强“青年之声”互动社交平台建设。2016年，三穗“青年之声”互动交流平台已建成并投入使用，平台入驻专家112名，青年提出问题1517个，累积回答2163人次，点赞2133人次。三穗“青年之声”互动交流平台在6月28日举行的“庆祝建党95周年‘两学一做’演讲比赛”中为线上支持评分提供技术支持，线上线下共同为演讲比赛评选出优秀选手。联合县常春藤读书社举办“青年之声·阅读的力量”读书分享线上线下活动，赠书200余册。加强“1+100”团干部联系青年工作建设。截至12月底，应录入团干部11名，实际录入团干部11名，占100%，至少应联系青年1100名，实际联系青年1140名，占103.6%。

【思想道德教育】 开展“学理论·强党性·铸信仰”“3·5学雷锋 青春一起SHOW”“清明祭英烈 共铸中华魂”“学党史、知党情、跟党走”五四运动97周年、“红领巾相约中国梦”“烈士纪念日”公祭活动、“向国旗敬礼”、纪念红军长征胜利80周年、一二·九等主题教育活动9次，影响覆盖青少年2万人次。开展青春励志宣讲、“轻松备考·12355与你同行”高考心理辅导讲座、法治教育进校园、团委书记上团课等宣讲7次。开展“最美中职生”评选推荐活动，吴绪刚同学被团中央命名为最美中职生。向娜同学荣获全省“最美自强少年”称号。利用纪念雷锋日、清明节、“五四”、“六一”、“七一”、少先队建队日、纪念红军长征胜利80周年和一二·九等重要时间节点，开展“向雷锋同志学习”“清明祭英烈 共铸中华魂”等主题教育活动，引导青少年增强民族自尊心、自信心、自豪感。着力推进网络新媒体建设，改进创新引导青少年的方式方法，引导青少年传播网络正能量，帮助青少年树立正确的世界观、人生观和价值观。

【青年创新创业创优】 深化青年创优行动。做好全省、全州各类评先评优活动。荣获州级“两红两优”5个个人、3个集体，团中央“最美中职生”1人，省级“最美自强少年”1人，省级青年岗位能手标兵1人，省级优秀大学生志愿者2人，省级禁毒手抄报先进个人2人，先进集体3个。通过积极申报2名村级小学教师荣获“2015中国名师联盟·希望工程园丁奖”、1名教师荣获“TCL希望工程烛光奖”、1名教师荣获“深中润希望工程教育扶贫基金”山区优秀教师称号，1人荣获“贵州省农村青年致富带头人”称号，发挥先进典型的示范带动作用。通过申报、初选、审核等程序，授予三黎高速三穗片区瓦寨、桐林、款场收费站、三穗邮政包裹快递业务部和三穗府政路邮政支局县级

"青年文明号"称号。通过创先争优宣传和颂扬青年好故事，传递青春正能量，充分激发广大青年的爱岗敬业精神和创新创造潜能。通过积极申报注册，10月三穗县农村青年致富带头人协会成立，旨在团结和凝聚各类农村青年致富带头人，促进各类农村青年致富带头人成长和城乡经济社会协调发展。

【春晖行动和希望工程】 实施"贵州山区希望工程基金——幸福校园计划"，2016年前10个月来共争取希望工程资金98.75万元，其中：共争取希望工程项目2个，项目资金9万元，即雪洞普及溪桥工程6万元，雨露家园——留守儿童自立自强中心3万元；捐赠价值30余万元的课外书籍1.1万册，惠及学生5000余人。习酒助学6人，共计2.4万元；国酒茅台助学42人，共计21万元；积极争取关爱留守儿童资金23.05万元；腾讯公益平台募集留守儿童之家公益项目资金10万元；爱心人士叶来燕个人资助三穗县桐林小学8万元等。继续抓实"春晖使者"的礼聘工作，组织"春晖行动——我与家乡共发展"座谈会，动员三穗县在外成功人士回乡建设家园。携手云校（北京）科技有限公司共向三穗县城关第一小学校捐赠价值34万元的春晖云校智慧教育云平台系统。开展春晖助学活动，联系爱心人士及青鸟助学会等春晖公益平台为10名贫困家庭学生发放资助金1万元。协助三穗县常春藤读书社为三穗中学患病学生杨扬募集爱心捐款14万余元。引导青年广泛参与生态文明建设。在全县广大共青团员、少先队员、青少年发出"青春绿动·苗乡侗寨"植绿护绿倡议，积极投身生态文明建设，参与绿色贵州建设三年行动计划，2016年2月参与植树6000余株，10余亩。积极参与"6·5"世界环境日、低碳日宣传周和"创新放飞梦想，科技引领未来"为主题的科普宣传活动，发放宣传资料千余份。

【志愿者行动】 全年三穗在岗的国家级西部计划志愿者共16人，覆盖三穗8个乡镇。全县志愿服务工作紧紧围绕党政中心工作，形成党有号召，志愿先行的良好氛围。共组织100余名志愿者参与文明县城志愿服务，招募800余名青年志愿者参与全县禁毒宣传工作。200余名社会爱心公益志愿者帮助留守儿童、孤寡老人、残疾群体等弱势群体600余人，结对定点帮扶200余人。三穗常春藤读书社志愿者和三穗大学生志愿者服务队探索成立了志愿服务长效机制，将全年志愿服务工作常态化。拓展志愿者阳光公益平台的综合服务功能，在三穗AAA级景区颇洞现代农业示范园创建"微笑小屋"。积极开展"留守儿童代理家长"、关爱农民工子女志愿服务行动、关爱"三特三留"、志愿者助残"阳光行动"等志愿服务行动。2016年以来开展了"青春暖夕阳 关爱促和谐"敬老院慰问孤寡老人、"暖冬行动"温暖返乡农民工回家的路便民志愿服务活动、"绿色贵州 三年行动"植树活动、"'3·5'学雷锋 青春一起SHOW"学雷锋活动、"青春护航"安全禁毒宣传教育六进活动、G20峰会期间为乘坐高铁和自驾游到三穗探访游玩的杭州市民提供旅游咨询、路线指引、便民服务等志愿服务项目、第二届"中国传统村落·黔东南峰会"志愿服务活动、寒暑假期间义务支教等。

【青少年权益保护】 利用"3·15""五四""6·26"等重大节点，开展内容丰富，主题鲜明的宣传活动，强化"两法一条例"等法律、法规宣传教育，增强青少年法律意识。开展"轻松备考·12355与你同行"阳光行动、"情牵高考考生·爱撒苗乡侗寨"绿丝带高考志愿服务活动、"三穗县禁毒宣传活动""花季护航——法治精神进校园""模拟法庭""圆爱工程——关爱留守儿童心理健康"讲座等服务青少年合法权益、促进青少年身心健康发展的大型宣传活动，向青少年宣传防毒防艾、安全自护、科普等知识。通过寓教于乐方式让中小学生获取安全自我保护知识，提高自我保护能力，让中高考考生及其家长缓解面临的心理压力及不良情绪、帮助他们以良好状态顺利迎接考试。全县共计有2000余名中小学生参与到活动中。加强“留守儿童自立自强中心”“七彩小屋”等关爱阵地建设，服务留守儿童、困境儿童。2016年三穗争取到“雨露家园——关爱留守儿童自立自强中心”1所，3万元项目资金。2016年9月中旬至10月中旬在全县各中小学开展了以“青春贵州净土家园”为主题的小学生禁毒征文比赛和中学生黑板报比赛活动，据统计，此次活动共收到小学生禁毒征文300余篇、中学生禁毒黑板报70余幅。通过初审和复审阶段，团县委选取部分优秀作品送往省州参赛。服务特殊青少年群体，积极参与社会治理创新。团县委与县检察院组建的合适成年人队伍积极参与未成年人刑事案件的办理工作，2016年以来参与办理未成年人案件8起。依托三穗县永凌律师事务所成立了三穗青少年法律援助工作站，面向青少年广泛开展法律咨询、法律援助等服务。2016年以来共招募青年法律服务志愿者4名，为完善志愿服务体系，普及志愿理念，传播普及法律知识提供人才保障。

【基层团组织建设】 开展基层团建“十进”活动，按照“青年在哪里，团组织就建在哪里”的要求，新建3个非公团组织。开展“百县千乡”分类示范创建活动，推进农村区域化团建和基层服务型团组织建设，开展小微企业个体工商户专业市场党团组织覆盖“百日攻坚”行动。结合各乡镇实际，青年之声线下实体服务平台“青年之家”青少年综合服务平台已建成9个，努力实现团的活动经常化、项目化、品牌化，大力提升基层团组织的覆盖面、活跃度、服务力、影响力，示范带动本地区农村团组织共同发展。加强全县中学“强基固本”工程。提升中学共青团组织建设的科学化水平，发挥共青团组织在中学生思想道德建设、促进中学生全面发展中的重要作用。2016年，三穗城关5所中学“青年之家”青少年综合服务平台全部建成并开展活动。

（撰稿：杨丽　编辑：王建平）

妇　联

【概述】 三穗县妇女联合会无内设机构，设事业参公编制3个，工勤编制1个。2016年在职4人，其中主席、副主席、副科级纪检员、工勤人员各1名。

2016年，紧紧围绕县委、县政府的工作重心，按照上级妇联工作部署，结合自身实际，坚持“一手抓维权、一手抓发展”的工作方针，以“三大主体活动”为载体，积极推动“两法”“两纲”的实施，维护妇女儿童合法权益，全面推进妇女儿童工作的开展。

【“双学双比”“巾帼建功”活动】 开展“持家女”“锦绣女”“家政女”培训共4期，共培训妇女220人。分别在长吉乡大寨村、桐林镇半溪村培育“巾帼示范基地”2个。推荐三穗优秀女性贵康羽绒厂总经理张朋英、县医院妇产科主任杨惠民参加全州“十大杰出女性”评选，获得候选人资格。

【依法维护妇女儿童合法权益】 做好法律相关知识宣传。开展“三八”维权周宣传活动。县妇联与司法局、禁毒办等多部门于3月10日至11日，深入到苗寨台烈镇寨头村，开展“三八”维权周宣传活动，利用“二月二”这一民族节日向苗族群众，尤其是苗族妇女进行了法治宣传。活动重点解读和宣传了《中华人民共和国反家庭暴力法》做好信访接待维权工作。充分发挥人民陪审员、法律援助中心、“12338”维权热线的作用，加强与公安、检察、法院、司法部门联系，帮助妇女维权，维护社会和谐稳定。全年共接待妇女群众来信来访20件，受理率100%，办结率达100%。开展巾帼志愿者服务工作。5月，县妇联在县将军广场组织来自县直机关妇委会、女工委的巾帼志愿者共100人成立了“三穗县巾帼志愿者服务队”并举行集体宣誓仪式，这标志着三穗县巾帼志愿服务步入新的起点，走上了规范管理、良性发展的轨道，开启了全县巾帼志愿者工作的新征程。县妇联已组织志愿者队伍开展了关爱留守儿童、禁毒宣传等活动。开展法治进校园活动 。10月，县妇联与县检察院、县司法局、团县委等单位一起在县民高开展“花季护航——法治精神进校园”活动启动仪式，县民高全体师生4000余人参加。此次活动发放宣传资料4000余份，展出宣传展板十余张，活动还围绕“校园欺凌”现象为同学们上了生动丰富的法治课。启动仪式结束后，三穗县“法治进校园”活动随即在全县中小学校中开展。

【民生工作】 为贫困妇女争取关爱项目资金。县妇联积极争取，三穗共有14名“两癌”妇女获得全国妇基会救助金，共计14万元并完成2016年度新增“两癌”妇女信息录入工作。州妇联在台烈镇台烈村和颇洞村为31名困难群众送去新衣、年货和慰问金共计23100元。为贫困女大学生争取“蒲公英助学金”5000元。

联系社会爱心资助。联系三穗首届“最美三穗人”唐杰于春节期间为71户困难群众、留守儿童及贫困母亲家庭每户送去慰问金500元，共计35000元。“六一”期间为三穗八弓镇高寨小学资助105件床单被套，为款场乡中心小学资助359件校服，共计45000元。为贫困大学生耿雨等5人资助现金共8000元。贵州天慧动力文化传媒有限公司为良上乡小巴冶、白眉村村级小学为两所小学捐赠爱心资金32000元，捐赠学习用品、运动器材等价值约4700元，爱助学生74人。

【活动开展】 开展“明礼知耻·崇德向善在家庭”主题活动，推进家庭美德建设。县妇联组织全体干部、县直机关妇委会女职工分别收看了2016年全国寻找“最美家庭”活动启动仪式和全省“培育好家风——女职工在行动”好家风家教视频宣讲活动，通过宣传学习，充分发挥广大女职工在家庭文明建设中的独特作用。县妇联与县精神文明办联合下发《关于开展2016年度“明礼知耻·崇德向善在家庭”主题活动的通知》，并举行了“最美家庭”“慈母、贤妻、孝女”“好丈夫、好父亲、好儿子”表彰暨2016年启动仪式。县妇联九届执委、各乡镇妇联主席、县直机关妇委会、女工委以及受表彰的先进代表参加表彰及启动仪式。此次活动共表彰了家庭“最美家庭”8户和“慈母、贤妻、好媳妇”“好父亲、好丈夫、好儿子”12人。开展“青春邀约共度七夕”青年交友活动。通过开展各种趣味活动让来自全县各单位的50余名未婚青年有轻松愉快的环境中释放了工作压力，为他们搭建一个互相了解、互相学习、共同提高的平台。

【妇女主题活动】 开展“三八”节系列活动。与县文体广电旅游局、县精神文明办联合举办首届“巾帼杯”女子篮球比赛。此届篮球赛共有来自全县各行业的19支球队参加，通过此次比赛，充分展示新时期妇女健康、文明、积极向上的精神风貌。开展大健康讲座。为了提高大家的保健意识和身体素质，县妇联与县中医医院联合举办了《大健康——中医女性养生保健》知识讲座，三穗各单位女干部职工共80人参加讲座。

【关爱留守儿童】 在“六一”节之际，县妇联组织县直机关单位90多名爱心妈妈到台烈镇果介村小学开展“蒲公英行动——‘爱心妈妈（家长）’关爱留守儿童”活动，慰问帮扶该小学102名留守儿童，爱心妈妈们给孩子送去了学习用品、书籍等礼物，与结对帮扶的留守儿童开展共读一本书、交心谈心等互动活动，让孩子们感受到“妈妈们”真诚的温暖。5月31日，县妇联组织全体干部深入到桐林镇半溪村看望慰问10名困难儿童，为他们送去价值1500元的文具。“六一”期间，号召各妇儿工委成员单位开展关爱留守儿童活动，据不完全统计，三穗各成员单位共看望慰问留守儿童680余名，送去慰问品、慰问金等共计5万多元。积极争取省妇联支持，为长吉中心小学“留守儿童之家”送去一批篮球、排球、乒乓球（拍）等体育用品价值5000余元。为稿米小学57名留守儿童送去体育用品及“守护童年·春蕾计划——护蕾行动”书籍、足球、篮球、乒乓球、羽毛球、象棋、跳棋等60余件。为三穗85户贫困家庭送去爱心奶粉。

【儿童主题活动】 在六一儿童节之际，县妇联与县教科局、团县委联合举办三穗县“我爱美丽家乡·黔东南暨多彩贵州欢迎您——我是文明小导游”演讲比赛，比赛紧紧围绕赞家乡、颂家乡的内容来开展，分小学组、中学组和成人组，共29名选手参加。

【驻村帮扶】 选派干部到瓦寨镇观音阁村、桐林镇半溪村开展驻村帮扶工作。在资金物资上给予一定支持，全年支助两村“双诚信双承诺”、村“妇女之家”建设、技术培训、慰问留守儿童、贫困户等共计资金19228余元。

按照县委、县政府有关“精确扶贫”帮扶工作的要求，认真开展“精确扶贫”工作。每季度深入桐林镇寨告村、寨里村对所帮扶的贫困户开展遍访、回访和走访工作，其中遍访12户、回访15户、走访精准扶贫户10户。

【党风廉政“家庭助廉”】 与县纪委联合召开“家庭助廉”警示大会，全县各乡（镇）、县委各部委、县直各部门及各人民团体主要负责人员的家属近100人参加会议。会上，组织大家听取家庭廉政教育专题讲座和收看《自酿的苦酒——乔洪严重违纪违法案警示录》，并签订“廉政家庭承诺书”。

【自身建设】 不断巩固完善各级妇女组织，指导县国土局、县民政局妇委会完成组建工作，全县机关妇委会已建33个。同时县妇联将八弓镇永灵社区“妇女之家”申报为省级“四星级妇女之家”示范点，通过示范点的建立，进一步加强妇女儿童阵地建设，激发基层组织活力，使之成为联系和服务妇女儿童群众的窗口和平台。

召开妇联九届五次执委会。5月5日，县妇联在政协六楼会议室召开妇联九届五次执委会（扩大）会，各乡镇妇联主席、机关妇委会主任共60人参加。会议回顾总结了全县妇联组织2015年在引领妇女创业就业、维护妇女儿童合法权益、妇联基层组织建设等方面上所作出的成绩，并对2016年重点工作进行安排部署。会议还与各乡镇妇联签订了2016年工作目标考核责任书，对各乡镇妇联实行目标管理。

【获表彰情况】 在全县“我爱美丽家乡·黔东南暨多彩贵州欢迎您——我是文明小导游”演讲比赛中，城关第一小学的唐诗棋同学、三穗中学的杨欣蓉同学、县委政研室欧芸玲分别获得本次比赛小学组、中学组、成人组的一等奖。同时，唐诗棋同学还代表三穗选手参加了全省中小学的“多彩贵州欢迎您——我是文明小导游”演讲比赛获得第一名。

在全县“最美家庭”表彰会上，授予黄秀平家庭等8户家庭 “最美家庭”荣誉称号，授予姚源梅等2人“慈母”荣誉称号，授予罗国岑等2人“贤妻”荣誉称号，授予曾凡礼等2人“好父亲”荣誉称号，授予米光华等3人“好丈夫” 荣誉称号，授予王治忠等2人“好儿子”荣誉称号，授予姚元英“好媳妇”荣誉称号。

（撰稿：王艳　编辑：王建平）

科　协

【概述】 县科协编制数5人，在职5人，其中女1人，大专3人，本科1人。有办公室、科普部2个内设机构。2016年度获全州科协系统目标考核一等奖。

开展2016年“全国科普日”和组织人员参加“科技活动周”“综治宣传月”“6.26国际禁毒日”“食品安全宣传周”等宣传活动，结合实际，开展形式多样的科普宣传活动，共计发放各类科普宣传资料14800多份，受教育人数达9900余人次，接受群众咨询970余人次。

【科普校园行】 三穗县青少年校外活动中心，遵循“大众性”和“公益性”活动的原则，开展各种公益性群体活动。安排600平方米科技活动专用场所免费向公众开放。组织各中小学参加风筝制作团体赛，共有16支队伍参加比赛，评选出中学组一等奖1名、二等奖2名、三等奖2名、组织奖1名、优秀辅导奖1名，小学组一等奖2名、二等奖3名、三等奖3名、组织奖3名、优秀辅导奖3名；二是组织城关第一小学4名学生报名参加第二届贵州省青少年机器人搭建赛（物联网），获得小学组三等奖；组织5名科技辅导员报名参加全省科技辅导员培训。

【科普报告】 2016年5月27日，三穗县教科局与县科协联合举办一期教育特色专题报告，邀请了国家级督学、省教育厅领导李奇勇作“关于三穗县教育特色建设专题报告”。2016年7月1日，县科协与县离退局协作，邀请州级科普服务团专家周定生到三穗开展了一期针对离退休干部的“科学膳食 健康生活”科普讲座，50余名离退休干部参加讲座。

【科普队伍建设】 继续发挥好三穗县科普专家服务团的作用，专家服务团成员全部是由林业、农业、教育、卫生、畜牧等县直各成员单位中级职称以上的科技工作者组成，根据人员变动情况，实时对科普专家服务团进行人员补充。通过不定期开展科普进农村，收集各乡镇、村、群众和企业对科技服务需求，积极主动开展技术服务。

9个乡镇、5个社区都成立了10人以上的科普志愿者队伍，科普志愿者不定期进村入户开展政策宣讲、惠农项目申报引导和农村适用技术咨询服务。

【农村实用技术培训】 科普服务团专家开展2016年农村实用技术培训工作，提升农民科学文化素质，全年共开展农村实用技术培训4期，参训人员达230人次，参加培训的人员都能掌握1~2门的技术。

【科普网络建设】 新成立“三穗县坪亚正能种养殖协会”会员110人，“三穗县桃源种养殖协会”会员100人和“三穗县贵秧生态鱼类养殖协会”会员100人。全县共有登记注册的农技协20个，会员总数2070人。2016年，农村专业技协会共出动科技人员120余人次，开展农村实用技术培训36期，培训农民2000多人次；新建农村科普示范基地2个。全县共有农村科普示范基地15个，各基地共出动科技人员32人次，开展农村实用技术培训12期，培训农民650人次；三穗县款场村圭务鱼苗繁育养殖基地被州科协表彰为优秀农村科普示范基地；三穗县杨代明被州科协表彰表科普带头人；三穗县雪洞天麻种植基地成功申报州级科普示范基地，州科协已授牌。

【科普基础设施情况】 2016年，支持10000元资金，为桐林镇新场村新建一个大型多用途科普宣传栏。每季度对县城的科普橱窗进行更新，让民众了解更多的科技知识。

各乡镇、社区均有建科普活动室，并自筹资金进购了运动和健身器材，图书室专门设有科普角，建有农家书屋和远教室，农家书屋配备有一定数量的科普图书，村远教室具有完善的可接收远程教育信息和资源的设备和可供上网查阅资料的网络，便于开展科普培训、科普宣传和进行科普资料查阅，每个村均建有科普宣传栏，内容时时更新。

2016年，新增1个州级科普示范基地——三穗县雪洞镇天麻种植基地。

【科技传播】 加强与三穗县电视台协作，利用中国科技馆免费配送的《科普大篷车》光碟，定期在三穗电视台播放，每月至少播放两期科普类节目；3月份重新与县农村商业银行签订播放协议，利用农商行的LED全彩显示屏播放科普光碟。全县筑起网络、电视等多位一体的科技传播平台。

【百万公众网络学习工程】 县纲要办下发《关于印发〈三穗县2016年“百万公众网络学习工程”活动实施方案〉的通知》文件；年初预算“百万公众网络学习工程活动”专项工作经费，以确保工作顺利开展；按照文件要求，组织全体公众，涵盖工人、农民、青少年学生、机关及事业单位工作人员、社区居民等进行网络学习，并参与全省“百万公众网络学习工程”在线测试活动，超额完成州科协下达三穗1.56万的在线测试任务。

【县级科协能力建设】 选派副主席孟繁萍、办公室主任张吉权参加黔东南州科协系统在浙江大学举办的干部能力提升班培训；选派办公室主任张吉权参加贵州省科协在井冈山红色革命根据地举办“科协系统领导干部能力提升班”培训。科普资源共建共享建设。充分利用“贵州农村科普e站”、青少年校外活动中心、科普教育基地、科技特色学校、科普橱窗、科普宣传专栏、科普示范基地、科普长廊等搭建科普信息资源共享和交流平台；继续开展“百万公众网络学习工程”。科普专项经费和项目建设。县财政核拨2016年科普专项经费为22万元。向贵州省科协申报2017年基层科普行动计划项目。

【驻村帮扶】 抽派专人到桐林镇鹿洞中心村开展同步小康驻村工作，同时联系桐林镇新场村，共计投入驻村帮扶资金共计17700元，其中支助新场村两委同步小康驻村巡回例会经费3000元；支助新场村“双诚信、双承诺”经费3000；支助新场村办公经费5000元；鹿洞中心村6700元，促进了村两委工作有序开展。

（撰稿：张吉权　编辑：王建平）

残　　联

【概述】 县残疾人联合会事业（参照公务员）编制6名，内设办公室、康复教育就业股，2016年，在职在编6人，其中女2人，大专以上学历6人。

县残联落实中央、国务院“关于促进残疾人事业发展的意见”，紧扣《黔东南州残疾人事业“十二五”发展纲要》，在残疾人康复、教就、扶贫、宣文、维权等方面开展工作，推动三穗县残疾人事业的健康发展。

【残疾人康复】 为5名少年儿童聋人和6名成年人免费验配助听器。完成盲人按摩培训2人。免费发放各类辅助器具60件。免费为12位残疾人安装假肢，其中大腿2人，小腿10人，共计49600元。资助精神病患者1人药物治疗1000元，资助肢体矫治1人5000元。

【残疾人教育】 为鼓励残疾学生及贫困残疾人子女好好读书，顺利入学，县残联对残疾学生考入大学的，一次性补助助学金2000元，贫困残疾人子女考入大学的一次性补助助学金1000元。2016年，为1名考取大学贫困残疾人子女发放了助学金1000元。

【残疾人培训就业】 全年完成实用技术培训134人次，技能培训46人次，投入培训经费18424元。加大残疾人创业扶持力度，给予每户5000元资金补助，共计5.5万元，扶持11户残疾人自主创业；申报州创业示范1个。新增各类残疾人就业125人。全年征收残疾人就业保障金202万元。

【残疾人扶贫帮困】 开展送服务下乡活动。深入重度残疾人家中现场办证服务，为67位重度残疾人办理了残疾人证，了解他们的生产生活、医疗康复、法律援助、精神慰藉等服务需求。帮村工作，全年解决各类资金近5万余元，资助1.5万元帮助3户困难残疾人家庭进行了无障碍设施改造，资助6000元为1户困难残疾人家庭进行危房改造，资助1.5万元为3户困难残疾人家庭发展生产扶持。为188名农村重度残疾人实施“阳光家园——居家托养计划”，兑现补助资金94000元。为123名残疾人发放燃油补贴31980元。为2034名农村贫困残疾人支付2016年度新型农村合作医疗资金183060元。为1057名农村贫困残疾人全额缴纳养老保险，兑现补助资金105700元。为605名一级重度残疾人发放补贴883300元。投入2.5万元实施贫困残疾人家庭无障碍设施建设，帮扶5户盲人、智力、肢体困难残疾人家庭进行改厕，安装扶手、抓杆，修建浴室、灶台，修建院落护栏，坡道改造等。

【宣传文化体育】 注重新闻媒介宣传，全年在各类网站报刊电视台刊登报道信息26篇（次）。强残疾人体育人才的培养选拔，组织残疾人刘开阳参加2016年贵州省残疾人游泳竞标赛，获得2金1银的好成绩。

【维权信访】 在重要节日和重大会议期间，提前介入，有针对性地将购有温馨牌残疾人车辆的人员预先排查，没有上州上省上京越级上访的发生。加大来信来访服务，做到一张笑脸相迎，一句好话暖心，沉下身子办理。全年共接待县内外来访残疾人89人次，办结率达100%，无一起集体访、越级访、重复访事件发生。

【慰问和助残活动】春节期间，县四大班子领导分别走访了9个乡镇贫困残疾人家庭22户，发放慰问金1.1万元。9个乡镇走访贫困残疾人家庭90户，发放慰问金2.7万元。全县共走访贫困残疾人家庭112户发放慰问金3.8万元。在第二十六个“全国助残日”期间，县残联利用各乡镇赶场天深入到9个乡镇宣传《中国残疾人保障法》《贵州省残疾人保障条例》，制作《残疾人优惠政策》和《办证指南》4000册发放，同时组织人员上门服务，办理残疾人证21本，筛查白内障患病人员43人，接受各类咨询1100多人次。

【"铸勤行动"】 成立活动领导小组和办公室。召开班子会议，研究制定活动实施方案、学习教育活动计划等，组织召开活动动员会，统一思想。采取自学、集中学、网络学相结合的方式，组织开展学习教育活动，完善财务内控制度、车辆使用制度、工作制度等正风肃纪作风建设制度。征求意见，做好整改。召开残工委成员单位意见建议征求会、基层残联座谈会，采用QQ平台等形式，深入基层一线，认真听取基层残联、分管领域和党员群众对县残联领导班子及领导班子成员在"聚焦政治合格、执行纪律合格、品德合格、发挥作用合格进行党性分析，紧扣理想信念、政治纪律和政治规矩、作风、担当作为、组织生活、落实全面从严治党责任查找突出问题"方面的意见建议，共计征求到意见34条，其中班子17条，班子成员17条。及时梳理意见建议，落实责任主体。按照能改即改的原则，做到不避重就轻、避实就虚，在制度源头上予以保障落实。

（撰稿：杨德春　编辑：王建平）

文　联

【概述】 根据《中共三穗县委办公室关于印发中共三穗县委办公室等21个部门主要职责内设机构和人员编制规定的通知》文件，三穗县文学艺术界联合会，正乡级参公事业性质的群众团体组织，挂靠县委宣传部。核定事业编制2名，领导职数主席1名（宣传部副部长兼任）、副主席1名；秘书长1名（股级）。实有人数1人。

【文艺活动】 上半年开展"义务写春联"送文艺下乡活动，"七一"书画展、演讲、征文等系列活动，共展出书法作品50件，评出优秀征文20件。主办全县"颂歌献给党"庆祝建党95周年大型文艺演出活动。与县小康办开展"民歌民谣"征集活动，甘典扬创作的《十唱小康幸福唱》获全省同步小康优秀民间歌谣二等奖。组织文艺家对颇洞农业园举办园区成果摄影展。

【刊物与交流】 整合《三穗文艺》与《文笔塔》两刊，集中力量办好《文笔塔》，年内共出刊4期。3月举办《文笔塔》创刊一周年文学笔会，邀请《民族文学》编辑室主任及专家到会授课，州文联领导到会指导，广西三江、周边县市作家和文学爱好者80余人到会交流。

【社会服务】 发挥文联优势，积极参与全县经济社会服务工作。策划编辑招商投资指南、对外宣传片等；已创作完成《三穗原创歌曲集》于9月28日向社会公布入选歌曲名单；10月30日，举办纪念红军长征胜利80周年三穗县原创歌曲演唱会，活动影响强烈；完成拍摄乡村旅游景区桐林镇木良宣传片主题曲《木娘》。

【田健作品获国际摄影展金牌】 从中国摄影在线第八届国际摄影展览结果公布名单上获悉，三穗县中国摄协会员田健拍摄作品《祭祀》获得第八届国际摄影展黑白组美国摄影学会金牌（PSA Gold Medal）。

（撰稿：潘盛金　编辑：王建平）

红十字会

【概述】 县红十字会为正科级事业单位，核定编制3名，2016年，有3位专职干部，由专职副会长主持日常工作。主要任务是发展组织队伍，开展备灾救灾，社会救助，举办卫生救护培训，开展社区红十字服务活动，组织红十字青少年活动，组织无偿献血、艾滋病和造血干细胞捐献志愿者招募、宣传和对外交往等项工作。三穗县红十字会现有会基层组织38个，团体会员单位48个，成人会员有895人，青少年会员有3954人。

县红十字会被三穗县委、县政府评为目标管理三等奖，获全州红十字系统目标绩效管理一等奖。

【人道救助服务】 春节期间，利用“红十字博爱送万家”活动，走访慰问困难家庭、孤寡老人和重病困难群众共9户，发放慰问金共计4500元。在“世界防治麻风病日”期间，走访八弓镇巴蕉村2位麻风病人家庭，为他们送上大米、食用油等慰问品。“5·8”红十字博爱周活动期间，为永灵社区10户大病患者、困难群众送上大米、食用油和现金，每户价值300元，共计3000元。经县红十字会联系，瓦寨镇百家村晓隘组石胜梅、石胜红孤儿两姐妹得到宁波爱心人士帮助，并为她们送去学习用品、励志书籍和现金2000元。深圳拜特公司通过县红十字会支助三穗县籍13名大学生共5.2万元，为13名三穗学子圆了大学梦。县红十字会救助癌症、心脏病、孤儿大病患者和困难群众共4人，救助金额1400元，救助贫困大学生3名，救助金额3600元。帮助2位先天性心脏病、1位唇腭裂（兔唇）患者联系红十字爱心免费治疗渠道。

【无偿献血活动】 “6·14世界献血日”县红十字会利用活动期间向广大市民宣传无偿献血意义，普及献血知识，推动无偿献血工作。2016年三穗杨琼等7人因多次无偿献血，获国家卫生计生委、中国红十字会总会与中国人民解放军总后勤部颁发“全国无偿献血奉献奖铜奖”荣誉证书。配合州血站开展三次采血活动，全县无偿献血达1629人次，献血量2794U，2016年任务数1950U，超额完成2016年度任务。

【项目管理】 “博爱家园”项目。2016年，省红十字会援助颇洞村“博爱家园”项目，开展基线调查、计划制定、组织机构设立、硬件建设和社会宣传及应急急救培训等一系列活动。

杭州饮水项目建设。杭州市红十字会援建颇洞村棉花地组15万元饮水项目，经县红十字会和当地乡镇、村的共同努力工作，完成取水池、储水池、消防池及管道到户建设，解决该组下寨片人饮消防问题。

【全国现场观摩会】 2016年6月15日，全国红十字会“助力扶贫攻坚——博爱家园”现场观摩会参会人员到颇洞村实地观摩，参会人员有国际红十字运动组织代表、中国红十字总会领导和各省、市、自治区红十字会负责人，共150余人。观摩会上，参观了颇洞村“博爱家园”建设和产业发展情况。在观摩会中，县红十字会各项服务工作比较突出，荣获省红十字会授予“中国红十字会助力扶贫攻坚——博爱家园现场会”会务工作先进集体称号。

（撰稿：黄少芬　编辑：王建平）

计生协会

【概述】 县计划生育协会是县委、县政府领导下的群众团体，是计划生育积极分子的群众组织，县级计生协有编制3名，有会长1人（县政府分管副县长兼任，不占编），常务副会长1人（不占编），专职副会长1人，秘书长1人，工作人员1名；乡级计生协有编制18名（每乡镇2名），在岗人员10人；全县建有村级计生协会164个，成立会员小组1528个，会员31236人。

【计生家庭志愿服务队伍】 按照“志愿、奉献、担当”的原则，在全县公开招募志愿者，优先发动在基层服务的计生干部、育龄妇女小组长、村干等加入志愿者队伍。全县共有志愿者队伍10支，人数达349人，开展各种志愿服务活动12场次。

【创建家庭服务中心】 按照“五有”“六服务”工作标准，投入40万元新建了4个家庭服务中心，其中省级家庭服务中心示范点2个（瓦寨白家村、良上上寨村）、州级家庭服务中心示范点2个（台烈镇颇洞村、长吉镇长吉村）。每个乡镇核拨2.1万元专项经费用于创办家庭服务中心。

【“新家庭计划——家庭发展能力建设”项目】 投入11万元在台烈镇创建“新家庭计划——家庭发展能力建设”项目点。台烈镇围绕“家庭服务中心创建活动、产业发展基地（合作社）建设活动、生育关怀系列活动、特殊家庭救助活动、家庭保健活动、科学育儿活动、养老照护活动、家庭文化活动、营养科学进万家活动”9项主题活动开展各种活动24场次。同时，以颇洞产业合作社为模板，在长吉镇长吉村新建一个产业合作社示范点。按照入股分红的管理制度，投入15万元（3000元/每股）入股长吉镇长吉村的三穗县鑫源生态养殖专业合作社。此次入股主要分配给该村计生“两户”家庭和困难计生家庭。合作社养有肉牛80余头，猪500余头，预计年终每股分红300元。

【创新“基金”管理】 完善人口福利基金管理制度，按照政府投一点、部门帮一点、社会捐一点的工作募集方式，开展“人口福利·生育关怀基金”募捐工作。三穗县按照长效机制的两个5%共计27万余元注入省级基金。全县兑现基金项目资经8.2万余元，惠及77余户计生家庭。其中子女成才扶助项目49户，共发放资金16015元。兑现计生家庭伤残、死亡扶助项目20户，发放资金40000元，兑现计生困难家庭项目18户，发放资金26000元。

【幸福工程行动】 按照省、州要求积极开展唇腭裂儿童情况走访摸底调查，带领8名唇腭裂儿童家庭前往台江开展筛查活动，有4名唇腭裂儿童得到免费修复。同时，按照“有试点、有师资、有阵地、有活动”的要求，联合计生局、教育局、公安局等12个部门开展“青春健康”进校园工作。全县有“青春健康”试点学校3所，开展活动12场次。

【计生宣传】 将宣传经费纳入年度工作经费预算，全县投入经费5万元。印制《优生优育手册》《避孕药具选择》《预防出生缺陷知识》《生殖保健知识》等各种宣传资料各种宣传图册16万余份。全县利用春节、三八妇女节、“5·29”“7·11”等有利契机，广泛宣传婚育新风进万家、优质服务进农村、科技文化卫生“三下乡”“关爱女孩行动”、禁烟控烟、创卫等活动20余次，免费义诊2300人次，各级计生协开展文艺会演19场次，发放免费发放避孕药具1万余盒。

（撰稿：张快　编辑：王建平）

军事　政法

人民武装

【概述】 三穗县人民武装部下设军事、政工、后勤科，5名干部均为本科以上文凭；职工编制8人，实有3人，其中大专文凭2人，高中生1人；共有党员7人。

围绕深化国防和军队改革主线，全面贯彻政治建军、改革强军、依法治军战略思想，按照“强化看齐意识、按期推进改革、聚焦主业主抓、深化作风整改、坚守安全底线”的思路，完成了各项工作任务。

【政治工作】 围绕改革强军主体任务，着眼“新体制新职能新使命”部队建设要求，加强思想政治建设，为改革强军提供坚强政治保证。深化党的创新理论学习，组织学习全国“两会”精神、中共十八届六中全会精神、习总书记在“七一”建党节和长征胜利80周年纪念大会上的讲话精神，深刻领会精神实质，统一官兵思想和行动，强化官兵“三个自信”，确保部队建设发展的正确方向。开展改革强军主题教育和“两学一做”学习教育，学习习主席关于改革强军的一系列重要讲话，全体党员认真学习《中国共产党廉洁自律准则》《中国共产党纪律处分条例》等指定党内法规，抄写党章，研读《习近平总书记系列重要讲话读本》《习近平国防和军队建设重要论述选编》等书籍重点篇目。扎实推进正风反腐工作，贯彻习主席和中央军委关于推进军队党风廉政建设和反腐败斗争的决策指示，按照18个步骤开展肃清工作，从思想上进行了一次大清理，纠正过去多年干部职工在思维意识上的不正确认识，纠正不正之风。着眼及时反映部队全面建设成果和官兵崭新精神风貌，开展新闻报道工作，从“五部”建设、“三支队伍”“两项重大教育”“四新”建设、军民脱贫攻坚等主体工作任务方面加强宣传引导，反映工作成绩。学习贯彻《党委工作条例》，严格落实党委中心组理论学习制度，狠抓党的创新理论学习，夯实“一班人”的理论功底，提高科学思维和把关定向的能力。坚持党委民主集中制，及时补充党委成员，在干部转业、部党委委员缺少的情况下，召开扩大会议集思广益，提高部党委民主决策能力。落实双重组织生活制度，开展批评与自我批评，班子团结力凝聚力持续增强。学习《关于新形势下党内政治生活若干准则》《中国共产党党内监督条例》等，严格落实党风廉政建设责任制，加强对党员干部的教育管理和监督，规范领导干部从政行为。加强专武干部队伍建设，借地方换届选举配强专武干部，严格按照组织程序调整了5名专职武装部部长，优化专武干部队伍结构。开展“三严三实”教育整顿“回头看”活动，深化教育成果，结合“八个专项清理整治”，严抓整改成效。加强干部思想教育管理，部党委班子以铁的政治意识、大局意识、号令意识，严肃抓细军队干部思想工作，做好思想引导和教育管理工作，确保人武部干部思想稳定。

【军事管理与教育训练】 适应转隶转型新常态，努力向“五部”靠拢。抓实战备打牢“双应”基础。调整战备方案、预案，加强预案演练，坚持定期战备拉练，提高机关组织指挥、协同配合和“走、吃、保”应急战备能力；调整新增作战值班视频终端，结合转隶修订的《战备工作规定》，强化干部职工和民兵值班培训管理，规范战备秩序。严格训练，提升“双应”能力。严格落实党委议训制度，科学制定军事训练计划，合理安排训练内容和时间，加强官兵新军事理论学习和军事技能训练。全年首长机关训练，完成训练时间40天累计520小时（其中体能训练时间240小时），人员参训率100%；民兵训练围绕“双应”知识学习、队列训练、应急处突训练、战术基础动作、轻武器射击等科目开展训练；民兵应急分队骨干队伍着重围绕队列教学法、防暴基础、军体拳、体能训练、抢险救灾演练、实弹射击等科目；专武干部围绕民兵整组、征兵工作和基层规范化建设等相关科目集训。创新民兵建设，推进后备力量新发展。按照省军区民兵“四新”（新的领域、新质力量、新技术手段、新的管训模式）建设要求，在三穗县旅游扶贫示范园区创建了以“党社、民兵联建管训”新的模式为主的颇洞村民兵连，重点发展民兵参与应急抗洪抢险、救灾、治安巡逻和园区建设等活动，形成了党支部引领、合作社推动、党员带头、民兵广泛参与的良好局面，实现了村民兵参与的联建管训模式，充分展示园区建设和军民融合发展成果，该民兵连成立以来，除正常维持园区秩序外，还曾经参与远程机动锦屏县参与抗洪抢险、积极为驻地敬老院老人献安心等活动，展示了民兵建设的新成果。全县民兵整组调整后，基干民兵编为应急、支援、储备队伍三大类；依法廉洁征兵，提高兵员征集质量。认真贯彻落实省、州两级征兵工作会议精神，按照“一季征兵、四季准备”工作要求，科学制定征兵阶段任务计划，加大征兵宣传广度、深度和精度，及早深入学校开展宣传，悬挂大小横幅标语80余幅条，设征兵咨询站10个，广播电视宣传50余次，群发短信2万余条，宣传手册1000余份，积极引导广大应征青年参军入伍。同时，加强兵役登记、网上报名比例、应征对象质量等征兵环节的检查督导，加强依法征兵廉洁征兵的监督检查。全县共发动适龄青年网上报名263人，其中含女性15人；按照择优定兵原则圆满完成新兵征集任务，入伍新兵中大学生征集比例达48.7%，并实现无退兵。

【后勤工作】 加大党委管财、理财力度，规范经费供应渠道，强化资金和银行账户管理，严格预算管理控制，从严控制现金使用，加强对公务卡刷卡消费的使用，严格经费报销程序，严格落实问题整改，杜绝私客公待，坚持双主官联审会签制度，促进财经管理规范化、程序化、制度化。加大营区营房维修管护力度，投入4.76万元对营院大门护栏进行升级改造，对办公楼、食堂部分墙面进行粉刷，对食堂地板、营区花台瓷砖、大门口楼梯等损坏部分进行维护，对营区漏水管道进行整治，改善官兵工作、生活环境，提升了营房保障水平。加强公务用车管理，定期对驾驶员进行经常性安全教育，投入3.11万元经费定期保养车辆、加强出车检查和车辆严格登记派遣制度，确保安全无事故。加强后勤服务保障，组织为干部职工和炊事人员定期年度体检，为民兵骨干队员购买安全保险，及时增购民兵服装，改善伙食。

【安全管理】 持续加强谈心交心活动，加强关键岗位人员的政治考核和日常管理，对武器弹药勤检查、勤督管，对车辆严维护、严管理，对机密文件按级看、按责管，签订各类安全责任书50余份，开展各类安全检查10余次，确保部队安全稳定。坚持每月开展一次安全教育和安全形势分析。建立"安全教育整顿和隐患排查"工作责任制，明确各科负责人为本科教育整顿和隐患排查工作第一责任人。坚持每月对营区、武器库、作战室、保密室等重点部位进行"拉网式"排查，保证各项安全措施落到实处。加强对营门警卫人员的检查管理，对外来地方人员执行询问登记制度，确保营院安全稳定。突出重要部位、重要时节、重大活动、重点人员，持续开展安全隐患排查整治和倾向性问题整治，确保"六个管好"落实到位。健全军地联防共治机制，广泛开展军地平安创建活动，维护社会稳定。抓好后装管理，确保装备管用、适用、够用和好用，全年实现安全无事故。

【参建参治】 按照上级脱贫攻坚工作部署，2016年以来，组织干部职工2次完成对153户贫困户遍访工作，摸清贫困户个人信息、致贫原因、家庭现况和脱贫意愿，梳理汇总脱贫意愿30余条，为贫困户脱贫出主意、想办法，推广种、养殖技术，拓展贫困户致富视野、增强脱贫技能与意识。开展慰问活动，为雪洞村中心小学5名贫困学生送去助学金1000元、送文具5套；为雪洞镇中心小学送去价值2.8万余元餐桌椅40套；慰问雪洞界牌村受灾群众2500元，附"双承诺双诚信"扶贫费3000元；到滚马乡慰问苗鸟村扶贫开支500元。扎实组织民兵植树造林，组织出动300余人次，分别在八弓镇、长吉乡、瓦寨镇、良上乡开展植树造林活动，在八弓镇羊古脑村补种"军民共建林"100余亩，2016年植树造林攻坚任务已经全部完成；农忙季节，组织民兵深入贫困军属家庭开展义务助农活动，帮助缺少劳动力的军属插秧、收割稻谷等；参与维护社会稳定，组织民兵300余人次参与春节、"两会"等重要时节治安巡逻、维稳执勤、抢险救灾。

【"两学一做"教育活动】 落实党员教育管理制度为基本依托，把党的思想政治建设放在首位，突出正常教育，突出问题导向，突出领导干部这个重点，教育引导党员自觉按照党员标准规范言行，推动党内教育从"关键少数"向广大党员拓展、从集中性教育向经常性教育延伸，在坚定政治信念、激发强军精神、提高打赢能力、树立良好形象上下功夫见成效，真正使党中央、中央军委和习主席指示要求深入人心、落地生根，努力建设"四铁"过硬机关和部队。学习教育围绕铸牢忠诚品格、强化党性观念、深化整风整改、促进改革强军，解决党员队伍在思想、组织、作风、纪律等方面存在的问题，着力解决理想信念模糊动摇、党的意识淡化、宗旨观念淡薄、精神状态不振、道德境界不高等问题。学习教育贯穿全年，重点围绕组织专题学习讨论、创新方式讲好党课、开展党员承诺践诺、召开专题组织生活会、开展民主评议党员、领导干部作表率6个方面推进。

【开展扶贫遍访】 根据《中共三穗县委办公室，三穗县人民政府办公室关于进一步做好领导干部遍访回访贫困村贫困户工作的通知》（穗党办通〔2016〕18号）文件要求，结合省、州相关扶贫会议精神，5月11日，政委吴鑫金深入到县领导扶贫联系点桐林镇捧相、八受、岑坝3个贫困村和单位扶贫联系点雪洞镇界牌村，分别对4个贫困村和欧昌勇、杨昌文、陆德坤、陆德培等15户贫困户开展扶贫遍访回访，了解贫困村的基本情况、致贫原因和扶贫需求；了解贫困户家庭成员基本情况、家庭收支情况、家庭基础设施情况、家庭成员社会保障情况、享受惠农政策情况、致贫原因和帮扶需求，并及时将收集资料录入“贵州扶贫云访谈问卷模块”平台。

【蒋先和到三穗县检查“四新”建设】 5月23日，凯里军分区司令员蒋先和带工作组到三穗县颇洞村检查指导“四新”建设观摩活动直前准备工作。听取了县人武部关于“四新”建设最近工作开展情况简要汇报，察看了颇洞村农业生态旅游扶贫示范园及民兵组织建设情况，对三穗民兵“四新”建设实际提出要求。

【王盛槐到三穗县检查“四新”建设】 5月24日，省军区司令员王盛槐一行在凯里军分区司令员蒋先和、政委刘辉的陪同下到三穗县颇洞村检查“四新”建设。三穗县人武部汇报了颇洞村生态农业旅游扶贫示范园“四新”建设开展情况。王盛槐司令员一行考察了颇洞村农业生态旅游扶贫示范园及民兵组织建设情况，详细询问了解合作社运行、抱团脱贫、民兵作用发挥、退伍军人带头致富等情况。对颇洞村“三带”做法和推广从江“富民强兵”、编实农村民兵的做法给予了充分肯定。

【省州军地观摩团到三穗参观“四新”建设】 5月30日，省军区“四新”建设第二组观摩团80余人在省军区参谋长洪晓荣、政治部主任魏文波的率领下到三穗县颇洞村观摩指导民兵工作。黔东南州副州长江朝伦、凯里军分区司令员蒋先和、政委刘辉和三穗县主要领导陪同观摩。三穗县人武部认真贯彻落实省军区党委“四新”建设决策部署，紧紧围绕“大扶贫、大数据、大健康”战略行动，大力推动“四新建设”，积极探索军民融合发展新路子，形成独具当地特色的国防后备力量建设新发展模式。

【杨勇到县人武部指导召开党委民主生活会】 7月7日，凯里军分区政治部主任杨勇率工作组到三穗县人武部指导召开党委民主生活会。听取人武部党委员对照检查后，召集人武部全体干部职工召开了党委扩大会议。对民主生活会召开情况、班子建设情况、单位整体情况进行了讲评，对人武部班子工作给予了充分肯定。在“军队改革迎考在路上、后备力量迎考在路上、党委建设迎考在路上、管理工作迎考在路上”四个大的方面，对人武部提出了希望和要求。

（撰稿：马可　邰胜辉　编辑：王建平）

国防教育

【概述】 县国防教育办公室为县政府办所属正乡级行政机构。主要职责室是根据《中华人民共和国国防教育法》和《全民国防教育大纲》依法对全县公民开展国防教育；负责县全民国防教育委员会领导小组的日常工作，处理相关业务；负责协调县全民国防教育委员会领导小组成员单位开展国防教育工作；负责协调、指导、督促县级有关单位、社会团体开展国防教育工作。行政编制1名，领导职数主任1名。

【国防教育进校园】 在全县40多所高、中、小学中坚持开展国防教育，统一使用上级教育部门配发的《国防教育教材》，对全县高、中、小学生实施系统教育。在全县各中小学利用校园广播、班级墙报、国旗下讲话等宣传阵地，广泛开展国防教育、普及国防知识，并组织学生观看《南昌起义》《闪闪红星》等革命题材影片，增强学生们对国防教育的感性认识。在开展学校重点教育和学生普遍教育的同时，县国教办主抓了工作联系点——三穗县民族高级中学、三穗县第一中学和三穗城关第一小学的国防教育，把国防教育与教学相结合，探索国防教育工作新路子。

【国防教育进社区】 通过紧紧抓住五一劳动节、七一建党节、八一建军节等宣传时机，县国教办联合县人武部、县委宣传部、县国教委成员单位和基层社区广泛开展国防教育宣传活动。今年4月28日，在《中华人民共和国全民国防教育法》颁布15周年之际，县国教办联合县人武部、县委宣传部利用《国防科技知识挂图》在将军广场、县城街道、社区开展国防教育宣传日活动。10月18日，依托“党员到社区报到”活动的开展，组织成员单位进行宣传。县国教办利用赶集日在县城和乡镇设立国防教育宣传点，举行国防法律咨询，向群众发放国防教育宣传资料2万余份，接待群众咨询3000余人次。

【国防教育进企业】 总结民兵刊授教育经验，在企业民兵中广泛开展国防教育，利用各种军事刊物对企业民兵和预备役人员进行国防教育，在企业民兵政治教育内容中都安排有国防教育课时，企业的“青年民兵之家”成为民兵接受国防教育新天地。县国教办克服流动人口成份杂、流动性大、不易集中的难点，利用知识讲座、观看图片展览、发放宣传资料等形式创造性地对流动人口进行有关国防建设的基本法规和常识教育，开创了一人参加带动一家；一次教育，带动一个群体的阵地辐射式国防教育新路子，促进广大个体工商户、流动从业人员依法经商的自觉性，增强辖区流动人员的国防观念和国家安全意识，扫除了流动人口无国防教育的盲区，提高国防教育的影响力。

【国防教育进机关】 县委党校坚持在每年的中青年干部培训计划中都安排国防教育讲座，聘请县人武部领导为学员授课，对国内外形势、外国军事动态、当前军事热点、军事斗争准备及三穗军事工作等情况进行介绍，增强参训干部国防观念。八一建军节期间，组织四大班子领导及县直机关部分领导干部成功开展“军事活动日”活动。

【国防教育进农村】 县国教办抓住征兵时机，把国防教育同“征兵宣传月”紧密结合起来，采取张贴标语口号、开通宣传专车、放映国防教育影片等形式，向广大农民群众和农村应征青年宣传《中华人民共和国国防法》《中华人民共和国兵役法》等。通过组织辖区农村群众和应征青年参加知识竞赛、开展“弘扬爱国主义精神，增强公民国防观念”征文活动等，将国防教育工作不断引向深入。

（撰稿：吴征卓　编辑：王建平）

消　防

【概述】 三穗县公安消防大队又称武警三穗县消防大队，纳入武警序列，属公安现役部门管理，为副团级编制。大队2016年有干部10名，士兵19名，专职消防员10名，文员4名。领导职数设政治教导员兼党委书记1名（副团职），大队长兼党委副书记1名（副团职），大队部设副大队长1名，防火参谋1名，内勤参谋2名；中队部设政治副指导员（兼中队党支部书记）1名，中队长1名，副中队长1名。2016年，大队发展预备党员1名，培养入党积极分子2名。

【基础设施建设】 完成新大队办公楼、中队营房、公寓楼室内装修，组建了台烈镇、瓦寨镇两支政府专职消防队；新增消防器材装备数百余件，消防车辆3台，为灭火救援工作提供了装备保障。

【防火监督】 全年共检查单位场所1170家次，检查村寨125个次，发现火灾隐患2312处，督促整改2291处，下发责令改正通知书1118份、重大火灾隐患整改通知书2份，办理行政处罚案件40起，罚款11.28万元，临时查封8家，三停8家，行政拘留4人。对全县300余家劳动密集型企业等7类场所进行了消防安全专项整治，着实提升全县劳动密集型企业等场所的消防安全水平。成立消防执法服务队深入隐患单位全程跟踪指导重大火灾隐患整改工作，为隐患单位提供消防技术服务8次，完成三穗县王朝大酒店、三穗县曼斯豪斯商务酒店2家挂牌督办重大火灾隐患单位的整改工作。9个公安派出所共检查单位4341家/次，发现火灾隐患和消防违法行为1559处，督促整改火灾隐患和违法行为1559处。深入推进消防安全重点单位“户籍化”管理工作，督促社会单位明确消防安全管理人员，落实岗位消防安全管理职责，加强消防设施维护保养，定期开展消防安全“四个能力”自查评估，9个乡镇消防安全网格化管理运行均达100%。

【灭火救援】 全年共出动官兵876人次，车辆146台次，参与火灾扑救和抢险救援67次，共抢救人员20人，疏散和保护群众93余人，保护国家财产近37万元；大力开展辖区六熟悉和灭火演练128次，其中夜间演练24次，六熟悉128次；检查消火栓231个。

【消防宣传】 将消防法律法规、消防基础知识和逃生疏散技能纳入学校教学内容，在新学期开学期间，县教育部门和消防大队联合开展消防安全“第一课”活动，全县40余所中小学校通过邀请消防部门和派出所民警开展消防知识讲座、疏散逃生演练等形式学习消防、了解消防，受教育师生达2万余人。此外，大队还印制了6700册《中小学生消防安全教育读本》发放至全县各中小学校。结合农村消防工作实际，制作10000张“全民防范火灾共筑平安家园”倡议书和《贵州省农村火灾警示教育片》发放至各乡镇、各行政村进行广泛张贴和播放。在县电视台、《三穗报》等媒体播出（刊发）消防公益广告及宣传片50余条/次，利用微信、手机短信平台发送消防安全常识6万条。依托全国中小学生安全教育月、“5·12”防灾减灾日、安全生产月、“11·9”消防宣传月等活动，组织消防官兵、志愿消防队伍开展消防宣传46次，发放宣传资料2万余份。完成全县9个乡镇消防分管领导、包村干部、村干、志愿消防队员等300余人的消防安全培训工作。

【精准扶贫】 全年深入八弓镇高桥村采集贫困户数据124家，其中32户在县委、县政府及村居、两委帮扶下已脱贫，大队积极联系帮扶八弓镇高桥村92户贫困户。协调政府资金3万元用于村委会办公楼建设，协调政府资金8万元用于解决6户贫困户新建鱼塘；开展慰问困难群众5户，发放慰问金4000元；开展帮扶3户贫困户品学兼优的子女，发放助学金15000元。

【表彰情况】 2016年3月，获得黔东南州消防部队实战化执勤岗位练兵东部赛区团体总分第二名；2016年9月，获得全州消防部队政工岗位练兵比武竞赛团体三等奖；2016年，三穗县消防大队被省委、省政府、省直机关工委评为“省直机关文明窗口”；省公安厅评为“文明示范窗口”；被州政府评为“火灾防控单位”；消防产品执法工作被黔东南州消防支队评为“先进单位”；杨辉捷教导员被贵州省消防总队评为“优秀党务工作者”。

（撰稿：柳文龙　黄俊敏　编辑：王建平）

政 法

【概述】 中共三穗县委政法委员会内设办公室、执法监督科、政工科、综治科、维稳科，县委维稳办、县政府综治办挂靠县委政法委合署办公，综治办下设综治信息中心和见义勇为基金管理中心，维稳办下设社会稳定风险评估中心。2016年，在岗干部职工22人，其中领导职数7人，女2人，少数民族18人，中共党员20人，大专以上学历22人。

【政法队伍建设】 开展政法机关“两学一做”“铸勤行动”“三强三铁”活动，突出加强政法队伍建设。充实人员编制，及时研究解决政法各部门人事调整，成立高铁护路办和禁毒办，明确两办工作职责和人员编制；完成10名检察辅助人员和88名特战队员招聘工作，完成了县政法系统人员调整和充实工作。强化组织培训。组织政法干警参加全省政法通讯员培训、吉林大学县处级领导干部培训、政法综治维稳业务培训、上海交通大学科级领导干部业务培训10余场次，参训人员达30余人；完成新进10名检察辅助员和88名公安特战队员的上岗培训任务；组织政法干警参加开展“两学一做”“三强三铁”学习实践活动，全县400余名政法干警（含乡镇政法综治干部）接受教育，政法队伍综合整体素质进一步得到提升。

【平安建设】 围绕做好反暴恐、维护政治安全、维护金融安全、维护网络安全、维护公共安全“五大领域”风险防控工作，完善立体化社会治安防控体系，完善矛盾纠纷多元化解体系，不断推进工作精细化、信息化、法治化，不断提升维护社会安全稳定的能力水平。

创新综治工作机制。继续深化服务网格示范点创建推广工作，将网格由原来的永灵社区居委会、江桥村、灵山村和车站村4个村（居）27个村（居）民小组逐步推广至全县各乡镇政府所在村组，并按照“任务相当、方便管理、界定清晰”的要求，将按照示范点模式推行“网格化”管理服务全覆盖，全面推行“一格多员”的责任网格管理模式，设立专职管理员，招募志愿者为网格协管员、民情联络员、治安信息员、矛盾化解员、和谐促进员，把工作任务落实到每一网格，争取在推广区域尽快实现村（居）民事务“一站式办理”和“家门口办理”的管理服务模式。

社会治安防控体系建设面扩大，科技防范能力进一步加强。2016年，使用技侦设备随警作战抓获涉毒犯罪嫌疑人5名，查获吸毒人员26名，协助其他部门抓获犯罪嫌疑人1名，进一步提高打击违法犯罪工作效率。推动“天网”工程资源整合和升级改造，组织人员专门研究制定工作方案，组织实施“天网工程”二期建设，正在全力推广应用电子围栏、网络围栏等技术手段。全力推进“二维码”门牌、摩托车防盗芯片工作，确保成为治理城区社会治安和防范、打击盗窃摩托车案件的有效手段。

重点部位整治见实效。加大对银行、资产管理公司、信贷公司、财务公司、租赁公司和其他存款类金融机构的监督管理，严厉打击非法集资、恐怖融资等违法行为，维护银行业合法稳健运行；保障石油化工及危爆物品经营管理安全；邮政寄递物流经营企业认真贯彻落实国家有关规定，树立安全运营意识，严格执行“三个100%制度”。坚持“生态文明引领发展”理念，强化日常环境管理，加大饮水安全监督管理，加大环境整治力度，严肃查处各种环境违法行为，化解环境污染矛盾纠纷，保障宜居三穗生态环境安全。着力《三穗县农村消防安全三年行动计划》的实施，狠抓消防安全攻坚会战和劳动密集型企业等7类场所专项治理。全年县消防大队接警21起，出动23次（含增援），出动消防车45辆次，消防人员241人次，抢救被困人员19人，疏散人员15人，抢救财产价值3.7万元，全年发生火灾3起，伤亡0人，造成直接经济损失69800元。同比2015年，火灾起数上升了100%，死亡人数下降100%，伤人数与去年持平，直接财产损失下降了0.29%。全县累计排查安全隐患1727项，投入隐患排查治理及整治资金320余万元，完成整改1726项，整改率为99.94%。排查重大隐患4处，列入县级挂牌督办，完成整改销号3处；打击非法安全生产行为28起，责令关闭停产非煤矿山3家。全县排查和整治交通事故多发路段21处，查处各类交通违法行为31055起，扣留机动车1281辆，查办交通事故727起，受伤150人，死亡7人。高度重视护路护线工作，对三穗至天柱310省道和“沪昆高速铁路”三穗段、“沪昆高速公路”三穗段、“三黎高速公路”三穗段、320国道、304县道、305县道和电力、电信、广播电视设施的安全保护工作，乡镇马路市场得到有效整治，未发生“三电违法案件”。加大对校园周边环境整治，优化育人环境。组织公安、教育等部门完成74所学校、幼儿园及校园周边200米范围内网吧、麻将室、台球室、游戏厅、音像书刊点等文化娱乐场所的集中整治工作，排查整改各类隐患32个，完成2016年度高考安保维稳工作。

加强特殊人群管控，巩固社区矫正工作。全县累计接收社区矫正服刑人员373人，累计解除278人，在册社区服刑人员95人（其中，缓刑82人，假释13人）。共接受委托机关开展对审前、拟假释前等各项社会调查32人次，作出评估意见书采纳率达100%。未出现社区矫正服刑人员脱管、漏管和重新违法犯罪情况。加强对不良行为未成年人、闲散流浪青少年、服刑强戒人员子女和留守儿童等的关怀关爱、帮扶救助、教育矫治，不发生涉青少年重大案（事）件和网络舆情事件。开展“育新工程”和“雨露工程”，对不良行为未成年人、留守青少年儿童、困境儿童进行关爱、救助、矫治，在全县中小学举办80多期法制讲座，免费培训下岗职工1100余人，获得群众认可，未发生有影响的网络舆情。深入推进“六大工程”。凭借“阳光工程”“雨露工程”“育新工程”“回归工程”“安宁工程”和“红丝带工程”六大工程，加强对刑释解教人员、社区矫正对象和社区吸毒康复人员安置帮教，突出对留守儿童、精神病人等5类重点人群的有效教育管理，实现了特殊人群重新犯罪率控制在3%以内。全年共接收刑释人员46人，其中重点帮教对象11人，安置帮教46人；县人民医院康复救治中心累计收治涉毒特殊病人203人，其中三穗59人；艾滋病21人，肺结核37人，吞食异物90人，其他病55人；治疗康复转出强戒54人，病重转出治疗22人，病重抢救无效死亡2人，实有病人114人；全县排查出精神病患者及疑似人员645名，艾滋病病毒感染者185人，已完成逐一建档进行规范监控管理。

贯彻落实省州关于2016年关于综治（平安建设）宣传月活动工作要求，印发《关于开展2016年综治（平安三穗建设）宣传月活动的通知》文件，要求各乡镇、综治各成员单位创新宣传方法，抓出实效。年内共出动车辆40余车次1200余人次（含乡镇宣传人员），利用乡镇“赶集日”分别深入9个乡镇开展综治宣传工作，发放宣传法律法规资料2万份、见义勇为资料3千份，解答群众咨询7千余人次，受教育群众达3万余人次。

【涉法涉诉】 出台《三穗县律师参与化解和代理涉法涉诉信访案件工作实施方案》文件，印发《三穗县县级律师参与化解和代理涉法涉诉信访案件工作经费使用管理暂行办法》文件，发挥律师参与化解和代理涉法涉诉信访案件的身份优势和职能作用，解决司法救助案件4起4人，累计协调、发放司法救助资金6.5万元。县委、县政府召开专题会议，研究制定《三穗县关于进一步支持人民检察院依法独立公正行使检察权的工作意见》文件，县检察院成立专项工作领导小组，制定《贵州省三穗县人民检察院司法体制改革试点工作实施方案》，经过考核、考试和答辩遴选员额制检察官，除预留3名外，完成首批遴选13名员额制检察官工作，完成资产清理工作，机构整合方案已上报待审批。县法院司法体制改革正在启动中。

【维稳及防处突】 矛盾纠纷排查化解实现“六个确保”目标。共排查各类矛盾纠纷和信访问题351件，化解334件，化解率95.16%；上级交办、督办件93件，已化解84件，化解率90.32%；接待来访群众169批449人次，其中群体访16批219人次，化解97批275人次。与2015年同期接访259批733人次，其中群体访21批359人次；化解161批504人次相比，接访总量下降了65.25%，群访下降了76.19%，化解率下降了60.25%。共排查出各类民事纠纷169起，调解169起，调解率达100%，调解成功168起，调解成功率达99%。其中，依申请调解146件，主动调解22件，接受移送调解1件，乡镇调委会调解70件，村级调委会调解99件，在调解纠纷过程中防止纠纷激化70件140人。累计排查出各类重大矛盾纠纷43起，成功化解突发性苗头隐患28件，满意率达95%，没有造成较大的负面影响。全县全年实现了“六个确保”目标。严密防范和打击敌对势力的渗透破坏活动，重大节庆假日期间，加大情报信息汇总研判工作，做到“敌动我知、未动先知”。按照“露头就打、主动出击、先发制人”的原则，严厉打击邪教组织及境外非政府组织等渗透破坏活动，实现全县社会政治和谐稳定。实现全国、省州“两会”维稳、中央调研组到三穗调研、全省第一次项目观摩会、“A6102”安保维稳、“数博会”“6·4”、中共十六届六中全会、G20峰会、“贵阳生态文明国际论坛2016年年会”“三穗县第十二次党代会”等重大活动期间的信访维稳和社会稳定工作目标。开展重大项目风险评估工作。完成“三穗县国有林场商品材采伐”“三穗至寨头农村客运班车公交化改革试点”“三穗县白剑坡水库工程”等重大项目建设的风险评估任务。

（撰稿：邹光学　编辑：王建平）

公　安

【概述】 三穗县公安局2016年核定编制152人，其中行政编制152人，行政工勤33人，协警307人。在编干警149人，其中女职工27人，领导职数2正3副；大学专科以上学历149人。局机关内设17个所队室，下设16股室。局机关设公安局党委，管理8个党支部，共有党员145人，其中在职党员119人，退休党员26人。

【维护稳定】 全年处置群体性事件苗头4起、非正常死亡事件32起，抽调警力参加外县处置群体性事件3起；化解矛盾纠纷900余起，其中治安案件转纠纷调解375起；年内累计有35人次涉疆涉藏人员进入三穗，其中1人访友、34人经商，均落实管控措施；全县重点人口总数为1309人，其中刑释解教647人，列管647人，列管率为100%；共有邪教人员89人，死亡1人，还有88人，DNA采集88人，采集率100%，年内无活动；共接待来信来访群众40余人次，受理来信来访6件，已办结6件；共开展舆情引导28次，发表正面引导信息652条，发现处置互联网违法有害信息622条；共完成70余次安全保卫任务。

【打击犯罪】 全县共立刑事案件630起，破209起，破案率为33.17%，破案绝对数222起，其中破现行案件209起，破年前案件11起，破外省案件2起。与2015年同期677破171、破案率为25.26%相比，少立案47起，立案数下降6.94个百分点，多破案51起，破案率上升7.91个百分点。通过破案打击处理各类违法犯罪人员198名。共立命案2起，破2起，与2015年同期立2破2相比持平；打击食药环犯罪方面，破获污染环境案1起1人、生产销售假药案1起1人、非法捕捞水产品案1起1人、生产销售有毒有害食品案3起3人、生产销售不符合安全标准食盐案1起1人；立经济犯罪案件18起，破16起；侦破“4.11”涉枪系列案件，破案33起34人，收缴枪支47支，军用子弹120发。

【治安防控】 投入15万元采购70台GOTA对讲机，解决指挥调度通信手段落后的问题，实现了城区乡镇、处警巡逻一体，确保“1353”快速反应得以实现；采购9台身份证识别器分别安排在汽车站、政务服务中心、水电等服务窗口，采集人口信息10万余条；采购80台社区警务终端设备装备派出所等一线执法单位，录入核录查控数据2517条；在县城及周边安装168个网络围栏设备，采集电子产品信息20余万条；在两家物流企业网络安装附加设备，采集寄递物品、人员信息4503条；在全县所有加油站加油员手机上安装终端程序，采集购买散装汽油个人信息1062条；物建“十大员”1015名作为信息员，广泛获取治安信息；在2家摩托车维修点定点安装摩托车防盗芯片，安装685辆，对防范和打击摩托车被盗案件起到了重大作用；县委政府拨款45万元解决专门经费，由各派出所大力推进，共制作智慧门牌2万块，安装绑定17533块。

【禁毒工作】 侦破毒品刑事案件20起45人，缴获毒品疑似物4270.93克（海洛因1087.59克，冰毒3183.34克）；查处吸毒人员210人，其中强制隔离戒毒125人，单处罚款14人，单处拘留48人，社区戒毒32人（其中10人系强戒转社戒）；制定八弓镇毒情整治方案，成立缉毒专班，全面围歼毒品违法犯罪。期间，破获毒品刑事案件8起13人、查处吸毒人员113名，强戒62人；根据台烈镇寨头村涉毒严重、盗窃摩托车现象突出的情况，组织开展大清查、大整治行动，查获无牌无证摩托车49辆，抓获吸毒人员7名；康复救治中心收治患特殊病吸毒人员100人，加之上年余留及康复转出，现实有114人，其中三穗32人。工作中提供线索破获刑事案件15起，全年无安全事故发生；县委、县政府投资250万元在三穗县第三中学建设全新禁毒教育基地，共1250平方米，是全州面积最大、功能最全、设备最先进、科技含量最高的教育基地。

【公共安全】 交警大队全面加强道路交通秩序的管控和对各类违法行为的打击，各派出所协助开展农村道路交通安全整治，共查处各类交通违法行为39505起，扣留机动车1758辆，拘留99人，查办交通事故984起，受伤203人，死亡14人，经济损失148万元，无特大交通事故发生；消防大队和派出所继续做好安全检查、隐患整改、案件查处工作。检查单位场所942家次、村寨93个次，发现火灾隐患1837处，督促整改1818处，下发整改通知书904份；办理行政处罚案件32起，查封6家，行政拘留3人。全年发生火灾事故3起，无人员伤亡；治安大队、禁毒大队和各派出所加强危爆物品管理和检查，出动警力1000余人次，发放张贴宣传资料1800余份，检查易制毒化学品单位8家、涉爆从业单位5家、爆破作业单位4家、销售单位1家，发现隐患5处，责令当场整改5处；查处烟花爆竹行政案件18起，没收烟花爆竹1751件；成功处置1起运输烟花爆竹车辆侧翻事故，未发生爆炸，无人员伤亡；看守所共收押232人，加之上年余留和转出，现实有在押人员122人，全年无安全事故发生。

【治安管理】 共受理行政案件40139起，查处40057起40048人，查处率99.79%；出动警力300余人次，开展校园内部安全隐患排查工作30余次，排查安全隐患10处，现场整改10处，选派法制辅导员20人，开展校园法制宣传教育63次，发放宣传资料8000余份；对83家旅馆业，6家娱乐场所、21家废旧收购业、10家典当业、1家刻字业、2家洗浴业全部列入公安特行管控系统管理，共检查560余家次，投入警力1600余人次、车辆540余台次，治安处罚18家不按规定登记录入旅客信息的旅馆；破获赌博刑事案件2起、开设赌场刑事案件1起，查处赌博治安案件25起，捣毁“滚地龙”、麻将馆等赌博窝点20余个，查处涉黄治安案件4起；完成本地互联网网站联网备案4家，开展网站安全检查3次，检查重点网站13家，检查网吧80家次，行政处罚12家次，确保所有网吧实名在线率、审计在线率均达100%，网吧日志正常上传率100%。

【警务保障】 全局各项经费达2998.25万元；装备保障进一步完善，新购20辆警用两轮摩托、1辆48座运警车；采购电脑、打印机、扫描仪、照相机、摄像机、警务终端、对讲机等办公设备；采购单警装备、防爆头盔、防爆盾牌、特战服、长短警棍等执法执勤装备。

【规范处警】 共处警4277起，其中刑事警情405起、行政警情482起、群众求助201起、矛盾纠纷187起、火灾事故36起、交通事故738起、其他警情2616起。经电话抽查回访，未发生不满意的情况，实现“零”投诉的目标。

【窗口服务】 各派出所户籍窗口办理小孩上户3287人、死亡销户1385人、省外迁入546人、迁往省外841人、居民身份证19474人；车管窗口办理新车注册3766辆、新领驾照3313人，接受咨询30000余人次；出入境窗口受理公民因私出国（境）3203人次，其中港澳1507人次，台湾382人次，出国1313人次。

【警务改革】 成立情指综合部组建情指中心，以“两指令、一通报”为手段，统揽全局业务。下达局长督办令4件、指挥中心督办令17件；每日开展应用系统检查，拟写重点工作半月通报11期；与刑侦部门同步上案180起，协助破案33起；编发业务督察通报22起、每周情报研判纪要48期、每周公安要闻30期、公安专报4期；成立民生警务服务中心，筹资10万元购买自助服务一体机1台、软件1套，聘请两名退休民警，在原有信访工作模式的基础上，将接待群众工作归口管理。同时，开通民生警务QQ和微信公众号，宣传公安，接受咨询。全年民生警务平台共受理各项业务咨询、预约等事项87件，办结87件；行政诉求3件，办结3件。

【精准扶贫】 明确3名民警全脱产进驻枫木溪村，负责包村工作，协助村委扶贫攻坚，解决驻村3名民警每人每月1100元工作经费，确保住得下，工作开展得好；为枫木溪村委购置办公耗材、消毒柜、冰箱，改善工作和生活条件；拨专款30万元（每年10万元）用于产业支助，成立葡萄种植专业合作社，全年种植50余亩，使46户帮扶对象和自愿入社的群众受益；走访党代表、人大代表、政协委员、警风监督员35人次，走访案事件及信访当事人74人次，召开警民座谈会23次，结对联亲135户578人，走访重点企业9个次，重点园区2个次，社区村寨106个次，看望困难群众、党员45人，送出慰问金2万余元，收集意见建议23件，整改23

件，帮助群众做好事、解决困难和问题60余件，排查矛盾纠纷37起，化解30起。

（撰稿：黄明亮　编辑：王建平）

检　　察

【概述】 三穗县人民检察院内设办公室（含人民监督员办公室、特约检察员办公室）、政工科、反贪污贿赂局、反渎职侵权局、侦查监督科、公诉科、监所检察科、民事行政检察科（生态环境保护检察科）、控告申诉检察科（含举报中心）、计划财务装备科、检察技术科、法警队、法律政策研究室、检察委员会办公室、监察室、案件管理办公室。预防职务犯罪工作局（二级机构）、纪检组（县纪委派驻机构）、机关工委（党的基层组织）、派驻瓦寨检察室（派出机构）。2016年，有政法专项编制42人，在职政法干警40人，其中女干警9人，少数民族干警31人。

【参与社会管理创新】 探索检察机关参与社会管理创新工作方法，实行领导亲自接访及包案处理制度。开展化解涉检信访、矛盾纠纷排查、刑事申诉、司法救助等工作。全年共受理各类群众信访案件23件，均直接答复来访人；受理司法救助3件4人，给予救助2件3人；按照检察长接待日相关规定做好检察长接待工作，检察长接访共计54个工作日。开展“综治宣传月”“世界环境日生态环境保护专项宣传”“12·4宪法日宣传”等活动，发放各类法律法规、禁毒、“12309”网上网下一体化服务平台等宣传资料14000余份，发放各类环保袋1000余个，发放各类环保围裙500余个，接受法律咨询130余人次。在开展共“走、访、送、化”活动中，共走访9个乡镇的24个行政村300余户农户，发放宣传资料2000余份，答复群众咨询20人次。继续深入开展“走千户农家、访民生民情、送法律服务、化解矛盾纠纷”活动，共走访9个乡镇24个村300户1500余人，发放法制宣传资料3000余份，接受法律咨询300人次。

【侦查监督和诉讼】 全年共受理公安机关提请批准逮捕各类刑事案件93件140人，与上年同期100件162人相比，分别下降7%和13.6%。审结92件140人（含上期积存），经审查，依法批准逮捕121人。受理移送审查起诉案件161件274人，与上年同期100件162人相比，分别下降7%和13.6%。经审查，依法向同级人民法院提起公诉138件215人；不起诉2件3人，其中适用刑事和解相对不起诉2件2人，证据不足存疑不起诉1人；移送州检察院审查起诉7件30人。共批准逮捕故意杀人、故意伤害、强奸案件11件11人，“两抢一盗”多发性侵财案件28件39人，毒品犯罪案件19件34人，非法制造、买卖、持有枪支、爆炸物犯罪案件1件7人。

【查办和预防职务犯罪】 保持打击职务犯罪的高压态势，发挥查办职务犯罪“绿色快速通道”的反腐合力，严肃查处职务犯罪案件。全年共立案查办贪污贿赂、渎职侵权等职务犯罪案件8件8人，涉及正科级领导干部2人，副科级领导干部1人，为国家挽回经济损失200万余元，均属大案，案件质量和办案效果进一步提升，有效地遏制了职务犯罪发展态势。一年来，开展行贿犯罪档案查询856次，开展预防职务犯罪宣传和警示教育135次，介入三穗县客运枢纽等重大民生工程3件。

【诉讼监督】 在审查逮捕阶段，作出不批准逮捕决定19人。纠正遗漏罪行2件3人，发出检察建议8件，提出量刑建议159人，法院采纳125人，采纳率78.61%。共办理督促起诉案件7件，发出被采纳检察建议7件，督促追收国有资金5995.5656万元，已追收5632.8136万元。

【民事行政诉讼监督】 全年办理民事执行监督案件4件，并进行有效监督。办理行政公益诉讼案件9件，向县环境执法部门发出诉前程序检察建议书9份，已获回复9件，向上级院呈报提起行政公益诉讼案件线索2件，得到批复同意提起行政公益诉讼案件1件，向法院提起行政公益诉讼案件1件。全年共接待民事行政咨询12人次。

【刑罚执行监督】 开展社区矫正监督日常检察工作，防止和纠正社区服刑人员脱管漏管，对三穗113名社区服刑人员开展检察工作中发现的社区矫正罪犯又犯罪2人，违反社区矫正相关规定1人，向社区矫正部门建议收监执行3人。积极配合黔东南州检察院开展办理监狱提请减刑、假释案件42件，纠正提请不当案件7件。办理羁押必要性审查案件4件4人，经审查符合变更强制措施条件，并向办案部门提出变更强制措施建议，均得到采纳，4人被取保候审。

【控告申诉检察】 完善执法办案风险评估预警机制，在拟作出不批捕、不起诉等决定时，评估是否可能引发或激化矛盾，制定化解矛盾的工作预案。全年共受理举报12件，涉法涉诉信访案件14件，其中直接答复来访人9件，作其他处理5件。检察长接访共计46人次，处理率100%。受理刑事被害人救助案件2件，为被害人发放救助金25000元。

（撰稿：杨政富　编辑：王建平）

法　院

【概述】 三穗县人民法院内设刑事审判庭、民事审判庭、行政审判庭、立案庭、审判监督庭、执行工作局、机关工委、政工科、纪检组、监察室、研究室、办公室、审判管理办公室、书记官室、司法警察大队，派出机构第一人民法庭。三穗法院现有在编干警52人，其中法官26人，占全院干警的50％。硕士研究生1人，大学本科学历46人，大专4人，高中1人，副科级以上领导职数21人。

全年共受理各类案件1420件，审（执）结1293件，结案率91.06%，同比分别上升5.81%、14.63%、7%，所结案件审限内结案率100%。当事人不服一审判决上诉72件，二审审结68件，其中二审维持60件，维持率88.24%，部分改判3件，改判率4.41％，发回重审5件，发回重审率7.35%。

8月24日，召开员额制法官首次遴选考核工作会议，正式启动法官员额制改革工作。通过民主测评、考核、考试、面试等方式，从现有法官中首次遴选15名员额法官，并于10月31日在三穗县人民法院分会场隆重召开首批员额制法官颁证暨宣誓仪式，三穗县委宣传部部长衮政豪、县人大常委会副主任易尚银、县政协副主席吴峻、县法制办主任吴平出席仪式并为入额法官颁发证书。

【刑事审判】 共受理刑事案件144件，审结135件，未结9件，结案率93.75%。案件均在审限内结案。其中判决单处罚金12人，拘役29人，宣告缓刑29人，判处三年以下有期徒刑79人，判处三年以上十五年以下有期徒刑16人。刑事审判突出规范量刑，宽严相济的刑事政策，执行刑事诉讼证据规则，推行量刑规范化，从重、从快、稳、准、狠地打击故意杀人、强奸、抢劫、贩卖毒品等严重危害人民群众生命财产安全的犯罪；严惩贪污、贿赂、渎职等职务犯罪，促进廉政建设和反腐败工作深入开展；加强对危害食品药品安全、污染环境、危险驾驶等案件的审理；推进轻刑快审改革，对被告人认罪和轻微刑事案件大量适用简易程序审判，突出快审快结，提高审判效率；同时对于过失犯罪、未成年人犯罪，以及具有自首、立功等法定从轻、减轻处罚情节的犯罪，依法从轻或者减轻处罚。加强刑事附带民事赔偿的调解，缓解对立情绪，妥善化解矛盾。

【民商事审判】 受理各类民商事案件921件，审结838件，未结83件，结案率为90.99%。其中受理婚姻家庭案件455件，审结428件，结案率94.07%；受理权属、侵权纠纷案件98件，审结84件，结案率85.71% 。适用简易程序审理611件，简易程序适用率为72.91%，普通程序审理227件，普通程序适用率为28.29%。民商事审判充分利用调解功能，始终坚持“能调则调、当判决则判、调判结合”原则，把调解工作贯穿于整个审判工作之中，化解当事人之间的矛盾，促进社会和谐稳定。在所审结民商事案件中，调解（含撤诉）结案553件，调撤率66.31%。加强判决力度，树立法律权威。对于久调不决的案件，及时作出判决，保障当事人的合法权益。2016年所审结民商事案件中判决结案257件，占民商事案件所结案件的30.66%。

【行政审判】 共受理行政诉讼案件50件，审结48件，未结2件，结案率为96%。其中不服治安管理罚款处罚12件，不服自然资源行政处理决定18件，要求发给抚恤金1件，不服规划管理限期拆除违章建筑、罚款等处罚13件，不服工商登记1件，不服交通管理行政处罚2件，不服民政管理1件。另受理审查行政非诉执行案件13件，其中计划生育行政征收12件，土地管理拆除建筑物处罚1件。裁定准予执行6件，撤诉7件。在审理行政案件中，主动加强与行政机关协调案件，通过调协调妥善处理行政机关与行政相对人之间的矛盾，化解行政争议。向行政机关提出司法建议，主动建言献策，促进依法行政，保护公民合法权益，化解官民矛盾。

【执行工作】 受理执行案件292件，申请执行标的总额1455.021万元，执结259件，执结率88.70%，未结33件，执结标的882.043万元。所结案件中，实体结案157件，程序结案102件，实际执行率60.62%，执行标的到位率69.96%。

加大对执行工作的硬件建设，投资50余万元建成执行指挥中心，提高执行工作的快速反应和执行现场指挥以及突发事件的处置。完善“总对总”“点对点”的全国法院网络执行查控系统。2016年，充分利用 “总对总”全国法院网络执行查控系统，加大对被执行人财产的查控。 2016年，共将被执行人100余人纳入失信被执行人名单，向社会公布，对失信被执行人予以信用惩戒，加大对情形恶劣的失信被执行人的法律追究，对构成犯罪的依法予以追究。

【立案信访和审判监督】 共审查立案各类案件1400余件，并对以上各类案件进行了审查、登记、制表、收费、信息录入、建立电子档案等具体工作，做到了准确及时。报送各类上诉案件77件，报送上级法院调卷17件，对外委托10件，其中评估8件，鉴定2件，做到报送及时，登记清楚；诉讼费用的核算与收取做到了准确无误，加强诉讼费管理，避免出现收费漏洞。加大对弱势诉讼群体的救助力度，全面落实司法救助制度，为经济确有困难的178件案件当事人办理缓（免）交诉讼费手续，共计14.92万元，切实解决了人民群众打不起官司的难题。加强申诉再审案件的审查，2016年共审查申诉再审案件2件，驳回申诉2件。加强诉讼服务中心建设，完善诉讼服务功能，开展便民服务，在诉讼服务中心为当事人提供了来访须知、诉讼指南、风险告知书等诉讼指引资料，公告开庭电子显示屏，电子触摸屏等自助查询设备。在明显位置公布了工作流程，为来访当事人提供休息椅子，饮水机及水杯，笔、纸、老花镜，物品存放柜，便民雨伞及便民Wi-Fi等系列便民措施。

【队伍建设】 开展“两学一做”“铸廉行动”“铸勤行动”，加强廉政建设和干警纪律作风建设，强化干警理想信念教育，坚定法治信仰。落实党风廉政建设主体责任和监督责任，班子成员坚持以身作则，率先垂范，强化民主管理促进团结，促进科学民主管理。开展向学习先进人物学习教育活动，先后组织干警集中学习黄志丽、吴国彪、姜仕坤、万志阳、杨绍堂及全国优秀法官冉定飞等人的先进事迹。加强法院基层组织建设，常态化开展“三会一课”活动，每季度由一名年轻党员上党课，每一季度开展一次支部文体活动，每季度亮一次党员先锋模范作用发挥的成绩单。开展专项民主生活会，查摆问题，开展批评与自我批评，提高法院党支部的凝聚力和向心力。2016年三穗法院荣获“全州先进基层党组织”称号。

【文化建设】 开展丰富多彩的法院特色文化活动。开展应急分队春季集训活动，法院班子成员及应急分队队员共35名，（女队员10名）参加集训。集训内容包括晨跑4.5公里、队列、擒敌拳、捆绑术、突发事件处置演练和徒步15公里。参加步枪训练迎“八一”活动，组织15名干警与县人武部、县检察院、县公安局一同荷枪实弹的训练。开展法院“公众开放日”活动，邀请包括人大代表、政协委员、学校、医院、社区等在内的社会各界人士共26人，先后参观了羁押车道、执行警务车停靠处、羁押室、各审判法庭、诉讼服务中心、远程接访室、调解室、执行指挥中心等基础设施，近距离了解法院干警的真实工作状况。召开座谈交流会议，向与会代表汇报三穗法院2016年度工作情况。2016年，共撰写各种文件、讲话材料等220余份，完成信息简报86期，其中县级报刊、政府网站转发简报信息12篇，州级报刊、媒体、政府网站、期刊采用转发简报信息22篇，省级报刊、媒体、政府网站、期刊采用转发简报信息26篇，《人民法院报》采用信息1篇。高质量办好院刊《法院新刊》，为干警提供审判经验交流和调研平台。2016年，院刊《法苑新刊》刊登各类文章共29篇，图片38幅。其中《黔东南审判》采用各类文章12篇，图片10幅。

【综治普法】 参加全县社会治安综合治理工作，利用城乡赶集日，积极参加“三八”妇女维权宣传、“6·26”禁赌宣传、综治宣传月、“12·4”国家宪法日法治宣传等送法下乡活动，深入各乡镇设置法律咨询台，接受群众咨询，为村民发放《中华人民共和国婚姻法》《中华人民共和国劳动合同法》《中华人民共和国未成年人保护法》、新行政诉讼法、诉讼风险提示书、诉讼指南等贴近生活的法律宣传资料。

【扶贫攻坚】 参与全县扶贫攻坚工作。打击涉贫领域发生的违法犯罪行为，妥善审理涉贫民商事案件，促进经济健康发展。加强驻村帮扶工作，分别派出两名干警任瓦寨镇瓦寨村和八弓镇新寨村第一书记。全院干警结对帮扶瓦寨镇瓦寨村、白家村贫困户260余户，帮助贫困户解决落实项目帮扶资金43万余元，帮助贫困户脱贫摘帽86户。

【基层基础建设】 大力加强基础设施及信息化建设，投入大量资金更新办公办案设备，建成了执行指挥中心、羁押室等。设立检察官工作室和律师工作室，为检察官、律师到法院诉讼提供办公场所。

（撰稿：龙胜泉　编辑：王建平）

道路交通安全管理

【概述】 三穗县公安局交通警察大队（简称三穗交警大队）设综合办公室、交通秩序管理中队、事故处理中队（副乡级）、城关中队、农村一中队［驻台烈镇，管辖八弓镇（县城区域除外）、台烈镇、良上镇、滚马乡］、农村二中队［驻瓦寨镇，管辖瓦寨镇（顺洞片区除外）、长吉镇、雪洞镇］、农村片区三中队（驻桐林镇，管辖款场乡、桐林镇、瓦寨镇的顺洞片区）、宣传中队、车辆管理所。有民警14名，工勤21名，协勤54名。2016年度，大力开展交通安全宣传“五进”活动。持续不断地对道路交通秩序进行整顿治理工作，为构建三穗和谐社会，维护全县社会政治稳定和促进全县社会经济发展创造了良好的道路交通环境。

【交通事故处理】 全年发生交通事故16起，比上年下降11.11%；受伤11人，比上年下降15.38%；死亡10人，比上年下降9.09%；财产损失25300元，比上年下降45.36%。

【车驾管理】 全年共办理各类机动车业务11959笔，其中中注册登记3766笔、转移登记328笔、变更登记311笔、抵押解押登记423笔、注销登记621笔，其他业务6510笔；共办理驾驶人业务8974笔，其中申领驾驶证业务3313笔、补换证业务4001笔、满分学习217笔、注销登记42笔，其他业务1401笔。

【交通违法查处】 全年共查处各类交通违法行为45501起，其中无证驾驶380起，饮酒驾驶43起，醉酒驾驶8起，超速8885起，违法停车4645起，其他违法行为31540起，行政拘留94人。

【安保服务】 全年完成春运、五一、高考、国庆、中秋等大型活动、会议及领导调研等交通安全保卫任务70余次次。

【交通安全宣传】 围绕“文明交通行动计划”主题，在全县范围内开展道路交通安全管理工作，悬挂、张贴横幅标语500余条，利用宣传车深入集市、社区、村寨、企业、学校开展宣传活动140余次，展出事故图板1000余块，发放宣传资料80000余份，受教育7000余人次，进学校播放光盘、展出事故图板、上交通安全宣传课68次，受教育学生达6000余人次，在《贵州日报》《黔东南日报》《法制生活报》《交警时报》《劳动时报》等报刊发表新闻稿件共109余篇。

（撰稿：袁安刚　编辑：王建平）

司法行政

【概述】 县司法局内设8个机构，分别为办公室，政工科，依法治县办公室，公证、律师工作管理股，基层工作管理股，社区矫正管理股，法律援助中心，监察室。

2016年，县司法局共有编制35人，其中行政编制30人，事业编制4人，工勤编制1人。实有人员32人，行政人员27人，事业编制4人，工勤人员1人，尚缺编3人。科级以上干部9人（其中实职7人），一般干部23人。党员22人，非党11人，女干部9人，少数民族干部28人。

【普法依法治理】 在全省司法行政安全感满意度测评中，三穗司法局排全省第十三位；落实单位部门“谁执法、谁普法，谁主管普法”工作机制，营造遇事找法、办事依法、解决问题靠法氛围。

利用节假日和少数民族重大节日，在全县9个乡镇开展各种主题普法活动8次；利用好法制副校长的法律宣传作用，组织开展送法进校园活动。公安干警、律师、法官、司法所长到县第一中学、第二中学、民族高级中学、第一小学、第二小学等全县各中小学校上法制课和举办法制报告会50场次，受教育中小学生达2万余人次；推进行业依法治理。全县执法部门结合自身特点，推行和进一步健全完善了执法责任制、执法公示制、执法评议考核制和过错责任追究制和服务承诺制等制度，做到执法权限法定、执法内容明确、执法程序公开，严格规范执法行为。

落实“谁执法谁普法”的工作责任制。把普法教育工作责任分解落实到具有执法权、承担部门法律宣传教育的职能单位，落实普法工作绩效考核机制，把开展普法工作纳入对县各部门年度综治工作绩效目标考核的重要内容，与其它工作同安排、同部署、同检查、同落实。

结合节假日与民风民俗开展普法工作。利用国家重大节假日及当地民风民俗活动日，通过法制图片展览、法律咨询、赠送法律书刊、发放法制宣传资料等活动宣传法律知识。

法治创建工作。重点打造以颇洞村、响水村为代表的11个民主法治示范村。上半年为5所示范学校、11个示范村定制463块法治文化宣传牌，加强民主法治示范点的法治文化建设。台烈镇采取立法、司法、执法、普法、守法“五法”举措超前谋划来年依法治镇工作。

【基层人民调解】 全县有90个村级调解委员会和5个社区调解委员会，全县的人民调解员和信息联络员达到了800人。

人民调解员培训工作。全年司法局主要通过以会代训形式，利用乡镇召开的村干会议，派出具有丰富法律知识和审判经验的人民调解指导员在村干会议上，有针对性地对人民调解工作所涉及的内容作具体详细的讲解。出台人民调解工作八项制度，即人民调解卷宗抽查制度、指导人民调解工作制度、先行调解建议制度、人民调解责任追究制度、人民调解表彰制度、人民调解员培训制度、公开调解及陪调员制度、人民调解工作考核制度，加强了对行业性、专业性人民调解组织机构、调解程序规范化工作的指导。

开展矛盾纠纷排查化解。全县共排查出各类民事纠纷566起，调解566起，调解率达100%，调解成功560起，调解成功率达99%。其中，依申请调解470件，主动调解94件，接受移送调解2件，乡镇调委会调解211件，村级调委会调解355件，在调解纠纷过程中防止纠纷激化1件10人；防止群体性械斗1件100人。宣讲法律15场次，受教育数达5万余人次，参加专项整治37人次。

试点工作。2016年，在每个乡镇都落实了一个村作为试点单位，在八弓镇落实了两个村作为人调解委员会规范化建设的试点单位。

【社区矫正】 全县累计接收社区矫正服刑人员392人，累计解除298人，在册社区服刑人员94人（其中缓刑78人，假释15人，暂予监外执行1人），对审前、拟假释前等各项社会调查68人。上半年，全县未有出现社区矫正服刑人员脱管、漏管情况。

抓好社区矫正规范化管理。调整三穗县社区矫正工作委员会，落实社区矫正工作启动经费，公、检、法三部门全力协助配合；与公安局、检察院等部门就社区矫正工作的运作和衔接进行对接，争取成员单位支持。坚持工作重心下移，从“排找困难，强化指导”入手，通过多次深入各乡镇、司法所、村（居）了解掌握社区矫正工作进展情况，指导各乡镇、司法所做好矫正基础性工作。2016年6月28日至29日，三穗县司法局要组成督查小组，深入各乡镇社区服刑人员家中开展走访，了解服刑人员思想状况、生活情况和工作情况，做到底数清，情况明；组织严管对象在重大节、假日前进行集中教育学习。2016年10月21日至10月23日，组成普法宣讲队，到9个乡镇为服刑人员集中开展警示教育，普法宣讲。

借力电子平台，推进“四清五访”管理模式。三穗县社区矫正工作于2016年5月7日被选为全省社区矫正信息化联网工作试点，司法局按照《省司法厅关于开展社区矫正信息化联网试点工作的通知》文件要求，完善司法E通监控平台，更新监控技术，为社区矫正对象配备监控手机，随时随地对社区矫正对象进行监管。同时继续深化“四清五访”监管机制，为严防社区矫正服刑人员脱管、漏管发挥作用。司法E通平台发出定位手机量95个，纠正社区服刑人员不假外出3人（次），书面警告2人次。

【刑释人员安置帮教】 2016年，全县共接收刑释人员123人，其中重点帮教对象31人，接回31人，必接率100%，安置帮教123人。

衔接工作。县综治办、县禁毒办、公安局于2016年1月12日与贵州平安家卫士科技有限公司黔东南州分公司签订黔东南州三穗县刑释解戒人员“必接”工作合作协议书，正式启动“第三方接回”工作。司法局负责通知、协调、督促开展“必接”工作，由“第三方”（贵州平安家卫科技有限公司）接回，实行对刑释解戒人员“出监（所）接茬无缝对接、安置帮教无一遗漏、异地流动有效管控”的工作目标。

安置帮教。根据刑释解教人员的犯罪情节、狱中表现、家庭状况等，综合分析刑释解教人员的社会危害性和重新违法犯罪可能性，确定帮教等级。特别做好重点人员的稳控工作和“三无”人员的帮扶工作，建立重点人员台账。2016年，八弓、款场、长吉3名特困刑释人员获临时救助。

【法律服务】 安排有经验的法律援助工作者、永凌律师事务所律师进驻县政务中心开展法律服务接待工作。

律师法律服务工作。规范律师从业执业工作，建立健全律师队伍从业执业规章制度，严格按照相关文件执行，禁止公职律师开展有偿法律服务。2016年，贵州永凌律师事务所共承办民事案件17件，刑事案件10件，非诉讼法律事务0件，代写法律文书21件，接待法律咨询800余人次，法律顾问9家（其中，政府顾问2家，非公有制企业顾问3家，事业单位顾问4家），收费12万余元。

法律援助工作。扩大法律援助范围并适度放宽经济困难条件，让贫困弱势群体平等享受法律保护，受援群众满意度达95%以上。开辟“绿色通道”，为弱势群体简化申请手续，提高办案效率，通过电话预约、上门服务等途径提供法律援助。9月20日至10月20日，三穗县司法局组织工作人员分别到9个乡（镇）进行30天的“法律援助案件大回访”活动。这次“回访案件”是对2016年结案的75件案件进行全面回访，由司法局分管领导牵头，各科室所共同参与的回访。从回访的情况看，当事人普遍反映较好，法律援助服务机构程序公开公正、法律援助工作人员平易近人，用语文明规范、清正廉洁，没有“生、冷、横、推”“吃、拿、卡、要”等现象。2016年，共受理法律援助案件232件，决定受理232件，其中，刑事辩护36件，民事案件166件，公证援助（非诉讼）30件，涉及妇女79件，农民工17件，未成年人15件，残疾人7人，外籍人2人。

公证工作。印制公证权利义务告知书和证据材料清单，书面告知当事人相应的权利义务和应当准备的证据材料，避免办事群众因准备不充分而两头跑的情况发生；对服务流程进行优化，用软件办理公证，最大限度地缩短出证时间；在网上公布办证程序、收费标准，实行阳光办证，加强社会对公证质量的监督；三穗县公证处实行一定的惠民政策，符合条件的可以申请法律援助或减免公证费。全年共办理各类公证191件，其中继承公证30件，领取及保管存款公证60件，车辆赠予、转让40件，签名（委托书）公证25件，其他36件，共收取公证费83000元，其中法律援助30件。

【信息建设】 2016年通过《黔东南日报》《法制生活报》、贵州司法行政网络等媒介多方位、多渠道宣传司法行政工作。通过《黔东南日报》《法制生活报》、贵州司法行政网络等媒介多方位、多渠道地宣传司法行政工作。全年共编发司法信息103篇，其中被《黔东南日报》采用信息9篇，其中头版1篇，《三穗报》采用12篇，《法制生活报》采用19篇，《黔东南日报》采用3篇，县政府、政法委等部门信息采用10余篇，中国传媒经济网、搜狐网、今日头条、贵州长安网、贵州民族法制网、黔东南新闻在线等栏目和刊物、网站等采用190篇（次）。

【驻村帮扶】 开展春节帮扶慰问活动，深入帮扶村开展困难老党员慰问，1月30日至31日，利用周末时间，组织干部职工深入定点帮扶村开展送春联活动，为当地群众送上特别的节日礼物；开展六一节帮扶慰问活动。5月30日“六一”节前夕，给响水小学留守儿童送去儿童节的礼物；到帮扶村开展帮扶指导工作。先后5次深入帮扶联系点响水村走访慰问活动，开展种养殖户技术指导活动，为帮扶村开展春耕备耕生产出谋划策，普法宣传和矛盾纠纷调解。共投入3.2万余元用于支持和帮扶响水村，解决村上部分实际困难和问题。

【队伍建设】 领导班子进行道德教育、党性、党风、党纪教育，学习《党员领导干部廉洁从政若干准则》《关于领导干部报告个人有关事项的规定》，在思想上、政治上、行动上与党中央保持一致，自觉树立马克思主义世界观、人生观、价值观，正确的权力观、地位观、利益观。突出廉洁自律教育学习，严格遵守“四大纪律，厉行节约”的各项规定。

全年干部职工参加省级培训7次，州级培训6次，县级干部月末论坛培训12次。培训内容涉及社区矫正、政法新闻写作、领导干部素质培训。利用每月的干部例会、道德讲堂，对全体干部员工进行轮流培训，增强干部理论素养和业务知识技能，提高办事效率。

开展“铸勤行动”。召开动员部署会议，把活动与实际工作结合起来，组织开展以“思想铸勤、提振精神，能力铸勤、提高本领，效率铸勤、提升速度，创优铸勤、提增服务，争先铸勤、提档进位”为目标要求的“铸勤行动”，建设一支“政治过硬、业务过硬、素质过硬、责任过硬、纪律过硬、作风过硬”的司法行政队伍。开展“铸勤行动”计划式任务接收、下达和个性式任务的制定、下达，把工作动态和任务完成进度在公示栏进行晾晒。

“两学一做”学习教育。5月2日，召开司法局“两学一做”学习教育动员会议，对开展“两学一做”学习教育活动进行安排部署，把“两学一做”同司法行政工作紧密结合起来，推动工作落实，把学习方式细化到各股室、司法所和干部个人，明确各股室负责人对本股室的学习负总责。采取个人自学、集中培训、宣讲形式开展学习。全年开展集中学习12次，开展“两学一做”大讨论4次。公开工作实绩、学习情况、工作出勤及奖惩等情况。开展《中国共产党章程》抄写书法作品展1次，被上级媒体、网站采用“两学一做”简报16篇。开展与农业、农村、农民工作密切相关的法律法规和精准扶贫配套政策的宣传教育、帮扶工作，为基层群众办一批实事。5月31日，司法局组织妇女干部，在县妇联的牵头下，到台烈小学为留守儿童送去学习用品。

基层党组织工作。司法局党支部共有党员26人，预备党员2人，退休党员6人。按照“五好”党支部的要求，全面加强党的思想、组织、作风、制度建设和反腐倡廉建设，促进司法各项工作和谐发展。全体党员深入社区，为群众办实事，提供法律咨询，充分发挥司法行政干部的作用。8月25日，开展党员干部“春晖行动”，发挥“亲情、乡情、友情”的情感纽带作用，服务群众，返哺故土，为家乡村民提供法律咨询，解答群众在生产生活中遇到的法律问题，讲解惠农政策；9月21日，开展党员进社区慰问帮扶活动，走访慰问困难群众，为群众送去慰问金，解决实际困难。10月8日，三穗县法院、检察院、司法局、纪委等部门开展以“政法机关进社区普及法律知识”为主题的法律宣传活动。

（撰稿：黄坤香　编辑：王建平）

综合政务

民　　政

【概述】 2016年，县民政局核定编制33人，其中行政编制6人，事业编制26人，行政工勤1人。实有职工37人（行政10人、事业27人），其中女职工15人，领导职数1正3副；大专以上学历35人。局机关内设综合股（含办公室和财和财务统计室）、优抚安置股、社会事务股（含收养登记、基层政权、社团、民间组织、区划地名、社会福利管理）、救灾股。局机关设三穗县民政局党组，管理1个党支部，共有党员28人，其中在职党员21人，退休党员7人。

全年县民政局践行“以民为本、为民解困，为民服务”的宗旨，落实民政事业资金7400余万元。

全年共办理收养登记8件，收养登记中未发生违法违规行为，依法登记合格率达100%。全县有福利彩票销售点14个，累计销售彩票485.23万元。

发挥社会救助托底线、救急难的作用，全年实施因病、因学、因灾等造成家庭生活临时困难救助审批1858人次，发放救助金283.95万元；发放城乡医疗救助资金816.5万元，救助对象24789人次。县民政局荣获全州民政工作目标管理考核目标任务完成优秀奖，获全县机关目标管理考核一等奖。县民政局荣获全州民政工作目标管理考核目标任务完成优秀奖，获全县机关目标管理考核一等奖。

【县老年养护院项目】 县老年养护院项目建筑面积9452.67平方米，设置床位200张。项目总投资1405万元，于2015年7月开工建设，主体工程全面完工，年末完成固定资产投资1405万元，完成工程形象进度的100%。

【瓦寨中心敬老院建设】 瓦寨中心敬老院项目建筑面积2640平方米，床位120张。总投资400万元，于2015年6月开工建设，年末完成固定资产投资400万元，完成工程形象进度的100%。

【良上乡敬老院建设】 良上乡敬老院项目建筑面积2640平方米，床位120张。总投资400万元，于2015年6月开工建设，年末完成固定资产投资300万元，完成工程形象进度的80%。

【城乡低保】 全县共有城乡低保对象11529户，22959人，城市低保标准从442元/人/月提高到484元/人/月，农村低保标准从2580元/人/年提高到3060元/人/年；累计发放城乡低保资金5130.87万元，享受低保待遇对象达260593人次。并向6136名农村低保季节性缺粮对象发放粮食24571公斤。

【五保供养】 全县共有五保供养对象976人，其中363人纳入敬老院集中供养，613人纳入分散供养。累计发放五保供养金263.57万元。全县有敬老院6所即三穗县中心敬老院、款场敬老院、桐林敬老院、雪洞敬老院、长吉敬老院、良上敬老院，五保集中供养363人，集中供养率37%；全县敬老院共370床位，共入住363人，床位利率达到98%；完成雪洞、款场、桐林、良上、县中心敬老院等敬老院的法人登记工作，登记率达83%。

【防灾减灾】 全县已建成综合减灾示范社区7个，其中，获得国家级命名的综合减灾示范社区3个（台烈镇颇洞社区、桐林镇坦洞社区、八弓镇星光社区），获得省州级命名的4个（八弓镇金穗社区、长吉乡长吉村、瓦寨镇瓦寨村、良上乡良上村）。共发放各类救灾资金458.47万元。

【优抚安置】 全县有重点优抚对象1296名，共发放各类优抚补助资金569.43万元；共接收退役士兵11名，落实12名转业退役士官岗位安置和29名自主就业退役士兵一次性经济补偿安置费36.77万元。落实省、州、县有关复员退伍军人困难帮扶政策。

【基层民主】 启动全县第十届村（居）“两委”换届选举工作，县、乡（镇）分别制定换届选举工作方案，召开换届选举工作会议，对村（居）“两委”换届工作进行安排部署。同时由县人大、县委组织部等部门组成指导组，对各地进行指导，及时掌握换届选举进展情况和基层动态，把好选举各个关口，确保整个换届选举工作依法规范。推进社区建设。共投入32万元完善了金穗、永灵、文昌、颇洞、木良、星光、青洞社区等15个城乡社区办公基础设施。修订完善村规民约（居民公约）。对全县95个村（社区）的村规民约制定程序、约定内容等方面进行一次全面清理检查，修订、完善。

【社会组织】 全县有48个社会组织，其中社团31个，民办非企17个。2016年三穗应参检社会组织数38个，已参检38个，完成率为100%。

【地名普查】 收集1994年《地名补查和资料更新成果表》档案，《黔东南州地名志》《三穗县地名志》《三穗县志》《黔东南行政区划简册》《三穗词目表》地名命名文件和资料、统计年鉴、三穗行政区划地图等。完成《地名普查调查目录》共2529条，完成各地名目录的信息采集工作，完成9个乡镇外业采集工作。共清理不规范地名60条。

【界线管理】 完成第三轮县级行政区域联合检查工作，并组织相邻乡镇签订《平安边界睦邻友好公约》。按要求开展内业检查和外业联检工作，修复三穗、剑河界桩1个，签订《平安边界睦邻友好公约》16份。

【婚姻登记】 共办理结婚登记2059对，离婚登记483对，补发结婚证327对，婚姻登记办理中未发生违法违规行为，依法登记合格率达100%。

【殡葬改革】 加强对殡仪服务的监管，督促公司将收费项目、收费标准公示上墙。在县城划定区域内共有151例集中到县灵山殡仪馆治丧，发放惠民殡葬补贴23.103万元。

【老年优待】 出台《三穗县80周岁以上老年人高龄津贴实施方案》，发放标准为100周岁及以上每人每月500元；90~99岁每人每月300元；80~89周岁每人每月100元，并从2016年10

月1日执行，津贴发放标准高于全州各县市。全县有80周岁以上老年人3285人，其中80~89周岁3085人，90~99周岁195人，100周岁及以上5人，10–12月累计发放高龄津贴109.51万元。

【养老服务】 全县建有敬老院6所、床位数370张；老年协会84个，会员6019人，建有老年活动场所24000平方米；建有农村幸福院28个；有专职服务人员9人，志愿者159人；创建居家养老示范点1个、老年协会示范点1个。

（撰稿：李国燕　编辑：王承勋）

扶贫开发

【概述】 三穗县扶贫开发办公室为正科级行政单位，内设项目股、综合股，三穗县扶贫开发技术指导中心为独立法人事业单位，归县扶贫办管理，总编制11人，其中行政编制4人、事业编制7人，实有职工15人，其中男职工11人，女职工4人，党员11人。2016年，脱贫攻坚指挥部成立，办公地点设在扶贫办，抽调人员15人。

【建档立卡】 三穗县实现1个贫困乡（款场乡）“减贫摘帽”、9个贫困村出列，9008人脱贫。全面开展2014年度、2015年度脱贫对象的清理核查工作，对两个年度2.17万脱贫人口进行清理核查，确定因病、因学、因灾等造成返贫人口186人。开展建档立卡“再回头”，对符合条件的2000人进行重新识别，对不符合条件的5400人进行清理，贫困人口规模数净减少3400人。

【干部结对帮扶】 全县3000余名干部职工结对2016年脱贫任务的3873户贫困户，1.43万贫困人口，采取走访、慰问、蹲点多种形式，按照“五个一批”等政策措施，有针对性制定贫困户脱贫增收计划、分类施策，帮助帮扶对象理清发展思路和破解发展难题。

【财政专项扶贫资金】 完成上级下达2016年度财政扶贫资金5908.2万元的资金分配、项目批复、资金下达。实施项目120个，其中产业扶贫项目83个（主要投向的产业为生态畜牧业、猪养殖扶贫产业、稻鱼养殖扶贫产业和辣椒种植扶贫产业等），投入资金4836万元；“特惠贷”贴息项目1个，投入资金379万元；小康水建设项目1个，投入资金279万元；扶贫培训项目12个，投入资金201万元；基础设施（道路）建设项目2个，投入资金44万元；助学行动项目1个，投入资金40万元；电商扶贫项目9个，投入资金24万元；管理经费11个，投入资金105万元。实现扶贫产业全面覆盖1.57万贫困户5.5万贫困人口。

【特惠贷】 出台《三穗县精准扶贫产业直补项目实施意见》，大力组织实施，累计向1903户贫困户发放产业直补资金859万元。

【雨露计划·圆梦行动】 2016年扶贫培训资金201万元，培训完成5600人次；资助学生186名，每生获得补助4000元，共计发放助学资金74.4万元。

【社会扶贫】 共争取社会扶贫资金445万元，完成县下达目标240万元的185.4%。其中华侨城集团帮扶项目2个资金145万元，杭州江干区帮扶项目3个资金300万元。在帮扶框架协议的基础上两地的教育部门、卫生部门、人社部门、友好镇街、园区也先后签订帮扶协议或友好结对帮扶，形成了多层次多领域的帮扶模式，9个乡镇与杭州对应的友好镇街签订帮扶协议，落实帮扶项目11个，资金200余万元。协同招商引进企业3家，到位资金1600余万元。

【扶贫宣传】 全年编写脱贫信378条，其中新华网采用三穗信息25条，贵州省扶贫开发网采用三穗信息69条，贵州省脱贫攻坚战报采用33条，黔东南州扶贫开发网采用三穗信息357条，州扶贫简报采用三穗扶贫信息24条，《西部开发报》采用了三穗扶贫信息15条，《贵州日报》采用三穗扶贫信息21条，《贵州民族报》采用三穗信息41条，《黔东南日报》采用三穗信息64条，《三穗手机报》采用扶贫信息87条，《三穗报》采用扶贫信息89条。

（撰稿：刘丁铭　编辑：王承勋）

水利水电工程移民

【概述】 县水库和扶贫生态移民局内设办公室、水利水电移民股、扶贫生态移民股，事业编制12名，财政全额预算管理，领导职数：局长1名，副局长2名，纪检组长1名，股级3名。

【易地扶贫搬迁】 在高速公路旁以及人流量大省道、县道树立宣传牌，制作政策宣传小册子、明白卡15000份发放，使群众知晓搬迁谁、搬到哪、搬了以后怎么办，让惠民政策深入人心，让贫困群众不愿搬变为主动搬，破解贫困群众越穷越搬不出的困境。撰写易地扶贫搬迁信息，全年共报送信息100余条，撰写简报74篇，被州级以上媒体采用90余条。明确搬迁对象，规范搬迁工作程序和移民信息管理。通过统一定制易地扶贫搬迁“一户一档”档案袋，印制档案归档目录、收集新旧房屋照片、建立信息台账，并做好“易地扶贫搬迁工程管理信息系统”与“扶贫云”系统实现有效衔接，保障信息的统一，确保搬迁群众信息准确、全面、规范。抓实精准识别，开展“十三五”搬迁对象“回头看”工作。按照《贵州省易地扶贫搬迁工程建设指挥部关于全面精准识别“十三五”易地扶贫搬迁对象有关工作的紧急通知》（黔迁指发〔2016〕2号）文件要求和易地扶贫搬迁8条原则、精准识别11个步骤，扎实开展易地扶贫搬迁对象精准识别工作，实行一天一调度。通过对象精准识别“回头看”已审核上报4619户17546人，其中贫困人口15949人，贫困占比90.9%。按照省州下达2016年12月底前完成2016年第一批易地扶贫搬迁分房目标任务，于7月18日成功举行了2016年第一批易地扶贫搬迁分房现场会，提供918套安置房源给682户进行抓阄分房，现场分配房屋682套，惠及搬迁群众3000余人；完成2016年第二批搬迁500户2000人。

完成全县易地扶贫搬迁周报、旬报、月报工作并及时总结向上级汇报，畅通工作渠道，让上级部门和领导及时了解易地扶贫搬迁工作情况。8月14日，举办全州易地扶贫搬迁工作现场观摩会。同时完成多批次省州督查迎检工作。通过实施易地扶贫搬迁移民产业、就业、帮扶、培训和服务全覆盖，确保搬迁对象搬得出、稳定下、能致富。科学编制“十三五”规划。通过科学谋划，立足实际、紧扣民生、着眼发展需，编制《三穗县易地扶贫搬迁工程“十三五”规划方案》。

超前谋划提前完成“十三五”搬迁任务。易地扶贫搬迁“十三五”任务提前到2018年完成；三穗县2017—2018年安置点选址在县城工业园区内Ⅰ号大道与Ⅱ号大道交会处，规划150亩用于安置小区建设。该安置小区预计可安置搬迁群众3600户1.3万人；项目规划方案已通过县城规委审查通过，项目可研方案及2017年度实施方案均已通过县发改部门评审，在年底前实现开工建设。

【水库移民安置】 塘冲水库。完成了枢纽工程建设区和淹没区的征地补偿工作。截至2016年10月，共兑现补偿土地1055亩，其中耕地566亩，林地489亩；尚有少部分水打沙压耕地未兑现补偿金。兑现补偿已完成95%以上，兑付补偿资金5126万元，完成塘冲水库移民集中安置点占地面积160亩的征地补偿工作。安置点建设工程正在有序进行，已完成投资1877万元，其中安置点征地及各类实物补偿292万元，场平工程993万元，桥梁工程430万元，防洪堤工程162万元。塘冲水库输水管网工程正在施工，完成各类征地补偿76万元。

塘冲水库移民集中安置点规划建设完成情况。完成了塘冲水库移民集中安置点占地面积160亩的场地平整。塘冲水库移民安置点的桥梁建设工程基本完工，塘冲水库移民安置点防洪堤工程正在施工。完成塘冲水库移民集中安置点建设工程的临时用电工程。完成塘冲水库（三穗库区）1户6人的过渡性安置。

塘冲水库专业项目复建工程完成情况。塘冲水库（三穗库区）库周交通复建项目已完成路基工程。

移民安置规划情况。塘冲水库移民搬迁集中安置点为三穗县城规划区，位于八弓镇星光村解放坝，距三穗县城中心4.5公里，紧靠已开通的三穗高铁站，属依托县城发展的移民集中安置点。项目规划占地面积200亩，总投资20030万元。根据州、县统一安排，塘冲水库、鱼塘水库（三穗库区）的移民集中安置纳入邛水民族文化旅游示范小镇统一规划建设，委托新加坡邦城规划设计公司建设规划设计，拟作为具有民族特色的旅游古镇进行打造。

鱼塘水库工作开展情况。鱼塘水库复建工程自2013年8月启动以来，配合省水利水电勘察设计院进行实物指标调查，完成淹没区土地、房屋等实物指标调查工作并进行三榜公示；完成库区公路、桥梁、电力、通信、教育、卫生等设施专项调查和初步规划设计，设计资料已移交天柱鱼塘水库管理处。县移民局会同款场乡政府到村到组开展剩余土地初步调查，县相关部门配合设计单位开展社会稳定风险评估工作。

移民安置地规划情况。县政府多次组织国土、规划、移民、环保等部门在县城规划区内进行实地踏勘，意向性选择了三穗经济开发区杨梅岭片区、县城至高铁站场迎宾大道附近和滚马乡白崇村压糯对面共3个鱼塘水库移民安置点。经县委、县政府研究，拟安排在滚马乡白崇村压糯对面进行集中安置，该安置点属山地丘陵地带，紧靠塘冲水库移民集中安置点，背靠拟建中的三穗县第四中学，占地面积260余亩，拟安置298户1191人，其中直迁人口273户1091人，随迁人口25户100人。按照发展规划，拟将鱼塘水库和塘冲水库移民集中安置点作为富有民族特色的旅游示范区来进行打造。正在开展安置点征地及规划设计工作，启动库周复建公路建设工作。截至2016年10月，共完成安置点征地拆迁补偿800万元，交纳淹没区耕地占用税1499万元。

金昌沟水库。金昌沟水库库区共征收征用土地294.919亩。枢纽区征收征用土地288.119亩。做好补偿兑现。截至2016年10月，共完成耕地补偿242亩670万元，用材林补偿15.292亩23.04万元，灌木林补偿4.932亩5.91万元，各类零星树木补偿1.733万元，交纳耕地占用税800万元。

白剑坡水库。初步完成白剑坡水库建设枢纽区、淹没区实物指标调查工作，设计单位正在审核、完善实物指标调查成果。2016年10月28日州移民局组织召开白剑坡水库建设征地移民安置工作规划报告审查会，要求设计单位进一步修正、完善规划报告。

【水库后期扶持】 600元项目直补资金使用情况。主要涉及款场乡的兴隆村和款场村，共涉及6个村民小组935人（其中后期扶持直补人口359人，项目扶持人口576人）。2016年度600元项目资金下拨56.11万元，其中用于600元直补资金21.54万元，已发放至第三季度，累计发放金额16.155万元；剩余600元项目扶持资金使用情况：实施600元项目资金3个，分别为款场乡兴隆村杨梅种植，总投资15万元，已拨付资金5.39万元；款场乡兴隆村育肥牛养殖项目，总投资14.17万元，款场乡款场村圭务稻田养鱼5.4万元。

整村推进实施情况。兴隆村和款场村列入整村推进村，兴隆村2016年实施项目5个，项目资金207万元；款场村实施项目5个，项目资金118万元。实施小水库资金项目2个，项目资金70万元，实施地点是瓦寨镇观音阁村40万、长吉乡贵秧村30万。该项目正在实施中。

开展移民人口普查工作。对全县大中型水库移民人口进行普查，普查人口统计阶段已经完成。2006年核定移民人口为935人，2016年普查移民人口1091人，其中嫁入及移民子女84人。

移民人口中贫困人口建档立卡情况。根据2016年移民人口普查，与县扶贫办联系，核实移民人口中贫困人口建档立卡93户319人，计划利用大中型水库移民后期扶持项目进行产业扶持。

【党风廉政建设】 通过积极推进“两学一做”学习教育活动，强化机关效能建设，加强党风廉政和反腐败工作。召开“铸魂”行动动员会，成立领导小组、制定方案和计划，严格按上级要求开展工作，强化了机关效能建设，加强党风廉政和反腐败工作，严格执行党风廉政建设各项规定，严格执行公开制度，扎实抓好党务公开工作，让权力在阳光下运行，有效防止腐败的滋生和蔓延。

（撰稿：吴开元　编辑：王承勋）

政务服务

【概述】 县人民政府政务服务中心为县人民政府管理的正乡级事单位。内设办公室、业务股2个股室，核定事业编制8人，领导职数为1正2副和1名专职纪检员。年度在职人数8人。进驻单位50家，进驻人员123名，设立办事窗口123个。进驻事项539项（其中行政许可354项，服务类事项185项），办理时限由12835个工作日减少到6128个工作日，压缩了52.25 %，大厅窗口的现场办结率由原先的不到16.19%提到了目前的51.24%以上。累计受理事项137.26万件，办结137.26万件，办结率为100%。

1月25日，政务中心在政务大楼十楼会议室召开“2015年度年终总结会议”。会上，为获得“2015年第四季度的红旗窗口与服务之星”的单位和个人以及获得“2015年度先进集体与先进个人”进行了表彰。获得2015年度先进集体的是“林业局、农业局、交通运输局、地税局、教育局”，获得2015年度先进个人的是“司法局杨平、残联杨祥发、合医局张木红、市场监管局冯珠平、国税局杨秀银、医保局欧敏、卫计局邹升跃以及政务中心工作人员吴树林、龙兰花、谢开炳”。其中林业局窗口、农业局窗口两次获得2015年年度 “先进集体和第四季度红旗窗口”的荣誉称号。共评出“红旗窗口”12个次，“服务之星”14人次，“微笑之星”1人次，“优秀首席代表”6人次。对每次评出的优秀窗口的工作人员给予表彰，发放流动红旗和服务之星座牌。11月县政务中心市场监管局窗口颁发全县首批2张个体工商户“两证整合”营业执照，标志着三穗县个体工商户“两证整合”登记制度改革正式实施，比国家规定的时间节点提前了3天。

【完善服务】 中心采取多种措施提升政务服务分别设立咨询台，引导群众到窗口办事；在大厅设置满意度评价系统，让前来办事的群众对大厅工作员进行测评，测评结果将纳入对窗口工作人员的考评依据；开展预约服务、上门服务、延时服务，对需要在休息日和下班后办理业务的，只要预约就有人接待；实行特事特办，对有特急要求的企业，由中心协调，马上办理；设置自助办理服务区，方便群众自助办理业务；对所有与审批办证有关的新政策、新标准，在第一时间内制作好宣传展牌对外公布，及时告知办事群众；工作人员相互熟悉业务，便于协调配合，回答咨询。全年为24名群众开通了预约办理服务，为9名残疾人提供了上门服务，为68名办事群众办理了延时服务。创新服务方式，完善便民服务设施，在政务服务大厅一、二楼共设置了10个无线Wi-Fi路由器，全面覆盖中心大厅，政务服务大厅实现Wi-Fi信号全覆盖。

【联合办税服务】 三穗县政务大厅国、地税窗口开展联合办税服务。国、地税联合办税大厅的建立，简化纳税人的办事流程，解决了纳税人“两头跑”的问题，为纳税人提供集中受理纳税咨询、行政审批、税务登记、纳税申报、发票发放、发票代开等全方位的纳税场所。从根本上解决服务纳税人“最后一公里”的问题。

【婚姻登记入驻县政务大厅】 县民政局婚姻登记处于5月10日入驻县政务服务大厅，主要办理全县婚姻登记业务，其服务事项包括结婚登记、离婚登记、补领结婚、离婚证等。婚姻登记入驻政务大厅后，通过公开程序、简约手续、限时办结等举措，进一步地为广大人民群众提供了更加规范、优质的婚姻登记服务，使婚姻登记处成为政府为民办实事，办好事的平台。

【启用行政审批专用章】 县政府批复县政务服务中心，进驻的行政审批部门窗口正式启用“行政审批专用章”。全年有22个行政审批部门在政务中心设立了行政审批服务窗口，353项行政审批及186项公共服务事项进驻“中心”。进驻部门全部统一启用行政审批专用章。凡对县内的行政审批（含批文），一律使用行政审批专用章，包括窗口作出受理或者不受理行政审批申请的书面凭证、告知补正申请材料的书面通知、不予行政审批的书面决定和并联审批工作联系凭证，该章在行政许可和公共服务事项的受理、审查、审批等环节与部门公章具有同等的法律效力。

【“互联网+政务服务”】 将各部门的行政审批及服务事项全部纳入政务大厅办理，同时将各职能部门的信息网络均接入大厅，所有的数据在大厅“汇总”，真正实现“进一个门办全部事”，经过一年的资源整合，政务大厅部分窗口的“互联网+政务服务”工作取得了明显的成效。资源共享，效率提高。市管、国税、地税等部门通过互联网实现资源共享，使原来企业办证的繁杂程序从五个证变成一个证，个体工商户也从原来的两个证变成了一个证，实现“五证合一”和“二证合一”。市场监管局开通贵州省工商行政管理局网上办事大厅办理注册登记业务，企业或个人办理登记业务不用再到政务大厅窗口，只需敲动键盘就可以在家“坐等”执照了。开通“建筑市场与诚信信息一体化工作平台”和“建设工程安全动态监管平台”，通过网上预审，简化审批程序，减少往返大厅的次数，安全施工措施备案等工作都放在网上办理，办事群众在家上网就可以办理。

【强化学习】 采取每周五例会学习机制，

组织学习政治理论与政务服务知识，全年共集中学习30次。组织政务大厅工作人员参加同时，通过观看电视电教片、观看图片展览、办宣传栏等形式，组织全单位干部职工学习中共十八届五中及六中全会精神、公民道德理论、法律、法规等知识。

【驻村帮扶】 为良士村送去2000元的办公经费和3000元“双诚信双承诺”工作经费，慰问贫困户1200元，慰问贫困党员800元；到村看望慰问2015年出列的贫困户，并为还在家的每户贫困户送去了300元的慰问金，共计2400元；政务中心与驻村工作组在“六一”儿童节前夕组织部分爱心人士捐款1600元购买慰问品慰问马鞍小学21名留守儿童；在教师节前夕，政务中心为木界小学送去了1000元的慰问金和2台计算机。

（撰稿：杨文玉　编辑：王承勋）

民族宗教

【概述】 县民族宗教事务局内设办公室、业务股，局属事业单位有宗教执法大队和民族研究所。有行政编制5人，事业编制4人，工勤人员1人，领导职数局长1人、副局长2人，纪检组长1人，在编干部10人。

按照《三穗县民族团结进步创建活动方案》要求，启动第二批“全县民族团结进步示范创建活动”。将县人民法院、县委统战部、县司法局、县民政局、县烟草局、县农业局、县卫计局、县教科局、经济开发区党政办、县人民医院、县中医院、瓦寨镇人民政府、雪洞镇人民政府、台烈镇寨头小学、桐林镇木良村、鹿洞村、坦洞村、捧相村、良上镇巴冶村、稿桥村、五和村、瓦寨镇调洞村、白家村、巴顺村、滚马乡响水村、白崇村26个单位作为2016年度民族团结进步示范创建单位。推荐中共三穗县委、台烈镇颇洞村、良上乡永兴村村委会主任章德良、台烈镇寨头小学教师万祖木、八弓镇新寨村党支部书记姜金红、台烈镇颇洞村村民杨政梅、长吉乡安监站站长、长吉村党支部书记吴文豪参加建州60周年民族团结进步模范集体和模范个人评选表彰。民族团结和睦指数99.98%。

建立少数民族发展资金项目库，入库项目有民族特色村寨，民族传统工艺、产业滚动发展和其他民族发展资金等项目。申报少数民族发展资金项目19个238万元，实施项目质量、进度监管。

加强民贸民品优惠政策优惠政策宣传，做好民贸企业审核申报工作。全年共计落实贴息贷款2322万元，享受民贸民品贷款贴息58.85万元。

【舆论导向宣传】 利用民族节日在少数民族地区进行《中华人民共和国民族区域自治法》《宗教事务条例》《三穗县民间信仰活动场所登记备案管理暂行办法》宣传，发放宣传资料500余份，接待群众咨询100余人次。协调各级部门征订《贵州民族报》135份，撰写工作信息125期（篇），在省、州、县各级媒体刊载。

【帮扶工作】 帮扶台烈镇寨头村，共计帮扶各项经费44.3万元，缓解了寨头村的贫困问题。扶持全县民族地区民族文化建设，书刊出版经费、村组公路、村级办公费、民族文化进校园等经费共19.55万元，全年共帮扶资金63.85万元。

【民族特色村寨】 台烈镇寨头村、良上镇雅中村、桐林镇木良村被省委统战部、省民宗委、省旅发委命名为全省第一批少数民族特色村寨并挂牌。

【民族文化传承保护】 按照《三穗县民族民间文化进校园实施方案（试行）》，在款场小学、寨头小学等5所小学全面推行民族文化进校园，并申报专项资金予以保证。按照“指导一批、扶持一批、挖掘一批、恢复一批”的原则，逐级建立少数民族节庆目录。把“二月二”“圣婆文化节”“土王戊”作为保护扶持对象。申报建设民族陈列馆、博物馆、民俗馆3家民族博物馆。启动《寨头村志》编纂工作。

【宗教事务管理】 根据《宗教事务条例》规定，对三穗县甘霖寺、桐华寺和基督教聚会点的财务、活动、管理组织、场所建设都依法规进行全面的规范，落实定期检查制度和活动申报制度。协调整合资金100万元推进甘霖寺和谐寺观建设。硬化进寺道路长600米，宽4.5米，绿化周围可视范围面积约2000平方米，建设诗廊长39.6米，高2.68米，雕刻历代诗人歌咏甘霖寺、永灵山诗词60首，装修展览厅面积50平方米，修建三星级公厕1所，蹲位9个。团结引导宗教界人士参与社会慈善事业，发挥正能量，向受灾户、困难户捐款1.98万元。

（撰稿：周乐坤　编辑：王承勋）

人力资源和社会保障

【概述】 县人力资源和社会保障局下设就业局、社保局、医保局、劳动人事争议仲裁院、劳动监察大队5个二级机构，内设办公室、人事人才管理股（公务员管理办公室）、工资福利股、劳动与就业管理股、社会保障管理股5个股室，编制数55人，在职干部职工49人。

全年行政机关（参公管理事业单位）公开拟招录公务员（参公管理人员）17人；事业单位公开招聘工作人员和专项招聘乡镇事业单位工作人员147人；聘用免费师范生11人；聘用免费医学生2人；聘用接转特岗教师66人。引进高层次和急需紧缺人才21人，其中高层次人才3人，急需紧缺人才18人。

全年共办理内外干部调动146人，办理县内外工勤调动1人，办理辞职手续10人，审批股级干部任免78人。按照州县“五项清理”工作安排，对全县2006年到2016年的干部调动情况建立了系统台账。协助州人社局、州职院完成2015年三穗县事业单位新进人员培训计划548人。

完成1000人次继续教育登记验证，1700本高、中、初级资格证书审核工作。完成各系列职称评审材料的收集审核评审工作，共有159名专业技术人员申报职称，其中副高级11人、中级5人、初级141人、民营经济中级2人，申报人员全部通过，通过率为100%。完成第三聘期岗位聘任和空岗补聘工作。共有288个事业单位2870人次进行了岗位设置和空岗补聘工作并完成所有聘用人员合同的签订，其中管理七级岗位11人、管理八级岗位38人、管理九级岗位366人、管理十级岗位24人。专业技术五级岗位6人、专业技术六级岗位13人、专业技术七级岗位206人、专业技术八级岗位219人、专业技术九级岗位303人、专业技术十级岗位518人、专业技术十一级岗位277人、专业技术十二级岗位473人、专业技术十三级岗位289人、技术工2级岗位1人、技术工3级岗位35人、技术工4级岗位54人、技术工5级岗位35人、普通工2人。

【高校毕业生就业服务】 全年县法院招聘协警10人；县检察院招聘陪审员10人；县公安局招聘特警64人；县交警大队招聘协警40人。通过岗位征集、岗位信息发布、报名、面试、双向选择等程序，全县48个企事业单位提供见习岗位222个，选用高校毕业生就业见习87人。

【工资调整】 全县机关事业单位在职人数

4810人，年平均工资83632.8元，月人均工资6969.4元，办理职务变动466人，月增资124655元；办理转正定级225人，月增资26255元；办理调动人员工资接转手续256人；办理退休审批及行文143人。办理特殊岗位津贴97人，月增资4605元；办理浮动转固定427人，月增资35536元；办理遗嘱审批27人，月增资14187元；办理46名抚恤金，共审批3286560元。完成工资的正常晋升，晋升级别工资464人，月增资23772元；晋升级别档次工资983人，月增资81879元；晋升薪级工资2941人，月增资170215元。完成警衔津贴调标200人，月增资122970元。完成全县机关事业单位在职人员及离退休人员的边远地区津贴调整标准4636人，月人均增资30.1元，补发20个月计2656482元。

【劳动和社会保障】 全县城镇新增就业3063人，完成目标任务的106.06%，同比增速10.02%。其中失业人员再就业359人，完成目标任务的103.76%；就业困难人员实现再就业205人，完成目标任务的100.49%。城镇登记失业率控制在4.2%以内。农业富余劳动力转移就业4756人，完成目标任务的100.63%。职业技能培训735人，统筹培训1366人，共计2101人，完成目标任务的233.4%。

发放创业担保贷款77笔582万元，其中妇女48笔359万元。银行自主发放创业贷款683笔3458万元，妇女67笔343万元。共发放创业贷款4040万元，扶持创业760人，带动就业3882人。脱贫攻坚推荐就业1631人，易地扶贫搬迁就业扶持1126人，其中贫困劳动力428人，完成就业扶持目标任务的111%。

职工养老保险参保6483人，完成目标任务的112.04%，基金征缴5113万元，完成目标任务的171.92%。失业保险参保2406人，完成目标任务的115.67%，基金征缴196万元，完成目标任务的102.08%。城乡居民养老保险参保115010人，完成目标任务的109.5%，基金征缴833.65万元，完成目标任务的109.98%。职工医保参保8913人，完成目标任务的100.17%。完成基金征缴2576万元，完成目标任务的115.21%。工伤保险参保8761人，完成目标任务的104.48%，基金征缴177万元，完成目标任务的134.09%。生育保险参保6351人，完成目标任务的100.65%，完成基金征缴143万元，完成目标任务的130%。工伤认定25件25人，支付工伤待遇103.38万元。

全县机关事业单位参加机关事业单位养老保险人员共6319人，代扣养老保险费7184.26万元，其中个人部分为2052.65万元，单位部分5131.62万元；代扣职业年金1077.5万元。

【劳动监察仲裁】 劳动监察大队共监察用人单位318家（次），涉及务工人员3501人；责令补签劳动合同26人，责令补缴社会保险1人。开展农民工实名制、农民工工资分账管理和建筑业参加工伤保险工作；存储务工人员工资保障金建设项目26个，存储务工人员工资保障金315万元；受理劳动维权投诉案件53件，依法立案查处53件，涉及农民工387人，涉案金额472.63万元，为农民工追回工资和经济补偿款440.13万元；向公安机关移送涉嫌拒不支付劳动报酬案件3件，涉及金额32.5万元，向法院移交拒不支付劳动报酬案件1件，涉及金额4.6万元，劳动案件结案率100%。受理劳动人事争议案件13件，涉及人数21人，涉及金额130多万元。其中仲裁庭前调结10件，仲裁开庭裁决3件，结案率为100%。

【档案管理】 按程序接待查阅档案420多人次；整理2015—2016年新招录干部档案入库300多卷；完成调出干部档案审核45卷，其中干部任前审核25卷，调入干部档案审核30多卷。

【驻村帮扶】 开展驻村帮扶工作，选派责任心强、基层工作经验丰富的干部驻村，严格执行工作制度，切实做到蹲得下、靠得住、抓得实，全身心地投入驻村帮扶工作。干部职工先后深入帮扶村开展贫困户遍访、回访6次，走访人数达700多次，慰问特困户61户，送去慰问金18300元；慰问计生困难户15户，送去慰问金3000元；慰问困难党员家庭15户，送去慰问金3000元；开展“六一”儿童节“爱心妈妈送温暖活动”，送去资金物资共计10000余元；扶持龙脚村民族文化节活动资金2000元。派驻工作组为龙脚村争取到村级集体经济发展项目3个，涉及项目资金资70万元。

【勤政廉政建设】 以“两学一做”“五讲五做”和“铸勤行动”为载体，推动工作业务和干部队伍建设。进一步完善和落实好党风廉政建设责任落实情况报告制度、领导干部述职述廉制度、党风廉政建设考核制度、责任追究制度和领导干部廉政勤政制度。以开展“铸勤行动”为契机，结合工作实际，建立风险防范措施，突出三个防范侧重点在事业单位招考、社保基金、就业资金管理中，加强内部监督，预防职务犯罪行为的发生；预防在行政许可、审批或者劳动监察执法中玩忽职守、徇私枉法、滥用职权和侵权渎职行为的发生；预防在就业培训中违法违纪行为的发生。

（撰稿：周洪　编辑：王承勋）

招商引资

【概述】 县投资促进局为县政府直属事业单位，内设办公室、综合业务股、投资合作和项目信息股，下设招商引资项目代办服务中心股级事业单位。另有县纪委派驻县投资促进局纪检组、县监察局派驻县投资促进局监察室。全局核定事业总编制12名，领导职数局长1名，副局长2名，股级5名（含监察室主任），年末在职员工9人，其中女职工3人。

全年新增招商项目35个，合同引资55.55亿元，完成到位资金60.03亿元，完成州下达全年目标任务的109.15%；完成县下达全年目标任务的100.05%。新增项目履约率100%；开工率100%；新增投产项目37个，累计投产率84.87%。引进项目涉及商贸物流、医疗卫生、服装、食品、农业开发、养生养老、城市综合体建设等多个行业。

全年开展代办服务工作35批次，项目建档完整，做到项目代办全覆盖。代办事项35项，办结35项，代办办结率100%。在全省综合测评中，三穗县招商引资指数测评得分在全省县域第二方阵23个县中居第七位，全州7个第二方阵县中居第二位；营商环境评价在全省县域第二方阵中居第三位，全州7个第二方阵县中与天柱县并列第一位。

【招商活动】 开展领导干部带头招商、驻点招商、小分队招商等“走出去”招商活动共27批次，拜访企业153家，对接洽谈项目16个，投资总额30.7亿元，签约项目17个，投资总额19.36亿元，签约项目履约率和开工率均为100%。组织“请进来”活动157批次，接待考察企业157家，共洽谈项目91个，投资总额235.18亿元，签约项目14个，投资总额20.41亿元，签约项目履约率和开工率均为100%。7月和12月，分别在成都、杭州举办以“中国聚宝盆·大美黔东南”暨“黔东门户·生态三穗”为主题的旅游宣传暨招商推介活动，其中成都招商活动中签订投资协议3个，投资总额6.5亿元；杭州招商活动中签订投资协议2个，投资总额18.8亿元。

【平台招商】 利用省、州举办的“2016云上贵州·大数据招商引智再出发活动”“绿博会”“石博会”“酒博会”“民博会”“黔东南州贵商发展大会”“黔东南州建州60周年招商引资经贸洽谈会”等活动平台，全县共签约项目13个，总投资为26.55亿元，项目履约率和开工率均为100%。其中6个项目纳入省级重大招商活动签约项目，7个纳入州级重大招商活动签约项目。做到“主体责任落实到位、‘三重一大’执行到位、内部监督管理到位、风险查找和漏洞堵塞瞄准到位、制度建立健全到位”。

【项目编制】 完成州下达30个项目编制任务，精包装了黔东（三穗县）生态养老养生村建设项目、高铁新区旅游服务综合体建设项目、高铁新区商业综合体建设项目、高铁新区四星级以上酒店建设项目、邛水河旅游小镇建设5个项目。

【招商宣传】 春节期间，利用电视台、网络、电话、微信等平台向外出务工的返乡人员拨打慰问电话100余次，向全国各地客商发出新春佳节慰问短信500余条，发送电子邮件200余封，电子贺卡200多张，发出宣传微信200余条，发放宣传资料500余份，对全县资源进行重点推介。在各级各类媒体刊发招商引资信息50余条，制作信息展板3块，其中新华网、中国网、《贵州日报》《黔东南日报》、黔东南政务一站通等州级以上网络媒体及主流媒体刊发150余次，编写上报各类调研信息4篇，被县委采用1期。及时、全面、准确地传达三穗县招商引资工作动态和进展信息。组织各届相关人员，精心编制了适应新时期招商引资工作的新《三穗投资指南》，收集符合当前产业发展的50个项目编制新《招商引资项目册》，精制三穗县招商引资宣传片。

【驻村帮扶】 帮扶雪洞镇巴仙村，全年办理“十二件实事”，投入、协调各类资金6.84万元，力助帮扶村发展。“双诚信、双承诺”帮扶资金共计3000元；全年走访慰问贫困户、贫困党员30户，发放慰问物资及慰问金共计3980元；资助村委会日常办公经费5000元；资助雪洞巴仙村金沟、半坡修建进寨公路3000元；赠送巴仙村委会电脑1台、打印机1台，合计4500元；协调20户贫困户，“特惠贷”入股招商引资企业贵州富源钢化玻璃厂，股金100万，每户每年最低分红3000元；协调招商引资企业贵州富源钢化玻璃厂支助村级集体经济现金20000元；协调支助雪洞巴仙村金沟、半坡硬化进寨公路8000元；协调雪洞巴仙村村级活动动场所费用1900元；协调三穗籍外出成功人士唐杰慰问雪洞巴仙村生活困难户6户，发放慰问金3000元；计生“三结合”帮扶资金共计3000元；支助村级集体经济现金10000元。通过县投资促进局的有力帮扶，雪洞巴仙村集体经济已实现“脱壳”。

（撰稿：袁达宣　编辑：王承勋）

经济管理

发展和改革

【概述】 县发改局内设办公室、综合规划股、经济发展股、固定资产投资股、物价管理股5个股室；编制24名，其中行政编制10名（含工勤2名），事业编制14名；年末在职在编干部职工21人，其中女干部6人，少数民族干部18人。

草拟《三穗县2015年国民经济和社会发展计划执行情况及2016年国民经济和社会发展计划草案的报告》，经县委、县政府研究同意后，提请县人大会议审议通过。经济发展研究中心开展大量的调查研究，编辑出版6期《研究与思考》杂志（内部参物），认真做好主要经济指标的监测分析。及时调度固定资产、工业运行、财税金融、第三产业、居民收入等经济指标完成情况，对指标完成情况进行重点监控，及时预警，针对性地向县委、县政府提出加速经济增长和加快社会发展的意见和建议。

规模工业增加值完成83344万元，同比增长14.9%；500万元以上固定资产投资完成35.35亿元，同比增长21.8%；财政总收入完成4.9亿元，同比增长6.8%；公共财政预算收入完成3.5亿元，同比增长12.6%；金融机构存款余额46.3亿元，比上年同期增长27.6%；金融机构贷款余额32.99万元，比上年同期增长37.9%。

【固定资产投资及省州重点项目】 围绕500万元以上固定资产投资25%增速和43.99亿元总量目标，谋划和储备拟实施项目184个，总投资365.02亿元。举行集中开工仪式12期，集中开工项目61个，总投资131.33亿万元。全县新开工项目64个，累计在建项目127个，总投资106亿元。入库项目54个，总投资62.25亿元，其中亿元项目28个，总投资59.13亿元。强化项目推进调度。共调度上报完成投资61.89亿元。

全年纳入省州重点项目28个，总投资243.22亿元，其中省重点11个（含省州县重点）、州重点21个、县重点20个。20个项目已开工建设，总投资196.25亿元，全年完成投资31.7亿元。

【项目储备和审批】 谋划和储备项目9311个，总投资3709亿元。重点融资项目17个，总投资65亿元。中央预算内投资重点项目18个，总投资11.24亿元；专项建设基金重点项目25个，总投资102亿元；PPP重点项目30个，总投资107亿元；贷款融资重点项目17个，总投资65亿元。

共申报中央预算内投资项目157个，总投资73.09亿元；申报专项建设基金项目共13个，总投资66.88亿元。申请纳入省州PPP重点项目17个，总投资5.4亿元。申报省级前期工作经费项目4个，总投资0.276亿元。

按照投资项目审批、备案、核准程序，做好项目行政审批。全年审批项目211个，总投资213亿元。其中建议书审批104个，总投资90.2亿元；可研审批46个，总投资108亿元；初设审批45个，总投资4.9亿元；项目备案8个，总投资9.9亿元。

【物价管理】 强化市场价格监测，准确把握价格走势，及时地掌握了全县的价格动态，确保价格基本稳定。在节假日期间对市场进行了监管。对涉及民生密切相关的粮油、燃气、蔬菜等价格进行监管。坚持“12358”价格举报电话24小时专人值守，随时受理各类价格举报。

全年受理价格举报咨询案件11件，根据相关法律、法规与政策都及时进行处理答复，答复率100%；受理价格鉴定40件，鉴定标的金额41.56万元，保障司法、行政工作顺利进行。调整自来水执行阶梯水价和污水处理费收费标准，完成上级主管部门的任务安排。开展全县涉农、涉企、药品和公立医院改革后收费情况专项检查，清理乱收费，规范价格行为，净化和优化经济发展软环境。规范旅游景区的市场价格行为，开展旅游景区及周边环境服务商品明码标价专项行动检查。

【节能减排监察】 开展节能宣传活动1次，办理项目节能审查登记70个。通过产业结构调整，技改升级等措施，切实降低工业能耗。“十三五”期间，州下达三穗县单位地区生产总值能耗降低率预计15%，其中2016年单位地区生产总值能耗降低率为3.2%，第三季度三穗县地区生产总值能耗降低率为3.21%。年底三穗县地区生产总值能耗降低率在3.21%至3.25%之间。主要污染物减排指标化学需氧量、氨氮减排按时推进，1至10月减排项目化学需氧量削减量265.14吨，氨氮削减量43.36吨。国控、省控企业污染源自动监测数据传输有效率达98.6以上。

【公车改革】 《三穗县机关公务用车服务平台搭建方案》已通过县政府会议研究，已选好平台车辆，正在进行维护保养，平台驾驶员已确定，车库建设正在规划中。《三穗县公务用车车辆处置工作方案》《三穗县机关公务用车制度改革司勤人员安置实施方案》已经县政府相关会议研究，正在开展相关工作。全省公务车辆统一标识已经张贴。已完成车改补贴测算，车补已审核发放。

【队伍建设】 落实党风廉政建设“主体责任”，切实履行“一岗双责”，加强对规章制度的废、改、立，用制度管人管事，做到为民、务实、清廉。践行“三严三实”，全面加强干部职工的自身修养和政治素养，严格执行中央“八项规定”和反“四风”要求，坚决抵制身边的不正之风。按照工作要求，召开“两学一做”学习教育暨“铸勤行动”动员会，同时制作宣传栏，制定实施方案，成立领导小组，拟定“两学一做”学习计划和“铸勤行动”铸勤清单，扎实有序抓好“两学一做”学习教育和“铸勤行动”工作。组织干部学习县纪委、县委组织部联合下发的《关于加强换届风气监督确保换届风清气正的工作方案》，落实“四必看”“四个必谈”要求，做到“五个全覆盖”，在换届风气监督中，严格执行“九个严禁”“九个一律”。

（撰稿：杨升群　编辑：王承勋）

审　计

【概述】 县审计局内设综合股、财政资金与金融外资及企业审计股、固定资产投资审计局3个职能股室，下设三穗县经济责任审计办公室、三穗县建设工程预结算审查中心，分别为县审计局所属财政全额预算管理副乡级事业单和所属财政全额预算管理正股级事业单位。全局人员编制23个，其中行政编8个、事业编15个，年末实有在职人数17人，女性3人，少数民族干部15人，大学专科以上学历17人，中共党员13人，获得专业职称17名，其中中级专业职称3名，初级专业职称12名。2016年在全州审计系统绩效目标考核工作中荣获三等奖，全县目标考核中荣获一等奖。

【审计工作成效】 完成计划审计项目18项，查出各类违规资金16331万元，管理不规范资金13569万元，损益收支不实资金140万元，收缴财政违规资金1257万元，减少财政拨款187万元，归还原渠道资金33万，调账处理资金7251万元。完成政府投资预算审查和决算审计项目148项，核减工程项目资金8385万元，促进财政节支增收9863万元，提出审计建议165条，提出审计建设性建议118条，被采纳审计建议118条，被审计单位制定整改措施29项。提交审计信息80篇，分别被中央、省、州、县采用信息61篇（次）。

【财政预算执行审计】 完成2015年度财政预算执行情况及其他财政收支情况审计、税收征管情况、地方金库审计和工信局、水利局、住建局、民政局、投资促进局等重点部门和单位的2015年度部门财政预算执行情况及其他财政收支情况审计。重点审计部门预算编制的真实性、资金性质及流向、“三公经费”、会议费等费用支出。

【民生资金专项审计】 开展2015年城镇保障性工程、“水污染防治”专项资金审计。揭露和查处了违规发放农村危房改造专项资金、部分项目基本建设程序不规范等问题，并提出加强管理的意见和建议。

【经济责任审计】 完成对雪洞镇党委书记2013年3月至2016年4月和雪洞镇镇长2013年1月至2016年4月、县财政局局长2012年1月至2015年12月、县住建局局长2012年8月至2015年12月、县投资促进局局长2012年8月至2015年12月5名领导干部的任期经济责任审计。共查处各类违规违纪和管理不规范资金3631万元，处罚和收缴违纪资金751万元。根据领导干部的履职、尽职和决策等方面的责任，做出客观公正、实事求是的评价，对被审计单位财政财务收支及资产管理方面存在的问题和薄弱环节提出了整改意见和建议19条，被采纳19条。

【政府投资项目预结算审计】 完成预结算审查项目148项，送审金额60726万元，审定金额52341万元，核减金额8385万元，核减率13.8%。

【“两学一做”学习教育】 根据中共三穗县委办公室印发《关于在全县党员中开展“学党章党规、学系列讲话，做合格党员”学习教育实施方案的通知》文件要求，开展“两学一做”学习教育活动。紧紧围绕“两学一做”这个主题，制定学习计划，抓好学习教育。组织党员重点学习习近平总书记系列讲话精神，特别是学习领会总书记视察江西时重要讲话精神，引导党员自觉学习党章党规、遵守党章党规、尊崇党章党规、维护党章党规。局支部抓好集中学习和分散学习，要求党员撰写心得体会促进学习，达到“入脑入心”的目的。局党组书记要求班子成员要带头学习，自觉做到先学一步、多学一些、学深一层，班子成员每个人要为全体党员上一堂党课。普通党员要坚持坚持逐篇研读，逐句琢磨，在深化学习中深刻领悟，提高理论水平，提升审计业务能力。

【党风廉政建设工作】 召开机关党风廉政建设工作会议，总结2015年廉政建设工作，研究部署2016年工作。签订责任状，抓好党风廉政建设责任制的落实，层层抓落实。组织全体党员干部认真学习有关党纪条规。扎实开展以“思想铸勤、提振精神，能力铸勤、提高本领，效率铸勤、提升速度，创优铸勤、提增服务，争先铸勤、提档进位”为目标要求的“铸勤行动”。实行审计纪律公示制和回访制，从严管理审计队伍。

【驻村帮扶】 深入美敏村开展调查研究，寻找精准帮扶工作重点、难点，为加快美敏村脱贫致富奔“小康”发展步伐展示帮扶工作的亮点；为帮助帮扶村增加村级集体经济收入，摘掉“空壳村”帽子，带动贫困农户早日脱贫致富，组织美敏村两委班子赴颇洞村参观学习党社联建工作，结合美敏村实际，精心谋划发展思路，发展方向；宣传党和政府的农村政策，融洽党群、干群关系，促进全县农村社会和谐发展；协调县新农办“一事一议”项目资金110.5万元，实施6.5公里串户道路硬化和全村7个自然寨共安装路灯261盏的建设；协调县新农办“一事一议”项目资金物资5000元和审计局投入资金5000元，进行村级活动室的建设改造；协调其他项目资金50000元和审计局办公经费30000元，解决村级新办公楼建设的征地资金；协调县交通项目资金100000元和“一事一议”资金50000元修建了两个公路交通招呼亭和2个消防池；协调办公经费2000元支持村两委购置复印机1台，改善村级办公条件；协助村委充分利用当地的自然优势，引导村民，推进生猪、羊、麻鸭家禽养殖业发展；协助村委充分利用当地的自然优势，引导村民，推进以林果100亩、250亩药材、150亩油菜等经济作物的种植发展；采取“党支部引领、党员带头、群众筹资、扶贫部门帮扶”的方式，按照“党社联建”发展轨迹，争取财政扶贫资金40万元、群众集资80万元，组建了由5个养牛基地组成的养殖规模达142头专业合作社，通过“合作社加基地加农户加公司”的产业链，带动村民脱贫致富。

（撰稿：龙崇忠　编辑：王承勋）

统　计

【概述】 县统计局内设机构有办公室、法规教育股、业务股等3个行政股室，下设三穗县农村经济调查队、普查中心以及乡镇统计管理办公室（正科级事业单位）3个直属管理事业单位。全局共编制25个，其中行政编制6个，年末实有人数21人，其中女性8人，大学专科以上文化程度19人。

在贵州省2016年市县经济发展综合测评总分为79.61分，排全省县域第二方阵第八位、全州县域第二方阵第一位。

【工业、能源统计】 全县成功申报4家规模以上工业企业入库，规模以上工业企业数量达到30户，全年实现增加值83344万元，同比增长14.9%，增速居全州第2位。

“十二五”期间，三穗县单位GDP能耗降低率目标任务为14%。2011—2015年，全县单位GDP能耗分别比上年下降3.01%、3.02%、3.0%、4.02%和3.03%，分别完成序时目标任务的21.5%、43.1%、64.3%、93.2%、114.8%，圆满完成“十二五”节能目标进度任务。

“十三五”期间，三穗县单位GDP能耗降低率目标任务为15%；2016年全县单位GDP能耗比2015年下降4.01%，完成时序目标任务的26.73%。

【农业农村统计】 全县农业生产保持平稳

增长，实现农业总产值134705万元，增长6.4%。其中，农业产值74529万元、林业产值14590万元、畜牧业产值38850万元、渔业产值2708万元，分别增长7.7%、5.7%、4.0%和8.3%。全年实现粮食总产量5.82万吨，增长7.7%，肉类总产量13190吨。

【建设领域统计】 全县500万元以上固定资产投资完成43.08亿元，同比增长22.4%，增速排全州第八位。其中500万元以上项目投资完成33.95亿元，增长27.53%；房地产开发投资完成8.64亿元，增长15.11%；县内交通投资完成0.49亿元，下降54.12%。

【农村住户调查统计】 三穗县农村居民人均可支配收入7723元，同比增长11.4%，排全州第一位；城镇居民人均可支配收入25155元，同比增长9.7%，排全州第四位。

【商贸统计】 全年完成社会消费品零售总额141225万元，比上年增长13.5%，增速排全州第六位。全社会消费品销售额490882万元，比上年增长17.1%，增速排全州第八位。分行业看，批发业209534万元，增长16.1%；零售业231339万元，增长18%；住宿3834万元，增长17.9%；餐饮业46174万元，增长17%。

【统计服务】 完成《三穗县2015年国民经济和社会发展统计公报》的发布，整理编印《三穗县2015年领导干部手册》和《三穗县统计年鉴》，编印《三穗县经济社会要情》12期；加强对经济运行情况的监测和分析，全年共撰写统计分析33篇，为判断和把握全县经济走势和了解宏观调控效应发挥了积极的作用。建好统计局门户网站，发布各种统计信息，做好统计咨询服务，全年为党政领导、有关部门和社会各界提供统计咨询、信息服务1200余人次。

【统计法制建设】 开展统计普法宣传教育，全年进行《中华人民共和国统计法》学习4次，参加人员400余人次；开展法律一条街宣传活动，发放宣传资料10000余份；开展以统计工作人员为重点的继续教育培训，增强了统计工作人员的法制观念和统计水平。组织统计执法检查，全年共对全县20家企事业单位进行执法检查，对2个事业单位进行立案查处。

【统计制度改革】 贯彻落实联网直报改革。继续加强“一套表”联网直报工作，确保上报率、直报率和直验率保持100%水平，保证“企业一套表”工作有序实施。

【驻村帮扶】 联系帮扶长吉乡长吉村和干部派驻长吉乡大寨村工作，全年除派驻干部驻村帮扶外，局领导班子成员深入帮扶点40余人次，组织党员群众学习4次，组织走访慰问群众、留守儿童3次，全年投入帮扶资金50000余元。

【普查及抽查】 开展第三次全国农业普查，成立了三穗县第三次全国农业普查领导小组，将普查所需经费纳入年度预算，配足配齐现代智能普查设备，开展全县农普试点业务培训、入户调查、数据审核汇总等工作，通过悬挂宣传标语、制作广告灯箱、大型户外广告以及LED大型显示屏等方式进行宣传。

【统计基本单位名录库】 全县在库法人单位1395个、产业活动单位498个，企业共93个，其中房地产业企业13个、资质建筑企业6个、工业企业29个、批零企业8个、重点服务业企业14个、限上住宿餐饮业企业7个，5000万以上项目16个。

【劳动工资统计】 全年国有单位从业人员

期末人数为7653人，比上年同期增加175人，同比增长2.3%；工资总额602795千元，比上年同期增加189902千元，同比增长46.0%；从业人员平均工资90831元，比上年同期增加27233元，同比增长42.8%。

集体单位从业人员期末人数为139人，比上年同期增加47人，同比增长51.1%；工资总额7129千元，比上年同期增加2159千元，同比增长43.4%；从业人员平均工资51947元，比上年同期减少4912元，同比下降8.6%。

其他单位从业人员期末人数为240人，比上年同期减少1791人，同比下降88.2%；工资总额97582千元，比上年同期增加14851千元，同比增长18.0%；从业人员平均工资41114元，比上年同期减少1427元，同比下降3.4%。

企业单位从业人员期末人数为2616人，比上年同期增加335人，同比增长14.7%；工资总额87538千元，比上年同期增加9931千元，增幅12.8%；从业人员平均工资34129元，比上年同期减少1285元，同比下降3.6%。

（撰稿：龙再洲　编辑：王承勋）

国土资源

【概述】 县国土资源局内设办公室（纪检监察室）、土地综合管理办公室（规划股、土地利用股、耕地保护股）、地籍股（挂不动产登记股）、矿产和测绘管理办公室（地灾防治办公室、地质环境管理办公室、测绘地理信息管理办公室）4个行政股室。保留原6个事业单位，即三穗县国土执法监察大队、三穗县土地收购储备中心、三穗县土地开发整理中心、三穗县国土资源局土地交易中心、三穗县国土资源局土地勘查规划站、三穗县国土资源局信息中心。2015年6月5日，成立县地灾防治应急处置中心，属股级事业单位。2015年9月30日，成立县不动产登记中心，属股级事业单位，2016年2月29日，不动产登记中心升格为副乡级事业单位，下设3个股室，共10个事业编制。三穗县国土资源系统现有干部职工56人（含农村产权交易中心19人），其中领导职数局长1人，副局长2人，纪检组长1人，女21人，少数民族52人，中共党员23人，大专以上学历54人。

【耕地保护】 全县耕地保有量1.8029万公顷，基本农田保护面积1.5944万公顷，任务全部分解到乡镇，并与9个乡镇人民政府签订耕地保护目标责任书。通过层层签订责任状、广泛宣传、动态巡查等有效措施，确保了基本农田和耕地面积不减少、质量不降低。同时，强化乡镇政府认真落实耕地和基本农田保护责任制，坚守耕地保护“红线”，实现基本农田保护不触底、不碰线。

全年实施2015年获批的3个高标准基本农田建设项目，建设总规模是46174亩，争取上级资金3414万元。土地整治项目1个，三穗县2015年良上乡土地整治项目，建设规模1685亩，建成高标准农田面积1271亩，总投资392.32万元。全年组织申报实施了4个造田工程项目，新增水田面积296.36亩，总投资880.78万元。土地整治项目实施，确保耕地总量动态平衡。

根据2016年12月份变更调查数据显示，三穗县耕地保有量和基本农田保护面积分别达18312.43公顷和16006.96公顷，保护率分别为101.57%和100.39%。

【土地利用管理】 三穗县规划期间2006—2020年新增城乡建设用地指标为923公顷，截至2016年10月，三穗县建设项目已使用新增城乡建设用地指标806.00公顷，城乡建设用地指标剩余117.00公顷；交通水利建设用地指标剩余147公顷，剩余总指标为264.00公顷。根据黔东南州国土资源局《黔东南土地利用总体规划（2006—2020年）调整完善主要指标分解方案》安排，考虑到三穗县指标需求实际，拟在原有建设用地总规模基础上增加240公顷指标，即城乡新增建设用地指标为357.00公顷，根据州人民政府统一安排，于2014年度三穗县调出30公顷新增城乡建设用地指标作为黔东南凯麻、黎锦同城化建设，实际剩余城乡建设用地指标327.00公顷；能源、交通、水利建设用地指标为147公顷，总剩余指标为474公顷。

对全县拟建设项目使用指标情况进行统计分析，在“十三五”规划期间拟使用新增建设用地指标项目210个，总面积为674.6804公顷，其中拟使用城乡建设用地指标建设项目198个，用地指标为394.0813公顷；拟使用能源、交通、水利建设项目12个，用地指标为571.0080公顷。已获批复建设项目26个，面积为115.1656公顷；正在组织报件的有38个，面积为160.7306公顷；未报件146个，面积为398.7842公顷。

上报新增建设用地6个批次，面积共计97.6762公顷，其中2016年度第一批次工业用地11.6441公顷，2016年度第一批次城镇建设用地16.7155公顷，2016年度第二批次城镇建设用地29.4373公顷，2016年度第三批次城镇建设用地29.3793公顷，2016年度第一批次农村村民建房用地10.5公顷，上述批次用地报件都已送至上级部门审查。

省人民政府批复三穗县城镇批次用地用地报件5个批次，面积102.2306公顷。其中2015年度第一批次工业用地面积10.4782公顷；2015年度第二批次工业用地面积11.0023公顷；2015年度第二批次城镇用地面积30.8598公顷；2015年度第三批次城镇用地面积29.9245公顷；2015年度第四批次城镇用地面积19.9658公顷。均为高铁新区和工业园区急需解决用地项目。

以招拍挂出让国有建设用地使用权14宗，出让总面积229380.08平方米（344.07亩），收取土地价款14811.00万元。其中经营性用地11宗，出让面积为186968.16平方米（280.45亩），收取土地出让价款12137.00万元；金融用地3宗，出让面积为42411.92平方米（63.62亩），出让价款为2674.00万元；以划拨方式供应1宗，供应面积1.2667公顷。2014年批准农转征供地率为100%；2015年批准农转征供地率为58.77%，2016年批准农转征供地率为3.27%。

【矿产资源管理】 开展矿产资源“圈儿不探”“占而不采”专项治理行动，强化矿业权管理，确保矿产资源管理工作有序开展。按照国土资源部《关于探矿权采矿权招标挂牌管理办法（试行）》，严格执行矿业权出让制度，强化矿产资源补偿费征管力度。

全县设置探矿权10宗，全部由省国土资源厅、国土资源部发证，主要矿种为钒、锰、铅锌、重晶石、金多金属等。各宗探矿权探矿工作顺利开展，配合州国土局年检10宗。全县采矿权20宗，其中省级发证1宗（贵州省三穗县塘籁锰矿——未建设）、州级发证1宗（三穗县吉洞钒矿——停产），其余18宗为县级发证，均为建筑用砂和砖瓦用页岩矿。

矿业权年检工作方面，探矿权已配合州局开展年检工作，将于2017年1月30日前全面完成。采矿权年检工作在2016年12月31日前完成，根据省国土资源厅《关于开展矿产资源补偿费征收自查工作的通知》文件精神，已上缴入库矿产资源补偿费6.4万元，矿产资源使用费0.7万元。

【不动产统一登记】 根据省人民政府办公厅《关于加快推进全省不动产统一登记的通知》文件精神，三穗县于2015年9月完成不动产登记机构整合，9月30日在三穗县国土资源局挂牌成立“三穗县不动产登记局”并设立“三穗县不动产登记中心”，将内设机构“地籍股”

更名为“不动产登记股”。2016年2月29日县编委下发《关于县不动产登记中心升格为副乡级事业单位的批复》文件，将不动产登记中心由股级升格为副乡级事业单位，人员编制10名。现人员已划转6人，实际到位8人，其中2人分别从县林业局、县农业局抽调。同时按照《三穗县2015年不动产统一登记试点工作实施方案》文件要求，不动产登记试点（台烈镇寨拷村）不动产权籍摸底调查工作已全面完成，并同时将数据录入电脑建立基础数据库。截至2016年10月共颁发不动产权证书39本，登记证明1本，涉及土地面积4969.27平方米、房屋建筑面积5050.76平方米。

【旅游资源大普查】 三穗县旅游普查队全方位、全覆盖、不留死角、不漏资源，历时3个月，按照上级要求完成三穗县7镇2乡159个行政村的旅游普查外业调查工作，完成率100%。普查旅游资源单体761个，其中新发现597个，新发现占78%。按旅游资源类型划分占11个主类：文景观类28个、水域风光累188个、生物景观类299个、天象与气候类1个、遗址遗迹类5个、建筑与设施类127个、商品旅游类14个、人文活动类13个、乡村旅游类74个、红色旅游类11个、山地旅游类1个。已完成资料整理工作735个，内业整理进度97%，录入系统630个，数据库建设进度82.7%。

【土地收储】 为依法完成三穗县土地储备整理开发（二期）项目建设，2014年12月9日与中国农业发展银行岑巩县支行签订土地类固定资产融资合同，融资金额一亿元。项目建设土地储备模式采用的是依法征收，上报土地市场动态监测与监管系统的土地共计13个地块，入库面积为29.0128公顷，出让面积为5.4797公顷。

根据文件财综〔2016〕4号精神，严格执行各项规定，多渠道筹措资金，已与黔东南州开发投资有限责任公司融资一亿元，资金已到位。

【地质灾害防治】 组织开展地质灾害隐患调查复查工作。全县共有地质灾害隐患点91处，经资质单位认定的为59处。其中威胁人数50人以上有12处（八弓镇4处、滚马乡1处、台烈镇3处、长吉乡1处、雪洞镇1处、瓦寨镇1处、桐林镇1处，包括滑坡6处、不稳定斜坡4处、1处为泥石流），上述12处地灾隐患共威胁356户村民，共1705人，威胁资产约2882万元；一般地质灾害隐患点79处，共威胁576人，潜在威胁财产1758.5万元。

采取措施加强地质灾害防治，建立地质灾害防治工作领导机构，层层分解落实责任。建立健全地质灾害监测网络。全县地质灾害防治工作实行县、乡、村三级群测群防体系，各负其责，责任到人，层层落实，并发放地质灾害防范明白卡。严格执行地质灾害24小时值班制度。会同县气象局及时向受灾威胁的群众通报天气相关信息，让广大群众更多了解天气变化情况，为搞好地质灾害防治工作和生产生活提供便利。组织开展地质灾害应急疏散演练。4至5月份，9个乡镇共组织开展威胁1人以上的地质灾害应急疏散演练52场次，并经县委、县政府督查室督查通报。争取地质灾害治理项目。2016年3月20日，完成三穗县吉洞村310省道转拐处滑坡应急处置工程，该项目共9.345万元，并通过专家现场验收。年底计划申报三穗县八弓镇贵坪村广老滑坡、三穗县瓦寨镇顺洞村老寨桥头不稳定斜坡、三穗县瓦寨镇巴顺村屋背滑坡、原长吉中学不稳定斜坡4个地质灾害隐患点的防治项目工程。加强宣传教育培训工作。为提高广大干部对地质灾害危害性的认识，增强群众的自救能力。每年地质灾害防治经费200万元与技术协作工作经费5万元纳入县年度财政预算。2016年，全县一般隐患点的整治补助、争取监测员经费补贴每年每人300元已发放到位。因地质灾害防治工作宣传、监测、预警、演练到位，全年无人员伤亡地质灾害发生。

【土地执法】 根据2015年度土地矿产卫片执法检查工作的部署和安排，严格按照《土地矿产卫片执法检查工作规范》的要求，重点对2015年土地变更调查成果中“本年未批先建”地块、“本年批准本年建设”地块、“往年批而未用当年实地已经建设”地块图斑进行调查。经核实，遥感监测图斑总个数为138个，监测总面积1005.90亩。确定合法新增建设用地图斑为56个、临时用地图斑43个、设施农用地图斑16个、伪变化图斑12个、违法新增建设用地图斑11个。新增建设用地595.50亩，占用耕地面积302.40亩，违法面积83.55亩，违法占用耕地面积29.70亩，违法占耕比9.82%。

2015年度土地卫片执法清理出11个违法监测图斑，共涉及6个违法建设单位，9个违法用地项目，因违法项目中有2个项目于2014年已立案查处，并查处整改到位，最终确定4个违法用地单位，7个建设项目给予立案查处。违法项目均按照既处理事又处理人的原则进行查处，根据《中华人民共和国土地管理法》第七十六条规定、《中华人民共和国土地管理法实施条例》第四十二条的相关规定进行处罚。罚款总金额为125.36万元，实缴罚款125.36万元。收缴率为100%。涉及的7宗违法案件已全部结案，结案率为100%。

按计划作好巡查，作好巡查台账，按时向上级人民政府和州国土资源局汇报巡查工作情况。1月至10月，开展动态巡查989次，共出动2000余人次，发现各类土地违法行为177起，下发责令停止违法行为通知书166份，其中4起土地违法行为在局下发责令停止违法行为通知书后，由当事人自行恢复了土地种植条件。土地违法总面积219.40亩，其中耕地面积163.43亩。立案调查10起，非立案167起（农村村民建房130起，设施农用地37起，均在调查阶段），结案7起，已结案件涉及违法总面积79.87亩，其中耕地面积：40.80亩，罚款总金额为125.36万元。全年查处上年未结案件5起，申请人民法院强制执行5起。

【信访维稳】 根据三穗县涉土纠纷案件，落实包保责任制，每一案件明确一名领导包保，两名干部具体负责，制定详细包保措施。2016年，认真做好方其洪诉三穗县国土资源局不履行法定职责一案、高田村三组（方大斌负责人）诉三穗县国土资源局行政协助纠纷案、杨兰英砂石场诉单位行政不作为案、杨兰英砂石场诉三穗县国土资源局行政赔偿案、袁德荣诉单位行政划拨案、高田村四组（方大斌负责人）诉单位行政协助协助一案和配合县法制办“贵州省台江县绿景房地产开发有限公司诉县人民政府刘桥兴等合同纠纷经济赔偿案”的应诉工作。在这7宗行政应诉案件中，撤诉2宗，待判5宗。

【党风廉政建设】 将党风廉政建设各项规定的学习纳入党组会日常议程。2016年4月拟定了《三穗县国土资源局2016年党风廉政建设主体责任和监督责任清单责任分解表》，从党组领导班子责任、党组主要负责人责任、其他班子成员责任、股室站中心大队负责人责任、纪检组长监督责任、监察室主任监督责任六个方面进行责任细化。1月至10月，共召开15次党组扩大会议，组织学习《中国共产党纪律处分条例》《黔东南州违纪违法案例》《三穗县从严管理制度十项约谈制度》、州纪委《关于七起违反中央“八项规定”精神和“四风”典型问题的通报》等一系列相关党风廉政建设规定。

【驻村帮扶】 结合国土行业特点，合理利用土地资源积极帮助计生户脱贫致富，全面完成2016年计划生育“三结合”工作目标。加强对贫困乡镇发展的指导和帮扶，帮助乡镇和村寨理清发展思路，解决实际问题，推动农村经济社会全面发展。为村里解决办公经费56547元；慰问“五老”人员、老党员5300元；实行计生“三结合”一对一帮扶独生子女户和困难群众慰问帮扶3000元。共投入帮扶资金64847元。

【荣誉奖励】 2016年3月，被三穗县民族团结进步创建工作领导小组评为全县民族团结进步创建活动“示范单位”。

2016年6月25日，在州国土资源局组织的黔东南州苗族侗族自治州纪念矿产资源法和土地管理法颁布30周年男子篮球比赛中荣获第四名。

2016年6月25日，在州国土资源局组织的黔东南州苗族侗族自治州纪念矿产资源法和土地管理法颁布30周年知识竞赛中荣获第二名。

2016年6月25日，在州国土资源局组织的黔东南州苗族侗族自治州纪念矿产资源法和土地管理法颁布30周年演讲比赛中荣获第三名。

2016年7月1日，在三穗县“高举旗帜跟党走，两学一做展风采”主题征文大赛中荣获“组织奖”。

2016年11月22日，被三穗县农村信用工程建设领导小组授予“信用单位”。

2017年7月3日，被州国土资源局评为2016年度《黔东南州国土资源》(内部资料性出版刊物）用稿“先进单位”。

（撰稿：熊俊华　编辑：王承勋）

农村产权管理和交易

【概述】 县农村产权管理和交易中心成立于2013年3月18日，2015年3月份明确为县国土资源局所属财政全额预算管理副乡级事业单位，内设中心办公室、产权流转管理办公室、政策宣教办公室。县农产交易中心，核编7人，交易中心主任1人，工作人员6人；九个乡镇农村产权管理和交易所，核定编制共22人，在编11人（八弓2人、台烈1人、长吉1人、滚马2人、瓦寨1人、桐林1人、款场1人、良上1人、雪洞1人）。

三穗以县农村产权管理和交易中心为主，逐步建立乡镇农村产权管理和交易所、组建完善村级集体经济组织，形成三级服务机构开展农村产权交易工作。县土地承包经营权、农村宅基地使用权、农田水利设施产权、房屋产权、林权等产权的交易还未纳入公共交易平台流转交易。探索集体土地收储流转机制，规范土地流转程序。逐步建立健全农村产权流转交易服务平台，完善县、乡、村三级服务网络，鼓励、引导农民将承包土地的经营权在公开市场上向专业大户、家庭农场，农民合作社、农业企业等市场主体流转。

制定了县农产交易中心2016年工作人员业务培训方案，2016年组织开展业务培训6期，参训120余人次。

拟定《关于加快农村集体土地使用权流转的实施意见（送审稿）》已报县人民政府审批，统一土地流转合同，为土地规范化流转提供依据。农村产权交易。全年农村产权交易1335宗，面积1841.12亩，交易金额1038.11万元。其中种植业733宗，面积1099.81亩，交易金额115.04万元；养殖业140宗，面积143.91亩，交易金额97.24万元；其他461宗，面积541.3亩，交易金额823.02万元；宅基地1宗，面积56.1平方米，交易金额2.8万元。

农村产权抵押贷款。全年农村产权抵押贷款455户，总抵押贷款金额20290.72万元。其中土地抵押102户，抵押贷款7203.6万元；房产抵押347户，抵押贷款12974.12万元；林权抵押1户，抵押贷款10万元；宅基地5宗，抵押贷款103万元。

抵押鉴证。县农产交易中心鉴证抵押贷款1户，金额49万元（林权证抵押）。

【驻村帮扶】 支持帮扶村办公经费11000元，用于办公楼维修及添置办公设备；资助帮扶村环境整治经费6000元，用于修建垃圾池；慰问2015、2016年脱贫贫困户13户，送去慰问金3900元；兑现“双诚信、双承诺”工作经费3000元；农技培训经费800元；慰问长吉司前村计生户10户，送上慰问金3300元。

选派驻村第一书记先后6次深入帮扶村开展扶贫政策宣传及遍访贫困户工作，遍访贫困户32户，每到一户都详细开展问卷调查，按要求建立贫困户信息台账、录入系统。

【农村土地承包经营权确权登记颁证】 协助农业局完成农村土地确权摸底调查50445户，占总农户数的98.8%，发包方调查工作全部完成；航拍工作全面完成，制作工作底图4449张；全县已完成外业勘界工作149个村，面积15.5万亩，占（全国第2次土地调查）面积56%，占实有耕地面积约18.66万亩的83%。

（撰稿：龙作礼　编辑：王承勋）

市场监督管理

【概述】 县市场监督管理局2014年12月由县质监局、县食品药品监督局、县工商局三局合并为而成，于2015年4月份搬入开发区新办公楼办公。正式职工69人，其中局长1人，副局长3人，正乡科级3人，副乡科级9人，中层干部21人。单位内设12个股室；4个基层分局（八弓分局、台烈分局、瓦寨分局、桐林分局）；下设3个事业单位（综合执法大队、投诉举报中心、检验检测中心）。

2016年10月1日起，企业全面实施工商营业执照、组织机构代码证、税务登记证“三证合一”登记制度改革的基础上，再整合社会保险登记证和统计登记证，实现“五证合一、一照一码”的登记模式。共办理新设立企业330户，注册金额145092.8万元，雇工人数2318人，同比分别增长53.49%、55.52%、42.65%；注销119户。共新发展个体工商户1322户，注册资金12094万元，从业人员3029人；同比分别增长28.85%、32.86%、57.02%；注销个体工商户共522户。三穗县市场主体培育工作在全州排名第二，全省第二方阵23个县排名第五。

开展企业年报工作。年报率90.42%，在全省排名中处于中上水平。开展个体年报抽查和即时信息公示抽查工作。经省局摇号需要年报抽查的个体有91户，从其中有68户已按要求进行公示，检查结果为正常，失联的有23户。即时信息公示抽查三穗35户企业，其中有32户已按要求进行了公示，检查结果为正常，失联的有3户。开展“双随机、一公开”工作。2016年10月24日，在全县率先启动“双随机、一公开”工作。

【食品药品市场安全】 全县食品类生产企业14家，食品加工小作坊142家，食品生产状况主要以小作坊的方式存在。全县持有食品流通许可证1317户，其中乳制品经营单位49户，大型购物超市7个。餐饮服务单位482家，持证率84.2%，其中中小学及托幼机构食堂105家，持证率98.9%；大中型餐馆49家，持证率100%；小型餐馆149家，持证率89.9%；小吃店147家，持证率90.5%；饮品店25家，持证率88.0%；快餐店10家，持证率100%。乡镇以上医疗机构24家，民营医院2家，药品经营零售企业57家。

排查全县食品安全隐患。共出动执法人员460人次、车辆160余辆次，排查食品生产经营单位2300余户次，其中检查食品生产企业、小作坊176户次，检查超市、批发部及食杂店1517户次，检查餐饮店502户次，其中学校食堂105户，期间，现场督促整改300余项，下达责令整改通知书40份，责令整改84项，现场销毁过期等不符合食品安全标准的食品200余公斤。同时，结合日常巡查，与1952户食品生产经营户签订2016年度食品生产经营主体责任告知书和食品生产经营主体责任承诺书。

开展食品抽检工作。配合上级部门完成各级监督抽检47批次，完成检验44批次，检验合格42批次，检验合格率95%。米酒、馒头、辣椒等产品进行了监督抽检，抽检40批次，检验合格30批次，合格率75%。开展食品快速检测和抽样送检，完成快速检测80余批次，抽样送检61批次，抽检不合格食品11起，均已立案查处，其中3起涉嫌添加有毒有害物质，均移送司法机关立案处置。

提高安全责任意识。自新修订的食品安全法颁布以来，共开展食品安全培训班12期，共培训1000余人次。利用“3·15”“食品安全宣传周”等活动载体，利用各乡镇赶集，与食安委成员单位一起通过悬挂宣传条幅、设立食品安全展板、现场咨询、讲解食品安全知识。

开展各类登记备案。落实全县集体聚餐登记备案。对全县自办宴席进行指导、登记备案，截至2016年，共指导、登记备案1185起。做好食品添加剂登记备案。共登记添加剂使用单位57家。督促食品摊贩、摊点登记备案。共清查登记备案食品摊贩及早餐、夜市摊点150家。开展食品生产经营主体清查。结合食品生产经营主体普查工作，共清理食品生产经营户1953家，其中生产企业14家，食品加工小作坊140家，超市、批发部等食品销售单位持1317家，餐饮服务单位482家。

深入学校对学校食堂采购、台账管理、食品留样、操作流程、卫生等方面进行检查，出动执法车辆36台次，执法人员172人次，签订食品安全责任书105份，下达整改通知书73份。对小作坊生产加工场所进行实地核查，对经核查符合条件的准予登记，并发放食品加工小作坊准予登记证，截至2016年9月16日，已准予登记105户。

按照州局药械专项检查通知及稽查要求，按时完成“含特殊药品复方制剂”“处方药经营管理”“精麻药品专项检查”“体外诊断试剂”“定制式义齿”“问题疫苗”“无菌、植（介）入类医疗器械”“注射用透明质酸钠”“三批次不合格化妆品”保健食品非法添加等专项检查工作，出动执法人员46人次，检查使用单位86家次。完成药品经营企业检查220次，乡镇以上医疗机构检查3次，覆盖率达100%。对检查发现的违法违规行为进行整改处理。

努力推进保健食品、化妆品监管工作。组织执法人员对辖区内经营保健食品化妆品经营户进行全面检查，了解各经营企业是否严格执行和落实索票索证等相关制度，与保健食品化妆品企业签订了质量安全承诺书，落实企业责任。共出动检查人员40人次，检查保健食品经营企业共计88家。

做好药品不良反应监测。与全县14家乡镇以上医疗机构和65家药品经营企业签订2016年药械安全性监测工作责任书，开展培训，提升监测人员水平。共上报药品不良反应报告82例；医疗器械不良事件6例，完成全年任务。

严格贯彻落实新版药品经营质量管理规范。2016年三穗县16家药品经营企业需通过GSP认证，已通过认证14家（县城11家，乡镇3家）。

【查办食品药品案件】 共立案查处32起（其中食品案件28起，药品案件3起，医疗器械

1起），涉嫌食品安全犯罪移送司法机关4起，涉案金额8余万元，已结案9起，共计罚没款68778元。在县人民政府网上对2016年所立和办结的行政处罚案件信息公示率达100%。

【特种设备安全】 围绕“安全第一、预防为主、综合治理”的方针，全面贯彻落实《中华人民共和国安全生产法》《中华人民共和国特种设备安全法》等法律法规，制定了2016年特种设备安全监查计划，在半年特种设备安全监督巡查的基础上，以节假日特种设备安全检查及“百日行动”“安全生产月”等专项行动为重点，执法人员266人（次），检查特种设备使用单位93家（次），共检查特种设备318台（次）。

随着城市化进程不断发展，电梯数量极速增长，电梯登记200多台，使用160多台。组织全县电梯使用单位和维保单位共72家开展《贵州省电梯安全管理办法》培训；积极开展电梯应急救援演练；与13家电梯维保单位签订电梯维保单位质量安全承诺书。

【维护市场稳定】 开展“3·15”活动。3月12日，以“新消费 我做主”为主题，组织开展“3·15”宣传活动，“3·15”宣传咨询活动当天共接待前来咨询的市民2000多人次，现场发放各类宣传资料36000多份，参加宣传的工作人员达36人（次），参加的单位有卫生局、市管局、烟草局、物价办、农牧局、电信、银行、邮政、移动等12家单位。积极受理消费者投诉，妥善解决消费纠纷，做到了消费者投诉件件有着落，事事有答复。共受理消费者上门投诉及州工商局“12315”投诉举报咨询系统分流案件46件，为消费者挽回经济损失3.18万元，调解成功率为99%。

开展各项消费品市场专项检查。开展各类商品市场专项整治和检查，确保消费者的各类合法权益得到有效的保障。开展卫星电视地面接收设施清理整顿行动；开展开展“春节”期间重点消费品执法检查工作；开展了建材专项整治行动；开展“六一”儿童节期间执法打假工作；开展综合治理高考环境和基础教育装备产品专项检查行动；开展农贸市场专项整治行动；开展汽车专项整治执法检查工作；开展手机市场抽检工作。开展各项专项整治以来，市监局共出动执法人员180多人次，执法车辆50辆，检查农贸市场5家次，各类商品售卖点（营业点）86家次，罚没物资40多件，立案1起。

开展2016年红盾护农行动。重点检查农资经营户经营的种子、化肥、农药等农资产品，主要查处无照经营或超范围经营农资产品的违法行为，督促经营户落实“两账、两票、一卡一书”等农资监管规章制度。对县城及各乡镇农资经营户逐一进行了检查，指导经营户如何建立台账。开展流通领域农资商品质量抽检工作。5月19日，配合贵州省工商局对三穗县农资产品质量特别是对各类化肥产品质量进行了抽检。对全县3家农资经营主体经销的5个批次的化肥进行质量抽检，所有5个批次的化肥抽样正在检验中。共出动执法车辆15台次，执法人员人77人次，检查农资经营者167户次；移送1件过期农药案件到经济检查大队，现场销毁过期农药65瓶。

加强旅游市场监管。旅游高峰期，为切实保障群众旅游消费权益，规范旅游市场秩序，开展节前集中巡查，规范旅游服务经营行为。对汽车站、高铁站、颇洞景点等附近的经营户开展检查，对傍名牌、侵犯知识产权和制售假冒伪劣商品的，予以立案查处；配合知识产权局对市场进行检查，发现涉嫌侵犯知识产权商品14种；着力加强旅游合同规范，检查旅行社的合同条款，督导旅行社自觉清理“霸王条款”。加强旅游广告监测，打击虚假违法宣传。查看广告中标注的“旅行团费”是否低于接待和服务成本，广告内容是否存在欺诈和误导消费者的违法用语，对发布虚假违法旅游广告，依法予以查处。共出动执法人员14人次、执法车辆3台次，检查经营户62户次，主要对商品广告的宣传内容、经营户的市场主体资格、发现1户广告宣传涉嫌违反广告法，要求其立即整改。

开展创建“无传销县”工作。3月通过州打传办考核，被评定为“无传销县”，5月通过省打传办考核复审，成为黔东南州唯一通过省打传办考核认定的县份。

【质量计量】 完成州政府对三穗县质量考核考核工作。协调联系质量兴县领导小组成员单位，建立县质量工作考核机制。编制2015年县质量工作考核材料，统计质量工作数据，顺利通过州政府对三穗县进行的质量考核工作，质量工作考核结果在全州排名靠前。

编写三穗县重点工业产品2016年提升方案，按照方案引导企业提升产品质量，确保工业产品质量合格率达到全省平均水平以上并逐年升高。落实产品质量监管工作，完成上半年获证企业分类监管，完成全县工业产品生产企业信用等级管理。加大对假冒伪劣产品的打击力度，确保产品质量安全。加大产品质量监督抽查力度。开展建材市场专项整治工作，加强全县建材市场专项整治，加强2016年全县制造业产品抽检工作，确保制造业产品质量安全，已完成建筑用砖，预应力混凝土空心板等抽样工作，该工作现持续实施中。

开展标准化和认证认可工作，继续加强贵州省三穗鸭知名品牌创建示范区工作。推进“贵州省三穗鸭知名品牌创建示范区工作”，完善“示范区”运行保障机制及宣传工作，加强材料收集整理，确保2016年底通过验收。落实标准化工作。积极落实深化标准化改革的相关工作任务，对全县标准发展状况及市场需求进行摸底调研，找准三穗县“十三五”期间标准化工作的重点，培育全县特色产业相关产品的标准建立。全面推动认证认可工作。完成2016年辖区机动车检验检测机构，实验室等监督检查工作。推动有机产品，绿色产品认证工作。积极落实名牌产品工作。积极落实省、州名牌产品工作要求，引导企业开展贵州省名牌产品及贵州省服务业名牌申报，组织全县4家企业参加州质监局名牌产品申报培训。对企业及服务业品牌发展情况进行摸底调查。

【党风廉政建设】 明确党组的主体责任和纪检组的监督责任，理清党风廉政建设主体责任和监督责任清单，制定2016年党风廉政建设责任制分工，将工作分解细化，层层签订2016年度党风廉政建设责任书，做到谁主管、谁负责、谁承担责任的党风廉政建设责任制，坚持集体领导与个人分工负责相结合，形成一级抓一级，层层抓落实的工作机制。做到“一岗双责”，分清党风廉政建中的责任，健全责任分解、检查监督、倒查追究的完整链条，严格实施责任追究。

加强纪律建设，全力纠正“四风”。严明党的纪律，深入贯彻中央八项、省委十项、州委十二项、县委十项三十条规定，坚持不懈地开展纠“四风”工作。紧盯“四风”新形势、新动向，专项整治“慵懒散漫浮”和不作为，防止“四风”等突出问题反弹回潮。

认真落实党政主要领导不直接分管财务、人事、行政审批、工程项目招投标等制度，形成有效的权力制衡机制，强化对领导干部的监督。创新制度，不断规范廉政风险防控。按照深化改革创新的相关要求，完善局廉政风险防控管理工作体系及相关制度。统筹兼顾，将廉政建设与市场监督管理工作有机结合。充分利用专题学习、周二学习、业务培训等方式，经常对党风廉政建设进行强调和部署，认真组织学习《党章》《中国共产党党内监督条例》《中国共产党廉洁自律准则》《中国共产党纪律处分条例》、中央“八项规定”和省、州、县各项规定，督促党员干部自觉遵守“四大纪律、八项要求”和领导干部廉洁自律各项规定。

【党建扶贫】 开展“两学一做”活动。按照中共中央统一部署的在全体党员中开展的“两学一做”学习教育，组织党员干部深入学习党章党规和系列讲话，提高党员干部思想政治水平。共组织学习24次，开展廉政党课教育7次，组织观看、参观廉政警示教育片和展出4次。

深化“铸廉行动”，启动“铸勤行动”。在巩固“铸廉行动”成果的同时，全面启动“铸勤行动”，同步解决不作为和慢作为。推进“铸勤行动”中共性式任务和个性式任务的“建、亮、晒、查、评、用”六个环节。通过开展“铸勤行动”，把全局广大干部职工建设成为一支政治强、懂专业、善治理、敢担当、作风正的干部队伍。

开展“精准扶贫”工作。为确保在2020年全面建成小康社会，打通最后一公里，根据中央、省、州、县的要求，多次组织干部职工，深入贫困村、贫困户调研，了解贫困户家庭情况、至贫原因，并根据贫困户具体情况，制定出相关脱贫措施。共组织干部职工180多人次，走访贫困户220多户次，帮扶资金34200多元。

（撰稿：姜程美　编辑：王承勋）

安全生产监督管理

【概述】 2004年8月12日，中共三穗县委、三穗县人民政府印发《关于印发〈三穗县政府机构改革方案〉的通知》文件明确设置的三穗县安全生产监督管理局为县政府行使行政管理职能的直属事业单位。8月30日，三穗县人民政府办公室印发《县人民政府办公室关于印发三穗县安全生产监督管理局职能配置内设机构和人员编制规定的通知》文件，明确县安监局的主要职责，内设办公室、安监股、危化股三个机构，设置事业人员编制5名，职数为局长1名，副局长1名，正副股长3名。

2009年4月9日，三穗县机构编制委员会批复《关于安全生产监督管理局增设内设机构的批复》文件，同意增设职业安全监控监督管理股，设置事业编制1名。

2010年11月24日，中共三穗县委、三穗县人民政府印发《关于县人民政府机构改革的实施意见》文件，将县政府直属机构县安全生产监督管理局调整为县政府工作部门，正式明确领导职数为1正2副。12月6日，三穗县机构编制委员会印发《关于明确县政府工作部门编制的通知》文件，明确县安全生产监督管理局行政编制5名，工勤编制1名。

2015年5月4日，三穗县人民政府办公室印发《关于印发三穗县安全生产监督管理局职能配置内设机构人员编制规定的通知》文件，明确三穗县安全生产监督管理局作为县人民政府工作部门，局机关编制6名，内设办公室、安全监督管理股、职业健康安全监督管理股。同时，明确安全生产执法监察大队为县安全生产监督管理局所属副科级事业单位编制9名，其中执法大队长1名、副大队1名。

2016年3月30日，根据《关于增加县安全生产执法监察大队领导职数的通知》文件，三穗县安全生产执法监察大队增加领导职数1名。

【安全生产事故控制指标和隐患排查】 发生的各类生产安全事故8起，死亡7人，没有发生重大以上生产安全事故，达到州级考核目标要求。排查企业557家次，排查安全隐患1959起，治理1959起，治理率100%，其中一般安全隐患1954起，重大隐患5起。共打击违法违规违章行为8269起，收缴罚款21.44万元。销毁收缴非法烟花爆竹585件，涉及金额8万余元。全县累计排查隐患2049项，投入隐患排查治理及整治资金320余万元，完成整改2043项，整改率为99.71%。排查重大隐患5处，列入县级挂牌督办，完成整改销号5处。责令关闭停产非煤矿山3家。

【专项行动】 开展安全生产"百日攻坚战"、建州60周年活动安全生产"百日整治"、校园安全大检查、非煤矿山安全、防雷安全、道路交通、特种设备、全县安全隐患大排查大整治、建筑施工、有限空间作业场所、旅游安全等12个专项大检查。

【安全知识宣传】 开展"六月安全生产月""安康杯""安全生产三穗行""8月三穗县安全生产宣传月"等活动。全县各乡镇、各行业共开展安全宣传活动142次，共分发各类安全宣传资料60000余份，赠送新安全生产法读本1500多册，悬挂宣传横幅170余条，展出安全挂图30余幅、展板40余块；组织非煤矿山、职业健康、烟花爆竹企业相关人员和县、乡镇园区执法监管人员进行了4次从业资格和业务培训，共280人次；与县市场监管局组织全县76家电梯使用单位学习《贵州省电梯管理安全条例》开展电梯事故安全应急演练。

【党风廉政建设】 利用职工会、支部会、业务会组织党员干部认真学习党章党规和典型案例，筑牢拒腐防变思想防线；强化廉政风险点排查，制定防范措施，堵塞管理漏洞；建立健全管理制度，用制度管人、管事、管财体系初步完成，把权力关进制度的笼子；加强日常监督，紧盯重点人员、重点时段、三公经费开支，开展预防提醒谈话，综合运用监督执纪"四种形态"，扶"歪树"，治"病树"。通过思想上打预防针，制度上设防线，工作上设雷区，全年党员干部没有违反廉政纪律行为，确保了干部队伍的纯洁性。通过开展学习党章党规、学习习近平总书记系列重要讲话精神，亮明党员身份，做合格党员系列活动。在深入基层、深入企业执法监督指导中，用心检查，用心指导，用心帮助，排查一个个安全隐患，化解一次次隐患事故，为全县安全生产形势持续稳定做出突出贡献。认真贯彻落实《中共黔东南州委黔东南州人民政府关于在全州开展"铸勤行动"的决定》和《三穗县"铸勤行动"实施方案》文件精神，抓好县安监局"铸勤行动"工作。于5月3日印发《三穗县安监局"铸勤行动"工作方案》。内容包括"一定二晒三查四评五用"。加强正向激励保障，激发干部干事创业的主观能动性与创造性切实解决干部动力不足、能力不足、担当不足的问题，真正以勤政建设的实际成效，推动风气正、干部勤、环境优、发展快，引领和激发广大干部职工讲担当、找位置、奋力干、做贡献，为全县全面建成小康社会贡献力量，把干部建设成为一支政治强、懂专业、敢担当、作风正的干部队伍，形成干事创业的良好政治环境，有效推进全县安全生产持续稳定向好。

（撰稿：杨光焜　编辑：王承勋）

农　　业

农业生产

【概述】 县农业局内设行政机构有办公室、综合股，下辖事业单位有15个，即农业技术推广站、土壤肥料站、植保植检站、果蔬站、种子管理站、农业科技教育站、农业发展计划办公室、农村能源环境保护办公室、农业综合执法大队、动物疫病预防控制中心、畜牧渔业管理办公室、农业机械化管理办公室、动物卫生监督所、农产品质量安全检测站、现代高效农业园区管理办公室。在册干部职工86人，其中女职工20人，大专以上学历78人，高级职称3人，中级职称18人。

全县第一产业增加值完成6.82亿元，增长8.1%；种植业增加值完成3.21亿元，增长7.9%；牧业增加值完成2.26亿元，增长12%；农村居民人均可支配收入达7845元，同比增长16%；牧业增加值占第一产业增加值的比重达33.14%。

全年粮食总产量5.82万吨，同比增长7.7%；油菜籽产量0.35万吨，同比增长7.13%。肉类总产量1.96万吨，同比增长4.78%。水产品量达1520吨，同比增长29.92%。

全年完成稻鱼工程2.65万亩、蔬菜种植12.015万亩、三穗鸭养殖1104.4万羽。完成粮食作物种植面积18.75万亩，粮经比达40：60。

有省级现代高效农业示范园区3个，即三穗（台烈）现代生态农业示范园（2014年建）、三穗鸭产业示范园（2013年建）、长吉精品水果农业示范园（2015年建），累计完成投资6.8亿元。三穗（台烈）现代生态农业示范园于获批国家“AAA”景区。全年共开展各类农业实用技术培训100余期，培训农民群众10000人次，发放技术资料4万余份（册）。落实农机购置补贴资金72.802万元，受益农户598户，补贴农机具629台（套）。落实水稻参保面积7.12万亩，占种植面积7.52万亩的95%；落实玉米参保面积0.33万亩，占玉米种植面积的13.1%；落实能繁母猪保险2358头、育肥猪保险1729头。

【农业适用技术推广应用】 全县完成推广杂交水稻8.04万亩，杂交玉米种植4.5万亩，脱毒马铃薯种植2万亩；完成推广测土配方施肥20万亩。完成牛冻配改良4680头，产杂交牛犊2436头；完成羊改2820只；推广杂交猪15.8万头，其中推广三元杂交猪10.7万头；推广良种禽196.2万羽；完成种草面积4.02万亩；推广优质饲料1.55万吨；全县规模养殖场（户）达258个，其中猪规模养殖场（户）62个、牛规模养殖场（户）36个、羊规模养殖场（户）78个、禽规模养殖场（户）67个、特色养殖场15个。完成农村户用沼气池建设50户、沼气后续服务网点3个。

全县累计完成州级龙头企业18家（省级龙头企业1家），新增农民专业合作社61家，累计达238家；新增家庭农场54家，累计达109家。全县完成新增农机总动力121560千瓦，累计达423635千瓦；完成机耕面积14.4万亩，机械植保2.1万亩，机械排灌0.9万亩，机收6.3万亩。全年完成水稻备案97个、数量46490公斤，玉米备案73个、数量48091公斤。

完成农残检测样品2109个，合格率100.4%；完成瘦肉精检测106份，其中猪尿液样本100份、饲料样本6份，检测合格率100%。

【动物疫病防控和动物检疫监督】 全年共完成猪口蹄疫免疫19.51万头，猪瘟免疫19.51万头，猪蓝耳病免疫19.51万头，牛口蹄免疫3.38万头，羊口蹄免疫3.27万只，家禽禽流感免疫144.55万只。完成产地检疫生猪5.686万头、牛羊1.508万头（只）、禽16.369万羽；屠宰检疫猪2.91万头、牛羊0.109万头（只）、禽2.81万羽。屠宰场动物持证率、戴标率均达100%。

【试验示范样板点】 全年完成水稻增产工程示范点2个219.3亩，玉米增产工程示范点10个619.8亩，水稻全程机械化示范点3个600亩，粮油高产创建水稻核心示范点1个136.2亩，稻鱼工程示范9个1160亩，蔬菜高产栽培示范点9个1620亩；完成水稻、玉米新品种展示21个。

【农业综合执法和渔政执法】 全年共开展各类农资市场检查227场次，出动执法人员743人次，出动执法车辆162辆次，共检查各类农资经营摊位438个次，查处不合格经营户5户，立案7件（其中饲料1件、农药3件、肥料1件）结案7件，没收假劣农资115余公斤，罚款9300元，为群众挽回经济损失45余万元。完成渔政执法统一检查行动18次，常规河道检查38次，共出动执法车51辆次，参加检查人员达260多人次，立案查处电鱼案件5起、毒鱼案件2起，没收电鱼机10台，没收非法渔获物18公斤，处理涉案人员15人，罚款1.2万余元。

【农机安全监理】 全年共出动农机安全检查人员348人次、车辆170辆次，检查各类拖拉机367余辆，纠正和消除农机事故隐患49起；检验拖拉机、联合收割248台；新注册登记14台，变更登记17台，省内转入6台，补换行驶证20人。全年没有发生农机安全事故，事故死亡率0%。

（撰稿：杨代禄　编辑：王承勋）

鸭产业化建设

【概述】 县鸭产业化建设管理办公室核定事业编制8名，工勤编制1名，领导职数主任1名，副主任2名。现事业编制实有在职人员11名，主任1名，副主任2名，专职纪检员1名，事业工作人员7名，其中兽医师3名，畜牧师1名。根据《三穗鸭产业发展规划》，依照《中华人民共和国畜牧法》《种畜禽管理条例》等法律、法规，对三穗县鸭产业化建设行使“统筹规划、整合资源、业务管理、文化推介和技术服务”的管理职能。

【基础工作】 开展“两学一做”学习教育等党支部建设工作。狠抓党风廉政建设，将此工作列入当年目标管理的重要内容，确保“一岗双责”落到实处。开展同步小康驻村工作，明确专职驻村人员，做好资金保障，努力配合村支两委开展工作。

【养殖推广】 全县鸭养殖达1200.3万羽，蛋鸭存栏25.2万羽，出栏商品鸭998.5万羽。完善了种鸭基地、商品鸭基地、蛋鸭养殖基地、皮蛋加工厂和销售体系等建设，建立完善产业体系。年底新增存栏500羽规模养鸭场（户）35个，新建成规模养殖场15个，2016年规模户将达380户以上，规模场达90个。

【三穗鸭种资源】 原种繁育场建设。为提高三穗鸭种质资源的保种、育种和繁育能力，三穗县新建三穗鸭原种繁殖场1个，选址为三穗县八弓镇高寨村万顺养殖场，该场严格按照“品种良种化、养殖设施化、管理规范化、防疫制度化、粪污无害化、监管常态化”六化标准进行建设。已建成投产，2016年，存栏三穗鸭种鸭3000套。三穗鸭扩繁场建设。已有扩繁场4个（万顺养殖场、桐林鹿洞养殖场、瓦寨兴绿洲养殖基地、长吉中河千户合作社养殖场）。存栏种鸭1.2万羽，已孵化蛋212万余枚，销售鸭苗136万羽。

【三穗鸭销售店和饮食体验店建设】 贵州翼宇鸭业有限公司建设有三穗鸭特色精品专卖店1家，该公司还在贵阳开设有饮食体验店2家、科技特派员耿秀碧在贵阳开设三穗鸭专卖店1家。贵州千里山生态食品股份有限公司在县城设鸭产品专卖店1家。贵州翼宇鸭业有限公司利用电子商务销售渠道，拓宽三穗鸭销售渠道。且逐渐完善专卖店和饮食体验店销售和产品可追溯制度。上半年在三穗县城已有三穗鸭餐饮店3家。贵州千里山生态食品股份有限公司、贵州三穗兴绿洲农业发展有限公司、三穗县翼宇鸭业有限公司在贵阳共有三穗鸭专卖店4家，三穗鸭饮食5家、体验店2家。三穗县怀勇农业发展有限公司在铜仁地区实现了蛋品专卖市场，三穗县翼宇鸭业有限公司在广东东莞一星级酒店进行三穗鸭产品及三穗老鸭汤专卖；在周边县市设立三穗鸭专卖店8家。

【招商引资】 鼓励已在三穗县投资的客商坚定投资发展的信心，通过以商招商，由三穗县怀勇农业发展有限公司推荐引入的思南客商已在三穗鸭交易市场投资建设皮蛋加工厂1个，实现鸭产业延伸上下游配套产业链，促进三穗县鸭产业不断做大做强。

【品牌宣传】 配合中央电视台军事农业频道《乡土》栏目进入三穗拍摄三穗鸭美食及寨头苗族同胞的传统节日“二月二”禳桥节；在县内灯箱广告护栏三穗鸭地理标识宣传，提升认知三穗鸭是中国地方品种保护品牌；高速路段的大幅广告宣传，加大品牌建设。协助翼宇鸭业有限公司组织货源，参加2016中国·贵阳国际农产品交易会及黔货进京参展并取得喜人的收益，与贵州黔源贵宝贸易有限公司达成长期合作协议销售北京；在贵州广播电台发布三穗鸭产业宣传广告。

【三穗鸭产业园区建设】 通过整合发改、财政、国土、交通、扶贫、农业、林业、水利、电力和经济开发区各项经费投入。园区基础设施建设，其中有三穗鸭养殖、长吉乡2015年农业综合开发土地治理、三穗县金昌沟水库建设、长吉乡、瓦寨镇、桐林镇引水渠、防洪堤建设，全年来共投入资金32145.00万元，其中各级财政投入5920万元、整合部门资金投入8712万元、银行贷款投入3000万元，园区实体自筹投入5370万元。

（撰稿：姚碧琼　编辑：王承勋）

林　业

【概述】 县林业局编制66名，其中行政编制20名（机关7名，12名政法编制，1名工勤），事业编制46名。2016年度实有人数58

人，其中行政18人，事业40人。有技术职称23人（中级11人，初级12人）。组织全民完成义务及四旁植树50万株，完成2015年度天保造林项目造林6000亩，完成2015年巩退项目用材林造林2000亩，经济林500亩，完成2015年新一轮退耕还林造林25100亩，完成2015年森林植被恢复费造林70亩。受理各类涉林案件72起，立案查处67起，查处率为93.1%，依法收缴罚款（含木材变价款）3万余元。开展专项行动，打击违法行为，共发生林业行政案件6起，查处6起，案件查处率达100%。其中无证运输木材5起，超证运输1起。没收木材16.5685立方米，没收变价处理14900元。接待群众来信来访159人次，做到热心接待，有访必答，有信必复，转办有着落，件件有落实。全县共排查山林权属纠纷74起，其中旧存纠纷69起，2016年新增县内纠纷5起。成功化解矛盾纠纷15起，化解率20.2%，稳控化解59起，稳控率100%。帮扶良上乡大龙村计生协会费3000元；免费赠送一套电脑桌和文件柜一个，价值1500元；协调帮助养羊大户欧清义争取到项目资金2.3万元；慰问稿米小学52个学生给他们送去温暖（每人一个书包、一个画板、一盒水彩笔）价值2000元；慰问贫困老党员6人，并给他们送去每人300元的慰问金；2000元资助大龙村筹办民族文化活动经费2000元。

【天保工程】 完成2016年度集体所有地方公益林管护资金管护实施方案编制，落实234人名管护人员，签订管护责任状。新增213名贫困转为生态护林员，资金达213万元/年，正在上报审核之中；2015年中央财政森林抚育补贴项目第二批3000亩森林抚育已全面施工、检查、验收完成，项目总投资30万元，共设计24个小班，涉及八弓镇、桐林镇、款场乡、台烈镇、瓦寨镇、长吉乡、雪洞镇7个乡镇；完成2015年度天保造林项目造林6000亩，项目总投资505.81万元，建设分布在全县9个乡镇的44个行政村和国有林场的1个分场；编制了2016年中央财政森林抚育补贴项目，共设计小班68个，面积10000亩（其中天保森林抚育5000亩，其他森林抚育5000亩），项目总投资110万元。

【退耕还林】 完成2015年巩退项目用材林造林2000亩，经济林500亩，项目建设总投资147.12万元，涉及桐林镇、雪洞镇、台烈镇、瓦寨镇、长吉乡、雪洞镇7个乡镇，项目受益农户67户；完成2015年新一轮退耕还林造林25100亩，丈量、输机完成，共设计小班843个，涉及全县9个乡镇，项目总投资5233.36万元；编制了2016—2020年三穗县拟计划退耕还林69668亩，其中经济林（水果）拟实施14816亩，生态林拟实施54852亩，项目总投资10544.95万元，涉及全县9个乡镇140个村。

【营林工作】 组织实施2015年县乡村县级出资造林封山育林11494亩，项目总投资114910.00元，共设计143个小班，涉及八弓镇、台烈镇、长吉乡、滚马乡4个乡镇和国有林场；完成2015年森林植被恢复费造林70亩；组织实施了2015年州级森林植被恢复费封山育林9370亩，补助金额为65.59万元，共聘请管护人员5人涉及八弓镇、长吉乡、瓦寨镇、雪洞镇、良上乡5个乡镇；编制2016年县级森林植被恢复费封山育林作业设计，设计面积6010亩，总投资71.76万元，小班211个，涉及长吉乡的地盛村、贵晓村；编制了2017年省级造林专项封山育林42738亩；完成2016年造林补贴项目作业设计编制，设计面积8435亩，总投资295.225万元，其中中央投资177.58万元；编制2016年省级植被恢复费项目方案，设计面积20574亩，项目总投资205.74万元。共设计小班409个，涉及八弓镇、款场乡、台烈镇、瓦寨镇、长吉乡、良上乡、雪洞镇、滚马乡8个乡镇；完成了

2016年营造林档案归档工作。

【木材采伐】 全县木材采指标总量156430立方米，国有8360立方米（天然林150立方米）：按森林类别分，商品林的年采伐限额6790立方米，其中主伐3690立方米，抚育采伐2760立方米，其他采伐340立方米（天然林20立方米）；按森林类别分公益林的年采伐限额1570立方米，其中更新采伐1000立方米，抚育采伐390立方米（天然林130立方米），其他采伐180立方米。集体年采伐限额148070立方米（天然林13660立方米）按森林类别分商品林的年采伐限额112550立方米，其中主伐89300立方米，抚育采伐11920立方米，低产林改造4080立方米，其他采伐7250立方米（天然林3500立方米）；按森林类别为公益林的年采伐限额35520立方米，其中更新采伐13070立方米（天然林160立方米），抚育采伐19290立方米（天然林8500立方米），其他采伐3160立方米（天然林1500立方米）。办理木材运输证1115份，材积14909.64立方米。（其中出省杉原木818.42立方米，杉锯材779.49立方米，杉拼板4864.15立方米；省内杉原木6280.73立方米，松原木1546.37立方米，杉锯材323.12立方米，松锯材37.41立方米，杂材179.38立方米，处罚材80.57立方米）。办理商品材林木采伐证16份，采伐蓄积4206.67立方米，材积2725.47立方米。办理自用材327份（其中公益林8份），蓄积2088.68立方米（其中商品林2028.83立方米，公益林59.85立方米）。

【野生动植物保护】 通过对天然林限伐，阔叶林原则上禁伐，国家重点公益林项目的实施和地方公益林建立，对野生动植物生长栖息创造条件，取得了成效。开展各种打击非法乱捕滥猎野生动物专项行动，对全县野生动物驯养繁殖经营户进行逐户进行调查摸底，正确引导。在全县范围开展为期一年的严厉打击破坏野生动物资源违法犯罪“利箭行动”，出动执法车辆和人员，以走访形式对各大小型餐饮业进行摸底排查。活动开展以来，共清查整治农贸市场11个、餐饮场所106家（处），发放野生动物宣传资料500余份，接到群众举报4起，依法查处非法收购、出售野生动物案件4起。

【森林防火】 森林防火工作认真贯彻落实“预防为主、积极扑灭”的森林防火工作方针，全面落实防火责任制和各项预防措施，为全县林业快速、健康、可持续发展奠定基础。组织召开森林防火工作会议，对2016年度森林防火工作进行安排部署，县、乡、村层层签订森林防火责任状。在县电视台滚动播放三穗县森林防火公告和禁火令，悬挂、制作森防宣传横幅400余幅，印发《黔东南州森林防火条例》20000份、《三穗县森林防火公告》10000份、《三穗县禁火令》10000份，书写宣传标语5000余幅，强化森林防火宣传，扩大宣传教育面。元月份以来，全县共发生森林火情6起，过火面积50亩，未造成较大的损失，未出现人员伤亡情况。

【森林病虫害防治】 完成林业有害生物春季、秋季普查工作，春季松材线虫病普查中共发现枯死松树10株，其中经镜检发现拟松材线虫3株，其他线虫2株，不明原因自然死亡5株；分布于4个细班，细班面积为333亩，其中松林面积333亩。所有枯死松木于4月25日前得到全面清理。秋季松材线虫病普查中共发现枯死松木98株，其中，经镜检发现拟松材线虫14株，其他线虫54株，不明原因自然死亡30株；所有枯死松树分布于17个细班，其中松林面积1168亩。从普查的情况来看，全县松林未发现松材线虫病。开展越冬代调查工作。全县共设置固定样地22个，临时样地43个，调查代表面积77.3万亩，占全县森林面积87.7万亩的88.1%；调查线路达35条，覆盖面达100%，共抽查固定及设置临时监测样地65个，调查对象主要以萧氏松茎象、松褐天牛（含拟松材线虫病）、马尾松点尺蛾、松叶蜂、松毒蛾等。通过调查，第一季度实际发生林业有害生物0.215万亩，均为轻度发生。其中松褐天牛危害发生0.155万亩，主要分布在台烈、桐林、长吉、雪洞和国有林场的松林区域；萧氏松茎象发生0.06万亩，主要分布于滚马、款场、桐林、雪洞和国有林场的松林区域。开展林业有害生物普查，范围遍及全县9个乡镇1个国有林场及部分木材加工厂（贮木场），完成普查代表面积86.5万亩，普查完成率100%；开展踏查线路68条；调查点211个；填写调查表格211张；调查标准地数量3个，其中虫害2个，病害1个。完整生活史的标本2种，成套标本35种。拍摄有害生物及危害症状照片116张。各项调查材料均已按要求通过野外调查仪调查系统上传到贵州省林业有害生物防治管理信息系统中，所有普查材料及标本全部上交至黔东南州检疫站，该项目并得到黔东南州检疫站的验收且合格。

【产业基地建设】 蓝莓基地建设完成土地流转342亩、种植313亩、低产林改造500亩，完成上级林业部门下达任务的101.1625%，其中低产林改造完成100%。总投资为150万元，其中财政投资60万元，企业自筹90万元。共计完成投资164.9万元，投资累计完成109.9%。该项目建设在长吉乡赤瓦村，建设规模为400亩，带动当地村民150余人，其中贫困户32人。2016年，全县蓝莓产业发展已达4500余亩，蓝莓产业带动经济产值增长共计2000余万元，惠及农户上千人。三穗县桐林镇油茶示范项目入选《2016年度贵州省农林综合林业开发项目》，并于10月底通过省厅批复，获得中央和地方财政支持共计280万元，目前项目已进入前期准备阶段，3000亩油茶基地的作业道路、蓄水池、管护用房、标示牌等工作正在有序实施。该项目的实施将使三穗油茶种植突破万亩大关。

【林木种苗和科技推广】 加强苗木的验收和调运，严格按国标进行种苗验收，把好质量关，做到不合格苗木不准上山造林，不合格种子严禁用于育苗。对调运的种苗，经检验合格后方予办证。全县育苗面积445亩。其中留床苗280亩，社会新育苗165亩（杉木108亩、马尾松裸根苗2亩、鹅掌楸15亩、红豆杉15亩、桂花25亩）。在新育苗面积中，使用各树种种子共5550公斤，主要造林树种为马尾松、杉木、桂花、红豆杉、鹅掌楸等。2015年冬至2016年春三穗县工程造林、社会造林、补植用苗571.434万株，其中马尾松30.375万株，杉木449.916万株，银杏5.395万株，鹅掌楸19.85万株，桂花9.818万株，楠木7.985万株，香樟1.338万株，红豆杉46.757万株。科技推广方面，加大科技培训力度，全年共开展培训工作4次，受训人员700余人。

【固定资产投资及木材税征收】 全年实现林业产值11624.54万元，实现林业增加值7986.17万元。其中营造林产值527.6万元；竹木材产值631.6万元；苗木产值9893.0万元；薪材产值500万元；木材税费收入72.3万元。

【第四次森林资源普查】 全面掌握森林资源情况，充分反映全县森林资源的数量、质量结构和生态效益，推进生态文明示范建设，根据省、州文件及相关会议精神，做好第四次森林资源普查工作。第四次森林资源普查工作参与调查人员共33人（含8个外包调查人员），共分17个外业调查工组，分别负责全县9个乡镇1个国有林场的外业调查工作。17个工作组所有调查人员已深入各乡镇各山头地块，紧锣密鼓开展普查工作，完成小班调查面积72646.6公顷，完成任务数的100%；系统样地完成430个，完成任务数的100%。顺利通过省、州验收。

【“雷霆行动”和“六个严禁”执法专项行动】 共受理各类涉林案件72起，立案查处67起，查处率为93.1%。其中立林业行政案件22起，查处22起，查处率为100%，其中滥伐林木6起，无证运输3起，森林火灾6起，违法占用林地1起，野生动物案件5起，非法收购木材1起，依法处理违法人员27人，依法收缴罚款（含木材变价款）3万余元；立林业刑事案件30起，查破25起，破案率为83.33%，其中滥伐林木案16起，盗伐林木案6起，失火案1起，依法刑事拘留24人，已移送起诉18起18人。

【铸廉行动】 实行党组书记、局长一把手负责制，坚持“一岗双责”。党组书记、局长负主体责任，纪检组长负监督责任，要求班子成员、党员领导干部既要洁身自好，管住自己，更要敢于担当，切实抓好党风廉政建设和反腐败工作。健全干部学习组制度，制定学习计划，要求干部认真做好学习笔记，撰写心得体会。重点学习习近平总书记系列重要讲话，中共十八大，中共十八届三中、四中、五中、六中全会精神和林业法律法规和政策。

（撰稿：杨婷婷　编辑：王承勋）

国有林场

【概述】 三穗县国有林场管理国有森林资源面积7.41万亩，2016年，有职工64人，场内设人秘股、财统股、业务股、林政股4个股室和台烈、德明、桐林、款场4个分场共8个股级机构。有专业技术职称6人，其中工程师4人，助理工程师2人，高级技工34人，中级技工17人，初级2人。完成造林145.6亩；完成国家战略储备林项目培植抚育工作3196亩；完成国有森林资源7.41万亩的外业设计工作。

根据贵州省委、贵州省人民政府《关于印发〈贵州省国有林场改革实施方案〉的通知》文件精神，从5月开始，国有林场改革全面展开，迅速成立领导改革小组，研制国有林场改革方案，通过召开职代会，广泛征求意见报县人民政府相关部门审定，通过县人民政府审查并报省林场改革领导小组审批。2016年共破获各类林业行政案件8起，正在侦办案件3起，挽回经济损失80000余元。印发3000余份防火宣传标语以及修复防火线43公里。国有林区未发生森林火警、火灾事件共悬挂防火宣传横幅2幅，宣传资料200余份；禁毒宣传毒标语两条，发放禁毒宣传资料200余份。

【森林保护】 总场与各分场签订天保工程目标管理责任书5份，由分场场长负总责，各护林员负直接责任，精心组织，合理安排，扎实有效地搞好森林资源管理工作。总场与各护林员签订森林承包管护合同21份，将管护面积和责任落实到护林员个人，达到横向到边，纵向到点，全方位管护。在4个分场林区悬挂诱捕器16个，对林场7.41万亩森林资源实施监测。完成春、秋两季松材线虫病普查工作，处理枯死松树16株。

【帮扶工作】 帮扶八弓镇南桥村，共悬挂防火宣传横幅2幅，宣传资料200余份；禁毒宣传毒标语两条，发放禁毒宣传资料200余份；计生帮扶经费3000元，慰问贫困儿童800元，赠送办公用品打印机1台和赠送春耕化肥5吨，协助村两委抓好党建等工作。

（撰稿：杨世祥　编辑：王承勋）

水　利

【概述】　三穗县水务局设办公室（县人民政府防汛抗旱指挥部办公室）、水资源和水土保持股（三穗县节约用水办公室）、供排水管理股、综合业务股。局属事业机构有三穗县水利水电工程管理中心、三穗县塘冲水库工程管理局、三穗县水务局水利工程建设管理站、三穗县河道管理所、三穗县水政监察大队、三穗县水务局水利工程技术服务站、三穗县水利水电工程质量与安全监督站、三穗县抗旱排涝服务队、三穗县地方电力管理站、三穗县水资源管理站。全县水务系统在册职工87人。其中局机关48人，水利水电工程管理中心17人，乡镇水利站22人，党政人员6人，专业技术人员39人，有技术职称27人，其中中级职称15人、初级职称12人，工勤人员25人，其中高级技工9人、中级技工12人、无等级4人。其他人员17人。

全年共完成固定投资6.6547亿元，占全年目标6.24亿元的106.6%，建成一批事关民计民生的水利基础设施。完成塘冲水库大坝枢纽工程及附属设施建设。2016年进场开工建设金昌沟水库主体工程。开展白剑坡水库三通一平工作。完成长吉乡、桐林镇、台烈镇和瓦寨镇4个抗旱应急水源工程，保障3.05万人抗旱应急供水。改造完成渠道5.4公里；新建11座拦水堰及其渠道续建配套；新建山塘5座及相应渠道续建配套；新建渠道58.067公里；新建排洪排涝渠0.85公里；新建提灌站2座；解决农田灌溉面积1.303万亩。

【农村饮水安全】　三穗县“四在农家·美丽乡村”小康水（农村饮水安全项目）19处，解决人口1.3313万人，于2016年11月20日开工。三穗县2016年中央第一批农村饮水安全巩固提升工程项目，该工程与小康水项目资金整合实施，解决贫困人口0.1463万人，于2016年11月20日开工。三穗县2016年第二批农村饮水安全巩固提升工程省级财政专项扶贫资金（发展资金）项目，解决贫困人口0.3265万人，该工程有7处已与小康水项目整合于2016年11月20日已开工，余下21处待实施方案批复资金到位后，立即实施。

【安全与质量监督】　全年签订各类安全生产责任书40份，下发各项安全生产文件20来份，开展安全生产知识培训4次，召开安全生产工作例会、专题会27次，研究部署安全生产工作任务。开展安全生产法律法规和安全度汛知识宣传，组织人员到各个乡镇开展水利安全生产和相关水利法律知识宣传共12次，参加人数30人次，悬挂横幅10条，散发宣传材料1000余份，标语100余份，固定标语13条，举办水利安全生产培训1期，参加50人次，观看安全生产电视录像2次，参加104人次。开展水利项目安全隐患排查30余次，河湖巡查10次，开展计量设施检查1次，水土保持预防监督检查3次，依法开展立案查处水事违法案件1起。

【防汛抗旱】　受厄尔尼诺暖流影响，三穗县降雨量较往年同期偏多，多地频繁出现短时暴雨，安全度汛形势十分严峻。4月6日和6月14日发生过2次洪涝灾情，其中以6月14日降雨天气对三穗县影响范围较大，出现降雨量较大的为良上乡127毫米、滚马乡100毫米、台烈镇103毫米、雪洞镇92.5毫米、款场乡80毫米、其余乡镇降雨量在78~74毫米之间，此次降雨量时间长、雨量大，造成全县7个乡镇不同程度受灾，经调查核实，两次灾害涉及全县7个乡镇，受灾人口3951人，受灾面积达46.8公顷，其中粮食作物30.5公顷，成灾面积28.2公顷；损坏堤防1处/0.5公里，堤防决口2处/0.03公里，损坏护岸2处，公路中断2条，供电中断2条次，通信中断1条次，部分山体滑坡造成渠道堵塞。灾情发生后，县委、县政府高度重视，由县委书记黄瑜、县长付乐欣、县防指指挥长杨检及相关部门主要负责人靠前指挥抗洪救抢险救灾工作。分成3个组下到各乡镇指挥抗灾、救灾、核灾及灾后重建工作，同时下拨救灾物资棉衣被50套、救灾资金10万元，其他生活物资折款5万元，救灾帐篷21顶到各乡镇开展救助和转移安置工作，解决受灾困难群众基本生活困难。

【水利改革】 实行严格的水资源管理制度，“三条红线”初步确立。在近三年考核中，均获得省、州高度好评；水利工程运行管理取得新突破，全面实施小型水利工程产权制度改革，498处小型水利工程产权得到明晰。顺利完成公益性水管单位体制改革，水管单位在岗及退休职工报酬和工程维修养护经费纳入县级财政全额预算管理。严格按照水利建设工程“四制”的要求，明确建设各方的责任、权利和义务，规范各方行为，确保工程质量，争创优质精品工程。水务一体化全面推进。县住建、环保等部门涉水职能顺利划入县水务局，涉水事务管理得到进一步规范。积极探索投融资体制改革，与州水投公司达成意向性合作框架协议，水务发展投融资平台初步建立。完善基层水利服务体系，完成9个乡镇水利站职能设置，落实相应编制和人员，办公设备设施进一步健全。积极推进水权、水价改革，给国有水利工程颁发水权证，积极推行城镇和乡村供水、农田灌溉“商品水”模式，进一步巩固和发展水利工程自身效益，促进了工程良性运行。

【基层组织建设】 围绕党的群众路线教育实践活动和“三严三实”专题教育实践活动，纠正和整治水利系统中存在的“四风”问题。利用各种学习时间，组织党员干部职工及时学习中共十八届六中全会精神和《习近平同志在纪念红军长征胜利80周年大会上的讲话》。制定《三穗县水务局内部管理制度（试行）》，组织学习《中国共产党廉洁自律准则》《中国共产党纪律处分条例》和《中国共产党问责条例》等，狠刹不正之风，切实加强干部“治庸、治懒、治散、治软”力度。深化铸廉铸勤行动，解决党风廉政建设存在的突出问题。深入基层开展水利项目建设指导和贫困走访213人次，走访贫困群众286户1238人。全年没有发生重大安全事故，没有发现重大水事违法行为，没有发生干部因作风问题受到举报或处分。

（撰稿：王思东　编辑：王承勋）

烟　草

【概述】 县烟草专卖局（分公司）内设综合办、烟叶股、卷烟营销部、财务股、专卖办、内管派驻组7个部门。年底在职职工36人，其中女性5人，大专以上学历33人。

全年集中检查市场26次，出动人员380人次，车辆24台次，共检查零售户2716户次，清理无证户71户次，查获涉烟违法案件18起，其中5万元以上案件2起，共查扣涉案卷烟32.136万支，其中假冒卷烟7.94万支，烟叶2.635吨，共计案值25.26万元，涉烟案件罚没款收入2.16万元。12月底，全县正常经营户1084户，办理新办证73户，歇业、注销108户，停业41户，恢复营业5户，变更2户，补办2户，减少卷烟零售户71户。

【卷烟销售】 全年实现卷烟销售5483箱（其中省产烟箱4575箱，省外烟908箱），完成年度调整计划5489箱的100%，较2015年减少801箱，降幅12.83%；实现销售收入14356.14万元，较2015年17097.47万元减少2741.33万元，降幅16.03%；单箱均价26183元/箱，较2015年27182元/箱减少999元，降幅3.68%；贵烟销售2436箱，占销售总量的44.43%，较2015年3054箱减少618箱，降幅20.24%；重点品牌销售3160箱，较去年4084箱减少924箱，降幅22.63%。

收购烟叶2012担，完成年初2000担计划的100.6%，收购上等烟比例43.8%，较2015年增加2个百分点，烟农户均收入8.18万元，较2015年增加0.77万元，比全省户均收入6.07万元多2.09万元。

【基础管理】 把预算执行率纳入季度考核，没有预算的一律不给予开支，超过预算的在考核上扣分。实现了重点费同比下降，其中业务招待费3.7万元，同比下降39%；会务费1.4万元，同比下降58 %。规范出差人员费用管理，出台《三穗县烟草分公司县内出差管理规定》，保证一线员工正常拜访，解决不规范车票的使用难题。

【安全管理】 共签订41份安全责任书；开展驾驶员月度教育学习培训共12次；组织开展安全生产法律法规知识培训、道路交通安全法知识培训、消防知识培训、烤烟收购前的培训、转岗人员安全培训以及安全知识6期，观看交通安全事故警示教育片1部，观看火灾事故案例警示片，参训人员达195人次；给区域中转站安装防雷设施费用1.1万元。整改危险电路6处，更换（增添）灭火器16个。

【企业文化】 开展道德讲堂培训4次。增补选经审委员，成立职工之家，积极开展各项活动。2月3日，组织全体职工徒步活动比赛及“迎新年，保安全”新春趣味活动；3月7日，组织全体女职工开展庆“三八”活动；11月21日，开展了一期冬季文体活动。2016年10月，迁入新办公楼办公。

【党建工作】 开展“两学一做”学习教育，发挥党员的先锋作用。在卷烟营销工作中，党员服务基层、服务客户，实行党员双联系制度，党员帮扶零售户2户。发扬先锋精神和大局意识，组建三穗县先锋突击队，出动241人次帮助春节期间中转站上下卷烟。完成2015年7户的脱贫帮扶工作，走访调查2016年的3户脱贫帮扶工作，赠送帮扶金3000元。全年共捐款21954元，其中个人捐款6945元，帮扶了失火受灾的卷烟零售户和患癌症的烟农户。开展重走长征路、重温入党誓言、看望小巴冶留守儿童，并为他们捐款2900元购买夏装65套。

【两个突破】 烟草实现税收突破千万元大关。2016年上缴税金1024.7万元（其中烟叶税52.2万元），同比2015年833.3万元增加191.4万元，增幅达22.96%。议政实现突破，2016年，刘长华当选县党代表和政协委员，是三穗烟草成立来的第一次，议政的能力实现突破。

（撰稿：谢玉明　编辑：王承勋）

气　象

【概述】 县气象局编制15人，实际在编人数11人，其中参照公务员法管理4人；事业编制7人，高级工程师1人，工程师2人，助理工程师4人。地方在编人数2人。荣获全州气象系统综合考核优秀单位称号。

地面测报。建立健全基础业务各项规章和奖惩制度，加强业务人员培训，加强测报、预报应急能力的建设，开展业务竞赛，测报、预报人员的业务技能和业务素质得到不断提高，业务质量稳步提升。地面观测质量错情率为

0.0‰，资料可用性为100%。在全州第七届天气预报预警技能竞赛中，三穗气象局获团体第三名。

预报服务。坚持“防灾减灾，气象先行”服务理念，抓好气象预报预警服务。全年共制作《气象信息报告》84期、《重要气象信息专报》1期、《气象信息快报》50期、《专题气象信息服务报告》51期，发布雷电、大雾、暴雨和高温等预警信号103次。发布气象手机短信20余万条。力推气象微信公众号关注覆盖面，三穗气象微信用户达9000余人，每天更新三穗气象微信气象服务信息材料。县气象局与电视、电信、联通、移动、金穗出租公司、道路运管、城管局建立气象预警发布机制。

全年强降水天数偏多，先后出现了5次暴雨天气过程；6月17日20时至18日08时出现入汛以来范围最广、强度最大的一次暴雨天气过程，其中良上乡小时累计降雨量达64.5毫米，在应对极端天气过程时，县气象局及时启动应急响应，应急响应期间坚持“防灾减灾、气象先行”的服务理念，提前部署，科学应对。密切监测暴雨天气，迅速启动应急预案，及时预警，发挥好气象部门“消息树”作用。实现人员零伤亡。

2016年7月4日，三穗县机构编制委员会同意在县人工影响天气作业指挥中心加挂三穗县预警信息发布中心牌子，《关于在县人工影响天气作业指挥中心加挂三穗县预警信息发布中心牌子的通知》。承担县内突发事件预警信息发布系统的建设、管理和技术保障服务；承担县内突发事件预警信息的授权发布；承担三穗县突发事件预警信息发布情况分析评估。

【人工影响天气】 按照省、州局的安排和部署，围绕“三农”和县委、县政府的工作重心，加强炮站标准建设，3月与桐林供电所对接，桐林炮站完成市电的安装接入。6月15日，对炮站的基础设施进行升级改造，安装了视频监控，配备了防卫器械，等溪、桐林炮站实现视频监控全覆盖。人影工作为三穗县农业增效农民增收做出了重大贡献。

三穗县人工影响天气有效开展防雹作业8次，用弹量220发，比上年同期用弹量增加70发；火箭防雹作业1次，用弹1发。同时加强高炮站的安全检查，并与全县炮站民兵签订了安全工作责任书，组织全县高炮民兵进行安全培训，选派民兵参加省、州举行的各种业务技能培训，操作技能都得到了有效提高，全年无人影安全事故发生。8月23日至25日，组织民兵参加黔东南州第二届人工影响天气高炮安全操作技能竞赛获组织奖和个人二等奖。

【防雷减灾】 气象局加强与安监部门合作，不定期开展防雷安全检查。7月8日至10日，由安监、住建、消防、卫生、教育、气象等部门组成防雷专项检查组，对全县中小学校、卫生院、房地产商、加油站、燃气站等人口密集和易燃易爆场进行全面检查，对检查结果由安委办进行通报，限期整改，并建立整改台帐，督促落实整改。8月12日，工信、安监、消防、车管等组成联合检查组，对全县易燃易爆场所再次进行全面检查。

通过“综治宣传月”“减灾宣传日”“科技宣传周”“世界气象日”等开展防雷减灾宣传活动，发放宣传资料10000册。

【农经网】 贵州农经网三穗信息中心采集采集三穗农业园区基地信息3家，为农户发布供求信息62条，发布三穗招商信息17条，现场为农服务5次，全年发布三穗市场农产品价格信息19529条，年终农经网考核在全州排名第七名。

【队伍建设】 领导班子建设以增强局班子的战斗力、凝聚力、创新力为宗旨，在工作中坚持民主集中制原则，凡重大事项，如股级干部任免、评先、评优、大额度资金使用等都由班子集体讨论决定，必要时要经全体职工会讨论通过方可执行。

抓干部培训，积极组织全局职工参加省、州、县举办的各种教育培训，提高综合素质。2016年，到省、州学习培训达12人次。每周组织业务人员开展两次业务学习。

局党支部强化“三严三实”的学习教育，积极开展四有四化品牌建设，严格执行“三会一课”制度，开展民主评议党员，增强党员干部的政治意识、大局意识、核心意识和看齐意识。

严格按照党风廉政建设和反腐败工作总体要求，建立党风廉政责任制，干部职工签订责任书，加强廉洁自律，干部职工切实转变工作作风，全年未出现干部违纪违法现象。

11月16日，中国气象局到三穗县气象检查党风廉政工作，肯定了三穗气象局党风廉政工作取得的成绩。落实中央“八项规定”精神，全面规范公务接待、公务用车行为，成效明显。县气象局“三公”经费与上年同期相比减少11%，其中公务用车运行维护费减少10%，公务接待费减少13%。贯彻民主集中制原则，坚持重大事项民主协商，凡涉及“三重一大”事项，均召开“班子民主决策”会议决定。加强事务公开，及时通过公示栏、会议形式面向职工公开公务接待、科技服务收支、车辆使用、职工出勤、食堂开支等事项，增加工作的透明度，保障职工的知情权与参与权。

【气象现代化建设】 按照汛期气象服务工作要求，坚持做到根据每次不同强降水量级标准，利用座机或手机叫应相应的领导及人员，提前做好防范应对灾害工作。2016年7月15日，三穗县人民政府办公室印发《三穗县暴雨“三级叫应”服务制度》。

2016年10月气象预警信息发布系统更新，政府各部门及相关责任人及时接收气象灾害预警信息。

【驻村帮扶】 根据县委、县政府的安排，与八弓镇富民社区结对帮扶，完成帮扶社区的各项工作任务。开展社区农业气象服务，让村民根据天气及时安排农业生产。通过农经网为该社区发布农经信息，及时向社区发布各类气象信息。深入社区开展气象科普知识宣传3次，发放宣传资料2000余份。走访慰问帮扶村困难党员和计生困难户，慰问社区残疾人困难户4800元，支持社区基础设施建设资金5000元，帮扶资金共计9800元。

（撰稿：张羽　编辑：王承勋）

工业贸易

工业

【概述】 县工业信息化和商务局内设办公室、经济运行股（工业股）、粮食管理股、商务和信息化管理股。保留三穗县中小企业办公室，为县工业信息化和商务局所属财政全额预算管理副乡级事业单位。履行机构改革后规定的主要职责，承担调节全县工业、商业、粮食、信息化经济运行，推进新型工业化、信息化建设和管理。保留三穗县工业信息化节能监察大队，为县工业信息化和商务局所属财政全额预算管理副乡级事业单位。有职工人数22人，其中女职工4人。

【工业主要经济指标】 全年2000万元以上工业总产值达305314万元，比2015年266068万元增加39246万元。2000万元以上工业增加值达83344万元，比2015年的71471万元增加11873万元，同比增长14.9%，增速在全州排位第一位，完成州政府下达的全年目标任务。工业主营业务收入303597万元，利润总额5575万元，利税总额11823万元。规模以上工业企业达30个，比2015年增加2个，规模以上工业企业70%设在工业园区。

【工业产品产量增长】 全年供电量20169万千瓦时，比2015年18425万千瓦时增长9.5%，其中售电量18254万千瓦时，比2015年16623万千瓦时增长9.8%。人造板26.79万立方米，比2015年24.5万立方米增长9.3%。服装724.41万件，比2015年235.15万件增长186.2%。鲜、冷藏肉0.99万吨，比2015年0.98万吨增长1%。

【扶持微型企业发展】 2016年10月10日，三穗县人民政府办公室下发《三穗县扶持微型企业发展实施方案》，包括总体要求、重点任务、保障措施、支持政策、监督管理等具体内容。在支持政策方面，创办扶持、财政支持、金融支持、税费减免等几项扶持措施。同时印发扶持微型企业发展工作评审办法，落实小微企业各项贷款，贷款数额同比增长39.6%，贷款户数达41户，在政策扶持下，培育华盛电子为规模以上工业企业。

完成签约项目35个，合同引资55.55亿元，省外项目到位资金53.07亿元，同比增长94.49%，新增项目履约率和开工率均达100%，预计全年完成到位资金63亿元。培育特色产业。围绕做大做强轻工纺织、食品加工，重点培育壮大以三穗鸭为主的食品工业，以服装和电子信息为主的轻工业，以新材料制造、机电产品、农机器具为主的制造业，推动台歌电子科技、中国针织百强企业鼎盛服饰等企业发展壮大。实施人才回归、资金回流、创业回乡

“三回工程”和“雁归兴穗”行动计划，在项目规划、审批、用地、资金等方面给予返乡企业支持和服务，延伸产业链，做大企业规模，促进产业集聚集约发展。

【商贸经济指标】 全社会消费品零售总额达141225.3万元，比上年元增长16820.60万元，同比增长13.5%。按行业分组，批发业5481.4万元，零售业111907.3万元，住宿业1023.3万元，餐饮业22813.3万元。2016年贸易业和住宿餐饮企业的单位数达4479个，从业人员达9254人。

【消费品零售总额】 全社会消费品零售总额达141225.3万元，比2015年的124404.7万元增长16820.06万元，同比增长13.5%。按行业等分组，批发业5481.4万元，零售业111907.3万元，住宿业1023.3万元，餐饮业22813.3万元。2016年贸易业和住宿餐饮企业的单位数达4479个，从业人员达9254人。

【商贸工作】 商贸活县是县委多年实施的重要战略，带动了城市繁荣和区域经济发展。包括“商品市场繁荣”“商贸经济指标攀升”“市场建设日趋完善”“非公经济民军密起”“电子商务蓬勃发展”“外贸出口初见成效”等方面。

【企业服务】 颇洞村是三穗县党社联建的示范村，村两委大力发展工商企业，壮大村级集体经济，已启动特色食品加工、大棚生态果蔬等项目。为加快推进项目建设进度，县工业信息化和商务局积极做好服务工作，助推集体经济发展，并与州中小企业服务中心联系，提供优质服务。

【电子商务】 全县电子商务已成为新业态项目运营，筹措320万元资金发展县城电子商务，建成县级电子商务运营中心。开业运营后，有杭州顶立企业管理咨询、邮政集团三穗分公司等16家电商关联企业入驻中心开展电商工作。8月底，已实现电子商务交易额720多万元。有标准化网品生产企业12家，标准化网品26个，乡镇一村一品47个，开设企业网店13个，个人网店168个，逐步构建了网销市场，为“三穗鸭”系列产品、竹编系列产品、木制小家具系列产品、中药材系列产品等打开了销路。

三穗县是文化部命名的“中国民间文化（竹编）艺术之乡”，八弓镇界牌村返乡农民工杨杜鹃办起了“黔森源”电子商务有限公司，网上销售本县竹编工艺产品嵌字竹席、筛簸、斗笠、细篾竹篮等，半年实现销售金额30万元。颇洞村采用“党社联建+电商扶贫”模式，建立农村电商综合服务站，颇洞贡米、三穗血浆鸭、绿壳鸭蛋、嗯嗯啊就肉、腌鱼等特色农产品借“网”出山，实现了40多个产品上线销售，完成交易510单，实现了电商交易收入35.6万元。

（撰稿：罗国军　编辑：王承勋）

供　电

【概述】 三穗供电局成立于1999年10月，是贵州电网公司代管企业，2008年12月划转为贵州电网公司全资子公司，下设10个管理职能部门，11个生产部门，分别为局办公室、监察审计部、党群工作部、工会、人力资源部、财务部、市场营销部、生产设备部、安全监管部、计划建设部、调度控制中心、物资仓储配送站、变电管理所、输电管理所、客户服务中心及八弓、台烈、长吉、桐林4个供电所。共有员工198人（在岗员工192人，内退员工6人）。其中党员56名，管理人员65人，占在岗员工总数的27.41%，生产部门143人，占在岗员工总数的32.82%。生产部门133人，占在岗员工总数67.18%，平均年龄38.50岁。

供电区域内有220千伏变电站1座，主变1台，变电总容量180兆伏安；110千伏变电站2座，主变3台，主变电总容量140兆伏安；35千伏变电站有6座，主变6台，变电容量为28.75兆伏安。110千伏线路4条，线路长度为140.277公里，35千伏线路8条，线路长度为71.736公里，10千伏线路34条，线路总长度为835.9公里，线路互倒率94.11%，配变1352台，其中公用配变800台，专用配变580台；供电客户7.2万户（其中专变用户562户）。

完成售电量18254.1万千瓦时，同比增长9.81个百分点，完成电费回收率100%。综合线损9.49%，同比下降0.28个百分点。综合电压合格率98.60%，同比上升9.44个百分点。供电可靠率99.61%，同比上升0.04个百分点。超额完成凯里供电局下达的内部利润指标。全面完成党建和党风廉政建设工作责任制目标。全年电网安全稳定运行，未发生人身、电网、设备事故和信息安全四级及以上事件。

【安全生产】 完善各级人员安全生产职责和到位标准。组织召开安全生产委员会会议，明确生产技术指标、安全生产目标，编制保障措施。层层签订责任状，分解落实部门、班组、员工安全生产目标，传递安全生产责任。每周发布安全风险管控计划，明确管控责任人员，全年各级管理人员共到位管控风险702人次。

人身事故风险得到严控。狠抓违章管理，全年共开展现场安全纠察268次，处罚及纠正违章行为24起，约谈A类违章施工队2次，违章整改率100%。开展“反违章大反思大讨论活动”及“外包施工安全‘3+1’专项治理行动”，开展安全培训12期，组织生产班组人员开展安全体感、识别A类违章实操培训及竞赛活动。实施安全大检查和隐患排查整改，共发现问题75项、排查隐患81项，均按计划整改。开展输配电线路跨越铁路、公路及临近加油站等隐患排查，排查出隐患34处，已整改11处，其余23项已列入整改计划。开展线路杆（塔）搭挂专项整治，排查出隐患167处，在鱼塘、水库安装“禁止钓鱼 高压危险”警示牌26块，全年未发生社会人员触电事故事件。

开展线路、设备特巡特维及设备隐患专项排查，紧急、重大缺陷消缺率100%。开展标杆变电站建设，强化二次系统作业风险管控，强化运维管理，电网设备健康水平明显提升，110千伏输电线路故障跳闸1次，35千伏输电线路故障跳闸2次，同比分别下降75%和66.67%。

分组定点管理及承包商日常扣分考核等方式进行管控，工程管理人员到施工现场开展安全检查及协调工作共245余次，对出现质量问题的施工单位，开具承包商扣分处罚，并召开专题会限期整改。

完善应急预案和处置方案，开展应急管理培训2次，发布预警3次，启动应急响应3次，完成保供电14次。保持与气象等部门密切联系，加强气象信息的收集，应急期间及时抢修受灾设备，主动配合县政府对吉洞村山体滑坡应急处置和支援锦屏供电局水灾抢修工作。

【营销服务】 推进营销“反违规”专项行动及挖潜增效工作。把“反违规”专项行动按专业融入常态工作，实现挖潜增效21.56万元，考核营销一般差错7人/次。

推进计量自动化终端的覆盖与运用，实现“两类终端”全覆盖，TTU自动抄表率85%，线损实时监控线路2条，小水电上网与实际购电零差异。开展线损异常台区现场核实与整改工作，整改线损异常公变26台，实现线损指标持续优化，10千伏线损及以下有损线损率累计完成7.92%，比上级下达计划9.5%低1.58个百分点，同比下降0.9个百分点，因有损线损率降低，增收101.14万元。

通过系统双轨运行期间的培训和数据完善，实现系统单轨运行的业务有序，业扩电子化移交、营销异常数据处理常态化，新营销系统各业务运转持续规范。

推进客户满意度提升工作。制定《2016年客户满意度提升方案》，突出对客户关心的热点问题开展常态化稽查，明确了所长、班长到位标准，按月评价工作并排名通报，基础服务水平得到提升。召开了大客户及行风监督座谈会，并全面开展客户走访工作，实现大工业客户100%覆盖、乡镇所在地100%覆盖。

推进精准扩销工作。摸排辖区16家规模企业用电方面的难题，向用户提出建议和措施5条。强化客户经理制，积极服务“三施”高速公路建设，主动与其项目部沟通施工用电事宜，实现“三施高速”用电由三穗专线供至镇远，抢占了这一优质市场。践行“少停即是多供”的理念，合理安排设备检修，减少客户停电时间，开展带电搭火18次，减少停电1194时户数。

【电网建设】 完成“十三五”期间电网规划的修编审定，完成新一轮农村电网改造实施计划的编制，完成中心村项目可研、施工设计和低电压台区治理项目可研及批复。2016—2020年期间共计投资14619.76万元，电网建设项目均进度完成。三穗高寨110千伏变35千伏线路送出工程总进度86.08%，2016年第一批农网升级工程总进度70%。

加强物资过程管控。以物资到货管控表为基础，专人负责协调物资到货。

【规范化建设】 编制下发《三穗供电局2016—2018年县级供电企业管理提升方案》《三穗供电局创先及规范化建设工作实施细则》，明确创先及规范化建设工作思路、目标、工作内容。对凯里供电局下发的县局380份业务指导书、305份作业指导书开展本地化识别及修编，进行垂直化管理与推进，线损率、客户满意度等指标明显优化。

制定《三穗供电局2016年基础数据核查及线损异常处置方案》，重新对客户信息进行搜集，确保户表与变台从属关系一致性，客户关键信息准确率100%。完成站—线—变—户数据清理，GIS、资产、营销系统“站线变”数据从属关系一致性达100%，“户—变”关系准确率100%。完成两图一账编制工作，图实一致率100%。

【党建及党风廉政建设】 召开专题民主生活会，开展中心组学习12次、党员周课堂学习49次。组织开展好“两学一做”知识竞赛、“两学一做”体验课堂等活动，党员平均参学率达86%，支部开展的“两学一做”擂台赛的做法得到南网报及南网公司微信的推送。

召开党建及党风廉政工作会议，明确三穗供电局2016年党建及党风廉政8项重点工作。开展“四风”问题整改“回头看”自查整改工作。开展降损增效党员示范台区等先锋工程，运用党员示范工程等载体，突出党员在安全生产、稳增长中的担当意识，使党员成为保安全、稳增长、促改革的主力军。

贯彻落实上级关于党风廉政建设的决策部署，分层落实责任，做好廉洁预警和约谈工作，开展“两个责任”约谈148人次，开展廉洁提醒19次，发送廉洁短信16条次。班子成员对重点岗位、关键环节，量化岗位人员廉洁防控标准，落实“一岗双责”和凯供党委“五必”工作要求。尝试和探索构建“不能腐”机制，量化关键岗位防控的到位标准，把风险库相对较宏观的要求进进一步的细化，以便更有操作性。制定廉洁风险防控到位手册，把廉洁防控工作开展情况都记录在案。

【驻村帮扶】 为帮扶村送去14700元的计生帮扶款和贫困户慰问资金，赠送电脑2台。同时对高寨村3名品学兼优贫困学生开展“青春接力 让爱延续”助学帮扶，开展活动4次，全局党员、团员为3人捐爱心早餐款1827元。

【职工之家建设】 按照南方电网公司“6+N”建家工作要求，2016年，完成3个供电所、一个变电集控中心小家建设，实现了4个供电所完成“6+N”硬件设施小家建设要求，营造“温馨、和谐、快乐、规范”小家，达到小家建设的目的。

【技能竞赛】 按照凯里供电局2016年技能竞赛计划，组织参加凯里供电局6项技能竞赛，取得调度员岗位技能竞赛团体三等奖，组织开展技能竞赛2项。通过竞赛活动的开展，达到提高职工技能及业务素质的目的。

（撰稿：万明忠　编辑：王承勋）

供　水

【概述】 县自来水公司主要负责县城区党政机关、企事业单位及居民生产、生活用水的生产和供应；承担用水户的接水工作；供水设施的建设改造、维护和管理工作。公司内设办公室、财务室、安装科、供水科（抄表组）、收费室、稽查队、水厂、化验室、工程预决算室、三穗县农村饮用水安全水质检测中心、GIS管网监测室，共11个科室（厂）。公司2016年有职工53人，其中正式职工38人，合同工15人。公司成立党支部1个，现有中共正式党员16名，女性党员3名（含退休党员1名），男性党员13名（含退休党员2名），入党积极分子2名（女性）。

按照州委深改组印发的《黔东南州水务一体化改革实施方案》，全面完成水务一体化改革。根据《县人民政府办关于印发三穗县水务局主要职责内设机构和人员编制规定的通知》，原由三穗县住房和城乡建设局管理的三穗县自来水公司及三穗县清穗污水处理厂，于2016年8月2日正式整体划归三穗县水务局管理，完成职能划转与接管工作。

全年支持社会、文化、公益事业资金共计16760元。

【供水设施】 全年抢修维修DN100以上管道300余次，更换市政消防栓4座，全年累计巡查管线2.1万公里。改造DN250、DN300主水管2处（建设局、移动公司施工改移）；县城内新增供水管网6公里；新增用水户1926户，“一户一表”改造300余户。全年新增DN100以上供水主管网7000米。

三穗县农村饮用水安全水质检测中心于2016年4月20日竣工，经三穗县自来水公司内部验收初评合格；11月22日进行县级验收，经设计、施工、建设、使用管理单位有关人员共同验收，质量评定为合格。该水质检测中心设备设施的投入使用，将由原来的检测10项，增加到检测25项。4月公司完成对县城区4个点位供水管网GIS系统设备设施建设，已进入试运行阶段。该管网GIS系统的运行使用加快公司对爆管、水压低等事故的反应速度，缩短了修复时间，减少了对用户的影响，降低了水量损失。水厂水位监测设备、进水口流量计等设备，目前已安装完成，已投入正常使用。

（撰稿：欧阳章勇　编辑：王承勋）

供销合作

【概述】 围绕中发〔2015〕11号和黔党发

〔2016〕5号文件精神开展工作，被评为全州供销社系统2016年目标考核二等奖。销售总额完成2.65亿元，占县政府年初下达任务2亿元的133%。完成销售利润总额217.4万元，占县政府年初下达任务90万元的241%。完成所有者权益1877万元，占州年初下达任务1214万元的155%。建成专业合作社4个，完成庄稼医院建设3个。完成各类化肥淡季储备2500吨，占县政府下达任务2500吨的100%。完成化肥销售量11267吨，占县政府年初下达任务9500吨的119%。稳步推进农村金融服务，全年社员股金规模达1302万元，完成县政府下达1200万元的109%。发展社员2016人，实现营业收入180万元，营业支出143万元，上缴税金3万元，实现利润37万元。

【社员股金服务】 利用县电视台，五月“综治宣传月”和六月“安全生产月”下乡宣传社员股金服务入社、入股和社员股金调剂业务等，向群众发放业务宣传单和制作影像资料。组织供销社系统职工深入机关单位，学校、社区和临街门市、广场人员聚集地方开展股金服务宣传。社员股金规模1302万元，社员2016人，累计调剂股金总额2563万元，其中第一产业2365万元，涉及社员302个，贫困户108户，第二产业150万元，第三产业48万元，增加就业岗位46个。通过调剂股金，缓解部分社员在生活以及经营等方面的燃眉之急，拓宽了就业渠道，为108户社员脱贫起到了积极的促进作用。

【“三位一体”的新型合作经济组织体系】 以产销对接和资金互助为核心，以农业增效、农民增收为出发点，以强化基层建设助推精准扶贫为切入点，通过发展农村合作金融、领办创办农民专业合作社，发展农村电子商务，使传统的基层供销社具备生产、流通、信用等多种服务功能。成立由瓦寨供销社，三穗县供销社社员股金服务社，三穗县瓦寨镇调洞春晖蔬菜专业合作社组成的新型合作社，形成生产合作、供销合作、信用合作的“三位一体”新型合作社，经营农资销售、生产生活用品、农副产品购销、种植和农村金融服务。为社员提供农业生产资料的购买、农产品销售，加工、运输、储存以及农业生产经营有关的技术信息等服务，2016年有社员191户704人，其中贫困户105户360人，覆盖原调洞、平城、柑子院三个村，土地流转面积230亩，每年土地流转费用16.56万元。现建有标准大棚400个，以发展蔬菜种植为主体，以每年复种2.5次，实际种植面积达500余。主要种植品种有叶菜类：大白菜、小白菜、卷心白、葱蒜、芹菜等；瓜果类：白萝卜、胡萝卜、辣椒、西红柿、苦瓜、黄瓜、丝瓜、瓠瓜、茄子等。亩产达4000至5000公斤左右，年创毛收入每亩大约2万元左右。500亩年毛收入1000万元左右，除土地租金，劳务费、肥料等费用，年纯利润近120万元左右，贫困户35人季节性在专业合作社务工，务工农民每月人均收入1500元以上，成为服务“三农”的主力军和扶贫攻坚的生力军。切实做到农民出资、农民参与、农民受益；大胆探索“三位一体”新型合作社的新模式。实现“资源变资产、资产变资金、农民变股民”的三变模式。

【农村电子商务】 县供销社组织各基层社，社属各企业共同出资288万元，成立三穗供销农村电子商务有限公司，并入驻三穗县电子商务运营中心，同时协助建成9个村级服务站，借助各种电子商务平台开展网上销售，实现农产品上线，工业品下乡的电子商务平台，2016年1月起开展线上线下交易，实现销售总额总额1545万元，实现利润48万元，带动农户42户150人参与生产供货，增加收入23万元，其中贫困户21户57人增加收入8.16万元，人均增收1432元。向上级申报农村电子商务项目，申报项目总额1000多元，申报项目资金400元，项目已通过了省社电商办的评审，协助完成全县95个农村电子商务网点布局的选点工作，年内计划完成68个，2016年完成27个，各服务站主要布置在公路沿线和具有交通优势，而且人口相对比较集中，具有辐射带动作用村级实体商店。利用电子商务平台，把全系统的线下实体资源整合起来，将网点的数量优势转变为网络的系统优势。

【驻村帮扶】 深入良上乡良上村60余人次，派驻干部长期驻村与村民同吃、同住、同劳动，根据上寨村的实际，领办良上乡良上村米酒专业合作社和良上乡良上村种养殖专业合作社，同时还为13户贫困户交纳了入股股金3900元，计划生育“三结合”帮扶3000元，贫困户脱贫回访慰问金3000元，支助春耕化肥10吨，价值13000元，支持良上村“六月六”开展文体活动经费1000元，支持村级集体经济发展15000元，共计投入帮扶资金38900元。

【综治信访维稳和安全生产】 制定信访维稳和安全生产工作方案、应急预案，定期分析信访形势，排查信访“热点”“难点”问题，随时了解和掌握职工动态，做好说服解释和疏导工作，全年未出现一起不良上访事件。在安全生产管理工作中，落实安全生产责任制，和各公司基层社签订了安全生产责任书，做到职责分明，责任到人。组织人员到款乡、桐林镇、八弓镇参加五月“综治宣传月”和六月“安全生产月”活动，发放各类安全生产和社员股金服务宣传资料3000多份。加强企业的安全主体责任，国家重大节日、重要时段经常开展安全生产工作大检查和不定期抽查，主要检查烟花爆竹仓库的消防设备、设施是否完善，使用性能是否可靠等，做到安全隐患排查率100%，发现问题整改率100%，全年全系统未发生安全事故。

【党风廉政建设和反腐败】 贯彻落实中央、省、州廉政工作会议精神，落实《国有企业领导人员廉洁从业若干规定》等要求，完善社有企业监督管理制度。加强党风廉政建设，严格遵守《中国共产党纪律处分条例》《中国共产党党员领导干部廉洁从政若干准则》等规章制度，形成以制度规范行为，按制度办事，靠制度管人的反腐工作机制。严格落实中央“八项规定”，坚决防止“四风”反弹。不断加强制度建设，使制度成为硬约束，做到按制度办事、按规矩办事。强化干部职工的宗旨意识、服务意识，进一步提高工作质量和水平。开展“铸勤行动”。组织召开由县社各股室，基层社和各社属企业负责人参加的“铸勤行动”动员大会，制定《三穗县供销社“铸勤行动”实施方案》，成立领导小组。在全县供销社系统开展“思想铸勤，提振精神；能力铸勤、提高本领；效率铸勤、提升速度；创优铸勤、提增服务；争先铸勤、提档进位”行动。利用职工会和主任办公会组织全体干部学习换届纪律“九严禁” 3次，增强党员干部的纪律意识和规矩意识，按照教育在先、警示在先、预防在先的要求，把换届纪律教育做到入脑入心，知边界、明底线、讲规矩，守纪律。引导干部自觉遵守换届纪律、筑牢思想防线。

【“两学一做”学习教育活动】 组织党员干部召开了动员大会，制定学习计划和学习内容，制作宣传栏和宣传标语，做到学习有计划，有内容、有标准，通过党员手抄党章100天活动。开展“道德讲堂”活动，从干部的道德、礼仪等方面进深入的探讨，教育全体干部职工发扬优秀传统，做一个守规矩、讲诚信、守道德、知廉耻的合法公民。

【破解企业重组】 为化解县土产公司企业债务，县供销社党组根据现有社属企业的实际情况，在公司职工签字同意的情况下，对县土产公司的所有的债权和债务进行了清理，由县供销社资产管理中心出资金，土产公司出资产的形式进行合并，确保社有资产不流失。

（撰稿：唐映强　编辑：王承勋）

盐务管理

【概述】 贵州盐业（集团）三穗有限责任公司（贵州省盐务管理局三穗支局），隶属于贵州盐业（集团）有限责任公司（贵州省盐务管理局），是三穗县盐业主管部门，负责全县盐业行政管理、盐政执法和食盐专营工作，担负着辖区内盐产品的供应和消除碘缺乏病的重任。公司性质为国有企业，局司一套班子、两块牌子、职能分开、合署办公。内设盐政股、财会股、办公室、营销股。公司在册职工17人，在岗6人（其中大专学历6人），离休老干部1人，退休职工10人。

完成全年各项目标任务。全年各类盐品销售625.17吨，其中食盐销售478.17吨，营业总收入为266.12万元，主营业务收入246.1万元，缴纳税费14.69万元。

【全力整顿盐业市场】 盐务支局成立市场整顿领导小组，全力整顿食盐市场，做到不留死角、不留盲区、不走过场，“严细实”的作风，对存在问题的商家采取“零容忍”的态度，坚持“严”字当头、敢抓敢管，忠实履行职责，保障人民群众的“舌尖上的安全”。

【网络建设】 设有食盐零售代售户140户，通过工作实践，扩大零售经营比重，扩大小袋盐经营比重，扩大多品种盐经营上取得了一系列突破。全年食盐零售占食盐销售的比重达100%，小袋盐占食盐销售的98.8%。严格按照“便于管理、合理布局、方便群众”的原则，建立食盐营销网络体系，优化服务质量，实行全面配送。实行“四统一”以建立良好的食盐专营形象；加强与各职能部门的联系，提高市场监管力度，在此基础上，狠抓落实，责任到位，并定期检查在工作运行中出现的问题。规范工业盐市场，与用户签订了购销合同，一并签订承诺书，要求用户必须采取登账管理工业盐，为使工业盐不流入市场，与工商局不定期地抽查各用户的工业盐流向及使用情况。

（撰稿：杨荣凯　编辑：王承勋）

粮食储备

【概述】 贵州省储备粮管理总公司三穗直属库现有平房仓两栋，总仓容10000吨，承储省级储备粮（稻谷）8400吨。内设综合科、业务科两个科室，2016年有在职职工7人，临时聘用人员1人，其中男职工5人，女职工2人，党员4人，大专文化以上3人，50岁以上职工3人，平均年龄47.7岁。

1号仓粮情况。根据贵州省储备粮管理总公司《2015年度省级储备粮油轮换计划的通知》文件精神，于2015年3月开始入库，2015年9月23日入库结束，收获年度为2014年和2015年生产的稻谷。入库结束后经贵州省粮油产品质量监督检验站抽样检验质量符合国家标准。存粮4197吨，等级为国标3级，水份13.2%，杂质1.0%，储存品质为宜存粮。当前平均粮温为17.7℃，最高粮温27.4℃，储粮安全。

2号仓粮情况。根据贵州省储备粮管理总公司《2016年度省级储备粮油轮换计划的通知》

文件精神，于2016年6月开始入库，2016年11月底入库结束，收获年度为2015年和2016年生产的稻谷。入库结束后经贵州省粮油产品质量监督检验站抽样检验质量符合国家标准。存粮4203吨，等级为国标3级，水分12.4%，杂质0.5%，脂肪酸值18.4，储存品质为宜存粮。平均粮温为18.7℃，最高粮温29.8℃，储粮安全。

4月对2栋仓房外墙漆进行刷漆工作。根据年初计划，1号仓的粮膜覆盖，于4月26日进行了2号仓磷化铝熏蒸，5月17号开仓散气，5月22号起开始进行粮膜覆盖，5月底前粮膜覆盖结束。5月起对需要维修维护的设施设备进行选择性的维修维护。6月起粮食轮换工作入库正式启动。7月投入4万多元完成两栋仓房部分隔热层坍塌造成屋面漏雨的维修。8月接收总公司更换的一批新的仓储设备，另投入0.8万元购置一台绞龙式扒粮机。

10月起开展对雷山代储库的监管工作，对2栋仓房的门窗进行改造。11月粮食轮换工作入库结束。12月进行地磅升级改造，投入0.47万元为化验室添置了空调和冰箱。

（撰稿：刘太亮　编辑：王承勋）

城建环保

住房和城乡建设

【概述】 县住房和城乡建设局下设县房地产管理局、县城乡规划管理局、建筑工程质量监督站、建筑工程安全监督站、县新型墙体材料革新建筑节能办公室、县城市管理综合执法大队和县新农村建设办公室。县住房和城乡建设局共有7个行政编制（实有8人）、1个机关工勤编（实有1人），房管局有5个编制（实有6人），规划局有16个编制（实有16人），质监站4个编制（实有4人），安监站3个编制（实有3人），节能办3个编制（实有3人），全局共计41人。

三穗县城市管理综合执法大队为三穗县住房和城乡建设局所属财政全额预算管理正乡级事业单位，大队长为三穗县住房和城乡建设局党组成员；根据《县人民政府办公室关于印发三穗县住房和城乡建设局主要职责内设机构和人员编制规定的通知》文件规定，三穗县新农村建设办公室于2015年3月18日整合到三穗县住房和城乡建设局，为三穗县住房和城乡建设局所属财政全额预算管理正乡级事业单位。三穗县住房和城乡建设局共有党组成员8人，设党组书记、局长、副局长、纪检组长、城管大队大队长、房管局局长和规划局局长。2016年，三穗县住房和城乡建设局共有党员28人，其中退休党员4人。

【房地产市场】 全县完成房地产开发投资104295万元，为州全年目标任务数95000万元的109.78%。新建商品房销售面积共16.56万平方米，其中住宅销售面积15.41万平方米，非住宅销售面积1.15万平方米，销售总额46851.08万元。2016年我县已经兑付了购房补贴170户，补贴金额共计58.1513万元。已审核未兑付的补贴户共447户，补贴资金共需161.4755万元。县住房和城乡建设局在全县2016年度部门考核中荣获一等奖；全县“多彩贵州文明行动”工作考核荣获先进单位；城镇保障性安居工程建设在州级考核中荣获一等奖，获得奖励资金215万元。

【保障性安居工程】 上级下达保障性安居工程建设任务为1677套（户），均为城市棚户区改造项目。共分为7个片区实施，其中八弓片区327户、台烈片区400户、桐林片区150户、雪洞片区100户，瓦寨片区200户，良上片区100，长吉片区400户。改造协议已全部签订完毕，签订率为100%，完成目标建设任务。全年共发放租赁补贴235户，资金24.237万元。

【建筑业监督管理】 执行工程建设的法定程序，督促建设单位在项目报建登记前需按省、州文件要求进行节能标准设计和施工图纸送审查；要求建设单位提供有资质的机构提供的工程量清单，国有投资的项目工程量清单必须经审计部门审查通过，作为招标拦标价的依据；全年建设工程项目登记报建项目共计14个，投资额11.4813亿元，建筑面积362142.7平方米，登记报建率为100%。完善建设工程招投标制度，强化招标投标过程的监督管理，限额以上应招标工程均按规定进入了黔东南州公共资源交易中心进行招投标活动，全年招投标项目22个，投资额2.2752亿元，其中公开招标项目20个，投资额0.963亿元；直接发包项目2个，投资额1.313亿元，招投标的公开率100%，招标备案率100%。严格建筑市场的管理和建筑市场准入制度，对进入县内承接项目的所有施工企业、中介机构、监理公司、勘察、设计等单位，要求在建筑市场监管与一体化平台录入企业相关信息并持合同备案登记，合同备案率为100%；杜绝无资质、越级承包工程，挂靠承包工程的违法行为；加强合同备案管理，杜绝不按中标价及招标文件约定签订施工合同，安全技术措施费落实在合同总价中。定期对施工企业进行检查，按照《中华人民共和国建筑法》的规定，严格履行建筑工程施工许可程序，对不领施工许可证而擅自开工的，坚决予以停工整改，立即纠正其违法违规行为。2016年在建筑市场监管与一体化平台按规定审查和核发施工许可证11个，投资规模3.5177亿元；工程规模258768.3平方米，工程监理率按规模达100%。

【建筑节能】 节能备案工程项目5个，共计面积147686.47平方米，备案工程节能设计率100%，施工图送审率100%。应征收缴墙改基金合计75.65732万元，实际征收15.3128万元，征收率为20.24%。所有项目严格按照绿色节能进行实施。竣工备案项目9个，共计201487.07平方米。

【建筑工程质量安全监督管理】 共监督在建工程19个，建筑面积57.33万平方米，工程质量合格率、主体结构工程验收合格率、工程质量备案率和工程安全监督覆盖率均达100%。共组织进行了117次监督检查工作，下发安全整改通知62份，其中发现隐患数105项，整改到位105项，整改率100%。全年无质量安全责任事故发生，实现零死亡的责任目标。

【城镇基础设施建设】 三穗县商贸物流综合市场建设项目，建设物流配送中心，建材销售专业市场、小商品批发专业市场、木制品加工及销售专业市场，配套住宅区等，其中纯住宅454套，商住楼509栋，计划总投资4.5亿元。2月26日收到三穗县新鸿房地产开发有限公司提交的加入100个城市综合体的申请，命名为将军府城市综合体。其规划内容为规划总用地面积23133平方米，总建筑面积56052平方米，包含商业、酒店、公寓三大主导功能，总投资2.2亿元。10月底完成投资9920万元，完成施工面积30000平方米，建成主导功能建筑1个，12月底全面建成投入运营。做好良上乡雅中村消防建设、城市建设投资有限公司实施的2015年人民小区公共租赁住房、三穗县易地扶贫搬迁工程将军府安置点项目、黔东南州2014年棚户区改造工程三穗县建设项目新穗村塘边安置房、永灵安置房、寨坝安置房等项目，完成好上级交办的其他事务，按时报送各类报表（建设工程信息、产值、施工许可证、招投标情况、图纸审查、勘察设计合同备案等）。

【人大建议和政协提案】 办理人大建议和政协提案共计35件，牵头办理16件。其中，人大建议牵头办理4件，协助办理4件；政协提案牵头办理12件，协助办理15件。人大建议和政协提案已全部答复完毕，并征询代表和委员办理情况意见时全部为满意。

【城乡规划编制】 共办理核发建设项目选址意见书10本，共计面积263072.63平方米；核发建设用地规划许可证71本，许可建设用地面积531420.72平方米；核发建设工程规划许可证67本，许可建筑面积137407.4平方米；核发建设工程竣工规划认可证53本，认可建筑面积35284.424平方米。自2012年6月4日获得州人民政府同意执行《三穗县城市总体规划(2010—2030)》的批复以来，全年三穗县住房和城乡建设局组织编制了总体规划评估、“十三五”近期建设规划、三穗县高铁新区控制性详细规划和三穗县高铁新区城市设计等专项规划。三穗县城规划面积为48平方公里，其中，老城区10平方公里，高铁新区20平方公里，经济开发区18平方公里。依托交通区位优势，强化基础配套设施，打造具有区域竞争力的工业强县、黔东旅游一级集散地、黔东旅游服务城。将高铁片区20平方公里范围规划为集居住、商贸、旅游、高档公共服务设施、旅游观光等为一体城市新区。依托高铁站，提供旅游服务、商业休闲、商贸展览、文化创意、商务金融等功能，修建黔东中医医院、残疾人托养中心、康养中心、黔东体育中心、黔东交通枢纽综合体、多彩贵州服务中心、游客集散中心、自驾游服务中心等高端服务设施，打造五星级酒店和各类展销展览中心等服务设施项目，打造高标准的超级市场、精品超市、品牌旗舰店与专业店、家居生活馆、数码电器馆等商业基地；沿邛水河打造生态景观长廊，集中打造水上乐园、滨水游购休闲区、水岸生态宜居区等民族文化体验、文化遗产展示、黔东旅游速览等休闲旅游观光基地。

（撰稿：张仁清　编辑：王承勋）

新农村建设

【概述】 县社会主义新农村建设办公室内设综合股、规划建设股、村寨保护和危房改造股、农村消防和环境整治股，核定编制10人，实有人数9人，其中领导职数3人，女2人，少数民族9人，中共党员6人，大专以上学历9人。实施6个示范村和10个推进村建设，完成美丽乡村建设投资4879.6882万元。其中示范村完成投资2626.3969万元，实施项目75个；推进村完成投资2253.2913万元，实施项目72个。完成农村危房改造2601户，拨付改造补助金3813.85万元。

【一事一议小康寨项目】 完成投资4560万元，实施项目300个。其中普惠项目投资1403万元，实施项目97个；小康寨示范村项目投资1050万元，实施项目77个；整镇推进项目投资800万，实施项目36个；融资资金项目80个，投资884万元；其他美丽乡村项目投资423万元。

【农村生活垃圾治理】 全面启动并完成颇洞村、寨头村、台烈村等32个村的“五有”（有完善的设施设备、有成熟的治理技术、有稳定的保洁队伍、有完善的监管制度、有长效的资金保障）治理工作。“四在农家·美丽乡村”基础设施建设六项行动计划完成投资3.3495亿元，其中小康路行动计划完成投资7232万元；小康水行动计划完成投资2312.59万元；小康房行动计划完成投资6610万元；小康电行动计划完成投资1251.31万元；小康讯行动计划完成投资11530万元；小康寨行动计划完成投资4560万元。启动木良、柑子院、贵秧、界牌（八弓）“美丽乡村”示范村建设，完成投资839万元。

（撰稿：王承鹏　编辑：王承勋）

城市管理

【概述】 县城市管理综合执法大队内设办公室、城管执法中队、环境卫生管理站、公共照明管理所、市政设施建设管理所。核定事业编制27人，实际在编22人。其中工勤人员4人。另有自收自支人员6人，城市管理协管员22人，环卫工人337人。领导职数大队长1名，副队长2名，纪检组长1名。

针对城区农贸市场容量小，流动摊点管理难的情况，将好优多超市门口至得力文具店门口路段划定为临时水果摊点摆卖区域，规范设摊经营。加大对流动摊点管理力度，对流动叫卖摊点，占道经营摊点、夜间占道烧烤摊点等进行清理。共清理流动摊点8000余摊次，处罚39起；清理夜间占道烧烤摊点17个；规范纺织品、小饰品经营摊点43个；规范、清理校园周边乱摆摊点70余个。加强户外广告管理。共查处或暂扣擅自在人行道上摆放落地广告牌21个，落地流动广告牌1个，拆除布幅、条幅广告27条。责令修复、更换门店破损广告牌7个，拆除存在安全隐患灯箱、门店广告牌2个。清理乱张贴、乱涂写、乱吊挂广告15000余处。与交警开展联合执法，对乱停乱放车辆开展集中整治。共纠正违停车辆70余辆，暂扣机动、非机动两轮摩托车16辆。开展案件查处工作。共查处损坏市政设施案件16起，查处未经审批擅自挖掘道路埋设排污管线行为2起，查处占用道路维修、加工行为21起，处罚21起。查处工程车带泥上路，沿途抛洒滴漏等违规行为9起，处理9起。

【环境卫生管理】 按省、州、县"多彩贵州文明行动"专项行动要求，细化、量化环卫作业岗位职责，做到职责明确，责任到人。使得道路清扫保洁率、垃圾清运率、公厕清掏清扫保洁率达100%；机械化清扫、洒水降尘率达90%以上。将县城区环卫作业区域划分为96个路段，47个片区，实行网格化、条块化管理，制定了各条块的任务、标准和考核考评机制，实行月考评、年考核，"绩效对等工资"的考核机制。完善12座公厕的管理制度和引导标识，及时维护破损设施，公厕管理达到"十无，七有，两免，三完好"标准。强化技术工人的教育培训，及时维修维护环卫设施，确保环卫作业正常运行。新购置清洗车1辆，车厢可卸式垃圾车3辆，环卫清运三轮车5辆，购置环卫垃圾桶200个，作业机械化率进一步提高。

【市政设施建设管理】 完成东门口至桂花树道路改造、县城道路零星修补、县城人行道地板维修、三星加油站至血站零星铺设柏油、县城井盖、地漏零星维修等工程。投入改造、维修资金108万元。投入约17万元在将军广场、高铁站前广场及公交站点安装休息座椅166张。完成了高铁站进站口、售票厅、站前广场与道路交界处防撞墩安装工程，施划道路标识标线12702平方米，投入资金482676元。

【公共照明管理】 维修主干道路灯4000余盏，更换路灯控制箱漏电开关15个，经纬仪时控开关35个，交流接触器18个，触发器70个，小保险92个，新增变压器3台。维修广场、河堤景观灯、草坪灯、地脚灯350盏。架设空中路灯电线1200米，更换地埋电缆500米。确保路灯亮率达96%以上，路灯设施完好率达95%以上。投入90万元进行春节亮化，增加春节喜庆氛围。

【垃圾填埋场运营管理】 为做好三穗县城生活垃圾处理工作，实现垃圾处理无害化、减量化、资源化，将三穗县城市生活垃圾卫生填埋场委托给贵州欧瑞信环保科技有限公司运营管理。垃圾填埋场每天处理垃圾约65吨。

（撰稿：杨宗柳　编辑：王承勋）

环境保护

【概述】 县环境保护局机关内设3个行政股室，分别为办公室、政策法规股、污染防治股；下设3个事业机构，分别是三穗县环境监察大队、三穗县人民政府污染物减排办公室、三穗县环境监测站。单位人员编制39名，在职职工37人。按照“建设生态文明，推动经济发展”的理念，围绕主要污染物减排、环境执法、污染治理等重点工作，化解影响科学发展和损害群众健康的突出环境问题，落实环境保护的各项工作，环境质量稳定改善。根据《2012年三穗县县城环境质量状况现状监测》文件精神监测结果，三穗县县城区空气质量二氧化硫、二氧化氮达到《环境空气质量标准》（GB 3095—1996）一级标准；可吸入颗粒物达到《环境空气质量标准》（GB 3095—1996）二级标准；邛水河水质达到《地表水环境质量标准》（GB 3838—2002）规定标准；三穗县县城昼夜噪声达到《声环境质量标准》（GB 3096—2008）二类。

【项目管理】 《贵州省建设项目环境影响评价文件分级审批规定（2012年修订）》文件重新明确建设项目环境影响评价文件分级审批规定，提升县级环保局的行政审批权限。按照文件精神，县环保局积极做好建设项目环评服务工作，改进服务方式，压缩审批时限，再造审批流程，入驻县政府政务服务中心，采用窗口式、标准化管理，实行“一次性”告知、“一站式”办公、“一条龙”服务的模式。全年共审批建设项目环境影响评价文件83个，其中审批环境影响报告表38个，环境影响登记表43个，环境影响报告书2个。

【污染排减】 根据上级下达的目标任务，采取“工程治理、结构调整、监督管理”措施，制定《三穗县2016年四项主要污染物减排计划》，从工业源、农业源、生活源细化分解任务；2016年度污水处理厂累计处理生活污水234.4万吨，削减化学需氧量364.14吨，氨氮削减量53.37吨。县污水处理厂自动监测结果在省、州环保部门网站上公布率达98%以上，国控、省控企业污染源自动监测数据传输有效率达98.5%以上。

【污染防治和监管】 以环境保护“执法风暴”专项行动为契机，以打击整治“黑废水”“黑烟囱”“黑废渣”“黑废油”“黑名单”“黑数据”为重点，继续推进“六个一律”、环境保护大检查专项行动，将大气污染、水污染防治、重金属污染防治、危险废物污染防治、核与辐射安全、环境影响评价、工业园区污染防治、高速公路、高速铁路及进出城主干道沿线污染防控、污染源自动监控9个方面作为重点检查对象，重点针对造纸行业、印染行业、制砖行业、燃煤锅炉、小作坊、砂石场、餐饮服务业、建设工程施工现场等废气污染源及汽车尾气的治理。

【农村与生产环境保护】 全年完成台烈镇国家级生态乡镇创建申报工作；雪洞镇、长吉乡、八弓镇、滚马乡、款场乡、桐林镇、良上乡7个省级生态乡镇创建申报工作；加大农村环境综合整治力度。八弓镇新寨村、八弓镇新寨村（二期）、吉洞村，雪洞镇雪洞村农村环境综合整治项目已通过验收；台烈镇颇洞村、长吉乡长吉村、瓦寨镇观音阁村农村环境综合整治项目正在施工。

【环境监察】 开展环保“利剑”专项行动。落实省政府《关于严格实施环境监管措施的通告》相关要求，开展“六个一律”环保“利剑”执法专项行动，全年出动执法人员528余人次，检查企业257家次，查处环境违法行为案件共21件，共罚款35余万元，已执行16件，罚款金额29万元，5件正在按程序进行；实施查封扣押案件1件，移送公安机关1件，公安机关已立案侦查。

【环境监测】 对国控企业的在线监测系统的监管工作，确保正常运行及数据的传输；协助上级主管部门开展好国控、省控重点污染源监测和重点企业的监督性监测工作；启动环境监测能力建设工作，业务用房建设顺利推进。做好县城及各乡镇集中式饮用水源水质监测，经监测，县城集中式饮用水源地61项和108项均未出现污染物超标现象，出境断面水质全部达到Ⅱ类或好于以上标准，各水源地均未出现重大环境污染事故。全年县城环境空气质量优良率达到97.8%，AQI综合指数排名在全州第五。

【环境宣教】 开展“6·5世界环保日”宣传活动，增强全民生态环保意识，改善城乡环境卫生面貌，提升全县环境质量。组织开展形式多样的环保宣传活动，全年共发入各类宣传资料9000余份（册），接受群众咨询1000余人次，派出学习30余人次。加强政务公开工作，发布政务信息118条，被《中国环境报》《黔东南州日报》《三穗报》及上述网站采用80篇次。

（撰稿：甘兴华　编辑：王承勋）

交 通 邮 电

交通运输

【概述】 县交通运输局内设办公室、综合规划和技术管理股、安全法规股、行政审批服务股4个内设机构，另设立纪检监察室。三穗县交通运输局下设农村公路建设管理办公室、地方交通勘察设计所、交通建设工程质量监督站3个股级事业机构。局机关编制9名（其中工勤编制3名），事业编制12名，在职员工18人，其中女职工6人，少数民族干部13人，大专以上学历16人。局直属单位3个，其中正乡长级单位为县地方海事处，副乡长级事业单位为县农村公路管理局、为县道路运输管理局。地方海事处编制5名，在职人员5人，其中女职工3人，少数民族干部3人，大专以上学历5人；农村公路管理局编制数17名，在职员工17人，其中女职工7人，少数民族干部16人，大专以上学历14人；道路运输管理局编制18名，在职员工17人，其中女职工5人，少数民族干部13人，大专以上学历17人。

道路运输企业4个，长途汽车运输有限公司在职员工91人，其中女职工28人；为县汽车站在职员工49人，其中女职工22人；客运公司在职员工178人，其中女职工10人；为县公交公司在职员工30人，其中管理人员8人。

【工程建设】 境内有沪昆快铁22.92公里，高速公路71.6公里（通车里程），国道（G320线）36公里，省道118.3公里（S308线75.4公里，S202线40公里，S405线2.9公里），城市道路总里程36.5公里，县道265公里，乡道385.4公里，村道583公里，已初步形成以县城为中心，两高为主动脉，国省干线为次动脉，农村公路为毛细血管的网络路网。全县通村水泥路已建成692.6公里，行政村通畅率95%、通达率100%、通客运率97.5%。

全年完成交通建设项目11个，分别是黔东（三穗）综合客运枢纽站建设工程、三黎高速美敏互通连接线建设工程、S310线天柱邦洞至三穗公路集镇大修工程、2016年通畅工程、危桥改造工程、水毁抢修工程、公路中修工程、安保工程、颇洞生态农庄沥青混凝土路面改造（白改黑）及招呼站建设工程、颇洞至德明公路新建工程开工建设等，累计总投资49895万元，年底已经完成固定资产投资任务。

三黎高速美敏互通连接线建设工程分为2个项目。互通分匝道及收费岛、连接线、应急救援区4部分，匝道总长2566米，收费站规模5进11出，估算投资1.7472亿元；互通连接线长720米，按38米宽度建设，估算投资2592万元。于2016年6月底开工建设，年底完成46%形象进度。

黔东（三穗）综合客运枢纽站。该项目总

用地面积70.6亩，总建筑面积80823平方米，总投资概算约3.66亿元，按一级客运枢纽站标准建设；已按照PPP项目建设程序完成了第一（项目识别）、第二（项目准备）、第三（项目采购）阶段工作，项目建设单位已于10月中旬进场施工。

集镇大修工程。该工程位于S310线天柱邦洞至三穗段，总长7.65公里，总投资800万元；1月8日开工建设，10月20日建成使用。

全年通村水泥路改造工程共90.4公里，沟通17个行政村，计划总投资7232万元。2月15日开工建设，12月底全面建成使用；2016年通村水泥路建设工程完成设计工作，2014年通村水泥路完成审计工作，2015年通村水泥路改造工程于2016年10月22日通过州级验收。

危桥改造工程。八坪桥、烧巴大桥、瓦窑桥、木良桥、调洞桥危桥改造工程总投资1106万元，于2015年12月中旬全面动工，2016年底全面竣工；晓隘桥、捌花桥、长吉后街桥，共106延米，计划总投资390万元。

水毁抢修工程。2016年投入资金139万元累计清理坍塌方21930立方米，建成浆砌挡墙2758立方米，修建涵洞4道，恢复路面1755平方米，安装波型梁钢护栏296米，解决群众出行及运输难问题。

公路中修工程。全年公路中修工程全长6公里（S202长吉至良上段K0+000—K6+000），计划总投资130万元，于2016年10月开工，年底建成使用。

安保工程。2015年农村公路安全生命防护工程于2016年6月底全面完工并投入使用，于2015年12月开工，计划总投资237万元，共设置钢筋混凝土护栏155米，波形梁钢护栏9460米，交通标志30套，凸面镜19套。

扶贫道路建设工程。颇洞生态农庄沥青混凝土路面改造（白改黑）及招呼站建设工程于11月2日通过验收，该项目全长1.8公里，总投资150万元。

新建工程。三穗县颇洞至德明公路新建工程于10月11日通过验收，该工程总长7.7公里，总投资150万元，于2015年11月10日开工建设，2016年9月30日建成使用。

窄路面加宽工程。窄路面加宽工程开工建设，该工程共计25.9公里，总投资485.08万元，12月开工。

公路新建工程。三穗县颇洞至德明公路新建工程长7.7公里，计划总投资150万元，于2015年底进场施工，2016年9月30日建成并使用，10月11日通过验收。

公交建设工程。三穗县首条农村客运（三穗至寨头）公交化于9月30日开通，实现农村客运公交化改革，有8辆公交车投入试运行；高寨高铁站公交车站场地建设工程和三穗县公交车临时停保场建设工程于7月7日通过验收，该工程共投资185.2万元。

【县乡公路养护】 对全县113公里县道、37.4公里乡道（技术等级）进行日常维护，全年累计完成路面砂配备36580立方米；清理边沟杂草113公里；路面铺砂18.29万平方米、修补油路面5630平方米、修整路肩1260平方米、清扫路容路貌、行道树及标志刷白等工作。公路水毁预防及抢修工作投入11万元对2015年通村水泥路水毁路段进行修复，投入资金139万元累计清理坍塌方21930立方米、建成浆砌挡墙2758立方米、修建涵洞4道、恢复路面1755平方米、安装波型梁钢护栏296米；对暂时不能恢复的危险路段，在路基缺口、大型塌方处设置警示标识并及时向上级汇报，多渠道争取资金尽快抢修，解决群众出行及运输难问题。

【帮扶工作】 帮扶永兴村计生三结合帮扶资金3000元，提升基层党组织为群众服务的能力；开展结对帮扶走访工作共计8次184人次，走访贫困户32户608人次，帮扶7200元慰问贫困户，提高帮扶针对性和扶贫精准度；帮扶4000元支持开展农村环境综合整治暨农村清洁风暴行动工作；帮扶慰问“六一”儿童节2150元；帮扶永兴村雅中小学开展义务教育均衡发展工作1500元；帮扶永兴村制作“稻田养鱼基地”宣传牌1020元；成功申报获得报柳至桐合公路、雅中进寨公路建设项目。

【路政管理工作】 全年发放宣传资料3000余份（册），办理公路搭接道口许可卷宗2起，赔补偿卷宗2起，规范整改搭接道口5处，清理占公路路面堆积物60余处500立方米，办理公路控制区临时性建筑许可33起。设立流动治超工作点对超限超载运输进行打击和治理，全年共收取路政赔补偿费和占利用费7.8万元。

【道路运输管理】 三穗县有维修企业77家（一类4家、二类3家、三类70家），有营运客车200台（大型客车32辆共960座、中型客车168辆共3192座），有出租车64辆、公交车14辆，有4家客运公司（凯运集团三穗分公司、三穗县客运公司，三穗县公交公司、三穗县联合出租车公司），有客运站1家（三穗县汽车站）、乡镇客运站6家。汽车站除发往全县各乡、镇、村外，还有发往广东、怀化、新晃等外省、市的营运客车。共开通客运班线42条，已有159行政村开通客运班线，行政村通车率达97.55%。全年共完成客运量3124万人，同比增长18.4%；完成客运周转量125640万人/公里，同比增长16%；完成货运量826万吨，同比增长48.0%；完成货运周转量63920万吨/公里，同比增长45.3%。共审验货车1387辆、客车196辆，审验维修企业85家、客运公司2家。更新客车14辆，新增客车6辆，更新出租车7辆，为122辆农村客运车辆和64辆出租车发放了2014年度的燃油补贴共计98.48万元，新增7个行政村通客运车通车率已达97.5%，三穗至台烈寨头路段进行农村客运公交化试点改革并于2016年9月30日试运营。新增41辆货运车辆。对县11家一、二类维修企业进行质量信誉考核，进行车辆维修市场整顿并查处无证经营26家、取缔违规经营3家、补办经营证件49份，牵头成立汽车维修行业协会，积极协调建立汽车综合市场并将可行性方案上报政府。督促检查各企业50人次、检处违规客运车4辆、责令客运企业整改4次、对驾驶员批评教育3次，严格监督客运站（点）“三不进站、六不出站”安全管理规定的执行情况做好“三品”查堵工作，督促客运车辆技术状况检查发现问题及时整改，随时抽查汽车站内GPS监控工作人员履职尽责情况，到客运企业、客运站督促检查安全生产情况24次，均未发现工作人员脱岗现象。驾驶员继续教育培训683人次，积极为注入“先培训，后付费”这一新工作理念，铭穗驾校招收学员972人考试合格1479人（含2015年报名未毕业人数）；出动执法人员620人次，出动车辆350辆次，共检查车辆860辆，查获违法违规车辆36辆，罚款11万余元。

【水上交通运输管理】 召开水上交通安全生产专题会议4次，到铜林小学开展“水上交通安全知识进校园”活动，向款场小学、顺洞小学等赠送了《小学生水上交通安全知识》读本300余本；组织全县客船船员、自用船船员、安全员及各涉水乡镇交管站负责人70余人在桐林镇木良村进行安全和业务知识培训。经摸底调查统计，铜林镇、瓦寨镇、款场乡3个涉船乡镇共有自用船舶45艘，其中已登记发证19艘，已登记未发证26艘，协助乡镇完成自用船登记发证。以水运企业、木良库区、鱼塘库区为重点，加强“两节、两会”、凝冻天气、清明节、“五一”劳动节、端午节、汛期等重点时段的水上交通安全巡查监管，共组织开展常规巡

（督）查26次，出动巡查车辆26车次；督察暗访5次，督察暗访单位1家，督察单位覆盖率100%；现场监督客运船舶30艘次。共排查一般隐患5件，整改5件。

【交通安全工作】 农村公路建设质量安全监管，强化落实项目安全生产管理责任人制度，全年在建公路项目未发生一起施工安全生产责任事故。组织召开安全生产培训4次，召开安全生产专题会议15次，开展交通安全隐患排查312次，排查出一般隐患点94处，县级督办隐患2处，并于10月30日前整改完成。清除坍方2.84万立方米，修筑挡墙0.71万立方米，治理危桥3座，安装防护栏34997米，设置警示标牌773块，总计投入资金923余万元。开展道路交通安全交叉执法查车专项行动，严厉打击各类道路交通安全违法行为，共查处各类交通违法行为1200余起，暂扣各类违法车辆30余辆，拘留无证驾驶人员11人。

【禁毒工作】 利用公交车、出租车电子显示屏制作滚动宣传标语80余条，向客运车辆、公交车发放禁毒光碟300余次，分发禁毒宣传资料5000多份，切实掀起了禁毒宣传的高潮，营造了浓厚的禁毒氛围。

【信访维稳】 全年共受理各类信访案件3件，其中接收网上咨询及投诉1件，州人民政府来信1件，电话投诉1件，已结案3件，按时结案率达100%，回复率达100%；接待群众上访2批次，共8人。有效防止群众无理上访和重复信访的现象发生。

【外宣工作】 全年撰写信息（简报）200余篇，大力宣传相关工作开展情况。杂志采用16篇，其中《黔东南交通图说》10篇、《贵州交通》采用6篇，报刊采用37余篇次，其中《黔东南日报》采用10篇，《三穗报》采用12篇，《贵州手机报》采用15篇；权威媒体采用600余篇次。同时，三穗电视台多次对交通建设工作进行报道。

【办理提案】 全年共承接人大建议、政协提案28件，其中人大建议23件，政协提案5件。涉及省道S310改造或大修、通村通组通寨道路硬化、农村公路安保设施建设、规范出租车文明行驶、小学生上学回家交通安全问题等方面，于2017年7月中旬完成与代表、委员逐一见面并反馈意见。办理结果为：人大建议A类13件，B类9件，C类0件，D类1件；政协提案A类4件，B类1件，C类0件；D类0件。全年共答复接待来访人员62人次，收到信访4次，均作接待与答复。

（撰稿：万文通　编辑：王承勋）

公路管理

【概述】 县公路管理段内设行政股、财务股、生产股、物资设备股、路政大队、安全监督股、人事股7个股室。下辖沙坪、青洞、屯州、长吉、瓦寨、桐林、堡子6个养护组和八弓养护站1个。在编职工70人，其中干部19人，工人51人；编外人员8人，其中技校生2人；公路收费转岗临聘6人；工程师3人；助理工程师1人；技术员5人；三级技术工47人，四级技术工11人；本科文化10人，大专文化15人；中专（高中、中技）文化10人，初中及以下43人。

国道上瑞线（G320线K1781—K1832）51公里，起点镇远县朱砂堡，经三穗八弓镇、台烈镇，止于剑河县岑松温泉［镇远县境1公里，三穗县境36公里（K1782—K1818），剑河县境14公里］，属二级公路，管养桥梁8座。邦三线（S310线K16—K64.194）48.194公里，起点天柱县交界处，经款场、桐林、瓦寨、长吉止于三穗县城关，属四级公路，管养桥梁11座。每月不少于16天的巡查工作机制。共查处路产赔偿案件4起、办理行政许可2起，共收入路政赔补偿费2万余元。

【工程建设】 S310线油路大修工程，S310线K0+000—K46+300属于油路大修工程路段，实施K30+000—K46+300（第03标段），施工里程全长14.6公里。工程自2016年3月1日开工，当年9月30日完工。完成修复路肩墙646.54立方米，完成C20片石砼路肩3504立方米路面工程部分：完成10厘米厚级配碎石层98287平方米，完成20厘米厚水稳碎石层98287平方米，完成AC-13沥青混凝土98287平方米。完成波形护栏加高1928米，完成公路标线施工14.6千米。

G320线油路大修工程完成情况。组织施工G320线K1803+700至1850+700以及K1820+000至K1820+500路段油路大修工程，施工里程2.5公里。2016年11月1日开工，于12月9日完工，完成主要工程量；路基工程挖除沥青混凝土路面5805.49立方米，弃方运输5805.49立方米。路面工程25cm厚水泥稳定碎石基层19350平方米，透层19350平方米，6cm厚AC—16沥青混凝土面层19350平方米。其他工程及沿线设施（公路标线）2.5KM。公路养护管理规范化管养里程96.194公里（S310线48.194公里，G320线48公里），考核里程48公里，年均良等路44公里，年均优良率90.63%。预防性养护情况。采用沥青灌缝处置路面5923平方米；路网封层1632平方米；水泥稳定碎石基层3855.20平方米；粘层油4149.05平方米；细粒式沥青砼面层4149.05平方米；恢复护栏石92个；实物工程量情况。完成粘层油8983.77平方米；完成细粒式沥青砼8987.77平方米；完成水稳碎石基层7272.81平方米。桥、涵养护管理情况。桥梁养护工程师采取每月不定期对桥梁进行检查，修订完善桥梁安全突发事件应急预案。对G320线设置的交通标志进行了清查，确保交通安全设施完好率达95%以上。公路绿化及行道树的管理情况。按照上级要求对G320线6公里路段补植行道树538棵，成活率100%。在行道树管理上，对擅自砍伐和利用行道树乱堆乱放、增设非公路标志等逐个登记备案，明确整治工作重点，及时排除整治，及时将公路两侧的行道树进行修枝并按标准进行刷白。10月14日上午9时，组织人员参加省公路局在S310线（瓦寨观音阁村）举办的国防交通战备公路工程抢修演练。根据应急交通保障的需要，有目的、有计划地组织保障队伍开展公路工程抢修综合训练，以增强保障队伍的整体素质和保障技能，提高快速反应能力和综合保障能力，以适应抢险救灾、军事斗争的交通保障需求。4月三穗地区遭暴雨袭击，造成管辖路段多处坍方，排查因坍方造成的各种交通安全隐患，保证管辖路段的公路畅通。

路政管理目标完成情况坚持业务知识学习，每月组织路政人员集中学习1次，定期召开路政工作会议。加强路政人员对《中华人民共和国公路法》《贵州省公路路政管理条例》《中华人民共和国行政许可法》《交通行政许可实施程序规定》《交通行政许可监督检查及责任追究规定》等有关路政管理的公路法律、法规学习。对路政员进行路政信息化管理系统日常基本操作、路政案件的录入、路政移动办公系统的操作培训，并进行现场操作测试，路政人员均顺利通过。

【宣传工作】 3月10日至20日，在G320线、S310线管辖路段沿线的村镇进行路政法律、法规宣传，利用宣传车辆进行流动广播宣传。5月是“全国路政宣传月”，根据上级要求，在管辖的国道320线、省道310线过境线悬挂横幅10余幅，利用车载电子显示屏上显示宣传内容。5月10日，利用乡镇赶集天，在管辖路段的乡镇街道上设置咨询服务点，向过往群众宣传、讲解公路法律、法规知识，接受群众咨询。为扩大宣传氛围，利用宣传车辆进行流动广播宣传《中华人民共和国公路法》《公路安全保护条例》《超限运输车辆行驶公路管理规定》等有关法律法规。5月11日至5月20日，开展“路政宣传月”送法上门活动，组织人员到公路沿线乡镇、村寨、学校、厂矿企业等单位和个人进行流动宣传，发放公路路政宣传资料。5月24日，参加三穗县司法局、县法制办组织的“2016年综治（平安三穗建设）宣传月活动”，利用赶集天，就公路法律法规知识向广大人民群众进行宣传，通过宣传、现场讲解、播放音频资料有效地传播了公路路政管理的法律法规知识。在“路政宣传月”活动期间，共制作宣传展板8块、出动流动宣传广播车20车次、发放各种公路路政宣传资料1000余份，接受咨询群众50余人。9月21日《超限运输车辆行驶公路管理规定》（交通运输部令2016年第62号）实施之日，安排人员到公路沿线企业、砂石场等单位和货车驾驶员进行流动宣传，发放公路治理超限运输宣传资料1000余份。全年共出刊路政简报4期，路政墙报4期。

【多彩贵州文明行动】 3月，出动路政宣传车辆在所管辖路段进行“多彩贵州，文明行动”工作宣传，并在过境路段进行逐家逐户宣传，乱堆乱放现象巡查发现一起处理一起。3月21至25日，组织人员对G320线、S310线管辖路段擅自占用公路、公路用地设置的非公路标志（商业宣传广告）进行强制拆除，拆除擅自设置的商业宣传广告30余幅。进入秋收季节高峰期之后，组织人员集中力量对管辖路段进行了为期5天的排查式清障行动，对占用公路打谷晒粮等现象进行了严厉打击。10月21日至25日，对S310线、G320线的乱堆乱放现象进行一次大规模清理，并对G320线管辖路段砂石场进行重点治理，对各砂场经营者进行一对一管理，对运输砂石材料的车辆严格控制和查处，对违规装运造成污染公路的车辆进行处罚。

【安全生产】 全年未发生任何责任事故，事故死亡率为零。根据上级的指示和精神，结合实际，按照“谁主管，谁负责，谁签字，谁负责，谁检查，谁负责”和“管生产必须管安全，管行业必须管安全，管业务必须管安全”的原则，党政主要领导是安全生产第一责任人，分管领导是直接责任人，部门负责人是具体责任人，3月与站、养护组签订“安全生产责任书”7份。落实目标责任制，做到了一级抓一级，层层有人管，项项落实，不马虎，不扯皮。“党政同责、一岗双责、齐爪共管”“五个一”落实情况。根据上级文件精神，6月24日检查S320线K1810+800米、K1827+400米2处隐患点，现场落实治理措施、方案、落实资金优先解决。召开安全专题会议。召开月度安全例会9次、季度安全例会3次。成立安全生产领导小组，下设办公室，主抓日常具体工作，各部门协助办理，实行全方位管理，重大问题提交领导或召集会议决策。安全宣传培训。制作宣传横幅两条，发放宣传资料300余份，在凯局公路通讯网站发表安全工作文章20于篇，有力地营造“强化红线意识，促进安全发展”的舆论氛围，创造良好安全生产工作环境，隐患整改。对一般安全隐患，立即进行整改，对重大安全隐患，要按照“五落实”的要求，限期整改，跟踪监控，复查销号。S310线出现公路缺口1处，修复1处，设置路基缺口警示标志25处，及时处理S310线、G320线公路塌方四次，清除坍方3707立方米。投入资金40万余元，消除重大安全隐患4处（国道320线K1827+700米路基沉陷、K1810+800米高涵洞口、K1827+400米路基沉陷、省道310线K49+200米路基沉陷），落实治理省督办隐患一处（G320线K1828+000至650米），组织排查并建台账高边坡地质灾害10处。

【打非治违】 利用乡镇赶集开展安全宣传1次，发放安全资料300余份，召开安全培训学习2次；开展安全大检查12次，共检查安全隐患6处，治理隐患6处；完成国道大修2.5公里；完成省道310线大修14.6公里，对G320线新增波形防护栏175米，钢筋防撞护栏30米。基础管理目标完成情况。

【财务管理】 规范支付手续，各种票据由工地负责人（经办人）、股室负责人、单位领导和监察员签字认可，财务支付。建立《财务管理办法》杜绝计划外开支，保证了资金的正常运转。坚持专款专用，按照审计检查发现的问题，及时进行整改。做好公路改造项目和油路大修工程往来账户管理，按期完成竣工项目财务决算工作。

【交通量调查管理】 G320线（K1796+800）青洞连续式交通观测站观测，机动车混合自然数月平均数为5499.9辆；S310线（K53+000）长吉间歇式交通量观测站观测，机动车混合自然数月平均数为6294.6辆。设备物资管理。加强各种机械设备安全操作规程管理，确保机械设备使用过程中运行良好。严格按操作规程规范作业，发现安全隐患及时排出。操作手和机车驾驶员按时填报设备生产日记，定操作手、定机、定操作规程、定保修规程。

【机关建设目标完成情况】 开展“学党章党规、学系列讲话，做合格党员”学习教育活动。党员集中学习、干部例会学习、自学等形式，引导督促党员干部职工认真学习党章、党内政治生活若干准则、廉洁自律准则、纪律处分条例等党内法规，真正搞清楚该做什么，不该做什么，掌握好能做什么，不能做什么，守住共产党员为人做事的基准和底线，弘扬共产党员的作风和品格，自觉尊崇、坚守和维护党章党规。学系列讲话，加强理论武装、统一思想行动。把学习系列讲话的落脚点放在武装头脑、统一思想、指导行动上，教育引导全体党员干部落实好“学而知”的要求，读原著、学原文、悟原理，深入领会系列讲话蕴含的丰富内涵和战略思想，做到吃透实质、融会贯通；落实好“学而信”的要求，在思想深处信，在灵魂深处信，真正转化为个人的价值追求和信条；落实好“学而行”的要求，把学到的思想理论、形成的观念认识、获取的学习成果付诸具体实践，创造实实在在的工作成果。争做合格党员，端正思想作风、解决突出问题。党支部把开展“两学一做”问题整改同“四风”问题整改、不严不实问题整改贯通起来一起抓，教育引导全体党员干部讲政治、讲党性、讲担当，用实际行动展示共产党人的时代风采。开展“手抄党章100天”活动。开展“两学一做”学习教育，贯彻落实“两学一做”学习教育方案。“手抄党章100天”活动是“两学一做”学习教育的重要内容，旨在引导广大党员做到每天坚持手抄党章，逐字逐句研读党章，领会党章内容，自觉遵守党章，争做合格共产党员的光荣感、责任感和使命感。在学习教育中，党支部要求每一位党员在学习中，必须原原本本学、带着问题学、紧跟形势学、贴近实际学，进一步增强党员的党章意识、党性观念，时刻提醒他们发挥党员先锋模范作用。传递党的温暖。“七一”前夕，党支部组织开展慰问活动3次，慰问贫困党员3人、看望慰问精准帮扶人员24人。12月16日召开党员大会进行换届选举，大会选举产生新一届支部委员。组织召开党风廉政建设工作会议，传达贯彻全省交通运输系统廉政工作会议、省公路局工作会议和凯里公路管理局职代会精神，与上级党组织签订党风廉政建设责任书。在行政办公会上、党员大会上、领导班子会上传达上级有关廉洁自律、作风纪律规定方面的文件精神。执行“三重一大”制度，执行党政一把手“会签”制，坚持段务公开和党务公开，坚持集体领导研究，会议决定的原则，接受监督，防止个人独断专行、以权谋私、以职谋利，取得了较好的效果。落实《中国共产党党员领导干部廉洁从政若干准则》和《关于领导干部报告个人有关事项的规定》。组织机关工作人员参加“廉政教育培训会”，用身边典型案例教育干部职工勤政廉政，以促进领导干部职工保持正常心态，常思廉、勤为政，模范带头执行各项规章制度。执行中央“八项规定”、省委“十项规定”、州委“十二项规定”，遏制奢侈浪费和行业不正之风。严格执行《贵州省凯里公路管理局关于修订差旅费相关规定的通知》和《公务车管理使用规定》以及基层人员出差到管理局食宿问题的规定，使挥霍浪费、讲排场、摆阔气不良风气得到有效遏制。在行政执法纠风方面，开展案例剖析教育，自查自纠，对存在的问题，进行整改。落实《中共凯里公路管理局委员会关于印发省委第十八巡视组反馈意见存在问题整改落实责任分解方案的通知》精神，对省委第十八巡视组反馈的30条意见开展自查自纠，并结合工作实际进行整改落实。开展党风廉政建设集体约谈工作。对提出的2个方面的共性问题和指出5个方面的个性问题，9月5日对在职党员、机关工作人员进行集体约谈，并有针对性对股室或管理人员该提醒的提醒，该约谈的约谈。

【帮扶工作】 帮扶联系八弓镇高田村，党支部组织人员8次到帮扶村和精准帮扶农户家中开展工作，协助帮扶村完善各种制度，搞好计生、综治、防火、信访等工作。看望慰问精准帮扶群众，发放物资及慰问金计5800元；支助帮扶村计生经费3000元；援助办公用品3200元；援助村民组修路资金3000元。

（撰稿：杨胜权　编辑：王承勋）

运输管理

【概述】 凯里汽车运输集团三穗有限责任公司隶属于贵州省凯里汽车运输集团。是黔东南州属专业道路交通运输国营企业，企业资质等级为国家专业运输二级企业。从事专业道路旅客运输经营，下辖生产单位有三穗汽车站、汽车二级维护修理厂、汽车维护检测站。其主要生产管理部门有安全办公室、运行（机务）办公室、车站客运办公室、行政办公室、财务办公室。生产班组设有客运调度、安检、例检、售票、验票、门卫、治安、二级维护。2016年年底在册职工69人，在岗职工57人。

【三穗汽车站客运】 三穗汽车站是国家交通部评定二级客运站，曾获得三穗县、凯运（集团）公司表彰的“整脏治乱”先进单位称号，被授省级文明汽车站。三穗汽车站坚持“旅客至上、服务第一”的理念，严格执行《道路旅客运输及客运站场管理规定》及《凯运（集团）公司站场操作规程》的安全管理规定，按照“三不进站、六不出站”安全管理制度和“三优三化”服务标准及“三管一监督”站务服务职能，进行站务规范操作。全年，三穗汽车站有客运班线35条，进站客车204辆，日发班210次/车，日均输送旅客流量2090人/次，全年共计发班75924次/车，输送旅客752567人/次，完成站务营业收入222万元。

【安全生产】 坚持“安全第一、预防为主、综合治理”的方针，严格执行国家《中华人民共和国安全生产法》《道路旅客运输管理条例》等安全生产法律法规和（集团）公司的安全运输生产管理制度，建立健全安全生产管理组织机构，完善安全生产措施，制定安全生产应急预案，定期进行事故应急演练，开展安全生产自检自查和“安康杯”“道路运输安全生产年”等行动，落实安全生产“党政同责、一岗双责、齐抓共管”的安全生产责任制度，做到“先安全、后生产”，扎实做好各项安全基础管理工作，确保公司科学发展。全年完成安全行车总里程416万公里，无任何大小行车及站场、维修机械安全事故，安全“四项指数”均为零。

【营运管理】 全年有客运班线10条，共有建制营运客车38辆，在线运行37辆，其中有省际班线4条18辆，市际班线0条0辆，县际班线5条18辆。认真做好车辆运行管理各项基础管理工作，做好客运车辆生产、营运、更新、新增、报废等车辆管理日常工作，完善和组织签订车辆经营合同，规范建制车辆基础管理档案；做好客运车辆营收工作，严格执行“先交费、后运行”的管理规定，全年收取规费194.8万元。

【机务工作】 按照国家《汽车维护、检测、诊断技术规范》（GB/T18344—2001）对汽车维修维护、检测进行规范作业，提高汽车维修质量和服务信誉，确保客运车辆机械技术状况良好。保证车辆行车安全；加强保修技工维修技术培训，开展保修技工技术演练。做好维修设备和工具的保养维护工作，定期对维修设备、压力容器、电源电路进行检修。确保设备完好的技术状况，杜绝维修机械事故和场内安全责任事故的发生；做好车辆二级维护检测工作，严格竣工出场检测流程和技术标准规范，竣工报告数据准确科学，坚持维修检测谁签字谁负责的责任制度。定期对检测设备进行日常保养维修和更新升级，完成一年一度的设备标准认定，确保检测设备符合国家技术标准要求。全年共完成车辆二级维护及检测783车/次，反工0车/次，合格率为100%。

完成全年的各项生产工作目标任务。实现营运收入513.88万元，欠任务63.12万元，为目标任务的87.8%。上缴总公司规费任务98万元，缴纳税费23万元。被凯运（集团）公司评为“2016年度安康杯先进单位”。

（撰稿：杨桓　编辑：王承勋）

“两高”建设

【概述】 长昆铁路客运专线三穗县指挥部、三黎高速公路三穗县指挥部、三穗县三施高速公路建设指挥部合署办公，内设综合部、征拆部、协调部、财务部、廉政工程部，在岗24人，其中单位抽调15人，聘请退休人员6人，外聘人员3人，女5人，副科级以上人员12人，中共党员11人。主要负责三穗县境内高速公路、铁路建设的征地、拆迁、安置等工作。

1月1日，沪昆客专“镇远号”旅游高铁专列首发仪式在三穗火车站举行。4月28日，三黎高速公路美敏互通开工建设。三施高速公路三穗段全长10.59千米，涉及台烈镇、滚马乡2个乡镇中4个村（屏树、下德明、德明、塘冲）。下德明设出口，连接线至高铁火车站。州指挥部共下拨征地拆迁资金4600万元，已兑现补偿3167.58万元，余1432.42万元。

【三施高速施工单位入驻三穗】 6月5日，三施高速公路施工单位中冶天工集团有限公司、贵州三施高速公路总承包项目经理部入驻三穗。9月8日，三施高速公路建设三穗段正式开工。

【征地拆迁】 9月8日，三施高速公路正线征地拆迁工作全面开展，征地组到塘冲勘丈、测量，拆迁组到德明入户调查登记。三施高速公路三穗段正线预计征地1078.69亩，已测量1036.97亩（其中耕地653.307亩，林地373.27亩，其他农用地10.39亩），完成96.1%；公示1018.32亩（耕地638.69亩，林地370.23亩，其它农用地9.39亩）；兑现补偿948.92亩（耕地591.66亩，林地349.31亩，其他用地7.94亩），补偿金额2118.187万元。临时用地使用134.65亩（其中耕地87.44亩，林地45.66亩，其他用地1.54亩），兑现补偿315.208万元。

三施高速公路红线内应拆迁房屋65栋、111户、23285平方米；已勘测公示24栋、54户、面积7718.54平方米，兑现补偿23栋、53户、面积7380.54平方米、补偿金额235.644万元。应搬迁坟墓411座，已搬迁409座，兑现补偿82.8万元，完成99.51%。

三施高速三穗段林木调查已全部完毕。勘测林地林木蓄积4516.1立方米，果树等零星林木72458株，未成林地、经济林木等103.56亩，共补偿535.92万元。林木砍伐已基本完成。德明片区拆迁房屋23栋、53户，已分散安置完毕。补偿“三通一平”费75万元。

（撰稿：孙文平　编辑：王承勋）

邮　政

【概述】 县邮政分公司现有邮政营业网点9个，其中有5个农村自办支局网点，1个农村便民网点（视同为自办网点进行经营与管理），3个县城网点。全公司有在岗职工63人，其中正式工23人、聘用工24人、劳务工16人。大专以上学历29人，本科以上学历17人，退休职工17人。全公司设领导部门及下属综合办公室、市场营销部、代理金融业务部、三个管理部门为支撑部门。全年完成业务收入1745.97万元，完成年计划的100.22%。

全年累计完成业务收入1745.97万元，完成年计划的100.22%，其中各专业完成业务收入；函件业务完成收入68.59万元，同比增幅32.05%占总收入3.93%；包裹快递完成收入102.85万元，同比增幅60.81%占总收入5.89%；报刊业务收入完成68.24万元，同比增同23.22%，占总收入的3.91%；电子商务业务完成收入229.9万元，同比增幅5.41%，占总收入的13.17%；储蓄业务收入完成1102.15万元，同比增幅5.03%，占总收入的63.13%。

【代理金融业务】 全年通过礼品派送、积分兑换、存款有礼、节日现场营销等动作推动储蓄余额发展，为不同年龄、不同层级的客户订制了不同的营销方案，针对老年客户，组建金晖俱乐部，2016年三穗县邮政公司在全县举办了一场以各乡镇金晖俱乐部为代表的金晖俱乐部文艺会演。开展客户联谊活动，维护稳定客户对银行业的信心，开展理财沙龙会，金融知识专题讲座，客户答谢会等方式给广大客户分享如何规避风险，如何在央行不断降息的情况下使人民币保值升值，从而拉拢客户。大力发展POS机业务积极鼓励员工多走访、多营销，达到全员动员的目的，让网点形成一股你追我赶的良好氛围。大力发展电子银行业务。结合省、州公司制定的各项政策，在窗口办理业务的同时大力推广电子银行业务、手机银行业务，通过电子银行业务的发展结合各类自助机具的使用，大大减轻柜面业务的办理压力。在理财观念较为薄弱的城乡地区，通过在各乡镇网点开展理财沙龙会、客户答谢会等方式来加强城乡地区的理财意识，达到资金导向的作用。在网点的转型中，理财产品的推广及产品的售后服务在转型中突显出来的优势日益明显，理财业务的发展及推广也越来越成熟。在理财类业务得到较快发展。大力推进农村电商精准扶贫，为三穗农产品提高销路。

【邮务类业务】 与三穗县委宣传部合作成功，发行《三穗报》《三穗文艺》《三穗文物集》等报刊，举办1场《蓝世界》儿童商演，使2016年函件收入达68.59万。

报刊业务。完成报刊业务收入68.24万元，为年计划的103.4 %，比上年同期增长23.22%。

集邮业务。完成业务收入100万元，为年计划的172.58%，比上年同期增长48.56 %，占主营业务收入5.73%。

电子商务业务。完成业务收入229.95万元，为年计划的91.62%，比上年同期增长5.41%，占主营业务收入13.17%。

【包快速递】 成立专门的包裹快递揽投中心，全年完成业务收入102.85万元，为年计划的114.29%，随着申通、宅急送、圆通等快递公司在三穗县的开通，三穗县包裹快递揽投中心市场竞争日益激烈，为适应业务的发展分公司在对产品不断创新的同时，积极开发大客户、协议客户，在提升自身服务水平和业务水平同时，加强服务投递质量的管理和完善，以巩固和发展新市场。

【基础能力建设】 做好金融网点装修改造工程，不断改善服务环境、提升品牌形象、提高服务水平。全年州邮政分公司对三穗县邮政分公司长吉支局进行装修改造，9月完成长吉支局新局房的建设及装修工作并投入使用。同时提升各网点自助设备能力，努力构建以网点为核心渠道，自助银行和电子银行为交易主渠道的服务体系，为各乡镇配备了自助银行服务区，更好地提升网点的综合营业能力。

【业务培训】 根据邮政企业各专业和工种的实际需要，有目的、有针对性利用网上学习、以会代训、开办专业技能、营销培训班等各种形式，使员工利用业余时间，网上、网下双管齐下，全员学习，效果显著。鼓励员工参加职业技能鉴定和继续教育学习，吃透省公司文件精神，加大考证力度，争取通过考证等方式达到转聘条件，已有两位员工通过持证考试的方式获得转聘，开展员工培训工作，提升员工持证上岗能力。全年举办员工理论和实操培训10次，参训53人，有3人获得银行从业资格证，5人获得证券从业资格证，3人取得高级职鉴。

【安全生产】 加强对金融网点营业人员、金库看守人员、运钞押运人员的教育。加强对押款枪械的管理，落实枪械管理制度，保证不出现枪械事故；对各生产场地配齐防火、防盗器械，制定防火防盗预案，对生产人员进行防火防盗培训教育，7月专门组织11位后台管理人员走进消防中队进行集中培训；组织对公司汽车驾驶人员进行安全驾驶教育，确保全年安全生产无事故。始终把机要通信质量和社会效益放在第一位，确保全年服务优质、通信无事故。

（撰稿：杨光学　编辑：王承勋）

电　信

【概述】 中国电信三穗分公司主要经营4G移动电话、高速光纤宽带上网、固定电话、114号码百事通等电信服务，为党政军和企业客户提供计算机网络应用、系统集成、光纤组网等信息化服务。2016年，全县设有中心局1个；乡镇综合机房13个；全县OLT15架，PON口600个，FTTH宽带端口3.03万线；光缆6.5万纤芯千米。把握光宽带业务的规模发展和价值提升的时机，坚定不移加快突破智慧家庭、支付、“互联网+”、云计算与大数据、物联网等五大新兴领域，点燃新的增长引擎。全年获中国电信集公司“模范职工小家”称号，黔东南州电信公司评定网络维护质量综合评比A级单位。

【市场运营】 以“全面深化改革”和“互联网化转型”两轮驱动，以光宽、4G为引领，精耕细作六大市场，完成税后经营收入同比增长16.44%；存量保有率达89.6%，同比提升1.43%；移动入网净增1462户，4G净增10211户，宽带入网净增605户。全县9个乡镇99个行政村，100兆光宽带通达率85.6，电信手机通达率为27%。

【电信设施】 新建OBD 1789个，新增光端口1.4万个，开通政企电路95条，发展（含平移）光纤宽带6000多户，政企业务95家。全县光纤用户光网覆盖率100%，开通光宽带端口1.2万个。成功将9个乡镇建设为全光镇，宽带、电信电视接入速率20兆~100兆。开通4G网络基站109个，覆盖县城及9个乡镇镇区，覆盖率96%。“三退”工作如期完成，TDM退网完成15个，一代DSLAM退网65套，有3000个宽带用户升级，回收电缆0.52万线对公里，完成率100%。

（撰稿：欧胜峰　编辑：王承勋）

移动通信

【概述】 中国移动通信集团贵州有限公司三穗分公司设有综合部、销售部、政企客户部、建设维护部4个部门，共有员工38人，其中综合部17人、销售部11人、政企部5人、建维部5人。全日制本科学历7人，大专学历31人。

三穗移动分公司围绕省、州公司工作思路，持续推进4G网络，着力解决自然寨、三黎高速、沪昆高铁4G网络连续覆盖和深度覆盖。2016年，三穗移动分公司完成通信服务收入9341万元，同比上升111.87%；全年移动用户累计11.2万户，普及率达50.9%。有营业网点59家，分布全县9个乡镇。

【网络建设】 全年新增4G基站153个，其中宏基站41个，投资8500.00万元；室分4G站4个，投资80.00万元；4G基站累计达339个，实现了乡镇以上集团、小区、街道、159个行政村村委会所在地、境内高速、高铁、320国道4G网络的全覆盖；新增小区宽带17个村，投资62.00万元，有线宽带网覆盖行政村达71个，覆盖率44.65%。

【帮扶工作】 解决八弓镇车站村帮扶资金9000元；组织开展留守儿童关爱行动，为颇洞小学留守儿童送去3000元慰问金；配合县委、县政府及各乡镇开展春节、寨头“二月二”等重大节日、重大活动的应急通信保障工作。

（撰稿：游灿金　编辑：王承勋）

财税金融

财　政

【概述】 县财政局共有编制45人，实有人数35人，其中女性14人，少数民族27人，大专以上学历34人。单位内设机构6个，下属3个副科级、3个正股级事业单位，核定行政编制11名，工勤编制2名，实有行政人员10人，工勤2人；县非税收入管理局，核定事业编制5名，实有人数3人；县财政监督检查执法大队，核定事业编制8名，实有人数8人；县基层财政管理局，核定事业编制4名，实有人数2人；县国库集中支付中心，核定事业编制11人，实有人数8人；县农业综合开发资金管理办公室，核定事业编制2名，实有人数2人；县农业综合开发项目管理办公室，核定事业编制2名，实有人数1人。

全年财税收入完成53609万元，同比增长3.68%，增收1902万元。财政总收入累计完成50967万元，同比增长2.03%，增收1014万元；其中一般公共预算收入完成36320万元，占年初预算35610万元的101.99%，同比增长12.21%，增收3951万元；上划中央收入完成7952万元，同比增长29.55%，增收1814万元；上划省级收入完成2720万元，同比下降14.41%，减收458万元；上划州级收入完成3975万元，同比下降14.83%，减收692万元；其他中央级和省级收入完成2642万元，同比增长23.81%，增收508万元。在一般公共预算收入中，税收收入完成22292万元，同比增长6.92%，增收1443万元；非税收入完成14028万元，同比增长21.77%，增收2508万元。政府性基金收入完成26502万元，占年初预算17370万元的152.57%，同比增长219.11%，增收18197万元。

1月，三穗县获得高标准农田建设重点县资格，将连续三年获得国家财政资金支持高标准农田的基础设施建设，每年获得财政资金1330万元。3月22日，三穗县财政局工会第五届委员会换届选举会议在财政局会议室如期举行，全体会员30余人参会，选举了新一届工会委员。3月28日，三穗县瓦寨镇高标准农田建设项目绩效评价获得“优秀”等次，位居全州之首。

全县109个单位的工资统发系统基础数据已全部采集并审核录入完成；6月30日，制定出台《关于三穗县党政机关会议实行定点场所服务的通知》，明确会议定点服务采购中标单位服务期为两年，即2016年7月1日至2018年6月30日止。餐饮中标单位7个，住宿中标单位3个；6月30日，由县财政局牵头会同县委组织部、县人社局制定出台《三穗县行政事业单位培训费管理办法》，自2016年7月1日起执行。

9月20日，三穗县0.1万亩水果（猕猴桃）种植基地扩建项目、三穗县2015年度农业综合开发新型农业经营主体实施高标准农田建设项目、三穗县2015年度农业综合开发长吉乡高标准农田建设项目、三穗县2015年度农业综合开发长吉乡小流域治理项通过县农业综合开发项目验收小组验收；10月20日，桐林、款场高标准农田建设项目在黔东南州公共资源交易中心开标，第一标段中标单位为黔东南苗族侗族自治州水电工程公司；第二标段中标单位为贵州三星建设有限责任公司；第三标段中标单位为贵州九州建设发展有限责任公司；第四标段中标单位为贵州同源建设工程有限公司；第五标段中标单位为凯里市鸿达水利水电送变电工程有限责任公司；11月5日采取竞争性谈判方式确定2016年度农业综合开发款场乡、桐林镇高标准农田建设项目监理单位为贵州省黔东南州水建监理有限公司。

【非税体制改革】 取消收费项目57项，包含行政事业性收费项目55项。其中，行政事业性收费项目取消的部门涉及财政局、民政局、人力资源和社会保障局、国土局、住建局、交通局、林业局、农业局、文广局、市场监督管理局（原质监局收费项目）等；政府基金收费项目取消2项为：新增菜地开发建设基金、育林基金。

【财政支出】 一般公共预算支出完成159056万元，占年初预算的200.98%，同比增长9.11%，增支13285万元。其中一般公共服务支出28028万元，占年初预算的111.53%，同比增长3.83%；公共安全支出7794万元，占年初预算的203.71%，同比增长21.36%；教育支出36163万元，占年初预算的141.1%，同比增长9.56%；科学技术支出2364万元，占年初预算的385.64%，同比增长41.98%；文化体育与传媒支出1458万元，占年初预算的185.5%，同比增长18.44%；社会保障和就业支出12563万元，占年初预算的688.38万元，同比增长13.03%；医疗卫生与计划生育支出25679万元，占年初预算的608.8%，同比增长43.43%；节能环保支出1836万元，占年初预算的339.37%，同比下降80.88%；城乡社区支出2403万元，占年初预算的122.1%，同比下降42.46%；农林水支出26203万元，占年初预算的274.49%，同比增长12.12%；交通运输支出700万元，占年初预算的64.52%，同比下降55.44%；资源勘探信息等支出1367万元，占年初预算的87.07%，同比增长4.91%；商业服务业等支出534万元，占年初预算的231.17%，同比43.55%；国土海洋气象等支出649万元，占年初预算的113.46%，同比增长8.89%；住房保障支出8915万元，占年初预算的557.19%，同比增长2.8%；其他支出50万元，同比下降58.33%；一般债务付息支出2330万元，同比增长33.3%；一般债务发行费用支出20万元，同比下降69.23%。基金预算支出28630万元，占年初预算的154.7%，同比增长115.51%，增支15345万元。

共兑付大中型水库移民补贴资金56万元，退耕还林补贴871.69万元，耕地地力保护补贴1378.36万元。兑付各行政事业单位目标考核奖11295万元。基建支出9798万元。

【农业三项补贴】 从2016年起，种粮农民直接补贴、农资综合补贴以及农作物良种补贴等“三项补贴”政策有所调整。“三项补贴”合并为“农业支持保护补贴”，重点支持耕地地力保护、现代山地特色高效农业和粮食适度规模经营；原“三项补贴”的80%作为耕地地力保护补贴，直接发放给种粮农民，20%作为今后“农业支持保护补贴”的增量资金，集中用于支持粮食适度规模经营；耕地地力保护补贴资金，统一由省级财政部门通过农户“一折通”直接发放到农户，原由农业部门发放的农作物良种补贴资金不再单独发放；耕地地力保护补贴对象，以省农村税费改革期间确定的种粮农户，以及在此基础上分户的农户为补贴对象；耕地地力保护补贴2016年暂按农村税费改革期间确定的种粮农户计税总产为依据，待土地确权颁证工作完成后再作调整，2016年耕地地力保护补贴发放标准为34.34元/百公斤。

【社会保障资金支出】 社保资金支出26774万元，其中养老保险支出4439万元；失业保险支出84万元；城镇医疗保险支出1890万元；工伤保险支出120万元；生育保险支出43万元；城乡居民养老保险支出2046万元；离休人员医疗费支出123万元、城乡低保支出5640万元；企业军转干解困支出29万元；城乡医疗救助支出872万元；五保供养支出273万元；失地农民保险支出260万元；农村合作医疗支出9537万元；再就业资金支出1180万元；小额担保贷款贴息支出238万元。

【教育事业支出】 全年教育实际支出35287万元，其中学前教育支出1368万元；小学教育支出16954万元；初中教育支出10145万元；高中教育支出3823万元；高等教育支出4万元；职业教育支出1005万元；教育费附加支出445万元；其他教育事业支出1543万元。

【医疗卫生与计划生育支出】 全年医疗卫生与计划生育支出27592万元。其中公立医院支出18212万元；基层医疗卫生机构支出4734万元；公共卫生支出2930万元；计划生育支出1150万元；其他支出566万元。

【“三公”经费支出】 全县“三公”经费支出2047万元，同比下降14.28%，其中因公出国（境）费支出0.71万元，同比下降83.37%；公务用车购置费支出68万元，同比增长70%；公务用车运行费支出849万元，同比下降30.92%；公务接待费支出1130万元，同比增长1.35%。

【落实惠民配套资金】 惠民配套资金1177万元，其中合作医疗226万元；城乡养老保险142万元；计生奖扶资金272万元；县级公立医院实行零差率销售的政策性亏损补助经费110万元；基本公共卫生服务经费35万元；残疾人养老、创业等补贴165万元；殡葬改革惠民补助经费经费46万元。兑现大中型水库移民补贴资金56万元，农机补贴125万元。

【小康寨建设项目资金投入】 一事一议普惠项目97个，投入奖补资金1，402.68万元；2016年美丽乡村小康寨建设项目139个，投入奖补资金1847万元；2016年小康寨整乡镇推进示范村寨项目36个，投入奖补资金800万元。

【财政扶持村级集体经济发展】 在45个行政村（中央补助17个试点村，省级补助8个试点村，县级投入20个试点村）开展村级集体经济发展试点工作，每村补助100万元，合计投入4500万元（中央补助1700万元，省级补助800万元，县级投入2000万元）。

【农业综合开发项目资金投入】 获农业综合开发项目专项资金2379万元，其中桐林、款场高标准农田建设项目1330万元，治理面积1.03万亩；长吉高标准农田建设项目280.00万元，治理面积0.22万亩；贵州尚绿普吉生态农业专业合作社新型农业经营主体实施高标准农田建设项目154万元，治理面积0.1万亩；三穗县年产180万只鸭养殖基地扩建项目168万元，年新增180万只鸭养殖；2016年水毁修复项目20万元；2014年度省级验收单优县奖励资金161万元，（县级整合）；2016年度第二批农业综合开发国定贫困县资金266.00万元（县级整合）。

【开展会计信息质量检查】 对三穗县款场乡人民政府、三穗县职业教育培训中心、三穗县环境保护局3个单位进行检查。对检查发现的财务工作基础薄弱，会计信息质量不高；财务制度执行不严格，违反规定公务接待；财务管理不到位，未按照规定计提固定资产累计折旧等问题，坚持边查边改的原则，责成责任单位限期整改。

【驻村帮扶】 帮扶八弓镇亚岭村发展稻田养鱼项目，帮扶资金19.4万元；资助4.12万元维修办公楼；帮助村添置会议室桌椅，投入1.5万元购买桌子30张，椅子70个；对2015年44户脱贫户进行回访慰问，共发放慰问金1.32万元；开展计划生育“三结合”工作帮扶29户，落实帮扶资金0.87万元，落实计生专项帮扶资金0.3万元；看望慰问特困户、困难老党员等7人，送去慰问金0.35万元。

【微型企业财政补贴】 完成省下达120户微型企业目标任务，财政补贴435.6万元，其中:省级补贴276万元， 州级补贴39.6万元，县级补贴120万元。

【政府采购】 全年组织采购活动157次，采购预算资金11567万元，实际采购资金9887.5万元，节约资金1679.5万元，节约率14.52％。

【专项扶贫资金乡（镇）级报账制】 3月7日，由县财政局牵头会同县扶贫办制定《关于全面推行财政专项扶贫资金乡（镇）级报账制管理工作的通知》（穗财发〔2016〕7号）。将9个乡镇全部纳入乡级财政报账制管理，实现乡级财政报账制管理全覆盖，有效规范了资金审批、资金报账、资金拨付，提高了资金使用效益，堵塞了资金监管漏洞。

【“三公”经费管理出台】 3月10，制定出台《关于加强“三公”经费管理的通知》，并要求全县行政事业单位按月报送《三穗县2016年“三公”经费支出统计月报表》。

【取消政府采购协议供货制度】 从2016年4月1日起，取消14家协议供货单位，通用办公设备（家具）全年同种产品累计采购10万元以下（含10万元）的商品不再实行政府采购协议供货。单位在购买计算机、打印机、复印机、传真机、摄像机、投影仪、电视机、空调、冰箱、冰柜、热水器、桌椅、沙发、文件柜等限额内产品，可根据实际情况自行确定商家，不再通过政府采购程序进行协议供货单位供货和备案。

（撰稿：吴遵德　编辑：王承勋）

国有资产管理

【概述】 县国资局为正乡级事业单位，编制共有27个、均为事业编制，年末实有在职人数12人、均为大学专科以上学历，女性2人，少数民族干部10人，中共党员10人，管理岗位10人（其中管理七级3人、管理八级3人、管理九级4人）；工勤编制2人。

全县121家行政、事业单位资产总额217888.36万元，负债总额43834.14万元，净资产总额174054.23万元。其中，固定资产账面数为42889.96万元，盘盈资产为2110.26万元，盘亏资产为5720.39万元，均为损坏不能使用；无形资产账面数为2772.34万元，盘盈资产为133.41万元，盘亏资产为21.16万元，均为损坏不能使用；流动资产账面数为132056.43万元。报送国有资产管理信息53篇，县政府网站采用9篇，报送调研文章3篇，县委办政研室采用1篇。

【国有资产监管】 按照有关国有资产监督管理办法和规定，经县政府批准后，在资产处置、划转、报损报废、资产评估、评估项目核准等确定底价的基础上，按照国有资产处置程序和公开、公平、公正的原则进行处置，处置收益按照非税收入管理规定全额上缴财政、确保资产使用效益和资产处置收益最大化。全年，县国资局共完成部分办公设备报废3件、原值118973元，报废车辆4件、400辆车（其中县公安局交通警察大队2015年1月至2016年4月无牌无证扣留车183辆；县司法局警务天马摩托车9辆；县公安局交通警察大队2016年3月至10月无牌无证扣留车207辆；县委办贵H17666越野车1辆），划拨资产7件，其中5件总价46100元，另有将八弓镇部分国有资产无偿划拨给县城开公司管理使用、原长吉中学国有不动资产全部划拨给长吉乡人民政府，由长吉乡人民政府申请项目治理后，再移交给长吉中心小学管理和使用等2件。

【国有资产评估】 按照国企改革“1+N”文件要求，根据州、县实施“瘦身强体”总要求，推进国有资本向基础领域和重要行业集中，对经营性门面出租一律实行公开出租、严格监管监控。全年，县国资局共完成三穗县高铁新区13宗地、开放性体育场等19宗建设项目用地评估和保障性安居工程中商服用房、经营性门面房等33处房产评估项目，共计431139.89平方米，评估价值40623.77万元；完成门面租金收入409万元，国有资产处置及挂牌出让和协议转让6处，实现收入18417.5万元，以上所得收入已全额上缴财政。

【国有资产清查】 根据州财政局《关于开展2016年全州行政事业单位国有资产清查工作的通知》《关于开展2016年全州行政事业单位国有资产清查工作部署及培训的通知》文件要求，7月20日完成全县行政事业单位国有资产清查工作，经清查121家单位总资产21.78亿元，负债4.38亿元，净资产17.40亿元。

【公车改革】 根据县委、县政府办公室《关于调整县党政机关及直属事业单位公务用车编制数的通知》等文件精神，全县机关和参公管理事业单位公车改革工作在2016年底基本结束，全县参改单位共60个，参改车辆共253辆。按照车辆保留方案，各参改单位及综合保障平台保留车辆共182辆，封存车辆71辆，封存的车辆中，已按程序划拨至事业单位1辆（用于县两高指挥部），履行车改前所办理的程序处置1辆（八弓镇），拟处置车辆70辆（其中报废车18辆，拍卖52辆），已成功拍卖车42辆，拍资收入80.76万元，均以上缴财政。

【国有资产登记】 根据财政部关于印发《事业单位及事业单位所办企业国有资产产权登记管理办法》以及省财政厅、州财政局文件通知要求，2016年7月31日，完成全县事业单位产权登记系统上报工作。经统计汇总，全县共计45家事业单位进行了国有资产占有产权登记，国有资产总额累计为42258.02万元；固定资产总额累计为27835.37万元；负债总额累计为9174.33万元；没有事业单位所办企业情况，因此事业单位所办企业产权登记0家，累计国有资产总额0万元。根据黔东南州国资委《关于开展国家出资企业产权登记年度工作检查的通知》文件要求，县国资局于2016年10月28日完成国家出资企业8家登记年检工作，并已上报国家出资企业产权登记管理信息系统。

【投融资平台建设】 在已有国投公司、城投公司、园投公司、文化旅游公司4家投融资平台公司的基础上，组建了三穗县城市开发投资有限责任公司（简称城开公司）、三穗县扶贫开发投资有限责任公司（简称扶开公司），6家公司总资产为48.71亿元，比2015年同期增14.12亿元增加了34.59亿元，增长244.97%。成立三穗县旅游投资开发有限责任公司（简称旅投公司）、三穗县惠民市政有限责任公司（简称惠民公司）和三穗县林业生态开发有限责任公司（简称林态公司），3家公司方案及章程于10月11日送审，10月28日在县十六届人民政府第六十次常务会议上研究通过，11月22日县人民政府办公室以（穗府发〔2016〕17号）文件通知正式成立。

【国有资产风险防控】 全年完成融资邛水河生态休闲度假区项目基金2000万元、县城二期供水项目基金0.11亿元、黔东片区养老综合服务中心项目基金0.15亿元、融入农发专项基金0.46亿元、平滑基金4.3亿元、河道治理项目（一期）2.98亿元、土地储备项目0.2亿元、人居环境整治项目0.8亿元、易地扶贫搬迁项目2.13亿元。二是完成投资邛水河生态休闲度假区项目2000万元、养老服务中心项目660万元、县城二期供水项目200万元。

【“两学一做”学习教育】 落实党中央、省委、州委及县委关于“两学一做”学习教育决策部署，把“两学一做”学习教育作为该单位党建工作的重要内容，纳入党建工作责任制，围绕“思想铸勤、提振精神，能力铸勤、提高本领，效率铸勤、提升速度，创优铸勤、提增服务，争先铸勤、提档进位”的目标要求，加强领导、精心组织、周密安排，与国资国企、投融资工作同部署、同落实，取得了明显成效，完成县铸勤办交办的6项计划式任务和全局14项个性式任务，开展“铸勤行动”工作和“两学一做”学习教育。

【驻村帮扶】 联系帮扶款场乡良地村，该村贫困户共计21户，精准扶贫到户外业采集286户，回访2015年脱贫15户，县国资局12名干部职工全部参与联系，多次组织干部职工进行集中入户走访调查，大力宣传国家有关惠民政策，发放应知应会政策要点宣传资料等并给予帮助指引脱贫路径。投入经费17000元（其中春节前慰问贫困党员、贫困户3000元、“双诚信双承诺”3000元、党社联建办公经费5000元、支助贫困户4000元、支助贫困学生上大学学费2000元）。

【安全生产】 落实全国、全省、全州和全县安全生产会议精神及要求，坚决按照“党政同责、一岗双责、失职追责”层层分解落实，深入帮扶村开展宣传教育，提高安全生产人人有责的意识。结合“全州安全隐患大排查大整治专项行动”、安全生产“百日攻坚”战、“汛期安全生产大检查专项行动”和“岁末年初开展全面彻底安全生产大检查”等专项行动工作。组成专项检查组10组次，排查国有企业10家次、国有门面80间次、国有老旧房屋15栋次，排查发现一般安全隐患问题16处，现场整改12处、事后整改4处，全年投入安全隐患治理资金66500元，隐患整改率为100%。全年安全生产事故发生为“零”件。

（撰稿：杨顺琼　编辑：王承勋）

国家税务

【概述】 县国家税务局内设稽查局、八弓税务分局、税源管理科、征收管理科、办公室、监察室、信息中心7个职能股室。全局人员编制27个，其中行政编26个、事业编1个，年末实有在职人数24人，女性8人，少数民族干部19人，大学专科以上学历26人，中共党员14人，平均年龄36岁。

【税收收入】 全年累计组织收入10957.76万元，其中，组织税收入库10681.20万元，首次突破亿元大关，占年度税收计划7400万元的144.34%，比上年同期增长43.91%，增收3259.23万元。在入库的税收收入中：增值税完成8311.34万元（其中完成营改增税收3932.18万元），消费税完成2.99万元，企业所得税完成932.32万元，个人所得税完成0.01万元，车购税完成1434.55万元；组织非税收入276.56万元，其中罚没收入0.97万元，教育费附加153.90万元，地方教育附加102.37万元，价格调节基金17.24万元，文化事业建设费2.08万元。全年办理出口退税341.98万元。

【营改增工作】 根据税务总局的统一部署，从5月1日起，将建筑业、房地产业、金融业和生活服务业等行业全面改征增值税。5月1日零点开票，为做好零点开票，开展营改增政策宣传；召集零点开票企业认真做好纳税人开票辅导；设立零点开票技术应急保障团队；5月1日零点成功开出7份发票，涉及行业包括房地产业、生活服务业、建筑业。其中增值税普通发票5份，增值税专用发票2份。6月1日，全国迎来营改增增值税纳税申报期，为此，召开试点纳税人申报培训；对特定行业开展“一对一”“面对面”辅导，引导纳税人更好地适应新税制、用好新税制；设立首月申报机动队，分组对企业开展直接辅导。首月全部实现顺利申报，应申报408户，实际申报408户，申报率达100%。

【国地税深化合作】 深化落实总局国、地税合作规范，县国税局、地税局深化合作改革，以“共治税、惠为民”为主旨，深度合作，开展联合办税，整合国地税资源，县国地税联合办税在不断探索中逐渐走向深入：完善统一合作制度。4月，三穗县国税局、地税局、政务服务中心召开联席会议，规定联合办税厅深化合作“七个统一”，即统一着装挂牌上岗、统一规范管理、统一规范服务、统一考核奖惩、统一办税厅人员待遇、统一开展文明创建、统一办税设备配置。按“厅同建、业同办、法同执、户同进、税同宣、知同学、数同享、人同管、绩同考、形同树”的州局国地税合作“十同”目标的要求，完善县国地税两家合作机制，以办税服务厅为载体，实现服务深度融合。三穗县国、地税局联合办税服务厅，严格按照规定进行打造，统一设置办税服务区功能区域，共用排队叫号器、电子宣传显示屏、表证单书填写台等硬件设备，前台窗口统一配备计算机、显示屏、交换器、专用POS机、服务评价器等。还设立了“减压室”。提升办税服务软实力。以“一人一机双系统”为基础，国地税前台人员共同为纳税人开展税务登记、申报征收、发票代开、涉税咨询辅导等服务，有效避免了纳税人“多头跑”和重复报送资料问题，切实减轻了纳税人负担。

【税收征管与纳税服务】 根据纳税人经营规模和核算特点，总结行业管理的方法和规律，把准管理瓶颈，强化管理针对性和实效性。重点抓好电力、木材、工程项目建材等行业专业化管理，形成具有三穗经济税源特色的行业管理模式。建立“四个工作组”，全面推行“一线工作法”。“四个工作组”包括纳税评估组、重点税源管理组、工程项目与建材税收清理组、个体定额调整与零散税收清收组。深入一线开展征管，做到领导在一线指挥、干部在一线工作、问题在一线解决、任务在一线落实，牢牢把握税收主动权。推进“综合治税”。建立由政府牵头，财政、公安、国土、建设、交通等部门组成的协税组织，定期传递涉税信息，召开联席会议，沟通处理涉税事项。工程项目建材税收征管“综合治税”格局初步形成，征管质效较大提升。抓好纳税服务理念的灌输。要求干部要牢固树立“征纳双方法律地位平等”“视纳税人为客户”“税务机关都是服务机关，税务人员都是服务人员”理念。抓好首问责任、服务承诺、限时办结等制度规定的落实。着力提升纳税服务软实力。始终抓好干部业务能力培训；进一步简化办税流程，整合窗口功能，尽可能下放和前移各项审批事项，做到纳税人申请办理的涉税事宜统一受理，内部流转，限时办结，一窗出件；对纳税人资料不全不能一次办结的，以菜单方式书面一次性告知。不断拓展服务方式，积极推行多元化申报纳税，建立税企QQ群，利用“纳税人学堂”定期组织纳税人开展涉税知识培训。通过这些措施，提高服务的针对性和实效性。

【绩效管理】 根据总局、省局和州局的安排部署，全面实施组织绩效和个人绩效管理，建立一套科学严谨的考评奖惩制度，制定绩效考核办法，完善绩效指标考核体系，分解系统指标，制定机关指标，进行个人绩效考评。加强考核结果的运用，制定个人绩效管理目标考核办法，实现与单位评先、个人评优、班子及非领导职务职数调配、干部选用等相匹配。制定下发《三穗县国家税务局2016年机关绩效管理实施细则》等相关规定及制度。严格按照总局的时间表、路线图推进绩效管理工作，坚持按月考核、按月分析、按季通报、半年总结、年终反思。将当地税收工作现状、单位日常教育培训等与系统绩效和机关绩效相结合，制定出该单位的目标绩效管理实施方案，分“日常工作纪律”“工作任务”“考试成绩”“考试出勤”四大板块进行月度综合考核，以系统内部的个人绩效管理考核作为年终考核。通过严格绩效管理工作考评，及时兑现考评结果奖优罚劣。

（撰稿：王文德　编辑：王承勋）

地方税务

【概述】 县地税局内设综合股、监察室、计会股、业务股4个股室；下设纳税服务分局、纳税评估分局、重点税源管理分局、一般税源管理分局4个分局。在册干部职工52人，其中在职正式干部职工29人（含州地税局下挂2人），退休职工4人，协税员19人。中共党员25人。全年共办理税收优惠2792户，减免税款920.38万元。其中促进小微企业发展办理优惠1612户，减免税款287.67万元；改善民生办理优惠1175户，减免税款574.39万元；支持金融资本市场办理优惠2户，减免税款52.22万元；支持农业办理优惠减免3户，减免税款0.29万元；办理其他减免1户，减免税款5.81万元。做好税收宣传月活动，以“便民办税春风”活动开展为平台，深入企业、纳税户和乡镇开展税收政策宣传、咨询，广泛征求纳税人意见和建议，着力解决税收工作中存在的“四风”突出问题。走访企业和个体纳税户28户，发放宣传资料1200余份，征求意见6条，深入办税服务厅开展办税服务实践4次，制作税收宣传公益广告片1部，投入宣传经费计1.1万元。按时完成企业所得税汇算清缴工作，对2015年度102户企业开展了汇算清缴，汇算面达95.3%，组织清缴入库企业所得税450.98万元。

州地方税务局下达年度两项收入目标任务为3.048亿元，比上年实际完成数2.9344亿元增长3.87%，增收税款1136万元。县人民政府下达年度收入任务目标为3.3亿元，比上年实际完成数增长12.45%，增收税款3656万元。

【税收收入情况】 组织入库两项收入28670万元，占州地税局下达本年预期目标任务数30480万元的94.06%，占县政府下达2016年经济核算指标数33000万元的86.88%，同比下降2.26%，减收税款664万元。营业税完成6240万元，同比下降43.28%，减收4762万元；企业所得税完成2855万元，同比增长14.57%，增收363万元；耕地占用税完成4395万元，同比下降18.81%，减收1018万元；个人所得税完成1214万元，同比增长8.1%，增收91万元；契税完成2473万元，同比增长81.7%，增收1112万元；土地增值税完成8587万元，同比增长63.16%，增收3324万元；资源税完成492万元，同比下降43.06%，减收372万元。

【税收征管】 4月22日，国地税“营改增”资料实现顺利交接，交接户数共786户，其中企业178户，个体608户。做好风险应对工作，依托税收风险管理系统积极开展日常评估、专项评估和重点评估。年内主要开展对房地产、建筑安装、金融业及政府拍卖房产、土地等行业进行重点评估。全年共计评估纳税户48户，评估入库税款712.45万元；入库滞纳金6.1万元。

【纳税服务】 以“主动服务”“首问负责”为主基调，以导税咨询服务、纳税人学校、“12366”热线咨询为平台。依托办税大厅为纳税人提供全天候的自助网报、自助缴税、自助查询、自助打印等服务，抓好纳税人税收政策培训教育，纳税人学校开班8期，320人（次）办税人员参加了培训。强化事前引导，帮助纳税人用最短的时间、最有效的方式办理各种涉税事项，提高办税效率。全面推进“一窗式”办税服务。办税服务大厅全面实行“一窗式”服务，实现一个窗口可以办理国、地税两家的业务。全年共组织开展18期培训，参加培训的办税人员680户次。落实“三证合一”工作，认真落实办税服务承诺制度，与县国税办税服务厅共同抓好“二维码”一次性告知工作的落实，实现纳税人基础办税流程、报送资料、办理时限等一次性电子化告知。围绕省、州地税局信息化建设工作重点，主要抓好“金税三期”和“三方业务平台”以及《纳税服务规范2.3版》的工作落实，全面提升干部职工综合素质能力。以“三方业务平台”和《纳税服务规范2.3版》等征管软件的应用培训为重点，每月培训2次，共培训24次，参培人员620人（次），实行每月一考核。参加上级部门培训共11次，参培人员78人（次）。

【政务管理】 1月至12月上报政务信息47条，《黔东南州地税信息》采用18条。按时完成州局布置的各项调研工作任务。1月至12月无上访信访件。完成州局征文撰稿并上报。公务接待严格按照文件精神落实，“三公”经费较上年度大幅下降。年度目标考核获县直考核一等奖，州地税局二等奖。

【驻村帮扶】 专人驻帮扶村开展工作。按照县扶贫工作安排，完成对帮扶村232户贫困户卫星定位数据采集上报帮扶工作。开展工作调研8次，落实帮扶经费26750元。

（撰稿：姜钦　编辑：王承勋）

人民银行

【概述】 中国人民银行三穗县支行在职在编人员24人，合同制员工5人。其中工程师1人，经济师4人，经济员1人，会计员1人，会计师1人，助理经济师8人，助理会计师1人，政工员3人，助理政工师3人。人民银行三穗县支行坚持实施稳健的货币政策，高度重视金融领域风险隐患，维护辖区金融稳健运行，防范金融风险，全面加强自身建设，提升对外履职和金融服务水平，加强金融支持扶贫攻坚，服务实体经济，促进三穗经济金融更高质量、更有效率、更加公平、更可持续发展。

全年召开4次经济金融形势分析会议，认真分析和预判全辖的经济运行态势。引导信贷合理投放，运用信贷政策支持地方经济结构调整、产业升级，鼓励金融机构加大对战略性新兴产业和现代化生产型服务业务的信贷支持，重点加强对“三农”及小微企业的支持力度。全年，全辖金融机构贷款余额为32.99亿元，较年初增加8.66亿元。全年落实小额担保贷款余额1377万元，支持再就业人数183人。其中妇女创业贷款余额949万元，支持妇女创业人数147人。用好民贸民品贴息政策，支持民族工业发展，全年共审核申报“两民”企业贷款优惠利率贴息45.12万元。

【推进金融扶贫】 落实三穗县委、县政府出台的《三穗县做好金融服务推进精准扶贫实施方案》，按照“政府牵头、部门配合、金融机构参与”的原则，建立金融扶贫联席会议制度。推动三穗县委、县政府出台的《三穗县支农再贷款杠杆化运作支持扶贫开发实施方案》和《县人民政府办公室关于印发三穗县精准扶贫“特惠贷”实施方案的通知》，财政出资1000万元作为“特惠贷”的“风险补偿资金”，已向4318户贫困户发放“特惠贷”贷款资金1.88亿元。创新金融扶贫信贷产品，金融机构根据“三农”贷款运行规律，推出了多种特色金融扶贫产品，满足贫困户或“三农”不同层次的信贷需求，如：农业银行“四在农家·美丽乡村”基础设施贷款已累计发放4706万元，建设银行“助保贷”已累计发放870万元。实现全县POS每个行政村全覆盖，仅农商行安装取款终端115台。开展百名行长对村帮扶“五个一行动”工作，筛选明确3个行级干部的扶贫村。加强再贷款管理，全年按季对三穗农商行的扶贫再贷款使用管理情况进行4次检查，督促其及时整改检查中发现的问题。全年，支行扶贫再贷款限额为3.43亿元，贷款发放余额为3.43亿元。全年办理发放扶贫再贷款8笔，金额3.43亿元，收回6笔，金额2.3亿元。三穗农商行借用扶贫再贷款发放涉农贷款余额为2.93亿元，匹配自有资金发放涉农贷款余额为2.72亿元。按三穗县农商行自有资金发放涉农贷款加权平均利率计算，直接为农民群众减轻1359.44万元的利息负担，降低了农民的融资成本，有力助推了“三农”经济的持续健康发展。

【强化对外履职】 积极推动支持县金融改革，配合实施“引金入穗”工作。11月，贵州银行股份有限公司三穗支行、贵阳银行股份有限公司三穗支行正式驻入三穗，三穗县银行业金融机构6家，保险类金融机构4家。开展货币金银工作，力保现金供给。稳步推进货币发行业务规范操作，实现全年货币发行业务工作零差错和业务量大幅提升。按照州中支部署，增加天柱、三穗、镇远、施秉及黄平5县货币投放回笼工作任务，保证新增工作任务的完成。开展度商业银行的各项业务检查，督促安全规经营，及时整改。

【维护金融稳定】 落实利率市场化改革相关工作，指导金融机构不断提高利率自主定价能力。学习存款保险相关制度，确保存款保险制度在辖内平稳运行。严格地方法人存款准备金管理，密切关注地方法人金融机构流动性状况。扎实做好地方金融机构主要风险点排查工作，做好风险提示，督促其稳健经营。密切关注和防范潜在金融风险，维护经济金融的良性可持续发展。引导县域金融机构在政策允许范围内因地制宜扩大小额担保贷款覆盖面。推进区域金融监管协调，配合当地政府妥善处置有关风险事件。继续做好重大事项报备工作，坚持开展综合评价，大力推动金融消费权益保护工作。

【文明单位创建】 研究制定2016年文明创建工作方案，推进各项创建工作。组织央行志愿者深入农村和社区访贫问苦、扶贫帮困；组织职工参加无偿献血、义务植树等社会公益活动，全面提升三穗县支行文明程度。参加上级行举办的各类文体活动和文体比赛，做好文明单位创建工作，开展丰富多彩的职工文体活动、主题教育活动和先进典型宣传活动，加强社会主义核心价值体系建设学习，实现业务工作创优、人际和谐、管理民主、风清气正的目标，把支行打造成全行干部职工的共有精神家园。

（撰稿：张思思　编辑：王承勋）

金融工作

【概述】 全年县金融机构存贷款余额完成78.13亿元，较2015年同期增长12.58亿元，同比增长19.19%。全县金融机构存贷比为71.78%。全县保险机构保费收入完成5744万元，较2015年同期增长780万元，同比增长15.71%。

【“五个全覆盖”】 11月，贵州银行、贵阳银行正式挂牌营业，营业地址分别位于原惠购超市经营点（华侨大酒店对面）和中天广场（佳誉广场合力超市对面）。两家银行已于12月份纳入人行金融统计监督管理信息系统。

三穗县农业担保公司于7月份获省政府金融办批复设立，注册资本为8500万元，为国有独资有限责任公司。跟扶贫开发公司合署办公。根据省担保公司要求。村镇银行由凯里农商行发起设立，4月份已通过国家银监会审批，三穗县列入第一批，注册资金5000万元。完成选点工作，营业地点定于将军府，正处于股金募集阶段。经过认真筛选，推荐农商行等优质企业入股共计1750万元。

【融资工作】 全县重大融资项目有11个，总投资41.33亿元，拟融资29.04亿元，已经通过审批获授信26.34亿元。已获批复项目有：中医院建设项目，总投资为2.3亿元，拟融资1.6亿元，由园投公司向贵州银行贷款1.6亿元。新普十五教育集群项目，总投资4.71亿元，拟融资3.5亿元，由国投公司担保向贵州银行贷款3.5亿元。第四中学建设项目，总投资4.57亿元，拟融资3.2亿元，由城投公司对接贵阳银行，已经放款100万元。黔东片区开放性体育场项目，总投资2.65亿元，拟融资1.86亿元，由园投公司对接贵阳银行，已经放款100万元。大湾人居环境改善项目，总投资1.1亿元，拟融资0.82亿元，由州扶开公司统一对接州农发行。贵州股交中心基金，由国投公司跟贵州股交中心对接，融资1亿元。三穗县2016年第一批农村基础设施扶贫道路工程项目，总投资13.5亿元，拟融资9.8亿元，由扶开公司对接国开行省分行。塘冲水库至县城河道治理项目，总投资6.9亿元，拟融资2.88亿元（一期），由城开公司对接农发行。黔东养老服务中心项目，总投资2.1亿元，拟融资1.68亿元，由园投公司对接贵阳银行。未获批复项目有：贵洞万亩竹海生态公园建设项目（一期），总投资2.2亿元，拟融资1.7亿元，由扶开公司对接农发行。高铁站前广场，总投资1.3亿元，拟融资1亿元，由城开公司对接贵州银行。

（撰稿：王在成　编辑：王承勋）

银行监督

【概述】 中国银行业监督管理委员会黔东

南监管分局三穗办事处（以下简称三穗银监办事处），职工4人，本科学历4人，副科级以上干部1人，科员3人，负责监督管理银行业金融机构6个，营业网点28个。全年，全县存款余额46.62亿元，较年初增加了5.42亿元；贷款余额为32.64亿元，较年初增加了8.31亿元，不良贷款余额6321万元，比年初上升了1，108万元，金融运行平稳。8月29日，经黔东南银监分局批准，贵州银行股份有限公司三穗支行成立。营业地址：贵州省三穗县八弓镇府政西路锦绣黔城1号至3号门面及三楼部分。11月11日，经黔东南银监分局批准，贵阳银行股份有限公司三穗支行成立。营业地址：贵州省黔东南州三穗县八弓镇东门南路中天广场一层至二层。12月12日，黔东南银监分局下发《黔东南银监分局关于徐静任职资格的批复》核准徐静贵州三穗农村商业银行股份有限公司董事会秘书的任职资格。银监办事处组织全辖银行业金融机构开展“金融知识进万家活动”。由三穗电视台和三穗手机报进行宣传金融知识，组织银行机构进校园、进农村宣传金融知识。

11月08日，经黔东南银监分局批复，三穗农村商业银行注册资本金由原来的90000000.00元变更为96300000.00元。

【现场检查】 1月15日至19日，完成对三穗农村商业银行存款类案件风险的排查。4月13日至15日，完成对邮政局检查便民服务点停办存款类业务的情况进行检查。10月9日至18日，完成对中国邮行储蓄银行股份有限公司三穗县支行“两个加强、两个遏制”回头看现场检查。

【监管评级】 根据《中国银监会农村金融部关于做好2016年度农村中小金融机构监管评级工作的通知》的要求，办事处完成县农村商业银行2016年度的监管初评工作，通过贵州银监局的复评，中国银监会最终审定，三穗农村商业银行2015年度评级结果为3C级。

【机构设置许可】 8月23日，黔东南银监分局下发《黔东南银监分局关于贵州银行股份有限公司三穗支行开业的批复》，同意贵州银行股份有限公司三穗支行开业，营业地址：贵州省三穗县八弓镇府政西路锦绣黔城1至3号门面及三楼部分。10月18日，黔东南银监分局下发《黔东南银监分局关于贵阳银行股份有限公司三穗支行开业的批复》，同意贵阳银行股份有限公司三穗支行开业，营业地址贵州省黔东南州三穗县八弓镇东门南路中天广场一至二层。

【高级管理人员任职资格许可】 三穗办事处通过对银行机构高级管理人员的初步审查，黔东南银监分局的最终审核，5月30日，黔东南银监分局下发《黔东南银监分局关于沈贵林任职资格的批复》，核准沈贵林贵州三穗农村商业银行股份有限公司副行长的任职资格。8月23日，黔东南银监分局下发《黔东南银监分局关于胡斌任职资格的批复》，核准胡斌贵州银行股份有限公司三穗支行副行长（主持工作）任职资格。8月30日，黔东南银监分局下发《黔东南银监分局关于杨春平任职资格的批复》，核准杨春平贵阳银行股份有限公司三穗支行副行长（主持工作）任职资格。11月24日，黔东南银监分局下发《黔东南银监分局关于黄进堂等2人任职资格的批复》，核准黄进堂贵州三穗农村商业银行股份有限公司副行长（主持工作）、徐红桃贵州三穗农村商业银行股份有限公司副行长的任职资格。

【案件防控督查】 办事处与银行业金融机构签订三穗银行业2016年案件风险防控工作责任书和双线风险防控责任制目标责任书，将案件防范作为高管人员履职监管评价重要内容。按照属地监管原则对银行业金融机构开展案件防控工作情况进行督查，督查机构网点28个，督察面100%，并加大处罚力度。

【党建工作】 按照黔东南银监分局党委的工作安排和要求，4月开始，黔东南银监分局第十党支部（支部设在三穗，由三穗、台江、雷山办事处的党员组成）开展“学党章党规、学系列讲话，做合格党员”学习教育活动。12月，根据《通知黔东南银监分局党总支关于调整基层党支部设置的通知》的文件要求，在三穗办事处设立中共中国银行业监督管理委员会黔东南监管分局第六支部（三穗、镇远、岑巩、天柱、剑河办事处党员）。

（撰稿：罗国华　编辑：王承勋）

农业银行

【概述】 中国农业银行股份有限公司三穗县支行内设办公室、信贷科、营业室3个部门。员工64人，其中在岗员工35人，女员工8人，占23%；中共党员18人，占51%；大学本科学历12人，占34%，大学专科学历11人，占31%；中师职称2人，占6%；助师职称19人，占54%；少数民族员工32人，占91%。全年各项存款余额62821万元，比年初上升22685万元。其中个人存款余额27786万元，比年初上升3703万元；对公存款余额35035万元，比年初上升18982万元。各项贷款余额45714万元，比年初上升16050万元。其中个人贷款余额28155万元，公司贷款17559万元。净利润894万元。

根据中央关于精准扶贫的精神，按照“四个全面”战略布局，遵循“守底线、走新路、奔小康”的总要求，坚持发展第一要务和以人民为中心的理念，按照省、州的统一部署，坚持以脱贫攻坚总揽经济社会发展全局，坚定不移推进扶贫开发第一民生工程，以科学治贫、精准扶贫、精准脱贫为抓手，通过“五个一批”脱贫路径，确保2018年全县85个贫困村出列、42503人贫困人口如期脱贫，打赢扶贫开发攻坚战，全面建成小康社会。加大农村支付环境建设力度，通过“惠农通”“万村千乡”工程的实施，在县城和各乡镇所在地街道、行政村、自然寨共设立业务代理点88个，月均业务交易量5300多笔，交易金额660多万元，普及金融知识和技能，使广大农户和城市居民一样，在身边也可以十分方便地办理转账、存取款等金融业务，享受到现代化的金融服务。加强对助农取款服务点人员进行机具操作、业务流程、法律法规知识、假币识别等宣传培训，确保其具备业务开办的技能和金融知识，提高其业务技能、规范操作水平和风险防范意识。选择部分知识水平较高、业务配合意愿较强的服务点，做好金穗惠农卡汇兑、支取、农户贷款等其他农户金融产品的宣传，有效发挥服务点现场引导和宣传营销作用。

3月15日，组织人员参加三穗县工商局组织的“3·15金融消费者权益日”宣传活动，并精心准备客户比较关心的反洗钱、个人贷款、电子银行、安全用卡、分期付款、贵金属等宣传产品。现场向群众发放各种资料420余份，向社会普及金融知识，解答群众的金融咨询。告知广大居民远离非法集资，以健康、专业的方式有效引导金融消费者合理投资理财，保护金融消费者合法权益。秉承“诚信立业、稳健行远”的核心价值观和“客户至上、始终如一”的服务理念，向广大客户提供全面、优质、高效的金融服务。

支行在营业室设立“学雷锋岗”“共产党员示范岗”“共青团员示范岗”。在日常的工作中，为广大客户提供贴心的服务。加大农户贷款的支持力度，缓解农村种养殖户和从事农业生产经营农户融资难问题。累计发放个人贷款20397万元，个人贷款余额21116万元，比年初上升3710万元。加大对城乡居民个人购房、“房抵贷”、个人助业、汽车分期等信贷产品的营销力度，2016年末，累计发放个人生产经营贷款、个人住房贷款、个人助业贷款、个人消费贷款20397万元，较年初增加3710万元。有力地支持了个体经济的发展。全年为支持三穗县“四在农家·美丽乡村”基础设施建设项目，根据省分行的工作部署，配合财政部门做好项目相关材料的报送，启动贷款调查和发放程序，向贵州省贵民发展投资有限责任公司发放美丽乡村建设项目贷款3618万元。向贵州东南高速投资有限公司发放三黎高速建设项目贷款10000万元。全年，累计发放各项贷款25179万元，其中：公司生产经营贷款4782万元；农户小额贷款7725万元；个人生产经营贷款1625万元；个人住房贷款8352万元；个人商业用房贷款1768万元；个人其他消费贷款927万元。按五级分类划分：正常类贷款余额44805万元；关注类贷款余额651万元；不良贷款余额258万元，占比0.6%，比年初下降0.3个百分点。

【开展“两学一做”活动】 深入学习贯彻习近平总书记系列重要讲话精神，推动全面从严治党向基层延伸，巩固和拓展党的群众路线教育实践活动和“三严三实”专题教育成果，进一步解决全行党员队伍在思想、组织、作风、纪律等方面存在的问题，保持发展党的先进性和纯洁性。在全体党员中开展“学党章党规、学系列讲话，做合格党员”学习教育活动。

学党章党规。着眼明确基本标准、树立行为规范，逐条逐句通读党章，全面理解党的纲领，牢记入党誓词，牢记党的宗旨，牢记党员义务和权利，引导党员尊崇党章、遵守党章、维护党章，坚定理想信念，对党绝对忠诚。组织学习《中国共产党廉洁自律准则》《中国共产党纪律处分条例》等党内法规，学习党的历史，学习先进典型，汲取违纪违法案件教训，通过照好“两面镜子”，引导党员牢记党规党纪，牢记党的优良传统和作风，树立崇高道德追求，养成纪律自觉，守住为人、做事的基准和底线。

学系列讲话。组织学习以习近平同志为总书记的党中央治国理政新理念新思想新战略，引导党员深入领会系列重要讲话的丰富内涵和核心要义，深入领会贯穿其中的马克思主义立场、观点、方法。将系列学习重要讲话同学习马克思列宁主义、毛泽东思想、邓小平理论、“三个代表”重要思想、科学发展观结合起来，深刻理解党的科学理论既一脉相承又与时俱进的内在联系，坚定中国特色社会主义道路自信、理论自信、制度自信。

做合格党员。强化政治意识，保持政治本色，把理想信念时时处处体现为行动的力量；坚定自觉地在思想上政治上行动上同以习近平同志为总书记的党中央保持高度一致，向党的理论和路线方针政策看齐，做政治上的明白人；践行党的宗旨，保持公仆情怀，牢记共产党员永远是劳动人民的普通一员，密切联系群众，全心全意为人民服务；心存敬畏、手握戒尺，廉洁从业、廉洁用权、廉洁修身、廉洁齐家，公私分明、交往有道，做到对党绝对忠诚、做事干干净净、做人有人格力量；要始终保持干事创业、开拓进取的精气神，建设多功能协同现代金融服务集团、不断实现服务“三农”新突破中奋发有为、建功立业。

【反洗钱工作】 执行《中华人民共和国反洗钱法》和关于反洗钱的有关文件规定，完善反洗钱工作，根据金融机构反洗钱规定，建立反洗钱内部控制制度，严格履行反洗钱义务，切实打击洗钱活动。成立以行长为组长，各部门负责人为成员的反洗钱工作领导小组，明确反洗钱专职及兼职人员。采取形式多样学习方式，集中培训和分散培训相结合，利用晨会时间组织员工学习反洗钱知识。每天按时打印系统反洗钱各项报表，及时录入上报反洗钱大额和可疑数据及报告，对反洗钱系统预警信息及时进行核查、核对。7月21日设点进行反洗钱宣传，发放《中华人民共和国反洗钱法》知识彩色宣传资料、宣传折页630余份，现场解答群众咨询220多人次。同时还在营业网点门前用LED显示屏滚动播放《中华人民共和国反洗钱法》宣传标语。9月8日上午，利用县城赶集的时间在单位门口摆摊设点，开展“金融知识普及月”宣传活动。工作人员走上街头向来往群众宣传防范金融诈骗、珍爱征信记录、防范非法集资、银行卡、银行理财业务、存贷款业务等金融知识，引导消费者正确运用金融知识，活动现场向来往群众发放宣传资料500余份，提供金融咨询300余人次。

（撰稿：杨昭才　编辑：王承勋）

农村商业银行

【概述】 贵州三穗农村商业银行股份有限公司（简称三穗农商银行）共有16个营业网点，其中独立核算的法人机构1个，一级支行6个，二级支行9个，员工159人（其中在岗员工142人，内退9人，临时工6人，派遣工2人），其中硕士学历2人，本科学历101人，大专学历36人，中专学历16人，高中学历2人，初中学历2人，中共党员57人（正式党员54人，预备党员3人）。

三穗农商银行各项存款余额235528万元，较年初增加36159万元，增速18.14%，各项贷款余额217830万元，较年初增加41987万元，增速23.88%。存贷款增量分别占44.91%、50.49%，存贷款市场份额分别为54.54%、66.72%，存贷款增量和市场份额居全县金融机构首位。全年各项收入20100万元，同比增加2793万元，同比增幅16.14%。实现净利润2335万元，较上年增加108万元，同比增幅4.45%。不良贷款余额6021.4万元，较年初增加1130.7万元，不良率2.76%，较年初下降0.02个百分点。

【支农支小】 支持以三穗颇洞现代生态农业示范园为代表的“党社联建”产业发展，开展“进村入户，进农入企”的活动，了解企业及贫困户发展资金需求，以“黔微贷”“贵工贷”“特惠贷”及“摇钱树”等信贷产品助推当地企业及贫困户发展，推动企业平稳过渡转型以及“贫困户”向“小康户”迈进。三穗颇洞现代生态农业示范园是省级100个现代高效农业示范园区之一，12家合作社共发展社员4500余人，其中2800余人为贫困户，现均已实现脱贫。合作社实现每年分红的方式回馈社员，2014年，合作社分红比例80%，2015年分红40%，截至2015年合作社社员已全部收回成本，2016年，三穗农商银行对该村的农户用于入股合作社贷款余额721万元；坚定支农支小市场定位，带动贫困户创业就业。如三穗农商银行支持的“佛满香”小微企业，成立三年来，解决妇女就业20人以上，其中16人为贫困户，平均年龄50岁，月工资收入平均2000元。该企业不仅解决了村里妇女就业的问题，也增加了贫困户的增收渠道；加强宣传力度。9月，县农商银行联合县金融办、人民银行、银监办开展“金融知识宣传月”，累计开展活动138次，共发放宣传手册、折页31000份，接受咨询10580人次。

【信用乡镇建设】 做好信用工程创建工程，4月27日召开三穗县2015年信用工程总结表彰暨2016年信用工程精准扶贫推进大会，各乡镇相应制定信用工程建设实施方案，5月9日，三穗县委督查室出台《三穗县农村信用工程建设督查方案》，明确督察时间、人员、内容，信用工程建设得到县委及乡镇党委的高度重视。同时出台信用工程建设的相关实施方案及考核办法，在各部门和各支行的共同努力下，创建45个信用村，成功申报6个信用乡镇。全县建有72个信用村、1298个信用组。

【铺设金融机具】 全年已发放信合卡136997张，较年初新增30744张，卡余额71474.81万元，较年初新增57913.14万元；安装ATM机30台，较年初新增6台，覆盖基层网点9个乡镇，其中网点存取一体机布放25台，取款机1台，离行式存取一体机4台；累计发展网上银行客户7328个，较年初新增2380个，办理笔数13504笔，金额56101.31万元；发展手机银行客户15979个，较年初新增10714个，办理笔数67583笔，金额20991.77万元；特约商户POS机394台，较年初新增112台，办理笔数32857笔，金额7319.44万元；在全县90个行政村布设助农取款POS机116台，办理业务120073笔，金额10500.62万元，覆盖率128.88%，电子替代率为59%。助农取款点已实现了村村覆盖。

【安全保卫】 每月组织专职守押人员集中学习两次以上，组织专职守押人员实弹射击训练两次，安全保卫方面的技能训练一次，学习23次，每次的学习分管领导均参加指导，并作了详细的工作安排。同时还针对营业、守库、守押、枪弹、计算机操作及设备安全等方面的安全保卫制度落实情况进行了一次排查整改，整改安全隐患25处，开展各种突发事件应急预案处置演练，并邀请公安、消防领导指导其中突发事件应急演练2次；消防安全应急演练10次；营业大厅突发事件应急演练9次；ATM机突发事件应急演练3次，全年安全无事故。

（撰稿：王玲娟　编辑：王承勋）

住房公积金管理

【概述】 黔东南州住房公积金管理中心三穗县管理部搬至三穗县政务服务中心二楼，下设综合股、信贷股、归集股，编制7人，实有职工6人，正科级单位（正、副科级职数各1人），女职工4人，中共党员3人，本科文化程度4人，大专文化程度1人，中职文化程度1人。

全年住房公积金个贷逾期金额为58975.81万元，逾期率为0.192‰，风险控制在年度控制指标之内，个贷风险控制良好。

全年共发放住房公积金贷款415户11828.3万元，完成年度贷款计划8000.00万元的147.85%。累计发放住房公积金贷款2418户42745.00万元，住房公积金个贷余额达31001.24万元。

【住房公积金归集】 县公积金管理部有缴存单位199户，新增缴存单位12户，缴存职工6229人，新增缴存职工83人，全年缴存住房公积金9769.098万元，完成年度归集计划8000.00万元的122%。全县住房公积金累计归集42035.841万元，归集余额达30958.426万元。非公企业扩面工作。全年日新增非公缴存单位12个，城镇灵活就业、自由择业等缴存人数共计15人。

【风险防控】 根据国家宏观调控要求和州中心的有关文件精神，强化贷款管理。工作中严格按照管理部的要求去做，不论借款人职务高低或亲朋好友，尽可能满足职工需求，但不突破规定，不违规操作，同时规范每一道操作程序，严格每一项审批手续、材料，定期检查贷款档案。积极防范风险。首先是强化责任管理，严格贷款审批。在贷款管理工作中，强化贷款管理人员的责任意识。按照程序审批，各审批环节按照职责分工和管理权限，履行审批职责，严格按照信息化管理的要求操作，不得由他人替代操作。加强贷前调查、贷中审查、贷后跟踪的管理模式，信贷部门严格审核，不违规放贷，缺少相关材料的不予发放贷款。

【制度推行】 在全县推行统一规范的住房公积金管理制度，使全县住房公积金归集、提取和贷款等业务管理工作实现制度化、规范化、协同化；加强服务窗口规范化建设。建立贷款客户信息查询系统，及时向职工提供便捷的查询、对账和还款提示服务。努力改善办事服务窗口的软硬件设施，方便群众办事。

【加快业务发展】 抓住归集工作这个“龙头”，按照“扩面、规提、稳贷、防险”的工作思路，加大公积金政策宣传、扩大归集面。推进规模企业、非公企业的缴存稳定工作；稳妥地发展个贷业务，在确保质量的前提下简化手续和程序，提高个贷在归集余额中的比例；加强对银行委托业务的考核，全程控制个人逾期贷款，提高资产质量，确保资金安全。

【加强队伍建设】 按照《预防和惩治腐败教育实施纲要》要求搞好党风廉政和预防职务犯罪教育，提高职工道德修养、政治思想素质。以“文明创建”为载体，突出服务宗旨，强化服务意识，继续抓好窗口服务和行风建设工作。加强职工岗位技能培训，组织职工参加政策法规、计算机、财会、普通话、法律知识等方面的培训，做到学以致用，促进队伍整体素质的提高，打造一支形象好、素质高、不出事、充满活力、具有较强战斗力的公积金管理队伍。

【推行惠民新政】 根据州公积金中心制定《黔东南州住房公积金管理中心行政权力清单和责任清单指南（暂行）》的通知，职工连续缴存住房公积金6个月以上即可申请提取住房公积金支付购房款或偿还购房贷款本息，职工也可申请提取住房公积金为无房父母或子女支付购房款。对租房居住的职工，每年可以申请提取一次本人或配偶的住房公积金支付房租，房租价格标准按凯里城区每10平方米/元、各县城区每8平方米/元、各乡镇每5平方米/元计算，房屋面积最大不超过100平方米。无住房公积金贷款的职工可以申请提取本人的住房公积金用于支付物业管理费、房屋维修基金和契税等。职工可提取住房公积金用于支付因不可抗力造成房屋损毁损坏的修缮费及职工、配偶或子女患有重大疾病医治的医疗费。

【驻村帮扶】 全年完成125户精准扶贫户外图片采集任务，完成建档立卡工作；开展领导干部遍访贫困村贫困户6户，送去慰问金1800元；帮扶慰问特困党员资金1500元，“双诚信双承诺”计生工作投入资金3000元；计生“三结合”帮扶资金5400元；精准掌握贫困状况，精准落实帮扶措施，顺利完成帮扶项目验收工作。全力做好信访维稳工作，及时化解职责范围内信访案件；积极配合村委做好换届选举工作。

（撰稿：杨琴　编辑：王承勋）

人保财险

【概述】 中国人民财产保险股份有限公司三穗支公司内设经理室、综合部、营销部、直销部、理赔分部。公司在岗干部职工10人，其中经理室2人、中层干部3人、一般职工5人。全年保费收入突破2800万元。2016年度，荣获中国人民财产保险股份有限公司黔东南分公司

“经营绩效管理一等奖”“先进集体”荣誉称号。完成保费收入2820.90万元，同比增量409.51万元，增速16.98%，完成全年目标任务，全年赔款800.27万元。开办的险种有机动车辆保险、道路承运人责任保险、政策性农房保险、政策性农业保险、政策性森林保险、学生幼儿意外伤害保险、校方责任保险、个贷抵押房屋保险、财产基本保险、财产综合保险、雇主责任险、执法人员意外伤害保险、团意险等。

【政策性农业保险】 开办全县政策性农业保险工作，开办险种分别为：水稻保险、玉米保险、能繁母猪保险、育肥猪保险、公益林，提供风险保障金共计42052.94万元，赔付金额为64.52万元。在政策性农业保险承保阶段，组织部分业务骨干深入全县九个乡镇开展政策性农险保险宣传活动，拓宽广大农户对政策性农业保险的知晓面。

【驻村帮扶】 帮扶良上乡下寨村，为下寨村购置办公设备1680元，资助良上米酒合作社硬件设施建设资金15000元；资助良上乡“六月六”民族活动资金1200元；看望慰问困难群众，通过面对面交谈了解他们的实际生活困难，为他们送去大米、食用油，并鼓励其自力更生，早日拜托贫困。全年资助下寨村帮扶资金共计17880元。

【内控合规培训】 为保障合规经营发展，定期组织干部职工开展依法合规经营培训、党风廉政建设培训及销售人员技能培训，每季度不低于1次，同时还利用各乡镇赶集日设立宣传点、咨询台，开展反洗钱和防范非法集资宣传活动。

（撰稿：杨政州　编辑：王承勋）

人寿保险

【概述】 中国人寿保险股份有限公司三穗支公司在职职工5人。内退1人，编外内勤人员2人，代理人员150人，2016年，共收取保费1909.84万元，保费支出1651万元，在学生平安保险方面达到了95%的承保面每年为近30000名客户提供了各种养老保险、分红保险、意外伤害保险、重大疾病保险、医疗保险等保险保障。2016年，三穗支公司提前3个月超额完成目标任务。

（撰稿：杨丹　编辑：王承勋）

太平洋保险

【概述】 中国太平洋财产保险股份有限公司（以下简称“太平洋产险”）是中国太平洋保险（集团）股份有限公司旗下的一家专业子公司，为客户提供全面的财产保险产品和服务。公司总部设在上海。注册资本为人民币180亿元。太平洋产险三穗支公司成立于2009年5月14日，主要经营企业财产损失保险、家庭财产损失保险、建筑工程保险、安装工程保险、货物运输保险、机动车辆保险、船舶保险、能源保险、一般责任保险、保证保险、信用保险（出口信用除外）、短期健康险、意外伤害险、中国保监会批准的其他财产保险业务。2016年在职编制3人，实有人员5人，其中经理1人，一般职工2人，劳务派遣1人，营销员1人。

全年，公司共实现保费收入706万元，完成年计划的88.25%，增速-19.5%，增量-171万元，赔款支出415万元。

【“一元民生保险”慈善项目】 为应对市

场变化，对市场反映比较敏感的费率及时做了调整，争取了部分新增业务。实现了与民政局、扶贫办联合制定《“一元民生保险”慈善项目工作方案》，全年共完成全县227730名人口包括暂住人口的“一元民生保险”保险的承保工作，保费收入22万元。

【帮扶情况】 积极开展驻村扶贫工作，多次深入八弓镇高田村开展帮扶工作，及时掌握第一手资料，采取多种形式开展调查研究。共计帮扶资金3000元。

（撰稿：潘林　编辑：王承勋）

文 化 教 育

教育教学

【概述】 县教育和科技局内设办公室、教育股、计财股、工程办、教师发展中心、营养办、青少年校外活动中心、会计核算中心、支助中心、脱贫办、安全办、教研室、招生办、科技办和监察室；行政编制10人（其中公务员编制8人，机关工勤编制2人），事业编制44人；领导职数5人，其中局长1人，纪检组长1人，副局长3人；共有干部职工46人。全年全县有1364人参加高考，本科上线率47.26%，比上年提高26.02个百分点，上线率全州排名第十位，比上年上升1位。应届二本任务完成率127.53%，比上年提高23.99个百分点，应届二本任务完成率全州排名第三位，比上年上升7位。“985”高校录取5人，“211”高校录取54人，其他本科高校录取560人，高职专科录取662人，总录取人数1281人。升学率93.91%，比上年提高8.25个百分点。

制定《三穗县义务教育学校招生管理办法》和《三穗县城关义务教育学校2016年秋季招生工作实施方案》，实行义务教育分片、就近、免试入学规定，落实小学毕业学生整班移交制度，对初中七年级学生实行均衡编班，严禁义务教育阶段分设重点校和非重点校、重点班和非重点班。全县有各级各类学校（点）127所（个），在校学生40032人，专任教师1795人。其中普通高中1所72个教学班，学生3751人，专任教师250人；职业高中2所29个教学班，学生2326人，专任教师42人（公办）；初中6所158个教学班，学生7953人，专任教师541人；小学48所（含14个教学点）427个教学班，学生17479人，专任教师874人；幼儿园67所，在园幼儿8523人，教职工756人（其中，在编88人）。落实课程标准和课程计划，出台《三穗县义务教育课程管理方案》严格控制书面家庭作业量，严禁违规组织集体补课，切实减轻学生过重课业负担，提高学生素质。

利用绞颇小学、魁计小学、大寨小学、稿米小学、稿白小学、崇明小学、赤瓦小学、大塘小学、屏树小学、民主小学等布局调整后闲置的校舍，改造10所村级公办幼儿园。鼓励社会力量兴建民办幼儿园，引入社会资金387万元，新建8所民办幼儿园。实行集团化管理，把全县67所公民办幼儿园分为3个大集团、11个小集团，以强园带弱园。开展优质幼儿园评比工作，制定《三穗县优质幼儿园评比考核方案》，对全县幼儿园进行分类考核并授牌。

完成州教育局下达的普通高中招生任务1266人；制定《三穗县中等职业教育招生宣传方案》，开展下乡入校宣传职业教育政策，引导初中毕业生到职校学习。

组织中小学生开展“清明节祭英列”主题

活动，开展“祖国好、家乡美”主题活动，开展“老师您好，我的好老师”读书征文及演讲活动，开展“我是文明小导游”演讲活动，开展邛水河垃圾清扫活动。在城关第一小学、城关第二小学、第二中学、第三中学、桐林镇中心小学、台烈镇中心小学探索家长学校创建工作。建立家庭教育指导师团队，派队员到贵阳、杭州培训。

【党风廉政建设】 组织党员学习《中国共产党廉洁自律准则》和《中国共产党纪律处分条例》，要求全体党员干部牢固树立党纪党规意识，自觉遵守《中国共产党廉洁自律准则》，打牢思想基础，全面筑牢廉洁自律防线，争做讲纪律、守规矩的模范，营造“敬畏党纪国法、自觉遵规守纪”的良好氛围。召开教育系统廉政警示教育大会，开展以“上一堂廉政党课、参观一次廉政教育基地、重温一次入党誓词”为主题的党风廉政教育月主题活动。通过上党课、听取案件查办情况通报，参观县廉政教育基地、重温入党誓词等活动，形成震慑。开展“铸勤行动”工作。按照上级部署，成立“铸勤行动”工作领导小组，印发《三穗县教育系统“铸勤行动”实施方案》，启动教育系统“铸勤行动”各项工作。开展权力廉政风险点排查，共排查出风险点99个。做好廉政风险等级研判，制定风险防控措施108条。开展作风常态化督查，强化监督执纪问责。层层签订作风建设责任书状，按照“三转”要求开展常态化督查，及时提醒和制止干部职工的违纪行为。立案查处违规操办酒席行为3起，政纪处分3人；立案查处职称造假案件1起，政纪处分1人；立案查处交通违法行为案件2起，党纪处分1人，政纪处分1人。配合县第五纪工委开展作风常态化督查4次，点名通报教育系统干部违纪行为17人，通报管理不规范学校12所，提醒谈话6人，诫勉谈话7人；受理群众关于教育系统干部作风、纪律方面的信访问题举报，核实信访件6件，办结回复6件，办结回复率100%。

【教师队伍建设】 成立2个名师工作室，两个名班主任工作室和1个名校长工作室，组织工作室成员开展“送培到校”活动。暑假期间，请中华教育改进社的专家来本县开展为期三天的教师、班主任、校长专项培训活动。组织教师参加县级以上培训1243人/次。增加新教师12人。

【工程建设】 实施教育工程单体项目48个，建筑总面积为266081平方米，投资总额为47554万元。其中，学前教育项目15个，投资1445万元，建筑面积9900平方米；“全面改薄”项目17个，投资4479万元，建筑面积52181平方米；城镇义务教育11个，建筑面积189000平方米，投资39000万元；高中突破工程项目2个，建筑面积8000平方米，总投资1200万元；职业教育项目2个，建筑面积7000平方米，投资1200万元。

【学生支助】 发放资助资金2469.688万元。其中，营养改善计划资金1074.68万元，家庭经济困难寄宿生生活补助资金750.0025万元，普通高中国家助学金134万元，中职国家助学金35.4万元，中职国家免学费补助41.4万元，建档立卡贫困学生补助资金500.505万元，“贵州—深圳”助学金3.9万元，学前幼儿教育资助资金43万元，“慈德圆梦”行动、“泛海助学”行动、“圆梦金秋助学”“国酒茅台·国之栋梁”“习酒·我的大学”“省学生资助管理办公室 省教育发展基金会普通高校家庭经济困难新生入学资助”、湖南商会、青洞砖厂协会、胡德方先生等社会团体及爱心人士资助普通高校家庭经济困难新生等共计59.8万元，大学生生源地助学贷款996.692万元。

【驻村帮扶】 帮扶八弓镇吉洞村，针对建档立卡贫困户的具体情况以发展生产的方式帮扶20户64人，以发展教育的方式帮扶8户39人，以低保兜底的方式帮扶8户15人，以医疗救助的方式帮扶18户68人。帮扶贫困村资金3.1万元，其中八弓镇吉洞村2万元、款场乡款场村1万元、瓦寨镇观音阁村1千元。

【教育扶贫资金监管】 将受助学生信息、受助金额录入民生资金监管系统，接受社会监督。规范发放程序，推行资助资金集中统一发放模式，执行“本人申请、评议小组评审、定期公示、学校发放”的资助程序。营养改善计划资金、困难寄宿生生活补助费实行“校财局管”报账制。普通高中国家助学金、中职国家助学金、“贵州—深圳”助学金、教育精准扶贫学生资助金、学前幼儿资助金，由银行直接划入学生资助卡。

【学生食堂管理】 制定中小学食堂宿舍量化评分细则，与中小学（幼儿园）签订食品安全责任书63份。对学校食堂采购、台账管理、食品留样、操作流程、卫生等方面进行检查，对存在的问题下达整改通知书限期整改。开展食堂宿舍管理督导过程检查。对配送公司配送的食品食材询价14次。制定符合学生身体成长所需食谱。

【安全生产】 签订安全工作目标责任书，落实目标管理。开展学校安全工作检查，以查促改，消除安全隐患。开展“全国中小学生安全教育日”“防灾减灾日”“安全生产月”“11·9”消防安全宣传教育日 活动，开展安全知识竞赛活动。投入220余万元建成州级禁毒基地1个，投入24万建成县级示范校禁毒宣传室8个，投入150余万元安装义务教育学校安全视频监控系统。学校共有安保75人（其中工勤岗位2人，教师兼职12人，学校自聘61人），安装摄像头1100多个。

【宣传工作】 以宣传党的教育方针、政策为工作重点，坚持正确的舆论导向，弘扬正能量；实行教育宣传和信息报送通报制度和信息采用评比制度，及时报道教育脱贫、义教均衡、学校安全、项目建设等工作情况。撰写新闻稿件184篇，其中被省级媒体采用34篇，被州级媒体采用94篇，被县级媒体采用55篇；完成《黔东南日报》教育专版1版。

（撰稿：杨廷忠　编辑：王承勋）

教育督导

【概述】 县人民政府教育督导室2015年3月并入三穗县教育和科技局。根据《县人民政府办公室关于印发三穗县教育和科技局主要职责内设机构和人员编制规定的通知》要求，县人民政府教育督导室行政编制5名，领导职数主任1名，副主任1名。实有副主任2人，正科级督学2人，副科级督学5人。

【“普十五”暨“两项督评”工作】 为确保普及十五年教育省人民政府考核验收，县多次对各乡镇、各学校保学控辍、中职招生宣传、迎检准备等工作进行督导，指出存在问题，提出改进意见，保证各项指标的顺利完成。全县学年三年入园率88.56%，九年义务教育巩固率91.12%，“三残”儿童少年入学率91.23%，高中阶段毛入学率86.29%，小学在校生辍学率-1.4%，初中在校生辍学率0.98%，中等职业技术学校全日制学生流失率为1.3%；进城务工随迁子女进入公办学校就读比例100%，高中阶段在校生6077人，其中普通高中在校生3751人，职业高中在校生2326人，普职比为

6.17：3.83。所有指标均达到相关要求，顺利通过省人民政府考核验收。

【学校管理过程督导】 对全县55所义务教育阶段中小学校安全防范、教师到位、清洁卫生、控辍保学、规范编班、教学常规管理、功能室建设及使用、办学条件各项指标达标情况等方面进行督导，指出存在的问题，提出改进意见。

【评比考核】 开展优质幼儿园评比考核工作，根据《三穗县优质幼儿园评比考核方案》，对全县幼儿园进行分类考核，评出台烈镇中心幼儿园、小红帽幼儿园（民办）等3所民办园为县级示范幼儿园，并以授牌。

根据县委、县政府工作安排，年底对全县幼儿园和中小学校履行教育目标情况进行考核，将考核结果报县考核办，依照相关文件对学校进行奖惩。

【督学责任区】 明确各位督学的责任区，对全县中小学、幼儿园执行督学挂牌督导制度。9位督学共挂牌督导学校51所，其中普通高中1所，职业高中1所，初级中学6所，中心小学11所，村级完小23所，幼儿园9所。责任区责任督学按照《三穗县督学责任区学校经常性督导考评细则》要求，通过随堂听课，检查教师备课、作业布置和批改情况；与学校领导、教师、学生沟通、交流，了解学校规范办学行为情况；对学校和教师存在的教育教学问题提意见与建议。

（撰稿：杨仕忠　编辑：王承勋）

科技服务

【概述】 县科学技术服务中心，隶属县教育和科技局，内设综合股、产业科技股、发展计划股、知识产权服务股，人员事业编制11人，其中主任1名，副主任2名，纪检组长1名。在岗干部职工10人，其中领导职位主任1人、副主任2人、纪检组长1人，少数民族10人，大专以上学历9人。

利用科技“三下乡”、科技活动周等活动，与县委宣传部、县科协共同组织农业、林业、水务、市场监督、公安、文体广电等20多家部门深入乡镇、街道、企业，开展科学技术、法律法规等知识的宣传和培训。发放科普宣传资料20000余份，发放实用技术手册600余册；分别在雪洞民主等地开展种养殖技术培训共200余人次。

每季度深入实施科技项目的企业检查1次以上，督促在建科技项目按计划实施。组织千里山公司、黔康羽绒做好“国家科技富民强县——无公害三穗鸭产业化经营”项目的中期迎检工作，并按检查组提出的意见督促做好整改。组织三穗县老张家土特食品有限公司、三穗县长吉乡猕猴桃专业合作社等企业向省科技厅申报贵州特色豆豉发酵及品质安全保障控制技术研发、三穗县红阳猕猴桃主要病虫害综合防控关键技术研究与示范等项目共31个，申请项目资金共1445万元。三穗台烈现代生态农业园区科普示范基地、贵州特色豆豉发酵及品质安全保障控制技术研发、2016年科技型小巨人企业、2016年科技型企业成长梯队等7个项目获省科技项目立项，共获资金180余万元。

【科技人才队伍建设】 由县组织、宣传、人社、科技4部门组成考核组对2015年县机关事业单位选派的3名科技特派员进行年度考核，督促科技特派员按期完成工作任务，确保科技特派员选派工作达到既定效果。抓好“万名农业专家服务‘三农’行动”。根据省州安排，选派贵州大学杨胜林、贵州师范大学周江、州环保局杨章良等教授或专家分别到瓦寨、长吉、八弓等乡镇任科技副职，直接参与乡镇产业建设和科技服务，加快经济的发展。选派贵州大学范劲、贵州省农业广播电视学校黔东南中心分校郑梅、黔东南州农科院王正文等科技特派员分别为三穗县三人游公司、三穗县富源油茶发展有限责任公司、三穗现代生态农业示范园等提供技术服务，为企业申报科技项目提供技术支撑；为企业申报2016年省科技项目共3个。组织院县合作单位（贵州大学农学院）的教授或专家为县域企业申报科技项目提供技术支撑，截至3月，依托贵州大学农学院的技术力量为三穗县老张家土特食品有限公司、三穗县建群养殖场等企业申报省科技项目共8个。

【综合科技进步水平指数统计监测】 县人民政府组织县科技、农业、林业、市场监管、环保、工信和商务、知识产权、统计等部门召开监测统计专题工作会，传达了省、州精神，并对监测工作进行了精心部署。4月16日，将各部门填报的数据报省科技厅监测，测得2015年县综合科技进步水平指数为53.69%。上半年预测得县综合科技进步水平指数为50.5%，全年县综合科技进步水平指数为60.1%。

【知识产权工作】 利用“知识产权宣传活动周”组织县市场监管、文体广电、公安、法院、检察院等10多家部门分别深入街道、乡镇、企业等开展知识产权和法律法规等知识的宣传和培训，发放宣传资料10000余份，培训企业骨干共40余人次。组织实施三穗县知识产权战略推进工程和知识产权优势企业培训工程（千里山生态食品有限公司）等知识产权项目，组织三穗县宏远农业开发有限责任公司等企业申报首乌茶系列产品产业化、三穗鸭地理标志产品产业化促进工程2个知识产权项目。邀请省知识产权专家分别深入各企业指导专利培育和申请。全年，申请专利98件，其中发明专利37件，实用新型20件，外观设计41件。完成州45件专利任务的217.8%，25件发明专利任务的148%；完成县30件目标任务的326.7%。授权专利34件，其中发明专利1件，实用新型3件，外观设计30件；完成县20件目标任务的170%。由州专利执法队、县知识产权局、县市场监督局、县公安局组成的联合执法队分别深入县活力超市等开展专利执法，查处专利案件21件，完成县5件目标任务的420%，完成州20件目标任务的105%。

【科技创新扶贫】 明确一名党员干部到雪洞镇民主村任第一书记，全面协助村两委抓好该村的经济建设。与村两委及时召开驻村帮扶工作座谈会，研究村集体经济建设。落实计生帮扶资金3000元，解决党组织活动经费2500元，组织领导干部深入帮扶村开展贫困户走访、回访、调查共4次，完成走访、回访、调查任务共34户；完成雪洞镇民主村精准扶贫外业采集共261户；发放2015年结对帮扶对象回访慰问金共4800元。按照县科技创新精准脱贫工作方案，指导各乡镇积极培育科技示范户和科技示范村。年全完成评审科技示范户10户，科技示范村1个，科技示范基地2个。启动实施三穗鸭农业科技示范园项目，力争将三穗现代农业生态示范园和长吉精品水果示范园建设成省级高效农业科技示范园，示范带动广大群众脱贫致富。

【推进科技招商】 利用县域资源优势，结合科技工作需要，县科技服务中心积极向外商宣传县域优势资源及优惠政策，引导外商到县投资建设。引导贵州科威农业技术有限公司、贵州现化能源科技有限公司2家企业完成公司注册，并开工建设。

（撰稿：何勇　编辑：王承勋）

老年大学

【概述】 县老年大学人员编制4名，在岗在编4人，设校长1名，副校长1名。全县有老年大学（学校）15所，46个班:广场舞、揉力球、太极剑、太极拳、门球、民族舞、金钱棍、绣娘刺绣班、政治理论、书画、声乐、舞蹈、红歌班等，在校学员1739名，老年人入学率占全县老年人口总数2.99万人的5.82%。县级老年大学1所，在校学员508名；乡（镇）老年学校9所，老年学员1104名；村（居）老年学校5所，村级老年学员127名。新建村级（社区）老年学校4所：滚马乡下德明村老年学校、款场乡等溪村老年学校、八弓镇金穗社区老年学校、台烈镇颇洞村老年学校。根据三穗县老年发展“十三五”规划和两办下发的《关于进一步加强和改进新形势下老年教育工作的实施意见》精神，撰写《三穗县老年教育发展“十三五”规划（2016—2020）》。

【老年教育发展规划】 根据省、州老年教育工作会议精神，结合《贵州省乡（镇）老年大学办学的基本要求》，4月15日召开全县老年教育工作会议，会议有各乡镇分管领导、各乡镇、村老年大学校长、县老年教育工作领导小组成员参加，会议传达省、州老教办的工作会议精神，总结2015年老年教育工作，安排部署了2016年全县老年教育工作，讨论《三穗老年教育发展“十三五”规划》。9月1日召开各乡镇师资培训和秋季开学典礼，总结上半年老教工作，布置秋季老教工作。深入到各乡（镇）开展老年教育调研活动，指导乡镇老年学校筹建工作，分别就领导机构建立、老年学校领导班子、办学经费投入、办学场地等进行座谈和实地调研，并于年底先后正式挂牌成立了八弓镇金穗社区、滚马乡下德村、款场乡溪村、台烈镇颇洞村等4所村（社区）级老年学校。在全县乡镇建校率达100%后，逐步在有条件村（社区）建立老年学校，起到以点带面的辐射作用。

【校园文化建设】 开展春节到少数民族地区送对联、送文艺下乡活动；纪念红军长征胜利80周年，组织在三穗将军广场开展唱红歌等系列纪念活动。10月9日，由离退局、老年大学、精神文明办、文广局等几家联合举办了重阳节广场舞大赛、老年书画展、老年门球邀请赛等活动，丰富了老年人的精神文化生活，组织舞蹈队参加州老年大学30周年校庆文艺会演。

【老年教育建设】 县老年大学充分利用县老干部活动中心改善办学场所，各乡镇（街道）、村（社区）老年学校通过与文化站、老年协会、村办公室等合并办学，做到有班子、有学校、有学员、有教师、有人管的“五有”目标，结合民间民族活动，积极参与民族村寨节日活动，宣传老年大学（学校）办学成果和经验。建立和健全各项规章制度，形成良好的教风、学风，保证学校的办学宗旨得到全面落实，为教师和学员建立和谐校园提供保证。推进老年远程教育工作发展。结合三穗县实际，实行分类指导，充分发挥示范辐射带动作用，建立4所老年远程教育点（站）。

【驻村帮扶】 联系帮扶村八弓镇星光村，走访慰问贫困党员、计生贫困户和建档立卡贫困户，先后投入帮扶资金1万元；协调民政部门帮扶1万元修建村级文化墙。

（撰稿：万兴文　编辑：王承勋）

文体广电

【概述】 根据《中共黔东南州委办公室 黔东南州人民政府办公室关于印发〈三穗县人民政府职能转变和机构改革方案〉的通知》和《中共三穗县委 三穗县人民政府关于三穗县人民政府职能转变和机构改革的实施意见》精神，设立县文体广电旅游局，加挂县新闻出版（版权）局牌子，为三穗县人民政府工作部门。根据2015年3月18日印发《县人民政府办公室关于印发三穗县文体广电旅游局主要职责内设机构和人员编制规定的通知》，设2个内设机构：办公室、业务股。同时设立县旅游服务中心，保留县广播电视台、县体育中心、县文化综合执法大队、县文物局、县图书馆、县文化馆、县非物质文化遗产保护中心、县杨至成将军纪念馆。核定行政编制5名，机关工勤编制1名，领导职数局长1名，副局长3名，纪检组长1名。

县广播电视台。为县文体广电旅游局所属财政全额预算管理副乡级事业单位。内设办公室、总编室、新闻部、专题部、广播节目部、无线发射基站6个股级机构。事业编制16名，领导职数为台长1名，副台长2名，股级5名。县文化综合执法大队，为县文体广电旅游局所属财政全额预算管理副乡级事业单位。核定事业编制6名，领导职数为大队长1名，副大队长1名。

县文物局。为县文体广电旅游局所属财政全额预算管理副乡级事业单位。根据《关于对文广局所属事业机构岗位设置的批复》，核定文物局编制为5名，根据《关于收回事业单位空余编制的通知》，收回文物局编制1名，文物局实有编制4名。根据《关于设立县杨至成将军纪念馆的通知》，调出文物局编制1名。文物局实有事业编制3名，领导职数为局长1名。

县体育中心，为县文体广电旅游局所属财政全额预算管理副乡级事业单位。根据《关于收回事业单位空余编制的通知》，收回体育中心编制1名，体育中心事业编制实有3名，领导职数主任1名。

县文化馆，为县文体广电旅游局所属财政全额预算管理股级事业单位。事业编制4名，领导职数馆长1名。

县图书馆，为县文体广电旅游局所属财政全额预算管理股级事业单位。事业编制4名，领导职数1名。县非物质文化遗产保护中心，根据2014年7月22日《关于设立非物质文化遗产保护中心的通知》，同意设立县非物质文化遗产保护中心，为县文体广电旅游局所属财政全额预算管理股级事业单位。事业编制2名，领导职数为主任1名。

县杨至成将军纪念馆。根据2015年5月15日《关于设立县杨至成将军纪念馆的通知》，同意设立县杨至成将军纪念馆，为县文体广电旅游局所属财政全额预算管理股级事业单位。事业编制2名。

【群众文化】 由县委、县人民政府共同主办，县委组织部、县委宣传部、县文体广电旅游局、县文化馆承办的2016年“庆元旦·中国梦”文艺会演活动在三穗县文化馆多功能厅举行。2月5日，县委宣传部、县文体广电旅游局主办，县音乐舞蹈家协会、县文化馆承办的2016年春节联欢晚会在这里举行。县委、县人大、县政府、县政协县级四大班子领导，与社会各界群众以同参加观看，此次春晚实现了全程现场直播。2月19日至21日，县文学艺术联合会、县文体广电旅游局主办，县音乐舞蹈家协会、县文化馆、贵州新凯宏房地产开发有限公司承办的三穗凯宏·城市花园杯2016春节综艺大赛在县经济开发区如期举行。比赛设置一等奖1名、二等奖2名、三等奖3名、优秀奖若干名。2月11日，寨头村举办“二月二”祭桥节开幕式文艺演出。2016年2月15（农历正月初八）桐林镇上柱组在春节期间，精心组织准备了“民族歌舞会”。4月9日（农历三月初三），桐林镇木良村举办了“三月三”民族文化节。是日，举办“2016最美中国行·健康中国人”全国百城百万国际市民徒步大会启动仪式暨国际市民体育联盟——大美黔东南国际徒步旅游嘉年华活动，县参与人数逾1.2万人。4月19日，大巴冶苗族同胞传统民族节日——“土王戊”文艺演出。5月24日至29日，黔东南州第十一届民族文艺会演活动，在凯里举办，全州16个县市和州职业技术学院、凯里学院18支代表队共选派108个优秀节目参加此次会演活动。此次会演，三穗县选送6个节目参赛，群舞《竹林欢歌》、小品《赌马》获三等奖和创作三等奖；器乐《迎亲》、独唱《父亲山 母亲河》、曲艺节目《我们家乡好风光》获优秀奖。6月9日，木良村举办“迎端午、包粽子、传文化、赛龙舟、抢鸭子”等系列比赛活动和文艺演出活动。7月1日，由县委宣传部主办、县文体广电旅游局、县“两学一做”学习教育协调小组、县“铸勤行动”领导小组办公室承办的“颂歌献给党 彩旗永飘扬”专场文艺会演活动在县文化馆举行。7月2日，县邮政系统开展“便民服务无所不能，便民服务无处不在”的“金晖卡 行天下”文艺会演。7月23日，20名演员参加建州60周年文艺演出开幕式活动。8月18日，举办“中国侗族·三穗圣婆文化旅游节”系列民族文化活动的开幕式活动。9月22日至24日，组织参加“黔东南州建州60周年全州民间山歌大赛”活动。9月30日，开展桐林“伴嫁歌”民族文化展示活动。10月9日，为庆祝新中国成立67周年暨“九九”重阳节，与老干局联合举办以“脱贫攻坚我参与，同心共筑中国梦”为主题的三穗县欢度老年节广场舞大赛。10月30日，由县委宣传部主办，县文联、县文体广电旅游局承办的三穗县纪念中国工农红军长征胜利80周年暨首届“农村商业银行”杯原创歌曲演唱会在将军广场浓重举行。晚会共演唱15首歌唱三穗的歌曲和红军长征时期的革命歌曲，观众人数达5000余人。

【文化下乡】 织到良上、台烈、桐林等乡镇开展了送文化下乡活动7场次，观众达4000余人次，深受广大老百姓的喜爱和好评。开展“农家书屋”图书下乡业务培训和辅导6次，送农村公益电影下乡放映1981场次。

组织文化馆、艺术团人员到乡镇、社区、学校、单位等部门进行各类辅导20余次，人数达500人次以上。同时，组织社会合唱爱好者开办中老年初级合唱班，辅导学员30余人，常年开办少儿舞蹈培训班，舞蹈班学员人数达百余人。

【图书馆工作】 利用丰富资源开展全民阅读活动。“请进来”，做“活”图书馆。请进县写作学会在图书馆办公，参与了图书馆期刊阅览室管理，让三穗县的文学爱好者往来于县图书馆，使图书馆更有“活”力；请进县常青藤读书社参与少儿阅览室管理，让读书社少儿及家长以主人翁的姿态自由出入少儿阅览室，并由其拟定可行的阅览、借还流程自主管理，少儿及家长到馆人数达1500余人次/年。“走出去”，做“宽”图书馆。将公共图书馆服务延伸到高铁三穗站、政务中心、县医院、颇洞景区、金穗社区等人流量密集的场所开设图书小站。全年共上架图书1500余册。“摆出来”，做“土”图书馆。在图书馆增设“三穗县作品阅读与交流中心”，继续收集本土作家文学艺术作品、著作，将本县出版的《文笔塔》《三穗故事》《苗疆门户》《三穗对联集成》《三穗文史》等内刊摆出来，创建民族特色阅览室。利用读书日和流动图书车将“土特产”摆出来，开展读书活动。“帮起来”，做“赢”图书馆。帮扶共建县看守所、高速路政执法大队、“天下第一长联”文化园“读书之家”。2016年，县看守所拥有图书900余册，价值2万余元；高速公路三穗执法大队拥有图书550余册，价值1.2万余元；4月25日，帮扶共建经济开发区图书室，支助图书500册，价值15000余元；继续帮扶共建“天下第一长联”文化园书斋。“带起来”，做“书香”三穗。对文化站图书管理员和各村农家书屋管理员在图书编目上架、免费开放等专业上的培训与指导，使全民阅读服务覆盖全县，让图书最大可能地助推农村经济社会发展，为三穗脱贫攻坚助力。

在国家级网站上发表的信息有：《贵州省三穗：“两学一做”在三穗县图书馆》发表在“中国城市发展网”；《三穗县文广局多措做强公共图书馆文化服务》发表在“中国网—传媒经济网”；《三穗县图书馆2016年度图书馆服务宣传周》《三穗县图书馆免费开放应急预案》发表在“豆丁网”等。在县政府网站上发表的有：《三穗县文广局五举措做强公共图书馆文化服务》《三穗县图书馆助推“两学一做”学习教育》等。

【公共体育】 完成八弓镇桥头村、八弓镇芭蕉村、长吉镇大寨村、桐林镇桃场村、瓦寨镇瓦寨村5个村级农民体育健身工程。

县体育场地普查在9月20日启动，10月31日完成全县所有场地的普查任务。编制完成《三穗县2016—2020全民健身计划纲要》。

【体育赛事】 3月4日至7日举办三穗县“三八”国际妇女节“巾帼杯”篮球比赛活动。3月26日至27日，县文体广电旅游局、县棋协共同举办“三穗县2016年凯宏·城市花园杯中国象棋、围棋选拨赛”。4月9日，组织举办“2016最美中国行·健康中国人”全国百城百万国际市民徒步大会暨国际市民体育联盟首届大美黔东南国际徒步嘉年华（三穗站）活动，共有10000余人参加。4月16日，举办三穗、剑河、麻江三县中国象棋对抗赛。5月中旬至7月中旬，举办三穗县“农商行杯”足球赛暨州第九届运动会足球选拔赛。11月4日早上举办了贵州省首届“茅台王子杯”广场健身操舞大赛三穗海选赛。

【体育交流】 1月11至2月4日，“2016年黔东南州青少年锦标赛”，选派18名田径运动员、10名篮球运动、30名跆拳道、拳击运动员代表三穗县参加比赛。田径项目获得金牌5枚、银牌7枚、铜牌6枚并获得团体甲组第二名，篮球项目获得乙组第一名，拳击、跆拳道共获得12枚金牌、9枚银牌、4枚铜牌。8月10至23日，参加“2016黔东南州第九届运动会暨第三届少数民族传统体育运动会”，在比赛中获得9枚金牌、11枚银牌、10枚铜牌的好成绩。10月11至12日，参加剑河县举行“中国·剑河仰阿莎文化节暨县城搬迁10周年‘园方林业杯’龙舟大赛”，获得500米竞速比赛第二名，1000米竞速比赛第三名。

【农村广播及电影放映】 完成农村公益电影放映1981场，超额完成73场。无线基站2016年完成道路150米水渠施工，260方堡坎修建，300平方绿化，全年广播电视安全播出。

【“广电云”村村通】 县多彩贵州“广电云”村村通工程于10月25日完工，建成通村干线475公里，通村数98个。争取县政府解决贴息资金224.1万元、配套建设资金1555.2万元、农户入网安装工料费260元／户以及连续五年每月补助基本收视维护费贫困农户10元、非贫困农户4元。力争户户用工程建设列入县政府2017年重点工作之一，县财政已将补助等资金列入财政预算安排，对农户入网和公司做大做强业务提供资金保障。

【广播电视新闻】 全年主打品牌栏目《三穗新闻》共播出252期1510条，完成任务数的126%；《脱贫攻坚》栏目七月中旬开播，播出22期；手机报共编辑发送244期1220余条，《一周要闻》播出新闻210条，完成公益广告8部，公告200条；完成其他各类专题制播11个；按月完成编辑出版《2016年新闻集锦》，成功录制8场县两会、重大活动的节目现场录制工作。全年在贵州省电视台播出电视新闻17条；在省台播出广播新闻20条；在黔东南电视台新闻联播播出电视新闻173条，完成任务数的173%；播出广播新闻134条，完成任务数的134%。在2016黔东南州广播影视节目评奖会上，县广播电视台选送的作品《政协：建净言献良策 胸怀全局谋发展》获全州电视消息类一等奖；连续报道《桂平：搬穷窝 搬出大山天地宽》获全州电视消息类二等奖；《"百家健康饭"爱心接力"轮椅少年倍感温馨"》获全州广播消息类二等奖；《全额贴息 创业担保贷款助"创客"梦想成真》《袁安刚：高温炙烤下的坚守》获全州电视消息类三等奖。此外，由于在2016年度通联工作中表现突出，三穗县广播电视台受到了州广播电视台的表彰，共获得广播类最高上片量二等奖、电视类最高上片量三等奖、民生新闻类最高上片量三等奖及最佳合作奖4个奖项，是仅有3个所有类别奖项均有斩获的电视台之一。

【文化市场监管】 全县网吧16家（停业3家），歌舞娱乐场5家，电影放映院1家，印刷厂4家，打字复印部8家，图书零售店2家，邮政报刊亭10家，共计县城文化市场和出版物市场经营单位46家。聘请网吧义务监督员，发挥网吧义务监督员辅助作用、保持网吧监管不断线等制度，始终保持对网吧的严管严控态势。

在重大国家节庆假日、全国两会、高考中考等期间，联合相关成员部门，组成联合执法队，对全县网吧、娱乐场所等文化市场经营场所进行专项检查48家次，确保了文化市场的经营环境。

落实执法队员的职责分工，强化每个执法队员的工作责任心，把对各个网吧的监管职责细分到每个执法人员身上。凡发现网吧有违规问题的，要及时向大队长报告，对不及时报告的，一经核实，第一次给予记大过处理，第二次调离文化综合执法大队工作岗，全年文化综合执法大队共出动196人次对文化经营单位进行专项检查48次，组织文化市场经营业主法律法规培训2次，法律法规宣传5次，查处违规经营网吧1家次，罚款0.2万元。

【扫黄打非】 全年出动行政执法人员218人次对出版物市场进行检查，按照"净网、清源、秋风、护苗、固边"5个专项行动要求，对全县12所各中小学的教辅征订进行抽查，未发现非法征订教辅情况；加大出版物市场检查力度，依法收缴非法、盗版、淫秽色情图书20余册。

【非遗工作】 完成界牌村土法造纸作坊升级改造前期资料收集、统计及相关方案编写工作，至10月30日，界牌村土法造纸作坊升级改造工作全面完成。完成"全国文化遗产日"宣传活动，在活动期间，制作非遗展板，在县纪念广场、县文体广电旅游局楼下及良上"六月六"活动现场进行展出。分别于1月18日、10月21日与相关部门共同开展了苗族刺绣培训、竹编技艺培训，学员总数100人。县文化馆、桐林镇政府、岑坝村两委共同组织建州60周年"欢乐苗侗周"桐林岑坝"伴嫁歌"活动。

【文物博物】 杨至成将军纪念馆、将军广

场、原烈士陵园为三穗县爱国主义教育基地，2016年全年到基地参观、活动80万人（次）。其中直接进行入纪念馆接受爱国主义教育7万人（次）。

1月18日，为期2个多月的贵州千里苗疆门户博物馆馆舍装修和展陈布展工作全面完成。1月30日，纪念馆实施安防工程，安装16个高清监控探头与11对报警器，提升安保系数。3月7日，千里苗疆门户博物馆验收会在三穗县台烈镇寨头村委会召开。经过现场察看、参观博物馆及其展览后，在寨头村委会议室召开座谈会，与会人员经过充分讨论，认为由贵州保利文物古建有限公司施工的千里苗疆门户博物馆装饰及展陈布展工程，符合施工设计方案和合同内容，原则同意验收为合格等次。

3月31日，杨至成将军纪念馆被省直机关工委授予“贵州省直属机关党员教育基地”荣誉称号。4月7日，全县文化旅游资源发掘工作座谈会在三穗县文体广电旅游局三楼会议室召开，副县长王国斌出席座谈会。会上与会人员从不同角度就如何挖掘三穗县文化旅游资源，补齐旅游短板等问题谈了认识和看法。5月9日，青海省人大常委会党组副书记、副主任邓本太参观杨至成将军纪念馆。5月18日是第四十个国际博物馆日，县文物局围绕“博物馆与文化景观”这一主题，结合文博资源情况及“一普”成果，开展系列宣传活动。11月30日下午开展对千里苗疆门户博物馆整改情况验收工作。

（撰稿：耿秀福　编辑：王承勋）

旅游服务

【概述】 县旅游服务中心属县文体广电旅游局二级局，正乡级参公单位，独立核算，编制30人，其中参公编制10人，事业编制20人，内设综合股、业务股、信息股和旅游发展中心，领导职数3人，在编在岗干部4人，参公3人，事业1人，女性3人，少数民族4人，中共党员2人，大专以上4人。2016年8月15日，经编委会研究，设立县旅游发展中心，为县旅游服务中心所属财政全额预算管理股级一类事业单位。2016年9月27日，经省公务员局复核核准，州人力资源和社会保障局复核，将县旅游服务中心继续列入参照公务员法管理范围。

全年共接待游客118.76万人次，增速39.5%；旅游综合收入7.68亿元，增速60%，接待外省游客31.42万人次，同比增长39.5%。

【旅游规划】 按程序委托北京江山多娇规划院编制了《三穗县旅游发展总体规划》《三穗旅游集散服务综合体总体策划》《三穗县旅游集散综合体（一塑两园）总体策划》等14个旅游规划，以更新的思路、更高的水平勾画三穗旅游业的发展蓝图。谋划迎接省第十三届旅游产业发展大会重点项目6个，即颇洞生态农业旅游扶贫示范园创AAAA景区、邛水河国家级生态休闲度假区、黔东（三穗）移民第一村、界牌五融五帮乡村旅游扶贫示范区、黔东旅游集散中心、三穗大酒店，总投资87.3亿元。

【旅游建设】 旅游基础设施进一步完善，启动黔东移民第一村和邛水河国家级生态休闲度假区项目建设工作；完成邛水河生态休闲度假区主题公园建设用地44亩的征地工作；投资670万元新建旅游厕所10座，改建1座；投资7000万元，重点抓好颇洞、界牌两个旅游扶贫示范区和启动邛水河生态休闲度假区建设，其中颇洞景区投资4200万元，建成热带植物馆、广场、观车道、河堤治理、停车场、文化苑、风雨长廊、旅游厕所以及绿化、亮化等，成为我县旅游业井喷式增长的引爆点和全省农文旅一体化发展和乡镇旅游扶贫的示范；界牌“五融五帮”乡村旅游扶贫示范区投资2800万元，建成山珍产业园、传统工艺传习区初型，启动旅游综合服务区建设，抓好界牌乡村旅游示范区融资贷款工作。通过这两个旅游扶贫示范区的投资发展，带动木良、贵秧、吉洞、雪洞、德明、塘冲等村乡村旅游业发展。

【旅游培训】 全年共开展2次集中培训活动，共培训260人次，每次培训4天（其中一天为外出考察），通过培训提高从业人员个人素质和业务水平，并指导各乡村旅游接待点完善相关设施和接待标准，2016年共有3家（台烈镇颇洞生态农庄、八弓镇吉洞休闲避暑山庄、长吉乡贵秧生态农庄）评定为四朵刺梨花乡村旅馆；

【旅游普查】 通过开展旅游资源大普查工作，共有旅游资源单体761个，其中新发现597个，调查上报优质旅游资源59个，其中“界牌万亩竹海”初步定为五级，四级旅游资源9个、三级旅游资源49个。

【宣传促销】 通过走出去开展旅游宣传推介和举办民族民间旅游节庆活动邀请各界人士、旅行社走进来参与体验等方式进行宣传，全年参与州级外出宣传3次（北京、广州、深圳），三穗县组织外出宣传2次（成都、杭州）；开展民族民间节庆活动5次（“二月二”祭桥节、“三月三”祈福节、“五月五”龙舟节、“六月六”娃娃节、圣婆文化节），积极参与全州组织的旅游活州“十佳”评选活动，全年共选拔了11家16人参加此项活动，其中台烈镇颇洞村获十佳乡村旅游点荣誉称号、华侨大酒店获十佳旅游饭店荣誉称号、锦绣山庄获十佳精品客栈称号、黔森源生态生活馆获十佳诚信旅游商品购物店荣誉称号。

【行业管理】 做好旅游扶贫云的信息录入和调查工作，全县共23个村录入全省旅游扶贫云系统；做好旅游行业管理和旅游安全生产工作，成立旅游行业管理和安全生产联合综合执法工作小组，综合执法小组根据各景区景点、旅游接待服务点投资发展和经营情况以及年度小长假和节日节庆活动等，对各景区景点和旅游接待点进行联合执法大检查，从消防、工商管理、物价、食品安全、交通、水务等方面以及从业人员素质等方面进行全面排查，发现问题限期整改，按时验收。全年共开展联合综合执法16次，发现问题18项，整改18项，全年无安全事故发生，旅游质量稳步提升；新建旅游厕所10座，改建1座，投资670万元；启动黔东移民第一村和邛水河国家级生态休闲度假区项目建设工作；完成移民第一村征地、场平和桥梁建设；完成邛水河生态休闲度假区主题公园建设用地44亩的征地工作。

（撰稿：欧忠海　编辑：王承勋）

新华书店

【概述】 贵州新华书店有限公司三穗县新华书店有限分公司，隶属于贵州新华书店有限公司，是贵州出版传媒集团股份有限公司旗下的一家分公司，2016年，有在职职工8人（其中女职工4人，临时工1人）。所辖城关2个门市部和3个图书发行网点，共有营业面积600平方米，仓库面积400平方米，办公面积120平方米。2016年实现销售收入625万元，为上年任务的107.02%，实现利润51.94万元，为上年的152.76%。被贵州省新华书店公司评为“2016年度学前教育服务先进公司”二等奖。

贯彻落实国务院关于义务教育阶段学生全部享受免费教科书的政策，保证“课前到书，人手一册”，做好义务教育阶段的免费教材发放工作。全年已发放教材减免款272.52万元，其中，春季学期发放126.62万元，秋季学期发放教材减免款145.90万元。

标准化管理，创星级门店为目标，严格按照《门店标准化管理工作手册》的要求来开展门店工作，强化管理和员工培训，不断调整产品结构，强化营销等措施，提高门店的管理水平和运营水平。

【制度建设】 加强预算管理，使全面预算管理真正成为了全员预算管理；严肃劳动纪律，考勤制度已连续执行三年 。高度重视财务工作，提高会计工作水平和质量。进一步完善绩效考核体系，使内部管理工作由经验管理向制度管理和精细化管理转型。加强安全维稳工作，以防为主，加大宣传力度，严格执行日查和集中检查制度。

【农家书屋配备】 完成全县162个村及居委会“农家书屋”的配送工作。总册数24963册，码洋32.40万元。

（撰稿：吴开忠　编辑：王承勋）

档　案

【概述】 县档案局（馆）为县政府直属参公事业单位，内设办公室、业务法规股、编研开发股、管理利用股。局机关事业编制为10人，年末有在职人员10人，其中领导4人，少数民族10人，中共党员8人，本科学历5人，大专学历4人。

完成档案馆馆藏文书档案信息化扫描94057幅；完成贵州清水江文书编目5000余条、裱糊3511件、信息化处理贵州清水江文书21319件、编纂《贵州清水江文书》（三穗卷）20册；完成馆藏民国档案编目12000条。

在全州考核中，获“2016年度全州档案宣传工作三等奖”“2016年度全州编研开发贵州清水江文书（锦屏文书）工作先进单位”称号。

【档案业务培训】 3月2日，档案局召开精准扶贫档案工作会议，组织学习《省扶贫办 省档案局关于推进精准扶贫档案工作的实施意见》《贵州省精准扶贫档案管理办法》及相关文件，提高精准扶贫档案业务水平，推进全县精准扶贫档案工作。

8月5日，县档案局与县扶贫开发办公室联合开展全县精准扶贫档案工作业务培训会，各乡镇、各部门的分管领导和业务人员110余人参会。培训内容为《贵州省精准扶贫档案工作实施细则》和《贵州省精准扶贫管理办法》，围绕精准扶贫档案的文件归档范围、保管期限、档号编制以及对档案分卷、分盒整理归档的业务要求进行详细分析、讲解，同时对装卷的装订程序进行现场演说。

11月22日，县财政局、县档案局联合举行三穗县会计准则和会计档案业务培训会，各乡镇人民政府、各行政事业单位会计人员等140人参加此次培训。分别对《会计档案管理办法》《政府会计准则》进行详细的解读；《会计档案管理办法》要求对会计档案整理实际操作作全面翔实的培训，重点讲解会计档案的重要性、会计档案的定义与范围、电子会计档案管理、鉴定销毁相关规定；会计档案保管期限的调整及归档、整理的规范要求等内容。

【档案法律法规宣传】 5月11至12日分别在款场乡和桐林镇开展法律宣传活动，共发放《中华人民共和国档案法》《中华人民共和国档案法实施办法》《清水江文书征集保护宣传册》等宣传资料1500份，同时接待并解答了部分群众关于档案法律法规和档案业务方面的问题咨询。

6月2日，组成3个宣传组深入良上乡稿桥

村稿桥片、桐合片、岑兴片开展“党的声音进万家”宣传活动。宣传组以小组座谈、与党员、群众代表座谈以及走访宣传的方式进行，围绕党章党规、政策法规、习近平总书记系列重要讲话、扶贫、消防、道路交通、档案等内容，及时把党的好政策、好声音传给千家万户，发放宣传资料200余份。

6月8日，在档案局办公大楼前开展“6·9国际档案日”宣传活动。通过悬挂“档案与民生”宣传挂图、发放宣传资料等形式开展宣传。向全县机关企事业单位工作人员群发短信4000余条，接待群众的档案咨询19人次，展厅接待群众16人，主动提供清水江文书征集线索8条约230余份，发放档案法律法规汇编、《中国的世界记忆遗产》折页、家庭建档指南等资料550份。

9月10日至28日，开展档案法律法规知识竞赛活动，向全县各单位和乡镇发放档案法律法规知识竞赛试卷500份，收回并上报500份。

【档案行政执法检查】 8月，完成档案执法检查自查工作。11月15日至25日，县人大常委会教科文卫工作委员会、县人民政府法制办公室和县档案局联合开展档案工作行政执法检查，检查对象为全县71个行政企事业单位和9个乡镇，检查内容有档案室设施设备、档案库存量、到期移交档案情况、年度档案材料是否及时完整地归档立卷、档案安全管理、档案信息化工作开展情况等。此次执法检查分为3个小组，采取实地查看、逐条对照档案管理工作考核标准进行综合考评。通过检查，发现部分单位存在档案整理不规范不完整、摆放杂乱、没有按时完成文件资料归档立卷、档案室不专用、档案室存在安全隐患、信息化滞后等情况，并当场向各单位反馈检查结果及整改意见，督促各单位及时整改。

【档案管理利用】 档案接收进馆。2016年度接收县妇联、县投资促进局、县文广局、县政协、县民政局、县林业局、县卫计局、县组织部、县公安局9个单位1066卷档案进馆，全年，馆藏档案共44359卷。

档案管理员定期对馆藏档案进行消毒、杀菌、灭虫，开展隐患排查，确保馆库安全。

档案利用。接待群众3900人次，提供利用档案资料4880卷次，复制档案5000页。

爱国主义教育基地。基地展区分为前言、悠久的历史、珍贵的历史档案资料、历任四大班子、领导关怀、发展中的三穗、名人名录、特色产业、秀美风光、民俗等板块，展出图片210幅（件）。2016年，基地接待参观的干部职工和群众达到30人次。

【国家重点档案抢救与保护】 中央和省州划拨重点档案抢救和保护经费50万元、县财政投入8万元用于开展国家重点档案抢救保护工作。2016年收集征集清水江文书807份（件）进馆，全年县档案局（馆）馆藏清水江文书29022份（件），其中21319份（件）完成数字化处理。2016年完成20册《贵州清水江文书》（三穗卷）的编纂初审工作，并上报州档案局进行二审。

（撰稿：杨轶翔　编辑：王承勋）

卫　　生

医疗卫生

【概述】 全县共有医疗卫生机构197个，其中国有医疗卫生机构170个（县直医疗卫生单位6个、乡镇卫生院9家、社区卫生服务机构1个、村卫生室154个），民营医疗机构2个，个体诊所23个。国有医疗卫生机构中，有二级医院2家（其中二级甲等综合医院1家、二级甲等中医医院1家），乡镇卫生院（社区卫生服务中心）10家。全县编制床位数865张，实际开放床位1067张，平均每千人口拥有床位4.68张，卫生人员1098人，其中执业（助理）医师428人、执业护士455人、副高以上职称人数42人，平均每千人口拥有执业（助理）医师数1.88人，全科医生24人，注册乡村医生178人。2016年，全县常住人口出生率为10.02‰，比目标控制值低3.08个千分点；常住人口自然增长率为3.50‰，比目标值低2.35个千分点；常住人口符合政策生育率为93.22%，比目标值高3.22个百分点；全县完成免孕检目标人群2632人，占年度目标任务数的104%。

【县级公立医院改革】 与北京同合至诚医院管理咨询公司签订合同，由该公司为三穗县编制《三穗县十三五卫生计生事业发展规划》《三穗县医疗机构配置规划（2016—2020）》《三穗县卫生资源配置标准》；调增临床诊疗类、护理类、手术治疗类等共276项，调减大型设备医学影像、超声检查类共28项服务价格；加大财政投入，下拨县级补助资金2591万元，用于两家公立医院调整医疗服务价格不足部分及项目建设、学科建设和人才培养等；重新核定县人民医院床位数385张，县中医医院床位数367张，与改革前比，分别增加了105张和167张，并调剂50名编制为县中医院储备人才；下达《关于县级公立医院2016年公开招聘工作人员有关事项的批复》，出台《三穗县县级公立医院综合改革财政补偿办法（试行）》，对县级公立医院离退休人员费用实行全额补助，对县人民医院在职人员的差额补助不低于80%，对县中医医院在职人员的差额补助不低于85%，每年院长基金和职工奖励基金要控制在收支结余的50%以内；控制医疗费用不合理增长，通过开展医保支付制度改革，加强对医院医疗费用监管，不合理费用增长得到有效遏制。县级公立医院住院次均费用2461元，与2015年同期2485元相比下降24元，次均药品费用531元，与2015年同期630元相比下降99元。

【疾病预防控制】 全县类传染病发病728例，发病率468.55/10万（截至10月底），控制在州级目标要求450/10万范围内；免疫规划各类疫苗接种率均达99%以上，高于州级95%的目标要求。

【公共卫生服务】 全县建立居民健康档案170217份，建档率109%，其中规范化电子档案建立170096份，规范建档率达99.9%，高于州级75%的指标；全县18岁以上高血压患病估算数为27476人，已建档管理11996人，管理率43.66%，规范管理11440人，规范管理率95.36%，分别高于州级要求40%、50%指标；全县18岁以上2型糖尿病患病估算数为10576人，年内建档管理4271人，管理率40.42%，规范管理3904人，规范管理率91.4%，分别高于州级要求35%、50%指标；辖区内65岁以上老年人口16665人，建立健康档案13695人，完成所有体格检查及实验室检查、B超检查的老年人11136人，健康管理率66.8%，高于州级65%的指标；全县共发现重性精神疾病患者697人，建立档案697人份，在册重性精神疾病患者647人，管理重性精神疾病患者588人，管理率90.88%，重性精神疾病患者服药188人，服药率为32%，管理工作进一步完善；65岁及以上老年人中医药健康管理服务7421人，覆盖率44.53%，0~36个月儿童中医药健康管理服务5838人，覆盖率63.3%，均达到州级要求40%以上指标；全县开展乡村医生签约服务共签订协议书13989份，覆盖48199人，按总农业人口196732人计算，签约率达24.5%。

【新农合医疗】 2016年，新农合参合人数199750人，参合率100%。个人应筹集资金1797.75万元，个人实际筹集资金1797.75万元，财政补助8389.5万元（其中中央配套资金5992.50万元，省级2037.45万元，市级143.82万元，县级215.73万元）历年累计结余727.41万元，新农合总资金10914.66万元；2016年1月至10月支出7020.05万元（一般诊疗费支出194.74万元，审核督察扣减268.92万元，总额控费扣减2359.01万元）。

【医政医管】 巩固完善二级以上医疗卫生机构对口支援乡镇卫生院工作，督促二级医疗机构和派驻人员与乡镇卫生院签订帮扶协议书并按照协议开展帮扶工作。全年派出110余人参加培训及进修学习；完成卫生专业技术资格和护士执业资格考试报名工作，资格通过审核的共计297人，其中卫生专业技术资格258人，护士执业资格39人；完成医师资格考试报名工作，审核通过的考生共计189人；办理医师联网首次注册42人、变更注册43人，护士联网首次注册102人、变更注册100人、延续注册52人，乡村医生执业注册23人、乡村医生执业再注册22人，母婴保健技术考核合格证书审核84人，医疗机构执业设置审核7家、医疗机构执业校验28家，医疗广告审查（初审）1家；加大医疗广告监管力度。严格按照《医疗广告管理办法》进行审查，严厉打击擅自发布医疗广告、更改医疗广告内容等违法违规行为。共检查了各级医疗机构197余家次，出动卫生监督员521人次，铲除非法医疗广告240余张；加强医患沟通，依法公平公正做好医疗事故、医疗纠纷的处理工作。共受理医疗纠纷投诉5起，通过协商、协调已解决5起。

【基本药物制度】 全县医疗卫生机构在基药和非基药平台采购药品1951.06万元，配送到位1597.55万元。其中县级医疗机构采购药品1541.73万元，配送到位1208.98万元；乡镇卫生院采购药品409.33万元，配送到位388.57万元。全年，基层医疗卫生机构已基本实现上网采购基本药物100%、配备使用基本药物100%、零差率销售基本药物100%。

【爱国卫生】 完成自来水监测16次，着力广泛宣传改厕工作，有效提高群众对农村改厕的积极性，结合县小康寨三改工程、危房改造、群众自筹资金按照三格式无害化改厕完成4800户。稳步推进创卫工作成果，2016年顺利通过巩固省级卫生县城复审工作，瓦寨镇创建国家卫生乡镇顺利通过验收评估，雪洞镇创建省级卫生乡镇、申报创建10个省级卫生村寨和20个州级卫生村寨待上级验收评估。开展春秋两季病媒生物防制工作，共投入资金3万元，投放鼠药1.3吨，夏秋两季灭蚊药280包。大力开展健康教育活动，完成主题活动宣传13期，受教育人数1.5万人，发放健康教育资料1.6万份。

【项目建设】 全年医疗卫生项目建设共有15个。其中综合医院、专科医院建设项目2个；乡镇卫生院建设项目3个；村卫生计生室、社区卫生服务站建设项目10个。黔东（三穗）三级中医医院已正式进场施工，进行表土清理等基础工程；乡镇卫生院建设项目正在进行，12月底投入使用；10所村卫生计生室、社区卫生服务站项目建设正在有序推进中，预计2016年12月底全部投入使用。

【医疗扶贫】 十一类精准扶贫救助保障对象基本完成识别、认定10769人；全县落实医疗救助保障对象参合10891人，资助参合98.01万元；大病保险制度已于2015年12月底建立完成，2016年1月1日起执行；截至11月1日，“一站式”即时结报7583人次，总救助23295人次，救助对象发生医疗总费用825.62万元，“新农合”政策范围内医疗费用777.15万元，“三重”医疗救助总补偿773.21万元（“新农合”基本补偿484.96万元；大病保险理赔213.02万元；计生、民政累计医疗救助75.23万元），救助对象医疗费用保障水平达93.65%。

【卫生计生执法】 加大依法行政培训力度，规范执法行为，积极做好群众来信来访工作，没有因执法不当导致人员伤亡案件和引发群体性事件发生，无人到省州进京上访。全县共征收社会抚养费138.17万元，同比减少227.57万元。申请法院强制执行案件13件，执行4件，执行率仅为30%，应征收社会抚养费9.35万元，已征收社会抚养费4.2万元，征收到位率仅为44.92%。

【人口指标】 全县期内常住人口出生2020人，同比增加118人，增幅为6.20%，人口出生率为10.02‰。其中一孩出生911人，同比减少93人；二孩出生949人，同比增加85人；多孩出生160人，同比增加126人，人口出生减少主要体现在一孩上；全县常住人口符合政策生育率为93.22%，同比下降3.84个百分点；流动人口符合政策生育率为92.83%，同比上升2.45个百分点，流动人口政外多孩率3%。全县政策外生育153人，同比增加69人，早育率为3.88%，多孩率为3.88%。

【计生专项】 妇幼健康服务主要指标完成情况。2016年全县住院分娩率99.9%，孕产妇死亡率0/10万，婴儿死亡率6.65‰，5岁以下儿童死亡率9.20‰，孕产妇系统管理率97.55%，3岁以下儿童系统管理率89.06%。农村孕产妇住院分娩任务数是2412人，补助1755人，补助率73%；按三穗县总出生总人数1927人计算，住院分娩补助率达91%；出生缺陷三级预防体系建设情况。截至10月底，完成增补叶酸2538人；完成国家免费孕前优生健康检查2730人，目标人群覆盖率为108%；计划生育技术服务工作。全县累计完成各类计划生育手术904例，无手术并发症发生。计划生育药具工作有序推进。全县共计使用药具2817人，占州下达任务数的156.5%，随访2817人，随访率100%。

出生人口性别比持续回落。全县出生人口总数为2243人（含流动人口出生），其中男婴

1158人，女婴1085人，全县出生人口性别比为106.73，同比上升0.04个点值。但在查处“两非”案件上进度缓慢。截至9月，全县共立案7件，结案7件。

根据“老人老办法，新人新办法”的原则，严格按照计生奖励扶助两项制度和省四项制度开展工作。截至10月，全县完成符合政策目标人群的调查、摸底、申报、公示、审核和确认工作。其中农村奖励扶助对象252人，少生快富对象69户，节育奖励对象2661人，县级农村晚婚晚育及二女结扎奖励对象12户，新农保参保补贴对象3450人，基础养老金补贴对象299人，新农合参合对象5785人，城镇奖励扶助对象12人，特别扶助对象64人，人口计生“幸福家园”危房户工程建设20户，中考加分76人，高考加分2人，高考升学奖励47人。

统筹推进人口计生宣传工作。在州级以上报刊或网站刊有人口计生工作的正面报道共计73篇，其中在报纸杂志刊发的40篇（国家级7篇、省级14篇、州级19篇），在网站上刊发的33篇。截至10月底，全县9个乡镇巩固建立有18个人口文化大院，9个文化长廊，乡镇、村都建有宣传栏及读报栏并及时更新，同时，对与现行政策不相符的标语进行了刷新，树立了良好人口计生形象，营造浓厚宣传氛围，形成有利于人口计生事业发展的舆论环境，进一步提高公众对计划生育政策知识的知晓率。

流动人口工作进一步加强。全县流动人口出生376人，其中政策内358人，政策外18人，符合政策生育率为95.21%，同比上升2.55个百分点，流动人口基本公共卫生计生服务工作体系基本形成。流动人口信息平台监控力度加大，重点对象现孕信息反馈率达100%。

【中医药服务管理】 着力推进以中医医院为龙头、乡镇卫生院为枢纽、村卫生室为基础的农村三级中医药服务体系建设。三穗县3个县级医疗机构、9个乡镇卫生院及社区卫生服务中心均设立了中医科、中药房、中医理疗科等科室，能够开展多种特色服务项目；村卫生室能提供基本中医药服务，初步形成了中医医疗服务体系。

【六个全覆盖】 乡镇卫生院标准化建设全覆盖工作。2012年以来，共争取到标准化乡镇卫生院建设项目9个，已完工项目6个，正在实施3个（八弓、款场、瓦寨卫生院），2016年底全部竣工并投入使用；县级以上公立医院远程医疗全覆盖建设工作。三穗县被州卫计委明确为远程医疗整县推进示范点。县医院、县中医医院已投入使用，乡镇卫生院正按照相关标准进行了设计、装修及专网接入工作。确保年底县乡远程医疗全覆盖；新农合大病保险全覆盖工作。从1月1日起全面启动实施新农合大病保险工作，同时执行一站式及时结算补偿。截止8月11日，大病保险理赔1115人次，补偿130.53万元；乡村医生全覆盖工作。出台相关方案，明确乡村医生的准入机制、退出机制、考核机制和保障机制。聘用178名医学中专以上学历乡村医生，提前实现乡村医生全覆盖；乡村校医全覆盖工作。县卫计局、教育局联合组织召开2016年中小学农村校医签约暨业务培训会，明确农村中学及中心小学11所由乡镇卫生院选派医生协议巡诊，村完小及教学点37所由辖区村医担任校医，县财政按每人每月300元对村医兼校医的进行补助，待上级出台补助标准后执行上级标准；乡镇卫生院执业医生全服覆盖工作。引进第三方职业培训机构，有针对性开展考前培训，提高执业（助理）医师通过率，2014年、2015年全县执业（助理）医师通过率达50%；对达不到的两名执业医师的乡镇卫生院，采取二级医疗机构对口帮扶，派遣执业医师轮岗到乡镇卫生院执业。

【卫生应急】 全县无突发公共卫生事件发生。受理、处置医疗争议3起，均及时有效控制事件的发生发展，最大限度降低事件所造成的危害，得到了省、州、县领导的高度评价和认可。

【党风廉政和反腐败工作】 履行党风廉政建设主体责任和监督责任，按照要求履行“一岗双责”责任制。深入推进“铸勤行动”。把“铸勤行动”宣传到每位干部职工，知晓率达100%，全年各医疗卫生单位填报“铸勤”个性式任务达90%以上；组织开展警示教育活动2次150人次，其中参观警示教育和红色基地112人，使系统中层以上干部都受到警示教育；召开党风廉政建设和反腐败会议3次共152人次；召开卫计系统党风廉政建设专题宣讲2次共198人次；查处“四风”案件1例，处分1人；开展道德讲堂4次共155人次，党组书记亲自讲“两学一做”党课2次；开展卫计系统大约谈，提醒约谈县疾控中心、县卫生监督局、县妇计中心班子12人；提醒约谈局在职人员和乡镇卫生院班子共82人；纠错诫勉约谈县中医医院班子4人，县卫生监督局和县中医医院职工2人；问责处分约谈同仁医院班子5人。

（撰稿：龙汉国　编辑：王承勋）

卫生监督

【概述】 县卫生监督局属正科参公事业单位内设办公室、医政监督股、公共卫生监督股、法规股，编制15人，在编15人，其中局长1名，副局长2名。

全年立各类卫生违法违规案件308件，结案307件，结案率99.68%，罚款共计99万余元。在年终综合考核中，获全省第三名（三类县），全州一等奖的好成绩，开展创建省级示范卫生监督局工作，从机构设置、人员管理、经费保障、设施装备、服务提供、综合管理、作风建设、党建工作等8个方面着手，着力解决卫生监督工作中存在的问题，实现卫生监督工作从“改头换面”到“脱胎换骨”的转变，获省级示范卫生监督局称号。

开展卫生行政许可相关工作，许可档案一户一档，资料完整、齐全，建档规范。全年完成卫生行政许可80户，合格率100%。开展局内监督稽查工作2次，稽查的主要内容：各项规章制度是否建立健全、监督员的作风纪风情况、是否有违纪违章现象、卫生行政处罚案卷质量、卫生行政处罚程序是否合法等内容。

严格按照相关法律法规的要求，以规范和整治医疗机构、公共卫生领域为目标，强化日常监督检查效果，加大对经常性卫生监督检查工作。全县共420户监管对象，全年出动监督执法车辆356余台次，执法监督人员825人次，对所有监管对象进行了2次以上监督检查，监督覆盖率100%。

【卫生监督协管】 制定2016年卫生协管督导工作计划，全年开展卫生监督协管员培训两次，培训协管人员40人次，提高协管员的工作能力和水平。全年对管理相对户的监督覆盖率达100%，出具执法文书124份，提出整改意见24条。

【驻村帮扶】 按照要求做好精准脱贫工作，共结对帮扶42户贫困户，帮扶资金4200元。驻村帮扶八弓亚岭村，开展“六一”慰问活动，为4名留守儿童送去慰问金800元，为村解决办公设备资金7200元。

（撰稿：吴燕菊　编辑：王承勋）

疾病预防控制

【概述】 县疾控中心设慢性病防治科、免

疫规划科、流行病防治科、艾滋病防治科、监测检验科、计财科、办公室、公共卫生管理科（加挂健康教育所牌子）、纪检监察室9个科室。2016年，有编制数35名，在岗职工33名，其中领导职数4人，女1人，少数民族3人，中共党员3人，大专以上学历4人。

开展以户为单位建档，并录入电脑，辖区内常住人口数155700人，共建立健康档案170217人份，健康档案完成率109%；全年新增健康档案608人份；共录入居民电子健康档案170096人份，电子健康档案建档率为99.9%。辖区内65岁以上老年人口15360人，建立健康档案老年人13695人，完成所有体格检查及实验室检查、B超检查的老年人9636人，老年人健康管理率70.4%。35岁以上居民首诊测血压人次数16965人次，高血压患者主动发现数410人；35岁以上居民首诊测血糖人次数9677人次，糖尿病患者发现数123人。

辖区内当年共发现高血压患者410人，建立高血压患者档案11996份，年内管理高血压患者11440人，高血压患者健康管理率95.3%。其中规范管理高血压患者11440人，高血压患者规范管理率95.3 %。一次随访血压达标人数10123人，管理人群血压控制率88.5%。

辖区内共发现糖尿病患者9677人，建立糖尿病患者档案4414人份，年内管理糖尿病患者4271人，糖尿病患者健康管理率44.1%。其中规范管理糖尿病患者3904人，糖尿病患者规范管理率91.4%。一次随访空腹血糖达标人数3800人，管理人群血糖控制率97.3%。

完成9个乡镇和1个社区服务中心重性精神疾病患者排查工作，排查疑似病人线索43例，确诊30例，全县共确诊706例重性精神病人，建立重性精神疾病患者档案706人份，在册重性精神疾病患者658人，患者在册率为4.23‰，管理重性精神疾病患者597人，管理率为90.72%，服药重性精神疾病患者263人，服药率为46.3%。

【免疫规划】 组织培训4次，免疫规划培训4次，接种率调查培训2次。2016年上报AFP疑似病例2例。AFP监测报表和主动搜索报表实报率100%，及时率100%。全县九乡镇卫生院及县医院、中医院15家医疗单位门诊日志及住院登记进行AFP病例搜索，未发现AFP漏报现象。卡介苗接种率99.83%；麻风接种率99.91%；百白破接种率99.81%；白破二联接种率99.91%；脊灰苗接种率99.91%；乙肝苗接种率99.95%；乙肝第一针及时率99.18%；流脑接种率99.84%；乙脑接种率99.83%；乙脑加强接种率99.9%；百白破加强接种率99.81%；甲肝苗接种率99.93%；“A + C”接种率99.66%；“A + C”加强接种率99.58%；麻腮风接种率99.89%；脊灰加强接种率99.88%。全年年麻疹报告4例，采血4例，确诊0例。

【传染病控制】 完成一次传染病防控及疫情管理业务培训，一次手足口病防控知识培训，一次疟疾防治知识培训。开展手足口病监测89例、狂犬病疫苗接种1658人次、伤寒与副伤寒监测1例、甲肝监测1例和钩体监测报告1例等。全年甲、乙、丙类发病728例，死亡11例，发病率468.55/10万，乙类发病585例，死亡11例，丙类143例。全年发生4起聚集疫情，已进行调查、处理上报。完成全年年鼠密度、蟑螂、蚊虫、蝇等监测任务。疟疾防治完成血片1562张。

【慢性病及地方病防治】 全年共登记治疗250例，其中系统管理213例，系统管理率99.5%；涂阳病人81例，涂阳病人总治愈74例，总治愈率为91.35%，可疑肺结核病患者549例，处理重卡72例，应追踪72例，实追踪72例，追踪率100%，追踪到位22例，追踪到位率

30.5%。累计督导9个乡（镇）卫生院6次，督导村级医疗点60次，访视病人180人次，开展3.24世界结核病宣传，采取多种多样的形式对结核病政策和防治知识进行喜宣传，发放宣传资料2000份，宣传画20张，张贴广告栏一期，悬挂横幅一幅。每周主动检索学校结核病疫情，全年共开展流行病学调查4例，在第三中学和民族高级中学出健康教育专栏一期，发放结核病防治知识宣传资料3000多份。完成全县5个乡（镇）的20个村，300份居民户盐样、20名孕妇的盐样、尿样以及5个乡镇各1所村小学40名学生的尿样采样工作，检测盐样300份，合格290份，合格碘盐食用率为96.7 %。不合格碘盐10份，非碘盐0份，碘盐覆盖率100%。

【艾滋病防控】 支持乡镇卫生院、社区卫生服务中心及村级卫生室制作艾滋病专题宣传栏159个，制作塑料1.2米×1.5米艾滋病知识宣传挂图10份，张贴在全县各乡镇卫生院。利用“6·26”国际禁毒日等节日开展多部门联合宣传活动，发放各种宣传资料，摆放艾滋病宣传展板，在现场开展免费咨询，现场答疑等。完成对全县辖区内所有初中以上学生培训及知晓率调查，发放宣传资料5000余份。监测县看守所羁押人员186人，艾滋病病毒抗体阳性0人。

全年共监测38人，发现HIV阳性1例，发放宣传资料76份，安全套380只。东城车站、大众汽修厂开展艾滋病防治知识宣传干预活动，发放安全套2000只，宣传资料2000份，普及人数约1000余人。测400人，HIV阳性11人（其中11人为既往阳性），阳性率为2.75%（11/400）；梅毒阳性31人，阳性率7.75%（31/400）；HCV阳性133人，阳性率33.25%（133/400）。正在治疗130人，日均服药人数54人，保持率95.2%；累计服药艾滋病病毒抗体阳性14例。自愿咨询检测门诊共接待免费自愿咨询检测1036人，待复检10人，阴性告知人数1026人，待复检告知复检10人；告知率100%。接受针具交换服务人数51人。开诊以来共发放清洁针具4700具，收回针具4311具，销毁4311具，回收率91.7%；发放宣传资料500份。艾滋病病人免费新增抗病毒治疗52人，其中依从困难累计停止治疗48人，目前接受抗病毒治疗随访管理人数147人。目标人群干预效果已初见成效，艾滋病防治知识平均知晓率86.5%，HIV感染控制在低流行水平。

【消除麻风病】 对县级医院和乡镇卫生院麻风病防治知识培训工作完成，知晓率达到93%。麻风病线索任务完成已完成81条，已全部涂片，未发新复发麻风病人，超额完成22.5%，均已全部排除。残畸麻风病人防护用品、手套、防护鞋均已发放完。溃疡病人4人，每人已发放60次以上，发放率100%。愈后存活麻风病人无子女失学，全部入学，入学率为100%。

【村饮水安全工程】 检测水样72份，合格66份，不合格16份，合格率77.8%。城关自来水监测37份，合格率100%。对三穗县辖区内娱乐场所服务人员、监狱羁押人员、美沙酮门诊监测HIV、HCV和梅毒967人份。日常对从业人员健康体检3660人，合格3623人，不合格37人。参加2016年贵州省环境监测项目调查100户，采样20份监测重金属汞、铅和土源性寄生虫卵的监测。2016年贵州省食品安全风险监测食品采样30份。

【驻村帮扶】 开展“多彩贵州文明行动”和驻村扶贫工作，每周一进行大扫除，开展爱国卫生运动活动，巩固创卫成果。多次深入桐林镇捧相村开展帮扶工作，掌握第一手资料，摸清棒相村的基本情况，帮助村民建立生活垃圾处理池、村民健康体检、生活饮用水消毒、解决办公用品和走访群众发放困难物资等。共计22000元，全年无一例火灾发生和上访事件。

【党风廉政】 制定责任清单以及一系列防控措施和制度规定，对公车使用制度进行革新；与职工签订三穗县疾控中心2016年作风建设责任状、“守纪律 讲规矩”廉洁自律承诺书、三穗县规范城乡操办酒席承诺书、三穗县严禁操办“升学宴”承诺书，签订率达100%；全年共参加监督中心“三重一大”会议27次、参加中心会议63次、组织学习纪检监察文件精神、通报及纪律规定制度55篇、于法定节假日前夕及不定期督查9次，组织约谈20人次、开展警示教育12次；协助第五纪工委办理案件1例。

（撰稿：何龙刚　编辑：王承勋）

妇幼保健

【概述】 县妇幼保健计划生育服务中心成立于2015年4月，地处三穗县城区，有业务用房2590平方米（其中原保健院1240平方米，原计生站1350平方米）。由原县卫生和食品药品监督管理局下属的县妇幼保健院与原县计生局下属的县计划生育服务站整合而成的新机构，为隶属县卫生和计划生育局的财政全额拨款正乡级事业单位。内设办公室、财务室、宣传科、项目办、儿童保健科、新生儿科、普儿科、产科、妇科门诊、计划生育科等21个职能科室；2016年，中心配备有腹腔镜、全自动血液细胞分析仪、全自动生化分析仪、电子数码阴道镜、红外线乳腺扫描仪、半自动生化分析仪、半自动凝血分析仪、酶标分析仪、红外线治疗仪、日本进口多普勒彩色B超机、DR机、全自动酶免仪、利普刀等先进设备，床位95张；中心编制数69，总职工128人，在编57人、自收自支13人、聘用职工58人。医师38人、护士50人、其他工作人员15人、药学6人、检验6人、管理3人、会计1人、工勤1人、影像1人、技师1人、收费工6人。

全年共接诊25813人次（其中门诊共接诊：23676人次，儿科11014人次，妇科门诊9889人次、保健门诊1766人，住院2137人次，儿科住院1623人次、妇产科住院514人次）；县妇计中心住院分娩产妇数278人，剖宫产人数76人，剖宫产率27.3%。2016年，业务收入875.2万元，其中药品收入225万元，占总收入的25.3%。

落实各项计划生育技术服务904例；免费孕前优生健康检查年度目标人群数评估2530对，占年度目标人群数的108%，评估告知率为100%；召集乡镇相关计生业务人员学习共计4期；对药具宣传，药具发放共2817人（份），按季度分别发放避孕药具到各乡镇、村；超额完成药具工作任务，药具对象的知晓率达98%以上，药具对象满意率100%以上，年度放置宫内节育器210人（份）。

选送10名青年业务骨干到省外、省内及黔东南州三甲医院进修学习；单位自行组织专业技术人员进行“三基”培训考试1次，考试合格率为100%。开展乡级妇幼人员培训2次，参加培训人次达117人次。

【重大公共卫生】 制定全县儿童营养包项目工作方案、成立工作领导小组。发放贫困地区儿童营养包20605盒，有效服用18728盒，有效服用率91%。加强农村妇女免费宫颈癌筛查工作，全县全年农村妇女免费宫颈癌检查总任务数5000例，完成5000例，完成任务数的100%。普查工作的持续开展，对妇女常见病及多发病做到了早发。认真开展新生儿疾病筛查，有效预防儿童智能、体格发育落后。全年免费咨相关知识的1669人，免费筛1669人，筛出新生儿疾病0人。加强实验室建设，做好监督指导工作，完成孕产妇艾滋病、梅毒、乙肝检测共1922人，完成筛查率98.7%。增补叶酸预防神经管缺陷项目工作，全县待孕妇女及早孕妇女叶酸服用2538人，发放率为101.52%。

【基本公共卫生】 孕产妇系统管理，全县产妇总数1947人，活产数1956人，产前建卡数1926人，建卡率98.92 %；住院分娩1954人，住院分娩率99.90 %；高危产妇307人，住院分娩307人，住院分娩率100%；孕产妇死亡0人。儿童系统管理，儿童保健严格实行“4.2.1”体检制，重点加强对0~3岁儿童系统管理，儿童“四病”的防治及学龄前儿童体检工作。全县0~7岁以下儿童数为24687人，5岁以下儿童为16684人，3岁以下儿童为9223人，3岁以下系统管理8214人，系统管理率89.06%；5岁以下儿童死亡18人，5岁以下死亡率 9.20‰；婴儿死亡13人，死亡率6.65‰。

【出生证明发放管理】 严格按照上级有关文件精神，由专人办理出生医学证明，严格核对有关证明材料，实行电脑化管理，全年共发放出生证2339份。

【健康教育】 利用各种会议、集会、讲座、标语、传单等多种行式进行广泛宣教。出宣传专栏8期，开展宣传义诊活动12次，发放《住院分娩的好处》《孕产妇须知》《孕妇临产前的产前准备》等宣传资料2100余份，接受咨询和义诊共1904余人次。在各乡镇张贴绿色通道宣传电话80张，发放孕产妇急救电话200余份。

【项目工程建设】 县妇计中心新址位于西北环线16号宗地（水塔处）约8.55亩。计划修建总面积9633方米的业务楼一栋，总投资1444.95万元。2016年，主体工程已完成验收，主题工程完成总投资800余万元。投资1500万元进行新业务楼装修和设备设施的购置。

【创建二级甲等妇幼保健院】 《关于切实加强新形势下妇幼健康工作的意见》明确三穗县2017年成功创建二级甲等妇幼保健院。县妇计中心制定该单位创二甲工作方案，并成立二甲办，抽调1名专职人员从事创二甲调度及谋划工作。

【驻村帮扶】 全年投入整脏治乱经费5000余元，撰写简报5期。开展法律、法规相关学习5次，按时开展单位干部职工普法考试，普法知识覆盖率达100%，年内开展安全隐患自查工作8次。对海山村投入帮扶资金共计5万元。

（撰稿：李高刚　编辑：王承勋）

新型农村合作医疗

【概述】 三穗县新型农村合作医疗管理局内设办公室、财务室、督查室、稽核室、网络室、监察室。编制人数14人，在编干部职工13人，其中女性4人，大专以上学历11人，中共党员11人。

2016年，“新农合”参合人数199750人，参合率100%。个人应筹集资金1797.75万元，个人实际筹集资金1797.75万元，财政补助8389.5万元（中央配套资金5992.50万元，省级2037.45万元，市级143.82万元，县级215.73万元）历年累计结余727.41万元，“新农合”总资金10914.66万元；2016年1月至12月补偿支出8562.36万元（含一般诊疗费支出259.68万元），上划大病保险基金611.24万元，预留5%风险金509.36万元。

【新农合大病保险】 新农合大病保险执行

《州人民政府办公室关于印发黔东南州新型农村合作医疗大病保险实施方案（试行）的通知》文件，严格遵照大病保险工作流程，实行医疗救助“一站式”服务。2016年三穗县新农合大病保险补偿2808人次，补助金额273.2万元。

【医疗精准扶贫】 依据省、州关于对精准扶贫提高贫困人口医疗救助水平相关文件精神，三穗县出台《三穗县关于提高农村贫困人口医疗救助保障水平推进精准扶贫的实施方案》，完成11类精准扶贫救助对象认定55423人，完成新农合信息属性标识55423人。全年三重医疗保障总救助30795人次，总补偿费用1015.73万元，救助对象医疗费用保障水平达93.42%。

【新农合培训】 全年开展大型业务培训2次，参训人员共500余人次。培训内容以2016年新农合补偿办法、新农合大病保险政策、新农合网络操作等为主，通过培训，提高了新农合经办人员宣传发动工作能力和服务群众水平。

【新农合基金监管】 联合三穗县纪委监察局、县合管委、第五纪工委（监察分局）、财政局、审计局、卫计局开展新农合专项督察、联合督察、日常督察共93次，针对新农合监管薄弱之处，创新督察方式，牵头制定了新农合五县联合督察机制，加强了新农合基金监管，增强了督察力量，共查处违规医疗机构23家，停业整改3家，追缴违规基金268.92万元。

【驻村帮扶】 派驻同步小康干部1人训八弓镇亚茶村开展驻村帮扶，资助亚茶村工作经费17000元、电脑1台、摄像机1台，为该村订阅报刊940元，协调进寨路硬化760米项目1个，到州国土局协调资助经费20000元。慰问计生“三结合”计生户10户共3000元。

（撰稿：杨俊　编辑：王承勋）

乡镇概况

八弓镇

【概述】 八弓镇位于三穗县西北部的邛水河畔，属城关镇。全镇总面积157.4平方公里，林地面积157500.6亩，耕地面积为22830亩，其中田16320亩，土6510亩，人均占有林地2.05亩、耕地0.296亩（田0.212亩、土0.085亩）。辖28个中心村（原39个村），4个社区，366个村（居）小组，户籍人口24865户76360人，常住人口24916户75291人。全镇共有贫困户3602户12835人，经过三年努力，已脱贫1647户6649人，还有1955户6186人未脱贫，贫困发生率12.64%，2017年计划脱贫542户1835人。

八弓镇有党员1556名，共有44个党（总）支部，其中，32个村（社）支部，10个机关支部，1个宏宇种养殖合作社党支部，1个永灵党总支部。全镇村级活动场所面积在90至200平方米的9个；200至400平方米的村有6个；400平方米以上的17个。全镇建有合作社59个，累计注册资金1400万元，覆盖贫困群众1960户6860人。全镇共有党社联建合作社（含公司）25个。村级集体经济收入3万至5万元的15个，5万至10万元的7个，10万至50万元的10个。全年村级集体经济实现盈收157万元，完成分红329.28万元，贫困户人均增收480元，顺利完成127名贫困党员脱贫任务。

八弓镇年末有干部编制110名，在职干部99名（党政班子成员13名）。公务员行政编制40名，在职公务员39名，机关工勤2名；事业编制人员70名，在职干部60名，其中管理岗位34名，技术岗位19名，事业工勤7名。平均年龄38岁，35岁以下干部54名，35岁~49岁31名，50岁以上20名；高中以上学历99人，其中本科以上学历58人，研究生学历1人，离退休干部49名。

八弓镇第十届村（社）两委委员277名，高中以上文化程度的114人，45岁以下148人，妇女70人。八弓镇有专职村干部172名，在64名村（社）书记、主任中，支部书记连选连任的共25名，村主任连选连任的23人，平均年龄45.1岁，其中35岁以下3人，36岁至45岁29人，46岁至54岁30人，55岁以上2人，初中及以下学历28人，高中学历33人，大专及以上学历3人。

全年享受离任补贴村干共有115人，其中离任年限10~14年的有45人，15~19年的有20人，20~24年的有22人，25~29年的有13人，30年以上的有15人，亚岭村的田代祥离任年限最高为39年。

全年全镇农民人均可支配收入为8219元，比全县农民人均可支配收入7723元高496元。

完成杂交稻推广面积4万多亩，杂交玉米面积2亩。开展农作物病虫害机动联防1次，防治面积1000多亩次。完成春秋两季动物防疫各项指标和疫病防治工作目标，无免疫应急反应死亡情况发生。

发放苗木112万余株，审核采民用材伐申请34份，采伐蓄积184.5立方米。重新勘界补发林权证4本。全面完成5.25万亩的公益林的兑现工作。完成新一轮退耕还林工作，已户外丈量3740。完成亚茶村小型拦河堰建议，完成亚茶村、坪茶村、新美村沟渠建设。

全年主持召开党建专题会议15次，召开全镇基层党建工作会6次，深入32个村（社）走访35次。关注民生。发放低保、医疗救助、计生奖励扶助资金共计863.77万元。兑现被征地农民生活保障16个村85个村民组3302户，10772人，每年发放失地农民养老保障金200万元，社保缴费补助2000万元。投入资金达1024.32万元，实施农村危房改造1114户，投入资金220万元，实施“一事一议”项目共12个。投入295.32万元，实施了羊古村、南桥村、木界村等6个村的人饮工程，共惠及5520人。开展全国两会等安保稳控39次，化解各类矛盾纠纷122起。组织全镇35周岁以下青年干部采取集体分时段进行拉练，采取“走出去”的方式，全年共组织253名村干部分别到锦屏、黎平、黄平等7县（市）学习考察，开展庆祝建党95周年系列大型文艺活动，组织镇属各支部开展篮球比赛活动。

【党风廉政建设】 全年开展党组织书记讲廉政党课2次；全体干部职工观看廉政警示教育片4次；对全镇11个领导干部、48名党员干部建立干部廉政档案登记台账。共立案7件，结案7件，共处理7人。共约谈领导干部12人次，约谈股级干部46人次。

【基层组织建设】 强化保障。通过新建和利用原村级小学教学点进行改扩建的方式，高寨村活动室于6月正式启用，改扩建亚茶、坪茶、蜜蜂、亚岭、芭蕉5个村级活动室。带好队伍。全年全镇共申报五好基层组织7个，其中获得州级1个，县级5个，表彰优秀共产党员7名、党务工作者6名，整治软弱涣散党组织2个。发展党员34人，入党积极分子40人。依托“金种子计划”，按照“选、树、培、带”的工作方式，实现在册“金种子”户共300户，建立合作社等经济组织39个，实现就业岗位800余个，带动群众900余户发家致富。完成第十届村两委换届工作，共选出139名村两委专职村干部，其中新进34名村干部。班子成员、第一书记、同步驻村工作员、暖心秘书作为宣讲员，深入各村各寨宣讲中共十八届五中全会、省委十一届六次全会和省州精准脱贫会议系列精神50余次。创建《八弓信息报》，整合资金投入资金350余万元，新建村级活动阵地2个，扩建2个，搬迁3个；投入20万元与公安局党委创建了永灵社区警务室，并启动2016年村级活动阵地建设7个。成立界牌村宏宇合作社支部，永灵党总支部，派遣工作经验丰富的同志任支部书记。

【同步小康驻村工作】 全年全镇共选派65名（其中省级3人、州级6人、县级21人、镇级22人、农村知识青年13人）干部驻村，暖心秘书80人到村开展服务。整合驻村帮扶资金80余万元，协调土地整治等项目38个，办理实事144件，解决群众困难问题108个，帮助解决矛盾纠纷57起，第一书记、暖心秘书代办各类事项1200余件。

【党员进社区】 全年共有1094名党员到社区报到，开展服务，帮助困难户96户，送去慰问金共计1.5万元；开展义诊、科普、法律禁毒宣传、清洁家园等志愿服务活动20次，发放各类宣传资料10000余份。

【党建扶贫】 全年完成遍访贫困户2952户12245人。核实精准扶贫户4323户14872人，落实易地扶贫移民搬迁814户2609人。

抓实“五融五帮”旅游扶贫试点建设。通过争取，界牌列入“五融五帮”旅游扶贫示范点建设，采取“支部+企业”的模式。成立贵州三穗贵洞旅游发展有限公司，建立公司党小组。募集入股资金486万元，田土入股300余亩（折合资金800余万元），覆盖全村所有农户，对贵洞景区进行开发。以创建AAAA级景区为目标，带动贫困人口年均增收3000元以上，实现界牌、泥山、蜜蜂、高桥等8个村1088户3924人贫困人口有效脱贫，辐射带动周边12000余群众增收致富。中组部、州委、州政府党政主要领导先后到界牌指导工作；三都县、新晃县等先后到界牌考察。全力推进“双脱”工程。年初全镇有集体经济空壳村9个，有中央及省壮大村级集体经济资金帮扶试点村4个，建档立卡贫困党员127名。2016年明确4个集体经济资金帮扶试点村的发展方向。整合各类项目资金900余万元，协调项目6个，实现8个空壳村脱壳，集体经济得到发展。

【党建示范点】 全年打造界牌村为“党社联建”工作示范点。合作社自筹和农民入股投资35万元，流转土地420亩，参与农户124户，落实财政扶持项目资金370万元。将永灵社区、江桥村、灵山村和车站村进行整合，组建永灵党总支和永灵社区服务中心，明确一名班子成员具体负责，将辖区内14500余人划分为4个片区网格和20个单元网格，采取“一网三化”管理。网格员走访群众11200余人次，收集群众意见建议220条，处理问题2200余件。

【防火宣传】 利用“集贸市”宣传2次，发放宣传材料4000多份，张贴标语300多条，悬挂横幅50条，发放防火宣传光碟45个，出动巡逻车辆300多次。全年无重大森林火灾发生，无寨火发生。

【防汛抗旱】 全年完成《八弓镇山洪防御预案》《八弓镇防汛抢险预案》等应急预案的编制工作。实地检查共17次，备足备齐防汛物资落实24小时值班制度。

【土地确权】 完成39个村的农户一户一档的材料装档，完成外业勘界30个村，完成外业指界275个组，完成实测地块47803块，完成实测面积28297.2亩，完成内业矢量化村30个村261组。正在开展内业矢量化3个村，完成内业矢量化面积27807.2亩，一榜公示5个村38组。

【第三次全国农业普查】 全镇耕地面积16215亩，分为108个普查小区，普查对象共有10753户，其中农户10694户、规模户24户、农业生产经营单位35家。年底完成小区图绘制和入户摸底工作，已普查10227户，其中农户10213户、规模户9户、农业生产经营单位5家。

【项目建设】 全年上级共审批全镇“一事一议”财政奖补项目11个，项目共计投入财政奖补资金199.2000万元，涉及6个村。投入财政奖补资金210万元，实施财政奖补示范村村寨1个村（界牌村）。投入资金317.88万元，实施小康寨融资投入建设项目23个，涉及15村，一批通组道路、路灯靓化、庭园建设、农村三改得到有效改善，惠及群众1.2万人。实施“1+1”惠民工程模式。全年已完成1416套保障性住房和146套第六期移民房项目主体建设，正在推进附属工程基础设施建设；实施灵山、木界、胜利、车站、新穗5个村惠民“1+1”工程，共建惠民“1+1”住房2122套；为每个村解决不低于1000万元固定资产。投入50余万元，建设吉洞、高寨等文化活动广场4个，完成8个村农民文化建设工程项目。

【脱贫攻坚】 按照“33668”扶贫攻坚计划和2018年全面同步小康的目标，制定《八弓镇精准脱贫攻坚工作实施方案》《八弓镇贫困村出列工作方案》。推动962户3931人减贫，良士、贵洞贫困村出列。抓好易地移民搬迁，全年搬迁8个村103户649人，其中芭蕉村15户、羊古村（菜冲）32户、贵坪村12户、马鞍（杉木）12户、泥山村12户、坪茶村10户、新美村9户、亚茶村1户。推进财政项目扶贫。投入扶贫资金224万元；完成2014年度产业化扶贫羊古村肉牛、贵洞村金刺梨、新美村山羊养殖等5个项目；投入扶贫资金708.451万元，完成2015年度稻田养鱼、脱毒马铃薯种植项目、新美村花生种植项目、三穗鸭养殖项目、养牛、生猪养殖等14个项目。投入扶贫资金500万元，完成本年度生猪养殖、稻田养鱼养殖、葡萄种植项目、辣椒种植等6个项目，惠及群众1.2万人。

【惠民政策】 全年实现新增就业人数1746人，办理就业创业小额贷款35笔共放款263万，解决创业人数80余人。农村合作医疗。全镇农村人口46576人共参加合作医疗人数50995人，其中含代收其他乡镇的4419人，均全部录入本镇信息，并做好家庭成员核实工作。实际报参合人数46576人，参合率100%。截至10月9日共报销补偿30141人次，补偿金额2132463.93元，其中住院补偿1975人，补偿费用1401941.07元，门诊补偿28166人，补偿金额730522.86元，解决了八弓镇参合农民“因病致贫，因病返贫”的问题。养老保险工作。全年全镇已参保26392人，其中60岁以下参保22894人，60以上6818人。新参保、续保17346人，其中符合优惠政策的特殊群体中，计生两户有1762人，重度残疾人有269人。60岁以上领取城乡居民基本养老保险金待遇的有5991人，每年征收城乡居民养老保险费用约200万元，省、市、县三级财政每年补贴群众缴费约65万元，为保障群众的基本生活提供了有力支撑。被征地农民养老保险工作。截至年末全镇已兑现被征地农民生活保障有城关片区（车站村、江桥村、灵山村、新穗村、人民村、胜利村、高田村）；青洞片区（木界村6个组、美敏村6个组、桥头），吉洞片区（坪洞村2个组、中坝村4个组），长坡片区（星光村、高寨村、响洞村），泥山片区（界牌村7个组、贵洞村7个组）共17个村92个村民组3362户，10973人，其中：60周岁以上老人享受养老保险失地农民增发待遇1781人，16~59周岁享受养老保险缴费补助9091人。60岁以上领取社会养老保险金待遇的有1715人，每年约发放失地农民养老金待遇约250万元；正在缴纳城乡居民基本养老保险的被征地农民约4800人，社保缴费补助每年约5000万元。民政事务。全年全镇有农村低保对象户共1185户2377人，居民低保对象共916户1468人；农村低保季节性缺粮户405户870人；有五保户105人，共有退伍军人790人。全年共计发放城乡低保金1062.3万元；共计发放粮食2364公斤；五保户养老金25.2万元，大病救助274人次，折款103.63万元；临时救助1196户667人次，共计11.8035万元。发放退伍军优抚金312.64万元，节日慰问金7.96万元，冬春救助发放371421元。

【计划生育】 2015年10月1日至2016年9月30日全镇共出生811人，同比增加67人，常住人口出生率为11.23‰，常住人口符合政策生育率93.16%；流动人口符合政策生育率为95.24%。出生婴儿性别比为106.89。落实全面二孩政策。完成974人的优生健康检查，完成孕情环情监测服务753人次，开展育龄妇女妇科病普查235人次，普治率90%。已婚育龄妇女避孕方法知晓率达98%，规范的术后和药具随访服务率达100%。完成811人次出生婴儿的监测访视，完成出生缺陷指导811人次。全年全镇“双诚信、双承诺”签约21089户，签约率98.7%。全年兑现幸福家园工程、奖励扶助、少生快富等利益导向政策共计90.744万元。

【社会管理】 抓好矛盾纠纷、信访问题排查化解。全年全镇共受理矛盾纠纷88件，化解各类矛盾纠纷82件，调解终止6件。化解信访疑难问题17件。信访维稳工作。全年依次开展了全国两会全省州县两会、省州领导到穗调研、“镇远号”旅游专列开通仪式、“数博会”、中共十八届六中全会、省州县“两会”等重要时间节点的信访维稳和对涉军、涉教等重点人群的稳控共计40次，累计发动干部1200余人次。社会治安大排查大整治工作。全年全镇作为州综治办挂牌的治安问题相对突出乡镇，镇党委政府高度重视，投入20万元，积极开展整治工作，组织镇辖区32个村（社区）重点抓好“四排查”工作（排查治安状况、排查社会矛盾、排查安全隐患、排查重点对象、人群、部位），做到底数清、情况明，对高田等村开展重点整治。通过扎实有效的开展整治工作，经州综治办的验收，成功摘牌销号。禁毒工作。落实35万元禁毒专用经费，建立200平方米的社区戒毒（康复）室。落实禁毒办3名工作人员，4名社区戒毒（康复）服务站工作人员及禁毒专干32名；八弓镇129名社区戒毒（康复）人员全部纳入管控范围。全年全镇有涉毒贫困人口有48名，针对每名涉毒人员的不同情况，通过努力，已脱贫16名。抓好平安建设。在时代锦苑、计生局小区开展2个平安小区建设和5栋平安居民楼建设，在“三黎”高速公路开展平安工区建设活动，在每个工区建立一个警务室，每个警务室配备2名公安干警，在“三黎”高速公路经过的桥头、青洞、美敏村各建立一个矛盾纠纷调解小组，配合县、镇开展矛盾纠纷排查化解工作。

【安全生产】 完善镇村应急救援预案等工作，制定安全生产的各项工作制度、机制，做到经常排查安全隐患，定期督查；通过村民大会、村务公开栏、横幅等形式的宣传，提高群众的灾害防范意识及应急处理措施，实行领导干部职工24小时值班工作制；是加强地质灾害、非煤矿山、建筑行业、危化物品的排查整治。在贵坪村开展地质灾害应急演练1次；对道路交通安全实行逢场必上路查车，共停检车辆280余辆，到通村道路开展隐患排查7次，发现安全隐患28处，治理28处，制作警示标牌52块；上半年对危化物品开展安全检查2次，排查出隐患6处，现场要求整改6处；排查建筑工地及老楼、危房80余家，排查出各类安全隐患95项次，现场整改95个，下达隐患整改和停工整改通知书12份，对隐患整改和停工整改场所进行跟踪督办。

（撰稿：向雪琴　编辑：吴恒毅）

瓦寨镇

【概述】 瓦寨镇位于三穗县中部，距县城18公里，交通便利，天黄高速公路傍镇而过并设出口，省道310横穿集镇中心。国土面积91平方公里，耕地面积9300.73亩，辖7个中心村（原17个行政村合并）和1个社区，129个村民小组，5665户人口21421人。自然资源丰富，邛水河流经集镇中心并贯穿全境，森林覆盖率达58.6%。作为中国四大地方名鸭之一的三穗麻鸭养殖核心区和保种基地，瓦寨镇素有“麻鸭之乡”的美称；工艺精美的瓦寨斗笠曾作为国礼赠送给美国两位前总统尼克松和里根，故素有“斗笠之乡”的美誉。分别于1998年和2000年纳入“全州‘万人集镇’建制镇”和“省级小城镇综合改革试点镇”建设。全年全镇财政总收入完成3125.68万元，同比增长35.27%；农业生产总值7488.16万元，完成粮食种植9320亩，完成任务数103.55%；完成固定资产1158.76万元，同比增长17.54%；农民人均可支配收入8247元，同比增长12.4%。

瓦寨镇有编制68名，在编干部58人，其中，公务员编制数24人，在编18人，缺编6人，实有科级领导9人；事业人员编制数44人，在编人数40人，缺编4人。下设单位25个，分别为：党政办、社会事务办公室、经济发展办公室、公共卫生人口和计划生育办公室、社会治安综合管理办公室、人大办、纪委（监察室）、政法委、人民武装部、工会、共青团、妇联、农业服务中心、人力资源和社会保障服务中心、科技宣教文化和信息服务中心、国土资源与规划建设环保中心、水利站、林业站、财政所、安全生产监督管理站、计划生育协会、残联、交通运输管理站、群众工作站、党建工作站。

【党建工作】 深入实施“书记抓、抓书记”，将党建第一责任人制度落到实处。与村支部签订目标责任书，将党建工作纳入目标考核，与村干绩效等考评挂钩。定期召开支部书记月例会和党委班子党建专题会议，听取各支部工作情况汇报，分析存在的问题困难，研究解决的办法和措施。全年共召开党建专题会议12次，分析研判问题23个，提出解决办法措施28条。扎实推进“两学一做”学习教育，贯彻落实中共十八届六中全会及省州县相关会议精神，组织镇宣讲团深入各支部宣讲。以党建创新“书记大练兵”工作为抓手，开展大型培训会9次，党员培训2次，现场会交叉观摩学习3次，演讲比赛1次，知识竞赛2次。按“四讲四有、争当“五个先锋”的要求，组织党员干部、致富带头人107人次到麻江、颇洞村学习。严格按照“十六字”方针发展党员，全年计划发展党员22人。开展“两优一先”评选和先进典型的推选，表彰一批优秀党务工作者、优秀共产党员和先进基层党组织，慰问27名困难党员，为他们送去慰问金16300元。扎实开展同步小康驻村工作，走访党员、贫困户2600余户，累计协调项目资金283万余元用于助推村级发展。抓党建促脱贫，大力推行“党社联建”，结合农村“三变”改革，整合资源，新增合作社7家，有5个合作社年底实现利润分红。进一步壮大村集体经济，带动846人脱贫（其中贫困党员47名）。全面消除“空壳村”，完成“双脱”任务。加大党建经费投入，筹集59万元完成巴顺村村级活动室建设，完成巴顺村“软弱涣散”党组织整改。投入147万元完善产业基础设施，投入90万元建设柑子院蔬菜大棚50个，争取100万元“双超”村项目，在调洞村建成三穗教育营养午餐配送基地，全年调洞村种植收入3100万元，创利930多万元，农村居民人均可支配收入达9000元，村集体经济积累28.7万元。

【党风廉政建设】 明确责任分工，认真抓好党风廉政建设主体责任制的落实。强化主体意识和责任意识，认真履行党风廉政建设“第一责任人”和“一岗双责”的政治责任。建立健全各项制度、办法和规定，完善村务运行机制，坚持“村财镇管”，全面推进党务、村务公开，及“亮牌办公”制度，接受群众监督。开展“铸勤行动”，强化廉政、勤政教育，认真组织落实各项计划式任务，同时为43名镇干部下达了个性式任务，并严格责任追究，对任务不能及时完成的个人进行督促整改，确保各项“铸勤”任务都能按时按量按质完成。坚持干部作风督察和干部约谈常态化，开展作风督察30余次，不定期开展对镇村干部的谈心谈话活动152人次，通报违反纪律镇村干部6人次。积极开展规范城乡操办酒席各项工作，与全镇干部、村干、离退老干和群众签订规范操办酒席承诺书，严格酒席申报制度，有效遏制滥办酒席、借机敛财的不正之风。依法依规查办违纪案件，协助县纪工委完成对8个中心村（社区）的人饮工程、一事一议、医疗救助等专项监察工作，巡查走访680余人次，走访“七必访”对象570余户，发现问题并要求落实整改项目2个，答复信访案件12件，立案调查3件，处理违纪党员2人，挽回经济损失8112元。

【换届工作】 结合县镇村换届，严肃换届纪律，组织干部职工观看《镜鉴》等警示教育片12场，组织全镇村干、干部学习“九个严禁、九个一律”换届纪律，签订承诺书98份，开展谈心谈话98人次。顺利完成镇党委班子换届工作，完成镇第八届党代会、人代会换届工作，选举镇党代表57名，镇人大代表51名。选举出席三穗县第十二次党代会代表17名，选举出席三穗县第十七届人大代表15名。扎实推进第十届村“两委”班子换届工作，完成村（社区）党组织换届，选举新一届村（社区）党组织书记8名，副书记8名，委员46名。启动村（居）委会换届，按照村（居）委员会选举工作程序，完成候选人推荐工作。

【农业产业】 突出“粮食增产、农业增效、农民增收”这条主线，大力调整农村经济结构，推进农业产业化经营。积极落实惠农资金，通过“一卡通”打卡发放各类补贴127.93万元。抓实“6个100万”蔬菜和稻田养鱼项目，完成蔬菜植面积5200余亩，完成西瓜等经济瓜果200余亩，全年蔬菜种植总收入达2000万余元，同比增速20%，完成4000余亩稻田养鱼产业，示范面积200亩，稻鱼产量105余吨，产值500万余元。稳步推进农业产业园区建设，以调洞春晖蔬菜种植专业合作社为龙头的蔬菜种植规模不断扩大，扩展到柑子院和观音阁村，三穗鸭产业园区建设基础工程已全面完成。入驻的兴绿洲公司效益较好，园区内商品鸭出栏量20万羽，种鸭存栏量2.2万羽，年产鸭蛋400万枚，实现全镇人均鸭养殖增收530余元。扎实开展粮增工程及农技推广，粮食产量稳中有升，粮食种植9320亩，产量5120吨，完成目标考核任务9000亩的103.55%。积极开展植物保护以及水稻联防联治工作，发放水稻农药125亩2500组，确保水稻增产增收。全面推进标准化适度规模养殖，大力推行“龙头企业+专业合作社+规模养殖小区+农户”发展模式，新增大型规模养殖户3个，牛养殖场2个，新增种养殖专业合作社4家。

【动物防疫】 强化畜产品监管和检疫市场规范建设，产地检疫生猪2120头，牛40头，羊120头，家禽5万余羽。产品检疫生猪3210头，产品检疫禽6万羽。加强疫情监控，免疫注射猪瘟疫苗21254头次，猪O型口蹄疫疫苗21254头次，O型-亚i型双价口蹄疫苗21254头次，猪蓝耳疫苗21254头次，禽流感疫苗21万羽，免疫率均达100%，动物免疫标识佩戴率达100%。

【土地确权】 全力推行农村产权制度改革，抓好土地确权工作，完成发包方调查表16个村，发包面积7939亩，完成承包方调查表5420户，完成农户建档户数5849户，占户籍户数100%。

【林业工作】 宣传《中华人民共和国森林法》《退耕还林条例》《森林防火条例》集体林权制度改革及相关政策、法律法规和规章制度。加强森林防火宣传，张贴横幅、标语260个，发放宣传资料1000余份、配置专用森防宣传车广播流动宣传80余次，全年未发生森林火警、火灾。巩固森林保护“六个严禁”执法专项行动。严格审核审批采伐申请，办理民用材采伐办证审批34户，采伐面积87.26公顷，出材量169.32立方米，没有出现较大的森林盗伐、滥伐林木案件。兑现2014年、2015年度国家级和地方级公益林资金488114.34元。新一轮退耕还林工程补助资金100万。

【水利工作】 按照“早准备、早预防”要求，积极做好防汛抗旱工作，对辖区内重点河道、水库、塘坝、水利在建工程、地质灾害点和山洪灾害重点村寨进行全面的汛前安全检查。投入2万元筹备雨衣、雨鞋、手电筒等防汛物资，组建70余人的抗洪抢险救援应急队，在巴顺村进行山洪灾害防御和地质灾害应急演练，提高防汛抢险指挥作战及救援能力。开工建设观音阁村大路冲饮水安全工程、集镇饮水管网改造、白家村磨老沟山塘、集镇河堤和抗旱应急水源等工程。

【脱贫攻坚工作】 推进精准扶贫，结合实际制定脱贫计划，精准识别贫困户，为1044户3425人贫困户建档立卡。组建扶贫工作组，全年实现贫困户1134人脱贫，冲前、晓隘两个贫困村出列，精准扶贫工作顺利通过国务院第三方评估。在民星村实施整村整组易地扶贫搬迁，首批62户275人实现搬进县城梦想。发放“特惠贷”资金191户909万元，“出钱”为贫困户谋发展。大力推进产业带动脱贫，在7个村广泛实施稻田养鱼、育肥牛养殖、蔬菜种植、三穗鸭养殖等产业化扶贫项目9个，涉及资金325万元，覆盖1259户贫困户，可带动贫困户增收3803元。

【重大项目建设】 顺利推进瓦寨中心敬老院项目建设，完成投资460万元的土地综合整治项目，开工建设瓦寨最后一条通村公路（观—民—顺公路），积极筹建总投资925万元、占地54亩的瓦寨农贸市场扩建和总投资800万元、占地64亩的顺洞民族边贸市场项目建设，全面建成5100平方米的农业综合服务中心大楼并搬迁入住。实施2015年度“一事一议”项目12个，申报2016年项目15个，投入财政奖补资金401.6万元，惠及群众11000人；完成危房改造241户，棚户区改造200户，老楼危楼整改35栋，完成集镇1.9公里柏油路铺设及镇村亮化工程，安装路灯677盏，逐步完善基础设施，切实改善出行条件。

【社会事业】 切实改善民生保障，发放低保、社会救助资金439.74万元，新增城镇就业人数157人，新型农村合作医疗参合率达100%。加强计划生育综合管理，提高人口出生素质，全镇人口自然增长率为3.53‰，符合政策生育率93.36%。狠抓“多彩贵州文明行动”，着力创建国家卫生乡镇，切实改善人居环境，通过努力，国家卫生乡镇创建已通过评估验收和网上公示。全面推进文教卫体，扎实推进有线电视数字化整转工作和广播村村响工程，组织参加篮球运动会、广场舞、门球比赛等文体活动，加强教育管理，表彰优秀教师21名，加强对村卫生室和村医的管理，进一步方便群众就医。加强征兵宣传，严把兵役登记关口。全年向部队输送优秀士兵4名，其中大专学历2人，高中学历2名，实现征兵面向高学历、高素质青年的转变。

【社会治安】 创建社区戒毒（康复）示范点，开展法制宣传、法律服务、化解矛盾、平安创建等工作。全年全镇共发治安案件26起，查处26起，查处率为100%，刑案发案12件，破12件，破案率100%，发案逐年下降，群众安全感满意度普遍上升。全面落实“党政同责、一岗双责、齐抓共管”的安全生产责任制，组织开展地质灾害、消防应急演练，开展重点领域的安全生产隐患排查和食品药品安全专项整治，查处各类交通违法违章行为，确保道路交通安全。抓好信访稳定，开展矛盾纠纷排查，全年共受理矛盾纠纷63件，调解成功61件，调解成功率为96.8%，信访工作实现零非访。

【便民服务】 打造瓦寨便民服务中心，进驻计生、扶贫、社会救助等服务窗口13个，派驻工作人员26名，实行AB岗交替工作制。对外全面公布服务指南、服务依据、服务流程、服务内容、收费标准等业务细则，对内落实岗位责任制、首问负责制、一次性告知等制度。本着为民服务，构建服务型政府的宗旨，推出集管理网格化、服务人性化、环境智能化为一体的“便民e服务”，创建“瓦寨镇便民服务”微信公众号。全年共接待群众达1600余人次，受理办结业务1400余件，其中网络办结130余件，预约办理40余件，办结率100%。形成比较完善的服务网络，成为服务部门多、业务内容全、审批环节少、办事效率高、监督力度大的多功能、开放式行政服务机构。

（撰稿：杨燎　肖开珍　编辑：吴恒毅）

台烈镇

【概述】 台烈镇位于三穗县西南部，距县城15公里，镇人民政府驻地台烈村。地理位置在北纬26°48′～26°57′，东经108°31′～108°42′之间。全境东西长16.8公里，南北宽13.5公里，国土面积151.56平方公里，林地面积147000亩，耕地面积40515亩。东与八弓镇接壤，南跟长吉乡毗邻，西与剑河县岑松镇相依，北同镇远县报京乡相连，素有“黔东要塞”“千里苗疆门户”之称。辖台烈村、小台烈村、绞颇村、颇洞村、果界村、寨头村、屏树村、石坪村、魁计村9个行政村，183个村民小组，总户数8794户，总人口29023人，其中苗族人口12219人，侗族人口8491人，少数民族人口占总人口的71%。

新增党建工作站1个；新增扶贫工作站1个；12月县卫计局将台烈卫生院收回统一管理。调整后台烈镇有17个股室，其中行政股室9个，事业股室8个，干部职工编制数89名，其中行政编33名，事业编56名，实有干部职工73人，其中行政编28人，事业编45人，领导干部10名，股级干部21名（行政8名、事业13名），学历均为大专以上。9个行政机构：党政办公室、经济发展办公室、社会事务办公室、社会治安综合管理办公室、安全生产监督管理办公室、卫生和计划生育办公室、综合行政执法办公室（综合行政执法大队）、国土资源和规划建设环保办公室、财政管理办公室；8个事业机构：农业综合服务中心、人力资源和社会保障服务中心、人民政府政务服务中心、镇财政所、安全生产监督管理站、国土与村镇建设服务中心、党建工作站、扶贫工作站。

全年全镇农业总产值达13951万元，同比增长10.85%，农民人均可支配收入达7578元，同比增长10.5%。

全年预征兵对象为27人，进入体检22人，最终有8人光荣应征入伍。

全年卫生院门诊17000人次，入院1400人，年收入100万元，建立居民健康档案21939份，各种免疫规划疫苗报告接种率均达到95%以上。

2015年7月台烈镇全面开展农村危房改造工作，危改指标为501户，全年全镇已完成501户材料收集，完成452户危房改造工程，竣工率为90%。

【农业产业】 全年生猪存栏10231头，其中母猪400头，牛存栏950头，能繁母牛560头，羊存栏1423只，鸡存笼32140羽，鸭16万羽，鹅213羽，马158匹，生猪出栏9871头，牛出栏

632头，羊出栏2413头，鸡出笼31120羽，鸭出笼23450羽，蛋产量30吨。农村经济合作组织不断发展壮大，农民专业合作社发展到37个，注册资金达6019.45万元，家庭农场、农村电商从无到有，完成申报认定家庭农场20个、村级电商服务站5个，全镇农业总产值达1.6亿元。11月，颇洞村电商综合服务站被黔东南州电子商务发展工作领导小组授予“2016年度‘十佳’农村电商服务站”。

【农田水利】 总投资350万元小型农田水利建设全面启动，完成项目报批、施工图设计以及招投标工作；投资1925万元实施高标准农田建设，寨头、台烈、颇洞段已开工建设，完成投资600万元；完成总投资2.4亿元、总库容477万立方米的金昌沟水库建设工程总量的20%，其中完成村民田土、山林补偿费用500多万元；完成导流洞的贯通工程和老公路扩宽工程；挖通右坝肩公路。

【农技推广】 推进“6个100万”工程，选定颇洞村、小台烈村为稻鱼工程示范点，县农业局相关专家亲临现场授课3次，共培训农户150余人；选择颇洞农业园区落实商品蔬菜示范基地1000亩，全镇范围内实现推广面积5600亩；病虫害统防统治工作共发放农药5000包（套），80%杀单氟酰胺2500包、50%烯啶虫胺50%吡蚜酮2500套，重点防治面积2050亩，并对寨头村河颇洞村寨坝片开展稻飞虱防治情况抽查工作。

【农业普查】 1月，台烈镇全面启动第三次全国农业普查工作，共登记农户7029户，完成确权耕地面积登记388万亩、林地面积1532万亩、牧草地面积3.8亩、淡水养殖面积140.1亩。

【土地确权】 全年土地确权摸底调查工作全部完成，共完成摸底调查6049户，收集户主身份证复印件4170份，户口册复印件5202份，二轮承包证收集3214户，宣传资料发放6150户；已签户主声明书5843份、颁证申请5843份、分户协议签订25户，承包经营权变更申请95户；完成实测耕地面积23939.5亩，实测地块32325块，其中小台烈、寨拷、果介、磨王、贵干、寨头村完成一榜公示。

【基础设施】 全年实施的中小型农田水利、高标准基本农田、土地平整、一事一议、台烈棚户区改造、风貌整治、万亩造田、饮水工程等项目，实现固定资产投资达1.5亿元。实施一事一议项目145个，累计投资2797.53万元。建成示范村寨14个，贵州省生态村2个，贵州省生态乡镇1个，完成通组公路硬化和人行步道硬化85.95公里。通村公路硬化率达100%，农村客运班线通车率达100%，三施高速破土动工，三穗至寨头农村公交开通运营。

【示范小城镇】 2012年8月，台烈镇获批为贵州省100个示范小城镇，集镇文化广场、标准化卫生院、保障性住房、垃圾压缩站、沿街建筑风貌整治、集镇敬老院等城镇建设项目得以推进。全年建成标准化卫生院2460平方米、保障性住房8700平方米、文化服务站500平方米、集镇防洪堤1800米、集镇幼儿园800平方米、敬老院升级改造1500平方米、集镇路灯480盏、垃圾压缩站1座，完成《三穗县台烈镇总体规划（2013—2030）》《三穗县台烈镇控制性详细规划》，计划投资2.5亿元启动鸭美食文化园、污水处理厂项目建设，已完成项目选址。

【国家AAA级旅游景区】 1月，颇洞生态农业旅游扶贫示范园获批国家AAA级旅游景区，9月获评黔东南旅游活州“十佳”乡村旅游点。依托AAA级旅游景区建设机遇，实施“景区带村”的发展思路，以颇洞村为轴心组建跨2个乡镇辖9个行政村的联合党总支，联合党总支书记由颇洞村支书担任。园区实施深化“三变”获得“三金”的改革，取得“村民参与最广泛、群众收益最直接、扶贫效果最明显、党群关系最和谐”的“四最”成效。全年总投资540万元建成了4800平方米的园区热带植物馆，投资150万元建成4000平方米的农耕文化广场，投资40万元建成葡萄庄园1座。园区全年共接待游客20万人次，实现生产总值1.36亿元，带动颇洞村集体经济收入达213万元，人均可支配收入达12600元，合作社由原来的10家增加至20家，辐射带动贫困人口680户2800余人实现脱贫。接待全省扶贫项目观摩会、军区三穗县“四新”建设观摩会、全州扶贫项目建设观摩会、全州统战工作观摩会、全州工会观摩会。

【精准扶贫】 全年全镇脱贫223户925人，返贫1户5人，尚未脱贫贫困人口892户2854人，贫困发生率从年初的12.80%下降至9.78%，寨塘村顺利实现贫困村出列。结合“五个一批”“六个精准”等扶贫政策，深入开展精准扶贫工作，全年实现易地扶贫搬迁112户547人；实施财政扶贫项目14个，投入扶贫资金491.5万元，项目建设分红407.84万元，覆盖贫困户1094户；推荐贫困户申请“特惠贷”704户3472万元，银行发放“特惠贷”468户2174.25万元；完成建档立卡贫困户1843户6711人新农合参合率100%，医疗救助281人次，救助金额83.69万元，其中贫困户102人次，救助金额41.33万元；112名贫困学生获得国家教育帮扶资金22万元，2016年8名考上大学新生获得每人5000元雨露计划帮扶资金。6月，国务院扶贫工作第三方评估工作组给予台烈镇精准扶贫高度评价。

【党社联建】 以颇洞村“党社联建”“三带”发展模式为样板，全年新增“党社联建”合作社7家，总的入股资金达2424.9万元，入股社员4448人，其中贫困户658户。颇洞村支部书记吴富才因带领村两委探索出“党社联建”“三带”发展模式，荣获贵州省“2016年度全省脱贫攻坚奖（奋进奖）”称号。

【计划生育】 2015年10月1日至2016年9月30日，全镇有出生人口239人，死亡人口135人，人口自然增长率3.53‰；常住人口符合政策生育率96.81%，流动人口符合政策生育率88.24%，早育率2.73%，政策外多孩率2.09%，出生人口性别比为107.83。

【文化教育】 全镇共有初级中学1所，镇级中心小学1所，片区中心小学2所，教学点5所，私人办幼儿园（学前班）6所，公办幼儿园3所，形成了学前教育、义务教育并进的综合教育体系。2016年，有学生3455人，该镇教职工数176人。全年镇党政领导到各中小学及4个教学点开展周边治安检查、慰问留守儿童及动员“控辍保学”等工作70次（其中党政主要领导18次），协调解决消防设施老化等困难问题12个，看望慰问及走访留守儿童、困难学生210人次。4所学校征地工作已全部落实，共协调征地36.4亩，涉及的41户农户协议签订完毕。成功举办寨头“二月二”禳桥节和颇洞村6.16文化旅游节。

【政法综治】 全年积极推进“法治乡镇”“无毒乡镇”“无邪乡镇”建设，全年共开展“综治宣传月”12期、“安全生产月”8期，发放宣传资料10000余份，开展大排查大整治15次，排查各类矛盾纠纷13起，调处13起，调处成功13起，成功率达100%。按照“小事不出村，大事不出镇”的要求，实行“月排查、月调度、月排位、季交办、季督察、季评价”机制，建立了“两个四级个案台账管理体系机制”信息资料库，群众安全感不断加强，违法犯罪行为逐步减少。

【美丽乡村】 全年“美丽乡村”建设项目36个，财政奖补金额为800万元，其中项目有：台烈村环境整治320户，采购箱式垃圾箱20个；果介村安装太阳能路灯222盏；绞颇村安装太阳能路灯66盏；魁计村硬化老寨连户路520米，安装太阳能路灯140盏，采购体育器材2套，修建休闲凉亭2个；屏树村环境整治170户，新建拦河坝2座、休闲亭4个、风雨桥1座，修建通组路1004米，采购体育器材2套；寨头村硬化连户路600米，完成一号停车场场平工程，采购箱式垃圾箱6个；石坪村完成村级活动广场场平工程；颇洞村环境整治960户，修建荷花池竹林生态艺术步道253米，休闲凉亭1个，风雨桥长1座，直径9米景观水车1个。

【安全生产】 全年全镇开展安全宣传12次，发放宣传资料20000余册，悬挂宣传横幅60幅，张贴漫画6000幅，发放安全知识读本18000余册，张贴50余幅。开展安监员业务培训12次，排查道路交通隐患共25处，整治危险路段、点24处，巡查交通公路12条69.8公里，查处整改交通违法行为76起。开展农村消防检查210多次，发现安全隐患43处，整改43处，排查出柴草乱堆乱放720多处，现场整改720多处，排查线路老化210多户，下发整改通知书210份。加大安全基础建设资金投入，投入资金11万元，购买消防水袋1470米，水枪30只，喊话装备40台，维修道路安全隐患点2个。

【劳动保障】 全年在全镇范围内共开展就业宣传2次，发放宣传资料3000余份；开展贵州省农民工创业带动就业情况调查2次；三穗县城镇新增就业人员调查登记7次，新增就业人员237人；办理职业技能培训申请24件；小额担保贷款申请11起；完成全镇劳动力（女16-55岁、男16~60岁）调查16616人，分别是省内就业6385人（其中在家务农3848人），省外就业9063人，未就业1168人；信息已全部录入贵州省劳动就业管理信息系统。

【合作医疗】 全年新型农村合作医疗参合人数为26441人，参合金额2379690元，参合率达97.56%，其中计生补助496人、残联补助266人、民政补助352人，共计1114人，补助金额100260元。

【社会保障】 全年全镇纳入农村低保救助1922户3219人，增发人数2503人；发放第一批冬春救济款290475元，第二批救助款173550元，受灾群众补助金72100元；排查登记留守儿童678人；救助、送返流浪乞讨人员12人次，救助资金共计8.9万余元；解决50人次困难群众的临时救助工作，发放临时救助资金2万元。城乡居民社会养老保险参保、续保8938人，参保续保率为83.4%。

【同步小康驻村】 4月27日召开同步小康驻村工作启动会。8个同步小康驻村工作组、8名驻村第一书记、32名驻村干部全部到岗到位。8个驻村工作先后组织开展调研140次，走访群众12998人，培训党员干部群众3950人。帮助群众谋思路、出点子211条，协调项目81个。开展专题党课50次，扶贫惠民政策宣讲410次，协调解决资金337.52万元，放发便民联系卡2000张，为群众办实事好事554件。

【党委人大政府村两委换届】 台烈镇党政领导班子带头签订纪律承诺书500份，召开专题会议26次，观看警示教育片《镜鉴》《蝇贪》6次，开展纪律督察8次，张贴换届标语300条，悬挂条幅120条，设立展板15处，发放“九严禁”纪律宣传卡1000张。选举产生镇党代表61名，县党代表18名；镇人大代表55名，县人大代表21名；村支部委员43名，村委委员50名；8月26日，中国共产党台烈镇第八次代表大会，选举产生台烈镇第八届党委委员9名、5名纪委委员。完成第十届村两委换届工作，选举产生第十届村两委班子成员51人。

【作风建设】 结合“大换届”工作，台烈镇党委把抓作风建设作为党风廉政建设的一项重点工作来抓制定出台《台烈镇2016年干部管理考核办法》《台烈镇作风建设常态化督查实施方案》，并与各村、镇属各单位签订台烈镇2016年党风廉政建设责任书。全力推进“铸勤行动”，制定“铸勤行动”实施方案，成立工作机构，并明确专人和财物等基础保证。创建铸勤单位18个总人数378人，其中党员干部和村干部113人，通过设立举报信箱、走访调查、德廉巡查等工作开展，共收集到问题线索13条，达到立案条件7件，立案查处3件。

【民生监督】 全年选举村级纪检员9人，结合“铸廉行动”进一步完善《民生项目监督组监督检查办法》《民生项目监督组管理办法》等7个工作制度，建立民生资金项目备案台账、资金核查台账、案件线索台账、“七必访”对象台账等相关工作台账，全年走访“七必访”对象5300人次。加强督察，民生监督组开展“地网行动”3次，对农村教育补贴、农低保、季节性缺粮、自然灾害救助、一事一议项目、危房改造项目进行入户核查，共计进村入户500多户，发现案件线索4条，经核实，立案1个，挽回民生资金24600元。

【党员队伍管理】 全年共吸收预备党员22名，其中35岁以下的11名，妇女党员2名，致富带头人7人；转正预备党员17名。根据《关于进一步推进全县农村基层党建工作上台阶的指导意见》文件要求，台烈镇共有2名村干获得副科级待遇。

【两学一做】 全年全镇从“学”“做”“改”三个方面扎实开展“两学一做”学习教育，镇党委书记、第一书记、村支部书记，切实履行“一把手”学习教育主体责任，把“两学一做”学习教育作为一项重要政治任务，扛在肩上、抓在手上，通过书记上党课、“三会一课”、道德讲堂、中心组学习等形式，一级抓一级、一级带一级，带头学、带头做，形成以上率下、示范带动的良好局面。全年共开展专题党课26次，其中党委书记上党课9次；开展宣传活动13次，发放党章608本，党徽608枚，“两学一做”学习教育笔记本586本，“两学一做”学习问答资料586份。

【社会主义核心价值观】 为加强社会主义核心价值观宣传和树立正确的舆论导向，台烈镇党委利用“两学一做”“道德讲堂”“三会一课”为载体，制作大型宣传喷绘20幅，开展“道德讲堂”共120期，悬挂横幅120条，永久性宣传标语19条，悬挂核心价值观字牌27块，累计投入20万余元。

（撰稿：欧阳可林　编辑：吴恒毅）

桐林镇

【概述】 桐林镇位于三穗县东部，距县城28公里，地理位置优越，交通方便，省道310穿境而过，东北与天柱县坪地镇相邻，东连款场乡，东南接剑河县南明镇，西南靠瓦寨镇，西北毗邻雪洞，北依湖南省新晃县。全镇面积134平方公里，耕地11212亩，森林覆盖率70%，辖

20个行政村，166个村民组，57个自然寨，20个片区，常住人口23273人。

全年全镇有编制78名，在编干部54人。其中，公务员编制数24人，在编21人，缺编3人；事业人员编制数43人，在编人数34人，缺编9人。下设两组四办：党政办办公室、脱贫攻坚办公室、项目办公室、改革办办公室、计划生育工作组、社会管理工作组。

全年共发放复员定补金277220元，参战退役人员补助金231840元，残疾军人补助款68820元。带病回乡补助金24600元，60岁以上农村籍退役士兵补助款91980元，20世纪60年代老职工精减人员定期补助金31200元。

全年全镇现共有基干民兵45人、普通民兵515人、民兵应急分队35人。

全年启动建设桐林至香炉龙仙组通村公路3.9公里的路面改造及水泥硬化工程，启动建设八受至圣德山、绞强坳至贵公2条共15公里通村公路安保工程。

全年全镇共派出所接警62起，处警62起，立刑事案件11起，破案5起，打击处理违法犯罪嫌疑人5人，受理治安案件32起，查处31起，处罚违法人员19人。

【农业生产】 全年全镇共落实粮食种植面积12796亩，完成任务的105%，种植烤烟300亩，完成任务的100%。其中，完成水稻种植11177.9亩；玉米种植1618.1亩，建立玉米粮食增产工程示范点1个，面积50亩。完成农业保险工作任务，其中水稻保险5969.99亩，玉米保险595.32亩。发放水稻良种补贴132765元，受益面积8851亩。玉米良种补贴41962元，受益面积4196.2亩；油菜补贴6432元，受益面积643.2亩。完成病虫害防治12600亩，其中水稻病虫综合防治11000亩，玉米病虫害综合防治1600亩。

【林业工作】 全年完成营造林9076亩，植树2万株，义务植树3万株。完成新一轮退耕还林2900亩，完成造林绿化任务数的100%，发放节约材炉125个，发放树苗811余万株。办理民用材56份，杉木蓄积129.58立方米，杉木出材99立方米，松树蓄积53.85立方米，松树出材37立方米。成功调解山林纠纷2起。完成公益林兑现总面积26402亩，国家级14829亩，地方级11573亩；其中已兑现2014年度资金283537元、2015年度兑现资金283537元，两年合计567074元，公益林兑现率达100%。同时，扎实做好森林防火宣传，不断强化措施，落实责任，严防死守，确保了森林火灾受害率控制在0.6‰以内，全年共出动森林防火广播宣传车260余次、发放森林防火资料5000余份，张贴森林防火标语1000余条。

【畜牧业发展】 全年完成防疫注射猪瘟疫苗、猪口蹄疫苗、猪兰耳病疫苗2857头次，密度为100%；佩带猪耳标2857枚，佩带率为100%；注射牛口蹄疫苗1113头次，密度为100%；佩带牛耳标1112枚，佩带率为100%；注射羊口蹄疫苗1925只，密度100%，佩带耳标1925枚，佩带率100%；注射家禽禽流感疫苗32095羽，密度为100%；鸡新城疫19976羽。对畜禽生产，疫病死亡定点调查共调查107户，总人口415人，调查点牛、猪、羊、禽的死亡率分别为0%、0%、0%、3%，均控制在死亡指标之内；完成辖区15家规模养殖场监管工作，实行一对一监管措施。还积极动员开展能繁母猪保险工作，完成能繁母猪保险244头，育肥猪保险835头。

【产业扶贫】 全年共实施财政专项扶贫资金项目共21个，资金790.4375万元，项目涉及20个行政性村，扶持农户3544户，其中贫困户3400户。主要实施金秋梨、黄桃、软籽石榴等精品水果种植，以及三穗鸭、养牛养羊养猪、林下养鸡等养殖产业。在鹿洞中心村和新场村打造渡头坝星星河生态农业微型园区，实施精品水果采摘园产业化扶贫项目，投入财政专项扶贫资金95万元，种植草莓19000平方米，新建连体大棚1个（每个1024平方米）、单体大棚31个（每个180平方米），种植黄桃30亩、葡萄40亩、大樱桃30亩、脆红李30亩，新建滴灌19000平方米，新建生产便桥一座。完成大棚建设和草莓种植，扶持农户50户，年产值预计达100万元；鼓励铁皮石斛、野兔养殖等特色种养业加快发展；在鹿洞中心村的对河，探索发展庭院种养业、手工艺作坊、园林绿化业的“庭院经济”发展新模式。

【农田、水利基础设施建议】 防汛工作。全年全镇共出动防汛应急人员600余人次，排查地质、防洪隐患点30余次。水利基础设施建设。完成镇应急水源建设和集镇自来水管网改造工作。5月，正式启动白剑坡（八坪）水库建设项目，2016年，库区征地工作已完成，正在兑现征地补偿。完成小农水产权制度改革58处。

【“一事一议”项目】 全年全镇财政奖补“一事一议”项目共41个，资金492.907万元。其中，实施常规项目20个，资金227.087万元，修建进寨公路硬化4160米，人行步道硬化6509米，文化广场建设3个，太阳能路灯220盏，垃圾箱50个，垃圾焚烧池5座，种植绿化树550棵，项目点覆盖9个村4600余人受益；木良村美丽乡村建设项目14个，资金210万元，人行步道硬化1500米，太阳能路灯200盏，公厕建设3个，庭院硬化30户，三改三治项目50户；自然寨寨门1座，休闲凉亭4个，议事长廊2个，文化广场建设3个；融资项目7个，资金55.82万元，垃圾焚烧炉3座，太阳能路灯181盏，活动广场建1个，村宣传栏建设1个。

【申报实施国土、农发项目】 全年投资102.88万元完成木良岑国造田工程1个，新增耕地24亩；投资2044.91万元启动实施高标准基本农田土地整治项目1个，2016年，正在实施中，已完成工程总量60%。

【棚户区综合整治项目】 全年共实施棚改项目2个，预算资金350余万元，其中桐林镇棚户区改造工程（下水道、人行道）预算资金190万元；桐林镇棚户区建设工程（广场亮化、绿化）预算160万元。项目建设主要涉及集镇排水沟、人行道、亮化、绿化，广场硬化。已完成工程总量70%。

【两违清理及国土村建】 全年共查处“两违”7户，发放停工通知书7份。积极开展地质灾害应急演练，排查地质灾害隐患点共计7个，涉及威胁35户161人及威胁公路160米。组成镇防灾网络体系、防灾领导小组和防灾应急分队，开展防灾应急演练。每月至少进行9次专项巡查，落实人员监测，做到早发现早报告，通过镇村两级的有效监测及防治，全年全镇未发生一起地质灾害事故。

【贫困户管理】 全年全镇共有贫困人口944户3090人，贫困发生率为15.5%，在全县趋于中等水平，其中有一般贫困户372户1286人、低保户300户1039人、五保户108户159人、低保贫困户164户606人；有一类贫困村2个（绞强村、寨告村）；二类贫困村3个（坪垭村、竹林村、八受村）；三类贫困村2个（岑坝村、寨里村）。总结提出“五查七问三亮”工作法以及建档立卡工作机制、扶贫产业利益联结机制、“特惠贷”管理机制、扶贫考核机制四个工作机制。截至10月，已审核批准99户贫困户申贷请求，发放贷款460.2万元。在坦洞中心村示点地以40户贫困户200万元“特惠贷”资金入股贵州省三穗县星球混凝土有限公司，每年保底以8%的利润进行分红。

【计划生育】 2015年10月以来，全镇总出生155人，男81人，女74人，常住人口出生141人，出生率8.50‰，同比下降0.6‰；自然增长率持平；政策外出生11人，常住人口符合政策生育率92.91%，同比下降3.62%；流动人口出生14人，流动人口符合政策生育率92.86%，同比上升1.19%；性别比109.46%，同比下降5.93%；多孩率3.87%，同比上升1.49%。手术落实情况。2015年10月以来，共清理手术库存81例，同比减少170例。其中上环60例（二孩及以上上环40例），绝育21例（二女绝育4例）。现有42天以上手术库存39例，同比增加6例。其中一孩20例，二孩以上19例（二女户6例）。计生技术服务情况。严格执行手术常规和服务质量管理规范，全面推进免费孕前优生健康检查项目工作，完成免费孕前优生健康检查125对250人，完成率100%。

【易地扶贫搬迁】 建立挂图作战制度，收集完成一户一档材料，完成桐林镇易地扶贫搬迁“十三五”规划编制。全年全镇共完成搬迁调查摸底核查，符合条件、意愿搬迁户234户848人，共涉及18个村76个村民小组。其中2016年分两批实施搬迁，第一批11户38人自筹资金已全部缴纳，一户一档已完成，第二批35户197人正在完成一户一档工作。两批共计46户235人，2017年预计搬迁188户613人，完成桐林镇所有易地扶贫搬迁任务。

【教育事业】 全年全镇适龄儿童入学率达100%，适龄少年入学率达99.79%。中小学校升学考试均取得好成绩，桐林中学中考成绩人均分473分，超出全县中考人均分40分，超三穗县第二中学37分，超第一中学27分，位列全县第一，并且所有文化学科均排名全县第一；桐林小学小升初中考试取得全县教学综合奖二等奖，综合成绩名列全县小学升初中考试第一名。

【城乡低保】 全年全镇共有农村低保1065户2245人，其中，长期户119户150人，重点户411户944人，一般户535户1151人，累计发放农低保3522699元。城镇低保38户51人，其中长期保障户6户6人，重点保障户21户31人，一般保障户11户14人，累计发放城低保168449元。全年全镇有五保户94户94人，共发放五保供养资金166817元；孤儿5人，发放孤儿基本生活费30000元。

【社会救助】 全年共开展救灾4次23人，救助资金0.4万元，发放冬春救助资金21.268万元，惠及551户1379人。春节期间，慰问困难群众共43户145人，慰问金0.86万元。对20户83人因自然灾害造成困难群众救助资金11700元。发放2016年季节性缺粮救济粮26385公斤，救助群众659人。截至10月共办理医疗救助156次765178元，其中救助金额2000到10000的低收入重症患者32人，完成回访32人；临时救助367人，发放资金50600元，其中救助1000元以上10户，完成回访10户。

【“三特三留”关爱服务】 全年全镇共有留守儿童574个，其中就读小学的242个，就读初中的有68个，无辍学儿童。并建立健全结对帮扶制度和落实“6+1”包保责任制（即包片领导、包村干部、村干部、暖心秘书、学校教师、社会爱心人士加留守儿童）、“1+1”帮扶制度（即“扶贫产业+返乡创业农民工”），着力扶持农民工返乡创业。

【农村危房改造】 全年县级下达桐林镇2016年农村危房改造任务160户，资金193.7万元，分为贫困户和困难户，其中贫困户重建16户，维修91户，困难户重建34户，维修19户。通过村民递交申请书，逐户核查，民主评议，张榜公示，确定危房改造农户，已全部开工，竣工率达80%。

【土地确权颁证】 全镇二轮延包时耕地面积26917.50亩，其中家庭承包耕地面积为12900亩。已完成农村土地确权的摸底调查工作。贵公、绞强、新艾、八坪、竹林、坪亚、寨告已完成农户地块勘界工作，其余各村航拍工作已经完成，正在绘制航拍影像纸质图纸。

【宣传工作】 全年共撰写信息270篇、调研文章4篇、舆情7篇，被各类媒体采用253篇，(其中国家级采用2篇、《贵州民族报》2篇、《黔东南日报》采用18篇、《三穗报》采用52篇、政务信息采用165篇、三穗县委信息采用7篇，三穗纪检信息采用3篇，县扶贫信息采用7篇，政务信息在半年统计中在9个乡镇中与长吉并列第一。

【精神文明建设】 开展社会核心价值观宣传活动，组织“六进”活动，宣传、推荐、上报“最美三穗人”道德模范、“身边好人”，并按期举办道德讲堂。全年共上报“身边好人”33人，举办“道德讲堂”15期。其中桐林镇小学校长姚本干入围2016年“寻找中国好校长”候选人、欧阳家祥家庭并被县级评为“最美家庭”；举办木良村“三月三”、赛龙舟，以及第三届“中国侗族·三穗圣婆文化旅游节”等民间活动，吸引游客2万余人次。

【农村电子商务】 对各村烟熏腊肉、山蕨粑、灰碱粑、金秋梨、豪猪、鸡蛋等名优土特产、农产品户进行有针对性的宣传发动，鼓励大户积极参与电商事业。在各村群众集中的场所建设物流中心服务站、农村电商服务中心。全年试点建设的农村淘宝服务站7个，已建成的农村淘宝服务站1个，带动80多人在农村电商领域就业创业，全年共培训7次，全镇农村电商线上线下销售120000元。

【矛盾纠纷调解】 全年全镇进行矛盾纠纷排查29次，排查出矛盾纠纷19起，共调解纠纷19起，16起均已调处成功，镇政法综治工作组参与村级调解委员会调解11起，桐林镇人民调解委员会组织调解5起。

【安全生产】 成立义务消防队20支，全年共开展农村消防检查176次，检查商铺98家次，发现火灾隐患共136起，责令整改完成128处；在道路交通安全管理方面。共计检查车辆及驾驶员1800人次，拘留7人，教育道路交通违法行为4200余人次。排查道路隐患30余处，整改23处，6处正在整改中；在食品安全方面。全年全镇共开展联合执法10余次，发现食品安全隐患16起，整改完成10起，6起正在整改当中，入校检查食品安全，发现食品安全6起，责令完成整改6起。

【整脏治乱】 全年全镇共投入资金15余万元，完成采购垃圾桶300个、垃圾箱6个、修建垃圾池12个，修建小型垃圾焚烧灶4个。制定《桐林镇2016年多彩贵州文明行动实施方案》和《桐林镇2016年多彩贵文明行动考核办法》，并与相关单位签订责任书，桐林镇财政下拨各村工作经费3万余元，出台《桐林镇农村环境卫生管理办法（试行）》，各村完成落实清运人员和各项管理制度。

【创新工作】 提出“四制二建”驻村干部管理党建创新工作，制定出台“三调查两落实”制、工作台账制、信息反馈制、巡回月例会制，搭建QQ交流平台和飞信传递平台，开展同步小康驻村工作巡回例会17期。

【党社联建】 全年全镇党社联建的先行推进分别是新场村、鹿洞村、半溪村、坪亚村。半溪村已建立义合生态农业专业合作社，注册资金57万元，覆盖贫困户25户，党员5户，其中贫困党员3户；坪亚村蔬菜种植专业合作社，注册资金26万元，覆盖贫困户43户，党员3户；鹿洞村已建立三穗县富民种植专业合作社，注册资金40万元，覆盖贫困户8户，党员2户；新场村星星河合作社已注册，投入财政扶贫项目资金95万元，扶持贫困户50户，年产值预计达100万元。

【村集体经济工作】 木良村、鹿洞村发展乡村旅游和种养殖产业，分别实现村集体经济收益达2万元。新场村以集体门面出租、集镇管理收费实现村级集体经济脱壳现门面出租收入0.48万元；坦洞村以“党支部+合作社+贫困户”的发展模式，利用“特惠贷”资金入股村级合作社，与贫困户进行分红，村集体经济实现3万元收入；岑坝村集体举办“中国侗族·三穗圣婆文化旅游节”，已实现村集体经济收入2.4万元；半溪村以发展精品水果种植以及借助100万元的村级集体经济发展试点项目资金入股供销社进行利益分红，村集体经济实现3万元收入；坪亚村以辣椒、魔芋销售分红和兄弟养牛合作社分红实现村集体经济收入2万元收入；捧相村通过种植辣椒以及提供服务，村集体经济实现2万元收入；绞强村以村集体发展资金入股金诚蛋鸡养殖合作社，实现村集体经济收入达2万元。4个村均已探索建立符合本村发展的产业道路，以村两委领办合作社，共吸纳社员135户，注册资金830余万元。木良、半溪、六洞3个村作为100万元的村级集体经济发展试点推进，木良村已初步拟定了光纤太阳能、旅游公司入股、农家乐接待开发、与巴顺村协议养鱼、带动贫困户发展各占35%、30%、20%、5%、10%的投资模式；六洞村已拟定入股三穗县扶开公司分红；半溪村已拟定入股供销社分红。3个村试点方案已获批复，试点项目资金已落实到位，正在按照方案推进。

【贫困党员管理】 全年全镇建档立卡贫困党员38名，通过班子成员定人定任务，抓遍访，分析每位贫困党员的致贫原因，分类施策。已通过发展生产脱贫21人，易地搬迁脱贫1人，转移就业脱贫1人，社会保障兜底脱贫9人，医疗救助脱贫6人。

【开展“两学一做”学习教育】 全年全镇各支部共计上党课70余次，按照全镇党员数量，镇财政拨8000元印制学习资料、学习笔记本600余本。结合送党章活动、遍访贫困户等工作，为全镇13个党支部、697名党员送学习资料。同时，开展“两学一做争先锋·志愿服务我先行·我服务您满意”活动，把服务群众作为根本出发点和落脚点，组建13支奉献意识强、服务水平高的党员先锋服务队。全年13支党员先锋服务队开展服务活动49场次，为群众办好事、实事130件，协调帮扶物资9.6万元。

【同步小康驻村工作】 全镇建立8个同步小康驻村工作组，明确8个第一书记，组建9支“暖心秘书”服务队，并设置组临时党支部，党员33人。召开巡回例会8次，协调项目16个，涉及资金368万余元，落实帮扶资金14.7万余元，化解矛盾纠纷16起，走访特困人群1593户，走访“三特三留”人员1712人次，为群众代办事项1140余件。

【党建队伍建设】 全年全镇党支部书记培训5次，组织参加外出培训7天。发展入党积极分子35名，预备党员19人，转正党员21人。以“三会一课”为载体，以“三教”为重点，各支部书记、第一书记共计上党课70余次，参加党员1980余人次，培养村级后备干部14人。集中村干部开展培训4次，督察村干部值班10次，发现并通报村干部不按时值班3起。

【远程教育】 全镇远程教育点5个，拟定学习计划，5个站点组织培训动员60余次1100余人，材料完善，督促检查5个站点12次，维修设备8次，培训远程教育管理员3次，全镇5个站点运行正常。

【“金种子”能人带富计划】 全年“和谐乡村”建设稳步推进，各村完成村规民约讨论和征求意见，并已公布实施。“金种子”能人带富计划稳步实施，9个村共建立91名“金种子”花名册，并以会代训培训6次，培养“金种子”365人次，以“金种子”建立合作社16个，带动群众1520余人。

【纪委监督】 围绕民生资金发放、重点项目建设、村级三资管理等方面，通过进村入户开展“七必访”活动、信访举报、作风督查等收集问题线索并分类建立台账。全年桐林镇纪委共接到案件线索8条，信访了结6起，全镇通报批评1人，给予党内严重警告1人。

【省级高标准基本农田项目开工典礼】 1月15日，桐林镇“现代农业 美丽乡村”省级高标准基本农田建设土地整治项目开工典礼在桐林镇坦洞村举行。该项目总投资2044.91万元，项目区总面积5162.71公顷，建设规模2549.94公顷。涉及该镇9个中心村。该项目完工后，将建成高标准基本农田面积1504.27公顷，坡耕地梯化面积994.62亩，新建农渠11695.25米，新修生产道23792.44米，新建农田防护堤1342.03米。

【上级领导慰问】 1月28日，州委宣传部副部长、文明办主任文必武，县委宣传部部长衮政豪一行到桐林镇木良村慰问“见义勇为先进个人”“最美三穗人”石帮华，送上慰问金6000元。

1月31日，贵州清发建设工程有限责任公司和三穗县信达易贷小额贷款公司2家企业到桐林镇捧相村看望慰问4名高校大学生和1户困难户，并给每人送去慰问资金3000元，共计15000元。

【半溪村首届“赏花节”】 3月19日，桐林镇半溪村迎来了首届“赏花节”，吸引众多游客、文人墨客、摄影、画画爱好者，相聚半溪，驻足体验阳春三月中的新村美景。

【规范操办酒席群众签名活动】 5月19日，开展以“我承诺、我抵制、我遵从、我监督”为主题的规范操办酒席群众签名活动，活动覆盖桐林镇9个中心村20个片区。与群众签订承诺书4000余份。

【木良村首届钓鱼大赛】 6月19日，黔东南州钓鱼协会三穗分会举办钓鱼大赛在桐林镇木良村开钓。有来自麻江、镇远、岑巩、凯里等县市140余名选手参赛。钓鱼大赛以斤数论名次，共4个钓鱼区，以抽签形式选取，共设置26个奖项，资金40000元，个人最高奖2.2公斤，奖金6000元。

【造田工程】 木良村岑国组造田工程于2015年11月动工，2016年5月竣工，投资规模113万元，新增耕地24亩。已播种预计年产可达1万公斤，增加收入2万元左右。

【圣德山文化旅游节】 8月17日，桐林镇岑坝村圣德山圣婆文化旅游节，又称七月半侗家儿女“赶歌节”“赶坳节”，节日当天人数达2万余人，实现旅游收入10万余元。

【第十二次党员代表大会】 10月8日，桐林镇召开出席中共三穗县第十二次党代表大会代表选举大会，来自各基层党组织、各条战线的57名正式代表及30名列席代表参加会议，会议选举产生18名出席县第十二次党代会代表，其中领导干部6人、先进模范8人、专业技术人才4人。

【“人口福利·生育关怀基金”】 11月17日，举行“三穗县人口福利·生育关怀基金”集中发放仪式，发放生育关怀基金共14000元，惠及计生困难家庭5户，有子女入学的计生两户家庭4户，伤残家庭1户。

（撰稿：李彦瑶　编辑：吴恒毅）

雪洞镇

【概述】 雪洞镇位于三穗县东北部，距县城28公里，东与湖南省凉伞镇交界、南部与本县桐林镇接壤、西与长吉镇相连、北与镇远县羊坪镇、青溪镇相邻，有“两省三县结合部”之称。雪洞镇属于武陵山区向湘西过渡地段，有着煤矸石等矿产资源，全镇国土面积96平方公里，辖7个行政村，179个村民小组，有耕地面积10765亩，其中稻田7638亩，土3127亩。全年有4542户15269人，镇内以苗族、侗族为主，是一个多民族杂居的乡镇。

雪洞镇有干部职工编制数66名，在编干部52人。其中，公务员编制数23人，实有在编干部18人；事业人员编制数43人，实有在编干部34人。

围绕“一园六基地”（尚绿普吉扶贫生态农业园，食用菌产业基地、“三穗鸭”养殖基地、水产养殖基地、商品猪牛养殖基地、中药材种植基地、特色产品加工基地）产业发展战略，走出了一条具有雪洞特色的脱贫发展新路，经济社会步入跨越发展新阶段。完成社会总产值8489万元，同比增长10%；固定资产投资2331万元，同比增长11%；人均可支配收入达7258元，减少贫困人口1502人。

【产业发展】 全镇调运储备良种3250公斤（其中水稻种子2000公斤，玉米种1250公斤）；调运储备化肥20吨，完成夏粮、秋冬播种面积8260亩。农田施用商品有机肥改良土壤项目700公顷。投入186万元对平桃水库除险加固，投入10万元完成平桃水库左干渠清淤工程。2016年，种植茶叶700余亩，中药材1000余亩，发动贫困户养殖竹鼠1000余对，出栏仔猪和育肥猪1200余头。引进林下养鸡、食用菌种植合作社各1家。组建特色专业合作社17家。实现产业收入达2700万元。建设惠及6个自然寨960人的农村饮水安全巩固提升项目3个，新增农田灌溉面积780余亩的2017年中央财政小型水利农田水利重点建设工程2处，新建涉及界牌村、桃元村的山塘、取水堰、引水灌渠项目3个。

【民生事业】 完善乡镇中心幼儿园建设，可容纳250余名幼儿入园需求。参加新型农村合作医疗14423人1298070元，参合率达97.07%，大病报销金额186人次74.5万元。发放低保金3254547元，发放临时救助款144665元。完成287户农村危房改造。新增就业500人。

【安全生产】 实行党政领导亲自抓和每月召开安全生产例会机制。镇政府与班子成员、包村干部、村组干、农户层层签订安全生产各类责任书1.2万份。发放宣传资料5.4万余份，开展地质灾害和农村消防演练36次，进行排查150余次，督促整改36条。全年全镇没有发生安全生产事故。

【精准扶贫】 贯彻落实省、州、县“1+10+9+6”等各项决策部署，聚焦“六个精准”总体要求，用好“五个一批”政策措施，扎实推进全镇精准扶贫、精准脱贫各项工作。全年实现界牌、大元2个贫困村出列，减少贫困人口1502人。

【计划生育】 全年全镇共出生120人，同比增加5人。为符合生育群众办理一孩生育证36本，二孩生育证87本，三孩生育证3本。州养老保障11人，奖励扶助34人，并发症1人，高考升学奖励1户，新农保基础养老金增发32人，县级养老保障10人，新农合缴费补贴203户508人。全年征收社会抚养费合计8万余元。完成免孕检108对，超额完成2对。

【平安建设】 全年全镇排查矛盾纠纷32起。上级转办和接待群众来信来访信访问题16件，处理16件。全镇没有出现一起因调处不当而发生民转刑事件，也没有发生群众集体越级上访现象。

【党的建设】 召开党建专题会12次，集中学习政策理论48次，与村支部签订工作责任书7份，发展党员7人，入村召开党建巡回座谈会5次。针对2015年县委就雪洞镇党委述职点评的三点意见进行认真研究，制定12项改进措施。开展廉政自查4次、警示教育12次，约谈镇村干部46人次。

扎实推进“两学一做”。注重创新载体，在全镇党员中深入开展“四诺+先锋指数”活动，186名基层党员在活动中兑现承诺532项，活动在共产党员网、《黔东南日报》等媒体报道。

全年累计上党课78节次，党员学习培训360余人次。按期完成镇、村两级党组织换届；规范党费收缴，开展党员组织关系和党员纪律排查，建立94名流动党员台账，没有党代表及党员违纪情况；投入8.4万元对7个村党员活动室进行规范建设；完成1个软弱涣散党组织整改。

（撰稿：赵云友　吴尊平　编辑：吴恒毅）

长吉镇

【概述】 长吉镇位于三穗县中部，地理坐标为北纬26°51′48″~27°01′48″，东经108°41′16″~108°48′11″之间，东西宽7.5公里，南北长15.4公里。镇境东连瓦寨镇、雪洞镇，西靠八弓镇，南毗良上镇，北与镇远县羊坪镇接壤。全镇总面积96平方公里，辖9个行政村，188个村民小组，121个自然寨，8322户，总人口28445人。全镇以汉族、侗族居多。耕地耕地面积14884亩，其中田11606亩，土3278亩，人均占有耕地0.63亩。森林面积94380亩，森林覆盖率65.2%。全年财政收入7486万元，农民人均纯收入8071元。

长吉镇年末有编制71名，在编干部58人。其中，公务员编制数24人，在编20人，缺编4人；事业人员编制数47人，在编人数38人，缺编9人（其中，缺编管理岗7人，专业技术人员1人，工勤岗1人）。下设26个股室，分别为：党政办、社会事务办公室、经济发展办公室、公共卫生人口和计划生育办公室、社会治安综合管理办公室、人大办、纪委（监察室）、政法委、人民武装部、工会、共青团、妇联、农业服务中心、人力资源和社会保障服务中心、科技宣教文化和信息服务中心、国土资源和规划建设环保中心、水利站、林业站、财政所、安全生产监督管理站、计划生育协会、残联、交通运输管理站、群众工作站、扶贫工作站、党建工作站。

全年全镇共实施农村危房改造210户，发放危改资金248.8万元，其中贫困户一级18户，二级60户，三级10户，困难户一级55户，二级11户，三级5户。

全年签订委托书362份，完成承包方摸底调查5885户，收集农户户口册复印件5443户，户主身份证3417人，颁发二轮承包经营权证904本，注有分户申请书268份，分户协议书206份。

全年全镇“一事一议”建设项目共计32个，其中“美丽镇村”建设项目14个，涉及财政奖补项目资金415万元。竣工项目26个，完成通组公路硬化13公里，完成人行步道硬化8.4公里，共计完成资金投入300万元。

【农业生产】 全年全镇粮食播种面积45255亩，粮食总产量6720吨。经济作物种植面积6540亩，年产量4570吨。畜禽出栏48余万头（只、羽），肉类总产量1441吨，畜牧生产实现由数量型向效益型的转变。完成采伐迹地更新造林面积272亩，退耕还林1760亩，兑现公益林补助资金83万元，完成27名生态护林员的选聘。全镇共有特色产业建设面积5200亩，其中：葡萄、猕猴桃、蓝莓等精品水果3300亩，大头菜、无公害蔬菜1200亩，金银草、竹柳300亩，生姜、药材等其他产业400亩。全年全镇共有各类涉农专业经济组织52家，其中长吉惠民农机专业合作社被评为省级优秀农业专业合作社。共兑现能繁母猪补贴、退耕还林补贴、粮食补贴、农资综合补贴等达303.18万元。

全年全镇实现贫困户出列204户637人，实施贫困地区移民搬迁农户88户327人，已完成搬迁35户148人，其中贫困户26户106人，涉及3个行政村4个自然寨。

全年全镇共发放农村低保金342.97万元，城镇低保金17.9万元，五保供养金14.9万元，孤儿生活费2.4万元；发放医疗救助金67.28万元，受助253人次；发放临时救助款3万元，受助群众47人。

【基础设施建设】 全年全镇共实施基础设施建设项目15个，投入资金6500万元，基本完成了长吉村河滨路、拦河堰、集镇道路和下水管道改造工程。完成机寨、烧巴、贵秧等7个村农田水利、人畜饮水、土地整理等农村基础设施建设，农民生产生活条件得到进一步改善。同步启动总投资1009万元的集镇棚户区改造工程。

【社会保障及合医】 全年共完成城镇新增就业262人，发放就业招工宣传资料4500余份。积极宣传养老保险政策，截至10月31日，全镇社保缴费人数：9630人，缴费金额：95.6万元，续保率84.98%，完成率同比增长4.3%。

【人口与计划生育】 全镇出生人口289人，其中常住人口出生250人，常住人口出生率10.22‰，符合政策生育率93.6%。接受免孕检夫妇150对，占年度任务150对的100%；共清理流动人口3450人次；兑现利益导向资金共58.6万元，兑换“幸福家园工程”资金32万元惠及4户计生两户家庭；社会抚养费征收案件立案8件，交法院强制执行3件，共征收社抚费3.68万元，并顺利通过省、州、县主体指标与专项业务工作检查。2016年长吉镇长吉村被国家计生协会评选为“全国计划生育协会村级先进单位”。

【文化教育卫生事业】 落实“两免一补”政策，切实抓好保学控辍工作，小学、初中适龄青少年入学率达100 %。电视覆盖率达100%，完成9个农民文化家园建设，成立6支文化娱乐队，利用元宵节、“三八”“五四”“中秋节”等节日，组织党员干部群众开展篮球赛、老年门球赛、民俗歌咏比赛、舞龙、金钱棍表演等活动，极大地丰富了干部职工和群众业余文化生活。医疗卫生体制改革不断深入，卫生院和计生站成功合并，疾病防控工作进一步加强，整脏治乱工作不断深入推进。

【同步小康驻村】 全年，州、县派驻长吉镇同步小康驻村干部有8名。结合镇派干部、农村知识青年8名，共16人组成4个工作组分别进驻4个村开展帮扶工作，积极在加快发展、增加农民收入等方面出谋划策，受到群众的一致好评。全年共计走访“三特三留”人员、离任村干、养殖农户、困难群众等共计1367户18000余人，办理好事实事73件，帮助化解矛盾纠纷35起，联系协调投资项目13个，协调解决资金114.2万元。

【农业普查】 2016年，全面启动农业普查工作，长吉镇共分为46个小区，普查摸底、小区图的绘制、住户和单位的摸排已全部完成，共计摸底6380户，确定普查登记数5987户。

（撰稿：欧阳志林　编辑：吴恒毅）

良上镇

【概述】 良上镇位于三穗县东南部，跨北纬26°47′~26°52′，东经108°00′~108°43′，北与长吉镇接壤，南与剑河县观么镇相连，东与瓦寨镇相邻，西与台烈镇交界形成东西长、南北窄狭的地形。总面积132.68平方公里，耕地面积508.87公顷。辖上寨村、稿桥村、大龙村、永兴村、良上村、五和村、巴冶村、贵槐村8个中心村（并村前为下寨村、上寨村、贵溪村、稿白村、稿桥村、龙塘村、稿米村、岑兴村、桐合村、白眉村、小巴冶村、中坪村、坪寨村、贵槐村15个行政村），共有128个村民小组，全镇总人口20657人，其中：苗族17086人，侗族2815人，其他民族232人，汉族524人，少数民族人口占总人口的97.4%。良上镇政府驻地平均海拔760米，老山坡1478米，为县境最高山脉。镇政府驻下寨村，距县城35公里。

良上镇现有编制70名，在编干部57人。其中，公务员编制数26人，在编23人，缺编3人；事业人员编制数44人，在编人数34人，缺编10人。下设单位26个，分别为：党政办、社会事务办公室、经济发展办公室、公共卫生人口和计划生育办公室、社会治安综合管理办公室、人大办、纪委（监察）、政法委、人民武装部、工会、共青团、妇联、农业服务中心、人力资源和社会保障服务中心、科技宣教文化和信息服务中心、国土资源和规划建设环保中心、水利站、林业站、财政所、安全生产监督管理站、残疾人联合会、计划生育协会、群众工作站、交通运输管理站、扶贫工作站。

良上申请撤乡设镇，2016年全面完成撤乡设镇工作。4月22日获省政府批复同意良上撤乡设镇，6月15日获得三穗县委、县政府批复同意良上撤乡设镇，8月23日获县委编办调整机构编制文件，对良上行政事业机构进行调整设置。

全年共开展猪免疫猪瘟、口蹄疫、蓝耳注射459头，耕牛免疫W病1356头，山羊口蹄免疫1750只。

全年国民生产总值6878万元，农业总产值达2837万元，固定资产投资完成1500万元，农民人均可支配收入达6260元，有建档立卡贫困户2113户8451人，未脱贫人口1878户6806人。

全年为辖区内8个村配备电脑、打印机、相机等办公设备，网络已经全部联通村办公楼，进一步满足村级办公的需要。建成便民服务中心，将养老保险、合作医疗、危房改造、社会事务、林业、水利、农业、计生、村建、财政等业务股室集中到便民服务中心办公。

筹集资金新配备2台垃圾清运车，负责对巴

治、集镇垃圾进行清运；为传统村落雅中村配备垃圾桶200个，完成良上村太阳能路灯安装208盏。

【换届工作】 严格按照程序，加强换届风气监督，学习观看“一片一书”、发放“一卡”153人次，签订承诺书153份，开展谈心谈话113人次，换届风气测评满意度和“九严禁”知晓率均达到两个100%。按照换届程序，完成了党委、政府换届工作。8月26日召开中国共产党良上镇第一次代表大会，杨程涵等人当选为中国共产党良上镇第一届委员会委员，杨程涵当选为中国共产党良上镇第一届委员会党委书记。完成各村两委换届工作，选举产生8个村两委成员共48人，配优配齐村级干部队伍。

【基础设施】 实施展鹏至稿米至南溪公路改扩建工程11公里；建成白眉2000平方米芦笙场；完成总投资60万元覆盖4000余人的巴冶人饮及烟水配套工程。完成250余万元良上棚户区改造工程；完成上寨村、下寨村、贵溪村的土地整治项目；完成下寨新农村建设项目建成风雨桥2座、文化长廊50米、六角亭建设4个、垃圾池2个；完成上寨村山塘水库建设。

【农业产业】 推广杂交水稻5900亩，其中优质稻5000亩，占水稻总面积的84.74%；有机稻种植300亩；推广稻田养鱼3594亩，建设示范点2个，共计投放鱼苗22720公斤，发放防逃网15000米，受益贫困户2175户，受益群众8425人。积极推广使用高效、低毒、低残留农药防治稻飞虱的新型生物农药，在全镇范围共推广1500亩，占水稻总面积的25.4%。开展农业技术培训10场680人次，印发宣传资料1800份，接受技术咨询106人次，现场会2场次130余人。

全年共兑现耕地力保护补贴6513亩，发放补贴87.85万元。全年共入户统计开展土地确权登记的农户4796户，涉及耕地面积19782.92亩。

【林业工作】 全年共完成春季社会造林18万株（杉木裸根苗）；办理农民自用材采伐申请23份，出材量108立方米，蓄积量140.46立方米，其中杉出材量93立方米，蓄积量119.61立方米，松出材量15立方米，蓄积量20.85立方米；完成退耕还林实地丈量4380亩，兑现资金补贴219万元。全年全镇共召开森林防火工作会议22次，对森防工作进行安排和部署。防火戒严期间，重点林区严控流动人员和车辆进出检查，加强火源管理，完善防火值班值宿制度，悬挂横幅及张贴宣传标语56幅。

【社会保障】 严格按照上级要求及目标，做好养老保险、“新农合”等的排查摸底及筹资等工作，“新农合”参合率达98.94%，农村养老保险征缴率达96%。保障低保户1732户4059人，共发放低保金420.8988万元；民政临时救济60户2.55万元。

【卫生计生】 严格执行计划生育“一票否决制”。人口出生率7.46‰，常住人口符合政策生育率93.22%，出生人口性别比107.89，各项指标均达到了目标值要求，人口素质得到进一步提高。完成妇幼保健83人，接待门诊病人5376人，住院病人74人，高危病人筛查6人次，住院分娩率100%，妇检1214人，普查普治300人，免费孕前优生健康检查130人。

【危房改造】 全年完成危房改造210户，其中贫困户一级50户二级50户三级40户、一般户一级44户二级26户，拨付总资金319.8万元，大大的改善贫困群众居住条件。

【安全生产】 全年排查隐患13起，整改13

起。同时制定安全生产工作制度、机制，进一步完善安全生产工作应急预案，提升对安全生产事故的应急防控能力，并与各村、企业和个体户签订了安全生产责任书65份。落实防汛抗灾工作，镇、村两级严格做好值班值守工作，并通过召开工作部署会、知识宣传栏、横幅等形式开展防汛知识宣传，提高群众的灾害防范意识及应急处理措施，全年开展镇村两级会议180余次，悬挂横幅260余条，发放宣传册6000余份。镇安监站联合镇派出所，采取定期和不定期的方式开展道路安全检查、烟花爆竹、农村房屋安全隐患大检查工作，发现隐患80处，整改78处。

【综治维稳】 对工作领导小组成员进行调整、与村及单位等签订目标责任书、充实人员、配强力量、加大资金投入等方式狠抓综治维稳工作，认真抓好中秋节、“十一”、中共十八届六中全会等重要时期稳控工作；全面落实“六五”普法规划，大力开展“三八”妇女维权周活动、“五月综治和法制宣传月”、小学法制课，广泛宣传宪法和部门法律法规，开展矛盾纠纷排查、调处工作，全年受理治安案件12件，查处12件，查处率为100%。共排查矛盾纠纷21件，调处成功15件，调处成功率为71%。实现县级以上“零上访”，达到了矛盾不出镇的工作目标。查处非法种植毒品原植物案件1起，铲除罂粟38株，抓获涉案人员1人，非法种植毒品原植物违法行为得到有效遏制和严厉打击。查获涉毒人员6人，强制戒毒3人，行政拘留或罚款处理3人。

【服务群众】 创新实施“一带三联六到户”工作法（“一带”即由一个班子成员带6至8名干部组成工作小组下沉到村，全面负责该村所有工作。“三联”即镇领导班子负责联系村，各村工作组干部联系村下辖的连片自然寨和村民组，村组干党员联系各组各户到人。“六到户”即“政策宣传到户、民生落实到户、扶贫精准到户、安全稳定到户、发展指导到户、计生服务到户”），破除集团式工作模式，促使领导干部重心下移、服务意识前移，干部人人带责，开展“六到户”服务达1367人次；深化“群众托办、村干代办、镇干督办”的“三办工作法”，结合“暖心秘书”深入推进服务基层群众能力，全年共收集群众代办、托办事项1268件次，已全部办结；规范便民服务中心集中办公，将养老保险、合作医疗、危改办、林业站、社会事务办、村建中心、财政所、计生办8个行政审批服务窗口入驻办事大厅，共为群众办理各类事务10000余件，接待群众9000余人次。

【党风廉政】 开展“两学一做”学习教育，提高党性认识，对“三重一大”事项召开会议民主决策；切实履行“一岗双责”，以层层分解落实工作责任，并签订廉政建设责任书，推进“约谈制度”常态化开展，用好用活“约谈”，通过加强干部警示教育和强化党员干部违法违纪案件查处力度等方式全面落实党风廉政建设责任。全年与干部、村干共签订责任书126份，开展廉政警示教育6期，开展党委书记约谈班子成员、村党支部书记32人次；党委副书记、镇长约谈政府副职、重要站股室所负责人、村委负责人28人次；纪委书记提醒谈话45人次，查处涉及违规使用资金的支书1名。

【“两学一做”】 通过班子会议专题讨论、上党课、会议“微党课”、远程教育、“三会一课”、进村入户宣讲等多种方式在全镇掀起学习热潮。开展各类党课23次，培训党员1138人次。组建15人的宣讲团，进村入户开展宣讲，开展宣讲20次，培训1336人次；摸清流动党员底数，采取支部书记给流动党员打一个电话、发一个短信（微信），把支部开展“两学一做”学习教育的内容以短信等方式传达给每一个流动党员，8个村支部书记发送“两学一做”学习内容短信322条；为贫困党员送去党章133本，进村入户对体弱病重党员送去学习资料25份。

【基层党建】 针对良上镇软弱涣散党组织五和村党支部，通过强化整顿领导组织，制定整顿工作方案，查摆出突出问题3个，提出整改措施5条，切实改变村两委精神面貌，增强战斗力；通过认真排查处理违纪党支部书记1人，保持党的先进性和纯洁性；安排专人按时完成全镇611名党员的党费收缴工作，收缴党费41200.6元；严格按照标准发展党员6名，加强了人才保障；多渠道筹集资金106万元投入基层组织建设，解决村级无钱办事的问题；在上寨村、巴冶村每村投入100万元资金，通过两个村自主规划发展，壮大村级集体经济。

【干部队伍建设】 充分利用三会一课、专题会议等搭建党员干部学习平台，组织学习《中国共产党章程》、“三个代表”重要思想、科学发展观、习近平总书记系列重要讲话精神等，加强党员干部党性教育，提升党性修养，做到对党忠诚、公道正派、真心实意为人民服务。在镇、村两级分别设立干部作风举报箱，收集群众对干部作风的举报线索；要求班子到村级调研工作及干部下村开展工作之机，深入走访群众、调研民情，充分听取民意和群众呼声；做好党务、政务、村务公开，确保群众的知情权，做到用权为民、按规则及制度行使权力，杜绝以权谋私等现象的发生。全年开展学习会12次，设立干部作风举报箱及群众意见收集箱共9个。

【同步小康】 根据省委2016年同步小康扶贫工作要求，确实落实“精准扶贫、精准脱贫”打好扶贫攻坚战。以“六个到村、到户”为抓手，瞄准贫困村、贫困户、孤寡老人和儿童，认真分析研究，广泛听取群众意见，让群众讲真言，出实招，分析破解致富瓶颈和内生发展的优势和动力。科学制定2016年工作目标发展规划、实施种植养殖带富项目、贫困党员和特困户帮扶计划、党员加农户帮扶计划，种养（殖）合作社，抓实同步小康工作。全年上级派驻良上镇8个村的40名同步小康驻村干部走访贫困户1564户，慰问困难学生100人。联系项目3个涉及资金58万元，帮助群众办理实事85件，为群众代办业务1084件；以上寨村为示范点，以点带面发展4家种养殖类型合作社，带动230户群众发展。

【脱贫攻坚】 组建18人的脱贫攻坚工作集团，全面负责良上脱贫攻坚工作；完成“精准识别”及贫困户系统录入工作，全年共有贫困村14个，建档立卡贫苦户未脱贫贫困户1878户6806人；申报第一批财政扶贫资金项目4个，共计350万元；具体为山羊养殖项目，惠及4个村52户175人，贫困覆盖率为100%，共计资金104万元；稻田养鱼项目，惠及全镇15个村2175户7699人，贫困覆盖率达100%，共计资金92.125万元；小巴冶村寨往产业发展便桥及便道建设项目，投入资金13.875万元；“公司+贫困户”抱团发展保底分红项目，共计140万元，惠及4个村，贫困户140户，每户每年分红1000元。做好“特惠贷”工作，办理生产发展方面的“特惠贷”总额为263户1258.55万元，办理入股县扶开公司方面的“特惠贷”总额为183户915万元。做好易地扶贫搬迁工作，动员93户436人完成搬迁。

（撰稿：郑茂川　编辑：吴恒毅）

滚马乡

【概述】 滚马乡位于三穗县西北部，距县

城10公里，东接八弓镇，南接台烈镇，西北与镇远接壤。总面积86.93平方公里，耕地总面积8863.82亩，其中田6167.31亩，土2696.52亩，人均占有耕地0.7亩，森林覆盖率54.5%，年平均气温15℃，年降雨量1186毫米，气温垂直差异明显，全年日照时数1480小时，无霜期247天。其气候特点冬暖夏凉，四季分明，是一个典型的贫困山区农业乡镇。全乡辖滚马村、下德明村、白崇村、响水村、苗鸟村、德明村、塘冲村、枫木溪村8个行政村163个村民小组4739户14581人。2016年农业生产总值将突破亿元大关，农民人均可支配收入达7472元，年增长13%。

滚马乡行政编制21个，实有科级领导8人，行政人员10人，事业编制43个，实有人员35人。党委政府下设工作部门有：党政办、民政办、计生办、社综办、文卫办、人大办、人武部、团委、妇联。

【干部队伍】 实行指纹上班签到、外出请假制度，量化考核管理。制定出台《滚马乡驻村干部管理办法》《村干部管理办法》，对全乡村干部、驻村干部实行量化管理，确保工作有目标、行为有规范。开展谈心谈话95人次，向县委推荐乡镇班子“五类人员”后备干部8名，明确股级干部2名。加强党员教育管理，严格按照发展党员“十六字”方针发展党员，吸收预备党员15人，转正8人。以开展“两学一做”学习教育为契机，抓好干部队伍的学习和教育，采取以会代学的方式进行学习。全年获得州级优秀共产党员1人，先进基层党组织1个，县级优秀共产党员3人，先进基层党组织2个。

【基层党建】 致力于“增进团结、提高水平、做好表率”，充分强化基层党委的核心作用，由乡党委书记牵头认真落实交心谈心制度。建立健全党委议事制度，坚持重大事项民主决策和集体决议。制定2016年党建工作要点，预算80万元作为党建工作经费，召开例会6次；投入100余万元规范打造德明村、下德明村、滚马村党员活动室建设。按照“书记抓、抓书记”要求，认真落实党建工作责任制，形成主要领导亲自抓、分管领导具体抓，其他人员协助抓的工作格局。全年，深入联系点调研100余次，帮助联系点解决实际困难35个。根据队伍建设、自身产业、资源优势和专业合作组织建设发挥作用情况，全年新增7个党社联建模式的村。开展“一站二亮三联”“金鼠脱贫”及“一社一亭”创新工作，为脱贫攻坚注入新活力。完成6个“空壳村”的脱壳任务和84名贫困党员的脱贫任务。

【换届工作】 协助县级部门完成乡镇领导班子换届的推荐工作，签订严格遵守换届纪律承诺书及换届风气监督回执单92份，完成个别谈话44人，召开民主推荐会议，对领导班子和班子成员进行民主测评和民主评议，并全额定向推荐新一届领导班子成员。组织收看警示教育片435人次，发放换届纪律宣传卡95张，张贴标语48条，悬挂条幅21条，发送短信3213条次，广播381次，电话抽查“九严禁”65人。完成57名乡党代表的推选及49名人大代表的推选工作，并顺利召开中国共产党滚马乡第八次代表大会和滚马乡第八届人民代表大会第一次会议，选举产生新一届党委、政府及人大班子。村级换届方面。深入各村与老党员、群众代表及村干部座谈163人次，征求到意见建议18条，对全乡8个村开展任期届满审计，确保村级班子“无病换届”。从德能勤绩廉5个方面入手，对现任村干部和村后备干部进行全方位考察，物色8个村级班子预备人选。培养村级后备干部44人，其中农村致富带头人、退伍军人8人。

【农业产业】 实施“农业稳乡”战略。完成粮食增产工程任务4590亩，玉米示范点187亩；完成商品蔬菜基地建设，蔬菜任务3200亩，实际完成4500亩，实施大棚130个。完成稻渔工程2800亩，其中示范点100亩。并在发展传统农业的基础上，发展适宜我乡经济作物，种植脱毒马铃薯400亩，辣椒500亩；发展烟叶生产面积139亩，产量达15000公斤；西瓜种植面积达100亩，产量达100000公斤；金秋梨等水果种植面积达350亩，产量达500000公斤，规划退耕还林林下种植中药材200亩。积极发展黑毛猪、林下养鸡、竹鼠、山羊等草食牲畜养殖，加大养殖投入力度，不断扩大养殖规模，新增专业合作社7个，任务完成率为350%。带动全乡畜禽产业快速发展。发展黑毛猪养殖示范户8户，年养殖存栏1000头，土鸡林下养殖2000只，优质山羊200只；实现年产值400万元。2016年全乡共出栏生猪2000头、山羊300只、自宰禽10000羽，肉类总产量达2500吨。

【脱贫攻坚】 成立由乡党委书记、乡长任组长的乡脱贫攻坚工作领导小组和由乡纪委牵头的精准脱贫工作督查组，负责督察精准脱贫工作，并成立脱贫攻坚集团，设立脱贫攻坚办公室、作战室，抽调明确18名工作责任心强的业务人员具体负责业务指导精准脱贫工作；履行“县委常委包乡镇、县级领导包村、乡科级干部包户、干部包人”四包责任制；选派人员，按“一个村一个工作队、一户一个责任人、不脱贫不脱钩、不脱贫不撤队”的要求，层层签订军令状，层层抓好落实。形成党委主责、政府主抓、干部主帮、基层主推、社会主扶、群众主体的格局；全年完成119户516人。顺利通过国务院组织的第三方评估工作。全年共投入扶贫资金480万元，发展大棚蔬菜、稻田养鱼、竹鼠养殖、林下养鸡等扶贫产业项目共7个，覆盖带动贫困户1000余户、4000多人，户均实现增收2800元左右。产业项目的实施也有力的带动村级集体经济发展。充分利用“特惠贷”政策解决贫困户发展资金不足问题，为贫困户发放“特惠贷”901.3万元贷款，位居全县9乡镇贫困户贷款第一位。其中19户注入县扶贫开发公司资金达95万元。

【项目建设】 完成州级特色小城镇建设白崇村亚糯片区130亩的征地工作和总投资4000万元占地90亩的塘冲水库移民安置区场平工作。完成融资6亿元的下德明村水上乐园项目征地520余亩。协助完成“三施”高速及三穗至镇远城市主干道过境段的土地征用、房屋搬迁等工作和塘坳至塘冲道路改造工程。协助做好投资3.8亿元的四中建设项目，全面完成征地160亩，兑现了征地补偿款463.68万元。实施873万元的滚马防洪堤建设项目及272万元土地开发（造田工程），2016年，项目已基本完工。累计投入基础设施建设资金764.8万元，实施“一事一议”项目21个，主要投入“六个小康建设”。

【民生保障】 新型农村合作医疗全覆盖，新型农村合作医疗完成参合率达99.5%，参合总资金达127.88万元。发放各类民政资金368.22万元，惠及群众4308人。全年共开放扫盲培训班7个，培训达800余人次。开展农技、普法及相关技能培训5期，培训647人次，共发放宣传资料3668份，接受群众咨询1253人次，完成县下达的城镇新增就业125人，完成新型城乡医疗保险参保人数6001人，并为60岁以上办理养老保险卡等服务1889人。开展村民建房、“两违”清理工作。申报村民建房审批户146户，“两违”清理18户，处罚23600元，制止12户村民违法建房。完成危房改造任务415户，兑现补助资金385.92万元。

【社会管理】 开展矛盾纠纷排查调处活动，把问题解决在基层，化解在萌芽状态。全乡调处矛盾纠纷77起，受理查处治安案件10起，行政拘留4人，罚款7人，民事纠纷和刑事案件比去年同期有所下降，群众安全感明显提升。在安全生产方面，全乡有效消除安全隐患281起，查处各类交通违法违章316起。无重大治安案件、恶性刑事案件、赴省到京上访事件、交通肇事案件、安全生产事故发生。

【人口计生】 全年共出生125人，同比减少15人，其中常住人口出生112人，流动人口出生13人。出生的125人当中男婴64人，女婴61人，出生人口性别比为104.92。常住人口政策生育符合率为93.75%；常住人口出生率为9.88‰。流动人口出生13人，流动人口政策生育符合率为92.31%，同比增加1.83%。早育率为3.70%；政策外多孩率2.4%。累计死亡87人，人口自然增长率为2.21‰。

【教育事业】 把文教工作作为改善民生的基础，优先发展教育文化事业，努力推动教育事业全面协调可持续发展，全年全乡在校学生686人，留守儿童占67.3%，入学率达100%。

（撰稿：吴其涛　编辑：吴恒毅）

款场乡

【概述】 款场乡位于三穗县东部，距县城48公里，素有三穗东大门之称。款场乡东与天柱县邦洞镇接壤，西与桐林镇相交，南与剑河县南明镇相依，北与天柱县坪地镇相邻。乡境内 交通便利，省道310至西向东穿境而过，横穿良地、木坳、便路、等溪、中等、款场6个村，款场至三联公路连接了款场、兴隆、龙脚、三联四个村。全乡80％的稻田分布于公路及河流两旁，交通、水源便利，便于耕作，适合发展规模种植。乡境内蕴藏有丰富的矿产资主要有重晶石、钒、磷、锰、铁等矿产。

款场乡辖10个行政村（2014年合并为5个中心村），78个村民小组，65个自然寨，总人口4038户13764人，其中农业人口3844户13392人。全乡总面积104.5平方公里，有耕地面积9180亩，占土地总面积8.7%，其中水稻面积5715亩，占土地总面积5.4%，旱土3465亩，占土地总面积3.3%，人均占有耕地面积0.66亩。全年实现农业总产值25421万元，年均增长19.6%；农村人均可支配收入从2011年的3890元上升到2016年的7612元，年均增长率为14.4%。自2014年建档立卡工作开展以来，共认定贫困人口1932户7221人，贫困村8个，至2016年底全乡共减贫643户2702人，实现“减贫摘帽”。

款场乡有编制66个，在编干部57人。其中，公务员编制数23人，在编21人，缺编2人；事业人员编制数43人，在编人数36人，缺编7人。下设单位26个，分别为党政办、社会事务办公室、经济发展办公室、公共卫生人口和计划生育办公室、社会治安综合管理办公室、人大办、纪委（监察）、政法委、人民武装部、工会、共青团、妇联、农业服务中心、人力资源和社会保障服务中心、科技宣教文化和信息服务中心、国土资源和规划建设环保中心、水利站、林业站、财政所、安全生产监督管理站、残疾人联合会、计划生育协会、群众工作站、交通运输管理站、扶贫工作站。

【基层党建】 建立“党建绩效”考核机制，细化工作清单13项。解决“空壳村”脱壳等问题6个，实现1个软弱涣散村问题得到整改。全年立办结案3件。大力开展“以知促行、争先锋”活动，有6名党员分别获得省、州、县优秀党员、党务工作者表彰。全乡发展党员8名，收缴党费2.5万元，3个支部改设为党总支，落实党建经费40万元，新建文化广场2个。把党建与扶贫相融合，选派5名扶贫专干驻村，投入资金650万元，实现214户935人精准脱贫，有64名贫困党员脱贫，3个“空壳村”全部脱壳，良地村集体经济收入达12万元。

开展“戴党徽亮身份”活动，引导窗口党员比业务、转作风。在农村，以开展“村级议事墙”“四站一室”建设为载体，通过征集愿望、合理承诺，以诺践行、村民监督，公开评诺、长效执行3个环节为民办实事累计136件。在普通党员中，开展无职党员领岗活动，42名普通党员认领岗位8个，认领小心愿183个。

【精准扶贫】 全乡有贫困村8个，一类贫困村5个（桂平村、兴隆村、三联村、中等村、良地村）、二类贫困村1个（款场村）、三类贫困村2个（龙脚村、等溪村），2017年预计出列良地村和桂平村，2016年减贫214户935人。实施异地扶贫搬迁，第一批已抽房领钥匙的有156户664人，其中贫困户有137户584人，第二批抽房的有35户187人，已报名未抽房的有330户1440人。实施教育扶贫，最终实施的“雨露计划”助学工程、“圆梦行动”受资助贫困学生共23名，资助金92000元；国酒茅台·国之栋梁——2016希望工程圆梦行动资助3名学生，共计资助15000元。实施兜底扶贫，享受农村最低生活保障对象共275户874人，年补助标准由2015年的2780元/人提高到3060元/人。全年最低生活保障补助共计2674440元。实施生态补偿，全年国家公益林补偿33848.5亩，补偿资金49926.53元，地方公益林3054.7亩，补偿资金24437.6元。公益林补偿涉及1356户，其中贫困户670户受益。

【换届工作】 8月27日，中共款场乡第八次代表大会顺利召开，全乡51名党代表参会。选举产生第八届款场乡党委委员9名，纪律检查委员会委员5名，分别选举出党委书记、副书记，纪委书记、副书记。10月7日，款场乡选举出14名党员作为县第十二次党代会代表。11月5日，款场乡进行县、乡人大代表选举，选民总数为9562名，直接或委托参选的选民总数为9355名，参选率为97.8%，共选举出三穗县第十七届人民代表大会代表11名，款场乡第八届人民代表大会代表49名。11月24日至25日，款场乡召开第八次人民代表大会，共计49名乡人大代表参会，选举产生乡人大主席和乡长各1名，副乡长3名。11月30日，款场乡完成各村支委换届工作，共选出村党总支书记5名，副书记7名。根据党员人数，合并村后，本届共成立党总支5个。12月7日，款场乡进行村委换届培训，1月11日，全乡共有选民总数为9371名，直接或委托参选的选民总数为8152名，总计依法选出5位村主任、15位村副主任及12名村委委员。完成县、乡、村三级换届工作。

【农业发展】 全年完成粮食作物播种面积8820亩，其中玉米2525亩，水稻4540亩，其他作物1755亩；2016年度“6个100万”农业生态工程实施稻田生态渔业推广项目2624亩，稻田生态渔业产业示范点1个，面积150亩。2016年“6个100万”生态农业蔬菜工程实施2350亩，生态农业蔬菜工程示范点100亩。完成荒山造林1449亩，迹地更新575.1亩、发放社会造林苗木近370000多株 。荒山造林、迹地更新用苗100000株。完成2002年、2003年、2005年2577.9亩退耕还林检查及兑现。新增退耕还林3050亩，2016年10月份已全部丈量完成。12月中旬可兑现给农户。商品材蓄积594.24、出材量431.38立方米。办理民用材采伐证65份。民用材蓄积297.32立方米、出材量226.32立方米。

【一事一议危房改造】 全年全乡一事一议

常规项目9个，通组公路3个，全长860米；步行道项目3个，全长9040米；桥梁建设3个，资金100万元。全年170户农户完成危房改造，其中，一级危房58户，二级危房69户，三级危房43户，补助资金189.9万元。

【教育与计生】 全年全乡春秋季小学适龄儿童入学率达100%，伤残儿童少年入学率100%。同时认真落实“免、补、助”政策并保障了学生免费营养餐供应。全乡2016年共出生139人，同比减少1人，政策外出生9人，同比增加4人。符合政策生育率为93.75%，同比降低2.97个百分点。流动人口出生11人，政策外1人，同比持平。政策外多孩出生7人，同比增加5人，政策外多孩率为5.04%，同比增加3.61个百分点；总体出生人口性别比为107.46，同比减少1.49个点值，一孩性别比为112.50。全年以5万元作为村级“三按月”绩效奖励，投入4.5万元印刷50余副固定标语以及宣传单5000余份提高群众计生政策知晓率。

【社会治安】 全乡5个村，共成立治安队11支，90人，其中乡属治安队1支，有治安队员12人，建有义务消防队伍和护寨队10支，共有100人。建有护校队2支，12人，1个乡属机关单位职工住宅楼内有人看护。明确“治安中心户长”77个，中心村警务室5个，警民联系点10个。全乡建立群众工作站（室）6个，工作人员13人，全乡每万人拥有群防群治人员数150人。全年共投入资金12万元，确保群防群治队伍工作顺利开展。发生刑事案件立案11起，查破10起，打击处理犯罪嫌疑人10人，比上年发案率下降了15%，破案率上升了25%。全年治安案件立案5起，已查处5起，行政拘留0人，治安罚款5人，比上年发案下降60%。全年发生各类矛盾纠纷120起，调解120起，调解成功120起，成功率100%。

【安全生产】 全年全乡紧抓消防安全工作，聘请6名村民进行鸣锣喊寨。全年开展消防演练8次，180人次参与消防应急演练。配合县安监局收缴非法烟花44余件（个）、鞭炮30余件，价值达2万余元。排查3家非法销售瓶装汽油点，已全部停止销售。交通安全方面，严肃查处和严厉打击违法载人、无证驾驶及车辆无牌无证上路行驶等严重交通违法行为，共查车5000多辆，查处违法违规行为300余起，排查道路交通隐患32条，严管兴隆村自用船只，与18个自船主签订责任状并发放编牌号码。食品安全方面，加大对农村红白喜事聚餐的管理，指导农村聚餐120例，完成上级指标，全年无一起食品安全事故。全年全乡共排查隐患95条，其中整改95条，整改率100%。

【社会事务】 1—3月涉及981户1935人，总发放资金669093元。4—6月涉及971户1876人，发放资金895738元，7月至9月涉及951户1726人，发放资金81738元。10月至12月涉及921户1656人，发放资金78738元。2015至2016年冬春救济粮第一批28770公斤，折现143850元，于2月22日通过打账方式全部打入480户1239位救助对象账户，受益面积覆盖全乡10个村。全年共计发放临时救济款95500元，受益196户738人。全年完成214人的医疗救助申请材料的审核上报，救助金额近58万余元。

【人力资源】 全年城镇新增就业84人，劳动力转移完成数269人，返乡创业37人。全年适龄农民新农保参保率达96%以上；适龄居民参保缴费率达95%。完成参保人数8450人，续保人数6436人，征缴基金644180元。

【多彩贵州文明行动】 开设宣传专栏4期，悬挂宣传横幅2条、标语20条、脏乱差问题举报牌30块，开展“多彩贵州文明行动”宣传活动5次，发放宣传资料资料15000余份。利用宣传车，每周出巡1次，走街串巷、进村入户开展宣传。同时组织村组干部、党员和群众清扫村寨主次干道4次、民族文化广场4次；疏通排污下水道2次；清理省道310、沿途邛水河河流和三黎高速出口处360次。整治垃圾乱倒、杂物乱堆、车辆乱停、纸屑乱扔、口痰乱吐等不文明行为40余次。全乡共修建垃圾焚烧炉46座、垃圾池6座，乡政府与5个行政村签订“多彩贵州文明行动”工作责任书，又与全乡农户签订“门前三包”目标责任书3200余份。

（撰稿：张美珺　编辑：吴恒毅）

人　　物

领导干部名录

姓名后面有“*”号的，是在2016年内提职、调职、免职、退休和机构合并或撤销及其他原因而去职；没有“*”号的，为年底仍在职（此名录仅供参阅，不作确定级别、待遇的依据）。

中国共产党三穗县委员会

书　　记　黄　瑜(苗)

副 书 记　付乐欣(女,侗)　吴永萍(女)*　罗国炳(侗)*　姜继德(侗)　杨祝文(挂职)*　贺湘友(挂职)

常务委员　黄　瑜(苗)　付乐欣(女,侗)　吴永萍(女)*　罗国炳(侗)*　姜继德(侗)　杨祝文(挂职)*　贺湘友(挂职)　侯美嘉(苗)*　龙青松(苗)　衮政豪(苗)　龙　滨(侗)*　龙　翔(苗)*　吴鑫金(苗)*　石宏敏(女)　黄置民(侗)　龚小华(侗)　尹海波(侗)　杨用华(侗)　罗廷定(挂职)*　卫小平(挂职)

委　　员(按姓氏笔画排序)

卫小平(挂职)　王元根(苗)　王兆千(侗)　王国斌(苗)　王思红(女)　尹海波(侗)　石宏敏(女)　王道航(侗)*　龙　滨(侗)*　龙　翔(苗)*　龙　强(侗)*　龙义立(侗)　龙义禹(侗)　龙秀坤　龙青松(苗)　付乐欣(女,侗)　刘开宙(侗)　刘宗元(侗)*　李国礼　杨　杰(侗)　杨　彬(侗)*　杨　检(侗)*　杨用华(侗)　杨昌祥(侗)　杨荣荣(侗)　杨政诩(苗)　杨永木(侗)*　杨作明(侗)*　杨秀文(侗)*　杨昌平(侗)*　杨政军(侗)*　杨胜林*　杨胜明*　杨祝文(挂职)*　杨程涵(苗)　杨德英(女,侗)　肖梅红(女,侗)*　吴才勋(侗)　吴应文(苗)*　吴永萍(女)　张先钦(侗)　张克伟(侗)　张美刚(苗)　张美锋(侗)　陆应军(侗)　罗国炳(侗)　罗世平(女,侗)*　罗会学(苗)*　罗廷定(挂职)*　欧亚哲(苗)*　季立松(侗)　赵　平(女)　姜昌明(苗)　姜继德(侗)

贺湘友(挂职)　侯美嘉(苗)*
衮政豪(苗)　黄　瑜(苗)
黄置民(侗)　黄朝银(侗)*
龚小华(侗)　潘　涛(苗)
潘年坤(侗)

候补委员　田仁先*　刘福乾(苗)*
李国礼*　吴继荣(侗)*
吴会师(苗)*　曾祥军*
杨晓敏(女,侗)*　邓文斌(侗)
刘洪斌　吴代光(侗)
张光文　欧雪平(侗)
罗来冰(侗)　衮民警(苗)
韩景保(苗)　覃满能

中共三穗县委工作部门

县委办公室
主　　任　姜昌明(苗)*　尹海波(侗)
副 主 任　吴才云(苗)　万兆溟(苗)*
龙荣森(侗)　杨倩怡(女,侗)
李文清　罗相洪(土家)

县委、县政府督查室
主　　任　吴才云(苗)
副 主 任　魏永华(侗)

县委政策研究室
主　　任　万兆溟(苗)*　李文清
副 主 任　欧阳乾(侗)

县委深化改革领导小组办公室
副 主 任　万兆溟(苗)*　李文清
龙义禹(侗)*　王堂先(侗)
杨世彬(侗)　周宗泮(侗)
专职副主任　毛叶帆

县全面小康社会建设办公室
主　　任　何祖斌*

县委党史研究室(县政府地方志办公室)
主　　任　龙荣森(侗)
副 主 任　龙秀乾(苗)　王建平

县委机要局
局　　长　万政禄(苗)

县保密局
局　　长　唐立福

县机关事务管理局
局　　长　杨倩怡(女,侗)
副 局 长　黄多斌(侗)*　龙尊建(侗)
肖洪静(女,侗)
纪检组长　刘洪军

县委组织部
部　　长　龙　滨(侗)*　石宏敏(女)
副 部 长　陆应军(侗)*　杨长友(侗)*
杨荣荣(侗)　杨永木(侗)
王碧生(女,苗)*
周武权(侗)*　陈守松(侗)
部务委员　杨长友(侗)*　周武权(侗)*
龙崇礼(侗)　杨家显(侗)

县农村党员现代远程教育办公室
主　　任　王文勇(侗)

县公开选拔领导干部办公室
主　　任　陈守松(侗)*

县委党的建设工作办公室
主　　任　吴隆斌(苗)*

县干部综合考评办公室
主　　任　周章勇(侗)

县委非公有制企业和社会组织工作委员会
书　　记　杨荣荣(侗)
副 书 记　李大国(苗)*　刘永辉(侗)
田代炳(侗)　杨永文(侗)*

县委离退休干部工作局
局　　长　王碧生(女,苗)*　吴才勋(侗)
副 局 长　吴天益(侗)

县老年大学
校　　长　万兴文(苗)
副 校 长　万绍英(女,苗)

县委宣传部

部　　长　衮政豪(苗)

副 部 长　吴道科(苗)*　陈永忠(侗)

金庆红(女)　唐合成(侗)*

专职纪检员　唐合成(侗)

县文明办主任　金庆红(女)

县文明办专职副主任　金庆红(女)*

杨政荣(侗)

县对外宣传办公室(县政府新闻办公室)

主　　任　吴遵智(侗)

县委统战部

部　　长　吴永萍(女)*　石宏敏(女)

副 部 长　吴美云(女,侗)*

欧阳春桃(女,侗)　田代炳(侗)

县委台湾工作办公室(县政府台湾事务办公室)

主　　任　吴美云(女,侗)*

欧阳春桃(女,侗)

副 主 任　曾祥慧(女,侗)*　吴会师(苗)

县委政法委员会

书　　记　侯美嘉(苗)*　黄置民(侗)

副 书 记　张光文　杨胜华(苗)

张友怀(侗)

专职纪检员　万开发(苗)

县社会治安综合治理委员会办公室

主　　任　吴寿明(苗)

县维护稳定领导小组办公室

主　　任　吴均德(侗)

县国家安全工作领导小组办公室

主　　任　张友怀(侗)

县机构编制委员会办公室

主　　任　刘宗元(侗)*　杨长友(侗)

副 主 任　杨世彬(侗)　杨秀富

专职纪检员　张承兴(侗)

县事业单位登记管理局

局　　长　张光梅(女,侗)*　田广香(女)

副 局 长　田维柳(女,侗)

县直属机关工作委员会

书　　记　吴代光(侗)

副 书 记、纪委书记　龙志林(侗)

县信访局(县群众工作中心)

局　　长　蒋声祥(侗)

副 局 长　石雨晨(女,壮)　肖昌勇(苗)*

纪检组长　彭庆平(侗)

县委党校

校　　长　龙　滨(侗)*　石宏敏(女)

常务副校长　姚会兴

副 校 长　杨天平(侗)

专职纪检员　何荣军(侗)

县行政学校

校　　长　龙青松(苗)

中国共产党三穗县纪律检查委员会

书　　记　姜继德(侗)*　龚小华(侗)

副 书 记　张先钦(侗)　张　斌(侗)*

常务委员　姜继德(侗)*　龚小华(侗)

张先钦(侗)　张　斌(侗)*

吴远武(侗)　杨桂萍(女,苗)*

杨宗平(侗)　黄前东(女,侗)

姚茂国(侗)　邰诗斌(苗)

办公室

主　　任　邰诗斌(苗)

党风政风监督室

主　　任　杨朝武(苗)

纪委干部督查室

主　　任　吴启坤(苗)

纪检监察一室

主　　任　姚茂国(侗)*

纪检监察二室

主　　任　吴枝宏(侗)

纪检监察三室

主　　任　陈文华(侗)

案件监督管理室

主　　任　黄前东(女,侗)

信访室

主　　任　李复元

县非公有制经济发展侵权投诉中心

主　　任　孙陶丽(女)

县预防腐败工作协调指导中心

主　　任　邹荣海(苗)

第一纪律检查工作委员会

书　　记　杨济铭(侗)

副 书 记　田政云　　杨万荣(侗)*

第二纪律检查工作委员会

书　　记　黄美琴(女,侗)

副 书 记　杨廷卓(侗)　杨兴成(侗)

第三纪律检查工作委员会

书　　记　杨宗平(侗)

副 书 记　陈可俊(侗)　邰再净(苗)

第四纪律检查工作委员会

书　　记　蒋国模(侗)

副 书 记　张绪宏

第五纪律检查工作委员会

书　　记　何荣军(侗)

副 书 记　邰诗贤(苗)　刘海春

第六纪律检查工作委员会

书　　记　李复元

副 书 记　潘美宋(侗)　彭庆平(侗)

三穗县人民代表大会常务委员会

党组书记、主任　龙义立(侗)*　吴永萍(女)

副 主 任　杨德英(女,侗)　易尚银(侗)

杨胜明*　杨昌平(侗)*

杨作明(侗)　肖梅红(女,侗)

周承康(侗)　吴祖辉(苗)

常务委员　杨政庭(侗)　彭施萍(女,侗)

冉发竹(女,土家)*　刘福乾(苗)

姚本奎(侗)　张美权(苗)

杨荣荣(侗)*　杨晓敏(女,侗)*

王思红(女)*　郑　荣(侗)*

胡　军(苗)*　姚本干(侗)*

李春华(苗)　陈守松(侗)

吴远武(侗)　杨政宇(侗)

万开发(苗)　李功策

章德良(苗)　潘年进(侗)

唐　梅(女,苗)　杨国桦(女,苗)

吴德刚(侗)　龙　颖(女,侗)

杨　丽(女,侗)　黄　勇(侗)

伍　云(侗)　肖昌勇(苗)

吴富才(侗)

三穗县人大常务委员会工作机构

办公室

主　　任　杨政庭(侗)

副 主 任　周宗泮(侗)

纪检组长　杨　莉(女,侗)

信访室主任　杨　莉(女,侗)*

邰玉春(女,侗)

内务司法与民族工作委员会

主　　任　刘福乾(苗)

财政经济工作委员会

主　　任　彭施萍(女,侗)

教科文卫生工作委员会

主　　任　冉发竹(女,土家)*

李春华(苗)

选举任免联络工作委员会

主　　任　姚本奎(侗)

农业农村与环境资源保护工作委员会

主　　任　张美权(苗)

三穗县人民政府

党组书记、县长　付乐欣(女,侗)

副 县 长　龙青松(苗)　刘永禄(侗)*

杨　检(侗)*　黄朝银(侗)*

王国斌(苗)　杨昌祥(侗)

姜昌明(苗)　张克伟(侗)

王思红(女)　石宏敏(女)*

罗廷定(挂职)*　陆元东(挂职)

卫小平(挂职)

三穗县人民政府工作部门

县政府办公室

主　　任　欧亚哲(苗)*　王元根(苗)

副 主 任　龙义禹(侗)*　张绪金(苗)

袁仕渊(侗)*　周乐平(侗)*

杨政成(侗)　王　玲(女,侗)*

周　可(回)　欧清山(侗)

陈世红(侗)

纪检组长　王　刚(苗)

县政府应急管理办公室

主　　任　欧亚哲(苗)*　王元根(苗)

副 主 任　李泽敏(女)

县政府法制办公室

主　　任　吴　平(侗)

县国防教育办公室

主　　任　龙义禹(侗)*　周武权(侗)

县人民防空办公室(县交通战备办公室)

主　　任　张绪金(苗)

县外事侨务办公室

主　　任　袁仕渊(侗)

县政府金融工作办公室

主　　任　欧阳乾(侗)*　黄功祥(侗)

副 主 任　袁仁义(侗)　叶芳明(挂职)*

县政府办公室信息管理中心

主　　任　易利波

县发展和改革局

党组书记　唐仁斌(苗)*　王思红(女)

局　　长　杨万吉(侗)*　王思红(女)

副 局 长　杨汉坤(侗)　丁　鲜(女,土家)

张美亮(侗)

纪检组长　陈可俊(侗)

县经济发展研究中心

主　　任　杨远峰(侗)

副 主 任　姚茂金

县重点项目办公室

主　　任　杨荣胜(侗)

县教育和科技局

党组书记、局长　王兆千(侗)

副 局 长　张子奎(苗)　尹长琼(女,侗)

刘宗佑(侗)

纪检组长　刘海春

县政府教育督导室

副 主 任　舒万桃(女,侗)　龙义宏(侗)

县科学技术服务中心

主　　任　杨万云(侗)

副 主 任　吴才平(侗)　杨远德(侗)

纪检组长　万荣发(苗)

县工业信息化和商务局

党组书记、局长　欧雪平(侗)

副 局 长　周乐章(侗)　万光祥(苗)

龙义杰(侗)

纪检组长　蒋国模(侗)

县中小企业办公室

主　　任　唐仁广(苗)

县工业信息化节能监察大队

队　　长　吴述榜(侗)

县民族宗教事务局

党组书记、局长　杨精豪(侗)

副 局 长　周　霞(女,侗)*

　　　　　吴　杰(苗)　姚元美(女,侗)

纪检组长　杨德靖(侗)

县公安局

党委书记、局长、督察长　张俊武(回)

政　　委　龙义明(侗)

副 局 长　龙义明(侗)*　李复洲(侗)

　　　　　万德文(苗)　龙　辉(苗)*

　　　　　杨章文(侗)*　王玉敏

副 政 委　黄昌明(侗)　袁晓琴(女)

纪委书记　龙　辉(苗)

政工室

主　　任　万开发(苗)

指挥中心

主　　任　杨开文(侗)*　黄明亮

情报信息大队

大 队 长　杨明云(侗)

监督室(监察室)

主　　任　曾贤德(侗)*　刘荣清(侗)

法制大队

大 队 长　黄明亮*　龙兴初(苗)

警务保障室

主　　任　邓政文

国内安全保卫大队

大 队 长　杨汉炜(侗)*

　　　　　尚祥荣

教 导 员　唐瑞丽(女)

经济犯罪侦查大队

大 队 长　王玉敏*　张秀坪(侗)

教 导 员　伍大金(侗)

治安管理大队

大 队 长　沈　薛(侗)

教 导 员　龙宜文(侗)

刑事侦察大队

大 队 长　杨朝良(苗)*　王根锡(侗)

禁毒大队

大 队 长　杨光友(侗)

教 导 员　龙兴初(苗)*　杨朝良(苗)

出入境管理大队

大 队 长　郎　荣(女,侗)*

网络安全保卫大队

大 队 长　尚祥荣

教 导 员　唐瑞丽(女)

特巡警大队

大 队 长　潘　军(侗)

教 导 员　宋观松(侗)*　舒国辉(侗)

警务督察大队

大 队 长　吴　为(苗)*

看守所

所　　长　刘荣清(侗)*　吴　为(苗)

教 导 员　舒国辉(侗)*　杨秀青(女)

拘留所

所　　长　杨秀青(女)*　宋观松(侗)

教 导 员　粟周成(侗)

八弓派出所

所　　长　林　俊(土家)

教 导 员　张秀坪(侗)*

台烈派出所

所　　长　张承坤(侗)

教 导 员　王根锡(侗)*　黄宝祥(侗)

瓦寨派出所

所　　长　李　明(侗)

教 导 员　王家强(苗)

桐林派出所

所　　长　张美军(侗)*

雪洞派出所

所　　长　陈　斌*　吴　云(苗)

教 导 员 张美军(侗)

长吉派出所

所 长 郭胜学(苗)*

教 导 员 吴 辉(苗)

良上派出所

所 长 张达文(苗)

教 导 员 郭胜学(苗)

滚马派出所

所 长 谢光宇(侗)

教 导 员 陆显培(侗)

县交通警察大队

大 队 长 李复洲(侗)

教 导 员 杨天国

事故处理中队长 文 均(苗)

高速交警三穗大队

大 队 长 李复洲(侗)

县监察局

局 长 张先钦(侗)

副 局 长 吴远武(侗)* 姚茂林(侗)

第一监察分局

局 长 杨济铭(侗)

副 局 长 田政云 杨万荣(侗)*

第二监察分局

局 长 黄美琴(女,侗)

副 局 长 杨廷卓(侗) 杨兴成(侗)

第三监察分局

局 长 杨宗平(侗)

副 局 长 陈可俊(侗) 邰再净(苗)

第四监察分局

局 长 蒋国模(侗)

副 局 长 张绪宏

第五监察分局

局 长 何荣军(侗)

副 局 长 刘海春 邰诗贤(苗)

第六监察分局

局 长 李复元

副 局 长 潘美宋(侗) 彭庆平(侗)

县民政局

党组书记、局长 田仁先(侗)

副 局 长 王代华(侗)* 杨天勇(侗)

陆魁莲(女,水)

刘开金(侗)

纪检组长 杨万荣(侗)*

县老龄工作委员办公室

主 任 王代华(侗)

县社会救助局

局 长 杨仕红(女,侗)

县司法局

局 长 姜穗兰(女,苗)

副 局 长 王承立(侗) 田应弋(侗)

李代洪(侗)

纪检组长 胡庭海(侗)* 张美良(苗)

政工科长 胡贡垣(苗)

依法治县办公室主任 张美良(苗)*

杨 谦(侗)

县财政局

党组书记、局长 杨昌祥(侗)

副 局 长 吴文春(女,侗)

张建平 杨文佑

纪检组长 田政云

县财政监督检查执法大队

队 长 全宏东(侗)

县基层财政管理局

局 长 姚元贵(苗)

县国库集中支付中心

主 任 吴才学(侗)

台烈财政所

所 长 姜绍熙(侗)

桐林财政所

所 长 田达宇(侗)

雪洞财政所

所　　长　唐　镓(苗)

滚马财政所

所　　长　杨芳亮(苗)

长吉财政所

所　　长　张吉江(侗)

款场财政所

所　　长　刘　勇(苗)

县国有资产管理局

党组书记、局长　吴德刚(侗)

副 局 长　杨昭奎(侗)*　陈守德(侗)*
　　　　　方大禄(苗)　姚人方(女,侗)

纪检组长　姚人方(女,侗)*
　　　　　王根儒(侗)

县人力资源和社会保障局

局　　长　杨永木(侗)

副 局 长　杨通云(侗)　聂　兵(侗)
　　　　　崔小丽(女,苗)

纪检组长　何向明(侗)

县就业局

局　　长　崔小丽(女,苗)

县社会养老保险事业管理局

局　　长　李国亮(侗)

县医疗保险管理局

局　　长　张美超(侗)

县劳动人事争议仲裁院

院　　长　杨万桃(女,侗)

县国土资源局

党组书记、局长　杨政诩(苗)

副 局 长　张光烈(侗)
　　　　　张　霓(女,苗)

纪检组长　龙本标(侗)

执法监察大队

大 队 长　杨莉莉(侗)

县农村产权管理和交易中心

主　　任　吴文培(侗)

县环境保护局

党组书记　杨　礼*　唐仁斌(苗)

局　　长　杨主谋(侗)

副 局 长　杨汉辉(苗)　甘典扬(苗)

纪检组长　张绪宏

县环境监察大队

队　　长　杨长勋(侗)

县政府污染物减排办公室

主　　任　杨秀炯(苗)

县住房和城乡建设局

党组书记、局长　张远程(侗)

副 局 长　田红祥(侗)　周荣鑫(侗)
　　　　　杨荣军(苗)

纪检组长　邰再净(苗)

县城市管理综合执法大队

大 队 长　覃玉友

副大队长　欧秀奎(侗)　袁庄景(侗)

纪检组长　吴大恒(苗)

县新农村建设办公室

主　　任　吴位卓(侗)

副 主 任　姜绍泽(侗)　张晓军(苗)

县房地产管理局

局　　长　杨国桦(女,苗)

县城乡规划管理局

局　　长　聂文森(满)*

县交通运输局

党组书记、局长　覃满能

副 局 长　周明鑫(侗)　吴述华(侗)

纪检组长　杨秀森(侗)

县农村公路管理局

局　　长　吴天明(侗)

县道路运输管理局

局　　长　毕绍海(侗)

县城市公共客运交通管理局

局　　长　易　飞(苗)

县地方海事处

处　　长　舒先光(侗)

副 处 长　曾伟兰(女,侗)

县农业局

党组书记、局长　曾祥军* 杨用华(侗)*

副 局 长　洪乃银(侗)　万光勇(苗)

吴开锡(苗)　吴展成(侗)*

纪检组长　杨廷卓(侗)

总农艺师　张其昌

县动物疫病预防控制中心

主　　任　龙宗康(侗)*

县农业综合执法大队

大 队 长　杨纯培(侗)

县动物卫生监督所

所　　长　郑桂兵(侗)

县鸭产业化建设管理办公室

主　　任　欧秀勇(苗)*　龙宗康(侗)

副 主 任　姜继阳(侗)　杨文平(侗)

专职纪检员　李木江(侗)

县水务局

党组书记、局长　张克伟(侗)

副 局 长　毕绍海(侗)　尹应华

粟多根(侗)

纪检组长　黄美琴(女,侗)

县水利水电工程管理中心

主　　任　黄廷芳(侗)*

县塘冲水库工程管理局

局　　长　粟多根(侗)

县林业局

党组书记　吴继荣(侗)

局　　长　吴继荣(侗)*　杨万吉(侗)

副 局 长　欧孝均　周胜彪(侗)

吴遵兰(女,侗)　王根儒(侗)*

纪检组长　聂绥坤(侗)

县林木林地权属争议调处办公室

主　　任　李功策

县林业产业发展办公室

主　　任　唐元辉(侗)

县森林公安局

局　　长　杨汉炜(侗)

政　　委　杨开文(侗)

副 局 长　莫伯思

县国有林场

场　　长　杨昭军(侗)

副 场 长　潘年森(侗)　杨求刚(侗)

县文体广电旅游局

党组书记、局长　吴会师(苗)*　向运华

副 局 长　何　荣(女,侗)　刘昌洲(侗)

袁仁坤(侗)

纪检组长　欧晓琼(女,侗)

县文物局

局　　长　吴政科(苗)

县旅游服务中心

主　　任　杨贤琼(女,侗)

副 主 任　万德才(苗)　杨再军(侗)*

黄一格(挂职)

县体育中心

主　　任　吴　佳(苗)

县文化综合执法大队

大 队 长　吴西银(侗)*

县广播电视台

台　　长　李菊云(女)

县卫生和计划生育局

党组书记、局长　李国礼

副 局 长　杨通炳(侗)　林侦伦(侗)

全大明(侗)

纪检组长　郜诗贤(苗)

督察大队长　欧阳章会(侗)
爱卫办主任　万开英(女,苗)

县卫生监督局

局　　长　杨晓敏(女,侗)
副 局 长　龙登模(侗)　周慧琳(女)
纪检组长　蒋德伟(苗)

县新型农村合作医疗管理局

局　　长　李秀良(侗)
副 局 长　李国银*　吴军华(苗)
　　　　　石维根(苗)
纪检组长　李国银*　袁三军(侗)

县审计局

党组书记、局长　潘年坤(侗)
副 局 长　吴遵辉(侗)　张春荣(女,苗)
纪检组长　杨济铭(侗)

县经济责任审计办公室

主　　任　王永福

县统计局

党组书记、局长　周承康(侗)
副 局 长　全芙蓉(女,侗)
　　　　　吴展玺(苗)　王国钊(苗)
纪检组长　龙　勋(侗)

县乡镇统计管理办公室

主　　任　吴展玺(苗)
副 主 任　杨通金(侗)　龙应澄(侗)

县安全生产监督管理局

局　　长　张祥文(苗)
副 局 长　杨　勇(土家)　赵根友(侗)
　　　　　余代长(侗)
纪检组长　吴荣德(侗)

执法监察大队

大 队 长　唐　侃

县市场监督管理局

局　　长　董喜彪(侗)
副 局 长　龙　颖(女,侗)　杨　均(侗)*
　　　　　刘永和(侗)　甘木仙(女,侗)
纪检组长　刘晓莉(女,侗)

县食品药品稽查大队

大 队 长　张绪勋(侗)

县食品药品检测检验中心

主　　任　孙　霞(女)

县经济检查大队

大 队 长　欧家清(侗)

八弓分局

局　　长　张祥斌(苗)

桐林分局

局　　长　邓炉生

台烈分局

局　　长　王颢松(苗)

县扶贫开发办公室

党组书记　衮民警(苗)
主　　任　任绪武(苗)*　衮民警(苗)
副 主 任　吴德县(侗)*　余　松(苗)
　　　　　柏文娥(女,布依)
　　　　　吴展成(侗)

县档案局

局　　长　张绪文(侗)
副 局 长　欧通良(苗)　吴开金(苗)
纪检组长　曾祥慧(女,侗)

县水库和扶贫生态移民局

局　　长　吴祖辉(苗)
副 局 长　杨仕武(侗)　杨汉显(侗)
纪检组长　杨兴成(侗)

县投资促进局

局　　长　王　玲(女,侗)*
副 局 长　黄越波(侗)　李木江(侗)*

纪检组长　欧　煜(苗)

县政务服务中心

主　　任　龙世云(侗)

副 主 任　谢佳莘(女,苗)　李国银

专职纪检员　黄多斌(侗)

县供销合作社联合社

党组书记、主任　杨承辉

副 主 任　郑泽明(侗)　欧明月(女,侗)

纪检组长　罗会成(苗)

政协三穗县委员会

党组书记、主席　杨胜林*　龙义立(侗)

副 主 席　吴应文(苗)*　罗国炳(侗)

罗世平(女,侗)　曾祥煜(侗)

吴　竣(苗)　肖梅红(女,侗)*

杨长荣(侗)　杨秀文(侗)*

龙　强(侗)*　杨精豪(侗)

邰秀珍(女,侗)

秘 书 长　耿世忠(苗)*　王碧生(女,苗)

常务委员　龙定河(侗)　谌洪跃(侗)*

杨汉忠(侗)　王堂先(侗)

邓政文　杨昌明(苗)*

向明培*　全宏东(侗)*

潘年聪(苗)　李明丽(女)*

邰秀珍(女,侗)*　张碧祥*

易　飞(苗)　吴必智

杨主谋(侗)*　赵红梅(女)

贺仁派(侗)*　杨承辉*

张光梅(女,侗)　张　斌(侗)

洪乃银(侗)　崔小丽(苗)

程建华(苗)　姚茂林(侗)

杨万吉(侗)　杨汉显(侗)

吴海军(苗)　吴遵彪(侗)

副秘书长　张鸿宇(女)*

政协三穗县委员会工作机构

办公室

主　　任　王碧生(女,苗)

纪检组长　周肇鸿(侗)

经济与科技委员会

主　　任　王堂先(侗)

提案与法制委员会

主　　任　谌洪跃(侗)*　张　斌(侗)

文教卫与社会联谊委员会

主　　任　杨汉忠(侗)*　张光梅(女,侗)

人口与资源环境委员会

主　　任　龙定河(侗)

文史与学习委员会

主　　任　杨政军(侗)*　杨汉忠(侗)

县智力支边联系小组办公室

主　　任　杨昌明(苗)*　张光梅(女,侗)

贵州三穗经济开发区

中共贵州三穗经济开发区工作委员会

书　　记　黄　瑜(苗)

副 书 记　付乐欣(女,侗)　罗国炳(侗)*

委　　员　王道航(侗)　罗会学(苗)

贵州三穗经济开发区管理委员会

主　　任　付乐欣(女,侗)

副 主 任　肖梅红(女,侗)*　王道航(侗)

罗会学(苗)

主任助理　周　俊(挂职)*

党政办公室

主　　任　陆应军(侗)*

副 主 任　舒　丹(女,侗)　邰文锋(侗)

组织人力资源局

局　　长　周庆辉(侗)
副 局 长　吴　玲(女,侗)

经济发展局

局　　长　郑茂华(侗)
副 局 长　杨昌海(侗)　胡应刚(侗)

财政局

局　　长　熊　海(苗)
副 局 长　龙　祥(苗)

招商投资促进局

局　　长　杨　忠(侗)
副 局 长　熊云芝(女,侗)　张综衷(侗)

规划建设局

局　　长　吴昭文(苗)*　杨再坤(侗)
副 局 长　刘海春(侗)　谢尊勇

社会事业发展局

局　　长　刘福成(侗)
副 局 长　杨政学(侗)

商务物流管理局

局　　长　杨礼星(侗)

州公安局三穗经济开发区分局

局　　长　吴尚志(苗)
政　　委　潘年圣(侗)
副 局 长　袁　榕(侗)

州国土资源局三穗经济开发区分局

副 局 长　张碧祥　杨莉莉(侗)

执法监察大队

队　　长　张美应(苗)

建设投资有限责任公司

经　　理　唐立坤
副 经 理　姚明霞

三穗县人民法院

党组书记、院长　杨　彬(侗)*
　　季立松(侗)
代理院长　季立松(侗)*
副 院 长　吴建华(侗)*　潘年聪(苗)
　　张光琴(女,侗)
纪检组长　潘美宋(侗)
政工科科长　徐光兰(女,侗)
机关工委书记　贺仁斌(侗)
执行局局长　欧胜杰(侗)
审委会专职委员　潘年安(侗)
　　杨　琴(女,侗)
　　王玉强(侗)
民事审判庭庭长　潘盛成(侗)
审判监督庭庭长　杨长坤(侗)
书记官室主任　廖思珍(女,侗)
监察室主任　龙迎春(女,侗)
研究室主任　龙胜泉(侗)
法警队队长　杨通良(侗)*　杨朝泉(侗)
法警队政委　周　斌(侗)
瓦寨人民法庭庭长　龙克应(侗)

三穗县人民检察院

党组书记、检察长　潘　涛(苗)
代理检察长　潘　涛(苗)*
副检察长　翟庆杰　杨腾干(侗)
　　田　娟(女,土家)
纪检组长　龙源英(女,侗)
政工科科长　杨政循(侗)
检委会专职委员　潘年金(苗)　张相军(苗)
　　杨承云(侗)
机关党委书记　姜学敏(苗)
办公室主任　杨荣欣(女,侗)
侦查监督科科长　吴芝玉(侗)
公诉科科长　李　英(女,土家)
监所检察科科长　陈光先(侗)
民事行政检察科科长　杨秀刚
案件管理办公室主任　杨承云(侗)
控告申诉检察科科长　封　利(女)

计划财务装备科科长　向政菊(女,侗)
技术科科长　刘开发(侗)
法警队队长　衮明海(苗)
研究室主任　欧阳万民(苗)

反渎职侵权局
局　　长　刘永平(侗)
副 局 长　赵振世(苗)

反贪污贿赂局
局　　长　龙君宽(侗)
副 局 长　姜思景(苗)

防预职务犯罪工作局
局　　长　张相军(苗)

军　　队

中国人民解放军三穗县人民武装部

部　　长　龙　翔(苗)*
政　　委　吴鑫金(侗)
副 部 长　李义伟
政工科科长　王海涛
后勤科科长　周兴江

县公安消防大队

大 队 长　龙立煜(侗)*　蒋文武(苗)
教 导 员　杨辉捷
副大队长　王芳祥

群众团体

县总工会
党组书记　欧阳春桃(女,侗)*　欧亚哲(苗)
主　　席　杨昌平(侗)
常务副主席　欧阳春桃(女,侗)*
　　　　　　欧亚哲(苗)
副 主 席　周　婷(女,侗)
专职纪检员　杨　伟(侗)

共青团三穗县委员会
书　　记　田广香(女)*
副 书 记　杨　丽(女,侗)
少先队总辅导员　左洁洁(女,苗)*

县妇女联合会
主　　席　邰秀珍(女,侗)
副 主 席　吴莲芝(女,苗)
专职纪检员　王　艳(女)

县工商业联合会
党组书记　田代炳(侗)
主　　席　吴　峻(苗)*
　　　　　邰秀珍(女,侗)
副 主 席　李大国(苗)*　黄锡坤(苗)
　　　　　李明丽(女)*
秘 书 长　黄锡坤(苗)
专职纪检员　张宏斌(苗)

县科学技术协会
主　　席　郑　荣(侗)
副 主 席　孟繁萍(女,侗)

县文学艺术界联合会
主　　席　吴道科(苗)*　陈永忠(侗)
副 主 席　万祖德(苗)

县残疾人联合会
理 事 长　杨忠炳(侗)
副理事长　李　玲(女,侗)
专职纪检员　黄元盛(侗)

县红十字会
会　　长　王国斌(苗)
专职副会长　陶立芳(女,侗)

秘 书 长　龙祖建(侗)

县计划生育协会

会　　长　王国斌(苗)

常务副会长　李国礼

专职副会长　罗国永(侗)

秘 书 长　耿传开(侗)

医疗单位

县人民医院

院　　长　吴会祥(苗)

副 院 长　李巧云(女,侗)　郑桂涛(侗)

　　　　　王绍国

专职纪检员　徐云明(侗)

康复救治中心

主　　任　郑桂涛(侗)

县中医医院

院　　长　吴必智(侗)

副 院 长　刘　鸣　潘年进(侗)

专职纪检员　杨政锋(侗)

县疾病预防控制中心

主　　任　吴昭峰(侗)

副 主 任　杨祖炎(侗)　周扬四(女)

专职纪检员　杨再军(侗)

县妇幼保健计划生育服务中心

主　　任　洪瑜清(女,侗)

副 主 任　黄梅莹(女,侗)

　　　　　吴小燕(女,苗)　陈荣彬(侗)

州管部门

中国人民银行三穗县支行

行　　长　常光明

副 行 长　龙咸政　陈启平

银监黔东南分局三穗县办事处

主　　任　罗国华(侗)

中国农业银行三穗县支行

党委书记、行长　杨仕伟(侗)

副 行 长　王静霞(女,侗)*　邹　明(侗)

　　　　　丁雪松(侗)

三穗农村商业银行股份有限公司

董 事 长　明道江(苗)

监 事 长　朱　骏(侗)

副 行 长　黄进堂(侗)　吴勋常(侗)

风险总监　王玉政(苗)

黔东南州住房公积金管理中心三穗县管理部

主　　任　杨明辉(侗)*

副 主 任　龙政和(侗)*　王吉文(侗)

中国人保财险三穗县支公司

副 经 理　杨　毅

中国人寿保险三穗县支公司

经　　理　宋红艳(女,苗)

中国太平洋保险三穗县支公司

经　　理　栗　辉(侗)*　罗　铸(侗)

县国家税务局

局　　长　旷盛华

副 局 长　李茂砥(苗)*　旷盛华*

　　　　　石邦金(苗)　李小聪(侗)

纪检组长　石邦金(苗)*　张昌雄(苗)

县地方税务局

党组书记、局长　周　罡(苗)
副 局 长　付飞飞(苗)
纪检组长　潘昌胜(苗)

第一分局

局　　长　龙　玲(女,侗)

第二分局

局　　长　吴昌人(侗)

贵州省储备粮管理总公司三穗直属库

主　　任　杨昌明(侗)*　刘太亮(侗)

县烟草专卖局(县烟草公司)

局长、经理　刘长华

县气象局

副 局 长　吴就勇(侗)　彭俊峰
气象台台长　杨再禹(侗)

贵州省广播电视信息网络公司三穗分公司

副 经 理　杨　勇

中石化黔东南三穗石油公司

经　　理　吴如明(苗)

贵州省盐务管理局三穗支局

局　　长　唐　洪(苗)
副 局 长　姚茂荣(苗)

三穗供电局

支部书记　王灿华(彝)*　夏坤刚
局　　长　邹冰洋(侗)
副 局 长　杨胜方(侗)　许　彬(侗)
　　　　　冯廷辉(侗)

县公路管理段

支部书记　文洪恩(侗)
副 段 长　杨　剑(苗)　杨　斌(苗)

工会主席　周发富(侗)

黔东南州邮政局三穗分局

局　　长　冯珠珠(女)
副 局 长　宋　军(侗)*

中国电信股份有限公司三穗分公司

总 经 理　伍正志(苗)
副总经理　陆忠军(苗)

中国移动通信集团贵州有限公司三穗分公司

经　　理　蔡新均(侗)

国有公司·企业

县国有资产投资有限公司

经　　理　吴德刚(侗)

县城市建设投资有限责任公司

经　　理　杨长志(侗)
副 经 理　杨胜勇(侗)　杨瑞明(侗)

县城市开发投资有限责任公司

经　　理　杨昭奎(侗)

县扶贫开发投资有限责任公司

经　　理　陈守德(侗)

县自来水公司

经　　理　杨光博(侗)

县新华书店

经　　理　吴开忠(苗)

凯运集团三穗公司

经　　理　陈德贤

副 经 理　欧穗林(苗)　杨　龙
站　　长　文明勇

学　　校

县民族高级中学

校　　长　康晓明(苗)*　陈守剑(侗)
副 校 长　黄多智(侗)　张荣生(侗)
　　　　　杨　林(侗)
机关党委书记　龙正东(苗)

县职业教育培训中心

主　　任　姚会兴
副 主 任　舒秀禄(侗)*　杨天平(侗)
　　　　　田加斌(侗)　李安明(侗)

三穗中学

校　　长　杨以军(侗)
副 校 长　田志勇(侗)　万大和(苗)
　　　　　陈可能(侗)
专职纪检员　龙章松(侗)

县第二中学

校　　长　张良辉(侗)
副 校 长　周乐炤(侗)　杨　旭(苗)
　　　　　覃玉友

县第三中学

校　　长　张安会(女)
副 校 长　张　煜(侗)　龙　俊(苗)
　　　　　舒秀禄(侗)
专职纪检员　明远祥(侗)

台烈中学

校　　长　杨　方(苗)

瓦寨中学

校　　长　杨求昭(侗)

桐林中学

校　　长　邰再祥(苗)

乡　　镇

八弓镇

党委书记　杨政军(侗)*　杨用华(侗)
党委副书记　邓文斌(侗)　杨秀桥(侗)*
　　　　　　蒋　华(苗)　杨胜华(苗,挂职)
*
纪委书记　杨秀桥(侗)*　李天会
人大主席　李春华(苗)*　杨秀桥(侗)
镇　　长　邓文斌(侗)
副 镇 长　杨秀美　吴麟坤(侗)
　　　　　杨天木(侗)*　罗　昕(苗)*
　　　　　甘木仙(女,侗)*
　　　　　韩景保(苗)*　张鸿宇(女)
　　　　　单洪波(侗)　杨章良(科技,挂职)
政法委书记　韩景保(苗)*　单洪波(侗)
武装部部长　杨家显(侗)*　杨秀美
组织委员　何祖斌
专职组织员　杨家显(侗)*
专职宣传委员　黄元盛(侗)*

台烈镇

党委书记　杨用华(侗)*　张美锋(侗)
党委副书记　张美锋(侗)*　刘洪斌
　　　　　　衮民警(苗)*　李文清(挂职)*
　　　　　　左洁洁(女,苗)
　　　　　　龙　萍(女,挂职)
纪委书记　衮民警(苗)*　左洁洁(女,苗)*
　　　　　周彰柱(侗)

人大主席　伍　云(侗)
镇　　长　张美锋(侗)*　刘洪斌
副 镇 长　张　松(侗)　莫昌明
杨　翔(苗)　欧清山(侗)*
邰玉春(女,侗)*　王颢淞(苗)*
政法委书记　单洪波(侗)*　张　松(侗)
武装部部长　莫昌明
组织委员　杨胜余
专职组织员　龙志美(侗)*

瓦寨镇

党委书记　张美刚(苗)
党委副书记　罗来冰(侗) 姜锦荣(苗)
周彰理(挂职)
纪委书记　姜锦荣(苗)*　吴德昌(侗)
人大主席　杨天勇(侗)*　王　勇(侗)
镇　　长　罗来冰(侗)
副 镇 长　黄　勇(侗)*　田　军
袁宁徽(女,侗)*
白胜海(侗)　杜良君
杨胜林(科技,挂职)
政法委书记　王　勇(侗)*　田　军
武装部部长　杜良君
组织委员　袁宁徽(女,侗)*
专职组织员　伍绍财(侗)*

桐林镇

党委书记　杨　杰(侗)
党委副书记　张光武*　杨　斌(侗)
龙应澄(侗)*　秦　华(女,侗)
陈永忠(侗,挂职)*
纪委书记　龙应澄(侗)*　杨再根
人大主席　杨　斌(侗)*　肖昌勇(苗)
镇　　长　张光武*　杨　斌(侗)
副 镇 长　蒋　华(苗)*　赵　钦(苗)
刘兴洪(侗)　彭庆元(侗)*
杨胜模(土家)
政法委书记　蒋　华(苗)*　刘兴洪(侗)
武装部部长　蒋　华(苗)*　赵　钦(苗)
组织委员　潘仁海(侗)
专职组织员　杨胜模(土家)*
专职宣传委员　秦　华(女,侗)*

雪洞镇

党委书记　王思红(女)*　龙义禹(侗)
党委副书记　王元根(苗)*　刘长进(侗)*
刘光宇(侗)　杨　源(侗)
王兆千(侗,挂职)
纪委书记　刘长进(侗)*　黄锡华(苗)
黄锡华(苗)
人大主席　王承立(侗)*　刘长进(侗)
镇　　长　王元根(苗)*　刘光宇(侗)
副 镇 长　黄锡华(苗)*　杨政荣(侗)*
姚元美(女,侗)*　周　霞(女,侗)
杨天微(侗)
政法委书记　向万华(侗)
武装部部长　刘光宇(侗)*　杨天微(侗)
组织委员　刘三隆(苗)
专职组织员　龙　志(侗)*
专职宣传委员　刘三隆(苗)*

长吉镇(2016年4月改长吉乡为长吉镇)

党委书记　向运华*　陆应军(侗)
党委副书记　杨程涵(苗)*　杨秀富*
韩景保(苗)　龙　志(侗)
周　婷(女,侗,挂职)*
纪委书记　杨秀富*　伍绍财(侗)
人大主席　刘洪斌*　李明生(侗)
镇　　长　杨程涵(苗)*　韩景保(苗)
副 镇 长　李明生(侗)*　欧勇君(侗)*
万光云(苗)　罗正军(苗)
杨　燕(女)　吴文豪(侗)
周　江(科技,挂职)
武装部部长　杨　源(侗)*　万光云(苗)

政法委书记　李明生(侗)*　吴文豪(侗)
组织委员　张承刚(侗)
专职组织员　陈世红(侗)*
专职宣传委员　杨　燕(女,侗)*

良上镇(2016年4月改良上乡为良上镇)

党委书记　龙崇礼(侗)*　杨程涵(苗)
党委副书记　周胜彪(侗)*　胡世猛(侗)
郑兰林(侗)*　吴西银(侗)
杨求刚(侗,挂职)*
纪委书记　胡世猛(侗)*　郑兰林(侗)*
令狐容(女)
人大主席　黄功祥(侗)*　郑兰林(侗)
镇　　长　周胜彪(侗)*　胡世猛(侗)
副 镇 长　吴　丹(侗)　杨思东(苗)*
张世忠(苗)　毛瑞明
政法委书记　张世忠(苗)
武装部部长　郑兰林(侗)*　吴　丹(侗)
组织委员　杨思东(苗)
专职组织员　洪乃祥(土家)*
专职宣传委员　石远军*

滚马乡

党委书记　吴才勋(侗)*　赵　平(女)
党委副书记　赵　平(女)*　杨　强(侗)
黄廷芳(侗)
纪委书记　杨　强(侗)*　杨胜宝(侗)
人大主席　肖昌勇(苗)*　黄　勇(侗)
乡　　长　赵　平(女)*　杨　强(侗)
副 乡 长　杨　冬(侗)*　周天禄*
吴隆斌(苗)　杨华东(侗)
政法委书记　吴光岑(苗)*　吴隆斌(苗)
武装部部长　莫昌明*　杨华东(侗)
组织委员　周天禄

款场乡

党委书记　欧孝均*　刘开宙(侗)
党委副书记　刘开宙(侗)*　吴德县(侗)
袁振钦(侗)
龙志林(侗,挂职)*
纪委书记　袁振钦(侗)*
杨再萍(女,侗)
人大主席　伍　云(侗)*　李秀进(侗)
乡　　长　刘开宙(侗)*　吴德县(侗)
副 乡 长　颜学华　张承波　聂文森(满)
政法委书记　刘兴洪(侗)*　聂文森(满)
武装部部长　张宏斌(苗)*　张承波
组织委员　石远军
专职组织员　李天会*

(编辑:龙荣森　吴恒毅)

2016年三穗县获地厅级以上表彰先进集体名录

单位名称	获奖名称(荣誉称号)	授予单位
三穗县国税局	先进单位	贵州省国税局
三穗县工商联	贵州省第一批“五好”县级工商联	贵州省工商联
三穗县国安办	一级国安办	安全部
三穗县水务局	全省水利新闻宣传工作先进单位	贵州省水利厅
长吉镇长吉村	计生协先进单位	国家计生协
长吉镇贵秧中心村	卫生村	贵州省爱卫委
三穗县	2016年“文明在行动·满意在贵州”暨“多彩贵州文明行动”全省二类县第四名,全州第一名	贵州省精神文明建设指导委员会
县红十字会	“中国红十字会助力扶贫攻坚——博爱家园现场会”会务工作先进集体	贵州省红十字会
县科技服务中心	全省科技文献“三级”服务体系先进基层服务站	贵州省科学技术情报研究所
台烈镇颇洞村党支部	全省先进基层党组织	中共贵州省委
台烈镇颇洞村党支部	全州先进基层党组织	中共黔东南州委
台烈镇颇洞村	黔东南州民族团结进步模范集体	中共黔东南州委、黔东南州人民政府
三穗县第二中学	中国艺术教育先进单位	中国舞蹈家协会
中国农业银行三穗县支行	全国农行BoEing四期先进集体	中国农业银行总行
中国农业银行三穗县支行	全省农行三化三达标先进单位	中国农业银行贵州省分行
八弓镇永灵社区妇女之家	省级四星级妇女之家	贵州省妇女联合会
中共八弓镇永灵党总支部委员会	全州优秀基层党组织	中共黔东南州委
八弓镇桥头村	省级卫生村寨	贵州省爱卫办
三穗县	无传销城市	黔东南州人民政府
三穗县	火灾防控先进单位	黔东南州人民政府
三穗县人民法院党支部	全州先进基层党组织	中共黔东南州委

2016年三穗县获地厅级以上表彰先进个人名录

姓　名	性别	民族	籍贯	工作单位	获奖名称(荣誉称号)	表彰部门
邹升禄	男	苗	贵州三穗	三穗县国税局	全省先进个人	贵州省国税局
文洪恩	男	侗	贵州三穗	三穗县公路段	优秀党务工作者	贵州省交通运输厅
杨荣凯	男	侗	贵州石阡	三穗县盐务局	2016年度文明员工	贵州省盐务管理局
杨　淇	女	侗	贵州三穗	三穗县国土局	贵州省第二次土地调查先进个人	贵州省国土资源厅
刘宗莉	女	侗	贵州三穗	三穗县水务局	全省水利新闻宣传工作先进个人	贵州省水利厅
冉　颖	男	土家	贵州三穗	共青团三穗县委	建州60周年庆祝活动先进个人	中共黔东南州委、黔东南州人民政府
甘典扬	男	苗	贵州三穗	三穗县环保局	《十唱小康幸福长》获贵州省同步小康优秀民间歌谣二等奖	省委政研室、省小康办、省文联
杨胜林	男	汉	贵州三穗	政协三穗县委员会	优秀政协委员	政协黔东南州委员会
吴　峻	男	苗	贵州三穗	政协三穗县委员会	优秀政协委员	政协黔东南州委员会
李明生	男	侗	贵州三穗	长吉镇	优秀共产党员	中共黔东南州委
吴昌敏	女	汉	贵州三穗	县委离退局	第四届全省老干部工作创新大赛《创新医疗服务情暖夕阳红》	中共贵州省委老干部局
杨　源	男	侗	贵州三穗	雪洞镇党委	黔东南州第六次哲学社会科学优秀科研成果论文三等奖	黔东南州人民政府
吴进发	男	侗	贵州三穗	款场乡良地村	贵州省优秀党务工作者	中共贵州省委
吴进发	男	侗	贵州三穗	款场乡良地村	黔东南州优秀党务工作者	中共黔东南州委
章德良	男	苗	贵州三穗	良上镇永兴村	民族团结进步模范个人	黔东南州人民政府
吴道科	男	苗	贵州三穗	县委宣传部	黔东南州第六次哲学社会科学科研成果论文三等奖	黔东南州人民政府
张作颖	女	侗	贵州三穗	县委宣传部	黔东南州第十一届民族文艺会演曲艺类三等奖	黔东南州人民政府
张作颖	女	侗	贵州三穗	县委宣传部	黔东南州第十一届民族文艺会演曲艺类创作三等奖	黔东南州人民政府

续表

姓 名	性别	民族	籍贯	工作单位	获奖名称(荣誉称号)	表彰部门
张作颖	女	侗	贵州三穗	县委宣传部	“多彩贵州文化艺术优秀少儿节目展演”指导老师类二等奖	贵州省文化厅
吴富才	男	侗	贵州三穗	台烈镇颇洞村	黔东南州优秀共产党员	中共黔东南州委
吴富才	男	侗	贵州三穗	台烈镇颇洞村	贵州省脱贫攻坚奋进奖	贵州省扶贫开发领导小组
杨政梅	男	汉	贵州三穗	台烈镇颇洞村	黔东南州民族团结进步模范个人	中共黔东南州委、黔东南州人民政府

（编辑部根据各单位提供资料整理。编辑：王承勋）

索　　引

说　　明

一、本索引采用主题分析法编制，索引范围为全书条目。“概述”不做索引。

二、本索引按汉语拼音音序排列，即以索引条目第一字序的音序为准。

三、索引后的阿拉伯数字表示该索引内容所在的页码。

D

E

F

G

H

J

K

L

M

N

P

Q

R

S

T

W

X

Y

Z